RASPOUTINE

Avertissement de l'éditeur

Le calendrier Julien était en usage en Russie jusqu'en 1918 où l'adoption du calendrier Grégorien, en vigueur dans toute l'Europe, causa un rattrapage de treize jours. En conséquence, le 1er février (Julien) devint alors le 14 février (Grégorien). Dans le texte, les dates ressortent habituellement du calendrier Julien, sauf indication contraire.

L'auteur et les traducteurs ont respecté le langage de l'époque, reflétant les mentalités d'alors, particulièrement dans la transcription des témoignages. L'usage des termes comme « youpin » ne doit donc, en aucun cas, être compris comme une approbation ou un encouragement à l'antisémitisme. Les extraits de lettres, journaux, rapports ont été habituellement reproduits, sans correction de leurs possibles lourdeurs stylistiques ou erreurs syntaxiques, significatives de leurs rédacteurs. Saint-Pétersbourg étant devenue Petrograd après 1914, et Leningrad en 1924, on a respecté l'appellation qu'en fait chaque locuteur, selon les circonstances, sans unification. Par ailleurs, et pour indication, la Russie étant retournée à l'étalon-or en 1897, la valeur du rouble jusqu'en 1917 était d'approximativement 3 francs français.

L'usage russe du prénom accompagné du patronyme et décliné en de multiples diminutifs, de même que les variations des titres aristocratiques, politiques ou ecclésiastiques ont fait préférer, à l'établissement d'un index nécessairement confus, une table des principaux personnages que l'on trouvera en fin de volume ainsi que deux cartes, utiles, de la Russie et de Saint-Pétersbourg à l'époque de Raspoutine.

Introduction

Le mystère

Le 19 décembre 1916, à la veille de Noël — le dernier de l'empire des Romanov —, à Petrograd, un cadavre remonta à la surface de la Petite Nevka. Couvert d'une croûte de glace, le visage défiguré. Mais le plus stupéfiant était les mains. Ligotées, elles étaient levées, dressées. Car là, sous l'eau gelée, cet homme hors du commun, brutalisé, criblé de balles, avait continué de vivre, essayant encore de se libérer de ses liens. Or, les jours suivants, ainsi que la police le noterait dans son rapport, des gens se mettraient à affluer en grand nombre vers la rivière, munis de gourdes, de cruches et de seaux. Ils viendraient y puiser l'eau où avait flotté l'atroce cadavre, dans l'espoir de s'emparer de sa force, cette force diabolique, incroyable, dont la Russie tout entière avait entendu parler.

Longtemps, j'ai eu peur d'écrire sur lui. Non pas uniquement pour ce que le thème peut comporter de relents boulevardiers, Raspoutine représentant l'un des mythes les plus populaires de la culture de masse du XXe siècle. Je craignais de faire un livre sur lui parce que je ne comprenais pas qui il était, et ce malgré la multitude d'ouvrages très sérieux que j'avais lus à son sujet. Comme si, sous la plume des chercheurs, l'essentiel avait disparu : son mystère. Dans le meilleur des cas, il ne restait qu'un vulgaire moujik barbu qui, tel un héros d'Henry Miller, s'agitait dans Petrograd en arborant un phallus fulminant de soufre et de vapeurs.

Or, tout en lui paraît mystérieux, flou... Son visage, connu grâce à de nombreuses photographies, est portraituré de manière assez proche par ceux qui l'ont rencontré : le visage d'un paysan russe d'un certain âge, ridé, buriné par le vent et le soleil. Un faciès étroit, avec un gros nez asymétrique, des lèvres charnues et sensuelles, une longue barbe. Les cheveux sont séparés par une raie et ramenés en avant afin de dissimuler — comme l'écrira sa fille — une étrange bosse placée en haut du front, évoquant une corne embryonnaire. Ses yeux, décrits eux aussi de façon assez similaire par divers témoins, continuent à nous interpeller même à partir des clichés. « Un regard magnétique, capable de s'enflammer en un instant, des yeux clairs dans lesquels ce n'est pas seulement la pupille qui attire mais l'œil tout entier... » (Joukovskaïa) ; « des yeux enfoncés profondément dans l'orbite... un regard impossible à soutenir longtemps... » (Djanoumova) ; « une force hypnotique luisant dans des yeux exceptionnels » (Khvostov).

Mais, dès que les témoins s'abstraient des photographies, le mystère commence. Ils renvoient à des traits les plus contradictoires, au point que les relever en devient cocasse. Ce n'est pas sans une certaine délectation que j'ai noté ces différentes descriptions : « grand », « petit », « bien soigné à la manière paysanne », « sale et négligé », « maigre », « trapu et large d'épaules »... La chanteuse Belling, qui a très souvent vu Raspoutine, parle de ses dents pourries et de son haleine fétide. Alors que l'écrivain Joukovskaïa, elle aussi une proche, affirme : « Ses dents étaient irréprochables, toutes intactes sans exception, et son haleine était fraîche ; ses dents blanches étaient robustes comme celles d'un carnassier. » « Il avait une très grande bouche, mais à la place de dents on n'y voyait que des chicots noirs », écrit, pour sa part, son secrétaire, Simanovitch. Mais Sazonov, un des ses fidèles admirateurs, a vu, lui, de « solides dents blanches ».

Un être aux contours imprécis, donc, et qui se métamorphose étrangement. La grande-duchesse Olga, sœur du dernier tsar, voyait juste lorsqu'elle disait de lui : « Il se transformait tel un caméléon. » Nombreux sont les observateurs qui ont fait la même remarque. « On se souvient de cette capacité étonnante qu'il avait de se transformer en une fraction de seconde, se rappelle Joukovskaïa. Simple petit moujik, illettré, rustre, se grattant sans cesse, tout juste capable d'articuler quelques mots maladroits, il se muait brusquement en un prophète inspiré... Nouvelle volte-face, et le voilà qui faisait grincer ses dents blanches avec une volupté sauvage et bestiale et que, de derrière le lourd rideau de ses rides, un carnassier fougueux, tel un jeune fauve, vous adressait des signes de tête effrontés... puis, à l'instant suivant, à la place du voyou obscène, apparaissait un modeste pèlerin sibérien, depuis trente ans en quête de Dieu sur terre... »

Toutefois, le plus grand mystère, pour moi, demeure l'aveuglement de la famille impériale. La tsarine Alexandra l'appelait « starets », ce terme désignant en russe les moines considérés comme saints et voués à la paternité spirituelle. Or, elle qui avait lu nombre d'ouvrages sur la mystique orthodoxe, qui connaissait les écrits concernant les starets les plus célèbres, qui avait lu leurs « Vies », comment pouvait-elle nommer ainsi ce moujik vautré dans l'ivrognerie et la fornication ? Refusait-elle de croire les récits qui couraient sur son compte ? Qui exactement refusait-elle de croire ? La cour ? Ça se comprend. Les rapports de police ? Cela aussi peut s'expliquer. Elle refusait de croire la nombreuse famille Romanov ? La mère, les frères du tsar ? Là, c'est plus difficile à saisir, mais admettons. Comment, toutefois, a-t-elle pu refuser de croire sa propre sœur ? Sa sœur aînée adorée, si proche, une vraie sainte ? Peut-être tout simplement ne voulait-elle pas croire. Et Nicolas ? Qu'en était-il de lui ? Pourquoi a-t-il souscrit à l'aveuglement de sa femme ? Tout s'expliquerait-il par l'unique désir de sauver leur fils malade, que seul ce moujik savait soigner ? Était-ce donc suffisant pour que se manifeste cette adoration exaltée, voire cette divinisation ? Pour que se produise cette terrifiante symbiose : une famille extrêmement religieuse, ce tsar et cette tsarine unique amour l'un de l'autre, leurs filles innocentes et pures et, à leur côté, ce moujik dépravé dont les exploits étaient sur toutes les lèvres ? Est-ce possible que la vie de leur enfant les ait ainsi amenés à fermer les yeux sur tout ? À accepter sans protester de voir anéantir le prestige des Romanov, à accepter la catastrophe inévitable que tous sans exception leur prédisaient, à oublier leurs devoirs à l'égard du peuple et de la dynastie ? S'il en est ainsi, comprenons et plaignons ces parents bons et malheureux. Mais maudissons ces monarques coupables de la catastrophe qui s'est abattue sur la Russie en 1917, emportant non seulement leurs vies, celle de ce petit garçon objet de tant de soins et celles de leurs filles, mais aussi la vie de millions de leurs sujets. Ou bien y avait-il une autre raison à leur étonnante confiance en cet homme ? Une tout autre explication à leurs comportements ?

Bien sûr, au début du siècle, quand son cadavre monstrueux remonta à la surface de l'eau, tout était parfaitement clair : Raspoutine était un serviteur de l'Antéchrist. Ainsi parlait alors la Russie, croyante et non croyante... Tout cela pour se poser de nouveau la question, quatre-vingts ans plus tard : finalement, qui était Grigori Efimovitch Raspoutine ?

1

Le « Dossier » : la chasse aux documents

Le bal de la prison

Je supposais qu'une fois trouvé le « Dossier » je pourrais répondre à ces questions. J'avais compris depuis longtemps que le « Dossier » devait exister.

Dans les années 70, alors que j'écrivais mon livre sur Nicolas II, j'avais naturellement consulté les archives de la Commission extraordinaire du gouvernement provisoire. En mars 1917, après l'abdication de Nicolas II et le triomphe de la révolution de Février, les cachots de la forteresse Pierre-et-Paul étaient bourrés à craquer. Là, dans les cellules de cette Bastille russe où sous le tsar étaient emprisonnés les ennemis politiques, furent enfermés ceux-là mêmes qui les y avaient jetés et qui, il y avait quelque temps encore, présidaient aux destinées de la Russie. Les anciens Premiers ministres du tsar Stürmer et Golytsine ; le ministre de l'Intérieur Protopopov ; le chef du fameux Département de la Police Beletski et son successeur Vassiliev ; le ministre de la Cour, le vieux comte Fredericks ; le président du Conseil d'État Chtcheglovitov ; le commandant du Palais Voiejkov ; l'amie intime de la tsarine, Ania Vyroubova... et bien d'autres encore. Bref, la plus haute société. Si bien que le registre des geôles humides et fréquemment inondées de la forteresse Pierre-et-Paul faisait irrésistiblement penser à un fastueux carnet de bal.

Parallèlement, le 4 mars 1917, le gouvernement provisoire constitua la « Commission d'enquête extraordinaire chargée des investigations sur les actes illégaux des ministres et autres dignitaires du régime tsariste ». Désormais on venait chercher les anciens ministres à la forteresse Pierre-et-Paul pour les emmener se faire interroger au palais d'Hiver, siège de la Commission extraordinaire, là où si récemment encore ils paradaient en arborant rubans et décorations. Parfois, les membres de la Commission se déplaçaient à la forteresse. Les sténogrammes des interrogatoires étaient déchiffrés et mis en forme. Le poète majeur de la Russie, le célèbre Alexandre Blok, participait à ce travail. Dans ses carnets de notes, il a décrit l'atmosphère de ces interrogatoires ainsi que le palais d'Hiver tel qu'il se présentait à ce moment-là, avec sa salle du trône vide, « où toutes les tentures avaient été arrachées des murs et le trône enlevé parce que les soldats voulaient le casser ».

On prépara la publication de ces comptes rendus d'interrogatoires. L'idée de la Commission était que la Russie tout entière devait savoir ce qui s'était tramé dans les coulisses du pouvoir — dans ce mystérieux Tsarskoïé Sélo d'où le tsar et la tsarine conduisaient les affaires. Sur la base de ces informations, le futur premier parlement russe devrait décider du sort du couple impérial, de leurs ministres et de tous ceux qui, la veille encore, dirigeaient le pays.

Et l'une des principales questions concernait le moujik à demi illettré Grigori Raspoutine.

La treizième section

Du mois de mars 17 jusqu'au coup d'État bolchevique, la présidence de la Commission et ses vingt-sept sections poursuivirent sans relâche les interrogatoires de leur illustres prisonniers. L'une de ces sections, portant le numéro évocateur de 13, était spécialement chargée d'enquêter sur « l'activité des forces obscures ». Dans le jargon politique de l'époque, le terme désignait Raspoutine, la tsarine et leur entourage. Les « forces obscures », l'influence réelle de Raspoutine sur les choix gouvernementaux de l'ex-tsar Nicolas II, tel était le domaine de compétence de la treizième section. À sa tête se trouvait un certain F.P. Simpson, ancien président de la cour régionale de justice de Kharkov. Les interrogatoires étaient conduits par plusieurs juges d'instruction : Grigori Guirtchitch et deux homonymes, Vladimir et Tikhon Roudnev. Eux aussi avaient été détachés de tribunaux de provinces pour être affectés à la Commission, ce qui offrait une certaine garantie d'indépendance à l'égard des hautes sphères du pouvoir de la capitale dont les membres étaient mis en accusation.

Puis ce fut le coup d'État d'Octobre 1917. S'étant emparés du pouvoir, les bolcheviks mirent fin à l'existence du gouvernement provisoire. Les ministres en furent expédiés à la forteresse Pierre-et-Paul, où, non sans ironie, ils furent accueillis par les ministres tsaristes qu'eux-mêmes avaient fait enfermer quelque temps plus tôt. Les bolcheviks mirent également un terme aux activités de la Commission extraordinaire.

Toutefois, à l'occasion du dixième anniversaire de la révolution d'Octobre, les bolcheviks décidèrent de publier une partie des interrogatoires des plus importants ministres tsaristes. Cette publication devait avoir une fonction idéologique — à savoir, montrer l'état de dégénérescence dans lequel se trouvait le pouvoir tsariste, guidé par Grigori Raspoutine, paysan inculte et débauché.

À cette époque, Alexandre Blok — qui avait en son temps retranscrit les sténogrammes — n'était plus de ce monde. Ce fut un des membres les plus célèbres de la Commission extraordinaire, P. Chtchegolev, qui, acceptant de collaborer avec les bolcheviks, supervisa la publication.

Avant la révolution, Chtchegolev avait été le patron de la célèbre revue *Le Passé*. Cette publication « d'inspiration résolument révolutionnaire » avait plus d'une fois été suspendue par les autorités tsaristes. D'elle, Léon Tolstoï disait : « Si j'étais jeune, après avoir lu *Le Passé*, j'aurais pris un revolver dans chaque main. » Son journal avait valu à Chtchegolev de goûter lui aussi aux geôles de cette forteresse Pierre-et-Paul où, plus tard, il avait interrogé les ministres tsaristes qui l'avaient fait arrêter. Mais, après la venue au pouvoir des bolcheviks, l'incorruptible Chtchegolev se métamorphosa. Il appartenait dorénavant aux plus hauts rangs du pouvoir bolchevique. Les mauvaises langues affirmaient qu'il gardait dans son appartement une collection de documents ainsi que des meubles provenant du palais d'Hiver.

Sept petits volumes intitulés *Procès-verbaux de la Commission d'enquête extraordinaire*, voilà en tout et pour tout ce que Chtchegolev tira du monceau de documents accumulés lors des interrogatoires. Néanmoins, ces maigres volumes constituèrent pendant de longues années la principale source de documentation de tous les ouvrages écrits sur Raspoutine. Quatre décennies plus tard, seulement en 1964, vint s'y ajouter un document totalement inédit, hérité de la même commission d'enquête. Là devait commencer ma quête de ce que j'ai appelé le « Dossier ».

Le dossier disparu

En 1964, donc, la revue *Questions d'histoire* sortit un numéro sensationnel qui fut lu avidement, bien au-delà du cercle des historiens. Pour la première fois était publié l'« Arrêté du juge de la Commission extraordinaire F. Simpson sur les activités de Raspoutine et de son entourage et leur influence sur Nicolas II dans le domaine de la direction de l'État », résultat des efforts de la treizième section, et document jusque-là gardé dans les archives secrètes de la révolution d'Octobre.

Personnellement, j'ai lu ce numéro plus tard, en travaillant à mon livre sur Nicolas II. Et je dois dire que la lecture de cet « arrêté » m'a bouleversé. Dans sa conclusion, Simpson citait longuement les dépositions des membres de l'entourage immédiat de Raspoutine : son éditeur Filippov ; son ami Sazonov, chez qui il avait habité et dont la femme était une intime ; la fameuse Marie Golovina, fidèle adoratrice de Raspoutine, devenue la cause involontaire de sa mort ; les cocottes de Pétersbourg avec lesquelles Raspoutine entretenait de tendres relations ; et enfin des admirateurs tombés sous son influence hypnotique.

Bien entendu, j'ai aussitôt commencé à chercher ces dépositions dans les *Procès-verbaux* publiés par Chtchegolev. Et, bien entendu, je ne les y ai pas trouvées. Pour la bonne raison qu'il s'agissait de dépositions venant d'individus qui aimaient Raspoutine. Leurs points de vue étaient parfaitement inacceptables pour Chtchegolev, qui ne les avait donc pas publiés.

D'ailleurs, les citations extraites de ces dépositions figurant dans le rapport de Simpson ne changeaient pas grand-chose à l'affaire. Dans son « arrêté », Simpson défendait résolument les mêmes conclusions que Chtchegolev dans sa publication. L'arrêté présentait la sempiternelle image de moujik grossier et lubrique, rendu fou par l'alcool et la débauche, qui manipulait la famille impériale et les ministres corrompus qui avaient accepté de se mettre au service du favori.

Était-ce toute la vérité découlant des dépositions obtenues par la treizième section ? J'étais en droit d'en douter. Car, à cette époque, j'étais déjà au fait des profondes dissensions qui s'étaient fait jour au sein de la Commission. L'un des principaux juges d'instruction de la treizième section, Vladimir Roudnev, l'avait quittée avec pertes et fracas. Plus tard, émigré, il expliqua les raisons de ce départ : « En août 1917, écrivait-il, j'ai demandé à être relevé de mes fonctions en raison des tentatives du président de la Commission Mouraviev de m'inciter à des actions ouvertement partiales. »

Je décidai donc d'entreprendre une démarche à l'époque très compliquée : me rendre aux Archives et lire de mes propres yeux les dépositions citées de façon pour le moins tendancieuse par Simpson. Je ne raconterai pas les efforts qu'il me fallut déployer pour réunir les papiers officiels nécessaires à l'obtention du droit de consulter les documents de la Commission extraordinaire. Ni comment ces efforts se révélèrent vains. Ni comment la seule chose qui finalement m'aida fut mon statut d'auteur dramatique à la mode, dont les pièces étaient jouées à guichets fermés, et de scénariste d'un film qui connaissait alors un fort succès. Quoi qu'il en soit, j'accédai aux archives de la Commission extraordinaire. Et quel ne fut pas mon étonnement de ne trouver aucune des dépositions citées par Simpson. Ces documents avaient disparu des archives !

J'avais tout lieu de penser que lesdits documents étaient précisément les plus intéressants. Il s'agissait de témoignages émanant d'individus qui voyaient Raspoutine quotidiennement. De gens qui, pour une raison ou pour une autre, avaient accepté de le servir avec dévotion. Peut-être était-ce là que se trouvait la clé du mystère ; là, que se cachait le véritable portrait de cet homme énigmatique.

Je décidai de nommer ces documents disparus le « Dossier », et de ce jour, commença ma chasse.

L'écrivain Grigori Raspoutine

Aux archives, je ne devais découvrir qu'un carton assez maigre sur Raspoutine. Il contenait ses fameux télégrammes envoyés au tsar et à la tsarine. Soigneusement conservés par ces derniers jusqu'à la révolution de Février, ils avaient été saisis par la Commission extraordinaire. Par la suite, ces télégrammes avaient fait l'objet de diverses publications. Mais j'y trouvai également de mystérieux télégrammes non publiés, adressés à Raspoutine depuis Tsarskoïé Sélo et signés « Douchka » (Votre très chère). Ces télégrammes, sur lesquels nous reviendrons, éclairent d'un jour particulier ses relations avec la tsarine.

Les archives contenaient aussi les œuvres de Raspoutine. Notamment la plus forte et la plus énigmatique, jamais publiée de son vivant : *Vie d'un pèlerin expérimenté*. S'y ajoutaient trois œuvres, celles-ci publiées de son vivant : *Grandes Festivités à Kiev !* (Ce fut lors de ces festivités que fut tué le Premier ministre Stolypine) ; *Pensées pieuses* (recueil de sentences) ; *Mes Pensées et Réflexions* (récit du voyage de Raspoutine à Jérusalem). Il s'agissait de transcriptions : à demi illettré, Raspoutine parlait tandis que quelqu'un notait ce qu'il disait. Et le faisait avec amour.

Après la révolution, les œuvres publiées de Raspoutine furent retirées des bibliothèques et placées sous dépôt. Aucune traduction ne peut en rendre le charme. On y trouve un univers singulier — naïf et merveilleux — qui rappelle les tableaux primitifs, exprimé dans un russe ancien, à la fois fort et tendre, qui nécessiterait un poète pour le rendre. J'imagine l'enchantement qu'éprouvaient ceux qui écoutaient ce discours, qui voyaient ces yeux perçants de loup et ces mains magnétiques dont il effleurait habilement ses interlocuteurs tout en parlant.

Journal inédit de Raspoutine

Puis, toujours aux archives, je découvris le *Journal de Raspoutine* avec en sous-titre : *écrit sous sa dictée. Kramer L.P.* Le journal inédit de Raspoutine ! Quel bonheur ! C'était comme si brusquement surgissaient tous les personnages des *Procès-verbaux de la Commission extraordinaire* publiés par Chtchegolev. Et nombre d'histoires contenues dans ce *Journal* ainsi que leurs héros correspondaient tout à fait à ce que j'avais lu dans les *Procès-verbaux* ! Pourtant, plus j'avançais dans le lecture du *Journal*, plus mon enthousiasme se refroidissait. Tout ce que la science historique bolchevique s'était jadis efforcée de prouver — la dépravation du starets, la corruption de la haute société pétersbourgeoise, le tsar stupide et pitoyable — tout était contenu dans le *Journal*.

Ici, on voyait Raspoutine sermonner le tsar, frapper du poing, expliquer à ce monarque obtus le mystère du peuple russe : « Comment comptes-tu éduquer le moujik russe ? À travers son cul ? Tu veux lui botter le cul pour que la rage lui remonte à la tête ? » « Avec les tsars, expliquait Raspoutine, il faut user d'esprit, pas de raison... Il ne comprend pas la raison, mais il craint l'esprit. » Là, on le retrouvait donnant des ordres à l'obéissante tsarine : il avait décidé de conclure la paix avec les Allemands, et la tsarine, révérencieuse, se mettait à genoux devant lui en lui promettant de le faire. Puis, bien sûr, revenait en permanence la débauche avec « l'aristocratie pourrie » : « Maman [la tsarine] m'a emmené chez Kousikha [la baronne Koussova] à Pavlovsk... V., la femme du général, était aussi présente. Ces deux-là sont collantes comme des mouches. Elle se colle à moi et elle a toujours peur qu'on l'apprenne. »

En réalité, tout cela n'était qu'une grossière falsification à caractère idéologique. Ce n'était pas sans raison que quelqu'un avait pudiquement rajouté le mot « prétendument » dans le sous-titre : « prétendument *écrit sous sa dictée* ». L'auteur de cette falsification ne me parut guère difficile à identifier. En effet, l'auteur (ou les auteurs) s'était déjà illustré dans une semblable imposture, laquelle avait connu un succès retentissant auprès des lecteurs.

Le « comte rouge » et les faux journaux intimes.

En 1927, pour le dixième anniversaire de la chute du régime tsariste, la revue *Le Temps passé* entreprit la publication du *Journal de Vyroubova*. Toute la Russie se plongea avec avidité dans la lecture de ce journal qui révélait des détails secrets et très intimes sur l'état de décomposition de la famille impériale et du pouvoir tsariste. Mais, très vite, il est vrai, le bruit commença à courir que Vyroubova, une proche de Raspoutine et de la tsarine, n'avait rien à voir avec les documents publiés et que les auteurs de cette divertissante falsification n'étaient autres que deux personnages très connus : l'éditeur des *Procès-verbaux de la Commission extraordinaire*, P. Chtchegolev, et le célèbre écrivain Alexis Tolstoï — le Comte Rouge, comme on l'appelait à Moscou — qui collaborait activement avec les bolcheviks.

Peu de temps avant, Chtchegolev et Tolstoï avaient déjà été les coauteurs d'une pièce de théâtre nourrie des mêmes idées : *Le Complot de l'impératrice*. Il y était question d'une tentative de coup d'État par Raspoutine dans le dessein d'installer Alexandra Fiodorovna à la tête du pays. La pièce avait connu un succès fou. Elle s'était jouée simultanément dans six des théâtres les plus importants de Moscou et Leningrad.

Ainsi, en 1927, au moment du dixième anniversaire de la chute de l'ancien régime, la puissante campagne idéologique de discrédit du tsarisme n'avait manifestement pas pu se passer de Chtchegolev et du Comte Rouge. Ni eux d'elle. C'était, comme on disait à l'époque, « une commande sociale ». En tant qu'éditeur des *Procès-verbaux*, Chtchegolev fournissait le matériau, tandis que le comte écrivait. Ainsi naquit le faux *Journal de Vyroubova*. Bientôt, son succès considérable exigea que le travail fût poursuivi. Le *Journal de Raspoutine* en serait la continuation. Comme pour le *Journal de Vyroubova* et *Le Complot de l'impératrice*, Chtchegolev fournissait au Comte Rouge les détails historiques, certains tirés des *Procès-verbaux* publiés, d'autres — la plus grande partie — des dépositions non publiées. Rapidement, grâce au Comte Rouge, homme volontiers bavard et fréquemment ivre, l'histoire du faux *Journal de Vyroubova* se répandit sur la place publique. Il devenait donc impensable de renouveler l'opération. Il fallut renoncer au projet. Toutefois Chtchegolev, qui de toute évidence avait pris goût aux mystifications littéraires, déposa le *Journal de Raspoutine* aux archives, où quelqu'un finirait bien par le « découvrir ». Mais, dès le début des années 30, le tsarisme cessa brutalement d'intéresser quiconque. Et le *Journal* resta à dormir dans les archives poussiéreuses.

L'œil aux aguets de la police

Les documents les plus passionnants que je pus consulter sur Raspoutine aux archives de la Commission demeurent les rapports des policiers chargés de le suivre. Ces « agents de surveillance extérieure » étaient tenus d'instruire un constat journalier sur toutes ses allées et venues en ville. Ils s'efforçaient d'identifier et de décrire ses innombrables visiteurs. Ils notaient l'heure à laquelle il quittait son appartement, son heure de retour, l'endroit où il se rendait, qui il rencontrait en chemin. Aucun dignitaire, plus que ce paysan à moitié illettré, n'eut droit à une description aussi détaillée de sa vie, et ce, pendant plusieurs années. Cependant, les documents trouvés aux archives ne représentaient que des bribes d'un ensemble bien plus considérable. Une partie des rapports de filature avait brûlé au moment de la révolution de Février, quand les locaux de la police secrète avaient été incendiés ; une autre partie avait été détruite par certains fonctionnaires qui comptaient au nombre des visiteurs de Raspoutine et à qui ce dernier rendait visite en retour. Ainsi, l'ancien ministre de l'Intérieur Khvostov devait-il déclarer devant la Commission extraordinaire : « Quand j'ai quitté mes fonctions, Stürmer [le Premier ministre] a emporté certains de mes documents dans son bureau, notamment ceux concernant Raspoutine... pour lesquels il avait le plus grand intérêt. L'ensemble fut immédiatement brûlé. » Mais les rapports qui ont survécu dévoilent la folle mosaïque des journées de Raspoutine — restaurants, ensembles tsiganes, rencontres avec les ministres, scènes piquantes dans sa cuisine (racontées par les policiers, la pièce étant dépourvue de rideaux), méli-mélo de visiteurs : prostituées, duchesses, banquiers, hommes d'affaires véreux, admiratrices dévotes, demi-mondaines. Tout était consigné par la police : nom, heure d'arrivée, départ au petit matin après une nuit passée avec le moujik.

L'autre journal de Raspoutine

Toutefois le Dossier disparu ne quittait pas mon esprit. Je recommençai ma chasse au moment de la *perestroïka*. Au début des années 90, j'entrepris des recherches à

Pétersbourg. Mais aux Archives historiques, installées dans les somptueux bâtiments qui jadis abritaient le Sénat et le Synode et où — comme nous le verrons plus loin — s'étaient retrouvés pas mal de gens placés là par le simple moujik, je ne devais trouver qu'un petit cahier orné du portrait de Pouchkine et portant une inscription mal orthographiée : « Jounal ».

La découverte dans les années 90 de ce cahier avait provoqué une vague d'articles dans la presse internationale. On avait retrouvé le journal de Raspoutine ! En fait, notre héros, qui comme tous les paysans illettrés adorait écrire, avait gribouillé quelques pensées dans ce cahier. Il l'avait sans doute appelé « Journal » pour lui donner de l'importance, sachant que le tsar et la tsarine tenaient le leur.

Enfin, à l'ancien musée de la Révolution, installé dans l'hôtel particulier de la ballerine Mathilde Kchessinskaïa, maîtresse du jeune Nicolas, je vis une autre des récentes trouvailles sur Raspoutine : un jeu de photographies prises lors de l'enquête qui suivit la mort du starets. Il y avait une vue de la cour du palais Youssoupov par laquelle Raspoutine s'était enfui cette fameuse nuit de décembre 1916, alors qu'il tentait d'échapper à ses assassins. Puis il y avait les photos de son cadavre après qu'on l'eut sorti de la rivière, de son visage couvert de sang séché, de son corps nu transpercé par les balles. Je suis parvenu à établir que, jusque dans les années 30, le rapport d'autopsie du corps de Raspoutine avait été conservé à l'Académie de Médecine militaire, puis qu'il avait brusquement disparu. À vrai dire, à l'époque — c'était le temps de la terreur stalinienne —, il n'y avait pas que les documents qui disparaissaient. Sans délai, ceux qui avaient vu ces documents disparaissaient à leur tour. En revanche, je pus trouver l'acte officiel d'exhumation et d'incinération du cadavre du starets après la révolution. Tout cela était intéressant, mais...

Mais pas la moindre trace des documents disparus provenant de la treizième section. Pas la plus petite trace du Dossier.

À la recherche de documentation

Au début des années 90, mon livre sur Nicolas II parut en Russie. N'ayant pas trouvé le Dossier, j'y parlais peu de Raspoutine et encore le faisais-je avec circonspection. Néanmoins, étant réalisateur d'une série télévisée très populaire en Russie, *Les Énigmes de l'Histoire*, dès la sortie de mon livre, je fus submergé de courrier me demandant de faire une émission sur Raspoutine. Finalement, je décidai d'en consacrer deux à sa mort. Pour cela, je devais m'efforcer de dénicher quelques nouveautés sur lui. C'est alors que je me souvins d'un manuscrit qu'étant étudiant j'avais vu aux Archives de littérature et d'art. Il s'agissait des « Mémoires de Joukovskaïa », à l'époque non encore publiés en Occident dans leur intégralité.

Véra Alexandrovna Joukovskaïa (parente du célèbre physicien Joukovski) était un jeune écrivain. Ses Mémoires sont d'un intérêt certain, mais l'érotisme débridé qu'on y trouve m'incita à penser qu'il s'agissait plus de fiction romanesque que de réalité et qu'en fait elle n'avait jamais rendu visite à quelque Raspoutine que ce fût. Dans mon ardent désir de vérifier l'authenticité du manuscrit, je me rappelai une fois de plus l'existence du Dossier. Car, ainsi que l'écrivait Joukovskaïa, c'était un certain A. Prougavine qui l'avait introduite chez Raspoutine. Ce nom était très célèbre à l'époque, Prougavine étant un des meilleurs spécialistes des sectes russes. En un autre endroit, toutefois, Joukovskaïa affirmait que c'était elle qui avait emmené Prougavine chez Raspoutine ! Et que Prougavine s'était servi du récit de ses rencontres avec Raspoutine pour écrire une nouvelle...

Personnellement, je pouvais facilement vérifier toute cette histoire. En effet, la déposition de Prougavine sur Raspoutine était évoquée dans l'« arrêté » de Simpson. Moralité, elle se trouvait dans le Dossier ! Décidément, il fallait que je mette la main dessus.

Un énorme tas de cendres

Alors que je préparais mes émissions, je repensai tout naturellement aux papiers de Vyroubova. Plusieurs de ses interrogatoires figuraient dans les *Procès-verbaux* publiés par

Chtchegolev. Mais il devait y en avoir bien d'autres. Car, comme l'avait écrit le juge Roudnev, la treizième section « attachait une attention particulière » à la plus proche amie de la tsarine et principale admiratrice du starets.

Après l'assassinat de Raspoutine, Vyroubova vécut avec la famille impériale au palais Alexandre, à Tsarskoïé Sélo. À la fin février, alors que la foule en rébellion investissait les rues de la capitale, à Tsarskoïé Sélo, l'héritier et les grandes-duchesses attrapaient la rougeole. Vyroubova, à qui les enfants avaient passé leur virus, resta couchée, inconsciente, assez longtemps. Tombée malade alors qu'elle était l'amie de la femme la plus puissante de Russie, elle reprit conscience au sein d'un palais assiégé, sombrant irrémédiablement dans les flots de la révolution. Le palais était plongé dans l'obscurité, l'ascenseur ne fonctionnait plus, la tsarine se démenait entre ses malades. Mais, à peine remise, Vyroubova, avec l'aide de la tsarine, entreprit de brûler des documents. Fin mars, elle était arrêtée et présentée devant la Commission extraordinaire.

Dans les *Procès-verbaux* publiés, à la question du juge d'instruction : « Pourquoi avez-vous brûlé toute une série de documents ? », Vyroubova avait répondu : « Je n'ai presque rien brûlé... juste quelques-unes des dernières lettres de l'impératrice. Je ne voulais pas qu'elles tombent dans des mains étrangères. » Et j'ai cru l'amie de la tsarine. Il était en effet possible qu'elle eût mis en lieu sûr les documents les plus importants. Après tout, n'avait-elle pas gardé les lettres envoyées par la tsarine depuis son exil à Tobolsk, et cela en dépit des demandes d'Alix de les brûler ? Et si elle les avait effectivement gardées, pourquoi ne les aurait-elle pas emportées avec elle la nuit où elle s'était enfuie de Russie pour gagner la Finlande à travers les glaces fragiles du golfe ?

Une des rares personnes de l'entourage de la famille impériale à s'en être sortie saine et sauve, elle vécut jusqu'en 1964 en Finlande, où elle termina paisiblement ses jours. Je décidai naturellement de me rendre en Finlande.

Aux Archives nationales d'Helsinki, on me montra le dossier de police concernant Vyroubova. Celui-ci contenait l'interrogatoire mené par les autorités finlandaises, alors que Vyroubova se trouvait en quarantaine dans un camp de réfugiés à Terioki. Les Finlandais avaient bien pesé l'importance de ses déclarations. Une note dans le dossier mentionnait :

« Cette déposition a été transmise au Premier ministre et au Président. »

Mais Vyroubova ne leur avait rien révélé de nouveau. Ses réponses n'étaient que la répétition consciencieuse de celles qu'elle avait faites devant la Commission extraordinaire du gouvernement provisoire : « Non, la tsarine n'avait pas de relations avec Raspoutine », etc.

En 1923, Vyroubova publia ses Mémoires. Désirant cacher son identité, elle voulut d'abord le faire sous son nom de jeune fille, Taneeva, mais les éditeurs préférèrent Vyroubova. Dans les archives, je ne trouvai aucune ébauche de ces Mémoires.

En Finlande, Vyroubova s'était faite religieuse *in petto*, « secrètement », ce qui signifiait qu'elle était autorisée à vivre chez elle plutôt qu'au couvent (elle boitait d'une jambe, et l'on avait tenu compte de son handicap). Je contactai le couvent où elle avait prononcé ses vœux, mais il n'y avait là rien qui pût m'intéresser. Vyroubova avait mené une vie solitaire, ne voyant pratiquement personne. J'en vins à penser qu'elle avait dû faire une sorte de vœu de silence. Mais à tort. En 1937, manquant cruellement d'argent, elle signa un contrat avec un éditeur finlandais pour une nouvelle version de ses Mémoires. Mais, alors qu'elle les rédigeait, la guerre éclata. La Première Guerre mondiale avait détruit son univers et sa vie, la Seconde Guerre mondiale allait réduire à néant ses espoirs de gagner un peu d'argent. Ses souvenirs sur le tsar et la tsarine en guerre contre l'Allemagne n'étaient pas de mise dans la Finlande alliée des nazis. Ensuite, après la guerre, lorsque le NKVD commença à faire la loi en Finlande et que, quasi ouvertement, bon nombre d'anciens émigrés russes furent déportés en URSS, l'amie de la tsarine préféra sans doute se faire oublier. Ce ne fut qu'en 1953, à la mort de Staline, qu'elle remit un manuscrit achevé à son éditeur finlandais. Mais ce dernier renonça à le publier, n'y trouvant probablement rien de nouveau par rapport à l'édition précédente. Puis, au début des années 80, fouillant dans les papiers de son père, la fille de l'éditeur tomba sur une enveloppe contenant des photographies et portant cette mention : « Photos d'Anna Vyroubova avec sa signature au verso. » Elle trouva aussi le manuscrit des Mémoires. Le livre fut publié en 1984. Ne contenant aucune révélation, il passa inaperçu.

À la lecture de ces Mémoires, je compris définitivement

que Vyroubova n'avait rien emporté avec elle lorsqu'elle avait fui la Russie. Était-ce possible qu'elle eût tout brûlé ? Était-ce cela l'« énorme tas de cendres » dans la cheminée dont avait parlé l'officier chargé de perquisitionner les appartements de Vyroubova au palais Alexandre ?

Si c'était le cas, contrairement à sa prévoyante amie, la tsarine n'avait pu se résoudre (une chance pour nous) à brûler ses lettres. Elle en avait gardé la majeure partie, car elles exprimaient son amour impérissable pour Nikki. Elle avait notamment conservé la plupart des lettres qu'elle avait échangées avec Nicolas durant la guerre. On y trouvait des références permanentes à « Notre Ami ». Si, avant 1914, on ne peut juger des relations de Raspoutine et de la famille impériale autrement qu'à travers les témoignages de tiers, en revanche, à partir des premiers jours de la guerre, le tsar et la tsarine commencèrent à évoquer eux-mêmes ces relations.

En outre, une aide précieuse pour la compréhension de ces lettres me fut apportée par un autre témoin : Olga, la sœur cadette de Nicolas II.

La dernière représentante de la famille impériale

Les rares journalistes qui lui rendaient visite à l'époque arrivaient difficilement à croire que cette propriétaire d'une modeste maison perdue au fin fond du Canada, cette petite femme vêtue d'une jupe noire démodée, d'un pull-over usé et de grosses chaussures marron, avait un jour possédé des palais et été servie par des dizaines de domestiques. Morte en 1960, elle aussi était parvenue à franchir la seconde moitié du siècle. Ses funérailles à la cathédrale orthodoxe de Toronto réunirent tous les derniers survivants de la première émigration russe. Elle ne devait laisser derrière elle que quelques vieux meubles et seul un immense portrait d'Alexandre III surmontant sa cheminée rappelait le passé.

Olga, sœur de Nicolas II et fille cadette d'Alexandre III, était la dernière survivante de sa nombreuse famille. Jusqu'à sa mort, elle avait gardé une étonnante mémoire, ce qui ne manqua pas de surprendre la journaliste qui retranscrivait ses Mémoires. Je les ai utilisés pour préparer mes émissions sur Raspoutine. C'était comme une autre voix venue de la cour de ce palais d'Hiver à jamais disparu.

Résurrection de Raspoutine dans la nouvelle Russie

En attendant, je n'avais toujours pas trouvé le Dossier. Pourtant, dans les année 90, un certain nombre de documents sur Raspoutine, qui se trouvaient dans les archives de Tobolsk et de Tioumen, sortirent de l'oubli. Parmi eux il y avait les registres des naissances de l'église Notre-Dame, qui permettaient d'établir enfin avec précision la date de naissance de Raspoutine. Les archives de Tioumen contenaient également le « Dossier du Consistoire ecclésiastique de Tobolsk concernant l'appartenance de Grigori Raspoutine à la secte des *khlysty* », que l'on croyait disparu, ainsi que le « Dossier concernant la tentative d'assassinat sur la personne de Grigori Raspoutine ». Grâces soient donc rendues, ici, aux responsables des archives de ces deux villes qui m'ont envoyé les photocopies des précieux documents en leur possession.

En effet, curieusement, ces dernières années ont vu poindre la résurrection de Raspoutine. Il est même devenu un élément essentiel de l'idéologie nationale ou, plus exactement, nationaliste qui renaît aujourd'hui. Voilà bien un nouveau clin d'œil de l'Histoire : un homme que les monarchistes russes considéraient comme le fossoyeur de l'autocratie devient le porte-drapeau des nouvelles idées autocratiques ! Il faut dire que le père Grigori lui-même — ou plutôt ses écrits — a largement contribué à sa propre résurrection. Après la *perestroïka*, les œuvres de Raspoutine furent exhumées et même publiées. Elles produisirent une énorme impression. Dans un pays où l'ignorance de la Bible était encore largement répandue, son usage de paraboles oubliées et d'un langage aussi cru que populaire ne pouvait que fasciner.

Ce renouveau d'intérêt à l'égard de Raspoutine se fondait sur l'intuition légitime que l'image que l'on avait fabriquée de lui, au siècle dernier, ne correspondait guère plus qu'à un mythe politique ; que les témoignages publiés par Schiogolev dans son *Rapport sur la Commission extraordinaire* représentaient essentiellement ceux des ennemis de Raspoutine ; et que l'ensemble offrait de très nombreuses incohérences.

Mais ce regain de recherches devait aboutir à l'effet inverse, à renverser le mythe politique, à le faire marcher sur la tête, à passer du saint démon Gregori au saint starets Gregori. De telles légendes russes sur les saints et les démons supposés, combien y en aura-t-il eu au cours de ce siècle !

Le sanglant Nicolas II puis Nicolas le martyr, le paternel et pédagogue Staline puis Staline le monstre, le divin Lénine puis Lénine le sanguinaire. Point culminant de ce renversement, les divagations préférées des ultra-nationalistes sur le mal « judéo-maçonnique ». Ainsi, selon Oleg Platonov dans *La Couronne d'épines de la Russie* : « Ce furent principalement les francs-maçons qui créèrent le mythe Raspoutine, un mythe dont le but était de noircir et de discréditer la Russie et ses principes spirituels. »

L'histoire aime les clins d'œil. Le fait est que, avant la Révolution et immédiatement après, les nationalistes d'alors accusaient Raspoutine d'être lui-même un agent des francs-maçons ! Ils soutenaient même que les « forces obscures » de la Maçonnerie avaient décidé d'exploiter son influence sur le tsar et la tsarine à leur propre profit. Raspoutine ne fut-il pas aussi accusé d'être un « crétin enjuivé entouré de secrétaires juifs » ? Les tours et retours de l'histoire dans la Russie contemporaine n'en paraissent que plus ironiques. Pour l'essayiste N. Koslov, le meurtre de Raspoutine doit ainsi être qualifié de « rituel », ordonné par des Juifs manipulant des francs-maçons !

De la sorte, un nouveau mythe a émergé, présentant le tsar et le paysan Raspoutine comme les gardiens de la Russie immémoriale, de ses fondations autocratiques et orthodoxes, comme des hommes désignés à la vindicte des maçons rêvant de livrer la Russie à l'Occident. Cette vue si tendancieuse, si simplificatrice et si vulgaire valait-elle même qu'on la discutât ?

Mais après tout, une chose et son contraire pouvaient être affirmées à loisir. Il était possible de nier les rapports de la police secrète sur Raspoutine et de les déclarer mensongers, de soutenir que Raspoutine n'était pas un soûlard ou un escroc, qu'il avait été un pur et bon chrétien, soumis à la haine de ses ennemis. Et tout cela parce qu'on ne disposait d'aucun témoignage de ses amis. Le Dossier était toujours manquant. Plus que jamais, il me fallait le retrouver.

Le Dossier

Continuant à préparer mes émissions sur le meurtre de Raspoutine, je décidai de consulter les archives de la famille Youssoupov. Or, stupidement, elles avaient été séparées en deux. La partie la plus importante était conservée aux Archives nationales russes des actes anciens. Là, se trouvait l'histoire de la fabuleuse fortune de la famille. Descendants des gouverneurs tatars passés au service des tsars de Moscovie, les Youssoupov étaient devenus en trois siècles de richissimes propriétaires fonciers : le futur assassin de Raspoutine possédait ainsi des milliers d'hectares de terres. Au XIXe siècle, ils figuraient en outre parmi les plus riches industriels du pays. En 1914, leurs revenus annuels atteignaient un million et demi de roubles-or. Une des familles les plus puissantes de Russie.

L'autre partie des archives Youssoupov était conservée au musée Historique. De la réserve, je pus exhumer la correspondance, en grande partie inédite, échangée entre Félix Youssoupov et sa femme Irina, ainsi que les lettres envoyées à son fils par une des ennemies jurées de Raspoutine : la mère de Félix, la belle Zinaïda Youssoupova. Ces lettres révèlent le secret des relations de Félix avec Marie Golovina (une des admiratrices de Raspoutine), la genèse du complot visant à éliminer le starets, et, enfin, elles présentent un nouveau tableau de l'assassinat.

Le palais Youssoupov lui-même demeure plein de secrets. On y découvre encore des endroits étranges, qui ne figurent sur aucun plan. D'ailleurs, les mystères et les cadavres ressortaient de la tradition familiale. L'arrière-grand-mère de Félix, l'assassin de Raspoutine, était une des plus belles femmes d'Europe. Après la révolution, les bolcheviks découvrirent une porte secrète dans ses appartements, et, derrière cette porte, un cercueil contenant le corps d'un homme, réduit en poussière. Son arrière-petit-fils, Félix, raconta qu'elle avait eu pour amant un dangereux révolutionnaire, qui avait été emprisonné dans la forteresse de Sveaborg et qu'elle avait fait évader. De toute évidence, elle l'avait caché jusqu'à sa mort dans son palais.

En 1925, à Moscou, dans l'antique palais du XVIIe siècle ayant appartenu à la famille Youssoupov, on remarqua que la couleur du plâtre en dessous de l'escalier d'honneur était différente de celle des murs. En creusant un trou, on trouva un réduit contenant sept coffres regorgeant de trésors manifestement entassés pêle-mêle au moment de la fuite de leurs propriétaires. Ainsi furent découverts l'argenterie des Youssoupov, leurs diamants, leurs perles, leurs émeraudes, de même que les documents de famille qui, par la suite, iraient grossir les archives.

La journée où je vins tourner au palais Youssoupov me laissa une impression bizarre. Le matin, j'avais été invité à un *lunch* par le prince Michel, duc de Kent, hôte de Pétersbourg pour quelques jours. Descendant du roi George V — sosie de Nicolas II —, le prince Michel lui aussi ressemblait énormément au dernier tsar. Par ses traits et, plus important encore, par son regard : même expression de tristesse mêlée de tendresse dans ses yeux clairs — si souvent décrite dans les Mémoires. Après cette rencontre, j'allai filmer le palais où avait été tué celui qui avait causé la perte de ce même souverain. Tout avait été préservé : je descendis l'escalier d'où le grand-duc Dimitri Pavlovitch et les autres conspirateurs écoutaient avec fébrilité ce qui se passait au sous-sol. Je sortis dans la cour par la porte qu'avait empruntée Raspoutine lorsque, couvert de sang, il avait tenté de s'échapper. Puis je retournai au sous-sol que Félix avait pour l'occasion transformé en élégant petit salon. C'est là qu'ils s'étaient retrouvés juste avant le meurtre. Ne restaient plus que deux ridicules figures de cire représentant Félix et Raspoutine. Demeuré seul, j'eus soudain le sentiment étrange d'avoir déjà vu cet endroit : cette pièce exiguë, ces fenêtres au ras du sol par lesquelles on n'apercevait que les pieds des passants, ces murs épais qui ne laissaient filtrer aucun bruit. C'était la réplique du sous-sol de la maison Ipatiev où la famille impériale avait été exécutée.

Le soir même, après le tournage, je rentrai à Moscou. Le lendemain avait lieu au Bolchoï la première de la *Khovanchtchina*. J'y avais été invité par mon ami Slava Rostropovitch, qui dirigeait l'opéra. Je regardais la scène, les costumes de l'époque du royaume de Moscovie, dans lesquels Nicolas et Alexandra aimaient tant à se déguiser lors des bals costumés. Il me semblait que tout cela était la continuation de la veille.

Et c'était en effet le cas.

À la fin du spectacle, j'allai féliciter Rostropovitch. C'est alors que, dans la loge bondée, il me lança : « J'ai un cadeau pour toi ! Ça va te rendre fou ! Tu vas en mourir ! Tu dois au plus vite venir me voir à Paris ! Je l'ai laissé là-bas ! » Il marqua une pause, mais moi, je devinais déjà ce qui allait suivre. Et il ajouta : « Je t'ai acheté des documents aux enchères chez Sotheby's. Un énorme dossier. Et tu sais sur qui ? » Je le savais. Puis il acheva : « Sur Raspoutine. Ce sont les interrogatoires menés par la Commission du gouvernement provisoire auprès de tas de gens qui l'ont connu. »

Ainsi prit fin le plus long jour de mon existence.

À Paris, dans son salon aux rideaux provenant du palais d'Hiver et ornés du blason impérial, près d'un chevalet supportant le portrait d'un Nicolas II au regard triste, peint par Sérov, Slava sortit l'énorme document. La déposition de l'éditeur de Raspoutine, Filippov, celles de Sazonov, de Marie Golovina, et de combien d'autres... C'était le Dossier contenant les dépositions citées par Simpson.

Le Dossier que j'avais si ardemment cherché !

Description succincte du Dossier

La couverture, d'un modèle standard, portait l'inscription suivante : « Commission extraordinaire d'enquête en vue d'investigations sur les actes illégaux commis par les anciens ministres et autres personnalités ». Près de cinq cents pages de documents sur formulaires spéciaux de la Commission et portant cachets et tampons. Chaque procès-verbal d'interrogatoire était signé par la personne interrogée. Ainsi trouvait-on les paraphes de Vyroubova, des célèbres admiratrices du starets, Olga Lokhtina et Marie Golovina, du chef des gendarmes Djounkovski, du colonel Komissarov, du médecin tibétain Badmaev, du ministre de l'Intérieur Khvostov, du chef de la police secrète de Moscou Martynov... C'était comme si les cellules de la forteresse Pierre-et-Paul reprenaient subitement vie. Il y avait aussi les signatures des célèbres juges d'instruction de la treizième section, qui avaient conduit les interrogatoires : T. et V. Roudnev et G. Guirtchitch.

Quelle lecture ce fut ! Le Dossier contenait notamment l'étonnante déposition de l'évêque Théophane, le célèbre ecclésiastique et ascète, qui, ainsi qu'on l'avait souvent affirmé, avait introduit Raspoutine auprès de la famille impériale. J'y trouvai aussi les témoignages des moines des lointains ermitages sibériens et du monastère de Verkhotourié, où avait commencé la mystérieuse métamorphose de Raspoutine. Et, enfin, je découvris le témoignage que je cherchais plus que tout autre — celui des personnes qui appréciaient et aimaient Raspoutine.

Une photographie qui s'anime

Il existe une célèbre image de Raspoutine, immanquablement reproduite dans toutes ses biographies. Elle le représente au milieu d'une quinzaine de femmes et de quelques hommes. La photo est laconiquement intitulée : « Raspoutine entouré de ses admiratrices ». Les témoignages tirés du Dossier permettent enfin pour la première fois d'identifier chacune des personnes figurant sur ce cliché. Et pas seulement de les identifier puisque le Dossier contient les dépositions de certaines d'entre elles. Si bien qu'au fil des pages de ce livre cette célèbre photo va en quelque sorte s'animer, en même temps que ces gens qui observaient quotidiennement Raspoutine se mettront à parler.

À part cela, se trouvaient dans le Dossier certains témoignages sans lesquels il serait difficile d'écrire une biographie impartiale de Raspoutine. Le premier d'entre eux est celui d'Alexis Frolovitch Filippov, « éditeur et sincère admirateur de Raspoutine », comme le qualifient à juste titre les adeptes des nouvelles légendes sur « saint Raspoutine ». Filippov ne fut pas seulement un admirateur de Raspoutine, il se montra aussi son défenseur acharné. Et cet éditeur — ajoutons qu'il était riche et banquier — fort d'une habitude littéraire, détailla tout ce qu'il savait au juge chargé de l'interroger : depuis la psychologie et la vie sexuelle de Raspoutine, jusqu'à son anatomie et ses organes génitaux, qui intriguaient tant la société pétersbourgeoise de l'époque. Le Dossier renferme également la déposition de Gueorgui Petrovitch Sazonov, autre « virulent défenseur de Raspoutine », pour reprendre les termes de ses nouveaux adeptes, et enfin celle de son très proche ami, l'un des individus les plus mystérieux de Pétersbourg, le guérisseur asiatique Badmaev, connu pour soigner avec des herbes tibétaines les plus hauts dignitaires de la Russie tsariste. S'ajoute à cela toute une série de dépositions provenant de dames soupçonnées des liens les plus intimes avec le « starets » : la jeune baronne Koussova, la chanteuse Varvarova, la jeune veuve Voskoboïnikova et les deux cocottes Tregoubova et Sheila Lunts. Et pour finir, mentionnons plusieurs très longs interrogatoires d'admiratrices ferventes dont Marie Golovina, Olga Lokhtina — une des lionnes de la société pétersbourgeoise que sa rencontre avec Raspoutine avait transformée en une sorte d'illuminée à demi folle —, l'amie de la tsarine Ioulia Dehn, etc.

Une grande partie des déclarations étaient retranscrites de la main même des juges. Des spécimens de leurs écritures étant conservés dans les Archives de la Fédération de Russie, de même que ceux des personnes interrogées, signataires des dépositions, il ne fut guère difficile d'établir l'authenticité des documents.

Le Dossier me permit également de confirmer la véracité des surprenants souvenirs de Joukovskaïa. J'y trouvai en effet la déposition de Prougavine lui-même, dans laquelle ce spécialiste des sectes russes corroborait que Joukovskaïa avait fait la connaissance de Raspoutine par son intermédiaire et qu'ayant emmené Prougavine chez Raspoutine, mais aussi qu'étant devenue une habituée de Raspoutine, ses récits avaient permis à celui-ci d'écrire sa nouvelle. En outre, d'après Prougavine, c'était son « érotisme » qui avait poussé Joukovskaïa à essayer de comprendre jusqu'au bout l'énigmatique enseignement du starets. En conclusion, elle savait parfaitement de quoi elle parlait dans ses souvenirs.

J'évoquerai, en dernier lieu, une source d'information importante dont il est question dans le Dossier. L'ennemi de Raspoutine, le moine Iliodore, avait publié à l'étranger son célèbre livre sur Raspoutine *Un Démon saint*. Cet ouvrage est souvent considéré comme une pure et simple pasquinade ne méritant pas qu'on s'y attarde sérieusement. Or, dans le Dossier, la Commission extraordinaire avait longuement posé des questions sur ce livre aux personnes qui s'y trouvaient mentionnées. Il s'avérait que, pour l'essentiel, Iliodore disait la vérité. Il possédait bien des lettres de la tsarine et des grandes-duchesses et il les citait fidèlement. Il détenait également le journal intime de Lokhtina, cette folle, adepte de Raspoutine. Ce que confirmait Lokhtina elle-même dans le Dossier. Ayant pris connaissance du livre d'Iliodore, Lokhtina, de même que l'évêque Théophane, ne feraient que quelques remarques sur des points de détail. Ainsi convenait-il de ne pas négliger Iliodore en tant que source.

Une maison sortie du néant

Alors que j'avais déjà commencé à écrire ce livre, je reçus la dernière partie des documents inédits sur Raspoutine se trouvant dans les archives de Sibérie. Et, parmi eux, l'inventaire de ses biens dressé immédiatement après son assassinat. On peut y lire une description détaillée de sa légendaire maison de Pokrovskoïé. Je connaissais désormais chaque fauteuil de sa demeure, chaque verre de son service de table. Je pouvais décrire avec précision l'intérieur style « petit-bourgeois citadin », qu'il avait installé dans les pièces du haut, où séjournaient ses admiratrices pétersbourgeoises, aussi bien que le rez-de-chaussée d'un style traditionnel paysan, un peu lourdaud.

Maintenant, je voyais ce que lui-même avait vu. J'entendais ses paroles, telles qu'elles nous sont restées à travers ses œuvres. Raspoutine était désormais vivant. Je pouvais commencer... En sortirait-il un nouveau portrait ? Je l'ignorais. En revanche, je savais qu'il serait fidèle. La contribution de ceux qui avaient aimé Raspoutine en serait le garant.

Si ce livre entend mettre un point final à l'enquête sur ce personnage mystérieux, engagée en 1917 par le gouvernement provisoire, il s'agit bien d'une investigation originale car seuls ceux qui ont effectivement connu Raspoutine y ont la parole. Plus important encore, l'on pourra enfin entendre leurs voix, leurs témoignages, jamais publiés, se trouvant uniquement dans le Dossier.

Alors que j'achevais mon ouvrage sur le dernier tsar, d'un trait insouciant, j'avais pu écrire : « En finirai-je jamais avec ce livre ? » Et voilà que toute la foule de mes vieilles connaissances a fait de nouveau irruption dans ma vie. Et que, de nouveau, j'ai recommencé à voir en rêve cette terrible nuit. La fin, dans un sous-sol crasseux, d'un empire vieux de trois siècles. De nouveau le tsar tombe à la renverse, les deux fillettes sont à genoux contre le mur, se protégeant des balles derrière leurs bras levés, tandis que le commandant Yourovski se précipite au milieu de la fumée crachée par les fusils pour achever le petit garçon qui rampe par terre. À cela près que, maintenant, dans cette fumée, je vois aussi un paysan barbu. Un homme qui a tout fait pour que cette pièce sorte de l'oubli. Qui savait que cela arriverait un jour.

2

L'énigmatique pèlerin

La période de légende

La majeure partie de l'existence de Grigori Raspoutine demeure obscure. En 1917, les enquêteurs de la Commission extraordinaire interrogèrent les habitants de son village, essayant sans succès d'établir le début de sa biographie. Ils ne parvinrent qu'à forger une version idéologique de la fable initiale sur le moujik chapardeur et buveur dès sa jeunesse. Les Mémoires de Matriona, la fille de Raspoutine, ne sont pas non plus d'une grande aide. Écrits en émigration, ils représentent avant tout le fruit commun de son imagination et de celle de la journaliste qui l'aida à les rédiger.

Cependant, dans les archives de la Commission, je trouvai le propre récit de Raspoutine concernant cette période de sa vie. En 1907, devenu un familier du couple impérial, il racontait volontiers ses pérégrinations à travers la Russie. Il fut alors décidé de coucher ces récits sur le papier. Cette retranscription, intitulée *Vie d'un Pèlerin expérimenté*, était conservée par la tsarine. Mais n'oublions pas que Raspoutine racontait ce que ses royaux admirateurs voulaient entendre de lui, c'est-à-dire une sorte de « Vie de saint Grigori ». Autrement dit, encore une légende. Néanmoins, on y décèle les traces de ce qui nous intéresse le plus, et que les archives sibériennes viendront compléter : la mystérieuse métamorphose de Raspoutine.

La date de naissance disparue

Grigori Efimovitch Raspoutine naquit dans le village de Pokrovskoïé, district de Tioumen, province de Tobolsk. Cette petite bourgade perdue au milieu des étendues sibériennes, située sur les bords de la rivière Toura, côtoyait une grande route, le long de laquelle, sur des centaines de verstes, les cochers poussaient leurs chevaux, depuis la petite ville ouralienne de Verkhotourié, avec son monastère Nicolaev que Grigori devait tant aimer. Et ce serait cette route, qui traversait Pokrovskoïé et qui passait devant la maison de Raspoutine, qu'emprunterait la famille impériale, en cette terrible année 1918, pour se rendre à Ekaterinbourg, où la mort l'attendait.

La date de naissance de notre héros est longtemps restée une énigme. Jusqu'à récemment les biographes de Raspoutine proposaient les dates les plus diverses, entre 1860 et 1870. Les encyclopédistes soviétiques donnent la date approximative de 1864-65. À Pokrovskoïé, village de naissance de Raspoutine, on peut toujours voir les ruines de l'église Notre-Dame où il a été baptisé. Et les archives de Tobolsk ont conservé un certain nombre des registres de cette église. Dans l'un d'eux on trouve la mention du mariage, le 21 janvier 1862, du paysan Efim Iakovlevitch Raspoutine, vingt ans, avec Anna Vassilievna, vingt-deux ans, fille de paysan.

Anna mit successivement au monde plusieurs filles, qui toutes moururent bébés. Enfin, le 7 août 1867, elle donna naissance à un garçon, Andreï. Mais ce dernier décède à son tour en bas âge. De même que pour Hitler et Staline, tous les enfants nés précédemment meurent. Comme si Dieu avait voulu adresser une mise en garde à ces parents. Puis arrive l'année 1869. Jusqu'à cette date on ne trouve aucune mention de la naissance de Grigori dans les registres paroissiaux. Si bien qu'il s'avère impossible qu'il soit né avant 1869 et qu'en conséquence les dates figurant dans les encyclopédies sont erronées. Quant aux registres paroissiaux postérieurs à 1869, ils ont disparu des archives !

Il m'a néanmoins été possible d'établir la date exacte de la naissance de Raspoutine. Dans les archives de Tioumen, se trouve en effet un recensement des habitants de Pokrovskoïé, où, à côté du nom de Grigori, le 10 janvier 1869 figure dans la colonne « Date de naissance ». C'est le jour de la Saint-Grégoire, ce qui explique le prénom donné à l'enfant.

Raspoutine a lui-même tout fait pour entretenir la confusion sur sa date de naissance. En 1907, dans le « Dossier du Consistoire de Tobolsk », il affirme avoir quarante-deux ans. Il se vieillit donc de quatre ans. Sept ans plus tard, lors de l'enquête sur la tentative de meurtre commise sur sa personne par Khiona Gousseva, il déclare : « Mon nom est Grigori Efimovitch Raspoutine-Novykh, cinquante ans. » Là, il se rajoute cinq ans. Dans le carnet datant de 1911, dans lequel la dernière tsarine notait les pensées et aphorismes de Raspoutine, ce dernier dit en parlant de lui-même : « J'ai vécu cinquante ans et j'entame ma sixième décennie. » Cette fois, il s'attribue huit années de plus !

Cette persistance à vouloir se vieillir est assez facile à comprendre. La tsarine l'appelait « starets ». Or les starets, je l'ai indiqué, forment une catégorie d'individus bien spécifique dans la vie religieuse russe. Originellement on appelait ainsi les moines, et plus particulièrement les moines anachorètes ; à partir du XIXe siècle, le terme est utilisé pour désigner certains moines qui, par une vie extrêmement pieuse, par la pratique de la prière et du jeûne, apparaissent tels des élus de Dieu, lequel leur a donné le pouvoir de prophétiser et de guérir. Guides spirituels, ils sont les intercesseurs entre les hommes et Dieu. Pour la conscience populaire, le starets doit être un très vieil homme, fort d'une grande expérience et qui, du fait de son grand âge, est détaché des choses terrestres. Dans le dictionnaire de la langue russe, la définition s'apparente d'ailleurs à « l'ancien ». Ainsi, Raspoutine, appelé « starets » par la tsarine, était-il gêné de sa relative jeunesse. Il avait quelques années de moins que le tsar. Il se vieillissait donc volontairement, ce que rendait possible son visage de paysan ridé, prématurément vieilli.

Un nom de famille déshonorant

Son nom de famille vient du mot honteux de *raspouta*. Les touchantes tentatives des chercheurs occidentaux et des admirateurs slaves de Raspoutine pour trouver à son nom d'autres étymologies comme *raspoutitsa* (période où, au printemps et en automne, les routes sont rendues impraticables par la boue) ou encore *raspoutja* (croisement de deux ou plusieurs routes) n'attestent que d'une méconnaissance des règles de formation des noms de famille russes : « Le nom “Raspoutine” provient du nom commun *raspouta*, individu immoral, bon à rien » (V.A. Nikonov, *Dictionnaire des noms de famille russes*) ; « *Raspouta* — libertin (*bespoutnyj*), bon à rien (*nepoutevyj*) débauché (*raspoutnyj*) — servait parfois comme prénom masculin. À l'époque d'Ivan le Terrible, sur les bords de la mer Blanche, vivait un homme qui donna à ses fils les prénoms de Raspouta et Bespouta » (I. Fedossiouk, *Les noms de famille*). Étymologie indubitable, donc, et raison pour laquelle le tsar essaiera plus tard de changer ce nom de famille jugé douteux pour un saint homme.

Raspoutine fut un jeune homme chétif et sans attraits, qui néanmoins possédait déjà son étrange regard hypnotique, ainsi qu'une certaine langueur empreinte de tendresse qui déroutait les butors de son âge mais attirait les jeunes filles. Selon les témoignages des habitants de son village, plus d'une fois, il se fit battre pour avoir été surpris en compagnie de jeunes filles. Devant rassembler miette par miette les éléments de cette époque de sa vie, je trouvai, dans un numéro de la revue *Temps Nouveau*, daté de 1912, l'article d'un journaliste connu, M. Menchikov, relatant un entretien qu'il avait eu avec Raspoutine. Il y cite un récit du starets, à tonalité poétique, concernant son adolescence : « À l'âge de quinze ans, dans mon village, quand le soleil brûlait et que les oiseaux chantaient les chansons du paradis... je rêvais à Dieu. Mon âme se projetait au loin... Plus d'une fois j'ai rêvé... et pleuré, sans savoir d'où venaient ces larmes ni pourquoi elle étaient là. Ainsi passa ma jeunesse. Dans une sorte de contemplation, dans une sorte de rêve. Plus tard, quand la vie me heurtait, je courais me réfugier dans un coin pour prier en secret. » Cet entretien avait tellement ravi le célèbre journaliste que la femme du général Bogdanovitch, qui tenait un des célèbres salons de Pétersbourg, écrivit dans son journal intime : « 26 février 1912. Menchikov a déjeuné avec nous. Il dit avoir vu Raspoutine... qu'il est un homme croyant, sincère et ainsi de suite. »

Or, c'est dans cette même langue poétique que Raspoutine raconte dans sa *Vie* le grand mystère de sa métamorphose.

La joie de la souffrance

« Son père l'envoie chercher du foin et du pain à Tioumen, à environ quatre-vingts verstes de là, et il revient à pied, sans un sou, portant des marques de coups, ivre, parfois sans chevaux. » Ainsi un habitant de Pokrovskoïé témoigne-t-il devant la Commission extraordinaire de cette jeunesse dévergondée où, dès le début, le jeune paysan à l'allure peu engageante recelait en lui une force dangereuse qui trouvait un exutoire dans la débauche, les bagarres et l'alcool. Cette force pesait sur lui tel un lourd fardeau. « J'étais insatisfait, racontait Raspoutine à Menchikov. Il y avait plein de choses auxquelles je ne trouvais pas de réponses, alors j'ai commencé à boire. » L'ivrognerie était coutumière chez les paysans. Son père buvait. Et, comme son père, il était ivre en permanence. Désormais, cette tendre rêverie qui lui avait valu le surnom méprisant de Grichka le Sot alternait avec des bacchanales effrénées et féroces. Un autre villageois décrit à la Commission extraordinaire le « Grichka violent, insolent, à la nature dépravée, qui ne se battait pas seulement avec les étrangers mais aussi avec son propre père ».

« Mais tout de même, au fond de mon cœur, je me demandais comment les gens trouvent le salut », raconte Raspoutine dans sa *Vie*. Et c'était probablement vrai. L'existence bornée des paysans — travail du soir au matin, tout juste interrompu par les beuveries —, était-ce cela la vie ? Sinon, c'était quoi ? Il l'ignorait. Et il continuait à boire de plus belle. Et, manquant d'argent pour ses débauches, il se laissait entraîner dans de sales affaires. Un de ses voisins de Pokrovskoïé, E. Kartavtsev, déclara devant la Commission extraordinaire : « J'ai surpris Grigori en train de me voler les piquets de la clôture qui entourait mon foin. Après l'avoir démolie il a chargé les morceaux sur un chariot, prêt à partir. Mais je l'ai attrapé et j'ai voulu l'amener, avec son larcin, au *volost* [l'administration de district]. Il a essayé de fuir en me menaçant avec sa hache, mais moi je lui ai donné un coup de pieu si fort que le sang s'est mis à pisser de son nez et de sa bouche... D'abord j'ai cru que je l'avais tué, mais il s'est mis à bouger. Et je l'ai emmené au *volost*. Il ne voulait pas y aller. Alors je lui ai flanqué quelques coups de poing dans la figure, après quoi il y est allé de son plein gré... Après cette volée de coups, il est devenu comme bizarre et un peu simplet. »

Un coup de pieu... le sang qui ruisselle — rien de plus ordinaire que tout cela. Les rixes, sanglantes, sans merci, faisaient partie du quotidien, en Sibérie. Par sa constitution, Raspoutine n'avait rien d'un hercule. Néanmoins, comme nous le verrons plus d'une fois par la suite, il était doté d'une force physique hors du commun. Si bien que les coups assenés par un Kartavtsev déjà plus tout jeune n'avaient pas dû lui faire beaucoup d'effet. Ce n'est pas un hasard si, ainsi que le déclare le même Kartavstev, il a continué ses rapines : « Juste après le vol des piquets, on m'a dérobé une paire de chevaux au pâturage. C'est moi qui gardais les bêtes, et j'ai vu Raspoutine et ses camarades s'approcher d'elles à cheval. Mais je n'y ai pas prêté attention. Quelques heures plus tard, j'ai découvert que les chevaux avaient disparu. » Or, ses camarades allèrent seuls vendre les chevaux en ville. Selon Kartavtsev, pour une raison qu'on ignorait, Raspoutine les avait quittés et était rentré chez lui.

Effectivement, quelque chose était arrivé à Raspoutine lorsqu'il avait été battu. Et l'explication donnée par le brave Kartavtsev sous-entendant que ses coups avaient rendu Raspoutine « bizarre et un peu simplet » n'est pas la bonne. Non, le pauvre homme n'était pas en mesure de comprendre cette nature obscure et complexe. Manifestement, lorsque le coup de pieu avait manqué le tuer, quand le sang s'était mis à jaillir de son visage, Raspoutine avait éprouvé une sensation particulière. L'adolescent, roué de coups, avait éprouvé une joie étrange au fond de lui-même, quelque chose que plus tard il appellerait « la joie de l'humiliation », « la joie de la souffrance, de l'outrage ». « L'outrage est une joie pour l'âme », expliquerait-il quelques années plus tard à l'écrivain Joukovskaïa. Voilà pourquoi Grichka avait si docilement accepté de se rendre au *volost* pour y recevoir sa punition. Et voilà pourquoi, après le second vol, il n'était pas allé en ville pour vendre les chevaux. Sans doute est-ce de ce moment-là que date sa métamorphose. Il semble bien que les habitants de son village aient perçu ce changement. C'est sans doute pour cette raison qu'après le vol des chevaux, quand fut soulevée « la question de l'éventuelle déportation en Sibérie orientale de Raspoutine et de ses compagnons pour mauvaise conduite », seuls les compagnons furent bannis, conformément au « verdict de la société », tandis que Raspoutine était acquitté.

Puis arriva pour le jeune homme le temps de se marier, autrement dit de prendre une nouvelle paire de bras pour travailler. Originaire du village voisin de Doubrovnoïé, sa femme, Prascovia Fiodorovna, était de deux ans son aînée. À l'époque, à la campagne, il arrivait fréquemment qu'on choisisse son épouse non pour sa jeunesse et sa beauté, mais parce que sa solide constitution lui permettait de travailler dur, aux champs comme à la maison.

D'après le recensement de 1897, Raspoutine, alors âgé de vingt-huit ans, vivait toujours chez son père. Le foyer se composait du chef de famille, Efim Iakovlevitch Raspoutine, cinquante-cinq ans, de son épouse, Anna Vassilievna, cinquante-cinq ans, de leur fils, Grigori, vingt-huit ans, et de l'épouse de ce dernier, Prascovia Fiodorovna, trente ans. Tous étaient répertoriés comme agriculteurs et tous étaient illettrés.

Prascovia se révéla une épouse exemplaire. Elle mit au monde trois garçons et deux filles. Et, chose primordiale, elle se montra d'autant plus acharnée au travail que, pour sa part, Grigori s'absentait fréquemment pour aller visiter les lieux saints. À cette époque, sa métamorphose était devenue définitive.

« J'en arrivai à la conclusion que, dans la vie du simple paysan Raspoutine, s'était produit un profond bouleversement émotionnel qui avait entièrement modifié son psychisme et l'avait amené à se tourner vers le Christ », écrira T. Roudnev, un des juges d'instruction de la Commission extraordinaire.

Le mystère commence

« J'ai, comme on dit, vécu "dans le monde" jusqu'à l'âge de vingt-huit ans... avant j'étais avec le monde, c'est-à-dire que j'aimais ce qui était dans le monde », racontait lui-même Raspoutine. Là, se situa le tournant, le moment où se produisit la mutation. Selon la légende, il travaillait alors comme postillon, à savoir qu'il utilisait ses propres chevaux pour conduire des gens en ville. Ainsi emmena-t-il un jour, à Tioumen, Meleti Zborovski, étudiant en théologie, futur évêque et recteur du séminaire de Tomsk. En chemin, les deux hommes parlèrent de Dieu. La conversation produisit un bouleversement dans l'âme de Raspoutine. Ou disons plutôt que son âme n'attendait que cette conversation pour se transformer.

La discussion porta sur le Dieu de miséricorde qui attend le retour du fils prodigue jusqu'au dernier souffle humain, de sorte qu'« à onze heures passées il est encore temps de revenir à Lui ». Et surtout Meleti lui dit ces mots essentiels : « Va et cherche ton salut. » Raspoutine voulut poursuivre cette conversation. Mais, comme c'était généralement le cas dans les campagnes, le prêtre de Pokrovskoïé était un ignorant. Si bien que le jeune homme ne put obtenir de lui ce qu'il avait obtenu du futur maître de théologie. Il résolut alors de partir à la recherche de nourriture spirituelle, ce « pain angélique de l'âme humaine ».

Raspoutine, donc, se rendit tout d'abord dans les monastères proches de son village, à Tioumen et Tobolsk. Ainsi, commençant sa vie de pèlerin errant, il allait à pied en suivant le cours de la Toura. Parlant de ces premières pérégrinations, il écrirait dans sa *Vie* : « J'avais devant les yeux l'image du Sauveur lui-même marchant le long de la rive... La nature m'a appris à aimer Dieu et à parler avec Lui. » Ce culte païen et primitif de la nature devait tenir une place importante dans ses futurs préceptes. Car, pour lui, Dieu vivait dans les arbres, résonnait dans le chant des oiseaux et depuis chaque brin d'herbe observait celui qui passait.

Quand il revint dans son village, il était un autre homme.

Dorénavant, il avait de plus en plus souvent des visions. Les visions et les miracles devinrent sa réalité. Il sentait de plus en plus nettement la présence du divin à l'intérieur de lui. « Une fois, je dormais dans une chambre où se trouvait une icône de la Vierge. Au milieu de la nuit je me réveillai et je vis l'icône pleurer. "Grigori, je pleure sur les péchés humains. Pars à l'aventure, va délivrer les hommes de leurs péchés." » Mais, à Pokrovskoïé, personne ne croyait ce que racontait l'ancien ivrogne débauché. Même à la maison on se moquait de lui. Un jour, alors qu'il participait au battage du blé, sa famille commença à se moquer de sa ferveur religieuse. Alors « il planta sa pelle dans un tas de grain et, tel qu'il était, il repartit vers des lieux saints ».

Les pèlerins de la Sainte Russie disparue

Ainsi était-il devenu un homme nouveau. Non seulement il avait cessé de boire et de fumer mais encore se privait-il de viande et de sucreries. Il était devenu un *strannik*, un pèlerin vagabond.

Jusqu'à l'orée des Temps modernes, le pèlerinage avait fait partie de la vie russe. Chaque paysan accomplissait un pèlerinage dans les lieux saints. Généralement il s'agissait de monastères célèbres pour leurs reliques ou leurs icônes miraculeuses. Les nobles aussi entreprenaient des pèlerinages. Mais ils se déplaçaient en attelage et non à pied, sac au dos, comme le faisaient les paysans. Il y avait même eu deux tsarines, Élisabeth et la Grande Catherine, pour mener de tels périples. À la fin du XIXe siècle, cette pratique devint exceptionnelle. La Sainte Russie entrait dans la légende. Désormais, rares étaient ces « hommes de Dieu » qui abandonnaient leur foyer pour aller à pied vénérer les saintes icônes ou reliques. Dans sa *Vie d'un pèlerin expérimenté*, Raspoutine raconte ses visites des monastères de Kiev, des églises de Moscou et de Pétersbourg. Il partait de son village de Sibérie et, besace au dos, marchait jusqu'à Kiev ou Pétersbourg, couvrant des milliers de verstes sur les routes sans fin de la Russie, quémandant un peu de nourriture et le gîte pour la nuit. Ainsi allait-il de village en village, d'église en église, de monastère en monastère. Pour les paysans, lui donner un abri pour la nuit était considéré comme un devoir sacré. En ces *stranniki*, ils voyaient les derniers héritiers de la Sainte Russie disparue. Parfois, sur la route déserte, le pèlerin sans défense se faisait attaquer par des brigands. Dans sa *Vie*, Raspoutine rapporte qu'il leur disait : « Cela n'est pas à moi, c'est à Dieu... Prenez ce que j'ai, je vous le donne avec bonne grâce. » Et enfin, sur cette route qui semblait ne jamais finir, surgissait un village et sa petite église. « Le son de la cloche réjouit le cœur. » Mais le voyageur fatigué ne ressent pas la joie de rencontrer le temple de Dieu, « le diable lui parle de la chair : "Mets-toi sur le parvis, demande l'aumône, la route est longue, il faut beaucoup d'argent... prie pour qu'on t'invite à déjeuner, qu'on te nourrisse bien." Ainsi j'ai eu à lutter contre ces pensées-là. »

Satan tout près

La première des ruses de Satan consiste à nous convaincre qu'il n'existe pas. Or, pour Raspoutine, non seulement l'existence de Satan était une évidence, mais encore l'adversaire rôdait-il en permanence autour de lui. Satan, écrirait-il, apparaît « sous la forme d'un miséreux qui chuchote au pèlerin mort de fatigue et de soif qu'il reste encore de longues verstes à parcourir jusqu'au prochain village ». Il faisait alors le signe de croix ou entonnait le psaume du chérubin, et aussitôt le village surgissait devant ses yeux.

Un témoin qui avait rencontré Raspoutine de retour d'une de ses pérégrinations raconta à la Commission extraordinaire qu'« il lui avait paru bizarre... Il chantait quelque chose, gesticulait et menaçait du poing ». Il garderait en fait toujours cette manière de s'adresser en permanence à Satan, de le menacer et, par des cantiques, de faire appel à Dieu pour qu'il l'aide dans sa lutte contre le diable. Ennemi rusé, celui-ci voulait reprendre en son pouvoir l'âme vouée à Dieu. « Et pour cela il est aidé par les gens. Tous observent celui qui cherche le salut comme s'il était une espèce de brigand, et tous se moquent de lui », préciserait Raspoutine dans sa *Vie*.

Pendant toute cette période, son état d'étrange nervosité fut une cause de souffrances, notamment lors du dégel. « Au printemps, je restais quarante jours sans dormir, se rappellerait-il dans sa *Vie*, et cela dura de l'âge de quinze à trente-huit ans. » Mais dans le monde de miracles dans lequel il vivait désormais, il lui était facile de guérir. Il lui suffisait, par une fervente prière, de solliciter l'aide de son saint favori. Ainsi s'adressait-il à Syméon de Verkhotourié.

Le saint très puissant

À cette époque, ses errances le conduisaient fréquemment vers le monastère Nicolaev de Verkhotourié. Ce très ancien monastère, fondé au XVIe siècle, était situé au confluent de deux petites rivières. De toute la Sibérie, des pèlerins y venaient pour s'incliner devant les reliques du juste Syméon, le saint préféré de Raspoutine, à qui il attribuait l'avènement de sa force inexplicable.

Né au tout début du XVIIe siècle, Syméon de Verkhotourié vécut sur les rives de la Toura. Pèlerin errant, comme Raspoutine, il parcourait les villages alentour ou bien vivait en solitaire au bord de la rivière, avec pour tout logis, une pierre sous un sapin, sur laquelle le saint aimait à s'asseoir. Victime d'excès d'abstinence et de jeûne, Syméon mourut en 1642. Un demi-siècle plus tard, ainsi que le notifie la très canonique *Vie de saint Syméon*, on remarqua que son cercueil sortait de la terre puis, à travers les planches, on aperçut ses impérissables reliques. Bientôt, sur la sainte tombe, advinrent des guérisons miraculeuses. Toujours selon la *Vie*, le premier miraculé, à la fin du XVIIe siècle, portait le nom de Grigori. Ramassant « de la terre sur la tombe, il s'en frotta les membres et fut guéri ». Pendant les deux cent cinquante ans qui suivirent, les pèlerins affluèrent de tous les coins de la Russie. Au début du XVIIIe siècle, eut lieu le transfert solennel des reliques du saint au monastère de Verkhotourié. Et, comme le dirait plus tard Raspoutine, ce fut par elles que « Syméon le Juste de Verkhotourié m'a guéri de la maladie d'insomnie ».

Syméon devint son saint patron et, jusqu'à sa mort, Raspoutine devait se rendre régulièrement au monastère, y emmenant ses plus ferventes admiratrices. C'est encore Syméon de Verkhotourié que Raspoutine appellerait à l'aide lorsqu'il tenterait pour la première fois de se rapprocher de la famille impériale. Et son premier cadeau à cette même famille serait une icône du saint. Des années plus tard, alors que la destinée de Raspoutine connaîtrait le déclin, Syméon resterait près de lui, l'accompagnant jusqu'à la mort.

En 1918, en même temps que périssait la famille impériale, disparurent les reliques de saint Syméon, jetées hors de leur sanctuaire par les bolcheviks.

La métamorphose de Raspoutine marqua le début de ses prophéties ainsi qu'il le confia à Joukovskaïa : « Le jour où le Seigneur me visita... ce fut comme si je n'étais plus moi-même... en chemise dans le froid glacial, je me mis à courir à travers le village en appelant à la repentance. Puis je repris mes esprits... et, de partout, des paysans accoururent vers moi : Tu avais raison, Gricha, me dirent-ils. Nous aurions dû depuis longtemps nous repentir, car cette nuit la moitié du village a brûlé. » Sa réputation et les rumeurs sur ses miracles commencèrent à se répandre dès le tournant du siècle et, à en croire Mgr Théophane, inspecteur de l'Académie de théologie de Pétersbourg, « il lui était donné de clore le ciel, et la sécheresse s'abattait sur la terre jusqu'à ce qu'il ordonnât aux cieux de s'ouvrir à nouveau ». Or, de plus en plus fréquemment, Raspoutine revenait de ses pèlerinages accompagné de « deux ou trois femmes plus ou moins vêtues comme des religieuses ». Il avait maintenant des disciples. Des disciples féminins pour être précis.

L'oratoire sous l'écurie

Était-ce un hasard si saint Séraphim de Sarov, un des derniers grands saints russes du XIXe siècle, marchait lui aussi entouré de jeunes filles ? Il devenait difficile de trouver, au sein des paysans, des hommes prêts au sacrifice divin. Parmi les premiers disciples de Raspoutine figurèrent ainsi Dounia et Katia Petchorkine (tante et nièce, et non sœurs comme le prétendent fréquemment les biographes), deux femmes qui vivaient avec lui « pour le pain », autrement dit en tant que domestiques. Katia, à cette époque toute jeunette, suivrait Raspoutine à Pétersbourg, où elle deviendrait sa servante. Ce serait à elle qu'il échoirait de voir le visage de l'assassin de son maître, cette terrible nuit de décembre 1916.

Il y avait peu d'hommes dans le cercle des adeptes de Raspoutine. Juste son parent, Nicolas Raspoutine, et deux autres garçons de son village, Nicolas Raspopov et Ilya Arsionov. Lors de l'enquête du Consistoire de Tobolsk, accusant Grigori d'appartenir à une secte, Nicolas Raspoutine parla d'un oratoire aménagé dans le sous-sol de l'écurie. Comme le confirmeraient certains témoins de la Commission extraordinaire, « les membres du groupe se réunissaient en grand secret dans une cavité creusée sous l'écurie ; ils chantaient et lisaient l'Évangile, dont le sens caché leur était dévoilé par Raspoutine ». Mais l'enquête ne put rien apprendre de plus sur ce « sens caché ».

Raspoutine ne resta pas longtemps à Pokrovskoïé. De nouveau il abandonna ses disciples pour aller visiter les monastères. Et ses voyages se firent de plus en plus austères : « Pour l'expérience et pour m'éprouver, plus d'une fois, venant de Tobolsk, j'arrivai à Kiev sans avoir changé de vêtements pendant six mois et, souvent, je marchais trois jours de suite en mangeant presque rien. Les jours de grosse chaleur je m'imposais le jeûne. Je ne buvais pas de kvas, mais je faisais aussi bien que les journaliers avec qui je travaillais. Après le travail, je me sauvais pour aller me reposer et prier. »

Ainsi, de cette manière sublime, faisait-il « aux tsars » le récit de sa transfiguration. Mais il leur cachait l'essentiel : les cloîtres dangereux perdus au plus profond des forêts sibériennes, leurs surprenantes croyances, l'orthodoxie « populaire », autant de choses qui avaient forgé l'esprit de ce moujik à demi illettré, à l'enseignement si énigmatique. Il ne leur disait rien non plus de cette Russie religieuse qui, pendant des siècles, avait secrètement existé parallèlement à l'Église officielle.

La Sainte Russie cachée

La méfiance à l'égard de l'institution ecclésiastique avait des racines profondes en Russie. Si le christianisme y fut adopté au xe siècle, le paganisme ne la quitta jamais pour autant. En Russie, les églises chrétiennes furent souvent construites à l'emplacement des anciens lieux sacrés et les dieux d'autrefois n'en continuèrent pas moins d'exister furtivement. Le dieu Volos, par exemple, dont la puissance indomptable, selon la tradition, se manifestait tour à tour dans la fécondité et la destruction du monde, se transforma en « saint Vlassi le Thaumaturge, serviteur de Dieu ». Peroun, le dieu de la foudre, fut remplacé par le prophète Élie déclenchant la tempête. Ainsi la vénération et la déification païennes de la nature demeurèrent dans l'âme populaire. Et la facilité avec laquelle le peuple, après la révolution, détruisit ses églises sur ordre des bolcheviks, rappelle de façon surprenante la facilité avec laquelle le même peuple avait brûlé ses temples païens sur ordre des princes.

Des régions entières vécurent cette période de mille ans dans la cohabitation du paganisme et du christianisme. Les anciens sorciers côtoyaient les saints anargyres : les thaumaturges guérissaient, les sorciers jetaient des sorts ou les conjuraient. Mais, plus qu'ailleurs, la Sibérie et le bassin de la Volga étaient dominés par cette curieuse « orthodoxie populaire ».

Une Amérique russe

Au XVIIe siècle, les étendues forestières du bassin de la Volga montaient très haut vers le nord. Le long des affluents étaient disséminés de rares petits villages, séparés les uns des autres par des forêts impénétrables. Les gens vivaient là, coupés du reste du monde chrétien. Bien qu'orthodoxes, par leurs coutumes primitives ils ressemblaient aux autochtones de ces régions, redoutables peuples de chasseurs, les Tchérémices et les Votiaks dont l'on disait « qu'ils vivent dans la forêt, invoquent les souches d'arbres, se marient autour d'un sapin, et les démons s'adressent à eux par des chants ».

Au cours de la deuxième décennie du XVIIe siècle, de nouvelles populations vinrent s'installer dans ce difficile univers. Ils étaient les enfants de cette sanglante période appelée Temps des Troubles (1584-1613), qui avait déferlé sur la terre russe avec ses révoltes et son État déliquescent, et dont l'accession au trône de la dynastie des Romanov avait marqué la fin. Craignant la colère des nouveaux tsars, les récents insurgés avaient fui en Sibérie et le long du bassin de la Volga. Ceux qui, pendant le Temps des Troubles, avaient pillé la Russie, l'avaient noyée dans le sang se réfugièrent au cœur des forêts pour échapper au knout et à la potence. C'était une sorte d'« Amérique russe », l'idée d'une nouvelle frontière et d'un nouveau monde.

Le grand schisme de l'Église russe

Quelques décennies plus tard, de nouveaux réfugiés arrivèrent dans les forêts du bassin de la Volga puis de Sibérie. La réforme de l'Église entreprise par le tsar Alexis Mikhaïlovitch s'accompagnait de la refonte des textes sacrés et de la modification de certains rites. En particulier, il fallait désormais se signer avec trois doigts et non plus deux. Ce doigt de plus ou de moins donna lieu à un véritable bain de sang. De nombreux croyants déclarèrent que les « nouveaux livres » et les nouveaux rites n'étaient autre qu'une manœuvre de Satan.

Ils gardèrent les anciens rites, continuant de se signer comme avant et ne lisant que les versions anciennes des Écritures. Ils se donnèrent le nom de « vieux-croyants ».

Le grand schisme avait commencé. L'Église se mit à châtier sévèrement les vieux-croyants. Emprisonnements, exécutions, suicides collectifs par le feu, rien ne manqua. Désormais les vieux-croyants établissaient leurs ermitages dans des lieux inaccessibles aux autorités, dans ces mêmes forêts du bassin de la Volga.

Avec le développement de l'industrie et le défrichage des forêts, les communautés des schismatiques reculèrent au-delà de l'Oural, vers les forêts de Sibérie. Si bien que, pendant les trois siècles que dura la dynastie des Romanov, il exista en Sibérie, à côté de l'Église officielle, une « Église du peuple » relativement puissante bien que clandestine.

Le tsar dirige l'Église

Le mouvement de réforme qu'avait commencé le tsar Alexis Mikhaïlovitch fut poursuivi par son fils Pierre le Grand qui abolit le patriarcat séculaire et institua un Saint-Synode ayant à sa tête un haut-procureur, en charge désormais des affaires ecclésiastiques.

Qu'Alexandre III, père de Nicolas, fût un homme profondément religieux, ne changea rien au fait que l'Église était toujours étroitement subordonnée au pouvoir du tsar. À la tête du Saint-Synode se trouvait un favori d'Alexandre III, K. P. Pobedonostsev, un des hommes les plus brillants du pays. Mais, comme cela est souvent le cas en Russie, il mit toute son intelligence au service de l'oppression, étouffant dans l'œuf la moindre tentative de limiter le pouvoir de l'État sur l'Église. Cet homme, pourtant profondément croyant, n'eut de cesse qu'il ne contînt le monde immense de la vie religieuse dans les limites d'une bureaucratie impitoyable et qu'il n'obligeât les hiérarques de l'Église à ne reconnaître qu'une loi, celle du tsar et du haut-procureur, en la condamnant de la sorte à un état de profonde léthargie.

Or, pendant ce temps le chaudron social bouillait. Peu de temps avant sa mort, le tsar Alexandre III confia à un de ses courtisans, l'adjudant général, O. Richter : « Je sens que les affaires de la Russie ne vont pas comme il faut », « J'y ai longuement réfléchi, répondit ce dernier, et je vois le pays comme un colossal chaudron, dans lequel se produit une fermentation, tandis qu'autour marchent des gens munis d'un marteau. Ainsi, quand dans les parois apparaît le moindre trou, ils y posent immédiatement un rivet. Mais un de ces jours le gaz sous pression va percer un trou si grand qu'il sera impossible de le boucher, et alors nous suffoquerons tous ! » Richter devait se souvenir que le souverain se mit alors à soupirer comme en proie à une profonde souffrance.

Affaiblie, l'Église n'était plus d'aucun secours en cas de catastrophe. Le peuple ne faisait plus confiance à l'institution. Se trouvant à la croisée des chemins, les gens partaient avec leurs problèmes auprès des starets, des fols en Christ ou des sectes, prenaient la route des ermitages perdus au fond des forêts, en attendant de se tourner vers la révolution.

Les prophéties des starets

La vie de Raspoutine avait basculé dans sa seconde partie et commençait déjà à dévaler la pente qui mène à la mort. Il entamait sa quatrième décennie. Et il continuait ses errances de monastère en monastère.

Dans le sombre réfectoire, à la lumière des veilleuses, scintillaient les saintes icônes enchâssées dans leurs cadres antiques. Sur trois rangées, jusque sous les fenêtres, s'alignaient les tables et leurs bancs. Ici se retrouvaient non seulement les membres de la communauté religieuse mais aussi les pèlerins venus séjourner au monastère. Ici chacun trouvait sa place. Quelle étonnante galerie de portraits ! Que de passions étouffées ou réprimées ! Que d'histoires instructives ! Il avait appris à lire sur les visages les pitoyables passions humaines. Il décelait cette force de la piété qui permettait de soigner les maladies incurables. Mais il savait aussi reconnaître les chamans sibériens qui, de leur passé païen, avaient gardé le secret des guérisons et des exorcismes. Des milliers de visages, de rencontres, de confessions, de discussions nocturnes...

Sous l'armoire aux icônes reposaient des livres aux reliures noires très anciennes, une coupe de cuivre surmontée d'une croix, qui servait de clochette. Combien de fois le pèlerin Grigori avait-il entendu ce tintement annonçant le début du repas ? Combien de fois avait-il observé de ses yeux attentifs ces moines d'apparence insignifiante, ces starets dont les « exploits » ascétiques étaient tenus secrets par les monastères ? Ces grands starets qui avaient atteint la perfection morale et acquis une sagesse inaccessible au commun des mortels vivaient comme de simples frères. La règle du monastère interdisait que ses richesses spirituelles fussent propagées à l'extérieur et protégeait ses saints hommes des tentations séculières. Mais ce qui était dissimulé le jour était consigné pendant la nuit sur un cahier, de la main tremblante du starets. Et quel bonheur pour Grigori lorsqu'il lui était donné de converser avec l'un de ces saints hommes ! C'était d'eux qu'il tenait son langage empreint de tendresse et d'amour.

Dans les cloîtres, il avait aussi entendu parler des prophéties des starets concernant les menaces de destruction qui pesaient sur l'empire. On connaît aujourd'hui celles des starets de l'ermitage d'Optino et celle de Séraphim de Sarov. Mais combien d'autres prédictions de starets inconnus se sont perdues dans les lointains monastères ravagés par la guerre civile ou détruits par les bolcheviks !

De ses longs périples, Raspoutine rapporta le sentiment qu'une catastrophe menaçait l'empire.

Le rêve russe

Au tout début de sa vie de pèlerin errant, Grigori apprit l'existence d'une nouvelle pratique religieuse qui avait séduit puis gagné des centaines de personnes avant de s'emparer de monastères entiers. Il s'agissait de sociétés secrètes, rendues puissantes par le fanatisme de leurs membres. De sectes surprenantes dont on n'a jamais entendu parler ailleurs qu'en Russie. Si d'autres sectes chrétiennes sont venues de l'Occident, les *khlysty* (les flagellants) et les *skoptsy* (les castrats) sont en revanche un phénomène exclusivement russe. Elles se caractérisent par leur manière blasphématoire de lier violence, débauche et foi en Dieu. Ces sectes jouèrent un rôle majeur dans le destin de Raspoutine et dans celui de l'empire.

L'oppression subie par le peuple, l'exploitation sauvage des paysans, la persécution de ceux qui pratiquaient les rites de leurs ancêtres avaient donné force au vieux « rêve russe » de voir l'avènement du Rédempteur. Le peuple l'attendait tout d'abord sous la forme d'un souverain juste et humain, raison pour laquelle les XVIIe et XVIIIe siècles virent se succéder les tsars usurpateurs. Les imposteurs existent dans tous les pays. Mais nulle part ailleurs qu'en Russie le phénomène a connu une telle ampleur et un tel succès. Le premier grand imposteur fut le moine défroqué Grigori Otrepiev, qui se prétendait le fils d'Ivan le Terrible et qui, au plus grand étonnement de l'Europe, parvint à ébranler le pouvoir de Boris Godounov et à monter sur le trône, où il resta jusqu'à ce qu'il soit démasqué et tué par les boyards. Mais le résultat fut qu'à la place d'un unique usurpateur en surgirent quantité d'autres. Le peuple s'engageait volontiers dans les troupes de ces faux tsars et la Russie resta ainsi plongée pendant des années, dans de sanglantes insurrections. Plus d'une centaine d'imposteurs affirmant chacun être « le vrai tsar » sévirent ainsi en l'espace de deux siècles. L'un d'eux, le Cosaque illettré Emelian Pougatchev, réunissant une armée forte de plusieurs milliers de paysans et de Cosaques, manqua de justesse renverser la Grande Catherine en personne.

Parallèlement aux faux tsars, pendant les trois siècles que dura la dynastie Romanov, sévirent aussi les faux souverains célestes — les « Christs ».

Les *khlysty* et le délire sexuel

Les *khlysty* apparurent eux aussi au XVIIe siècle, sous le règne des premiers Romanov. Et ils devinrent puissants. Leur histoire commence très simplement. Le fondateur de la secte était un certain Daniil Filippovitch, qui se proclama Dieu-Sabaoth. Selon la légende « ce Daniil Filippovitch, auréolé de gloire, descendit du ciel dans un char de feu ». Et il resta sur terre sous l'apparence d'un homme. Selon la même légende, « quinze ans avant la descente sur terre de Sabaoth-Daniil Filippovitch, une mère centenaire avait engendré "l'enfant de Dieu Ivan Souslov". À l'âge de trente ans, ce dernier fut appelé Daniil Filippovitch par Sabaoth qui fit de lui un dieu vivant. Ainsi dans la Russie pécheresse apparurent le Dieu-Sabaoth, son fils le "Christ", et la Mère de Dieu qui avait donné naissance au “Christ”. Ils étaient venus pour défendre le peuple, misérable et opprimé ».

Selon la tradition *khlyst*, le premier « Christ » Ivan Souslov fut capturé par les boyards, qui l'emmenèrent à Moscou et le crucifièrent sous les remparts du Kremlin. Mais il ressuscita. Et ainsi plusieurs fois : on le crucifiait et il ressuscitait. Puis Daniil Filippovitch et Ivan Souslov moururent, ou plus exactement ils retournèrent au ciel, tandis que d'autres « Christs » et d'autres « Mères de Dieu » prenaient leur place. Le fait que ces dieux vivants fussent mortels ne gênait aucunement leurs disciples. Car, conformément aux croyances *khlyst*, lorsqu'un « Christ » quittait la vie terrestre pour monter au ciel, le Saint-Esprit s'installait dans un autre corps. Si bien qu'un grand nombre de « Messies » peuplaient l'amère terre russe.

Ce mélange infantile de paganisme et de christianisme s'explique facilement dans la Russie opprimée, asservie, obscurantiste. Au paysan tyrannisé, la doctrine *khlyst* ouvrait la porte d'un monde aux possibilités illimitées. Car il était dit que chaque homme pouvait devenir un Christ, chaque femme, une Mère de Dieu. Pour cela, il suffisait de se débarrasser du péché de chair (celui du vieil Adam) et, par une vie vertueuse et par les prières, de préparer son âme à la venue du Saint-Esprit. Autrement dit, nourrir en soi le Christ pour devenir le Christ lui-même.

Dorénavant, chaque communauté (« navire » dans la terminologie *khlyst*) avait son « Christ » et sa « Mère de Dieu ». Au début les gens appelèrent « Christs » (*khrysty*) les membres de la secte. Mais la pratique de l'autoflagellation, héritée du paganisme — et qui par ailleurs n'était pas sans rappeler la flagellation du Christ —, donna à la secte son nouveau nom : *khlysty*, qui signifie « fouets » ou « flagellants ».

Pour leur part, les membres de la secte se désignaient comme étant les « hommes de Dieu » ou, plus tard, « ceux qui croient au Christ ». Préparant leur âme à la venue du Saint-Esprit, ils prêchaient tout naturellement l'ascétisme le plus extrême. Mais un ascétisme en même temps surprenant, « à la mode russe » : la domination des sens passait par une débauche sans bornes.

Dans certaines communautés *khlyst*, l'abstinence et la chasteté observées dans la vie familiale laissaient place, lors de la « réjouissance » (*radenie*), à une pratique débridée de la fornication collective entre membres de la secte. La « réjouissance », principale cérémonie *khlyst*, provenait des sorciers et des chamans et, une fois de plus, elle combinait paganisme et christianisme. Selon les *khlysty*, c'était au cours de la « réjouissance » que le Saint-Esprit descendait sur eux. Alors, tous les membres de la secte s'efforçaient de concevoir le plus possible de « Christs » et de « Mères de Dieu », le tout se passant dans l'atmosphère de délire généralisé qui suivait la danse des *khlysty*.

La danse des *khlysty*

Je fus moi-même le témoin de la survivance d'une telle « réjouissance » à Tchetchen, une île de la Caspienne. Au XVIIe siècle, des vieux-croyants étaient venus se réfugier sur cette île. Puis, au XVIIIe siècle, ils furent rejoints par les *khlysty*, qui à travers les ans avaient gardé vivaces les coutumes de leur secte. Jusqu'à aujourd'hui leurs rites restent absolument secrets, quoique la rigueur actuelle n'ait rien de commun avec celle d'antan. Je ne mentionnerai pas les ruses qu'il me fallut déployer ni les complicités que je dus acheter pour parvenir à voir ce que j'ai vu. Sans compter que je fus obligé de faire le terrible serment de « me taire pendant trente-trois ans », délai qui est maintenant écoulé.

Je cite donc mes notes de 1964 : « Vêtus de chemises de lin blanches enfilées à même le corps, ils sont descendus dans le sous-sol de l'isba. Là, ils ont allumé des bougies. Dans la semi-obscurité, ils ont entonné un chant sacré — un verset du canon de Pâques, ainsi que je l'ai appris par la suite : « Réjouissons-nous car le Christ est ressuscité. » Ensuite un petit vieux aux yeux clairs et pétillants — le « Christ » local — a commencé à psalmodier la prière des *khlysty*. Puis, avec l'énergie d'un jeune homme, il a commencé à tourner sur lui-même en se signant et s'autoflagellant sans discontinuer. Le chœur psalmodiait les prières.

« Puis les voix deviennent de plus en stridentes, les prières de plus en plus ferventes et passionnées. Certains se mettent à hurler, à sangloter. Le vieux s'arrête de tourner et crie : “Frères ! Frères ! Je le sens... le Saint-Esprit ! Dieu est en moi !” Puis il commence à énoncer des prophéties en émettant des sons inintelligibles parmi lesquels on peut distinguer quelques mots : "Ô Esprit, ô Dieu, ô Tsar-Esprit !" Après quoi a commencé la partie principale de la "réjouissance", une danse collective consistant pour les participants à tourner sur eux-mêmes de plus en plus vite. »

Les *khlysty* croyaient que le fait de tourner à un rythme accéléré favorisait la venue du Saint-Esprit, que dans leur sueur se retrouvaient des gouttes de la sueur du Christ lorsqu'il priait au jardin de Gethsémani. Et, manifestement, cette danse effrénée devait produire une ivresse égale à l'alcool puisqu'ils l'appelaient « la bière spirituelle ».

Seule la description des danses fantastiques auxquelles se livrait Raspoutine peut donner une certaine idée de celles des *khlysty*. C'est un tourbillon général. On ne distingue plus les individus qui tournent, on voit seulement leurs cheveux voler et leurs vêtements se gonfler, on n'entend que des cris et des hurlements. Leur sueur ruisselle comme au bain de vapeur. La flamme des bougies vacille puis s'éteint. Tout disparaît dans l'obscurité. Alors, ivres de cette frénésie, ils tombent à terre. C'est la fin. Du moins, ce jour-là, à cause de ma présence.

La gymnastique spirituelle russe

Car autrefois et d'ordinaire, c'était le moment où, sur certains « navires », on s'unissait « dans l'amour », dans le « péché collectif ». Mais seuls les non-initiés y voyaient un péché. Les *khlysty*, eux, savaient qu'ils ne péchaient que pour vaincre la chair, pour se purifier, afin que dans leur âme resplendisse l'amour fraternel du « Christ », amour libéré du péché et de toutes les tentations de la chair. Vaincre le péché par le péché, telle était la révélation des *khlysty*. À cet instant, dans leur « corps pur », descendait le Saint-Esprit. Voilà pourquoi ils enseignaient que les enfants conçus cette nuit-là ne naissaient pas de la chair mais du Saint-Esprit.

À travers la doctrine des *khlysty*, s'exprimait la témérité de l'âme russe : défier le péché. Car, enseignaient-ils, chez le croyant, le péché devait toujours être suivi d'une grande souffrance, puis d'un profond repentir. Et la grande purification de l'âme rapprochait alors l'homme de Dieu. Cette alternance permanente du grand péché et du grand repentir constituait le pivot central de la doctrine *khlyst*. Péché — repentir — purification composaient l'indispensable gymnastique de l'âme.

Idée sans laquelle il est impossible de comprendre Raspoutine.

Consciente du danger qu'ils représentaient, l'Église officielle engagea une lutte contre les *khlysty*. À Moscou, en 1733, soixante-dix-huit personnes furent jugées. Les chefs furent exécutés, les autres exilés dans de lointains monastères. Au monastère Ivanov où elle se trouvait, la tombe de Daniil Filippovitch — fondateur de la secte — fut ouverte et ses restes brûlés. Pour autant, cela ne mit pas fin au mouvement *khlyst*.

« Première incursion » des *khlysty* dans les palais

À partir du début du XIXe siècle, l'hérésie *khlyst* n'attira plus seulement des paysans incultes mais aussi des propriétaires fonciers, des membres du clergé et de la noblesse. À Pétersbourg, au château Mikhaïlov, ancienne résidence de l'empereur Paul Ier, un « navire » *khlyst* agissait en secret. À sa tête se trouvait la générale E.F. Tatarinova, née baronne Buchsgefden, qui, à l'occasion de son mariage, avait renoncé au luthéranisme pour se convertir à l'orthodoxie. C'est alors qu'elle avait « senti le Saint-Esprit la pénétrer ». Elle avait le sentiment d'être une « Mère de Dieu » et s'était découvert le don de prophétie. La nuit, au château Mikhaïlov, se déroulaient des cérémonies où se mêlaient danses frénétiques, incantations et prophéties à moitié incohérentes. Bientôt s'y retrouva la haute société pétersbourgeoise : généraux, hauts fonctionnaires, tels P. Kochelev, maître de la cour, ou encore le prince Golytsine, ministre de l'Instruction et des Affaires ecclésiastiques.

Tout cela, naturellement, était soigneusement gardé secret. Le « navire » de Tatarinova put ainsi poursuivre ses activités durant tout le règne d'Alexandre III. Mais les rites qui, initialement, se distinguaient par leur ascétisme intransigeant dégénérèrent peu à peu en orgies où se déchaînaient les passions. Ce ne fut qu'en 1837, sous Nicolas Ier, que Tatarinova fut arrêtée et expédiée de force dans un monastère.

Cela étant, les dignitaires adeptes des *khlysty* restèrent

des exceptions. La secte demeura en priorité paysanne — une singulière « orthodoxie populaire ».

Monstrueuses hérésies russes

L'idée consistant à se libérer du péché par le péché éveilla la méfiance d'une partie des « hommes de Dieu ». Le rêve de victoire sur la chair et sur la luxure — sans laquelle il était impossible de devenir un « Christ » — engendra une nouvelle idée totalement monstrueuse. Au milieu du XVIIIe siècle, la secte des *skoptsy* (les castrats) se détacha de celle des *khlysty*. Son initiateur, Kondrati Selivanov, se mit à vilipender les dérives sexuelles des *khlysty* et à prêcher l'ascétisme absolu, qu'on ne pouvait atteindre que par le « baptême du feu », à savoir la castration. À la base de la doctrine des *skoptsy* se trouvait un passage de l'Évangile selon saint Matthieu, compris par les paysans à demi illettrés comme un appel à l'action immédiate. Au verset 12 du dix-neuvième chapitre, le Christ dit en effet à ses disciples qu'« il y a des eunuques qui le sont dès le sein de leur mère ; il y en a qui le sont devenus par les hommes ; et il y en a qui se sont rendus eux-mêmes eunuques à cause du royaume des cieux. Que celui qui peut comprendre, comprenne ».

Commencèrent ainsi de monstrueuses automutilations. La castration des hommes à l'aide d'un fer chauffé à blanc (on utilisait également la hache) n'était surpassée dans l'horreur que par celle des femmes, laquelle consistait en l'ablation des organes génitaux externes, des mamelons, voire des seins dans leur totalité. On inventa même le « degré suprême » de la castration : l'ablation du pénis. Les membres de la secte se livraient de manière volontaire à ces épouvantables mutilations. Ainsi se préparaient-ils à la vie éternelle. Et, s'appuyant sur le même passage de l'Évangile selon saint Matthieu, ils étaient convaincus de leurs supériorité sur les hommes ordinaires. Lors des cérémonies, leurs chants retentissaient de joie et de jubilation.

De même que pour les *khlysty*, cette nouvelle secte ne resta pas sans intéresser l'aristocratie. Des propriétaires fonciers, des officiers et même quelques prêtres se castrèrent volontairement. Le tsar Alexandre Ier lui-même trouva le temps de discuter avec Selivanov, le fondateur de la secte.

Après cette royale manifestation d'intérêt, dans l'esprit des *skoptsy* germa l'idée d'envoyer leurs « Christs » auprès du tsar afin d'aider celui-ci à sauver l'empire en train de sombrer sous la malhonnêteté des fonctionnaires et l'impiété. On élabora tout un projet de transformation de la Russie, dans lequel c'étaient les « hommes de Dieu » qui gouverneraient. Le plus grand « Christ » vivant, Selivanov en personne, serait attaché à la personne du tsar, et chaque ministre devrait avoir son propre « Christ ». En 1803, le projet fut présenté à Alexandre Ier. Les idées qu'il contenait mirent le tsar en fureur. Et son auteur, un aristocrate polonais du nom d'Elianski, fut obligé de se retirer dans un monastère. Qu'importait ! Le temps viendrait où un « homme de Dieu » gouvernerait le pays.

Pérégrinations secrètes dans des « coins » secrets

Toutefois, les *skoptsy* ne devinrent jamais une secte de masse, contrairement aux *khlysty* dont l'influence ne s'était pas démentie. Vers la fin du XIXe siècle, on trouvait de puissants « navires » *khlyst* en Sibérie, notamment dans les usines de Perm, et aussi dans la partie européenne de la Russie. Au deuxième congrès du POSDR (Parti ouvrier social-démocrate de Russie), à propos de l'organisation secrète des *khlysty*, Lénine en personne devait souligner qu'« elle [avait] déjà pris le contrôle d'un grand nombre de villages et de fermes de Russie centrale et se [répandait] avec de plus en plus de vigueur ».

Des communautés *khlyst* existaient à Pétersbourg et dans ses environs, ainsi qu'à Moscou et dans sa banlieue. La célèbre poétesse Marina Tsvetaeva, dans son essai autobiographique *Les Filles de Cyrille*, se souvient de la façon dont son imagination d'enfant avait été frappée par un de ces fanatiques cueillant des fruits dans le verger familial, en bordure de la petite ville de Taroussa. « Un Christ est venu chercher des pommes », avaient simplement expliqué les adultes.

Ainsi, les voyages de Raspoutine de cette époque furent-ils jalonnés de rencontres avec les « navires », ces énigmatiques communautés de « Christs » et de « Mères de Dieu ». Condamnés à la clandestinité par l'Église officielle, les *khlysty* avaient élaboré les règles de conduite qu'ils devaient observer dans le monde. Ils disaient « les nôtres » en parlant d'eux-mêmes, et s'attribuaient des surnoms de clandestinité. Mais bientôt « les nôtres » en question allaient faire entendre leur voix au palais impérial.

Dans les « œuvres » de Raspoutine, nous trouvons beaucoup d'idées propres aux *khlysty*. En premier lieu le dénigrement systématique du clergé officiel et le mépris à l'égard de l'enseignement livresque dispensé par les hiérarques de l'Église. « J'ai eu à fréquenter les évêques, j'ai beaucoup parlé avec eux... Leur enseignement reste insignifiant, mais on écoute tes simples mots... Le savoir ne vaut rien pour la piété. La lettre leur a brouillé l'esprit et entravé les pieds, et ils ne peuvent suivre les traces du Sauveur. » Selon Raspoutine, pour cette raison, ils ne pouvaient être d'aucun secours pour ceux qui avaient besoin de nourriture spirituelle. Bien plus : « Actuellement, ceux qui peuvent donner des conseils sont pourchassés dans les coins perdus ». Les *khlysty* « pourchassés dans les coins perdus », les « navires » et les « flottilles » dispersés à travers toute la Russie maintenaient entre eux des contacts clandestins permanents. Pour ce faire, ils utilisaient des messagers, appelés « Séraphims » ou encore « anges volants », c'est-à-dire des pèlerins qui allaient d'un « navire » à l'autre. Là peut-être, se cache la solution de l'énigme que constitue la première moitié de la vie agitée et à jamais mystérieuse du pèlerin expérimenté.

Ce fut dans la « Russie cachée », à travers la secte *khlyst*, que Raspoutine entama son voyage en direction de Dieu. Ce fut là qu'il apprit le secret mystique — l'aptitude à nourrir en soi le Christ. Ce fut de là qu'il partit. Et, en rien un hasard, si ce fut à cette époque obscure de sa vie qu'il fit l'objet d'une première enquête judiciaire.

Première accusation

En 1903, alors que sa renommée commençait à atteindre Pétersbourg, Raspoutine fut victime d'une première persécution de la part de l'Église. On le dénonça au Consistoire de Tobolsk comme étant un « homme de Dieu » ayant une conduite étrange avec les femmes qui venaient le voir « depuis Pétersbourg même ». L'accusation portait également sur le fait que, dans sa jeunesse, Raspoutine avait « rapporté de ses séjours dans les usines de la province de Perm une connaissance des préceptes de l'hérésie *khlyst* ». Un enquêteur fut dépêché à Pokrovskoïé. Mais rien de répréhensible ne fut trouvé contre Raspoutine. Néanmoins, depuis lors et jusqu'à sa mort, l'étiquette de *khlyst* ne devait plus le quitter.

3

Le chemin du palais

La conquête de la capitale

Il venait d'avoir trente-trois ans, l'âge du Christ lorsqu'il fut crucifié, et il préparait son voyage dans la capitale, où sa gloire l'avait précédé. Il était encore jeune, mais son visage paraissait ridé par les effets du soleil et du vent, accumulés au cours de ses interminables errances. Souvent, un visage de moujik, même à vingt-cinq ans, ressemblait déjà à un visage de vieillard.

Ses longues pérégrinations avaient fait de lui un juge infaillible de la nature humaine. Les Écritures saintes, l'enseignement des grands pasteurs, le nombre incalculable de sermons qu'il avait entendus, tout cela avait été absorbé par sa solide mémoire. Dans les « navires » *khlyst*, où, pour vaincre la maladie, les formules magiques héritées du paganisme se mêlaient aux prières chrétiennes, il avait appris à guérir. Il avait pris conscience de sa force. Une imposition de ses mains nerveuses suffisait pour que les maladies se dissipent.

En 1903, à la veille de la première révolution russe, Raspoutine allait donc faire son entrée dans la capitale. Pour le plus grand malheur de Pétersbourg et de tout ce monde « des tsars » qui, quatorze ans plus tard, deviendrait une sorte d'Atlantide, un souvenir à jamais englouti. « Dans notre vieille capitale / Il entre. Dieu, sauve-nous ! / Il charme la tsarine / De l'immense Russie... / Comment ont fait les croix / De la cathédrale de Kazan / De la cathédrale Saint-Isaac / Pour ne pas ployer, pour rester à leur place ? » écrirait le poète Nicolas Goumiliov

Rencontre avec le patriarche de Staline

Avec son arrivée dans la capitale prennent fin les légendes et les suppositions. L'histoire de Raspoutine commence enfin, témoignages et documents à l'appui.

Comme il devait lui-même le raconter dans sa *Vie d'un pèlerin expérimenté*, il allait à Pétersbourg avec une grande ambition : obtenir de l'argent pour la construction d'une église à Pokrovskoïé. « Moi, je suis un homme inculte, et surtout démuni, mais, dans mon cœur, ce Temple s'élève déjà devant mes yeux. » Parvenant dans la grande ville, Raspoutine se rendit « avant toute autre chose à la laure Alexandre-Nevski ». Il y fit célébrer un office puis nourrit le projet audacieux « d'aller voir un évêque du nom de Sergui, recteur de l'Académie de théologie et résidant à la laure ». Si l'on en croit son récit, il s'agissait en effet d'une idée folle vu son allure suspecte. Bottes éculées, misérable manteau, barbe embroussaillée, cheveux coiffés à la manière d'un garçon d'auberge, telle est la description qu'en fit cette même année le moine Iliodore. Ce fut donc ce pitoyable moujik qui se dirigea vers les appartements de l'évêque et demanda au portier d'avoir la bonté de l'annoncer à Sergui. La suite est racontée par Raspoutine lui-même : « En fait de bonté, le portier m'a rossé. Je me suis mis à genoux devant lui... il a compris qu'il y avait quelque chose de particulier en moi et m'a annoncé à l'évêque. » Ainsi, grâce à ce « quelque chose de particulier », le moujik passa directement de la fange à l'évêque Sergui. Et ce dernier fut immédiatement captivé.

Fasciné par son discours, l'évêque, selon les dires de Raspoutine, invita l'obscur paysan à séjourner chez lui, à la laure. Et mieux encore ! « Monseigneur, écrit Raspoutine, me présenta des personnes haut placées ». En fait de « personnes haut placées », il s'agissait du célèbre ascète et mystique Théophane, un homme qui avait ses entrées au palais impérial.

Voilà donc comment, dans sa *Vie*, Raspoutine sut décrire son arrivée à Pétersbourg. Mais finies les légendes ! Le Dossier a vite fait de démonter les affabulations de Raspoutine. On y trouve en effet le témoignage de Théophane concernant sa première rencontre avec le starets.

Convoqué en février 1917 devant la treizième section de la Commission extraordinaire, Théophane, évêque de Poltava, alors âgé de quarante-quatre ans, déclara : « Grigori Efimovitch Raspoutine est arrivé pour la première fois à Petrograd en hiver, durant la guerre russo-japonaise. Il venait de Kazan et était porteur d'une lettre de recommandation de feu Chrysante, vicaire du diocèse de Kazan. Raspoutine a séjourné à la laure Alexandre-Nevski, chez l'évêque Sergui, le recteur du séminaire. »

Il n'était donc en rien un pauvre pèlerin errant. À cette époque déjà, la notoriété de Raspoutine dépassait largement les limites de la Sibérie. Il avait d'ailleurs de nombreuses admiratrices à Kazan. Chrysante lui avait ainsi donné une lettre de recommandation pour Sergui. Si bien qu'il n'avait pas eu le moins du monde à s'abaisser devant le portier pour accéder à l'évêque.

De plus, ce n'était pas sans raison que le vicaire lui avait remis cette lettre. À cette époque le nom de Sergui était connu bien au-delà des milieux ecclésiastiques. L'évêque était en effet depuis un certain temps au centre d'un événement qui agitait la fine fleur de l'intelligentsia russe d'alors.

Au moment où Raspoutine arriva dans la capitale, dans les locaux de la Société de géographie se tenaient des réunions d'une nature inhabituelle. La salle exiguë et tout en longueur était en permanence bondée, au point qu'on y refusait du monde. À la présidence comme dans l'assemblée, les hommes en soutanes se retrouvaient aux côtés des plus brillants représentants de la culture russe de l'époque. Il s'agissait des célèbres colloques philosophico-religieux de Pétersbourg — une tentative désespérée pour combler le dramatique fossé qui s'était creusé entre l'Église et l'intelligentsia.

Au cours de ces réunions, on débattait de la dangereuse crise spirituelle que vivait le pays et de l'influence des sectes. Les intellectuels se plaignaient amèrement du fait que, dans la société, l'Église fût de plus en plus souvent associée à l'obscurantisme. Ils reprochaient aux prêcheurs de ne pas parler de la nature prophétique et mystique du christianisme, de ne voir dans le christianisme qu'un au-delà idéal et de laisser de côté toutes les choses terrestres. Ils invitaient l'Église à se tourner vers le monde et à dévoiler ses trésors spirituels.

Les réunions étaient animées par l'évêque Sergui, hiérarque de quarante ans, récemment nommé à la tête de l'Académie de théologie. Dans l'atmosphère surchauffée des débats, Sergui avait su trouver le ton qu'il fallait. Ce n'était ni le président ni le hiérarque, mais un simple parleur qui disait : « Ne vous querellez pas, soyez chrétiens, et vous réussirez. » En avril 1903, après vingt-deux séances de discussions enflammées, le haut-procureur Pobedonostsev mit fin au débat en interdisant les réunions. Or, les voies de Dieu étant impénétrables et les destinées humaines surprenantes, en 1942, en pleine guerre, décidant de rétablir le Patriarcat, Staline ferait de ce même Sergui le premier patriarche de l'Union soviétique.

Chrysante ne s'était pas trompé en choisissant un tel protecteur pour Raspoutine : le futur patriarche était ouvert aux nouvelles tendances. En 1903, dans le feu de la polémique, on imagine aisément combien lui parut intéressant ce prophète et homme du peuple arrivé de Sibérie. Et Raspoutine ne déçut pas ses attentes. Sergui fut rapidement fasciné par la « singularité » du nouveau venu. Au point de le présenter à des « personnes haut placées » ? Dans le Dossier, on trouve ce témoignage de l'évêque Théophane : « Un jour, il [l'évêque Sergui] nous a invités chez lui pour boire le thé et il m'a présenté, ainsi qu'à quelques moines et séminaristes, un "homme de Dieu" récemment arrivé chez lui, "frère Grigori" comme on appelait alors Raspoutine. L'homme nous a frappés par sa profondeur psychologique. Son visage était pâle, ses yeux exceptionnellement perçants — l'aspect d'un jeûneur. Il produisait une forte impression. » À cette époque, la rumeur concernant les dons exceptionnels de Raspoutine courait déjà dans Pétersbourg. Si bien que les « personnes haut placées » recherchaient ses prophéties. Et là, Raspoutine les stupéfiait. « À ce moment-là, déclare Théophane dans sa déposition, l'escadre de l'amiral Rojdestvenski était déjà en route. Nous avons donc demandé à Raspoutine si la confrontation avec les Japonais se solderait par une victoire. Ce à quoi Raspoutine a répondu : "Je sens dans mon cœur qu'ils vont couler." Sa prédiction se révéla juste par la suite, lors de la bataille de Tsoushima. »

À qui avaient-ils affaire ? À un paysan intelligent qui connaissait de l'intérieur la faiblesse affligeante de son immense pays ? À un Raspoutine qui avait tout bonnement entendu parler de ce qui s'écrivait dans tous les journaux russes, à savoir que, face à une flotte japonaise moderne, l'escadre russe composée de bâtiments antédiluviens était condamnée d'avance ? Ou bien Raspoutine était-il effectivement doué du pouvoir de deviner ce qui était caché ?

Quoi qu'il en soit, quand, « aux séminaristes qu'il voyait pour la première fois, Raspoutine annonça sans se tromper, à l'un qu'il serait écrivain, à l'autre qu'il était malade et au troisième qu'il était une âme simple dont ses amis profitaient », pour Théophane le don de prophétie du nouveau venu ne fit plus aucun doute.

« Dans la discussion Raspoutine faisait preuve non pas de connaissances livresques, mais d'une compréhension des moindres tourments de l'âme humaine, acquise par l'expérience. Et d'une perspicacité qui frôlait la voyance », conclut Théophane, toujours dans le Dossier.

Les princesses noires

Profondément impressionné, Théophane invita Raspoutine à s'installer chez lui. Et, rapidement, grâce à l'évêque, Raspoutine se retrouva dans l'une des maisons les plus influentes de Pétersbourg — au palais du grand-duc Pierre Nicolaievitch, cousin de Nicolas II.

Les personnages principaux de la cour du valétudinaire grand-duc étaient deux femmes, les princesses monténégrines Militsa et Anastasie. Militsa, âgée de trente-sept ans, et Anastasie, d'un an sa cadette, appartenaient à une famille princière mais ruinée. Elles étaient les filles du prince Nicolas Niegoch du Monténégro. L'aînée, Militsa, était l'épouse du grand-duc Pierre Nicolaievitch. Quant à son inséparable sœur, Anastasie, elle passait ses jours et ses nuits au palais. Anastasie, ou Stana comme on l'appelait dans la famille, était mariée au duc de Leichtenberg, dont elle avait plusieurs enfants. Mais le beau-frère de Militsa, le grand-duc Nicolas Nicolaievitch, était devenu depuis quelque temps un peu trop familier du palais... Dans la haute société, on commença à chuchoter que Stana, la sœur de Militsa, avait une aventure avec le grand-duc Nicolas Nicolaievitch. Ce géant de quarante-sept ans, cavalier émérite, était l'une des figures les plus pittoresques de la grande famille des Romanov. « L'oncle redoutable », ainsi qu'on l'appelait dans la famille, était le favori de la garde. Et, à cette époque, il était très proche du tsar.

Mais les deux princesses monténégrines étaient encore plus proches de la tsarine. Depuis son arrivée en Russie, la tsarine s'était heurtée à la froideur et à l'hostilité de la cour. Or les Monténégrines avaient su l'entourer de chaleur et d'une déférence à la limite de la servilité.

La cour sentit poindre le danger. Si Stana en venait à se marier avec Nicolas Nicolaievitch, un clan très puissant se formerait au sein de la famille Romanov. Un clan dangereux. La cour connaissait déjà l'influence d'Alix sur le tsar. On connaissait aussi la répartition des forces entre les familles de Pierre et de Nicolas. Pierre était un faible et un malade, Nicolas, « l'oncle redoutable », souffrait quant à lui « d'une maladie incurable : la bêtise », selon les termes employés par la tsarine mère, veuve d'Alexandre III. Disons, pour être plus nuancé, qu'il était d'une rigidité toute militaire. Et qu'il répétait les opinions des princesses monténégrines. Ou, plus précisément, celles de l'aînée, Militsa, à la fois la plus intelligente et la plus ambitieuse.

La brune Militsa passait pour être experte en matière de littérature mystique. Elle s'intéressait vivement à tous les phénomènes surnaturels, suivie en cela par sa sœur Stana. Le fait qu'elles fussent nées au Monténegro, pays présumé de sorcières et de magiciens, n'était pas étranger à cette inclination. La cour les appelait méchamment « les femmes noires ».

Théophane se présenta donc naturellement au palais de Militsa. Comme il le dit dans sa déposition : « Plus que d'autres, je m'intéressais au côté mystique de l'existence », apportant ces précisions supplémentaires dans le Dossier : « Je fis connaissance avec des personnes de la famille impériale... en ma qualité d'inspecteur de l'Académie de théologie de Petrograd... Le grand-duc Pierre Nicolaievitch et la grande-duchesse Militsa Nicolaievna venaient fréquemment à l'Académie, où nous nous rencontrions. J'avais entendu dire que des personnes de la maison impériale désiraient mieux me connaître, mais, fidèle à mes convictions de moine, je restais sur ma réserve... Puis, un samedi de la semaine sainte, la grande-duchesse Militsa Nicolaievna me demanda de venir la confesser. Ne sachant que faire, je m'adressai au métropolite Antoni qui me donna sa bénédiction pour que j'accepte d'aller chez elle. C'est après cela que j'ai commencé à fréquenter sa maison. »

Très vite, Théophane devint un familier du palais de Militsa, avec qui il avait de quoi discuter. « La grande-duchesse Militsa Nicolaievna était une femme très érudite... elle connaissait la littérature mystique concernant la vie des pères de l'Église et avait même publié un ouvrage, *Morceaux choisis des saints pères*. »

Du palais de Militsa au palais impérial, le lien était direct. « Ce fut la grande-duchesse Militsa qui m'invita pour la première fois au palais de l'ancien empereur », indique encore Théophane. Ainsi, au travers de ses conversations avec l'évêque, chez qui il logeait, le père Grigori eut vite fait de comprendre d'où partait le chemin qui menait à la famille impériale.

Nouvelle énigme

Et de fait, comment Théophane, à l'époque subjugué par le moujik sibérien, aurait-il pu ne pas partager son enthousiasme avec Militsa, elle-même tellement passionnée par tout ce qui touchait au surnaturel ? « Un jour, chez Militsa, j'ai laissé échapper qu'un homme de Dieu du nom de Grigori Raspoutine avait fait son apparition parmi nous. Militsa Nicolaievna a été très intéressée par cette nouvelle, et Raspoutine a reçu une invitation à se rendre chez elle. »

À partir de là, toutes les cartes étaient entre les mains de Grigori. Et, comme attendu, il sut éblouir la grande-duchesse. Très vite, il n'eut plus besoin de personne pour venir au palais. « Il allait là-bas sans moi, explique Théophane. De toute évidence, il avait attiré son attention, et, non contente de l'inviter régulièrement, Militsa Nicolaievna m'a demandé de lui offrir le gîte lorsqu'il viendrait à Petrograd. »

C'est là que le mystère recommence ! Selon toutes les

biographies de Raspoutine, ce furent Militsa et Théophane qui introduisirent le starets au palais impérial. Or Théophane affirme dans le Dossier que Militsa n'eut rien à voir là-dedans. Mieux, il déclare : « De quelle manière Raspoutine a-t-il connu la famille de l'ancien empereur ? Je l'ignore totalement. Et j'affirme catégoriquement que je ne l'y ai aidé en aucune manière. Je suppose que Raspoutine s'est introduit dans la famille impériale par une voie détournée. Pour sa part, Raspoutine n'a jamais parlé de cela, bien qu'il fût généralement plutôt loquace... J'ai pu noter qu'il y avait chez Raspoutine un très fort désir de s'introduire dans la maison de l'ancien empereur, et il l'a fait contre la volonté de la grande-duchesse Militsa Nicolaievna. Raspoutine m'a lui-même avoué cacher à Militsa Nicolaievna ses relations avec la famille impériale. » Il est impossible de ne pas croire Théophane, homme d'une incontestable honnêteté.

4

En attendant Raspoutine

Le sang et la peur des tsars

La famille dont Raspoutine venait de faire la connaissance l'attendait depuis longtemps. Et le sentiment mystique de catastrophe imminente qui s'était emparé de la société russe n'habitait pas moins ses membres. Arrivé très jeune sur le trône, Nicolas II pouvait espérer assister au grand jubilé qui marquerait le tricentenaire de la dynastie à laquelle il appartenait. Et, songeant au jubilé, Nicolas, président de la Société russe d'histoire, lui-même féru d'historiographie, ne pouvait pas ne pas s'interroger sur certaines constantes apparues au cours des trois siècles de règne des Romanov. Sur le fait que les tsars de cette dynastie mouraient jeunes. Sur tout le sang versé... Condamné à mourir par Pierre le Grand, le tsarévitch Alexis avait eu le temps de maudire son père et toute sa descendance. Deux tsars légitimes, le tout jeune Ivan Antonovitch et Pierre III, avaient été les victimes de coups d'État familiaux. L'un et l'autre avaient été tués pendant le règne de l'éclairée Grande Catherine, l'arrière-arrière-grand-mère de Nicolas. Dans ce palais de Tsarskoïé Sélo qu'il aimait tant et où vécut constamment la famille impériale, certaines pièces conservaient des meubles datant de l'époque et exhalaient les mêmes parfums qu'alors. Tout était imprégné du souvenir de cette illustre impératrice, sous le règne de laquelle deux héritiers de la dynastie avaient été éliminés.

Tout le XVIIIe siècle avait ainsi vu se succéder les assassinats familiaux. Et, à la fin dudit siècle, le fils de la Grande Catherine, Paul Ier, avait été sauvagement étranglé par des conspirateurs parmi lesquels figurait son propre fils, le futur Alexandre Ier, vainqueur de Napoléon. Ce dernier disparut lui-même dans des circonstances obscures. Était-il vraiment mort à Taganrog, comme cela avait été annoncé officiellement ? Ou bien, comme l'affirmait une légende tenace, avait-on enterré un autre à sa place tandis que, devenu pèlerin errant en Sibérie sous le nom de starets Fiodor Kouzmitch, il passait le restant de ses jours à prier pour expier les fautes de sa famille, dont les crimes avaient assombri le siècle ? Pour sa part, le grand-duc Nicolas Mikhaïlovitch, cousin de Nicolas II et célèbre historien, osait non seulement parler de l'expiation des péchés de la famille mais encore croyait-il fermement à la légende de Fiodor Kouzmitch, sur lequel il ne cessait de rechercher des documents dans les archives secrètes de la famille.

D'ailleurs, qu'en était-il réellement de la lignée des Romanov ? Ne s'était-elle pas éteinte avec le règne de l'illustre aïeule de Nicolas ? Dans les Mémoires de Catherine II, longtemps gardés dans les archives secrètes des tsars, ne se trouvait-il pas une allusion très précise au fait que le père de son malheureux fils Paul n'était pas Pierre III mais un de ses amants ? Sang et mystères. Une dynastie qui était une énigme y compris pour elle-même. Et sa capitale Pétersbourg, cette cité magique avec ses nuits blanches illusoires, construite sur des marais et sur le ossements de milliers d'ouvriers, victimes à la fois des brutalités et du paludisme, n'avait-elle pas été maudite... par une Romanov ? Avant d'être exilée dans un monastère, Evdokia, la première femme de Pierre le Grand, avait voué la nouvelle capitale à la malédiction en lançant ce cri terrible : « Sois maudite ! »

Le souvenir du sang versé hantait Nicolas depuis son enfance. Il avait grandi au palais Gatchina, le palais préféré de son arrière-grand-père Paul Ier, mort étranglé. Ici, se souvenait la sœur de Nicolas, la grande-duchesse Olga, les serviteurs prétendaient avoir vu le fantôme de Paul. Et Olga comme Nikki craignaient et rêvaient tout à la fois de l'empereur assassiné. Mais le sang n'appartenait pas seulement à l'histoire. Durant sa propre vie, Nicolas l'avait vu couler. C'était dans le sang de son grand-père Alexandre II, tué par des révolutionnaires, que Nicolas avait accédé au trône. Le sang l'entourait.

Job le Martyr

Depuis sa plus tendre enfance, Nicolas se montrait taciturne et réservé. Jeune homme, il était habité par le pressentiment d'être voué au malheur. Il voyait dans la date même de sa naissance le signe prémonitoire d'un destin funeste. Il était né le jour de la Saint-Job le Martyr. À ce propos, l'ambassadeur de France Maurice Paléologue cite une conversation entre Nicolas et son Premier ministre Stolypine : « Vous connaissez ma date de naissance ? » demande Nicolas. « Comment pourrais-je l'ignorer ? Le 6 mai. — Et c'est le jour de quel saint ? De Job le Martyr. J'ai plus qu'un pressentiment. J'ai la profonde certitude d'être condamné à de terribles épreuves. » Un passage des Mémoires d'Olga, la sœur du tsar, résonne comme un écho de cette conversation : « Très souvent il me serrait dans ses bras et me disait : “Je suis né le jour de la Saint-Job le Martyr et je suis prêt à affronter mon destin.” » Une ligne tirée d'une lettre de sa femme, datée du 4 mai 1915, reprend ce même thème mélancolique : « Mais c'est que tu es né le jour de la Saint-Job le Martyr, mon pauvre ami ! »

Le sentiment d'une fin proche hantait aussi la tsarine, une femme aux nerfs à fleur de peau. C'est pour cette raison que la discrète princesse Alix de Hesse-Darmstadt avait été tellement bouleversée par la proposition de l'héritier du trône de Russie de faire d'elle la future tsarine. « Elle pleurait tout le temps, ne s'interrompant de temps à autre que pour dire : “Je ne peux pas” », note Nicolas dans son journal. Et, comme pour justifier leurs funestes pressentiments, un flot de sang marqua le jour le plus important de leur vie : celui du sacre, ce moment unique d'union mystique entre la Russie et son nouveau souverain. Alors que, pour la circonstance, des cadeaux étaient distribués à la population, une bousculade eut lieu sur le champ de la Khodinka, faisant des centaines de victimes, étouffées ou piétinées. Il fallut toute la nuit pour évacuer les cadavres qui jonchaient le champ ensanglanté.

On imagine aisément l'effet que l'événement produisit sur ce couple si enclin au mysticisme.

Puis, au tournant du siècle, leurs prémonitions devinrent réalités. Le sang fit désormais totalement partie de la vie russe. Les bombes des terroristes se mettaient à exploser, fréquemment et sauvagement. L'entourage du tsar était touché. Au cours des toutes premières années du siècle, tour à tour périrent de la main des révolutionnaires, le ministre de l'Instruction, le gouverneur général de Finlande, et, coup sur coup, deux ministres de l'Intérieur. C'était comme la preuve que, dorénavant, aucune garde n'était apte à protéger quiconque de la mort.

Après la tragique disparition de ses ministres, Nicolas, résigné, devait noter dans son journal : « Il faut supporter les épreuves qui nous sont envoyées par Dieu avec soumission et fermeté... Telle est sa sainte volonté. » Un tsar qui avait tout de l'agneau destiné au sacrifice... En revanche, le caractère de sa femme paraissait très différent. Elle était bien décidée à lutter contre la fatalité. Et, dès le début, elle rechercha une protection contre les malheurs à venir.

En quête du rédempteur

En cela, elle fut aidée par ses inséparables amies d'alors, les deux princesses monténégrines. Natives d'un pays pauvre où, comme le dit Théophane dans le Dossier, « les aristocrates sont infiniment plus près du peuple », les Monténégrines arrivèrent au Palais avec l'idée que la vérité, le miracle et la force se cachaient au sein des humbles. Il fallait donc conclure une alliance directe avec les simples gens, en contournant les fonctionnaires vénaux et la cour arrogante. Le tsar, le peuple et, entre eux, personne.

Curieusement, cette idée rassemblait tous les intellectuels russes, même les plus farouchement antitsaristes. Par-delà leurs querelles et leurs divergences, tous les grands maîtres à penser de la Russie — Tolstoï, Dostoïevski, Tourgueniev —, tous les courants philosophiques se retrouvaient sur un point : le peuple, pauvre, inculte et opprimé recelait une vérité cachée. Seulement là, dans l'obscurité des misérables isbas, demeurait le véritable esprit du Christ, préservé grâce à une souffrance permanente. C'était donc auprès du peuple qu'il fallait apprendre la vie chrétienne et la sagesse.

Et, chose amusante, le tsar professait à l'époque les mêmes idées. Ce souverain timide, de petite taille, à l'allure si peu impériale, se sentait aussi mal à l'aise dans les bals et les réceptions qu'en compagnie de ses courtisans et de ses ministres, qu'il soupçonnait de le comparer avec son géant de père, feu Alexandre III. Il était tellement plus heureux aux côtés du simple peuple, dans une atmosphère de déférence et de vénération. L'on vit ainsi naître un curieux paradoxe. Tandis que le tsar cherchait à établir des liens avec les simples gens, au palais impérial, les émissaires du peuple commencèrent à apparaître les uns après les autres. Les princesses monténégrines se chargeaient de les dénicher. On vit de la sorte le grand-duc Nicolas Nicolaievitch recommander au tsar un petit fonctionnaire du nom de Klopov. Ce dernier était avide de transmettre au souverain la vérité du peuple. Il avait écrit un nombre incalculable de lettres au grand-duc, dans lesquelles il parlait de la manière dont les fonds publics étaient dilapidés dans les minoteries. Ces lettres, transmises par les Monténégrines, étaient lues à haute voix et avec délectation par Alix et Nikki. La voix de l'homme du peuple devait être entendue ! Klopov fut invité au Palais. Après avoir discuté avec lui, le tsar chargea Klopov d'une mission secrète : inspecter la Russie et rapporter la vérité populaire concernant les malversations commises par les hauts fonctionnaires. Mais cette première tentative de rapprochement avec le peuple se solda par un échec : hélas, le malheureux Klopov ne s'y entendait en rien, sinon en minoterie. Toutefois le premier pas avait été fait. Alix, fille d'une princesse anglaise, et Nikki, fils d'une princesse danoise, restaient épris de la noble idée d'union avec les simples.

Entre-temps, Alix avait donné naissance à trois filles — trois grandes-duchesses nées à la suite l'une de l'autre. Mais la très croyante Alix n'arrivait pas à accomplir ce qu'on attendait d'elle : donner un enfant mâle à la couronne divine. Aussi, était-ce avec la plus grande attention que la tsarine écoutait les récits de Militsa sur les hommes de Dieu et les starets que le Tout-Puissant avait pourvus d'un don tout particulier.

Voici comment Joukovskaïa décrit le visage de Militsa : « Avec ses grands yeux en amande au regard las et hautain, il [son visage] semblait dénué de vie, tel celui d'un portrait ancien. Elle était comme artificiellement pâle. » Militsa, à l'allure si éthérée, ouvrit généreusement devant Alix ce monde des miracles qui fascinait tant la petite-fille de la sceptique reine Victoria. Un univers où se mêlaient les choses les plus diverses : les littératures orientales ; les mystères de Zarathoustra ; le paganisme propre à la patrie de Militsa, ce Monténégro aux forêts peuplées de sorciers capables de communiquer avec les morts ; les « exploits » des grands starets des monastères russes. Militsa avait su créer une étonnante symbiose entre des éléments aussi variés que contradictoires, dont le seul lien était la force attrayante des miracles qui, dans ce monde magique, étaient accomplis par des gens simples. Des individus qui ignoraient tout des futilités de la cour, cette pitoyable foire aux vanités.

Extrait de la déposition de Vyroubova dans le Dossier : « Militsa Nicolaievna et Anastasie Nicolaievna, surtout la première,... jouissaient au début d'une grande influence sur la famille impériale, d'une influence mystique, pourrait-on dire. Nourrie de littérature ésotérique, ayant même étudié le persan afin de lire dans le texte les mystiques persans, elle [Militsa] était pratiquement considérée comme une prophétesse. »

Alix savait se faire des amis et, surtout, elle était capable de croire sans réserve. Exactement comme sa mère Alice d'Angleterre, célèbre pour son admiration, ou plus exactement, pour son adoration à l'égard du philosophe religieux allemand David Strauss. Ainsi Alix commença-t-elle à rechercher un homme de Dieu, capable, par ses prières, de convaincre le Tout-Puissant de lui donner un fils.

Une heure et demie avec un idiot

Le premier à arriver fut Mitia dit « Kozelski » ou encore « le Nasilleur » (à cause de son défaut de prononciation). Dimitri Oznobichine, qu'on appelait simplement Mitia, venait de la petite ville de Kozelsk. Dans les dossiers de la police secrète, on trouve cette description de lui : « Porte des cheveux longs défaits, marche pieds nus à longueur d'année en s'appuyant sur un bâton. Vêtu d'un habit ressemblant à celui d'un moine. » Après la révolution, les journalistes se moqueront de la tsarine en décrivant Mitia comme un simple d'esprit. C'est pour cette raison que Vyroubova, dans son témoignage devant la Commission extraordinaire, tentera de minimiser le rôle du malheureux bougre. « Il me semble qu'il n'est jamais venu au Palais », mentit-elle. En réalité, Mitia y était allé, et plus d'une fois.

Extrait du journal de Nicolas : « 14 janvier 1906. L'homme de Dieu Dimitri est venu nous voir de Kozelsk, non loin de l'ermitage d'Optino. Il nous a apporté une image pieuse peinte par lui et représentant une vision qu'il avait eue. Nous avons parlé avec lui environ une heure et demie. »

Un tel intérêt n'était pas sans fondement. Mitia était un personnage singulier. Voici ce que j'ai pu lire, toujours dans les dossiers du Département de la Police : « Son influence sur les masses populaires est considérable — il distribue aux pauvres tout l'argent qu'il reçoit de ses admirateurs. Le bruit court qu'il possède le don de voyance et de prophétie. » Et c'était en effet le cas. L'évêque Théophane déclare pour sa part, dans le Dossier : « Le bienheureux Mitia possède sans conteste le don de voyance. Ma propre expérience m'en a convaincu : lors de notre première rencontre, il m'a décrit parfaitement et avec précision les circonstances de ma vie. Il a prédit avec une justesse stupéfiante le déroulement de la guerre avec le Japon, en particulier la chute de Port-Arthur. » Un voyant donc, mais aux prières manifestement vaines : la tsarine ne réussit pas à donner naissance à un garçon.

Puis arriva Matriona, dite « Aux Pieds Nus. » Elle apporta une icône. Mais cette femme en guenilles, sans chaussures, qui, telle une pythie, criait des prophéties inintelligibles, disparut du Palais aussi vite qu'elle y était apparue. Extrait du témoignage de Vyroubova : « J'ai entendu parler de Matriona-aux-Pieds Nus... elle a apporté une icône pour le tsar, à Peterhof, mais moi-même je ne l'ai jamais vue. » Notons qu'une icône miraculeuse censée favoriser la naissance d'un héritier suffisait à ouvrir les portes du palais. Tel était le monde dans lequel désormais vivait le couple impérial. Un monde de miracles, de saintes reliques, de thaumaturges. Et tous deux paraissaient de plus en plus saugrenus à Pétersbourg où la société éclairée devenait ouvertement athée. D'où cette remarque de Tchekhov dans une lettre à l'écrivain Kouprine : « Je regarde avec étonnement tout intellectuel qui croit en Dieu. »

Mais le couple impérial était persuadé que leur monde se poursuivait au-delà des frontières de la capitale dépravée, quelque part dans les lointains villages dispersés à travers leur empire sans limites. Le monde de la Sainte Russie, du simple peuple qui vénérait Dieu, le tsar, l'Église.

Et ils attendaient l'émissaire qui viendrait de ce monde-là.

Égarés dans la légende

Mais ce monde, qui pendant si longtemps avait fasciné l'Occident, existait-il encore ? Ne restait-il pas qu'un peuple aigri, misérable, qui ne faisait plus confiance à ses prêtres ? Dans son livre *Au bord du fleuve divin*, l'écrivain et philosophe religieux Serge Nilus (dont Nicolas et la tsarine liraient les œuvres lors de leur captivité) rapportait avec amertume le récit d'une nonne qu'il avait rencontrée : « Elle raconta que, pour les religieuses, il devenait impossible de voyager en train : il n'est pas d'insulte, de moquerie, de malédiction qui ne soit déversée sur leur pauvre tête par la malveillance de Satan... Elle doit revêtir une jupe bleue pour ressembler à une vieille femme ordinaire, sinon on ne la laisse pas passer sans agonir d'injures les monastères et ceux qui y vivent. »

« Telle est devenue la Sainte Russie ! s'exclamait Nilus. Pauvre peuple ! Pitoyable pays ! » Pour leur part, les starets qui vivaient dans les grands monastères exprimaient le même chagrin. Rapportant pareillement les paroles de l'un d'eux, Nilus écrivait : « Le temps sans foi et sans Dieu est arrivé pour la Russie orthodoxe. L'homme russe ne vit plus que par la chair et pour la chair... Il n'est plus orthodoxe que de nom, d'esprit, il a cessé de l'être. » Raison pour laquelle, peut-être, à l'arrivée des bolcheviks, ceux qui la veille encore constituaient « le peuple porteur de Dieu » participèrent si allègrement à la destruction des lieux sacrés, n'hésitant pas à brûler les icônes, à profaner les saintes reliques.

Répétition générale avant l'arrivée de Raspoutine

Cependant, les princesses monténégrines finirent par dénicher pour la tsarine un faiseur de miracles présentable.

Militsa, qui collectionnait toutes les rumeurs concernant les phénomènes surnaturels, avait entendu parler des miracles parisiens d'un certain Monsieur Philippe. Ce thaumaturge était plus agréable pour Alix, qui n'avait pas oublié le monde européen qu'elle avait récemment quitté. Le discours du Français ne la lassait pas, contrairement aux balbutiements à moitié compréhensibles de Mitia le Nasilleur et au galimatias de Matriona-aux-Pieds Nus.

« La famille a rencontré [au palais de Militsa] un occultiste chrétien venu de Paris », témoigne Vyroubova dans le Dossier. De son vrai nom, l'homme s'appelait Nazier-Vachot. Originaire de Lyon, il était voyant et guérisseur. Il prétendait communiquer avec les morts et vivre en quelque sorte à la frontière entre les deux mondes. On l'avait donc fait venir en Russie. À son propos, le grand-duc Konstantin Konstantinovitch note dans son journal : « Un homme d'une cinquantaine d'années, petit, aux cheveux et à la moustache noirs, avec un effroyable accent du sud de la France. Il parlait de l'effondrement de la religion en France et plus généralement en Occident... Quand nous nous sommes séparés, il a voulu me baiser la main, et j'ai eu bien du mal à la lui arracher. »

Philippe perçut immédiatement la nervosité de la tsarine et la peur qui habitait son âme. Ayant jaugé sa ferveur religieuse, il s'arrangea pour marier habilement magie et saintes écritures. Pour elle, il apparut d'emblée comme l'homme de Dieu envoyé pour venir en aide à la dynastie de droit divin. Il sut aussi satisfaire sa soif de surnaturel. Philippe n'hésitait pas à recourir à des tours de passe-passe dignes d'un prestidigitateur ainsi qu'à tout l'arsenal, largement éculé, utilisé par les grands aventuriers du XVIIIe siècle comme Casanova ou Cagliostro. Mais ce dont toute la presse se gaussait à Paris produisait à Pétersbourg un effet inoubliable. Nikki, terrassé par la foi passionnée de son épouse, finit par partager son exaltation. La cour observait, moqueuse, le mage parisien, consciente qu'il n'était qu'un joujou de plus inventé par les Monténégrines pour leur impériale amie. A. Polovtsev, membre honoraire du Conseil d'État, consigne, non sans malice, dans son journal : « Militsa a présenté Philippe à l'impératrice... il soigne toutes les maladies, y compris la syphilis... Et ce Philippe lui a promis qu'elle aurait un garçon et non une fille. » Ces railleries inquiétaient la mère de Nikki. Toujours du même Polovtsev : « L'impératrice mère était furieuse contre Militsa et Stana. À sa demande, le Département de la Police, à l'aide de son réseau parisien, enquêta sur le passé de Philippe. Le rapport qui revint était affligeant : les Français traitaient Philippe de sombre aventurier. L'agent russe à Paris envoya un article satirique tiré d'une revue française, où était racontée la séance publique d'hypnose à laquelle s'était livré Philippe. »

Mais, comme ce serait le cas pour Raspoutine, la dénonciation n'eut aucun effet sur Alix. Elle savait croire. Elle savait aussi être fidèle, et elle avait une volonté de fer. D'ailleurs, Alix avait beaucoup d'excellentes qualités. Une seule lui manquait — la faculté d'écouter l'opinion des autres. Qualité sans laquelle il était dangereux de se trouver sur un trône, ainsi qu'aurait pu le lui expliquer une autre femme merveilleuse, mais elle aussi totalement dénuée de cette qualité : Marie-Antoinette.

La société grondait. Citons de nouveau le journal de Polovtsev : « Le grand-duc Serge Mikhaïlovitch m'a conté qu'après le rapport défavorable sur Philippe arrivé de Paris, l'agent qui en était l'auteur a, sur ordre de l'empereur, été démis de ses fonctions dans les vingt-quatre heures qui ont suivi. » Le même scénario se reproduirait avec Raspoutine — la haine de la nombreuse famille Romanov, la foi aveugle d'Alix, les rumeurs les plus folles... Félix Youssoupov se rappellerait alors un récit de son père. Lors d'un séjour en Crimée, se promenant un jour au bord de la mer, le père de Félix rencontra Militsa en compagnie d'un inconnu. Il les salua, mais elle ne répondit pas. Quelques jours plus tard, la rencontrant de nouveau, il demanda à la jeune femme pourquoi elle n'avait pas répondu à son salut. « Vous ne pouviez pas me voir, répondit-elle, puisque j'étais avec le docteur Philippe. Quand il a son chapeau, il est invisible ainsi que les gens qui se trouvent avec lui. » Tel était le genre des histoires inventées et calportées par la cour. Quand il ne s'agissait pas de grasses plaisanteries : Philippe dormait dans la chambre du couple impérial, où il faisait de la sorcellerie afin que la tsarine donne naissance à un héritier.

Le plus triste (comme plus tard avec Raspoutine) était que ces fables provenaient des autres grands-ducs, offensés par la faveur dont Pierre et Nicolas Nicolaievitch jouissaient auprès du tsar. Et, devançant là aussi ce qui se passerait avec Raspoutine, l'impératrice mère décida d'avoir une discussion sérieuse avec Nikki. Comme de juste, ce dernier promit de se débarrasser de Philippe. Et, naturellement, Alix se montra la plus forte. Elle l'implora de ne pas toucher à « l'homme de Dieu », et tout resta en l'état. Comme nous le reverrons maintes fois avec Raspoutine.

Et, comme Raspoutine, il appelaient Philippe « Notre Ami ».

Puis la tsarine tomba enceinte. Joie, elle y était arrivée ! « Notre Ami » avait prédit un garçon. Le 5 juin, eut lieu l'accouchement. Comme la grande-duchesse Xénia, sœur de Nicolas, le nota dans son journal : « 5 juin. Quelle déception : une quatrième fille ! » Mais « Notre Ami » n'hésita pas à invoquer un manque de foi de la part de la tsarine ! Et, comme pour Raspoutine, la famille Romanov essaya de remplacer le mage par quelqu'un de plus respectable. Le grand-duc Nicolas Mikhaïlovitch eut alors l'idée de s'adresser à l'homme le plus célèbre de Russie, Léon Tolstoï. Mais, s'il avait des idées sur la façon de réformer le pays, Tolstoï en revanche n'en avait aucune sur la façon de faire naître un garçon plutôt qu'une fille.

« Combien riche est devenue notre vie... »

Afin de ne pas irriter l'impératrice mère ni la famille et d'éviter les commérages de la cour, Alix et Nikki eurent alors l'idée de rendre clandestine leur relation avec « Notre Ami ». Ils feraient la même chose avec Raspoutine. Désormais, ils allaient le rencontrer chez Militsa et Stana. À peine en avaient-il fini avec leurs obligations officielles qu'ils se précipitaient à Znamenka, quittant le monde des vaines mondanités pour rejoindre l'univers mystique des Monténégrines et de Notre Ami. Extraits du journal du tsar, daté de 1901 : « 13 juillet, Peterhof. À 2 h 30 nous sommes allés à Znamenka et nous sommes restés assis au jardin jusqu'à 5 heures. Notre Ami était avec nous. » « 19 juillet... Nous sommes allés à Znamenka... Toute la soirée nous avons écouté Notre Ami. Nous sommes rentrés la nuit, par un merveilleux clair de lune. » « 20 juillet... Après le dîner nous sommes allés à Znamenka, où nous avons passé la soirée avec Notre Ami. Nous avons prié tous ensemble. »

Et comme « Notre Ami » leur manquait, lorsqu'il repartait à Lyon ! Le 27 août, Alix écrit à Nikki : « Samedi à 10 h 30, toutes nos pensées s'envoleront vers Lyon... Combien riche est devenue notre vie depuis que nous avons fait sa connaissance ! Et, me semble-t-il, tout est devenu plus facile à supporter. » Par « supporter » il fallait entendre, vaincre ses pressentiments et sa nervosité. Philippe avait réussi une chose essentielle : il délivrait Alix de son angoisse permanente, de sa terreur enfouie.

Mais, plus important encore, Philippe avait réalisé le miracle tant attendu : Nikki et Alix étaient heureux. Elle était enceinte et Philippe avait prédit que ce serait un garçon. Certes, après de fastidieux tests, les médecins avaient émis des doutes quant à la réalité de cette grossesse. Mais que valaient ces imbéciles de savants à côté d'un homme qui communiquait avec le ciel ? Alix interdit aux médecins de l'examiner. Désormais, elle serait suivie médicalement par ses amies monténégrines et par Monsieur Philippe, promu au titre de docteur en médecine. Ensemble, ils guettaient la naissance de l'héritier annoncé. Pour son plus grand bonheur et à la honte des médecins, le ventre de l'impératrice s'arrondissait. L'accouchement approchait. Neuf mois s'étaient écoulés. Puis, en août 1902, ce fut la honte !

Extrait d'une lettre de la grande-duchesse Xénia : « Imagine-toi l'horreur : la malheureuse Alexandra Fiodorovna n'était finalement pas du tout enceinte... Maman [l'impératrice mère] l'a trouvée très déprimée, même si elle exprime une certaine résignation face au destin. Quel coup ce doit être pour sa fierté ! » Dans son journal, Polovtsev rapporte les commentaires de la cour sur le sujet : « 30 août 1902. Par le moyen de l'hypnose, Philippe l'a persuadée du fait qu'elle était enceinte. Forte de cette conviction, elle a refusé tout rendez-vous avec ses médecins jusqu'à la mi-août, où elle a convoqué l'accoucheur Ott, auprès de qui elle cherchait un conseil, s'étant subitement mise à maigrir. Ott lui confirma qu'elle n'était pas le moins du monde enceinte... La nouvelle a été annoncée dans le *Courrier du Gouvernement* dans des termes totalement abscons, si bien que, dans toutes les couches de la population, les bruits les plus fous ont commencé à courir comme, par exemple, que l'impératrice avait accouché d'un monstre à cornes qu'il avait fallu étrangler, etc. L'affaire n'ébranla pas pour autant la confiance du couple impérial en Philippe, qui demeurait à leurs yeux un homme formidable et inspiré... Tout cela serait comique si ce n'était si triste. »

Alors la famille déclencha l'alerte. Philippe devint un sujet douloureux et permanent de discussions entre les Romanov. Comme Raspoutine le serait plus tard.

Il reviendra bientôt... sous les traits d'un autre

Le grand-duc Konstantin Konstantinovitch, célèbre poète qui écrivait sous le pseudonyme de K.R., note dans son journal, à la date du 24 août 1902 : « Serge [le grand-duc Serge Mikhaïlovitch, ami d'enfance de Nicolas] affirme que Leurs Majestés sont tombées dans le mysticisme, qu'à Znamenka elles prient avec Philippe... qu'elles y passent de longues soirées... et en reviennent dans un état d'exaltation proche de l'extase, avec les yeux brillants et le visage rayonnant... Mon avis est que tout cela est plus comique que dangereux. Mais c'est une mauvaise chose qu'elles fassent ces visites à Znamenka sous le couvert du secret. » 25 août : « Eléna, la fille du roi de Serbie, a déclaré que son frère était tombé sous l'influence de Militsa et de Philippe. Il [son frère] dit que la mission sur terre de Philippe touche à sa fin... qu'il va bientôt mourir, mais qu'il réapparaîtra au milieu de ses amis sous les traits d'un autre. Quelle absurdité !... Serge m'a fait part de sa grande inquiétude quant aux visites de l'empereur et de l'impératrice à Znamenka. » 6 septembre : « J'arrive chez le grand-duc Vladimir Alexandrovitch... Il passe au sujet brûlant que constitue Philippe... Il considère que le grand-duc Nicolas Nicolaievitch est le grand responsable du rapprochement... qu'il a très mal agi dans cette affaire... Et que les simagrées de Philippe ont jeté l'opprobre sur le couple impérial, devenu la risée générale. » Désormais la famille tout entière exigeait le départ de Philippe, comme plus tard elle exigerait celui de Raspoutine. Mais Alix allait prouver qu'elle savait croire et qu'elle savait défendre ceux en qui elle croyait.

Ella du monde du royaume de Moscovie

La tsarine supporta avec flegme les attaques de cette famille Romanov qui ne l'aimait guère, ce qu'Alix lui rendait bien. Mais Philippe fut à l'origine de sa première brouille avec sa sœur adorée, Ella, la grande-duchesse Élisabeth Fiodorovna. La belle Ella, sa sœur aînée, avait épousé l'oncle de Nicolas, le grand-duc Serge Alexandrovitch. C'était précisément à leur mariage que Nikki avait vu la blonde et ravissante Alix pour la première fois. Et il en était tombé éperdument amoureux. Depuis leurs mariages respectifs, Alix et Ella étaient exceptionnellement proches. De plus, le mari d'Ella, le grand-duc Serge Alexandrovitch, était général-gouverneur de Moscou, cité qui occupait une place particulière dans la vie de Nicolas et d'Alexandra. Leur capitale, Pétersbourg, n'était jamais qu'une ville mirage édifiée au milieu des marais sous la direction d'architectes français et italiens, avec ses avenues d'une rigueur et d'une précision détestables pour une âme russe, et où l'ange qui surmontait la colonne érigée devant le palais d'Hiver se prosternait symboliquement devant la croix catholique ! Centre de l'occidentalisme, Pétersbourg incarnait la fascination exercée par l'Europe sur la nouvelle aristocratie russe. En revanche, le symbole de l'identité nationale restait Moscou, antique capitale de la Moscovie et des premiers Romanov, ville aux innombrables églises et aux ruelles enchevêtrées si plaisantes à l'âme russe.

Donc, la sœur d'Alix, Ella, et son mari étaient les gardiens de cette « Tsargrad ». Et c'était à Moscou que renaissait la légende favorite d'Alix et Nikki sur les tsars d'autrefois, le royaume de jadis. Un royaume où les principaux conseillers du souverain n'étaient pas de hauts dignitaires mais des gens de la vie sainte comme les starets et les *yourodivy* ou fols en Christ. Aussi, quand en 1903, à la veille des cérémonies du tricentenaire de la dynastie, Nikki et Alix commencèrent à organiser leurs fameux « bals historiques », le Moscou du temps des premiers Romanov s'empara du palais d'Hiver. Les courtisans arboraient les costumes scintillants d'or des boyards et Nicolas lui-même revêtait les habits d'Alexis Mikhaïlovitch, son tsar préféré.

La très croyante Ella, qui avait adopté sans réserve l'orthodoxie, ne pouvait pas ne pas être troublée par les relations qu'Alix entretenait avec ces princesses monténégrines au mysticisme délirant. Malgré tout, comprenant la solitude de sa sœur dans cette ville glaciale qu'était Pétersbourg, elle admettait cette amitié. Mais l'apparition de Philippe amena Ella à se ranger aux côtés des autres Romanov. Ella connaissait le caractère de sa sœur. Elle savait qu'attaquer de front Philippe ne reviendrait qu'à renforcer sa position. Elle expliqua donc patiemment à sa cadette que les tsars russes n'avaient nul besoin de sorciers étrangers. Ils avaient leurs propres saints patrons dans les cieux, des protecteurs ô combien plus puissants, les saints russes montés là-haut, dans l'autre monde, d'où ils intercédaient en faveur du tsar et du peuple. Seuls ou ensemble, ils accomplissaient leur grande mission, formant un voile de protection, une Chaîne d'or. Protection dont avaient plus d'une fois bénéficié les tsars moscovites qui, aujourd'hui, dormaient du sommeil éternel dans la cathédrale du Kremlin.

L'argument d'Ella produisit son effet. Mais, apprenant de la bouche de la tsarine les idées exposées par Ella, la maligne Militsa prépara la riposte. Peu après eut lieu une discussion entre Alix et Philippe. Ce dernier expliqua clairement à la tsarine que sa grossesse manquée était due à son manque de foi. Dès qu'elle avait commencé à douter et qu'elle avait fait venir l'accoucheur, le miracle avait pris fin. Le miracle ne pouvait avoir lieu qu'en présence d'une foi absolue. Seule la foi était capable de bouger les montagnes. Or Alix n'était pas encore prête. Il n'était donc pas en mesure de l'aider. Et là, à la plus grande joie d'Alix, Philippe confirma les paroles d'Ella, qui pourtant lui était hostile : Alix devait demander l'aide d'un saint russe, qui prierait Dieu pour qu'elle donne naissance à un héritier. Philippe avança un nom qu'Alix avait déjà entendu dans la bouche d'Ella et de Militsa, celui du fameux saint de Sarov, non encore canonisé du fait des lenteurs procédurières de l'institution ecclésiastique, le starets Séraphim, mort en 1833.

Le saint impérial

Tout comme Raspoutine, Prokhor Mochnine (tel était le nom de naissance de Séraphim de Sarov) avait d'abord quitté son foyer pour mener une vie de pèlerin, allant de monastère en monastère. Dans son village natal, Séraphim déambulait en compagnie de vierges — ces « fiancées du Christ ». Ce qui avait donné naissance à des rumeurs puis à une enquête. Ainsi, le secret de sa sainteté devint l'objet d'une instruction policière. Devenu moine, puis ermite, il avait longtemps vécu dans le silence et l'abstinence, cherchant sa nourriture dans « la parole de Dieu », qui est le pain des anges, dont se repaît l'âme humaine. À côté d'une très forte spiritualité ascétique, il était arrivé à Séraphim de s'exprimer sur le caractère sacré du pouvoir impérial, citant à ce propos les paroles d'Abichaï, chef des armées du roi David : « Si nous devions tous être tués, que toi au moins, Seigneur, tu survives. Car sans toi qu'adviendrait-il d'Israël ? » Par ailleurs la tsarine avait entendu parler d'une prophétie notée par écrit en 1879 par un certain Motovilov, disciple de Séraphim. Parmi des réflexions spirituelles, ce dernier y prédisait le futur règne de Nicolas et d'Alexandra (dont il donnait explicitement les noms) et annonçait qu'il serait canonisé pendant ce règne.

Séraphim fut donc déclaré saint patron de la famille impériale. Et, en dépit de l'opposition du Synode, Alix obligea Nikki à réaliser la prédiction du saint homme : Séraphim de Sarov devait être canonisé.

Le 16 juillet 1903, le train impérial s'arrêta à la gare d'Arzamas, et, à pied, la famille Romanov tout entière prit le chemin de l'ermitage de Sarov et du monastère Diveev où Séraphim de Sarov avait vécu et prié. Le surlendemain, après une messe solennelle, le tsar, les grands-ducs et les membres du clergé sortirent le cercueil contenant les saintes reliques du Vénéré Séraphim et lui firent faire le tour de l'église. La tsarine contribua ainsi à réaliser une autre des prophéties de Séraphim retranscrite par Motovilov : « Quelle joie ce sera alors ! Le tsar viendra à nous, ainsi que toute sa famille. »

Toutefois, le tsar et la tsarine avaient négligé une autre prédiction de Séraphim, par laquelle celui-ci annonçait de « terribles insurrections qui dépasseraient l'imagination... des fleuves de sang russe » qui couleraient pendant leur règne.

Pour Alix, le monde onirique des miracles et des prophéties devenait de plus en plus le monde réel. À Sarov, elle et Nikki passèrent des soirées entières près de la source et du rocher d'où Séraphim invoquait Dieu. La nuit, ils se baignaient dans les eaux de la source, s'en remettant au saint et priant pour avoir un héritier. Pour Alix commença l'attente. Séraphim, qui maintenant se trouvait dans la Chaîne d'or, près du trône du Seigneur, intercéderait en leur faveur, et elle donnerait naissance à un fils.

En cela, Alix faisait de plus en plus songer aux tsarines des temps reculés du royaume de Moscovie.

Adieu au premier « Notre Ami »

Peu après, « Notre Ami » fut contraint de rentrer à Paris. Nicolas Nicolaievitch avait, semble-t-il, du mal à supporter l'ostracisme dont lui-même et les sœurs monténégrines étaient victimes de la part de la famille Romanov. Il expliqua donc à Philippe que son départ était devenu nécessaire. Dans l'intervalle, la foi d'Alix avait été récompensée. Tout ce que, dans ses prières, elle avait demandé à saint Séraphim s'était réalisé. Extrait du journal d'Alix : « L'héritier du trône, le tsarévitch Alexis Nicolaievitch est né le lundi 30 juillet 1904 à 1 h 15 de l'après-midi ». On lui avait donné ce prénom en l'honneur d'Alexis Mikhaïlovitch Romanov, le tsar préféré de Nicolas. Alix pouvait donc se dire une fois de plus qu'elle n'avait pas eu tort de faire confiance à Philippe. Tout se passait comme l'avait prédit « Notre Ami ». Elle avait donné le jour à un beau bébé, un prince de conte de fées aux yeux gris, né pour gouverner et être adulé.

Ainsi s'acheva la répétition générale de l'arrivée de Raspoutine au palais. Pour la cour comme pour la grande famille, une conclusion s'imposait : ce pauvre et brave Nikki n'avait aucune volonté ; Alix dirigeait tout. Lui ne voyait le monde qu'à travers les yeux de son épouse.

Philippe ne revint jamais. Très peu de temps après, en 1905, ainsi qu'il l'avait prédit, il quitta ce monde. Et, une fois de plus, Alix fut convaincue qu'elle avait eu raison de croire en lui. D'ailleurs elle ne l'oublierait jamais. Bien des années plus tard, durant la guerre, elle écrirait à son mari : « Notre Premier Ami m'a donné une icône avec une cloche qui me met en garde contre les gens méchants et qui les empêche de m'approcher » (16 juin 1915).

Maintenant il ne restait plus à Philippe qu'à tenir sa promesse de « revenir sous les traits d'un autre ». Comme elle avait besoin de lui sous sa nouvelle forme ! Car le pire venait d'arriver. Le petit prince tant attendu souffrait d'une maladie incurable qu'Alix avait héritée de sa famille : l'hémophilie. Ses fragiles vaisseaux ne pouvaient supporter la pression sanguine. À vrai dire c'était la même chose qui se passait derrière les murs du palais. Les vaisseaux sanguins de l'empire eux aussi étaient fragiles. La Russie autocratique souffrait pareillement d'hémorragies internes.

Prélude sanglant

Il y eut d'abord la guerre honteuse et sanglante avec le Japon. Nicolas y avait été entraîné par les militaires qui lui avaient expliqué que l'on pouvait tranquillement occuper la Mandchourie et que le petit Japon n'oserait jamais riposter. Si c'était le cas malgré tout, cela donnerait une petite guerre pour une grande victoire. Ce fut au bout du compte une grande guerre marquée par de grosses défaites. « Douloureux, navrant », devait noter Nicolas dans son journal. Pourtant ce n'était qu'un début. Après la maladie du prince héritier et les défaites militaires, cette année 1905 allait infliger une nouvelle épreuve à la vieille dynastie des Romanov. Une révolution.

L'année terrible commença dans un bain de sang, lors d'une manifestation ouvrière. Le tsar et sa famille se trouvaient à Tsarskoïé Sélo et, en leur absence, l'oncle de Nicolas, Vladimir Alexandrovitch, qui commandait la garnison de Pétersbourg, céda à l'affolement et donna l'ordre de tirer sur la foule des manifestants qui marchaient sur le palais d'Hiver. Le 9 janvier, le tsar nota dans son journal : « Journée terrible... Beaucoup de morts et de blessés... Mon Dieu, comme tout cela est douloureux... comme c'est pénible. » Les révolutionnaires répliquèrent par la terreur. À Moscou, moins d'un mois plus tard, le mari d'Ella, le grand-duc Serge Alexandrovitch, fut déchiqueté par une bombe. Nicolas allait rester hanté par la vision d'Ella nu-tête, couverte de sang, avançant à quatre pattes au milieu des restes de son mari. Puis le chaos s'empara du pays. La grève dans les chemins de fer, Moscou et Pétersbourg coupés du reste du pays, les manifestations appelant au soulèvement armé.

Oh, comme Alix l'attendait, ce nouvel homme de Dieu !

Mais pour l'heure ils étaient seuls, avec pour tout secours leurs prières et leur foi. Et, à la place de l'homme de Dieu, se tenaient auprès d'eux les hôtes habituels : le nouveau Premier ministre Serge Witte et le grand-duc Nicolas Nicolaievitch.

Les princesses monténégrines vécurent là leurs plus belles heures. L'Oncle Redoutable, le grand-duc Nicolas Nicolaievitch allait devenir dictateur. Pour le moment, cela paraissait la seule chance de juguler la révolution. L'histoire d'amour entre Stana et Nicolas Nicolaievitch était à son zénith. Et s'il devenait le triomphateur de la révolution... Les Monténégrines exaltées voyaient déjà le frêle et faible Nikki transmettant lui-même la couronne au sauveur de l'empire. Mais Nicolas Nicolaievitch leur fit faux bond. Il ne se décida pas à devenir dictateur. L'armée combattait les Japonais, loin à l'Est, et il n'avait pas les moyens de mater la rébellion par la force. Il résolut donc de se joindre à Witte pour essayer de convaincre Nicolas d'accepter une constitution.

À l'époque, la famille impériale résidait à Peterhof, coupé de la capitale par les grèves ferroviaires. À la cour, on racontait déjà qu'un navire attendait au large, prêt à embarquer la famille pour l'Angleterre.

Prêts pour l'apparition du faiseur de miracles

Les princesses monténégrines cherchaient fébrilement un thaumaturge russe. Militsa amena Théophane au Palais.

Extrait de la déposition de l'évêque dans le Dossier : « Je fus pour la première fois invité chez l'ancien empereur pour une discussion religieuse. Par la suite, on m'invita pour des discussions à caractère théologique et faire "communier" l'épouse de l'empereur, Alexandra Fiodorovna, fréquemment malade. »

Mais l'austère et franc Théophane ne pouvait remplacer le rusé Philippe. Ce fut alors que Militsa fit de plus en plus souvent venir Jean de Cronstadt au Palais. Le père Jean, archiprêtre de la cathédrale de Cronstadt, était célèbre dans toute la Russie. Il était très estimé par le père de Nicolas, Alexandre III, qu'il avait assisté dans ses derniers instants. Jean de Cronstadt était pourvu de cette force suprême : le don de la prière qui guérit. Lorsqu'ils avaient atteint les derniers stades de la souffrance et que la science se révélait impuissante, les gens venaient chercher de l'aide auprès de lui. Et il les soignait tous, quelle que soit leur confession — chrétiens orthodoxes, juifs, musulmans. Le 20 décembre 1883, un numéro entier du *Temps Nouveau*, ce respectable journal de Pétersbourg, avait été consacré aux messages de gratitude des gens guéris par le père Jean. La grand-mère d'Alexandre Men, célèbre prêtre orthodoxe assassiné à Moscou en 1990 et l'une des grandes figures de l'œcuménisme contemporain, n'avait pas seulement été guérie par lui ; le père Jean lui avait aussi prédit que, bien que de famille juive, elle aurait un petit-fils qui deviendrait un prêtre orthodoxe. Le thaumaturge de Cronstadt avait aussi guéri la jeune Vyroubova, une des futures adeptes de Raspoutine, ainsi que Zinaïda Youssoupova, la mère de son futur assassin.

L'apparition du rédempteur

Mais Jean était trop sévère, trop pris par ses obligations pastorales. Militsa décida donc de présenter à la tsarine et à Nikki un homme qui ne manquerait pas de produire sur eux une forte impression. Un homme qu'elle avait depuis longtemps préparé à cette rencontre. Le père Grigori, pèlerin venu de Sibérie. Pourtant, quelque chose lui laissait entrevoir un danger. Aussi, avant de l'introduire auprès des souverains, Militsa fit promettre à Raspoutine de ne jamais voir les « tsars » (comme le moujik appelait Alix et Nikki) en dehors de sa présence. Il deviendrait le nouveau Philippe, qu'Alix et Nikki rencontreraient chez elle. « Selon Militsa Nicolaievna, Raspoutine avait promis de ne pas essayer de rencontrer la famille impériale par ses propres moyens », témoigne Théophane dans le Dossier.

Militsa était sûre du succès que remporterait le moujik. Et cela, depuis qu'elle avait vu son regard hypnotique ! Ce n'était pas un hasard si le père Grigori avait plu à Jean de Cronstadt. Et Théophane, que la tsarine estimait tant, le vénérait, lui aussi. Le métropolite Serge, lui-même, aimait à converser avec lui. Quelles recommandations pour le moujik ! Tout se trouvait réuni en lui : le prophète, le guérisseur, l'homme du peuple et l'envoyé mystique de la Sainte Russie.

C'était la mi-octobre, le moment le plus terrible de cette terrible année. Nicolas s'était résolu à signer la Constitution, mettant ainsi fin à trois siècles d'autocratie absolue. Et, tout au long de ces jours difficiles, les princesses monténégrines et Nicolacha (Nicolas Nicolaievitch) étaient restés présents auprès de lui.

Journal du tsar : « 17 octobre... Nous avons pris le petit déjeuner avec Nicolacha et Stana... Nous sommes restés à discuter jusqu'à l'arrivée de Witte... J'ai signé la Proclamation à cinq heures. Après une telle journée, j'avais la tête lourde et mes idées commençaient à s'embrouiller. Seigneur, aide-nous. Sauve et réconcilie la Russie. » « 2 octobre. Nicolacha, Militsa et Stana ont dîné avec nous. »

Les 21, 22, 23, 24 et 25 octobre, Nicolas mentionne la visite des princesses monténégrines. Ce fut donc durant cette période que Militsa parla à la tsarine du merveilleux paysan sibérien. Elle préparait l'impressionnable Alix à recevoir son cadeau — la rencontre avec un prophète du peuple. Et Militsa en avait des choses à raconter ! Comme Séraphim de Sarov, le père Grigori (on l'appelait ainsi désormais afin d'éviter de prononcer ce nom de famille qui sonnait si mal) avait quitté sa maison pour de longs pèlerinages. Comme saint Séraphim, il se promenait dans son village, entouré d'admiratrices. De même que Séraphim, il avait été calomnié et sa sainteté comme son mystère avaient fait l'objet d'une enquête. Comme le cœur d'Alix devait battre ! Tout coïncidait. Philippe ne les avait pas abandonnés ! Il leur avait envoyé un protecteur ! Ainsi qu'il l'avait promis, il revenait sous « l'apparence d'un autre ». Et cela, au moment où, de toutes parts, on leur conseillait de songer au navire qui devait les emmener loin du chaos, vers l'Angleterre. Le 1er novembre arriva. Ce terrible mois d'octobre était enfin parvenu à son terme. C'était leur dernier jour à Peterhof ; ils se préparaient à retrouver leur cher Tsarskoïé Sélo. Alix espérait tant que ce maudit mois d'octobre emporterait ses malheurs avec lui ! N'était-ce pas un signe que ce nouveau mois devait commencer par la rencontre avec cet étonnant moujik ?

Journal de Nicolas : « 1er novembre... À quatre heures nous sommes allés à Sergueevka. Nous avons pris le thé avec Militsa et Stana. Nous avons rencontré l'homme de Dieu Grigori, de la province de Tobolsk... Le soir, j'ai fait mes bagages et beaucoup travaillé, puis j'ai passé le reste de la soirée avec Alix. »

« 2 novembre. Nous sommes partis... pour Tsarskoïé Sélo, où nous sommes arrivés à 5 h 20... C'était bon de retrouver nos vieux appartements si confortables. »

5

Auprès des tsars

La séduction

Raspoutine raconta lui-même ce qui s'était passé ce jour de novembre. Dans le Dossier, l'évêque témoigne : « J'ai personnellement entendu Raspoutine dire que, dès leur première rencontre, il avait produit une très grosse impression sur l'ancienne impératrice. Le souverain quant à lui tomba plus tard sous l'influence de Raspoutine, lorsque celui-ci commença à l'intriguer. »

Cet expert en visages humains n'avait sans doute guère eu de mal à voir à quel point cette femme avait besoin de lui, à quel point elle était tourmentée par les malheurs qui l'avaient frappée, et à quel point ce qu'il avait dit sur les simples paysans et leur fidélité l'avait émue : le peuple n'abandonnerait pas son tsar. Plus tard, il rapporta cette conversation à Iliodore, qui la retranscrivit dans son livre : « Quand la révolution a levé haut la tête, ils ont eu terriblement peur... et leur réaction a été "Préparons tous nos bagages"... J'ai longuement discuté avec eux pour les convaincre de cracher sur leurs craintes et de régner. » Ces paroles avaient fortement impressionné la tsarine. Les choses étaient plus compliquées avec le tsar, comme « enfermé en lui-même », trop préoccupé par les terribles problèmes qui l'assaillaient. Et, visiblement, il n'avait pas écouté

Raspoutine. Pour « intriguer » le tsar, une seconde rencontre s'était révélée nécessaire.

Militsa, consciente de l'impression qu'il avait produite sur Alix, mit en garde le moujik contre toute tentation d'organiser de son propre chef des rencontres avec « les tsars ». Il en allait de sa vie. « J'explique cette mise en garde par le fait qu'il y avait à la cour beaucoup de tentations, de jalousies et d'intrigues et que, dans de telles circonstances, le simple et modeste pèlerin qu'était Raspoutine risquait fort de périr spirituellement », déclare Théophane dans le Dossier.

Mais Raspoutine avait des projets bien différents. Notamment, il ne se satisfaisait plus d'habiter dans l'appartement de Théophane, très lié avec Militsa. Il avait besoin d'être libre de ses mouvements.

La charmante générale

En fait, outre le minable appartement de l'ascétique Théophane, Raspoutine disposait déjà de pas mal d'endroits où trouver refuge. Il avait très vite rencontré le succès à Pétersbourg, et n'y avait pas perdu une seconde de son temps depuis son arrivée. Le témoin E. Kazakova déclara ainsi devant la Commission extraordinaire qu'à cette époque « elle avait vu beaucoup de dames importantes... qui s'affairaient autour de lui, le considéraient comme un sage, lui coupaient les ongles, dont elles cousaient les rognures dans leur corset en guise de souvenirs ». Une de ces dames était la « lionne » Olga Lokhtina, dont le salon était très à la mode. Une fort belle femme, malgré ses quarante ans passés. À cette époque elle tomba malade, et on demanda à Raspoutine de venir la soigner. Ce fut ainsi qu'ils se connurent — à peine deux jours après la première rencontre avec la famille impériale.

En 1917, interrogée par la Commission extraordinaire, Olga apportait ces précisions consignées dans le Dossier : « J'ai vu Raspoutine pour la première fois le 3 novembre 1905. À cette époque j'en avais assez de la vie mondaine, j'avais connu des bouleversements d'ordre spirituel et par ailleurs je souffrais d'une neurasthénie intestinale qui me clouait au lit. Je ne pouvais me déplacer qu'en me tenant aux murs... Un prêtre, le père Medved [à l'époque un des fidèles admirateurs de Raspoutine] me prit en pitié et fit venir Raspoutine chez moi... À l'instant même où le père Grigori passa le seuil de ma porte, je me sentis totalement rétablie et, dès lors, je n'entendis plus jamais parler de ma maladie. »

Ce fut dans son appartement qu'il décida de s'installer. Extrait du témoignage de Théophane dans le Dossier : « Il ne vécut pas longtemps chez moi, car je disparaissais des jours entiers au séminaire. Il s'ennuyait et partit ailleurs, puis il s'installa à Petrograd chez un haut fonctionnaire, Vladimir Lokhtine. » Toujours dans le Dossier, le colonel Lomane, un ami des Lokhtine, souligne : « C'était une merveilleuse demeure familiale. Lokhtina elle-même était une très belle femme du monde, qui avait une fillette absolument charmante. »

Le père Grigori ne s'était pas trompé en choisissant cette maison — une confortable tête de pont pour accéder à la famille impériale. Ingénieur de formation, le mari d'Olga Lokhtina était conseiller d'État (un grade civil correspondant dans l'armée à celui de général, raison pour laquelle Lokhtina était souvent appelée « la générale »). Lokhtine était responsable de la chaussée pavée à Tsarskoïé Sélo. C'était là que, séquestrée dans les « confortables pièces » du palais Alexandre, la famille impériale passait désormais le plus clair de son temps. La maladie du prince héritier, dont elle avait fait un secret d'État, l'obligeait à vivre dans une semi-réclusion. Néanmoins, vivant chez les Lokhtine, Raspoutine était au courant de toutes les rumeurs dont bruissait la cour.

Plusieurs années plus tard, les grand journaux de la capitale publieraient les photos de Lokhtina, accompagnées d'articles s'interrogeant sur ce qui était arrivé à cette charmante femme. Comment une dame, une beauté pétersbourgeoise qui tenait un salon à la mode, s'était-elle retrouvée à mendier dans les rues, pieds nus et bizarrement vêtue ?

Retour sur les faits. Le moujik la captiva d'emblée. « Il racontait des choses fort intéressantes sur sa vie de pèlerin. Au cours de la discussion il faisait allusion aux péchés de ses auditeurs et il amenait ces derniers à livrer leur conscience », témoigna Lokhtina. Il lui révéla un monde d'Amour et de Liberté, où l'argent n'existait pas, où seule comptait la vie de l'esprit. Quelques jours après avoir fait sa connaissance, abandonnant maison et enfant, la dame accompagna le moujik chez lui, à Pokrovskoïé. Lokhtine la laissa partir avec joie, espérant qu'elle recouvrerait définitivement la santé auprès de cet étonnant guérisseur. Pas une seule seconde il ne vint à l'idée du mari de se méfier de l'intérêt que sa belle épouse portait à ce paysan mal dégrossi et d'un âge déjà avancé.

Extrait de la déposition de Lokhtina dans le Dossier : « À son invitation je me suis rendue chez lui à Pokrovskoïé, où je suis restée du 15 novembre au 8 décembre 1905. Voyager avec Raspoutine était un plaisir car il donnait vie à l'esprit. Durant le trajet, il prédit qu'une grève allait avoir lieu et il ne cessa de répéter : "Pourvu qu'on arrive avant." Et, de fait, à peine étions-nous arrivés que la grève se déclenchait. » Cela étant, à l'époque nul besoin d'être grand clerc pour prévoir les grèves. Le pays tout entier en était la proie. Mais la dame était avide de miracles ! Et à Pokrovskoïé tout était miraculeux.

En la famille de Raspoutine, Lokhtina rencontra une paisible famille de paysans : « Leur mode de vie m'a emballée. Pour accueillir son mari la femme s'est jetée à ses pieds. L'humilité de cette femme m'a saisie. Quand j'ai raison, je ne cède devant personne. Un jour, dans une discussion avec son mari, la femme de Raspoutine a cédé, alors qu'il était évident que c'était elle qui avait raison et non lui. Lorsque je lui ai manifesté mon étonnement, elle a répliqué : "Un mari et une femme doivent vivre avec un seul cœur — tantôt tu cèdes, tantôt on te cède." Nous dormions n'importe où, le plus souvent dans la même pièce, mais nous dormions très peu, préférant écouter le père Grigori nous entretenir des choses de l'esprit. Le matin, si je me levais tôt, je priais avec le père Grigori. La prière à ses côtés vous arrachait de terre. Chez lui, nous passions notre temps à chanter des psaumes et des cantiques. »

Aux doutes exprimés par les juges d'instruction quant à l'innocence de sa vie à Pokrovskoïé, elle répondit : « C'est vrai, il avait l'habitude d'embrasser les gens ou même de les enlacer lorsqu'il les rencontrait, mais seules les mauvaises gens ont de vilaines et sales pensées. Il est parfaitement exact aussi que, lors d'une de mes visites à Pokrovskoïé, je suis allée à l'étuve avec Raspoutine et sa famille — sa femme et ses deux filles. Mais comme nous étions dénués de mauvaises pensées, cela n'a paru étrange ni déplacé à aucun de nous. Que Raspoutine fût réellement un starets m'a été confirmé à la fois par ma guérison et par les prédictions qu'il m'a été donné d'entendre et qui se sont révélées justes. » Ainsi Lokhtina balayait-elle tout soupçon relatif à d'éventuelles relations sexuelles avec Raspoutine.

Cependant, la vérité sur les relations du starets avec Lokhtina — la première de ses ferventes adeptes que nous connaissions — est primordiale. Sans elle nous ne pouvons comprendre ni ses préceptes ni la suite de sa biographie. Et ce d'autant moins que les essais rédigés par les nouveaux admirateurs de Raspoutine affirment tous que les témoignages faisant état de relations sexuelles entre le starets et ses admiratrices ont été inventés de toutes pièces par ses ennemis.

Donnons donc la parole à un ami. L'un des plus proches. Dans le Dossier on peut lire la déposition de Filippov, l'éditeur de Raspoutine : « Un jour de 1911, me trouvant chez lui, rue Nicolaev, je fus le témoin inattendu d'une scène très pénible. Arrivant tôt le matin chez Raspoutine pour prendre le thé, ainsi que nous en avions l'habitude, je l'aperçus derrière le paravent qui isolait son lit du reste de la pièce. Il battait comme plâtre Madame Lokhtina, laquelle, vêtue d'un étonnant saut-du-lit consistant en une robe blanche ornée de petits rubans, s'accrochait à son membre viril en criant : "Tu es Dieu !" Je me ruai sur lui : "Que fais-tu ! Tu bats une femme !" À quoi Raspoutine me répondit : "Elle insiste, la garce, elle réclame le péché !" Quant à Lokhtina, cachée derrière le paravent, elle braillait : "Je suis ta brebis, *et toi tu es le Christ* !" Ce n'est que plus tard que j'appris qu'il s'agissait de Madame Lokhtina, une de ses admiratrices, avec qui il entretenait une liaison. Habitué à ses remarques pleines d'esprit attestant de son intelligence et de son éducation, je fus stupéfait de ce que j'avais vu. »

D'autres témoins évoquaient la vivacité d'esprit et l'humour acéré de Lokhtina. Comment ce moujik s'était-il donc débrouillé pour s'enchaîner à vie cette femme si brillante ? D'où venait cette violente passion qui ne quitterait plus jamais la malheureuse générale, même lorsque le moujik n'éprouverait plus que répulsion pour la vieille femme qu'elle serait devenue ? La réponse réside dans le mystère essentiel de cet homme. Nous y reviendrons.

En décembre 1905, ils regagnèrent la capitale. Et Lokhtina était près de Raspoutine lorsque ce dernier commença à réfléchir au moyen de revoir la famille impériale. Sur ce point, Théophane avait raison : ce fut Raspoutine lui-même qui prit l'initiative d'une nouvelle rencontre.

Le Dossier contient les dépositions d'un témoin de première importance, le colonel Dimitri Loman, convoqué devant la Commission extraordinaire en 1917. On l'interrogea au palais d'Hiver, où, peu de temps auparavant, il occupait un appartement de fonction. Loman avait fait une brillante carrière à la cour : il s'était vu confier l'aménagement de la cathédrale Fiodorovski, la préférée de la famille impériale. Charge qu'il avait obtenue par l'intermédiaire de Raspoutine, ainsi que le confirmeraient plusieurs témoins. Mais lorsqu'il rencontra Raspoutine pour la première fois, Loman n'était qu'un simple officier du régiment de la Garde, et un ami des Lokhtine.

« J'ai fait la connaissance de Raspoutine dès son premier séjour à Petrograd, déclare Loman. Raspoutine est entré pour la première fois au Palais de la manière suivante : un jour, le souverain (je parle d'après une rumeur) reçut d'un paysan sibérien — il s'agissait de Raspoutine — une lettre requérant une audience ainsi que l'autorisation de présenter une icône qui, pour une raison quelconque, était particulièrement révérée. La lettre piqua l'intérêt du souverain. »

Le saut dans le Palais

Loman avait raison. Son témoignage est corroboré par Raspoutine en personne. Il a été en effet retrouvé un télégramme non daté envoyé au tsar par le moujik en 1906 : « Tsar notre Père, arrivé dans cette ville depuis la Sibérie, je voudrais te présenter une icône de saint Syméon de Verkhotourié le Thaumaturge... avec l'espoir que le Vénéré Saint veillera sur toi tous les jours de ta vie et t'aidera dans ton œuvre pour le bienfait et le bonheur de tes loyaux enfants. » Ce télégramme avait de toute évidence été rédigé par Lokhtina, la dévouée générale, tant il diffère des télégrammes incohérents dont, par la suite, Raspoutine inonderait les « tsars ».

Et, de fait, Nicolas accorda une audience au moujik après avoir reçu son télégramme. Dans une lettre à Stolypine, le tsar lui-même évoquerait cette rencontre, ce qui permet d'établir avec précision la date de cet événement historique.

Historique, car cette fois le moujik allait produire une telle impression sur le tsar que ce dernier en viendrait à sortir de son habituelle réserve. Voici ce qu'il écrirait à son Premier ministre : « 16 octobre 1906. Il y a quelques jours j'ai reçu un paysan originaire de la province de Tobolsk... qui m'a apporté une icône de saint Syméon de Verkhotourié... Il a produit sur Sa Majesté [la tsarine] et sur moi une impression remarquablement forte. Et, au lieu de cinq minutes, notre entretien a duré plus d'une heure. Dans peu de temps il va retourner dans sa région natale. Il a un grand désir de vous voir et de bénir votre fille blessée avec cette icône. [Peu avant, les terroristes avaient fait sauter la résidence du Premier ministre. Ce dernier avait miraculeusement survécu à l'attentat et sorti lui-même sa fille blessée des décombres.] J'espère vraiment que vous trouverez un moment cette semaine pour le recevoir. » *Il a produit sur Sa Majesté et sur moi une impression remarquablement forte*. Ainsi Raspoutine avait-il réussi à « accrocher » le tsar.

On peut imaginer ce dont il avait discuté avec les « tsars ». Saint Syméon de Verkhotourié avait joué un rôle essentiel dans la transformation du Grichka débauché en père Grigori. Et, à n'en pas douter, il avait conté sa rencontre avec Dieu, ses errances au nom de Dieu, et plus généralement tout ce à quoi ces gens très croyants rêvaient et qui leur était inaccessible. Et, dans ce registre, Raspoutine n'avait pas son pareil. Là, il se faisait poète, exposant les pensées qu'il reprendrait plus tard dans sa *Vie d'un pèlerin expérimenté*. Sa préférée était : « Grand, grand est le paysan aux yeux de Dieu ! » Si bien que le moujik était infiniment plus puissant que tous ces pitoyables intellectuels des villes qui ne faisaient que semer le trouble. Plus important encore, le moujik aimait ses tsars et ne les abandonnerait jamais. Tout comme le Seigneur. Le peuple et le tsar sans personne entre eux ! Autrement dit, l'empereur et sa femme entendirent ce qu'ils voulaient entendre.

Au terme de l'entrevue, le moujik leur adressa une requête qui dut accélérer les battements de leur cœur. Il leur demanda la permission de voir leur petit garçon. Puis il se mit à parler de la maladie de l'enfant comme s'il était depuis longtemps au courant. Il leur proposa également de soulager les souffrances de leur fils par la prière. C'était même pour cette raison qu'il avait apporté l'icône de Syméon de Verkhotourié, dont les reliques comme l'icône possédaient un grand pouvoir de guérison !

À ce moment-là vraisemblablement, pour la première fois, on conduisit Raspoutine auprès du prince héritier. Juste après, en effet, le tsar écrivait à Stolypine la lettre enthousiaste citée plus haut, dans laquelle il suggérait à son Premier ministre de recevoir le moujik. Car, de toute évidence, un miracle venait de se produire sous ses yeux. Un miracle qui se renouvellerait souvent, ainsi qu'en témoignerait Vyroubova. Dans la pénombre de la chambre, uniquement éclairée par les veilleuses disposées devant les icônes, leur « Tout Petit », leur « Rayon de Soleil », tourmenté par une nouvelle crise, n'arrivait pas à s'endormir. L'étrange moujik s'approcha doucement du lit de l'enfant, qui vit une ombre immense se courber au-dessus de lui et prier. Sous les yeux de ses parents, l'enfant se calma et s'endormit paisiblement. Pour se réveiller le lendemain matin (Miracle ! Miracle !) en bonne santé.

Le moujik connaissait-il les secrets de guérison qui se perpétuaient en Sibérie depuis les temps païens ? Agissait-il par hypnose ? Se sentait-il effectivement investi d'un immense et inexplicable pouvoir de guérison ? S'il y a là pour nous matière à réflexions et à interrogations, pour Alix, en revanche, aucun doute ne pouvait subsister après cette visite. L'envoyé du peuple, l'homme de Dieu dont avait parlé le premier « Notre Ami » était venu à eux pour sauver l'héritier du trône et défendre ses tsars.

Suivant les conseils du souverain, le Premier ministre reçut le moujik. Le père Grigori se présenta avec la même icône miraculeuse. Extrait de la déposition de Vyroubova devant la Commission extraordinaire : « Après l'attentat à la bombe perpétré à sa résidence, feu Stolypine fit venir Raspoutine au chevet de sa fille blessée ; il semblerait qu'il ait prié au-dessus d'elle et qu'elle se soit rétablie. »

De ce jour allait dater la vénération de la famille impériale pour le saint sibérien dont le moujik leur avait parlé. Le tsar fit même ériger à ses frais une magnifique gloriette au-dessus de la châsse de saint Syméon. Et, le jour de la Saint-Syméon, le chemin de croix fut conduit par le père Jean Storojev, ce même prêtre d'Ekaterinbourg qui, en 1918, deux jours avant leur mort, célébrerait une dernière messe pour les membres de la famille impériale, à qui il donnerait une ultime bénédiction. Après l'exécution, on retrouverait dans la maison Ipatiev « une petite icône de saint Syméon de Verkhotourié dans un cadre de métal », celle-là même qu'avait jadis apportée le moujik sibérien.

Raspoutine était devenu indispensable. Désormais, c'étaient eux qui le faisaient venir au Palais, malgré l'attention dont ils étaient l'objet depuis l'histoire avec Philippe. Ainsi, pour ne pas éveiller les soupçons, ils invitaient le moujik de Pokrovskoïé en même temps que l'évêque Théophane, à l'époque déjà recteur de l'Académie de théologie. Extrait de la déposition de Loman dans le Dossier : « Sans compter son audience officielle, Raspoutine a dû venir deux ou trois fois... avec Théophane et en jouant le rôle très modeste de serviteur et disciple de Théophane. » Toutefois, le père Grigori demanda à Théophane de ne pas parler de ces visites à Militsa. « Raspoutine m'a lui-même déclaré cacher à Militsa Nicolaievna ses relations avec la famille impériale », confirme Théophane dans le Dossier.

Et, ne soupçonnant rien, Militsa continuait d'encenser le moujik. « 9 décembre. Militsa et Stana ont dîné avec nous. De toute la soirée elles n'ont cessé de nous parler de Grigori », noterait le tsar dans son journal.

La prophétie de la femme noire

Cependant, Raspoutine ne put cacher bien longtemps à Militsa cette nouvelle relation. De même que Théophane était incapable de mentir. La rumeur provenant de Tsarskoïé Sélo parvint aux oreilles des Monténégrines. Dès la première question, Théophane dit toute la vérité. La grande-duchesse était furieuse contre le moujik. Elle ne savait pas encore à l'époque à qui elle se heurtait.

Toujours selon Théophane, dans le Dossier : « Raspoutine m'a rapporté que Militsa lui avait déclaré : "Vous, Grigori, vous êtes un hypocrite." Militsa Nicolaievna m'a personnellement fait part de son mécontentement quant au fait que Raspoutine s'était introduit dans la famille impériale et elle a rappelé la mise en garde qu'elle lui avait adressée, à savoir qu'il lui en coûterait la vie. »

Ces paroles étaient-elles dictées par l'agacement ou exprimaient-elles l'intuition d'une femme mystique ? Quoi qu'il en fût, que pouvait bien faire Militsa contre quelqu'un qui était invité par les tsars ? De plus, à cette époque, Militsa avait bien d'autres chats que Raspoutine à fouetter. En effet, à la fin de l'année 1906, les Monténégrines se trouvèrent au centre d'un scandale. Extrait du journal de K.R. : « 6 novembre... J'ai appris avec horreur de la bouche de ma femme que Stana divorce... pour épouser Nicolacha ! ! ! L'autorisation donnée à ce mariage ne peut être qu'une complaisance due aux relations très étroites de Nicolacha avec le souverain... elle viole la règle de l'Église interdisant à deux frères d'épouser deux sœurs. » « 10 novembre. Nicolacha a déclaré qu'il n'avait pas levé le petit doigt pour ce mariage... que tout cela n'aurait pu avoir lieu sans l'influence de Philippe depuis l'au-delà. »

Scandales au sein de la famille impériale

C'était le dernier en date des scandales dont la nombreuse famille Romanov s'était fait une spécialité. Il n'y avait pas si longtemps, l'oncle du tsar, le grand-duc Paul Alexandrovitch, avait daigné s'approprier la femme de l'adjudant d'un autre grand-duc. L'ayant épousée, il avait été chassé de Russie. Car, selon les lois de l'empire russe, « les membres de la maison impériale sont privés du droit de se marier avec des personnes n'appartenant pas à une famille gouvernante ou souveraine ». Un autre scandale menaçait la famille. Micha, le frère cadet du tsar, s'était mis en tête d'épouser la femme d'un soldat de la Garde appartenant au célèbre régiment des Cuirassiers bleus, la belle Nathalie Wulfert, deux fois divorcée. L'impératrice mère parvint non sans peine à le convaincre de renoncer à cette idée. Puis aussitôt surgit un nouveau scandale. Cette fois il concernait Cyrille, fils de l'oncle Vladimir. Ce sémillant officier avait brisé la famille du frère d'Alix, Ernie, duc de Hesse. Sa femme l'avait quitté au profit de Cyrille. En conséquence de quoi Nicolas avait dû punir Cyrille. Que faire d'autre ? Son père avait été impitoyable face à ce genre de frasques, et maintenant qu'il était le chef de la famille Romanov, Nicolas devait à son tour se montrer intraitable. Et voici qu'éclatait le scandale mettant en cause l'Oncle Redoutable ! On ne peut douter de l'influence réelle des Monténégrines sur la tsarine quand on sait qu'au mépris de son aversion pour ces divorces, Alix les supporta docilement, obligeant le tsar à en faire autant, et cela en dépit des appels menaçants lancés par l'impératrice mère à son fils pour qu'il punisse Nicolas Nicolaievitch et restaure l'ordre dans la famille.

Extrait du journal de la femme du général Bogdanovitch, daté du 25 octobre 1906 : « On dit qu'elle [Stana] est devenue l'incarnation du médium Philippe, qu'il réside en elle, et qu'elle prédit que désormais tout va se calmer... Le tsar et la tsarine croient chacune de ses paroles et, en attendant que le calme revienne, ils sont gais et sereins. »

Mais, cette fois, la générale et les mauvaises langues de la cour se trompaient. Ils ne connaissaient pas encore l'existence du moujik qui, à ce moment-là, avait déjà pris place dans le cœur des tsars et doté leur âme de cette confiance et de cette sérénité.

Un désir particulier de Sa Majesté

Tandis que Nicolas Nicolaievitch, Pierre Nicolaievitch et les Monténégrines étaient occupés à régler leurs affaires personnelles, s'opérait la fulgurante ascension de Raspoutine. En effet, deux mois à peine après leur première rencontre, le tsar s'occupait personnellement de faire changer le nom de famille du paysan, nom, d'ailleurs, que pratiquement personne ne connaissait. Pour ce faire, Sa Majesté convoqua le comte Benckendorff, chef de la Chancellerie impériale, Alix se montrant toujours plus préoccupée par ce patronyme à la consonance déplaisante, si peu compatible avec le saint homme qui le portait.

On pria Raspoutine de formuler par écrit une demande officielle de changement de nom, que Benckendorff communiqua au ministre de l'Intérieur, avec cette note : « En me transmettant cette demande écrite de Raspoutine, Sa Majesté a bien voulu exprimer son désir tout particulier qu'il soit donné satisfaction à cette requête. »

Ainsi, le 22 décembre 1906, fut satisfaite la demande du

paysan Raspoutine de s'appeler dorénavant Raspoutine-Novykh (Raspoutine le Nouveau). Le moine Iliodore rapporte la version « officielle » de l'histoire telle qu'elle lui fut présentée par Raspoutine : « Sitôt que j'apparus sur le seuil de la porte, l'héritier du trône frappa dans ses petites mains et s'écria : "Le Nouveau ! Le Nouveau ! Le Nouveau !" C'était ses premières paroles. Alors le tsar ordonna que l'on m'appelle non plus Raspoutine mais Novykh. »

En réalité, il est probable que ce nom ait contenu un sens caché. Quoi qu'il en soit, Raspoutine avait maintenant le droit de se faire appeler « Novykh ». Les événements, toutefois, en décideraient autrement. Très vite ils lui rendraient son nom d'origine.

Le sens caché du nouveau nom de famille

Avec l'apparition de « Novykh », une vie nouvelle et secrète commença à la cour. Mais ce serait seulement un an plus tard que le couple impérial déciderait de révéler le secret de cette nouvelle vie à Olga, la sœur de Nicolas, laquelle noterait dans son journal : « Automne 1907. Nikki m'a demandé si je voulais voir un vrai paysan russe. » Ainsi qu'elle le raconterait, à des décennies de distance, depuis son lointain Canada : « Raspoutine le conduisit [Alexis] dans sa chambre, et, tous trois, nous les suivîmes. Nous avions l'impression d'être dans une église. Il n'y avait pas d'électricité dans la chambre d'Alexis, et l'unique source de lumière provenait des veilleuses qui brûlaient devant les icônes... L'enfant se tenait à côté d'une ombre gigantesque qui penchait très bas la tête. Il priait, et l'enfant se joignit à sa prière. »

Olga apprit alors que Raspoutine avait promis aux tsars que leur enfant guérirait de sa maladie. Ainsi que le confirmerait Vyroubova, « Raspoutine avait prédit qu'avec le temps l'enfant recouvrerait totalement la santé... »

Cette foi dans la guérison de leur fils expliquait la sérénité dont faisait preuve le couple impérial. De plus, ils assistaient au recul de la menace révolutionnaire. Il y a peu de temps encore, à Peterhof, les révolutionnaires jouaient à la chasse au tsar. Et l'empereur de toute la Russie écrivait à sa mère : « Tu comprends ce que j'éprouve... ne pas avoir la possibilité de franchir le portail. Et cela dans ma propre demeure ! À t'écrire cela, j'en rougis de honte. » Hier encore le pays était en proie au chaos. Mais, ainsi que l'avait prédit le paysan, on avait réussi à juguler la révolution.

Une nouvelle vie commençait. Tout se passait comme l'avait prévu l'homme « nouveau ». Si Philippe était l'ancien « Notre Ami », Raspoutine était le nouveau « Notre Ami ». Tel était apparemment le sens caché du second nom de famille attribué au starets.

Autre rencontre historique

Raspoutine poursuivit ses visites aux princesses monténégrines durant toute la première moitié de l'année 1907. La colère de Militsa s'était apparemment apaisée. D'autant que les tsars continuaient à l'occasion de rencontrer Raspoutine chez elle. Elle semblait avoir pardonné et n'attacher aucune importance au fait que Raspoutine fût devenu l'hôte habituel quoique secret du palais impérial. Elle chantait toujours les louanges du père Grigori, ayant rapidement compris que rien ne faisait plus plaisir à la tsarine. Se tint alors, au palais de Militsa, une réunion d'une portée considérable pour l'avenir de l'empire.

À cette époque, aux côtés de la tsarine, était apparue une nouvelle amie, la jeune demoiselle d'honneur Anna Taneeva. Très vite, la cour commença à parler de l'ardente amitié qui unissait les deux femmes. Militsa invita immédiatement chez elle la nouvelle favorite. Ania se révéla une petite fille naïve qui singeait la tsarine jusqu'au ridicule. Dans sa discussion avec Militsa, elle aborda les thèmes mystiques chers à l'impératrice. Et, naturellement, elle voulut rencontrer Raspoutine. D'autant plus qu'à cette époque, à savoir au début de l'année 1907, Anna était sur le point de se marier avec un officier de marine du nom de Vyroubov.

Extrait du témoignage de Vyroubova dans le Dossier : « J'ai fait la connaissance de Raspoutine chez Militsa Nicolaievna, en 1907, quelques jours avant mon mariage. J'avais d'ailleurs entendu dire que le tsar et la tsarine le voyaient chez elle. La rencontre fut précédée par une lecture de textes sacrés en français et en russe que m'avait fournis Militsa et qui prouvaient l'existence de gens qui, grâce à leur vie, étaient devenus des voyants. Au début du mois de mars 1907,

Militsa Nicolaievna m'invita chez elle, en me précisant que Raspoutine serait présent. Elle me reçut seule dans son salon et commença à m'expliquer qu'il existait des gens qui possédaient le don de voyance. Militsa Nicolaievna poursuivit sur ce thème pendant près d'une heure, puis elle me demanda de ne pas m'étonner de la voir échanger le triple baiser avec Raspoutine... Je me sentais très fébrile, d'autant plus qu'elle m'avait dit : “Demandez-lui ce que vous voulez, il priera pour vous. Il peut tout obtenir de Dieu.” Raspoutine et Militsa s'embrassèrent, puis elle me le présenta. Et je fus stupéfiée par ses yeux perçants, profondément enfoncés dans l'orbite... Préoccupée par mon mariage, car connaissant très mal mon fiancé, je lui demandai si j'avais raison de me marier. Raspoutine me répondit qu'il me conseillait ce mariage, mais qu'il ne serait pas heureux. »

Or, par la suite et rapidement, Raspoutine cessa de rendre visite à Militsa. Et la Monténégrine apprit que le paysan avait osé exprimer sa désapprobation quant au mariage de sa sœur avec Nicolas Nicolaievitch. Puis, à son tour, la tsarine vint la voir de moins en moins souvent. Ce que Militsa ne pardonnerait jamais.

Retour attendu à Pokrovskoïé

Raspoutine rentra chez lui à l'automne 1907. Il arriva à Pokrovskoïé accompagné d'Olga Lokhtina et de trois jeunes admiratrices : l'infirmière célibataire Akilina Laptinskaïa, la veuve d'un ingénieur, Khionia Berladskaïa, et la femme d'un secrétaire de collège, Zinaïda Manchtedt — ou Mantchtet, selon certaines sources.

Entre-temps, Raspoutine s'était acheté une nouvelle et vaste demeure. Chez lui, il était différent, en particulier plus volubile. Le paysan simple et à moitié illettré renaissait en lui ; il paradait dans son village, affichant les « petites dames » de Pétersbourg qui l'avaient accompagné et qui étaient à ses pieds. Il parlait volontiers aux prêtres locaux des grands-ducs et même des « tsars » qui prenaient conseil auprès de lui — lui, ce même Grichka que hier encore l'on battait et l'on raillait.

Mais, cette fois, une surprise l'attendait. Raspoutine apprit qu'un inspecteur du Consistoire de Tobolsk était arrivé au village. Celui-ci convoqua les prêtres avec qui Raspoutine avait coutume de discuter et les interrogea sur son compte. Après quoi sa nouvelle maison fut perquisitionnée et les lettres des « petites dames » qu'on y trouva furent saisies. Puis les « petites dames » en question furent soumises à un interrogatoire. Et, pour finir, ce fut au tour de Raspoutine lui-même. Une nouvelle enquête fut ouverte. Comme quatre ans plus tôt, Raspoutine était accusé de liens avec les *khlysty*.

Par la suite, Mikhaïl Rodzianko, président de la Douma, qui avait emprunté le dossier d'enquête au Synode, déclara que celui-ci avait disparu. Mais, récemment retrouvé dans les archives de Tobolsk, ce dossier a brusquement refait surface.

L'enquête enterrée

Le dossier porte l'inscription : « Dossier du Consistoire de Tobolsk relatif à l'inculpation de Grigori Efimovitch "Raspoutine-Novykh", paysan du village de Pokrovskoïé, district de Tioumen, accusé de propager une fausse doctrine de type *khlyst* et d'avoir constitué une société de disciples de sa fausse doctrine. Ouvert le 6 septembre 1907. » De la lecture de ce dossier, il ressort que, alors que Raspoutine séjournait à Pétersbourg, l'évêque de Tobolsk avait reçu des informations concernant la période de ses mystérieux pèlerinages. Selon ces informations « regroupées et vérifiées, le paysan ci-nommé a rapporté de sa vie dans les usines de la province de Perm une connaissance des préceptes de l'hérésie *khlyst* et de ses chefs ». Puis, « alors qu'il résidait à Pétersbourg, il s'est entouré d'admiratrices, qui, après le retour de Raspoutine dans le village de Pokrovskoïé, sont venues le voir à plusieurs reprises et ont séjourné chez lui ». On peut lire aussi, dans ce dossier, que les lettres de ses admiratrices, K. Berladskaïa, O. Lokhtina, Z. Mantchtet évoquent « l'enseignement particulier » de Raspoutine ; que ses admiratrices pétersbourgeoises « se promènent avec lui bras dessus, bras dessous, et qu'il les embrasse, les enlace et les caresse devant tout le monde » ; qu'au premier étage de sa vaste maison nouvellement acquise se tiennent jusque tard dans la nuit des « prières collectives d'un genre particulier »... « À l'occasion de ces assemblées, il revêt une soutane noire à la manière des moines et une croix d'or pectorale... Ces réunions se terminent parfois très tard et, selon certaines rumeurs, dans l'étuve qui jouxte l'ancienne maison de Raspoutine a été commis “un péché collectif” ; parmi les habitants du village de Pokrovskoïé, le bruit court que Raspoutine enseigne la doctrine des *khlysty*. »

Ainsi commença cette nouvelle affaire. On imagine facilement qui se cachait derrière. Grâce à son influence et à son intérêt de longue date pour la mystique orthodoxe, Militsa disposait de solides relations au sein du Synode. Très au fait des doctrines sectaires, elle avait depuis longtemps percé le mystère de l'étonnant moujik. Et c'était sa voix irritée que l'on entendait dans l'acte d'accusation, lorsque étaient mentionnés « la suffisance et l'orgueil satanique » de Raspoutine, le fait qu'il eût osé se présenter sous l'apparence d'un « extraordinaire précepteur, intercesseur, conseiller et consolateur » ou encore le fait que lui, homme peu cultivé, se permette « de raconter ses visites dans les palais des grands-ducs et autres personnages haut placés ».

Naturellement, Raspoutine nia tout lien avec les *khlysty*. De même qu'il nia être allé à l'étuve avec des femmes. Autrement dit, il nia tout ce qu'il reconnaîtrait plus tard et qu'il raconterait même très volontiers à son entourage. Quant aux « petites dames », elles se tenaient fermement derrière lui. Les témoignages de Berladskaïa, Laptinskaïa, Lokhtina et des ses domestiques, Evdokia et Catherine Petchorkine, ne furent qu'une succession de déclarations enflammées attestant de la haute moralité du père Grigori. À la question de l'inspecteur relative aux baisers de Raspoutine, Laptinskaïa expliqua pompeusement à ces provinciaux de Tobolsk qu'il s'agissait d'un « phénomène ordinaire dans les milieux intellectuels ».

Mais tout cela n'était qu'un début. Arrivé à Pokrovskoïé, l'inspecteur du séminaire de Tobolsk, D. Beriozkine, nota dans son rapport sur le déroulement de l'instruction que l'enquête avait été effectuée par des « personnes peu au fait des pratiques *khlyst* » et que seule la nouvelle maison de Raspoutine avait été perquisitionnée, alors qu'il était bien connu que les cérémonies rituelles des *khlysty* ne se tenaient jamais dans les lieux d'habitation mais dans les « parties annexes — étuve, grange, celliers, abris souterrains ». Il avait bien entendu en tête le mystérieux oratoire sous l'écurie. « Les tableaux et les icônes trouvés dans la maison de Raspoutine n'ont pas été décrits alors qu'ils sont souvent révélateurs de l'hérésie *khlyst* », remarquait-il également.

Après quoi, Antoni, l'évêque de Tobolsk, ordonna de poursuivre les investigations et d'en charger un missionnaire jouissant d'une grande expérience dans la lutte contre les sectes. Beriozkine s'apprêta à procéder à un supplément d'enquête.

Raspoutine prit peur. Du jour au lendemain, il s'était retrouvé dans la situation du paysan persécuté, privé de tout droit. Mais la mondaine Lokhtina qui, pour être folle, n'en était pas moins intelligente sut apprécier la situation avec justesse. Elle comprit qu'une enquête de cette ampleur concernant un obscur paysan ne pouvait avoir été ordonnée que par une personne influente de la capitale. Ce n'était donc que depuis la capitale qu'on pourrait y mettre un terme.

Lokhtina regagna d'urgence Pétersbourg. Et, très vite, toutes les investigations cessèrent. Et cela, en dépit des ordres donnés par l'évêque de Tobolsk. Tout le monde comprit d'où venait l'intervention qui avait fait enterrer l'enquête de l'évêque dans les profondeurs du Synode.

Ainsi Militsa avait commis une erreur fatale. Elle avait décidé de profiter de la situation pour remettre le moujik à sa place, persuadée que l'enquête portant sur ses liens avec l'hérésie *khlyst* le compromettrait et lui fermerait les portes du Palais. Mais c'était ignorer l'énorme ascendant que Raspoutine avait déjà pris sur la famille impériale.

Et l'intelligente tsarine eut vite fait de découvrir qui avait tiré les ficelles, qui avait voulu la priver de son « homme de Dieu ».

Révolution de palais

Peu après, ainsi que l'admet Théophane dans le Dossier, « entre Militsa et Anastasie Nicolaievna, Pierre et Nicolas Nicolaievitch, d'une part, et la famille impériale, de l'autre, les relations se gâtèrent. Raspoutine lui-même me le laissa entendre. De certains de ses propos, je conclus que Raspoutine avait insufflé, dans l'esprit de l'ancien tsar, l'idée que [ces personnes] influaient trop sur les affaires et nuisaient à l'autorité du souverain ».

Dans son désir de faire étalage de son pouvoir, le moujik

en rajoutait quelque peu. L'idée qu'il s'attribuait était en fait celle de la tsarine depuis un certain temps. Dès qu'elle avait cessé d'aimer sa précédente amie, cette idée lui était venue et ne l'avait plus quittée. La tsarine était une nature entière, capable de détester aussi ardemment qu'elle avait aimé. Et le nouveau « Notre Ami » avait immédiatement compris ce nouvel état d'esprit de « maman » (« papa » et « maman » était la nouvelle façon de Raspoutine d'appeler les souverains — père et mère de la Terre russe). Et il en déduisit que son devoir était d'instiller dans l'esprit de « papa » cette idée de « maman ». Car Nikki avait du mal à rompre ses anciens attachements. Et, comme le déclarerait justement Vyroubova, « il continuait de faire confiance au grand-duc Nicolas Nicolaievitch ».

Désormais, dans la famille impériale, les amies d'hier étaient appelées les « femme noires », comme le faisaient autrefois leurs ennemis à la cour. Et les oreilles de la tsarine s'ouvrirent à tout ce à quoi elle étaient auparavant fermées.

« Parfois il me venait à l'esprit que Militsa Nicolaievna avait introduit Raspoutine au sein de la famille impériale dans le but d'en faire une arme au service de ses objectifs », dit Vyroubova dans le Dossier. En réalité, en exprimant la même certitude à la tsarine, Ania ne faisait que répéter ce dont Alix était d'ores et déjà convaincue. Ensemble, elles ne cessaient maintenant de vitupérer les « femmes noires » qui avaient osé manigancer cette scandaleuse enquête contre « l'homme de Dieu ». La nouvelle Amie se faisait un plaisir d'expliquer à Alix d'où partaient les bruits qui couraient sur elle. Ainsi, toujours selon Vyroubova : « Tout ce qui se disait de mal sur l'impératrice venait maintenant de Militsa et d'Anastasie Nicolaievna... elles disaient que la souveraine était psychologiquement perturbée, qu'elle voyait trop souvent Raspoutine ». La bonne Ania rapportait tout à Alix, ce qui eut pour effet d'éloigner définitivement les « femmes noires » du trône. La tsarine ne mit plus jamais les pieds chez les princesses monténégrines, ainsi que le noterait la très informée femme du général Bogdanovitch dans son journal : « Radtsig [le valet de chambre du tsar] a dit que les relations entre le tsar et Nicolas Nicolaievitch s'étaient complètement refroidies, de même qu'entre la tsarine et la femme du grand-duc, Anastasie Nicolaievna. »

Alix se sépara sans regret des Monténégrines. Il était vrai

qu'elle ne restait pas seule. Elle avait trouvé une Amie. Sa véritable Amie.

Une amie dangereuse

En mars 1917, on sortit la meilleure amie de la tsarine de sa cellule humide pour la mener au palais d'Hiver, devant la Commission extraordinaire. Les enquêteurs espéraient, grâce à elle, élucider certaines énigmes, notamment celle relative à Raspoutine et à son rôle. Ils ignoraient que l'énigme principale, c'était Anna Vyroubova elle-même. L'Amie d'Alix.

« Bornée... A réussi péniblement l'examen d'institutrice à domicile... Ne s'intéresse à rien... On comprend difficilement les relations qu'elle pouvait avoir avec la tsarine, une femme hautement cultivée et énergique... » Ainsi était-elle présentée par les nombreux témoins interrogés sur son compte, traits sous lesquels, d'ailleurs, elle était entrée et demeurerait dans l'histoire. Pourtant, il suffit de lire sa déposition pour sentir à quel point cette femme était d'une remarquable ingéniosité et d'une intelligence redoutable.

Dès le début de l'instruction, elle choisit étonnamment bien son personnage. Elle joua la petite Ania naïve, sans malice, à l'esprit puéril et limité, rôle qu'elle avait déjà tenu avec succès devant la famille impériale, jusqu'à se faire remarquer pour cela par le secrétaire de la Commission, le poète Alexandre Blok, présent aux interrogatoires : « Dans le malheur et l'humiliation, l'être humain redevient un enfant. Rappelez-vous Vyroubova. Elle mentait de manière infantile. » Dans sa situation, n'était-ce pas la seule tactique possible — mentir ouvertement de façon puérile, en affichant son impuissance, sa bêtise et sa totale incompréhension de ce qui se passait au Palais ? Ainsi, fut-ce d'un air stupéfait qu'elle apprit de la bouche du juge Guirtchitch qu'elle était considérée comme une fanatique adepte de Raspoutine.

« Ainsi, vous confirmez que vous n'éprouviez pas plus d'intérêt pour Raspoutine que bien d'autres personnes ? insiste Guirtchitch, exaspéré par ses mensonges. Ou bien présentait-il tout de même pour vous un intérêt exceptionnel ?

— Exceptionnel ? Non ! » répond-elle avec un accent de franchise.

Puis, prévenant les questions suivantes, elle commence à se plaindre :

« Parce que vous croyez que c'était facile de vivre à la cour ? On m'enviait... De façon générale, c'est difficile pour une personne honnête de vivre dans un monde où il y a tant de jalousie et de médisance. J'étais quelqu'un de simple, si bien que pendant ces douze années je n'ai rien connu, sinon le chagrin. »

Puis vient une nouvelle question, fondamentale celle-là :

« Pourquoi avez-vous brûlé toute une série de documents ?

— Je n'ai presque rien brûlé », ment-elle ouvertement, elle qui a laissé sa cheminée remplie d'un énorme tas de cendres provenant des papiers qu'elle avait détruits.

Accusée d'avoir nommé des ministres et pris part aux intrigues politiques, de concert avec Raspoutine, de nouveau, la voilà étonnée, répondant avec la même candeur que le père Grigori et elle ne parlaient que de religion. Et la contre-preuve de la correspondance échangée avec le starets ? « Mais comment expliquer que des gens n'ayant aucun lien avec la politique, qui ne parlent que de prières et de jeûne, entretiennent une correspondance à caractère politique ? interroge Guirtchitch, triomphant.

— Les gens me harcelaient avec toutes sortes de questions, se contente-t-elle de répondre en soupirant.

— Disons qu'ils ont pu vous harceler, un jour, un mois, un an. Mais là, ça a duré pendant des années.

— Pensez-vous, c'était horrible ! soupire-t-elle. Les gens ne me laissaient jamais tranquille ! »

Après un tel chapelet de mensonges, V. Roudnev qui, parallèlement à Guirtchitch, conduisait l'interrogatoire de Vyroubova, put écrire cette chose étonnante : « Son témoignage respirait la franchise et la sincérité. Son seul défaut était son extrême volubilité et sa stupéfiante capacité à sauter d'un sujet à l'autre. » Et cela, alors qu'elle lui mentait de façon éhontée ! Comment expliquer ces mots de Roudnev ? Par le fait qu'elle était douée d'une grande perspicacité pour juger les gens. Elle avait d'emblée saisi la différence qui existait entre les deux juges d'instruction. Et elle avait su adapter sa tactique. À Guirtchitch, elle ne pouvait opposer que sa candeur et sa bêtise. En revanche, de Roudnev, ce provincial sentimental avide de noblesse d'esprit, elle pouvait se faire un allié. Et elle y parvint en manifestant un attachement inébranlable aux membres de la famille impériale déchue et suggérant qu'elle ne mentait que pour leur bien. Elle donna aussi à Guirtchitch l'occasion d'apprécier sa soumission à la volonté divine dans l'épreuve de la captivité. Sa mère s'était d'ailleurs empressée de raconter à Roudnev combien sa fille était admirable. Plus tard, Roudnev parlerait de « son indulgence authentiquement chrétienne à l'égard de ceux dont elle avait eu à souffrir à l'intérieur des murs de la forteresse Pierre-et-Paul, où les gardiens se moquaient d'elle, lui crachaient au visage, lui ôtaient ses vêtements et ses dessous et la frappaient au visage et sur les autres parties du corps... » Précision de Roudnev, toutefois : « Il faut noter que j'ai appris ces sévices non de sa bouche mais de celle de sa mère. Pour sa part, Vyroubova s'était contentée de confirmer les faits avec une étonnante absence de ressentiment, en expliquant : « Ce n'est pas leur faute, ils ne savent pas ce qu'ils font. » Il est vrai aussi qu'elle avait demandé à Roudnev de ne pas punir les coupables afin de ne pas aggraver sa situation. Si bien que, sans même avoir vérifié la réalité des sévices dont elle se disait l'objet, Roudnev, la croyant sur parole, la fit transférer dans une autre prison.

Mais elle avait gardé son atout maître pour la fin. Le juge connaissait le bruit qui courait à travers la Russie : Vyroubova était la « concubine du tsar et de Raspoutine ». Et, comme si elle tenait vraiment à ce que ce brave homme connaisse toute la vérité sur elle, elle insista pour être soumise à un examen médical. Et le résultat laissa Roudnev pantois. Vyroubova était vierge ! Désormais il la crut sans réserve. Et il était prêt à fermer les yeux sur les « pieux mensonges » qu'elle lui débitait sans vergogne. Il nota dans ses conclusions : « Elle ne jouissait d'aucune influence au sein de la cour et, d'ailleurs, elle n'en avait pas les moyens car le déséquilibre était beaucoup trop considérable entre une impératrice volontaire et intelligente et une Vyroubova à l'esprit limité, dénuée de caractère, mais dévouée corps et âme à cette souveraine qu'elle aimait passionnément. » Voilà donc ce qu'écrivait Roudnev en parlant de la femme la plus influente de Russie ! Le malheureux provincial ne pouvait soupçonner un seul instant les subtils jeux psychologiques et érotiques auxquels s'était livrée la femme qu'il avait devant lui. Ainsi se joignit-il au chœur unanime des nombreux témoins qui présentaient Vyroubova comme étant « naïve et d'une intelligence limitée ».

Et alors que la majorité de ces témoins périrait pendant la révolution, la naïve et stupide Vyroubova en sortirait vivante.

L'amie de la tsarine saurait utiliser à la fois l'écrivain révolutionnaire Maxime Gorki et le chef bolchevik Léon Trotski pour s'échapper de sa cellule. Une fois dehors, elle se cacherait dans Petrograd, trouverait le moyen de correspondre avec la tsarine et tenterait même de la faire libérer. Puis elle organiserait avec succès sa propre fuite hors de la Russie bolchevique. Cette femme qui faisait et défaisait les ministres, qui parvenait à l'occasion à diriger la volonté de fer de la tsarine, savait aussi se faire passer pour une brave petite nigaude. Ce masque bien commode était depuis longtemps devenu son visage.

Les jeux d'Ania

Au moment où elle fit la connaissance de Raspoutine, Ania se trouvait déjà près du trône. Son père, Alexandre Sergueievitch Taneev, un petit vieux rondouillard, qui avait toujours un mot gentil pour chacun, remplissait la fonction de directeur principal de la Chancellerie personnelle de Sa Majesté l'empereur. C'était en quelque sorte une charge familiale puisque son grand-père et son arrière-grand-père l'avaient successivement occupée auprès de trois tsars. Du côté de sa mère, Ania avait hérité de gènes impériaux, un enfant illégitime de Paul, le tsar fou, figurant parmi ses ancêtres.

En 1904, elle fut présentée à la tsarine. Elle reçut le chiffre impérial et le titre de demoiselle d'honneur « de ville ». Alix comprit immédiatement qu'elle venait de rencontrer son Amie. Dès l'année suivante, Ania accompagnait la souveraine sur *L'Étoile polaire*, le yacht de l'empereur. « Durant le voyage, l'impératrice s'est plainte de ne pas avoir d'amis en dehors de la famille et de se sentir comme une étrangère », expliquerait-elle lors de son interrogatoire.

Ania perça immédiatement à jour l'impératrice. Dans ses

Mémoires, Vyroubova décrit avec une grande justesse le caractère à la fois entier et autoritaire d'Alix. Mais, si elle fait preuve de perspicacité dans ses Mémoires, Ania en revanche se montra sous un tout autre jour à la cour, où elle se choisit le seul rôle qui fût compatible avec la personnalité de l'impératrice, celui de la jeune fille « gentille et ingénue ». Dévouée, éblouie par chaque pensée de la tsarine et buvant ses paroles, telle était l'image qu'Ania donnait d'elle, faisant de la sorte irruption dans la famille impériale, en précédant de peu Raspoutine. Très vite, Ania se retrouva mentionnée dans le journal du tsar : « 9 janvier 1906. Serge et A. A. Taneeva ont pris le petit déjeuner avec nous. » La jeune demoiselle d'honneur allait devenir en un temps record un des personnages centraux de ce journal intime et, plus généralement, de la vie de toute la famille. Elle réussit à chasser, immédiatement ou presque, les princesses monténégrines du cœur de la tsarine. En même temps, la sage Ania fréquentait le palais de Militsa, afin de s'y familiariser avec le mysticisme dont Alix était friande.

En 1907 Ania se maria. Ou, plus précisément, elle fut obligée de se marier. Des bruits trop dangereux s'étaient mis à courir sur son amitié avec la tsarine. La cour voyait d'un œil jaloux l'arrivée de la nouvelle favorite. Filippov, le banquier et éditeur de Raspoutine, un des pivots de la vie pétersbourgeoise, affirme dans le Dossier : « Dans certaines sphères de la cour, on expliquait l'amitié de Vyroubova avec la souveraine par une intimité fondée sur une psychopathologie sexuelle. » Plus d'une fois, cette « amitié particulière » entre Vyroubova et la tsarine serait évoquée dans son journal par la très monarchiste épouse du général Bogdanovitch, marguillier de Saint-Isaac, la plus grande cathédrale de Russie.

Aussi, pour en finir avec ces rumeurs, la dévouée Ania décida-t-elle de se sacrifier en se mariant. Elle épousa donc un modeste officier de marine, le lieutenant Vyroubov, qui possédait tout de même un assez vaste domaine.

À la date du 4 février 1907, Nicolas inscrit dans son journal : « Anna Taneeva nous a présenté son futur époux Vyroubov. » Dans la mesure où, étant mariée, elle ne resterait pas demoiselle d'honneur, la cour pouvait être rassurée. « La malheureuse impératrice sanglote comme une vulgaire femme de marchand moscovite qui marie sa fille », se moque Witte dans ses Mémoires.

Et, comme de bien entendu, la tsarine conseilla à Ania de parler de son futur mariage au voyant Raspoutine. Ayant immédiatement saisi ce que Militsa n'avait pas compris, à savoir le rôle du moujik au sein du Palais, Ania se rendit chez Militsa pour y faire la connaissance de Notre Ami. Et surtout dans le but de rapporter au Palais ce qu'Alix avait envie d'entendre : les impressions les plus enthousiastes sur le starets.

En fait, le mariage ne modifia en rien la vie ni la position d'Ania. Extrait de la déposition de Vyroubova dans le Dossier : « En 1907, j'ai épousé le lieutenant Alexandre Vassilievitch Vyroubov et, au retour de notre voyage de noces, nous avons loué une maison, d'abord à Peterhof puis à Tsarskoïé. » Le choix de ce deuxième lieu de résidence n'était pas innocent puisque c'était précisément là que résidait la famille impériale. Ainsi, comme avant son mariage, Ania ne serait pas séparée une minute de son impériale amie. « Mon mari fut assigné à la Chancellerie de campagne et, au cours de la même année 1907, nous accompagnâmes la famille impériale en mer. » Vyroubov avait été assigné à la Chancellerie afin que les amies ne risquent pas d'être éloignées.

La chanteuse Belling se souvint d'avoir rencontré Vyroubova à cette époque : « Je fis sa connaissance à une soirée musicale. Elle venait juste de se marier et était heureuse... Son mari, un brun au visage rond, un marin, ne la lâchait pas d'une semelle et la regardait constamment dans les yeux. Elle n'arrêtait pas de rire et semblait se réjouir de la vie... "C'est follement drôle ! me dit-elle. Vous vous êtes mariée le neuf et moi le onze." Puis elle partit d'un éclat de rire... Mais en dépit de sa gaieté, de sa voix douce, de son sourire gentil et de son regard bienveillant, on ne sentait chez elle aucune sincérité ni quoi ce soit qui pût inspirer confiance... Un soir, alors que je chantais, Vyroubova était assise, la main sur les yeux, en train d'écouter... Quelqu'un entra et annonça que l'"on demandait" Anna Alexandrovna. Celle-ci, visiblement troublée, s'empressa de sortir. Quelques instants plus tard, elle reparut à la porte du salon avec un magnifique boa blanc autour du cou, qui faisait beaucoup d'effet, et un splendide bouquet de roses écarlates, qu'elle m'offrit en me remerciant chaleureusement. Elle m'embrassa et, comme en proie à une souffrance, elle pressa son visage contre le mien. »

Ainsi, tout y était — le voyage de noces, le bonheur, les regards amoureux du mari. Pourtant, Vyroubova déclarerait devant la Commission extraordinaire : « Après un an et demi de vie commune, je me suis séparée de mon mari, car il s'était avéré qu'il souffrait d'une maladie mentale... Il est parti se soigner en Suisse, je ne sais plus dans quelle ville ; ensuite nous avons divorcé, et je ne l'ai jamais revu depuis. » Le même juge d'instruction, Roudnev, concéderait avec compassion : « Selon la mère de Taneeva, l'époux de sa fille s'était révélé complètement impuissant, avec des tendances sexuelles qui se manifestaient au travers de comportements sadiques qui lui causaient des souffrances morales et suscitaient en elle un sentiment de profond dégoût. »

Mais comment Vyroubova avait-elle pu supporter de vivre avec un sadique pendant un an et demi ? Vyroubov était-il réellement un psychopathe voué à terminer ses jours dans une clinique suisse ? Eh bien non. Ayant fondé une famille, l'ex-époux de Vyroubova vécut paisiblement dans sa propriété de 1913 à 1917. C'était un homme respecté dans le district et il fut même élu maréchal de la noblesse de la ville de Polotsk. Ainsi l'on comprend pourquoi la cour était tellement sceptique quant aux raisons du divorce. Les rumeurs qui avaient précédé le mariage d'Ania reprirent avec insistance.

La même femme du général Bogdanovitch, qui tenait un salon ultra monarchiste, nota dans son journal, à la date du 2 février 1908, que Zilloti, adjoint au chef d'état-major général de la marine, avait raconté que tout le monde était stupéfié de l'étrange amitié qui liait la jeune tsarine et son ancienne demoiselle d'honneur Taneeva, épouse de Vyroubov. Que, lors d'un incident en mer, la famille avait dû passer la nuit sur le yacht et que le tsar avait dormi dans la chambre des officiers tandis que la tsarine avait pris Vyroubova dans sa cabine et avait partagé son lit avec elle.

Reprenant les propos de la princesse Dolly Kotchoubeï, née duchesse de Lichtenberg, donc parente des Romanov, la générale Bogdanovitch expliquait le divorce de la façon suivante : « 10 juin 1908. Une amitié particulière existe entre la tsarine et Taneeva... Apparemment le mari de Taneeva aurait retrouvé dans la chambre de sa femme des lettres de la tsarine qui révèlent des pensées très tristes. » Plus tard, la générale reviendra souvent sur ce thème : « 6 février 1909. La jeune tsarine est en proie à une profonde neurasthénie... On l'attribue à son amitié anormale avec Vyroubova. Quelque chose ne va pas à Tsarskoïé Sélo. »

Quelque chose ne va pas à Tsarskoïé Sélo

Donc, comment avait-elle pu vivre avec un homme sadique et impuissant et jouer en même temps à l'épouse heureuse, si bien décrite par Belling ? Mais peut-être après tout était-elle réellement heureuse. Et cela justement parce que son mari était impuissant et qu'il ne la touchait pas. Et ce fut uniquement lorsque, surmontant ses difficultés sexuelles, il voulut, comme on disait au XVIIIe siècle, mettre « la flèche dans le carquois » qu'il lui apparut « sadique et répugnant ». Peut-être d'ailleurs était-ce à cause d'elle que le malheureux lieutenant Vyroubov était devenu un « psychopathe ». Si tel était le cas, si elle s'était découvert une aversion pour le sexe opposé, on comprend pourquoi cette ravissante jeune femme n'eut aucun homme dans sa vie. Et pourquoi elle était encore vierge en 1917, dix ans après avoir divorcé de Vyroubov !

Elle eut cependant un grand nombre de flirts. Mais des flirts pour la galerie, qui faisaient partie de son jeu. J'ai beaucoup réfléchi aux relations de Vyroubova et de la tsarine dans mon livre sur Nicolas II. Mais maintenant il me semble mieux les comprendre. Fondamentalement, cette amitié reposait sur un sentiment caché, profondément enfoui et refoulé. Un sentiment qui tout à la fois attirait et effrayait la malheureuse Alix. Et, connaissant la ferveur religieuse et la pureté de la tsarine, Ania, en dissimulant ce sentiment, avait inventé un jeu délectable qui la rendait encore plus attachante.

Les replis de l'âme

J'ai trouvé dans le Dossier des dépositions étonnantes. En 1918, la Commission extraordinaire interrogea Feodossia Voïno, la servante de Vyroubova, qui raconta : « Vyroubova était amoureuse du tsar, mais j'ignore si c'était réciproque. Elle recevait des lettres du tsar, et l'une d'elles fut interceptée par la tsarine. S'ensuivit une dispute entre Vyroubova et la tsarine, dispute qui au demeurant cessa rapidement. Vyroubova elle-même nous avait prévenues, moi et la femme de chambre, qu'elle conservait des lettres du tsar dans un coffre fort et que, si elle venait à mourir subitement, il faudrait rendre ces lettres au tsar. »

On pourrait penser que tout cela n'était qu'invention s'il n'existait certaines lettres de la tsarine. Pendant toute la Première Guerre mondiale, soupirant l'un pour l'autre, Alix et Nikki échangeaient des lettres qui resteront à jamais le témoignage d'un amour sublime. Toutefois, ces lettres recèlent certains passage énigmatiques. Dans l'une d'elles, par exemple, Alix ajoute le post-scriptum suivant : « Mon chéri, penses-tu bien à brûler *ses* lettres, afin qu'elles ne tombent pas dans des mains étrangères ? » Ailleurs on peut lire : « Si dorénavant nous ne sommes pas très fermes tous les deux, nous allons de nouveau avoir droit aux scènes d'amour et aux scandales, comme en Crimée. » Ou encore : « Tu verras quand tu rentreras, *elle* va te raconter à quel point elle a terriblement souffert sans toi... Sois gentil mais ferme... » Ainsi, *elle* osait faire des scènes et harceler Nicolas avec ses lettres ! Quant à Alix, ne mâchant pas ses mots, elle lui reprochait, ici d'être « vulgaire », là de n'avoir « rien de féminin en *elle* ». Ailleurs, elle faisait référence à *elle* en parlant de « la vache » !

Mais, presque dans le même temps, Alix écrivait à son mari : « Peut-être, dans ton télégramme, pourrais-tu mentionner que tu remercies Ania pour le journal et que tu lui transmets ton bonjour. » Et dans une autre lettre : « Quand Ania parle de sa solitude, cela me met en colère. Elle vient nous voir deux fois par jour ; chaque soir elle passe quatre heures avec nous. »

Ania savait combien dangereuses pour l'âme religieuse d'Alix étaient les rumeurs relatives à la nature « particulière » de son amour pour elle. Ania avait donc inventé ce jeu. Un jeu qui rassurait l'impératrice. Le jeu de l'amour pur et non partagé pour Nikki. Telles les pupilles de l'Institut des demoiselles nobles qui, tout en idolâtrant leur compagne plus âgée, tombaient éperdument amoureuses du fiancé de cette dernière. Non, bien évidemment, Ania ne se permettait pas la compétition avec la tsarine ; elle s'autorisait seulement à faire des scènes de jalousie, ridicules, naïves et inoffensives. Le tsar devait consoler l'amoureuse Ania par ses lettres, la tsarine par sa compassion. Son rôle, bien innocent, au sein du trio, créait une tension et entretenait le feu de la passion entre Nikki et Alix.

Il est vrai, Ania était maligne, secrète, rusée, intelligente. Une femme dangereuse qui se vouait à deux passions. Witte écrivait : « Tous les courtisans proches de la famille impériale tournent autour d'Ania. Elle leur permet d'accéder à différentes faveurs et aide tel ou tel homme politique à se rapprocher du tsar. » Car sa première passion était le pouvoir. Un pouvoir que la jeune demoiselle d'honneur acquit très tôt et qui fit d'elle la souveraine invisible de la cour la plus brillante d'Europe.

Son autre passion, à jamais enfouie, ce fut Alix. Et cette passion secrète se mêlait à quelque chose d'effrayant, de charnel, qui s'insinuait subrepticement dans le Palais avec Raspoutine. Il avait beau se présenter au Palais sous son visage de saint homme, il était impossible que la tsarine ne sentît pas le champ invisible de concupiscence qui l'entourait, ni sa force déchaînée. Et les rêves pleins de passion et de sensualité dont Alix faisait part dans ses lettres à Nicolas n'étaient pas l'expression d'un amour conjugal serein mais plutôt un appel extatique.

Mais revenons à l'année 1908. Dans ses Mémoires, l'Amie, Anna Vyroubova, devait écrire qu'après son divorce « ses liens avec la famille impériale sont devenus encore plus étroits ». Elle vivait à Tsarskoïé Sélo dans une petite maison à côté du Palais. Extrait du journal de la grande-duchesse Xénia, sœur du tsar, daté du 7 septembre : « Nous sommes allés voir Nikki et Alix... Alix était au jardin avec Olga, Tatiana et l'inévitable Vyroubova. »

Une puissante union

Ce fut à cette époque qu'Alix présenta le mystérieux starets à tous les proches de la famille impériale. Toujours le précieux Dossier. Extrait de la déposition de Nicolas Pavlovitch Sabline, commandant du yacht impérial le *Standart*, un des hommes les plus proches du tsar et de la tsarine : « Il me semble que c'est en 1908, alors que nous voguions sur le *Standart*, que la souveraine a commencé à me préparer au fait qu'elle connaissait Raspoutine. Elle me dit qu'il existait des gens qui, grâce à un mode de vie ascétique, possédaient une force particulière et elle me parla d'un de ces hommes, un certain Raspoutine, qu'elle proposa de me présenter. »

Impossible donc de croire Ania quand elle prétendait que sa seconde rencontre avec Raspoutine fut le fruit du hasard. Extrait du témoignage de Vyroubova : « Ma deuxième rencontre avec Raspoutine eut lieu un an plus tard dans le train, alors que je me rendais à Tsarskoïé Sélo. Raspoutine, qui allait rendre visite à des connaissances, y allait également en compagnie d'une dame. J'étais ravie de le rencontrer et je lui dis que j'aimerais lui parler de mes malheurs. Raspoutine me donna son adresse "avenue Gretcheski, chez les Lokhtine"... Chez Lokhtina, je rencontrai Raspoutine au salon... Olga Lokhtina était alors encore... une très charmante dame du monde et ne montrait aucun signe de l'excentricité qu'elle développerait par la suite. » Selon moi, les choses se passèrent beaucoup plus simplement : c'était la tsarine qui avait souhaité que les deux êtres qui lui étaient les plus chers deviennent amis. Ania s'était donc rendue chez les Lokhtine, quartier général de Raspoutine. Lokhtina elle-même explique dans le Dossier : « J'ai fait la connaissance de Vyroubova alors que je n'avais pas encore quitté ma famille. La première fois, elle vint pour me demander quand le père Grigori devait revenir à Petrograd. »

Ania le savait ; tous ceux qui voulaient être aimés de la tsarine devaient aimer l'« homme de Dieu » et sentir sa force. Et elle la sentit d'emblée. Ania jouait tous ses rôles avec la même facilité. Chaque nouveau masque devenait aussitôt son visage. Elle deviendrait donc immédiatement la plus fidèle admiratrice de Raspoutine. Une adepte fanatique. Et sans doute, dès cette époque, Ania inventa-t-elle l'histoire qui voulait que Raspoutine lui ait prédit un mariage malheureux.

Lokhtina céda aussitôt à Ania son rôle d'admiratrice en chef du starets. Elle avait compris que celle-ci serait plus utile qu'elle-même au père Grigori. Comme l'écrivit Iliodore, « Lokhtina se résigna à ce tournant dans son existence ».

Dans un couloir obscur du Palais

Après la rupture avec les deux frères Nicolaievitch, la famille impériale se retrouva isolée. Les amis d'enfance de Nikki, les grands-ducs Serge et Sandro, s'étaient depuis longtemps éloignés de lui. Seul le poète K.R., le grand-duc Konstantin Konstantinovitch, et sa femme étaient les bienvenus au Palais. Alix notait des vers de K.R. dans le cahier où, par ailleurs, elle inscrivait ses aphorismes préférés. Notons que ce cahier se transformerait bientôt en recueil exclusif des pensées du paysan quasiment illettré Grigori Raspoutine. Puis, finalement, il ne resterait plus que deux personnes pour partager la solitude de la famille impériale : le père Grigori et Ania Vyroubova.

Avec la chute des Monténégrines, Ania hérita du rôle essentiel qu'avaient joué les deux sœurs. En effet, Alix n'osait pas recevoir ouvertement le starets. Des rumeurs couraient déjà à propos de la présence au Palais de l'étrange paysan, et la tsarine ne voulait pas que l'on sût que Raspoutine soignait le tsarévitch, la maladie de l'enfant étant toujours gardée secrète.

C'était donc maintenant dans la petite maison d'Ania que la famille impériale rencontrait le père Grigori. Dans les archives de la Commission extraordinaire ont été conservés ces mots adressés par Ania au Commandant du Palais Voieikov : « Cher Vl[adimir] Nic[olaievitch]... Le starets est là pour 2 jours, et Leurs Majestés désirent le voir aujourd'hui. Ils pensent que c'est mieux chez moi. » Extraits du journal du tsar : « 6 novembre 1908. Nous sommes allés chez Ania... nous avons vu Grigori et avons longuement discuté avec lui... » « 27 décembre 1908... Nous sommes allés chez Ania, où nous avons vu Grigori. Tous les trois avons béni son arbre de Noël, ce qui fut très agréable. »

Parfois, cependant, le père Grigori eut à se rendre au Palais pour soigner le Petit. Et de nouveau l'intelligente Ania leur vint en aide en inventant tout un rituel lui permettant d'entrer. Notre Ami faisait mine de venir voir la nurse des enfants, Marie Vichniakova. Cela lui permettait d'éviter de figurer dans le registre où l'officier de garde inscrivait les noms de tous les visiteurs des tsars. Au Palais, « il passait voir la nurse Marie Vichniakova, une personne très nerveuse et en même temps une fervente admiratrice de Raspoutine », indique Vyroubova dans sa déposition. Puis, de là, on l'introduisait dans les appartements des tsars.

La manière dont tout cela se passait est racontée dans le Dossier par la demoiselle d'honneur Sophie Tioutcheva, petite-fille du grand poète russe Tioutchev et gouvernante des enfants : « C'était un jour de l'hiver 1908, la grande-duchesse Tatiana était souffrante. Pendant qu'on aérait ses appartements, elle était allongée dans la chambre de Vichniakova, tandis que moi et les autres grandes-duchesses nous trouvions dans la salle d'étude. Me retournant pour regarder dans le couloir plongé dans l'obscurité, j'aperçus la silhouette d'un paysan vêtu du traditionnel manteau plissé à la taille. Je devinai aussitôt que c'était Raspoutine. Je lui demandai ce qu'il cherchait. Il me répondit qu'il voulait voir Marie Ivanovna Vichniakova. Je lui fis remarquer qu'elle était occupée et qu'il ne devait pas entrer ici. Raspoutine s'est éloigné sans rien dire... J'allai voir Vichniakova, qui était en train de coucher le prince héritier... et je lui dis que Raspoutine la cherchait... "Oh, qu'est-ce que je vais prendre d'Anna Alexandrovna [Vyroubova] !" dit Vichniakova. Le lendemain, me rencontrant, Vichniakova me dit : "Je me suis drôlement fait gronder par Anna Alexandrovna à cause de vous." Et elle m'expliqua que Vyroubova lui avait demandé de ne jamais parler de Raspoutine avec moi, parce que je ne croyais pas à sa sainteté. Le lendemain Vyroubova déjeuna chez moi, et, par amitié, je lui exprimai mon opinion sur Raspoutine. À mon plus grand étonnement Vyroubova demanda brusquement : "Mais qui est ce Raspoutine ?" »

Tioutcheva était étonnée parce qu'elle connaissait Ania comme quelqu'un de crédule et naïf. Elle ne savait pas encore à quel point la candide Ania était dissimulatrice. Ni quels abîmes recelait cette « âme simple ».

Seul et unique

Raspoutine savait que, le haïssant, les femmes noires allaient essayer d'utiliser contre lui leur dernière arme et pas des moindres — le père Jean de Cronstadt. Il s'y attendait et s'y préparait. « Raspoutine était extraordinairement habile pour calomnier les gens... Raspoutine disait du père Jean de

Cronstadt... qu'il était un saint, mais privé d'expérience et de raisonnement, tel un enfant. Aussi, par la suite, l'influence du père Jean s'en trouva affaiblie », témoigne encore Théophane dans le Dossier.

Mais Raspoutine eut de la chance. En 1909 mourut le père Jean, le dernier homme susceptible de limiter son influence. Désormais, il restait seul et unique.

Extrait de la déposition de Vyroubova dans le Dossier : « L'ancien tsar et l'ancienne tsarine... respectaient énormément le prêtre Jean de Cronstadt. Et, après sa mort, Raspoutine prit sa place. Dans toutes les épreuves de la vie, lors des fréquents malaises de l'héritier du trône, lors de l'aggravation des problèmes cardiaques de la tsarine, c'est vers Raspoutine qu'on se tournait pour demander de l'aide, et l'ancien tsar et l'ancienne tsarine requéraient ses prières. »

Alors, faisant fi de toute prudence, les tsars commencèrent-ils à le recevoir ouvertement au Palais. Extraits du journal de Nicolas : « 4 février 1909... À 6 heures l'archimandrite Théophane et Grigori sont venus nous voir. Il a aussi vu les enfants. » « 29 février... à deux heures et demie Grigori est venu nous voir, et nous l'avons reçu avec les enfants. C'était tellement agréable de l'écouter en famille. » « 29 mars (jour de la résurrection du Christ). Après le déjeuner, je suis allé me promener avec Dimitri. Il faisait froid et il y avait beaucoup de neige. » Au terme de sa promenade avec son jeune cousin — un des futurs assassins de Raspoutine —, le tsar apprit que le père Grigori en personne était arrivé au Palais. « Après le thé, nous avons passé un moment en haut, dans la chambre d'enfants, en compagnie de Grigori qui était arrivé à l'improviste. » Personne ne pouvait venir voir les tsars « à l'improviste », les grands-ducs de la famille Romanov eux-mêmes devant solliciter une audience. Mais le père Grigori, lui, le pouvait. « 26 avril... De 6 heures à 7 h 30 nous avons vu... Grigori... Le soir, je suis resté encore un peu avec Grigori dans la chambre d'enfants. » « 15 août. Ce soir, nous avons longuement discuté avec Grigori. »

Les rumeurs relatives au moujik — cet étrange héritier de feu Monsieur Philippe — préoccupaient la famille Romanov. Le 1er janvier 1910, Xénia nota dans son journal : « Comme je plains Nikki, c'est triste et incompréhensible... » Elle ne comprenait effectivement pas de quoi Alix, femme brillante et cultivée, pouvait bien parler pendant des heures avec ce paysan à demi illettré.

Désormais, Nikki et Alix ne pouvaient plus se passer des visites de Raspoutine. Et pas uniquement parce que en sa présence le tsarévitch se sentait instantanément mieux. Mais aussi parce que ce moujik tranchait sur l'atmosphère dans laquelle ils vivaient — une atmosphère faite des intrigues et des médisances propres à toutes les cours du monde. Le starets, lui, ne parlait des gens qu'en bien, y compris de ses ennemis. Et ils aimaient tant les récits de ses pèlerinages ! Peuplées d'individus libérés des servitudes de l'argent et des honneurs, ces chroniques ne parlaient que de Dieu et de nature, de soleil se levant sur la prairie, de nuit blanche passée dans l'herbe — tout ce à quoi le tsar, qui aspirait tant à une vie simple, devait se contenter de rêver.

De plus, Raspoutine ne demandait rien aux tsars. Dans le Dossier, l'éditeur Filippov témoigne : « À cette époque de sa vie, Raspoutine avait besoin d'argent, et il m'arrivait de lui prêter des sommes allant de vingt à cent roubles, qu'il me rendait quand il le pouvait. Un jour je lui demandai : “Comment est-ce possible que tu manques d'argent alors que tu es si proche de la tsarine ?” Il répondit : “Elle est avare, elle... te donne cent roubles, et si tu lui redemandes de l'argent une semaine plus tard, elle ne manque pas de te rappeler : “Mais je t'ai déjà donné cent roubles.” » La parcimonie dont faisait preuve la tsarine, était proverbiale à la cour. Le moujik ne demandait donc rien. Et quand les souverains lui proposaient des récompenses ou de l'argent, il refusait, sachant à quel point la tsarine lui en serait reconnaissante.

« Alix était avare, et elle ne donnait pas d'argent à Raspoutine. Elle lui offrait des chemises en soie, des ceintures, et elle lui donna une croix d'or qu'il portait régulièrement », devait se souvenir la grande-duchesse Olga. Les tsars revêtaient volontiers des habits de l'époque des premiers Romanov, et Alix insistait pour voir Grigori dans un riche « costume national ». Ainsi, quand il revenait à Pokrovskoïé, il se pavanait devant les villageois en chemise de soie, chaussures laquées, ceinture couleur framboise écrasée. Et quand on lui demandait d'où venaient toutes ces merveilles, il parlait des tsars qui aimaient et appréciaient Grigori. Iliodore se rappelait : « En me montrant sa chemise de satin, Grigori me dit : “C’est la tsarine qui m’a brodé cette chemise. Et j’ai encore d’autres chemises brodées par elle.” Je lui demandai de me les montrer. La femme de Grigori apporta plusieurs chemises. Je les examinai.

— Eh bien, tu en veux une en souvenir ? me demanda Grigori en souriant.

— Je peux en prendre une ou bien deux ?

— Prends-en trois !

Et il me choisit trois chemises : une rouge, une blanche en tussor et une autre blanche en toile de grand prix, brodée au col et aux manches. »

La révolution de 1905 n’était plus qu’un méchant souvenir. Et pour Alix, qui avait tellement envie de croire aux miracles de Notre Ami, la Russie n’avait pas été pacifiée par le cruel Stolypine, ses potences et ses cours martiales, mais par le merveilleux starets et ses prières. Le calme si longtemps attendu était revenu. Mais si Nicolas avait acquis une certaine sérénité, son épouse, pour sa part, était toujours en proie à la peur et à la neurasthénie.

« J’ai mal à la tête… au cœur » ; « Mon cœur saigne de crainte et de terreur » ; « Quand j’ai un peu moins mal à la tête, je recopie les aphorismes de Notre Ami, et le temps passe plus vite » ; « Les pensées tristes me rendent malade. » Ces citations sont extraites de ses dernières lettres. Mais Alix était ainsi tourmentée depuis des années. C’était une femme malheureuse, qui savait que sa maudite hérédité vouait à la mort son fils adoré et qui, en proie à d’horribles pressentiments, vivait dans l’angoisse permanente. Seul Notre Ami savait chasser sa nervosité, par ses paroles apaisantes sur le pardon et l’amour, sur la récompense que Dieu lui accorderait dans l’au-delà pour ses souffrances d’ici bas. Et, par l’imposition de ses mains miraculeuses, il la débarrassait de ces migraines qui la rendaient folle. Pour supporter son martyre, Alix avait tant besoin de lui ! Au moins autant que son fils condamné.

On a retrouvé une lettre adressée à Raspoutine, dans laquelle Alix s’efforce d’utiliser des termes simples, appartenant au registre du moujik : « Mon âme ne trouve la paix, je ne me repose que lorsque toi, mon maître, tu es assis près de moi, et que je baise tes mains et que j’appuie ma tête sur tes bienheureuses épaules. Oh, comme tout est facile pour moi dans ces instants. »

Pour se sentir en sécurité, la tsarine avait besoin d'une confirmation permanente de la force exceptionnelle du starets. Pour cette raison, Alix et Vyroubova, qui se prêtait au jeu, essayaient chaque jour de trouver trace de ses miracles, fussent-ils modestes : il avait prédit le temps qu'il ferait, le jour où le tsar serait de retour, etc. Tout cela se retrouve dans la correspondance du tsar et de la tsarine. C'est de cette époque que date cette phrase étonnante de Raspoutine : « Tant que je serai vivant, la dynastie vivra. » Ce que confirme sa fille dans ses Mémoires : « Mon père lui-même disait à Tsarskoïé Sélo que dès qu'il ne serait plus là, la cour cesserait d'exister. » Nous retrouvons cette même idée dans de nombreux témoignages. « Il est établi, écrira le juge d'instruction Roudnev, qu'il a déclaré au souverain : "Ma mort sera ta mort." »

Le moujik le savait : ces mots n'effrayaient pas la tsarine ; au contraire, ils l'apaisaient. Car il était bien vivant, ce solide moujik. Et, à l'époque, personne n'en voulait à sa vie. Il avait promis de vivre longtemps. D'ailleurs, pourquoi le Seigneur aurait-il repris celui qu'il avait envoyé ?

Pourtant, en 1910, alors qu'il se trouvait à l'apogée, quelque chose de mystérieux commença à se tramer autour de lui.

Les forces obscures

L'année 1910 peut être qualifiée de somnolente vu le peu d'événements marquants qui la traversèrent. À Pétersbourg, se tint le Premier Congrès panrusse pour la lutte contre l'alcoolisme, cette véritable « maladie de la Russie ». À cette occasion, on rappela certains faits amusants de l'histoire ancienne, comme cette bataille au cours de laquelle les combattants, complètement ivres, avaient perdu leurs pantalons. Le gouvernement fut accusé de tirer un profit financier de ce fléau séculaire. En conséquence de quoi les représentants du ministère des Finances, outragés, quittèrent le congrès. On reprocha au clergé des campagnes sa « vénération excessive » des paroles attribuées à saint Vladimir, ce prince qui, au Xe siècle, avait introduit le christianisme en Russie et qui disait : « La Russie, c'est le plaisir de boire. » Résultat, la délégation de l'Église quitta à son tour le congrès.

Cette déclaration souleva un tollé, suivi d'une empoignade généralisée. Le président de la Douma « perdit le contrôle et fit preuve de sa totale impuissance ». À la suite de quoi il fut démis et remplacé au poste de président par Alexandre Ivanovitch Goutchkov, un des représentants les plus brillants et les plus intrépides et encore un futur héros de notre histoire. Les journaux se faisaient un plaisir de publier sa biographie. En ce début de siècle, il n'était pas de conflit où l'on ne trouvât ce fils de riche marchand moscovite. Il était allé défendre les Arméniens contre les Turcs au moment du génocide ; en Afrique du Sud, il avait participé à la guerre des Boers contre les Anglais — du côté des Boers, cela va sans dire ; pendant la guerre russo-japonaise, il avait même été fait prisonnier par les Japonais. À la Douma, il était célèbre pour ses coups de poing et pour avoir provoqué en duel Paul Milioukov, le chef des Cadets, alors le plus important parti.

Le jour de sa prise de fonction, le nouveau président prononça un discours dans lequel étaient pour la première fois évoquées les mystérieuses « forces obscures » qui se manifestaient dans les plus hautes sphères de la société.

À Moscou, sur le champ de Khodinka, tristement célèbre par le drame qui s'y était déroulé le jour du couronnement, se tint un meeting aérien. Le fameux Serge Outotchkine, connu dans toute la Russie comme « le héros de l'espace aérien », réalisa quelque tours aux commandes de son biplan. Derrière, sur une espèce de siège de bicyclette, avait tant bien que mal pris place Vladimir Djounkovski, vice-gouverneur de Moscou — un autre de nos futurs héros. Au meeting participait également la princesse Chakhovskaïa, une aviatrice qui deviendrait bientôt une des ferventes admiratrices de Raspoutine.

Mais le 7 novembre eut sans doute lieu le seul événement réellement historique de l'année. Ce jour-là, la Russie tout entière prit le deuil. À la gare d'Astapovo, Léon Tolstoï venait de mourir. Dans son éloge funèbre, Nicolas écrira : « Je déplore sincèrement la disparition du grand écrivain. Que le Seigneur Dieu lui soit un juge miséricordieux. »

En ce qui concernait Raspoutine, seules couraient de vagues rumeurs. Personne ne savait grand-chose de lui, raison pour laquelle il attirait l'attention générale.

Les sauveurs *khlyst*

À cette époque le starets était très à la mode. Sa mystérieuse biographie, la métamorphose du débauché en saint homme, ses dons de guérisseur et de voyant, ce monde hermétique de la famille impériale où il était comme chez lui — tout cela fascinait. Pour la gauche comme pour la droite, il était l'heureuse confirmation des « précieux talents de l'homme russe du peuple », une idée primordiale pour les uns comme pour les autres. Mais une autre raison, qui aujourd'hui peut nous sembler curieuse, explique la popularité dont jouissait alors Raspoutine : la rumeur relative à son appartenance aux *khlysty*.

Dans ma jeunesse, j'eus l'occasion d'en discuter avec Serge Mitrofanovitch Gorodetski, grand poète et ami de ma famille. À l'époque il était très âgé, et je le revois encore pouffant dans ses moustaches grises et prononçant une phrase que je n'ai jamais oubliée tant elle me parut paradoxale : « Raspoutine était à la mode et captivait les gens parce qu'il était *khlyst*. »

Je n'ai compris cette phrase que très récemment, en étudiant cette étincelante période de la littérature russe qu'à juste titre on appelle « l'âge d'argent ». Il est étonnant que les grands écrivains se soient tous plus ou moins intéressés à la secte des *khlysty*. Le célèbre écrivain et philosophe Rozanov se retira un temps dans une communauté *khlyst*, où il trouva matière à son ouvrage *La Secte apocalyptique*. Deux maîtres à penser de l'époque, l'écrivain Dimitri Merejkovski et sa femme Zinaïda Gippius, vécurent dans une communauté *khlyst* en 1902. Ils écrivirent à Alexandre Blok : « Tout ce que nous avons vu là-bas est d'une beauté indicible. » Et Blok, poète majeur de la Russie, ainsi qu'un autre écrivain célèbre, Alexis Remizov, « se rendirent ensemble à une assemblée *khlyst* », ainsi que le rapporta la femme de Blok dans une lettre à sa mère. En 1908, un autre écrivain de premier plan, Mikhaïl Prichvine, écrivait : « 9 novembre... en compagnie de Blok, Remizov et Sologoub (encore un maître à penser de l'époque !), j'ai visité une communauté *khlyst*. » Les fameux poètes Constantin Balmont et André Biely consacrèrent des essais aux *khlysty*. Et enfin, Nicolas Kluev, poète paysan bien connu, désireux de se composer une biographie au goût du jour, raconta ses pèlerinages avec les *khlysty*. « Beaucoup cherchaient le rapprochement avec les *khlysty* », devait conclure, avec raison, Prichvine.

Et pourquoi cela ? Sans doute tous ces brillants penseurs étaient-ils eux aussi en proie au sentiment qu'une apocalypse menaçait le pays. C'était pour cette même raison qu'en 1903, lors des colloques philosophico-religieux, les grandes figures de l'intelligentsia avaient essayé de trouver un langage commun avec l'Église. Ayant échoué dans leur tentative, ils avaient décidé d'agir à travers les sectes. Certains d'entre eux étaient convaincus que, dans celles-ci, et notamment dans la plus puissante d'entre elles, les *khlysty*, se trouvaient réunies les véritables aspirations religieuses du peuple. « Les *khlysty*, confiait Prichvine, sont comme une rivière souterraine... À l'intérieur même de l'Église orthodoxe... a surgi l'énorme royaume des *khlysty*, insaisissables, indéfinissables. » Ils pensaient que l'union entre la fraction spirituelle de l'intelligentsia et celle du simple peuple — c'est-à-dire les sectes — permettrait de faire barrage à la tempête qui s'annonçait. Les sectes, comme pont menant au peuple ? « Nous devons "aller au peuple" autrement, à notre manière... Il est évident que partout et dans chacun quelque chose est en train de se passer, de mûrir, et nous irons à sa rencontre. Et... le passage vers le peuple sera plus aisé, plus naturel à travers les sectes », écrirait Merejkovski.

Plus tard, la même intelligentsia se moquerait du couple impérial pour sa confiance en l'homme obscur. Pourtant, si paradoxal que cela puisse paraître, ses rêves d'alors étaient similaires. Du moins pour ce qui était de l'élite intellectuelle. Car, pour le citoyen ordinaire, le *khlyst* restait un criminel religieux personnifiant la dépravation.

À cette époque, le père Grigori habitait toujours chez les Lokhtine. La générale était devenue sa secrétaire de fait. C'était dans son salon que Raspoutine conquérait des adeptes toujours plus nombreux. Et c'était par l'intermédiaire des Lokhtine qu'il avait fait la connaissance de Gueorgui Petrovitch Sazonov, homme respectable, libéral, auteur de nombreuses études sur des sujets économiques et éditeur de revues économiques progressistes. Ajoutons que lui aussi était devenu l'un des adeptes inconditionnels du starets.

En 1917, parmi d'autres disciples de Raspoutine, Sazonov fut convoqué devant la Commission extraordinaire. J'ai retrouvé ses dépositions dans le Dossier.

Sazonov, Gueorgui Petrovitch, soixante ans, témoigne : « Nous [lui et sa famille] étions de vieux amis des Lokhtine, l'ingénieur Vladimir Mikhaïlovitch Lokhtine, son épouse Olga Vladimirovna et leur fille Ludmilla... Olga Vladimirovna nous téléphona pour nous annoncer que Grigori Efimovitch Raspoutine demandait la permission de venir nous voir. »

Ainsi commença cette amitié. Voici comment Sazonov décrit Raspoutine à cette époque : « Il donnait l'impression d'un homme nerveux... Il ne tenait pas en place, s'agitait, remuait les mains... Son discours était saccadé et le plus souvent incohérent. » Mais dès que cet homme fébrile regardait ses interlocuteurs, « dans ses yeux luisait une force particulière qui agissait sur les gens... particulièrement sensibles aux influences extérieures ». À ce moment-là s'était déjà formé autour de Raspoutine un cercle de folles admiratrices. « Les femmes qui l'entouraient lui manifestaient une adoration mystique, l'appelaient "père", lui baisaient la main. » Mais plus importante que tout, pour le très croyant Sazonov comme pour son ami Lokhtine, était « la foi sincère » de Raspoutine, chose rare à cette époque. « Cette ferveur religieuse n'était pas feinte... Quand il arrivait à Raspoutine de passer la nuit chez nous, notre servante disait qu'il ne dormait pas mais qu'il priait des nuits entières. Quand nous séjournions à la campagne, les enfants le voyaient dans la forêt plongé dans la prière... Notre voisine, une femme de général qui ne pouvait pas entendre son nom sans une grimace de dégoût, se força un jour à suivre les enfants dans la forêt, et, bien qu'une heure se fût écoulée, elle le vit en train de prier. »

Toujours selon Sazonov, durant cette période (avant 1913), Raspoutine ne consommait aucune boisson alcoolisée, ne mangeait pas de viande et observait tous les jeûnes. « Cette période de la vie de Raspoutine, conclut Sazonov dans le Dossier, je pourrais l'appeler période d'acquisition d'une certaine hauteur spirituelle, d'où il retombera plus tard. »

Puis, dans son enthousiasme, Sazonov invita Raspoutine à s'installer dans son immense appartement. Le moujik déménagea donc et reprit la vie qu'il avait menée chez les Lokhtine. Selon les rapports des policiers chargés alors de le filer secrètement, Raspoutine habitait, en 1912, « chez le célèbre éditeur de la revue *L'Économiste de Russie*, Gueorgui Petrovitch Sazonov et sa femme... De toute évidence, Raspoutine entretenait une liaison avec cette dernière. » Mais, convaincu de la foi sincère de Raspoutine, Sazonov refusa toujours de croire cette allégation. De même que le mari d'Olga Lokhtina pour ce qui le concernait. Car ni Sazonov ni Lokhtine n'avaient compris jusqu'au bout cet homme mystérieux.

Parallèlement, les relations de Raspoutine avec le tsar et la tsarine restaient entourées de mystère. À Pétersbourg, le starets parlait peu de ses rencontres avec la famille impériale. Il était prudent. Même son ami Sazonov ne pouvait pas en dire grand-chose, sinon que le moujik appelait les souverains « papa » et « maman », car ils étaient « les parents que le Seigneur avait désignés pour veiller sur la terre russe et en prendre soin ». Raspoutine n'avait pas encore commencé à boire, et n'était pas très loquace. Sazonov, dans le Dossier, ne se souvient que d'une seule histoire « sensationnelle » : « Manifestement, la tsarine avait de l'adoration pour lui... Il me raconta le fait suivant : il marchait dans le parc de Peterhof, quand l'équipage de la tsarine arriva à sa rencontre... Le voyant, elle ordonna au cocher d'arrêter, se précipita vers lui et, devant tout le monde, lui baisa la main. » L'histoire fit le tour des salons pétersbourgeois. Ce baisemain des « tsars » à Raspoutine occupera une grande place dans les interrogatoires de la Commission extraordinaire. Dans le Dossier, deux proches de Raspoutine et de la famille impériale, Vyroubova et une autre amie de la tsarine, Ioulia Den, nieront catégoriquement le fait. Il est probable qu'elles aient été amenées à mentir, faute de pouvoir expliquer à des non-initiés à quel point l'humilité prêchée par le paysan était chère au cœur de Nikki et d'Alix. Si le Christ avait lavé les pieds de ses disciples, pourquoi les tsars ne baiseraient-ils pas la main d'un paysan ?

Le starets à la mode

En 1910, des admirateurs encore plus curieux firent leur apparition aux côtés de Raspoutine. Un certain Vladimir Bontch-Brouievitch rejoignit le club de ses fidèles adeptes.

« Bontch », comme l'appelaient souvent ses amis, était un spécialiste des sectes. Il avait écrit un grand nombre d'ouvrages sur le schisme et les diverses hérésies de l'Église russe. Ce serait à un autre titre, toutefois, qu'il entrerait dans l'histoire nationale. Ce modeste chercheur était en effet membre du parti clandestin des bolcheviks, un des plus proches compagnons de lutte de Lénine — devenu l'une des éminences de la Russie soviétique, il dirigerait les affaires du Conseil des commissaires du peuple et créerait la Tchéka, la police secrète.

Les raisons de l'engouement de Bontch-Brouievitch pour Raspoutine et de l'énorme intérêt qu'il lui portait sont parfaitement claires. En effet, le discours sur les sectes prononcé par Lénine au Deuxième congrès du POSDR avait été écrit par Bontch-Brouievitch et contenait tout un panégyrique des *khlysty*. « D'un point de vue politique, les *khlysty* méritent toute notre attention dans la mesure où ils représentent des opposants farouches à tout ce qui vient des "autorités", c'est-à-dire du gouvernement... Je suis convaincu qu'au travers d'un rapprochement tactique des révolutionnaires avec les *khlysty*, nous pouvons gagner beaucoup d'amis. » Ainsi, quand commenceraient les poursuites contre Raspoutine accusé de liens avec les *khlysty*, Bontch-Brouievitch, avec l'autorité d'un expert, écrirait immédiatement que « Raspoutine n'appartient pas à cette secte ». Il était de son devoir de défendre les « amis » potentiels.

Une famille proche du trône

Puis, toujours en 1910, alors que l'enthousiasme pour le père Grigori ne cessait de croître, une famille tout entière vint rejoindre le cercle de ses disciples fanatiques. Pour le meilleur et pour le pire.

Marie Golovina rencontra Raspoutine pour la première fois en 1910. Fille de chambellan, cette « très pure jeune fille », comme disait Félix Youssoupov, l'ennemi juré du starets, devint immédiatement une adepte des plus serviles. « Mounia », comme elle était surnommée dans le cercle de Raspoutine, est décrite de la manière suivante par l'écrivain Joukovskaïa : « Une toute jeune fille... elle me lançait des regards timides de ses yeux bleu pâle... Avec sa robe gris clair et son chapeau orné de violettes, elle paraissait si petite et si touchante. Dans chacun de ses regards, chacune de ses paroles transparaissaient une dévotion sans limites et une totale soumission. »

La tante de Mounia, Olga, avait été au centre du plus retentissant scandale qu'ait connu la nombreuse famille Romanov. Olga, alors la femme du major-général Erik Pistolcors et la mère de deux grands enfants, avait dépassé la trentaine lorsque avait commencé sa folle histoire d'amour avec l'oncle du tsar, le grand-duc Paul Alexandrovitch, lequel avait fini par l'épouser pour être aussitôt démis de toutes ses fonctions puis banni de Russie par le tsar. Le fils que Paul avait eu de son premier mariage, le tout jeune Dimitri, était resté en Russie. Il avait vécu tout d'abord dans la famille d'Ella et du grand-duc Serge Alexandrovitch, puis, après la mort de ce dernier, avait été adopté par la famille impériale. En 1905, Paul, ayant reçu le pardon du tsar, avait pu revenir en Russie avec sa femme. Ainsi Mounia et sa mère étaient-elles parentes du grand-duc. Bientôt elles allaient aussi devenir parentes de Vyroubova. La sœur de cette dernière, Alexandra (Sana comme l'appelait la famille), épousa en effet le fils d'Olga, Alexandre Pistolcors. « Sana... Une femme ravissante au minois de porcelaine ; elle donnait l'impression charmante d'une enfant gâtée qui se croit le centre du monde », devait se rappeler la chanteuse Belling.

Tels étaient les membres de cette famille que, plus tard, Raspoutine ferait littéralement éclater.

Pour l'heure, en cette année 1910, Raspoutine apparut à Mounia Golovina comme son sauveur, car elle était à cette époque au bord de la folie.

En 1917, Marie Golovina serait elle aussi convoquée par la Commission extraordinaire. J'ai retrouvé son témoignage dans le Dossier. La Commission était particulièrement impatiente de l'entendre, car Mounia était une des personnes les plus proches de Raspoutine. De plus, de nombreuses rumeurs faisaient état de sa passion non partagée pour l'assassin de Raspoutine, le prince Félix Youssoupov, qui s'était servi de la malheureuse afin de préparer le meurtre du starets, selon la version des faits généralement admise.

En réalité, si elle était effectivement follement amoureuse, Mounia ne l'était pas du tout de Félix Youssoupov.

Mais laissons-lui la parole : « En 1910, j'ai perdu quelqu'un à qui j'étais très attachée, ce qui a eu des répercussions fâcheuses sur mon système nerveux. » Ce mystérieux « quelqu'un » avait été à l'origine de la tendre amitié qui liait Marie à la richissime famille Youssoupov.

Une des familles les plus riches de Russie

À Pétersbourg, sur le canal Moïka, se dresse toujours le palais Youssoupov. Mobilier, tableaux, miroirs gardent les reflets glorieux de cette grande famille maintenant éteinte. Les Youssoupov étaient les descendants d'un neveu du prophète Mahomet. Leurs ancêtres avaient gouverné l'Égypte, Damas, Antioche. Leur lignée comptait des chefs de guerre de Tamerlan et des Tatares, conquérants de l'ancienne Russie. À la tête de certains clans de la horde, ils avaient régné sur la Crimée, sur les territoires de Kazan et de Nogaï. Le souverain de Nogaï, le khan Youssouf, avait donné son nom à la lignée. Le destin de sa fille, la belle Sioumbeki, avait scellé celui de la dynastie. Les Khans de Nogaï, époux de Sioumbeki, mouraient les uns après les autres dans des luttes intestines. Sioumbeki restait toutefois souveraine en épousant l'assassin de son précédent mari. Ce fut alors que, craignant pour leur vie, le khan Youssouf envoya ses fils en Russie, où le tsar Ivan le Terrible les accueillit avec bienveillance et leur alloua d'immenses terres. Leurs enfants, convertis au christianisme au XVIIe siècle, reçurent le titre de princes et le nom de Youssoupov. Depuis, ils n'avaient cessé d'occuper des postes importants auprès des tsars de Russie, dont ils étaient parfois particulièrement proches. Dans le palais de Nicolas Youssoupov, l'arrière-grand-père de Félix, au milieu de la galerie de portraits parmi lesquels figuraient ses trois cents maîtresses, on pouvait voir un tableau le représentant aux côtés de la Grande Catherine, lui sous l'apparence d'un Apollon, elle d'une Vénus, tous deux en tenue plus que légère.

En trois siècles, les Youssoupov avaient accumulé une immense fortune, et la famille impériale leur rendait fréquemment visite dans leur domaine de Crimée, voisin des palais du tsar et des grands-ducs. Héritière de la famille, Zinaïda, femme splendide, après avoir repoussé nombre de prétendants, avait épousé l'ordonnance du grand-duc Serge

Alexandrovitch et commandant des cavaliers de la Garde impériale, le comte Félix Soumarokov-Elston. Ils avaient eu deux fils, Nicolas et Félix, qui l'un et l'autre allaient jouer un rôle fatal dans le destin du paysan russe Raspoutine.

Histoire d'amour et de mort

Félix Youssoupov ne devrait confesser la part secrète de sa vie que bien plus tard, alors qu'il vivrait à Paris où il avait émigré après la révolution. Félix avait entamé son charmant voyage dans le vice, alors qu'il était presque encore un enfant. Tout avait commencé par une histoire qui ressemblait à un rêve coupable d'adolescent. Un couple à la mode invita le garçon à la physionomie de nymphette à participer à ses ébats sexuels. Dès lors, son éducation fut prise en main par Nicolas, l'idole de la famille, ce frère aîné que Félix adorait et enviait. Don Juan célèbre dans tout Pétersbourg, Nicolas, poursuivant les jeux dangereux auxquels avait goûté l'adolescent, conçut l'idée de le déguiser en fille. Il entreprit donc de « la » sortir. La vie nocturne de Pétersbourg ressemblait à cette époque à un banquet en temps de peste, où chacun essayait d'atteindre le fond en expérimentant toutes les formes du vice et du plaisir. Des orgies avaient lieu au son de chœurs tsiganes dans les salons particuliers des restaurants chics de la ville. C'est là que le jeune Félix commença à éprouver du plaisir à porter des vêtements féminins et à sentir les regards lascifs des hommes que sa jeune beauté rendait fous.

Vieil homme, il aimerait à se rappeler les succès de la charmante nymphette. La façon dont, lors d'un bal costumé, le roi d'Angleterre Édouard VII n'avait cessé de « la » regarder à travers sa lorgnette. Et avec quel délice, mêlé de terreur, « elle » s'enfuyait du salon privé d'un célèbre restaurant pour échapper à ses admirateurs. Abandonnant sa fourrure, avec pour tout vêtement sa robe de bal étincelante de brillants, « elle » montait dans un traîneau et filait dans le froid glacial.

Ainsi Félix découvrit-il sa vraie nature. « Je me suis toujours indigné de l'injustice humaine à l'égard de ceux qui, en amour, ont certains penchants, écrivait-il. On peut condamner ces relations particulières, mais pas ceux pour qui les relations normales sont impossibles parce que contraires à leur nature. »

Les deux frères allaient donc ainsi, à hue et à dia. Puis Nicolas séduisit une beauté de plus, Marina Heiden, à l'époque la femme du comte Manteifel, cavalier de la Garde. Mais cette fois, bien que cela ne convienne guère à un don juan, il tomba amoureux. Séjournant à Paris, Nicolas recherchait encore des sensations fortes dans une fumerie d'opium crasseuse où, pour sa part et sous la conduite de son frère, Félix expérimentait avec succès de nouvelles formes de la déchéance humaine. Mais, pour Nicolas, tout cela allait désormais appartenir au passé. L'amour allait le transformer. Une rencontre fortuite avec Marina Heiden, dans les rues de la capitale française, suffit à faire basculer son destin. Le coup de foudre. La pauvre femme oublia son mari et son honneur, passant ses nuits dans l'hôtel où séjournaient Nicolas et Félix.

Le comte Manteifel, alerté, pensa tout d'abord à demander le divorce, mais ses compagnons de régiment firent valoir que l'honneur du plus prestigieux des régiments de Pétersbourg venait d'être bafoué. Le comte devait donc provoquer Nicolas en duel. Au Musée historique, j'ai trouvé les lettres des héros de cette histoire qui tourna à la tragédie. « Je vous en prie, écrivait Marina à Félix, que Nicolas ne rentre pas maintenant à Pétersbourg... Le régiment va pousser au duel et cela se terminera très mal... Pour l'amour de Dieu, faites en sorte que votre frère n'apparaisse pas à Pétersbourg. Les mauvaises langues vont se taire, et à l'automne tout sera tassé... » Mais Nicolas revint à Pétersbourg. Cependant rien n'était perdu. Il eût suffi à Félix de tout raconter à leur puissante mère pour qu'on empêche les duellistes de se tirer dessus. Mais, curieusement, Félix n'en fit rien. Sans doute à cause d'une certaine idée... de l'honneur. À moins que ?

Dans les Mémoires de Félix, on trouve cette remarque : « Je... m'imaginais tel un de mes ancêtres — le grand mécène du règne de Catherine... Allongé sur des coussins cousus d'or... je régnais au milieu de mes esclaves... L'idée de devenir un des hommes les plus riches de Russie m'enivrait. » Seulement, tant que son frère était vivant, il ne pouvait devenir un « grand mécène », puisque l'héritier de la famille était l'aîné. Est-ce possible que cette envie « de devenir un des hommes les plus riches de Russie » lui ait complètement fait perdre l'esprit et qu'il ait inconsciemment suivi l'exemple de ses ancêtres de Nogaï qui tuaient leurs pères et leurs frères dans la lutte pour le pouvoir ? Est-ce pour cela qu'il ne parla pas à leur mère du duel qui se préparait ? Mais il ne s'agit là que de supputations, appelées à demeurer sans réponse.

Les dernières lettres échangées par les amants ont été retrouvées. Voici ce qu'écrivait Nicolas la nuit précédant le duel : « Ma dernière pensée a été pour toi... Nous nous sommes rencontrés pour notre malheur et nous nous sommes détruits l'un l'autre... Dans deux heures arriveront mes témoins... Adieu pour toujours, je t'aime. »

Le duel eut lieu le 22 juin 1908. La distance séparant les deux duellistes fut d'abord fixée à trente pas. Nicolas tira en l'air, son adversaire le manqua. Puis Manteifel exigea que la distance fût réduite à quinze pas. Nicolas tira en l'air, le comte visa et l'abattit froidement.

La dernière lettre de Nicolas — jamais transmise à Marina — est conservée dans les archives Youssoupov. On y trouve également cette requête implorante de Marina Heiden à Félix, requête qui devait rester sans effet : « Félix, je dois m'incliner sur son cercueil... Je dois voir son cercueil et prier sur lui. Vous devez comprendre, Félix, et m'aider. Trouvez un moyen d'arranger cela une nuit, quand toute votre maison dormira. Aidez-moi à pénétrer dans l'église, faites cela pour moi, faites cela pour votre frère... » Mais Félix n'en fit rien. Sa mère, Zinaïda Youssoupova, était alors au lit, en proie à une forte fièvre. Désormais, les accès de folie la tourmenteraient jusqu'à sa mort.

Peu après, Félix entreprit la tournée de ses futures propriétés. « Je m'imaginais très sérieusement être un jeune souverain parcourant son royaume », raconterait-il.

Celle qui n'était pas aimée

Il y eut une autre victime du duel. Une femme qui avait aimé mais ne l'avait pas été et qui garderait à jamais son amour pour l'homme qui venait d'être tué. Non seulement cet amour n'avait pas été partagé mais encore celui qui en était l'objet ne l'avait-il même jamais soupçonné. Cette femme, c'était Mounia. Dans ses archives, Félix conserva une lettre d'elle. Elle aussi voulait se recueillir sur le cercueil du mort : « J'aimerais encore une fois prier près de lui. Aujourd'hui, cela fera deux semaines qu'a eu lieu ce terrible malheur, mais mon chagrin ne fait que croître… mon âme souffre davantage chaque jour qui passe. » En mourant, Nicolas l'avait pour toujours attachée à Félix. « Je chéris tant mon lien spirituel avec le passé que je ne peux vous regarder comme un étranger… Jamais plus que maintenant je n'avais pris conscience que toute joie de vivre m'avait quittée pour toujours et que rien ne pourrait jamais me la rendre. »

Mounia décida alors de se retirer dans un couvent. Sa mère fut horrifiée à cette idée, mais sa nièce « au minois de porcelaine », Alexandra (Sana) Pistolcors, était là pour la sauver.

Le Dossier. Déposition de Marie Golovina : « La femme de mon cousin Alexandre Pistolcors était en relation avec le starets Grigori Efimovitch Raspoutine, qu'à cette époque l'on considérait comme un saint homme, capable de consoler les gens dans le malheur… La première fois, je ne vis le père Grigori que pendant quelques minutes, et il me fit une merveilleuse impression. La discussion porta sur mon désir de me retirer du monde pour entrer au couvent… Raspoutine me fit remarquer que l'on pouvait servir Dieu partout, qu'il ne convenait pas de changer aussi radicalement sa vie. » Elle le crut sans hésiter et renonça au couvent. Depuis le duel, elle se livrait au spiritisme, essayant de communiquer avec le mort. « À ce moment-là, je faisais des tentatives d'invocation des esprits… Je fus extrêmement étonnée quand… le père Grigori me demanda : "Pourquoi fais-tu tout ça ? Tu sais, me dit-il, comment les anachorètes se préparent à recevoir l'esprit. Et toi, au beau milieu de ta vie mondaine, tu veux communiquer avec un esprit." Il me conseilla de ne plus m'occuper de cela, sous peine d'y perdre la raison. Raspoutine plut aussi à ma mère… Elle lui était reconnaissante de m'avoir dissuadée d'entrer au couvent… Je le revis chez les Pistolcors plusieurs fois en l'espace de dix à quatorze jours… À cette époque, Raspoutine ne buvait pas du tout de vin… Il prêchait la vie simple, luttait contre l'étiquette et essayait de convaincre les gens de ne pas se juger les uns les autres… Raspoutine ne nourrissait jamais de mauvais sentiments à l'égard de ceux qui d'une manière ou d'une autre lui avaient causé du tort. »

Puis Mounia décida de présenter le saint homme à l'être qui lui était le plus cher après sa mère : à Félix. Ce dernier écrirait à ce propos : « Cette jeune fille était trop pure pour comprendre la bassesse de ce "saint". »

Et la rencontre eut lieu.

« La maison des Golovine, se souviendrait Félix, se trouvait sur le canal d'Hiver. Quand j'entrai dans le salon, la mère et la fille étaient assises avec l'air solennel de gens qui attendent l'arrivée d'une icône miraculeuse... Raspoutine entra et essaya de me serrer dans ses bras [Félix note qu'il parvint à s'esquiver]. Puis il s'approcha de *mademoiselle* G[olovina] et de sa mère et, sans cérémonie, il les prit dans ses bras et les serra contre son cœur... Il était de taille moyenne, presque maigre, avec des mains proportionnellement très longues... On lui donnait une quarantaine d'années. Avec son manteau plissé à la taille et ses larges bottes, il avait tout d'un simple paysan. Son visage encadré par une barbe embroussaillée était grossier — traits lourds, long nez, petits yeux d'un gris transparent qui vous regardaient de sous d'épais sourcils. »

Félix le détesta d'emblée.

Croisade antisémite

Ce fut alors que Raspoutine commit sa première grande erreur. En 1910 s'était formé autour de lui un cercle très particulier. Quelques mots d'explication. Au sein de l'État, autocrate depuis les temps les plus reculés, existait une alliance tacite entre les éléments d'extrême droite et les services secrets. L'extrême droite en Russie était composée d'aristocrates de souche très ancienne mais décadents. Ils haïssaient le capitalisme montant — le pouvoir de l'argent qui prenait la place de leur propre pouvoir, celui de la naissance. Et ils haïssaient les juifs, parmi lesquels, en dépit de leur absence de droits, se trouvaient beaucoup de nouvelles fortunes. Par ailleurs, encore plus nombreux étaient les juifs figurant parmi les révolutionnaires fanatiques. La privation de droits, la misère, l'humiliation avaient transformé les jeunes juifs terrorisés en lanceurs de bombes et en terroristes que rien n'arrêtait. Et, désirant affaiblir le mouvement radical, la droite essayait d'orienter l'exaspération des foules affamées contre les juifs. Ainsi, avec la bénédiction du Département de la Police, une vague de pogromes déferla sur le pays. Les maisons pillées, les vieillards assassinés, les femmes et les fillettes violées — rien ne manqua. Mais le comte Witte, devenu Premier ministre avec l'assentiment du tsar, chargea le Département de la Police de calmer les responsables de pogromes. Ce que fit la police. Mais quelle ne fut pas la surprise de Witte lorsqu'il apprit que ce même Département censé lutter contre les pogromes publiait en cachette des tracts... appelant aux pogromes ! Ils étaient imprimés par un certain Mikhaïl Komissarov, un grand et solide lieutenant de trente-cinq ans qui, à partir de 1915, deviendrait une des figures principales de l'histoire de Raspoutine. Komissarov n'était pas un antisémite. Il était simplement un officier qui obéissait à la volonté secrète de quelqu'un. Ce fut à cette époque que l'écrivain religieux déjà mentionné, Serge Nilus, tomba sur les prétendus *Protocoles des Sages de Sion*, relatifs à l'imaginaire complot des juifs et des francs-maçons sous leur coupe. Les *Protocoles* affirmaient : « La juiverie est depuis les temps les plus anciens une arme du diable contre Dieu. La juiverie internationale et les maçons à sa solde ont pour but d'abattre les monarques chrétiens et de fonder leur propre royaume judéo-maçon ayant à sa tête un tsar-antéchrist. » Consterné, Nilus publia immédiatement les *Protocoles*. Sur ordre du tsar, le nouveau Premier ministre Stolypine diligenta une enquête, qui, bien évidemment, révéla que les *Protocoles* étaient un faux, fabriqué par la même police secrète. Ses auteurs avaient pris pour modèle un autre faux publié en Occident : *Le Testament de Pierre le Grand*, plan secret de conquête de l'Europe par les Russes.

Après l'écrasement de la première révolution, la vague antisémite ne faiblit pas. Au contraire, les organisations favorables aux pogromes comme l'Union du peuple russe et l'Union de l'archange Michel se renforcèrent. À la Douma, les monarchistes Pourichkevitch et Markov II accumulèrent les discours appelant aux pogromes. L'imminence de la commémoration du tricentenaire de la dynastie Romanov échauffa encore l'atmosphère. Dans ce contexte, Raspoutine, ce simple paysan tant aimé du tsar, semblait avoir été créé pour prendre la tête de la croisade de l'extrême droite contre les juifs et les intellectuels.

L'éducateur de Staline

Au même moment, un ami de Théophane, l'évêque Hermogène, apparut dans l'entourage de Raspoutine. Si Théophane était un mystique et un ascète, son ami Hermogène, évêque de Saratov, était pour sa part très impliqué dans la politique de l'Église. Pendant la révolution de 1905, s'était posée la question du rétablissement du patriarcat et de la convocation d'un Concile chargé d'élire le patriarche. Le tsar soumit l'affaire au Saint-Synode. Le haut-procureur Pobedonotsev avait d'emblée repoussé cette idée, et désirant impressionner le tsar, avait fait valoir que, dirigée par un patriarche, l'Église cesserait immédiatement d'être subordonnée au souverain. Hermogène, lui, considérait que la révolution avait démontré la faiblesse du pouvoir séculier et qu'au sein de l'État devait exister un deuxième centre indépendant du pouvoir séculier qui, en cas de nouveaux troubles, serait capable d'éviter à l'État de sombrer. Le patriarcat devait donc être rétabli. Et l'évêque de Saratov se voyait fort bien à sa tête.

Portant le nom du grand patriarche Hermogène, sauveur de la Russie et de l'État à l'époque du Temps des Troubles, il croyait que son destin était d'éviter au pays les nouveaux affrontements sanglants que prédisaient les starets dans les monastères. Extrait de la déposition de Badmaev devant la Commission extraordinaire : « Une fois, chez Hermogène, j'ai vu Mitia [Mitia Kozelski, dit le Nasilleur] qui commençait à agiter ses mains de drôle de façon. Hermogène souriait. J'ai demandé ce que cela voulait dire. Un des présents m'a expliqué : "Il voit la mitre de patriarche sur la tête d'Hermogène." » Or, l'évêque de Saratov, farouche opposant à la libre pensée, qui selon lui menait la Russie au désastre, œuvrait en faveur d'une intervention résolue de l'Église dans la vie idéologique du pays. Dans ce combat, eut lieu un événement d'importance que pourtant Hermogène remarqua à peine. Lorsqu'il était recteur du séminaire de Tiflis, il punissait impitoyablement les séminaristes qui exprimaient des idées libérales. Et, en 1899, il chassa un jeune pensionnaire nommé Joseph Djougachvili, qui entrerait dans l'histoire sous le nom de Staline et, après de sanglantes exécutions, réinstaurerait le patriarcat, ainsi que l'avait tant désiré Hermogène. L'histoire aime les clins d'œil.

Hermogène, donc : « Raspoutine m'a été présenté par le père Théophane », qui « m'avait parlé de cet homme dans les termes les plus élogieux... » Hermogène et Raspoutine se plurent mutuellement. Hermogène était sensible au mépris qu'exprimait Raspoutine envers les hiérarques ventrus. Mais surtout, il nourrissait le rêve qu'avec son aide il finirait par convaincre le tsar de rétablir le patriarcat.

En attendant, Raspoutine devait prendre part à la lutte sans merci que menait alors Hermogène contre la libre pensée. Dans ce cadre, Hermogène le présenta à un jeune moine, à qui ses virulents discours fustigeant le mal valaient d'être surnommé le Savonarole russe. Ce moine s'appelait Iliodore.

Le Savonarole russe

À vingt-deux ans, Serge Troufanov, fils de sacristain, prit le froc sous le nom d'Iliodore. En 1905, en pleine révolution, il termina l'Académie de théologie de Pétersbourg. Ce fut dans les couloirs de l'Académie qu'il vit Raspoutine pour la première fois, alors que celui-ci venait juste d'arriver à Pétersbourg. En février 1908, Iliodore, hiéromoine de vingt-sept ans, fut assigné à Tsaritsyne en tant que missionnaire prêcheur. Là, il fit construire une grande église avec une salle de réunion. Là, il commença à prononcer ses sermons enragés devant des foules d'admirateurs. Immense, avec son visage large, ses pommettes saillantes et ses petits yeux, Iliodore faisait plus penser à un brigand de la Volga qu'à un pieux évangéliste. Mais cette allure de moine-guerrier plaisait à Hermogène. Et c'était effectivement une guerre permanente que menait Iliodore dans son église nouvellement construite. Il fustigeait « les youpins et les intellectuels, les richards et les fonctionnaires qui cachaient au tsar les besoins du peuple ». Il stigmatisait l'odieux capitalisme. Il injuriait le gouverneur Tatichtchev et l'obligea à démissionner. Ses partisans collaient sur les maisons des tracts rédigés par lui, sur lesquels on pouvait lire : « Frères ! Ne livrez pas la Russie au féroce ennemi ! » ou encore « De toute la puissance de votre poitrine, criez : “À bas le royaume des youpins ! À bas les drapeaux rouges ! À bas la liberté rouge des youpins ! À bas l'égalité-fraternité rouge des youpins ! Vive le père unique de la Russie, notre tsar orthodoxe !” »

Iliodore et Raspoutine firent connaissance en 1908 à Pétersbourg, alors que le moujik habitait chez Olga Lokhtina, la générale folle. Celle-ci tomba immédiatement en extase devant le nouvel ami du starets. Désormais, elle serait à la fois au service de Raspoutine et à celui d'Iliodore.

Dans le Dossier, Lokhtina elle-même retrace la rencontre des deux pasteurs. « J'ai fait la connaissance du moine Iliodore en 1908 ou 1909. Celui-ci, à son arrivée à Petrograd, s'était installé chez Théophane, à l'Académie de théologie. À la demande de Raspoutine, je suis allée chez Théophane pour inviter Iliodore à venir rendre visite à Raspoutine, qui à cette époque habitait chez moi... Iliodore me plut beaucoup par son obéissance. Le père Grigori lui ordonna de prononcer un sermon sur un certain thème, et il s'exécuta sans discuter. »

Iliodore ouvrit une nouvelle vie à Raspoutine. Habitué jusque-là à une dizaine d'adeptes, il découvrit les foules fanatiques et se régala de leur exaltation. Par la suite, Raspoutine se souviendrait : « Il venait m'accueillir entouré d'une foule de gens, prononçait des sermons sur ma vie. Je vivais en bonne entente avec lui et je partageais avec lui mes sentiments. » On peut même dire qu'il partagea avec lui ses sentiments les plus précieux. En 1909 et en 1910, Iliodore vint lui rendre visite à Pokrovskoïé. À cette occasion, Raspoutine lui montra les chemises offertes par la tsarine. Et il lui montra aussi, ce qu'il n'avait même pas montré à Sazonov et Philippov, pourtant très proches : les lettres reçues de la tsarine et des grandes-duchesses. Ce qui indique à quel point Raspoutine faisait confiance à Iliodore, quelle qu'en fût la raison. De là, ils regagnèrent ensemble Tsaritsyne. De nouveau ce furent les rassemblements d'admirateurs, les cris exaltés, l'enthousiasme enivrant de la foule.

Dans son livre, Iliodore raconte cette journée du 30 décembre 1910, où deux mille personnes s'étaient massées à la gare où Raspoutine devait prendre le train pour Pétersbourg. « J'annonçai aux gens que Grigori Efimovitch s'apprêtait à faire construire un couvent de femmes dont il serait le starets et qu'il les invitait à venir lui rendre visite. La foule se mit à crier : "Sauve-nous, Seigneur ! Nous irons, nous irons avec le père ! Nous irons sans faute !" À la gare nous chantâmes des hymnes et louâmes le Christ. De la plateforme du train, Grigori commença un discours relatif à sa haute position, mais ses paroles étaient tellement confuses que je n'ai même rien compris. »

Les propos de Grigori avaient toujours été obscurs. Mais, auparavant, Iliodore les comprenait ou feignait de les comprendre. Ce n'était plus le cas. Car, justement, alors qu'il était encore son invité, Iliodore avait décidé d'instrumentaliser Raspoutine. Avant de repartir pour Tsaritsyne, il avait subtilisé les lettres de la tsarine et des grandes-duchesses, que son ami lui avait montrées en toute confiance. Plus tard, en 1914, Raspoutine déclarerait au juge d'instruction chargé de l'interroger : « Il y a quatre ans, Iliodore a séjourné chez moi à Pokrovskoïé, où il m'a dérobé une lettre importante. » Il s'agissait d'une lettre envoyée par la tsarine et qui n'était pas destinée à être lue par d'autres que lui.

Mais, pour le moment, Raspoutine ne savait encore rien de tout cela. De même qu'il n'avait pas compris qu'en s'affichant aux côtés d'Iliodore il entrait dans l'odieux groupe antisémite des Cents-Noirs et qu'il était en train de se forger une nouvelle image, celle du moujik antisémite virulent, sorcier, manipulateur de la famille impériale. Une image qui aiderait grandement l'opposition libérale dans sa lutte contre le régime. Or, loin de ces considérations compliquées, il se contenta d'aider son ami Iliodore, qui avait épuisé la patience des autorités. Celles-ci savaient fort bien que l'activité d'Iliodore débouchait immanquablement sur des pogromes, suivis d'une riposte féroce de la part des révolutionnaires. Dans l'air flottait l'odeur des bombes et le spectre de la révolution. Stolypine prit des mesures. En janvier 1911, sur décision du Synode, Iliodore fut transféré dans un sordide monastère du diocèse de Toula. Mais il refusa de se soumettre. S'enfermant dans son église avec quelques milliers de personnes, il déclara la grève de la faim. Hermogène le soutint, mais cela ne l'aida pas. Le tsar ordonna qu'il fût immédiatement expulsé de Tsaritsyne. Mais c'était oublier son ami Raspoutine. Grâce à lui, Iliodore reviendrait à Tsaritsyne en dépit de l'ordre donné par Nicolas.

Raspoutine défendit Iliodore avec un acharnement incroyable. Ce dernier raconte lui-même qu'un jour, alors qu'une certaine comtesse osait émettre un semblant de critique à son encontre, Raspoutine aussitôt intervint dans la discussion. « Il frissonnait comme en proie à une forte fièvre, ses mains et ses lèvres tremblaient... il approcha son visage de celui de la comtesse et, la menaçant du doigt, lui dit de manière heurtée et dans un état de grande agitation : “Moi, Grigori, je te dis qu'il sera à Tsaritsyne ! Tu comprends ? Et reste à ta place, après tout tu n'es qu'une bonne femme ! Une bonne femme !” » La tsarine accepta d'aider Iliodore, car elle appréciait le respect que celui-ci manifestait à l'égard du père Grigori. En conséquence, ordre fut donné d'autoriser le hiéromoine Iliodore à rentrer à Tsaritsyne. Cela contre l'avis du Premier ministre et celui du Synode. « Iliodore a pu rester à Tsaritsyne sur les instances de Raspoutine », confirme Vyroubova dans sa déposition.

De toute évidence, quelque chose de très important liait Raspoutine et Iliodore. Et, par-delà la différence d'âge, ce « quelque chose de très important » expliquait la confiance et l'amitié qui liaient Raspoutine à Iliodore. Des sentiments bien plus forts que ceux qu'il éprouvait pour Théophane ou Hermogène, qui pourtant l'adoraient. Si bien qu'Hermogène ferait lui-même cette remarque : « Raspoutine... manifestait à mon égard une courtoisie certaine. Mais... il préférait séjourner à Tsaritsyne chez Iliodore. » Ainsi, au nom de ce « quelque chose de très important », Raspoutine, qui refusait toute haine, supportait les discours antisémites et haineux d'Iliodore. Quant à Olga Lokhtina, à cette époque largement initiée aux mystères de l'enseignement de Raspoutine, elle vénérait également les deux hommes, appelant Raspoutine « Sabaoth » et Iliodore « Christ ».

Mystérieuses rumeurs au faîte de la gloire

Dans le même temps, Sazonov, le nouvel ami du moujik, régalait son entourage avec Raspoutine. Selon le souvenir du journaliste Menchikov : « En 1910, alors qu'il était au faîte de sa gloire, Sazonov l'amena chez moi... un petit bonhomme d'une quarantaine d'années, pratiquement illettré... certains de ses aphorismes m'ont stupéfié par leur originalité ; c'est ainsi que parlaient les oracles et les pythies dans leur délire mystique. Quelque chose de prophétique résonnait dans ses paroles énigmatiques... Certains de ses jugements sur les hiérarques et les hauts dignitaires m'ont paru justes et d'une grande finesse... Puis très vite le bruit a couru de tous côtés... qu'il séduisait des dames de la bonne société et des jeunes filles. » En effet, et précisément en 1910, la rumeur avait commencé à courir « de tous côtés ». Mystérieusement « de tous côtés ».

Le premier à s'en émouvoir avait été Théophane qui, en février 1909, avait été élevé au rang d'évêque, et qui ne cesserait, dès lors qu'il devait sa chaire à Raspoutine, de s'en indigner : « Ma candidature à l'épiscopat a été proposée par les hiérarques de l'Église, avec à leur tête l'évêque Hermogène. Je ne me serais jamais permis d'user de l'influence de Raspoutine... la famille impériale me connaissait personnellement et j'avais confessé trois ou quatre fois la souveraine et une fois le souverain... et j'étais déjà recteur de l'Académie théologique de Pétersbourg. » Tout cela était vrai : Théophane méritait largement de devenir évêque. Mais, naturellement, le fait qu'il fût un ami de Raspoutine ne pouvait que l'aider. Les tsars appréciaient les amis de « Notre Ami ». Ce fut d'ailleurs pourquoi la tsarine fut tellement étonnée quand Théophane, peu après son intronisation, commença brusquement à douter de la sainteté de celui qu'il admirait tellement quelque temps auparavant.

Le Dossier. Extrait de la déposition de Théophane : « Certains bruits nous parvinrent à la laure comme quoi Raspoutine manquait de réserve dans ses rapports avec les femmes, qu'il les caressait de la main tout en discutant. Tout cela engendrait une certaine tentation, d'autant plus que, dans la conversation, Raspoutine évoquait nos relations et qu'il se couvrait en quelque sorte de mon nom. » Théophane, informé par un mystérieux « quelqu'un », discuta de ces rumeurs avec les frères de la laure. « Après en avoir débattu, nous conclûmes que nous étions des moines alors que lui était un homme marié, et que c'était pour cette raison que sa conduite se distinguait par une grande liberté et nous semblait étrange... Cependant, les rumeurs relatives à Raspoutine s'amplifièrent, et l'on commença à dire de lui qu'il allait aux étuves avec des femmes... Soupçonner le mal... est très pénible. »

Les établissements de bain de Pétersbourg offraient des « salles familiales ». On venait s'y laver en famille avant de passer à l'étuve proprement dite. Mais il va sans dire que ces salles n'étaient pas uniquement utilisées par des couples mariés. Pour l'ascète Théophane, il était très difficile d'aborder la question des bains avec Grigori, qu'il considérait comme un homme vivant saintement. Mais, sans doute au fait des bruits qui couraient, Raspoutine prit lui-même l'initiative de la discussion.

Extrait de la déposition de Théophane : « Une occasion s'est présentée... Raspoutine lui-même mentionna le fait qu'il lui arrivait d'aller aux étuves avec des femmes. À quoi nous lui répondîmes sans ambages que du point de vue des saints pères cela était inacceptable, et il nous promit de cesser de le faire. Nous décidâmes de ne pas le condamner pour dépravation, car nous savions qu'il était un simple paysan et nous avions lu que, dans les provinces d'Olonets et de Novgorod, les hommes allaient aux étuves avec les femmes, ce qui ne relevait pas de mœurs dissolues mais d'un mode de vie archaïque... En outre, la lecture des « Vies » des deux fols en Christ, saint Syméon et saint Jean, montrait que ceux-ci allaient volontairement aux étuves avec des femmes, et que, pour cela, ils étaient blâmés et injuriés, ce qui ne les empêchait pas d'être de grands saints. »

Il est probable que cette allusion aux deux saints avait été suggérée par Raspoutine lui-même, car, par la suite, il citerait souvent cet exemple. Et se référant à ces deux saints qui se mettaient à l'épreuve en exposant à leur regard des corps féminins, Raspoutine se justifiera en déclarant, ainsi que le rapporte Théophane dans le Dossier, qu'il « voulait voir s'il avait étouffé toute passion en lui ». Le nouvel évêque le mit en garde contre le danger qu'il courait, en lui expliquant que seuls les grands saints étaient capables de résister ainsi aux tentations.

Mais les mêmes rumeurs continuèrent à se répandre. Et bientôt elles arrivèrent effectivement « de tous les côtés ». Elles parvinrent aux oreilles du capitaine Sabline, un des hommes les plus proches de la famille impériale. Son témoignage figure dans le Dossier. « Des bruits me parvinrent disant qu'il se conduisait de façon cynique avec les femmes, notamment en les emmenant aux bains publics... Tout d'abord je n'ai pas cru ces rumeurs. Il semblait impossible qu'une dame de la bonne société, sinon peut-être une psychopathe, accepte de se donner à un moujik aussi peu soigné. » Pourtant Sabline ne pouvait se résoudre à parler de ces bruits à la souveraine. « S'agissant de lui, la moindre défiance, *a fortiori* la moquerie, la rendait malade... Sa foi aveugle, comme celle du tsar, ne peut s'expliquer que par leur amour sans limites pour l'héritier... Ils s'accrochaient à cette conviction profonde : si l'héritier était vivant, c'était grâce aux prières de Raspoutine... Dans mes rapports, je demandais régulièrement au souverain si, afin de ne pas irriter les gens, il ne serait pas mieux de renvoyer Raspoutine à Tobolsk. Mais le souverain, fidèle à son tempérament, me répondait évasivement ou bien, tout en me donnant son accord, il me disait : "Parlez-en avec l'impératrice." » Sabline ignorait qu'à cette époque le souverain concédait une justification particulière à Raspoutine, raison pour laquelle il n'accordait aucune importance aux rumeurs.

Puis les bruits arrivèrent aux oreilles de Sazonov, l'ami et éditeur de Raspoutine. Extrait de sa déposition dans le Dossier : « Compte tenu des bruits qui nous étaient parvenus affirmant que Raspoutine allait aux étuves avec des dames, je l'interrogeai... Raspoutine confirma les faits en ajoutant "le souverain est au courant... Je n'y vais jamais avec une seule personne mais... avec toute une compagnie", puis il expliqua que pour lui l'orgueil était le plus grand péché. Les dames de la haute société étaient indubitablement bouffies d'orgueil, et, pour rabaisser cet orgueil, il fallait les humilier en les obligeant à aller aux étuves avec un moujik crasseux... Pour moi, qui connais en profondeur l'âme populaire, cela avait une certaine logique... Néanmoins... je demandai à Raspoutine de ne plus le faire. Il m'en donna sa parole. »

Parallèlement, d'autres bruits vinrent s'ajouter aux précédents. On commençait à entendre parler de l'enquête ouverte à Tobolsk et du fait que Raspoutine avait fondé une secte *khlyst* en Sibérie. Et que là-bas aussi il emmenait ses admiratrices au bain de vapeur.

Ainsi, en dépit de l'indignation d'Alix, Nicolas prit-il la décision de ne plus recevoir Raspoutine au Palais, du moins temporairement. Alix demanda au moujik de ne pas leur en vouloir et de prier pour eux. S'il pria en effet, il n'en était pas moins furieux. Dans le Dossier, Sabline raconte qu'il se trouvait chez Vyroubova quand Raspoutine appela l'amie de la tsarine pour essayer, en vain, d'obtenir une entrevue. Exaspéré, il aurait lâché : « Ils me demandent de prier, mais ils ont peur de me recevoir. »

Alix décida donc de blanchir le starets. Et pour cela, elle échafauda un brillant stratagème.

Le voyage des moines

En 1917, les enquêteurs de la Commission extraordinaire arrivèrent dans un ermitage, non loin du monastère de Verkhotourié, où vivait un anachorète du nom de père Macaire. Ce dernier, renommé pour sa vie sainte, était depuis ses jeunes années le berger du monastère. Il ne mangeait pratiquement rien pendant des mois, et restait des heures à prier dans la forêt profonde. Illettré, il ne connaissait le Christ qu'à travers ce qu'on en disait à la messe et il avait appris les prières oralement. Néanmoins, Macaire était considéré comme le père spirituel de Grigori Raspoutine. Ce fut dans sa cellule à moitié détruite qu'eut lieu son interrogatoire. Obtenir de lui des informations était une gageure tant son discours était confus.

J'ai trouvé son témoignage dans le Dossier. Alors âgé de soixante ans, le moine Macaire déclara : « J'ai connu le starets Grigori Efimovitch il y a douze ans, quand j'étais encore le berger du monastère. Raspoutine était venu dans notre monastère pour prier et pour faire ma connaissance... Je lui ai parlé de mes tracas et des misères de ma vie, et il m'a dit de prier Dieu. » Après cette rencontre, Macaire avait pris le froc et commencé une vie d'ermite.

« Apparemment Raspoutine avait parlé de moi à l'ancien tsar, car de l'argent est arrivé au monastère de la part du tsar pour l'aménagement d'une cellule pour moi... En plus, de l'argent a été envoyé pour mon voyage à Pétersbourg... et je suis allé à Tsarskoïé Sélo, où j'ai discuté avec le tsar et sa famille de notre monastère et de la vie que j'y menais. Je n'ai remarqué aucune mauvaise action de la part de Raspoutine et des gens qui venaient nous voir avec lui. »

Ce fut tout ce que l'on put tirer de Macaire.

En réalité, si l'anachorète avait été convoqué à Tsarskoïé Sélo, au cours de l'été 1909, ce n'était pas pour raconter aux tsars sa vie monastique. « 23 juin. Après le thé, Théophane, Grigori et Macaire sont venus nous voir », note Nicolas dans son journal. C'est à cette occasion qu'Alix devait exposer son plan aux trois hommes. Connaissant les doutes de Théophane concernant Raspoutine, elle avait eu l'idée de réunir Théophane et Macaire, qui, lui, vénérait au plus haut point Raspoutine. Afin qu'en compagnie de Raspoutine, ils se rendent ensemble à Pokrovskoïé, chez Notre Ami. Elle était convaincue que ce voyage renouerait les liens d'amitié entre Théophane et le père Grigori et qu'il permettrait de dissiper tous les doutes. Ainsi, pensait-elle du haut de son autorité, Théophane mettrait un terme aux rumeurs qui allaient en s'amplifiant et qui commençaient sérieusement à lui faire peur.

À l'époque, Théophane était souffrant. Mais une demande de la tsarine avait valeur de loi. « J'ai pris sur moi, et après la mi-juin je suis parti en compagnie de Raspoutine et du moine du monastère de Verkhotourié, Macaire, que Raspoutine appelait son « starets » et considérait comme tel », déclare Théophane dans le Dossier. Puis il décrit en détail le voyage où, dès le départ, Raspoutine sidéra Théophane. « Il commença à perdre toute réserve. Auparavant, je pensais qu'il portait de riches chemises uniquement pour se montrer à la cour du tsar. Mais il mit une telle chemise pour voyager en train, la tachant avec de la nourriture puis la changeant pour une autre tout aussi luxueuse. » En fait, Raspoutine avait, semble-t-il, décidé de montrer à Théophane les faveurs dont le gratifiait la tsarine. Mais, de toute évidence, désormais, pour l'évêque, le moindre geste du moujik était suspect. Bientôt Théophane trouva une nouvelle raison d'être consterné. « À l'approche du monastère de Verkhotourié, selon la coutume des pèlerins, nous observions le jeûne avant de nous prosterner devant les reliques. Pendant ce temps, Raspoutine se commandait à manger et cassait des noix. » Raspoutine, conscient de sa puissance, n'essayait même pas de donner le change. Son Dieu était d'une joyeuse nature. Il l'autorisait à dédaigner les règles de l'Église. Tout outrageait Théophane. « Raspoutine essayait de nous faire croire qu'il vénérait Syméon de Verkhotourié, mais quand au monastère l'office religieux commença, il partit quelque part en ville. » De même, l'évêque fut-il profondément choqué par la grande maison du moujik à Pokrovskoïé. Elle différait tant de sa propre habitation, transformée en cellule de moine, et de l'idée qu'il s'était faite de la façon dont vivait cet homme qu'il estimait tant il y a quelque temps encore.

Nous disposons d'une description très précise de la maison de Raspoutine grâce à l'inventaire de ses biens dressé après sa mort. Le rez-de-chaussée, où il vivait avec sa famille, était installé comme une banale maison de paysan. En revanche, au premier étage, le misérable de jadis avait essayé de recréer un intérieur dans le style citadin. L'étage était réservé aux « petites dames » et autres invités venus de la capitale. Ce fut là qu'il installa Théophane. Et le moine put observer, ulcéré, le piano, le gramophone au son duquel Raspoutine aimait à danser, les fauteuils moelleux recouverts d'un tissu pelucheux bordeaux, le sofa, le bureau, le lustre. Dans les chambres étaient disposées des chaises « viennoises » très à la mode à l'époque. Il y avait aussi deux grands lits aux confortables matelas à ressorts et un divan. S'ajoutaient à cela deux hautes pendules à balanciers en bois d'ébène, plus une autre au mur. Mais ce qui frappa surtout le moine fut « le grand tapis moelleux qui recouvrait toute la surface du sol ».

À Théophane, Raspoutine présenta ses adeptes — Arsionov, Raspopov, et un autre Raspoutine —, ses « frères dans la vie spirituelle ». Comme le souligna le moine, « ils chantaient en harmonie... mais, plus généralement, ils produisaient une impression désagréable ». Théophane, mystique de grande culture connaissant bien les hérésies, avait ressenti quelque chose d'inquiétant dans leur chant.

Il semble qu'il ait essayé d'en parler à Macaire. Mais... « Le moine Macaire... est pour moi une énigme. La plupart du temps, ce qu'il dit est incompréhensible, puis tout à coup il va prononcer une parole qui illumine la vie entière ». À croire, donc, que ce Macaire capable d'éclairer l'existence ne réserva à ce propos que quelques obscurs murmures.

Après avoir réfléchi à ce qu'il avait vu, Théophane en conclut que Raspoutine « ne se situe pas à un haut niveau de la vie spirituelle ».

Sur le chemin qui le ramenait à Petrograd, l'évêque s'arrêta au monastère de Sarov « demandant à Dieu de l'aider à résoudre correctement la question de savoir qui est exactement Raspoutine ». La réponse ? « Je rentrai à Pétersbourg avec la conviction que Raspoutine... faisait fausse route. » Dès son retour dans la capitale, Théophane eut un entretien avec son ami l'archimandrite Benjamin, à qui il raconta ce dont il avait été le témoin pendant le voyage. Après quoi, les deux religieux convoquèrent Raspoutine à la laure.

« Quand Raspoutine vint nous voir, à sa grande surprise, nous l'accusâmes de faire preuve d'orgueil et de suffisance, de se faire valoir plus qu'il ne convenait et de se trouver en état d'illusion, d'égarement spirituel. »

Les dangers de l'« égarement spirituel »

L'accusation était grave. Au monastère de la Trinité-Saint-Serge, j'ai interrogé un moine, le père Isaïe, sur l'état d'« égarement spirituel ». « Une certaine hauteur spirituelle est nécessaire pour prophétiser et guérir, m'expliqua-t-il. Si cela n'est pas le cas, le don devient dangereux ; l'individu devient un sorcier et tombe dans l'illusion. Il est désormais tenté par le diable, et c'est par la force de l'Antéchrist qu'il accomplit ses miracles. »

« Orgueil et suffisance », « égarement spirituel »... Curieusement, Théophane et Benjamin répétaient tout ce contre quoi Militsa avait jadis mis en garde Raspoutine ! C'était la voix des « femmes noires » qui se faisait entendre à travers les réflexions des deux moines. « Nous lui déclarâmes que, pour la dernière fois, nous exigions qu'il change son mode de vie et que, s'il ne le faisait pas, nous romprions toute relation avec lui, que nous ferions savoir les choses ouvertement et que nous porterions tout à la connaissance du tsar. » Raspoutine ne s'attendait aucunement à de tels propos de la part de Théophane. « Il était décontenancé, se mit à pleurer et, loin de se justifier, il reconnut ses fautes. Puis il accepta notre demande, à savoir de s'éloigner du monde et de se soumettre à mes directives. »

C'était une promesse sans risque. Le moujik savait que la tsarine ne lui permettrait jamais de la tenir. Non seulement son petit garçon, mais elle aussi, dépérirait sans lui. Mais le naïf Théophane ne comprendrait jamais la tsarine. Il vivait dans un autre monde. À peine Théophane le lui avait-il demandé que Raspoutine promit de ne parler à personne de cette conversation. « Ravis de notre succès, nous célébrâmes un office religieux... Mais, comme nous le sûmes plus tard, il se rendit à Tsarskoïé Sélo et raconta tout sous un angle favorable pour lui et défavorable pour nous », devait se rappeler Théophane dans le Dossier.

Dispute avec la tsarine

Il y avait cependant « quelqu'un » à qui ce qui venait de se passer semblait insuffisant. Ce « quelqu'un » attendait bien plus de lui, et, apparemment, lui fit part de nouvelles rumeurs.

Le Dossier. Déposition de Théophane : « Quelque temps plus tard, des rumeurs nous parvinrent disant que Raspoutine continuait de mener la même vie qu'auparavant et qu'il manigançait quelque chose contre nous... J'ai donc décidé de mettre en application ma dernière menace — de le dénoncer ouvertement et de tout dévoiler à l'ancien empereur. Toutefois, ce n'est pas le tsar qui me reçut mais son épouse en présence de sa demoiselle d'honneur Vyroubova. »

La présence de Vyroubova aux côtés de la tsarine augurait mal de la suite, Théophane le savait. En effet, quelqu'un lui avait préalablement révélé « la perfide machination : Raspoutine avait poussé Vyroubova en avant... et Vyroubova en signe de gratitude se devait de soutenir Raspoutine ». Si bien qu'en entamant son monologue l'évêque se savait condamné d'avance. Mais le devoir avant tout. Tels les anciens martyrs, Théophane était prêt à affronter son destin. « J'ai parlé pendant environ une heure et j'ai prouvé que Raspoutine se trouvait en état d'égarement spirituel... L'ancienne impératrice me contredisait, s'agitait, citait les ouvrages de théologie... Je démontais tous ses arguments, mais elle insistait : tout cela n'était que mensonge et calomnie... Je mis un terme à la discussion en disant qu'il m'était impossible de continuer à fréquenter Raspoutine. Je crois que Raspoutine, en homme rusé qu'il était, expliqua à la famille impériale que mon intervention contre lui était due au fait que j'enviais sa position auprès de la famille... et que je voulais l'en éloigner. »

Le malheureux Théophane ne comprenait pas que ce n'était pas Raspoutine mais Alix elle-même qui pensait cela.

Nouvel extrait de la déposition de Théophane : « Après ma conversation avec l'impératrice, Raspoutine est venu me voir comme si de rien n'était, pensant sans doute que le mécontentement de l'impératrice m'avait inquiété... Mais je lui ai dit catégoriquement : "Va-t'en, tu n'es qu'un menteur." » L'évêque ne comprenait pas non plus le moujik. Grigori avait horreur des conflits. Il était prêt à s'abaisser pourvu qu'il se réconcilie avec le brave et naïf Théophane :

« Raspoutine se jeta à mes pieds, me demanda de lui pardonner... Mais de nouveau je lui déclarai : “Va-t'en, tu as violé la promesse faite devant Dieu.” Raspoutine s'en alla et jamais plus je ne le revis. »

Représailles

Théophane continua d'agir. À cette époque, il reçut la « confession » d'une admiratrice repentie de Raspoutine. En fait, il est plus probable que ce même « quelqu'un » ait transmis le document à Théophane. En le lisant, l'honnête Théophane acquit la certitude que Raspoutine était un « loup dans la peau d'un agneau ». Qu'il était tout simplement, ainsi que l'évêque le déclarerait dans le Dossier, un « adepte d'une doctrine de type *khlyst* », « enseignant à ses disciples de ne pas divulguer ses secrets, même à leurs directeurs de conscience... »

Théophane décida de montrer ce document aux tsars. « Fort de cette confession écrite, j'écrivis une seconde lettre à l'ancien empereur dans laquelle j'affirmais que Raspoutine non seulement se trouvait en état d'égarement spirituel, mais était aussi un criminel au sens religieux et moral de ce terme. Au sens moral parce que, ainsi que le montrait “la confession”, le père Grigori séduisait ses victimes. » Mais Théophane demanda en vain audience. Extrait de sa déposition : « Je sentais qu'on ne voulait pas m'écouter ni essayer de comprendre. Tout cela m'a à ce point contrarié que je suis tombé gravement malade — on m'a diagnostiqué une paralysie du nerf facial. »

Raspoutine pouvait chanter victoire : « maman » était convaincue que cette paralysie du visage était la punition céleste infligée à Théophane pour s'être opposé au starets. Et le malheureux évêque n'avait toujours pas reçu de réponse. Ou plutôt celle-ci finit par arriver en novembre 1910 : ordre lui était donné de quitter définitivement Pétersbourg. La grande-duchesse Élisabeth Fiodorovna, qui tenait Théophane en grande estime, et les princesses monténégrines usèrent de leur influence auprès du Synode, qui nomma Théophane évêque de Tauride, en Crimée, où il avait l'habitude de se soigner. Mais l'évêque était indomptable. Rien ne pouvait le faire céder. Décidé à rallier à son combat l'un des membres les plus tonitruants et les plus influents du Saint-Synode, il commença à inonder de lettres son ami l'évêque Hermogène. Or, ce dernier en était conscient : la rupture avec Raspoutine signifierait la fin de ses rêves concernant le patriarcat.

Le Dossier. Déposition de Théophane : « Quand les méfaits de Raspoutine commencèrent à être connus, Hermogène hésita longuement, ne sachant quelle attitude adopter à son égard. Mais je... lui écrivis une lettre afin qu'il éclaircisse sa position vis-à-vis de Raspoutine. Car, si je devais me prononcer contre Raspoutine, je serais amené à le faire également contre lui. » Déposition d'Hermogène : « Au début de l'année 1910, je reçus une lettre de l'évêque Théophane. L'évêque me citait toute une série de faits accusateurs prouvant que Raspoutine était un homme à la vie dissolue. Cette lettre ainsi que mes informations personnelles m'amenèrent à changer radicalement d'attitude à l'égard de Raspoutine. »

En fait, ces « observations personnelles » avaient pris leur forme définitive à Pétersbourg, où Hermogène était venu participer à la session du Saint-Synode. Sans doute « quelqu'un » avait-il expliqué à Hermogène que, tant que Raspoutine serait à la cour, la convocation du Concile destiné à restaurer le patriarcat n'aurait pas lieu. Car Raspoutine se prononçait contre. On retrouve cette même idée dans le livre d'Iliodore, le favori d'Hermogène : « Le "starets" disait : "On peut très bien se passer de Concile ; il y a notre souverain oint du Seigneur, et cela suffit. Dieu guide son cœur, à quoi bon un Concile !" »

Ce fut alors qu'Iliodore consentit à joindre sa voix à celle d'Hermogène. Visiblement, au cours de cette même année 1910, Iliodore avait reçu des preuves quant à la puissance des ennemis de Raspoutine. Et il avait décidé non seulement de trahir son ami Grigori mais encore de rejoindre les rangs de ses ennemis en arborant un précieux trophée. C'était précisément pour cela qu'à Pokrovskoïé il avait volé les lettres des grandes-duchesses et, surtout, celle de la tsarine. Une lettre qui, selon lui, prouverait que l'impératrice était tombée dans le péché. S'ensuivrait un scandale puis le divorce. Alors, ceux qui se seraient élevés contre Raspoutine se retrouveraient au sommet du pouvoir ecclésiastique !

En attendant, Iliodore avait continué à profiter largement de la confiance et de l'amitié de Raspoutine. Avec de l'argent collecté par le moujik, il avait même équipé un bateau qui, entièrement recouvert de ses slogans préférés appelant à la lutte contre les juifs et les révolutionnaires, était parti le long de la Volga, des pèlerins à son bord. Mais, quand Hermogène lança ses attaques contre le starets, Iliodore comprit que le moment était venu. Lors d'un sermon, il déclara à l'assemblée des fidèles rassemblés devant lui qu'il s'était trompé sur le compte de Raspoutine, que celui-ci était « un loup sous la peau d'un agneau ».

La guerre était déclarée.

La nurse violée ?

Au même moment, à Tsarskoïé Sélo, un nouveau coup était porté à Raspoutine. Provenant du Palais, le bruit courait que le *khlyst* — comme tout le monde à Pétersbourg l'appelait désormais — allait dans la nursery et que la nurse de l'héritier, Vychniakova, avait été violée par lui.

Le 3 juin 1910, la générale Bogdanovitch inscrivit dans son journal : « Elle [la tsarine] est furieuse contre tous ceux qui disent qu'il [Raspoutine] est un filou et autres choses de ce genre. C'est pourquoi Tioutcheva et la nurse en chef ont été mises en congé pour deux mois. » Si la demoiselle d'honneur Tioutcheva était connue comme une farouche opposante au starets, concernant la nurse Mary (ainsi appelait-on Marie Vichniakova à la cour), l'information était en revanche surprenante. Mary était en effet une des plus ferventes admiratrices de Raspoutine.

Dans une lettre inédite du « starets » adressée à Mary et portant sur l'éducation du tsarévitch, on peut lire : « 12 novembre 1907. Montre-lui quelques petits exemples de l'œuvre divine, dans tous ses jouets cherche les manifestations de l'œuvre divine. » Puis suivent ces mots attestant de relations plus qu'amicales : « Je n'ai pas trouvé d'orgueil en toi, mais j'ai trouvé dans ton âme un grand intérêt envers moi. La première fois que tu m'as vu, tu m'as compris. J'aimerais beaucoup qu'on se revoie. » Extrait de la déposition de Vyroubova : « Au début, la nurse du tsarévitch... admirait beaucoup Raspoutine ; elle allait chez lui à Pokrovskoïé. »

Toutefois de « vagues rumeurs » se répandaient désormais au sein de la cour.

Le Dossier. Extrait de la déposition du colonel Loman : « Quant au fait que Raspoutine ait attenté à l'honneur de Vichniakova, il n'y avait que des bruits incertains ; aucune accusation précise n'avait été portée contre Raspoutine. »

Selon ces rumeurs, au cours de cette même année 1910, Mary était allée se reposer trois semaines à Pokrovskoïé en compagnie de Raspoutine et d'autres admiratrices. Une nuit, Raspoutine s'était introduit dans la chambre où dormait Vichniakova et avait abusé d'elle.

Au milieu de ces chuchotements, Sophie Tioutcheva fit entendre sa voix. Elle dénonça les incursions inacceptables de Raspoutine dans la nursery du Palais. Sa déclaration se répandit sous forme d'une nouvelle rumeur affirmant que le moujik déshabillait pour la nuit les grandes-duchesses, alors fillettes. Déposition de Vyroubova : « Sans doute lui est-il arrivé de passer par la nursery, mais il n'y a pas un mot de vrai dans le bruit qui circulait alors affirmant qu'il déshabillait les grandes-duchesses. Ces bruits ont été répandus par la demoiselle d'honneur Tioutcheva. »

En 1917, Sophie Tioutcheva, quarante-sept ans, ancienne demoiselle d'honneur, fut convoquée devant la Commission extraordinaire. J'ai retrouvé sa déposition dans le Dossier. Naturellement, à aucun moment elle ne mentionne le fait que Raspoutine ait jamais déshabillé les grandes-duchesses. Ce n'est pas d'elle que venaient les rumeurs. Derrière celles-ci se cachaient des gens infiniment plus puissants. Il est toutefois vrai que Raspoutine venait voir les enfants du tsar, qu'il parlait avec eux et qu'il était parfois amené à les toucher. Quand il les soignait. Rien de plus. Mais Tioutcheva s'était opposée avec véhémence à toute incursion du moujik dans l'aile du Palais réservée aux enfants du tsar, car elle le considérait comme « un individu nuisible ayant un penchant très net pour la secte *khlyst* ».

La fureur de Théophane

« Entrant dans les appartements des enfants du tsar, témoigne Tioutcheva dans le Dossier, je trouvai une pagaille incommensurable. Les larmes aux yeux, Vichniakova me raconta qu'elle et d'autres admiratrices de Raspoutine avaient pris part à une cérémonie *khlyst*. Ce qu'elle avait cru être la volonté du Saint-Esprit s'était révélé une perversité pure et simple... Je compris d'après son récit que Théophane, qui était leur confesseur les avait, en toute humilité, envoyées à Raspoutine qu'il considérait comme un starets de Dieu. Raspoutine les obligeait à faire ses quatre volontés, en se faisant passer pour un homme obéissant à la volonté du Saint-Esprit... En même temps, il leur interdisait de raconter quoi que ce soit à Théophane en arguant d'un sophisme : Théophane est un homme simple qui ne peut comprendre ces mystères ; il va donc les condamner, mais, ce faisant, il condamnera le Saint-Esprit et il commettra donc un péché mortel. »

Aussitôt mis au courant par « quelqu'un », Théophane entra de nouveau dans une rage folle en réalisant qu'il avait lui-même envoyé Vichniakova et ses semblables à Raspoutine et qu'ainsi il avait contribué à corrompre leurs âmes. Ce fut pour cette raison qu'il demanda à Hermogène de se prononcer sans délai contre son ancien ami, le père Grigori, que désormais il n'appelait plus que « Raspoutine ». Ce fut aussi ce qui le poussa à rédiger une nouvelle lettre qu'il pria Tioutcheva de transmettre au souverain. « J'ai répondu que mon aversion pour Raspoutine étant de notoriété publique à la cour, je considérais comme impossible d'accepter une telle mission », témoigne Tioutcheva dans le Dossier. Aussi, semble-t-il, devant ce refus, Théophane conçut-il l'idée un peu folle d'attendre la venue en Crimée de la famille impériale et lors d'un sermon de dénoncer publiquement « le loup sous la peau d'un agneau ».

Entre-temps, comme le dit Tioutcheva dans son témoignage, « Vichniakova alla voir la tsarine. Mais la tsarine déclara qu'elle ne croyait pas les rumeurs... et elle lui interdit de parler de cela ». Le même jour, un messager en chapeau à plumes — la fonction, datant du Moyen Âge, avait été maintenue à la cour — vint voir Tioutcheva et « lui transmit l'ordre du souverain de se présenter dans son cabinet à 6 h 30 du soir ».

Dans le Dossier, Tioutcheva relate sa conversation avec le tsar :

« Vous devinez pourquoi je vous ai convoquée... Que se passe-t-il à la nursery ?

Je lui racontai.

— Vous non plus vous ne croyez pas à la sainteté de Raspoutine ?

Je répondis par la négative. »

Alors, cet homme naturellement si secret n'y tint plus. Il dit à Tioutcheva ce qu'il n'avait jamais dit à personne. D'ordinaire, coupant court à toute critique contre Raspoutine, le tsar faisait sèchement remarquer que les relations de la famille avec le starets étaient une affaire personnelle, qu'elles étaient du strict domaine de leur vie privée. Mais là, pour la première fois, il laissa échapper : « Et que diriez-vous si je vous annonçais que je n'ai vécu toutes ces dernières années que grâce à ses prières ? » Il commença alors à expliquer qu'il ne croyait pas à toutes ces histoires et qu'il ne comprenait pas ce qui avait subitement pris Théophane, lui qui avait toujours tant aimé Raspoutine. Ce disant, il montra la lettre de Théophane, posée sur son bureau — ce qui signifiait qu'elle lui était tout de même parvenue.

« Vous, Majesté, vous êtes une âme pure ; vous ne voyez pas la saleté qui vous entoure...

Puis je lui dis que j'étais saisie de peur à l'idée qu'un tel homme puisse approcher les grandes-duchesses.

— Suis-je vraiment l'ennemi de mes enfants ? objecta le souverain. Il me pria de ne plus mentionner le nom de Raspoutine dans la conversation. Pour cela, je demandai au tsar de faire en sorte que Raspoutine n'apparaisse jamais dans les appartements des enfants. Auparavant la tsarine me disait que j'étais libre après 6 heures comme si elle voulait me notifier qu'après cette heure ma présence auprès des enfants n'était pas souhaitable. Après la discussion avec le souverain, je venais dans la nursery à n'importe quelle heure. Mais le fossé entre la famille impériale et moi continua de se creuser. »

L'énigme Mary

Le plus étonnant dans le témoignage de Tioutcheva est le fait qu'elle n'ait pas osé parler au tsar de l'histoire impliquant Vichniakova. Était-ce pour éviter la honte à la nurse de l'héritier ou n'y avait-il tout simplement jamais eu d'histoire mais seulement de « vagues rumeurs » ? Certes, le viol de Vichniakova est mentionné dans de nombreux livres de souvenirs, mais tant de légendes entouraient Raspoutine !

C'est d'ailleurs sur cette constatation que s'appuient les auteurs de la légende de « saint Grigori » pour affirmer que l'épisode du viol n'est qu'une affabulation. Mais, dans le Dossier, j'ai retrouvé la déposition de Vichniakova.

Écoutons donc son récit.

En 1917, convoquée devant la Commission extraordinaire, Mary déclara : « Moi, Marie Ivanovna Vichniakova, de confession orthodoxe, déclare résider au palais d'Hiver, entrée de la Chancellerie... » Puis elle se mit à réciter sa biographie. Une biographie selon moi plutôt énigmatique, qui rappelait irrésistiblement celle de ces enfants illégitimes nés de pères illustres.

Bébé, elle avait été placée dans une famille de paysans qui l'avait élevée. Puis *quelqu'un* lui avait payé les cours pour devenir nurse. À la fin de ses études, la modeste orpheline avait été immédiatement embauchée comme nurse par le duc de Leichtenberg. Peu après, juste avant la naissance de la deuxième grande-duchesse, Tatiana Nicolaievna, Mary était recrutée comme nurse par le couple impérial. Elle n'avait alors que vingt-quatre ans. Désormais elle ne quitterait plus le Palais. Et même après le scandale mettant en cause Raspoutine, lorsque la tsarine la congédierait et qu'elle cesserait de s'occuper des enfants impériaux, pour une raison inconnue, on n'oserait pas la chasser du Palais.

Au moment où survint le scandale, Vichniakova avait trente-six ans. Et, comme il convenait à une nurse des enfants impériaux, cette blonde ravissante et bien mise n'avait aucune vie privée et était restée vieille fille. Lors de son interrogatoire, demeurant fidèle à ses anciens maîtres, Mary déclara : « L'ancien souverain et l'impératrice étaient des époux exemplaires tant par l'amour qu'ils se portaient mutuellement que par celui qu'ils portaient à leurs enfants. Elle [la tsarine] passait toute la journée au milieu de ses enfants, interdisant qu'on leur serve leur repas ou qu'on les baigne sans elle. Elle les a tous nourris au sein jusqu'à l'âge de trois à quatre mois, en même temps qu'une nourrice cependant, car la tsarine n'avait pas assez de lait... La souveraine enseignait l'anglais et le russe à ses enfants, ainsi que les prières, cela avec l'aide des nurses et de la princesse Orbeliani. »

Puis Mary en arriva à son histoire : « Un jour du printemps 1910, la souveraine me proposa d'aller pour trois semaines au monastère de Verkhotourié, province de Tobolsk, et de faire en sorte de revenir en mai pour participer au voyage de la famille impériale aux Écueils [il s'agissait d'une croisière]. J'acceptai avec plaisir car j'adore les monastères. Devait également participer au voyage Zinaïda Manchtedt que j'avais rencontrée chez des amis à Tsarskoïé Sélo et qui m'avait beaucoup plu... Puis, selon la tsarine, Raspoutine et Lokhtina devaient aussi être du voyage... En arrivant à la gare de Nicolaiev, je retrouvai tous mes compagnons de route...

« Nous passâmes deux ou trois jours au monastère de Verkhotourié, puis nous partîmes pour le village de Pokrovskoïé, où Raspoutine nous avait invitées. Raspoutine possédait une maison à un étage, vaste, assez bien meublée, comme celle d'un fonctionnaire de rang intermédiaire. La femme de Raspoutine occupait le rez-de-chaussée, tandis que nous occupions les chambres du premier étage. Pendant plusieurs jours Raspoutine garda une attitude convenable à mon égard puis, une nuit, il vint me rejoindre et commença à m'embrasser, et, m'ayant amenée à un état d'hystérie, il me prit ma virginité. Sur le chemin du retour, Raspoutine me laissa tranquille. Mais, me réveillant par hasard au milieu de la nuit, je le vis allongé en sous-vêtements à côté de Zina Manchtetd. De retour à Petrograd, je racontai tout à la souveraine, ainsi qu'à l'évêque Théophane lors d'une entrevue en tête à tête. La souveraine n'accorda aucune attention à mes paroles et me dit que tout ce que faisait Raspoutine était saint. Je n'ai plus rencontré Raspoutine depuis cette époque et, en 1913, je fus démise de mes fonctions de nurse. En outre, on me reprochait de fréquenter l'évêque Théophane. »

Puis, à la fin de sa déposition, cette phrase ou plutôt ce cri vient rompre la froideur de la retranscription : « Je vous demande d'arrêter cet interrogatoire, car je n'ai plus la force de parler davantage de mon malheur... et je me considère en droit de refuser d'entrer dans les détails ! »

La grande-duchesse Olga devait présenter dans ses souvenirs une tout autre histoire : « Quand arrivèrent à ses oreilles les bruits affirmant qu'il [Raspoutine] avait violé la nurse, Nikki ordonna immédiatement une enquête. On surprit la fille au lit avec un cosaque de la Garde. » Telle fut apparemment la version des faits donnée à la sœur du tsar. Une version en fait élaborée par Alix pour mettre le moujik hors de cause. Or, la grande-duchesse Olga allait bientôt apprendre quelque chose de nouveau à propos de Raspoutine. Mais cette fois ce serait une information tirée de son expérience personnelle.

Les caresses du moujik

Le fait eu lieu chez Vyroubova. À l'époque, Raspoutine avait déjà ses entrées au Palais. Et tous les secrets de la grande famille Romanov lui étaient connus. Il savait notamment que le mari d'Olga, le duc d'Oldenburg, était homosexuel. Le moujik en tira une conclusion singulière. Ce soir-là, Alix et Nikki étaient venus chez Ania pour y rencontrer le père Grigori. Olga avait aussi été invitée. « Raspoutine... sembla très heureux de me voir, confie la grande-duchesse. Et, quand la maîtresse de maison ainsi que Nikki et Alix quittèrent pour quelques instants le salon, Raspoutine s'approcha et, passant ses bras autour de mes épaules, il commença à caresser ma main. Je m'écartai immédiatement sans prononcer un mot. » Olga ajoute alors que son mari, à qui elle avait tout raconté, lui dit, le visage sombre, que dorénavant elle devait éviter Raspoutine. Puis Olga continue : « Pour la première et unique fois je sus que mon mari avait raison. »

La transformation de la générale

Cette même année 1910, le mari de Lokhtina ouvrit enfin les yeux et posa un ultimatum à sa femme : Raspoutine devait partir, il ne supporterait plus sa présence sous son toit. Il s'entendit répondre : « C'est un saint. Tu chasses la grâce. » Lokhtine coupa les vivres à sa femme. Mais celle qui hier encore dépensait sans compter n'avait plus besoin désormais que d'une robe noire et d'un fichu blanc dont elle se couvrait la tête à la manière d'une paysanne.

Ce fut alors que Raspoutine raconta aux tsars l'histoire de l'ancienne femme du monde qui avait abandonné la vanité des vanités pour une nouvelle vie. Naturellement, l'histoire piqua l'intérêt de la tsarine. Et alors que son statut d'épouse d'un conseiller d'État n'aurait jamais pu laisser Lokhtina espérer entrer dans le palais le plus fermé d'Europe, celui de fidèle adepte d'un moujik inculte lui en ouvrit grand les portes comme par miracle.

L'autre idole de Lokhtina, le moine Iliodore, évoque cet épisode dans sa déposition : « Elle... abandonna le monde et ne s'occupa plus de rien d'autre que d'aller au Palais rendre visite à l'impératrice... et elle récitait aux tsars les "sages aphorismes" et les prophéties du "père" Grigori. Et elle ne se contenta pas de les réciter. Cette femme qui combinait, cas fréquent en Russie, une intelligence très vive et une totale folie, eut l'idée de coucher par écrit les pensées de Raspoutine afin, plus tard, de les publier.

Elle même en témoigne dans le Dossier : « Le père Grigori notait ses pensées dans un petit cahier... J'ai recopié ce qu'il avait écrit... et une brochure a été éditée [il s'agit des *Pieuses Méditations* datées de 1911]. Je n'ai rien changé au contenu de ces notes... Mon travail s'est limité à corriger la syntaxe — les pensées du père Grigori, elles, ne pouvaient pas être corrigées. » Effectivement Raspoutine gribouillait parfois certaines choses de ses monstrueuses pattes de mouche mais, à demi illettré, il était incapable d'écrire longtemps. Si bien que l'essentiel du travail de Lokhtina avait sans doute consisté à transcrire ses paroles. Ce qui n'était pas une mince affaire, car, tous les témoins le confirment, son discours était le plus souvent décousu, son ascendant sur les gens provenant avant tout de ses mains et de son regard. Mais Lokhtina, elle, comprenait ce qu'il n'arrivait pas à exprimer avec des mots. Et, apparemment, c'était auprès d'elle que la tsarine en personne allait apprendre à son tour l'art difficile de retranscrire les paroles du starets.

Au milieu de l'année 1910, lorsque son mari avait fini par lui dire « Ou bien... Ou bien... », Lokhtina avait fait son choix. « À partir de là, je me séparai définitivement de ma famille... » En réalité on l'avait tout bonnement chassée de chez elle, sans même lui laisser la part des biens familiaux qui lui appartenait. Ainsi, abandonnant sa fille chérie, cette femme qui avait en son temps tenu un des salons les plus brillants de Pétersbourg quitta-t-elle sa maison, besace au dos. Elle prit le chemin de Tsaritsyne, où elle alla retrouver

Iliodore, le meilleur ami de Raspoutine (« Christ » et « Sabaoth » ainsi qu'elle les appelait respectivement). En route, la femme de général mendiait son pain.

Cette même année 1910, décidément riche en événements, vit se développer une vaste campagne de presse. Raspoutine devint le héros d'une multitude d'articles. Les grands journaux se faisaient un plaisir de publier les frasques du « moujik-*khlyst* » à moitié illettré et dépravé, qui jouissait d'une grande popularité « dans certains milieux proches de la cour ». Ces libelles faisaient sensation. *La Parole*, l'organe des Cadets, publia notamment plusieurs portraits.

Pour finir, toujours en 1910, une puissante salve fut tirée depuis Moscou, par le camp de la grande-duchesse Élisabeth Fiodorovna. Mikhaïl Novossiolov, professeur assistant à l'Académie de théologie de Moscou et éditeur de la « Bibliothèque de philosophie religieuse », publia toute une série d'articles qui firent grand bruit : « Le passé de Grigori Raspoutine » ; « La tournée spirituelle de Grigori Raspoutine » ; « Encore une chose à propos de Grigori Raspoutine ».

On y trouvait notamment la confession d'une jeune fille séduite par Raspoutine et on y mentionnait l'enquête du Consistoire de Tobolsk accusant Raspoutine d'être *khlyst*.

En 1910, le nom de Raspoutine devint synonyme de « débauché ».

Le moujik et l'Europe

L'accumulation de tous ces événements ne relevait pas de la coïncidence. La cause en était le moujik lui-même ou, plus exactement, le nouveau rôle qu'il jouait. En effet, en 1909-1910, certaines personnes extrêmement puissantes et influentes commencèrent à évoquer l'invraisemblable : le père Grigori non seulement soignait l'héritier, non seulement il priait avec les tsars, mais encore osait-il se mêler de la haute politique nationale et internationale.

Au printemps 1909, éclata la crise des Balkans. Le télégraphe apporta à la Russie la nouvelle de l'annexion par l'Autriche-Hongrie de la Bosnie-Herzégovine, où vivaient de nombreux Serbes orthodoxes. La Russie, qui se considérait comme la protectrice du monde orthodoxe, vit se développer un puissant mouvement en faveur « des frères slaves ». Articles de journaux et manifestations appelaient à la guerre sainte.

L'annexion avait provoqué une violente réaction dans les Balkans. La Serbie et le Monténégro avaient protesté avec indignation. Et le souverain du Monténégro, le père des « femmes noires », réclamait l'intervention de la Russie. Son gendre, le grand-duc Nicolas Nicolaievitch, le « chef militaire » de la famille Romanov, se déclara favorable à la guerre, soutenu en cela par les généraux russes avides de venger l'humiliation subie durant la guerre contre le Japon. Quant à la jeune bourgeoisie russe, elle voyait dans la guerre une possibilité d'élargir ses sphères d'influence grâce à la conquête de nouveaux territoires. Ainsi se constitua-t-il un parti de la guerre extrêmement bigarré.

Mais il ne pouvait s'agir d'une guerre locale avec l'Autriche-Hongrie. L'Allemagne ne comptait pas rester en retrait. Aussi, le 8 (21) mars 1909, l'Allemagne présenta un ultimatum à la Russie : soit celle-ci reconnaissait l'annexion de la Bosnie-Herzégovine, soit elle acceptait l'invasion de la Serbie par l'armée autrichienne — sous la protection de l'Allemagne. Les prémices d'une guerre mondiale étaient posées. Toutefois, conscients de la faiblesse d'une armée russe sous-équipée, les gens les plus âgés et les plus expérimentés se mirent à redouter une telle perspective.

La générale Bogdanovitch écrivait dans son journal, à la date du 13 mars : « Que Dieu nous garde de la guerre. Car nous aurions alors une nouvelle révolution. » Stolypine était lui aussi conscient du danger. Après avoir difficilement pacifié le pays, il ne tenait pas à prendre de nouveaux risques. Quant à Alix, elle avait une peur panique de tout conflit. Elle non plus n'avait pas oublié la révolution engendrée par la guerre contre le Japon. Et elle savait qu'en cas de conflit avec l'Allemagne son frère et son petit duché de Darmstadt seraient du côté de l'ennemi. Le tsar, lui, hésitait. Il écoutait d'une oreille attentive les discours belliqueux de l'Oncle Redoutable, et pas uniquement, comme le prétendait Vyroubova, par amour pour Nicolas Nicolaievitch. Simplement, en vrai Romanov qu'il était, Nikki adorait l'odeur des batailles. À l'instar de ses ancêtres il avait reçu une formation militaire et jusqu'à sa mort il conserverait cette habitude d'officier de la Garde de marcher en long et en large « l'épaule droite en avant ». En résumé, au plus profond de lui-même, le tsar voulait la guerre.

Puis vint le tour du père Grigori. Il devinait les désirs cachés d'Alix. Il connaissait son rôle, et il le jouait à la perfection. Il se déclara donc résolument opposé à la guerre. Comme cela était de mise pour un homme de Dieu, il prédit les défaites et la révolution. Plus tard, s'en souvenant, la tsarine écrirait à Nicolas : « 1er novembre 1915. Notre Ami a toujours été contre la guerre, en disant que les Balkans ne méritaient pas que le monde entier se batte pour eux. »

Alix lui était reconnaissante de cette prise de position. Et heureuse de constater que ses propres désirs coïncidaient de façon étonnante avec les volontés du père Grigori et celles du ciel.

Ainsi, Stolypine, la tsarine, et maintenant le ciel (à travers le père Grigori) étaient-ils contre la guerre. Le tsar en fut ébranlé. Et bientôt le conseil des ministres accepta l'annexion de la Bosnie-Herzégovine. L'opinion publique et la presse se répandaient en critiques rageuses. On rappelait la terrible défaite de Tsoushima, lors de la guerre contre le Japon, sans plus hésiter à évoquer un « Tsoushima diplomatique ».

Les gens les plus perspicaces pensèrent alors que le refus du tsar de se lancer dans la guerre avait été dicté par Raspoutine. Dans le Dossier, Filippov, l'éditeur de Raspoutine, cite une célèbre interview de Witte, un des hommes politiques les plus brillants du règne de Nicolas II : « Il ne fait aucun doute, affirmait Witte, que nous devons à Raspoutine le fait que la guerre n'ait pas éclaté dans les Balkans. »

Ainsi, en 1909, les princesses monténégrines et le grand-duc Nicolas Nicolaievitch avaient de bonnes raisons d'être indignés. Non content de les avoir évincés du palais impérial, ce paysan à demi illettré avait l'outrecuidance de se mêler des affaires de l'État. Il n'avait pas permis que l'on aide les orthodoxes des Balkans ni que l'on porte assistance à leur cher Monténégro.

Le puissant Premier ministre Stolypine avait lui aussi de quoi être furieux contre Raspoutine. Les articles de presse qui stigmatisaient la présence du moujik au Palais portaient atteinte au prestige de la famille impériale et nourrissaient de dangereuses rumeurs. Et, désormais, le Premier ministre lui-même était l'objet de multiples attaques.

Extrait du journal d'A. V. Bogdanovitch : « Il y a environ trois semaines Stolypine est venu pour faire son rapport, et on l'a fait attendre une demi-heure. Parce que le tsar était chez son épouse, dans la chambre de laquelle se trouvait cette espèce d'illuminé. » Et c'était avec ce paysan et non avec Stolypine que s'était décidé le destin de la guerre dans les Balkans ! Stolypine avait par ailleurs appris une autre nouvelle qui ne pouvait que l'inquiéter. Son adversaire politique, le comte Witte, avait eu un premier contact avec Raspoutine. Ce dernier s'était en effet rendu chez l'ancien Premier ministre.

« Je lui dis : "Écoute, pourquoi es-tu venu me voir ? Si on l'apprend, on va dire qu'à travers toi je cherche à me rapprocher des salons influents, et à toi on dira que tu entretiens des relations avec un homme dangereux." Durant la discussion, Raspoutine m'exposa des points de vue originaux et intéressants », se rappellera plus tard Witte. Cette rencontre du moujik et du politicien libéral qui en 1905 avait obligé le tsar à accorder une constitution, déclencha la panique parmi les monarchistes. Toujours Bogdanovitch dans son journal : « Le fait que cet "illuminé" soit de mèche avec Witte présente un grand danger... Witte a envie de revenir au pouvoir. »

Stolypine apprit que le moujik ne s'était pas contenté de rencontrer Witte. Il prenait également part aux nominations des hautes personnalités et s'occupait activement de la désignation du futur haut-procureur du Saint-Synode.

Et, de fait, les choses se passaient bien ainsi. Après l'enquête du Consistoire de Tobolsk, les accusations de Théophane et les actions entreprises par sa sœur Ella et son entourage, Alix souhaitait renforcer sa position au sein du Synode. Elle craignait que ses ennemis n'utilisent le Synode pour accuser Notre Ami d'appartenir à la mouvance *khlyst*. Elle décida donc de placer à sa tête un homme qui resterait loyal envers le starets. On avança la candidature de Vladimir Sabler, un Allemand russifié. Là, Alix décida de procéder d'une manière aussi étonnante que novatrice : l'homme de Dieu fut chargé de faire passer un examen au candidat. Il était logique, vu les relations particulières qu'il entretenait avec le ciel, que Notre Ami donnât son point de vue sur le futur chef de l'institution qui dirigeait l'Église. Une rencontre fut donc organisée, dont Raspoutine ressortit convaincu de l'entière soumission de Sabler à « papa » et « maman ». Ainsi, malgré son nom à consonance étrangère et à la surprise générale, celui-ci serait placé à la tête de l'Église russe.

Le Premier ministre contre le moujik

Stolypine comprenait maintenant pourquoi il avait dû faire antichambre lorsqu'il était venu présenter son rapport. Ce n'était pas seulement une humiliation, c'était un signal : auprès du tsar se tenait une sorte de Premier ministre occulte. À cette époque, la position du grand chef de gouvernement qu'était Stolypine s'était affaiblie. Tel est le sort réservé en Russie à tous les réformateurs. Plus tard, alors qu'on lui demandait qui Stolypine pouvait bien gêner, le monarchiste Choulguine, un homme de grande intelligence, fit cette réponse laconique : « Tous ». En effet, Stolypine était haï de la gauche pour avoir plus d'une fois, à la Douma, impitoyablement étouffé l'opposition et pour avoir prononcé ces paroles immortelles : « Vous, messieurs, vous aspirez à de grands bouleversements, et quant à moi j'aspire à une grande Russie. » La droite ne le détestait pas moins, car les réformes de Stolypine promettaient la victoire du capitalisme russe : Moscou, l'ancienne Tsargrad, était destinée à devenir le nouveau Manchester. Son mépris à l'égard des antisémites de l'Union du peuple russe suscitait la haine des ecclésiastiques extrémistes, comme Iliodore ou Hermogène. Un autre puissant personnage contribuait à exacerber l'hostilité envers Stolypine, le grand-duc Nicolas Nicolaievitch, car le Premier ministre s'était opposé catégoriquement à la participation de la Russie au conflit dans les Balkans. Néanmoins, Stolypine se maintenait au pouvoir grâce au soutien du tsar, devant qui il agitait les menaces de nouvelle explosion sociale et de famine si ses réformes n'étaient pas appliquées. En outre, par sa stature et sa voix tonitruante, Stolypine rappelait à Nikki son géant de père, et cela le rassurait.

Toutefois Stolypine joua un coup qui, s'il pouvait apparaître *a priori* judicieux et promettait même de lui rendre sa popularité, se révéla *in fine* fatal : il critiqua ouvertement Raspoutine. Pour la première fois, le Premier ministre évoqua devant le tsar la situation qui prévalait dans l'entourage du starets. Nicolas éluda la discussion et lui demanda de rencontrer Raspoutine en tête à tête. Le tsar se souvenait de l'impression que Raspoutine avait produite sur Stolypine quelques années plus tôt.

Stolypine devait raconter cette entrevue à Rodzianko, le futur président de la Douma. Dès la première seconde, le colosse avait clairement senti « la grande force hypnotique que recelait cet homme » et qui avait produit sur lui « une assez forte impression morale, quoique mêlée de répulsion ». Mais, apparemment, cette impression morale était suffisamment forte pour que le Premier ministre, « l'ayant dominée », se mît à donner de la voix contre Raspoutine en le traitant de *khlyst* et en le menaçant de l'envoyer en exil en application de la loi relative aux membres des sectes.

Ce fut une erreur. Et, comme l'avenir le montrerait, une erreur fatale au Premier ministre. Raspoutine était en droit de se sentir offensé. Et serein. Il savait que le Consistoire de Tobolsk n'avait pas été en mesure de trouver la moindre preuve concrète de ses liens avec l'hérésie *khlyst*. Le tsar le savait aussi pour avoir pris connaissance du dossier de Notre Ami.

Qui agissait en coulisses ?

Ainsi, vers 1910, tous se rangèrent progressivement dans le camp des ennemis de Raspoutine : la gauche, pour qui tout récemment encore il personnifiait l'alliance avec Iliodore et les antisémites ; la droite et les monarchistes qui voyaient en lui la menace d'un retour de Witte aux affaires ; Nicolas Nicolaievitch, l'Oncle Redoutable, et le parti de la guerre, qui haïssaient le moujik, favori des souverains ; le clergé, qui était convaincu de son appartenance aux *khlysty* ; Ella, la sœur de la tsarine ; le Premier ministre... Tout le monde en avait soupé de lui.

Comme de juste, la première à agir avait été « la femme noire », de tous la plus outragée et la plus passionnée. Théophane était un ami très proche de Militsa. Et, bien évidemment, c'était elle le mystérieux « quelqu'un » qui avait ouvert les yeux de l'évêque, l'informant de l'enquête du Consistoire de Tobolsk et des confessions des dames « offensées par Raspoutine ».

Ella, la sœur d'Alix, s'activait de son côté. Devenue la supérieure du couvent Marthe-et-Marie, elle avait depuis déjà un certain temps compris que le deuxième Notre Ami était de loin plus dangereux que le premier. Et l'intervention de Sophie Tioutcheva n'était pas fortuite. Celle-ci était une amie de longue date d'Ella, et sa famille possédait une maison dans Moscou ainsi qu'une magnifique propriété dans ses environs. Ella était par ailleurs très proche de la richissime famille Youssoupov. Aussi, s'était-il formé à Moscou un front d'opposants au starets, qu'Alix appellerait « la clique moscovite ». Et c'était sur l'intervention d'Ella que Théophane avait été nommé en Crimée. Elle savait que l'indomptable Théophane saurait profiter des séjours de la famille impériale dans la résidence de Livadia pour continuer à dénoncer le starets.

Pour sa part, Stolypine poursuivait son offensive contre le moujik. Le département de la Police fut mis dans l'affaire. Selon les archives, « la surveillance extérieure du bien connu starets G. E. Raspoutine a été mise en place sur ordre du président du conseil des ministres Stolypine, en octobre 1910 ». Son objectif était de pouvoir mettre les rapports de ses agents secrets sous le nez du tsar afin de prouver à celui-ci que le « saint moujik » n'était qu'un dépravé. Alix riposta immédiatement. On peut lire dans ces mêmes documents du département de la Police que Raspoutine « n'a été surveillé que durant quelques jours. Après quoi la filature a été interrompue ». Sur ordre du tsar. Nicolas ne pouvait expliquer à son Premier ministre que les faits qu'il s'apprêtait à porter à sa connaissance ne signifiaient rien pour lui. Et que ni Stolypine ni ses agents n'étaient à même de comprendre la conduite du père Grigori. Ou, plus précisément, le mystère de cette conduite. Un mystère que les tsars avaient déjà percé.

Le cadeau du moujik à la tsarine

Puis arriva l'année 1911. Afin d'endiguer le déferlement des critiques, la famille impériale dut de nouveau se résoudre à ne plus recevoir le moujik au Palais. Et, comme autrefois, de le rencontrer secrètement chez Anna Vyroubova. Journal de Nicolas : « 12 février... Nous sommes allés chez Ania, où nous avons longuement discuté avec Grigori. » Mais à la cour tout le monde était au courant. Journal de Bogdanovitch :

« Le moujik Raspoutine... ne vient pas au Palais mais il rend visite à Vyroubova. Tous continuent de critiquer Vyroubova dans son dos et, en face, de la flatter... Tous ces messieurs n'ont qu'une peur : perdre leur petite place bien au chaud ; quant à la Russie, c'est le moindre de leurs soucis. »

À cette même époque, en mars 1911, Alix ouvrit un cahier bien particulier. Des années plus tard, Yourovski, le chef du détachement chargé de l'exécution de la famille impériale, rapporterait de la maison Ipatiev les documents appartenant à la famille. Parmi eux figurait ce fameux cahier, que la tsarine avait emporté avec elle en exil. Ce cahier bleu foncé se trouve toujours dans les archives. À côté d'une inscription calligraphiée de la main de l'impératrice, on peut lire, écrit en ridicules pattes de mouche : « Cadeau à ma maman de cœur. G. Raspoutine. 1911, 3 février. »

Ce cadeau, c'était les aphorismes qu'il énonçait au cours de leurs rendez-vous chez Ania et qu'Alix recopiait ensuite consciencieusement de son élégante écriture. Initiée par Lokhtina, la tsarine était maintenant capable de traduire en termes intelligibles les oracles du moujik. Or la majorité de ces sentences retranscrites par la tsarine parlent des injustes persécutions du juste. Et de leur bienfait pour l'âme. « Seigneur, comme mes ennemis se sont multipliés ! Beaucoup se lèvent contre moi » ; « Dans les persécutions est Ton chemin. Tu nous as montré la croix pour notre joie. » Quelques années plus tard, dans la maison Ipatiev, Alix pourrait répéter « Dans les persécutions est Ton chemin » ou encore « Donne-nous la patience et barre la bouche à nos ennemis ». Et, de nouveau, telle une incantation, « Mon âme, réjouis-toi des persécutions... le paradis est fait pour les persécutés de la vérité ».

De plus en plus souvent, il lui semblait voir se dérouler sous ses yeux des scènes de l'Évangile. Elle était le témoin de la diffamation du Prophète. Mais elle savait se battre ! Elle le sauverait ! Elle ferait taire ses ennemis !

Le chemin de Jérusalem

Marie Vichniakova et la demoiselle d'honneur Sophie Tioutcheva furent amenées à quitter leurs fonctions, en dépit de la bienveillance du tsar. La nursery redevint le royaume exclusif d'Alix. Ainsi, le soir, elle pouvait de nouveau en toute tranquillité y recevoir Notre Ami, afin qu'il soigne son malheureux petit garçon ou qu'il soulage ses filles lorsqu'elles étaient malades.

Peut-être fut-ce alors que Grigori comprit cette loi étonnante : plus fort l'attaquaient ses ennemis, plus virulente était la riposte de la tsarine. Et plus vite ses persécuteurs disparaissaient du Palais. Et plus solide était sa position.

Mais Alix voyait que Nikki était nerveux. Car sa mère, comme le reste de la grande famille Romanov, manifestait une grande inquiétude. Comme l'écrivit Konstantin Konstantinovitch dans son journal, l'impératrice mère était « désespérée qu'ils continuent à recevoir en secret le fol en Christ Gricha ». Notre Ami devait quitter Pétersbourg pour un temps. Mais l'envoyer à Pokrovskoïé eût signifié céder à ses ennemis. Or Alix était incapable de céder. Il fut donc décidé que Raspoutine partirait en pèlerinage, comme il convenait à un homme de Dieu. Il irait visiter les lieux les plus saints de la chrétienté. Ce serait comme une récompense pour tout ce qu'il avait fait pour la famille impériale. Pour toutes les persécutions qu'il avait dû supporter.

Ainsi, avec un groupe de pèlerins russes, Raspoutine prit-il le chemin de Jérusalem.

6

*L'*alter ego *de l'impératrice*

Le mystérieux coauteur

Journal de Nicolas : « 4 juin. Après le dîner, nous avons eu le plaisir de voir Grigori... qui revenait de Jérusalem. » Nous pouvons aisément imaginer le récit que Raspoutine fit aux tsars de son pèlerinage. Ses impressions de voyage furent publiées sous le titre *Mes pensées et réflexions*. Filippov déclara dans sa déposition : « C'est moi qui ai édité cette brochure... Je n'ai ni corrigé ni affaibli les aphorismes de Raspoutine. Je les ai rendus mot pour mot. » Ce qui ne veut pas dire que le starets les avait écrits ainsi. Il était bien incapable de rédiger un texte aussi long. D'ailleurs, toutes les notes qu'il adresserait par la suite aux ministres se résumeraient à quelques mots gribouillés sur des bouts de papier.

Ainsi, ce que Filippov avait édité « mot pour mot » n'était pas les paroles de Raspoutine mais la retranscription que « quelqu'un » en avait faite. Avant de révéler de qui il s'agissait, écoutons la voix du moujik, son discours émerveillé.

« Sans aucun effort, la mer apporte son réconfort. Quand on se lève le matin, les vagues nous parlent, elles clapotent, nous réjouissent. Le soleil brille sur la mer, comme s'il se levait doucement, et en même temps l'âme humaine oublie tout... et regarde le soleil briller... La mer nous fait sortir du sommeil des vanités, on réfléchit beaucoup, cela vient tout seul... Ô, Dieu, accorde la paix à notre âme. En mer, le mal n'est que passager, mais sur le rivage, il est permanent, telle une vague. En mer, le mal est visible par tous, mais sur le rivage, personne ne le voit — le démon trouble notre âme. La conscience est une vague, mais sur la mer, quelles qu'elles soient, les vagues se calmeront, tandis que la conscience ne sera apaisée que par la bonne action. »

Et le rêve du moujik de se réaliser : enfin il allait voir Sa ville et Son tombeau ! « Que dirai-je de l'instant où je me suis approché du tombeau du Christ... Le sentiment que j'avais en moi était tel que je me sentais prêt à combler chacun d'affection, et j'avais tant d'amour en moi que tous me paraissaient être des saints, car l'Amour ne voit pas les défauts d'autrui. Là, près du Saint-Sépulcre, tu vois tous les êtres avec un cœur spirituel... »

Mais il le savait : le reste était silence, le reste était mystère, et il fallait se taire pour préserver le grand moment de la rencontre avec le tombeau du Seigneur. « Mon Dieu, que puis-je dire du Saint-Sépulcre ! Je dirai seulement ce qui était dans mon âme : "Seigneur, ressuscite-moi des profondeurs du péché..." » Il faut imaginer cet homme fébrile, avec ses yeux magnétiques qui s'emplissaient de larmes tandis qu'il faisait son récit aux tsars, car, en bon acteur qu'il était, il *voyait* ce qu'il disait. « Oh, quelle impression produit le Golgotha !... Depuis cet endroit, la Mère de Dieu regardait les hauteurs du Golgotha et pleurait alors que l'on crucifiait le Seigneur. Quand tu regardes ce lieu où se tenait la Mère de Dieu, les larmes se mettent à couler malgré toi et tu vois devant toi comment tout s'est passé. Mon Dieu, quel acte fut accompli ! Puis l'on détacha le corps, on le mit à terre. Mon Dieu, mon Dieu, pourquoi cela ? Mon Dieu, nous ne pécherons plus : sauve-nous par ta souffrance. » Et eux qui n'avaient jamais été en Terre Sainte pouvaient la voir à travers ses yeux. Quelques années plus tard, se préparant pour leur propre Golgotha, ils se souviendraient de ses récits.

Mais revenons au mystérieux coauteur. Lokhtina ne dit à aucun moment avoir travaillé sur ce livre. D'ailleurs, entre ce texte profondément inspiré et celui, très didactique, qu'elle avait autrefois retranscrit, la différence est bien trop grande pour que ce soit le cas. Ce texte, en revanche, n'est pas sans rappeler l'étonnante *Vie d'un pèlerin expérimenté*. Il semblerait que dans ces deux cas Raspoutine ait eu le même « coauteur ». Quelqu'un qui avait été capable de transmettre par écrit la force hypnotique de son discours. L'identité de ce coauteur est dévoilée par Filippov lui-même. Il déclare en effet dans le Dossier que « les corrections du livre ont été effectuées par la souveraine ».

Mais oui, bien sûr ! La retranscription et les corrections étaient l'œuvre d'une seule et même personne. Nul autre que la tsarine, avec son indéniable don littéraire (lisez donc ses lettres !), était capable de transposer en ces termes les récits de Raspoutine. Je pense toutefois qu'elle n'y travailla pas seule, mais avec son inséparable Amie, elle aussi férue d'écriture. Pour la tsarine, ce travail offrait la possibilité de toucher au mystère, au secret. Pour l'Amie, c'était une occasion de se lier davantage à Alix.

La chute d'un grand ministre

À son retour, Notre Ami fut loin de retrouver une vie calme et tranquille. Les journaux continuaient leurs attaques, et, de nouveau, le moujik dictait à « maman » ses réflexions sur les martyrs de la vérité. Elle, consciencieusement, les inscrivait dans son cahier.

Alix était hors d'elle. Fin 1910, le tsar avait écrit une note très sèche à Stolypine, exigeant qu'il mît fin à cette campagne de presse menée contre Raspoutine. Mais Stolypine était passé outre, et les journaux avaient continué de calomnier le moujik. En fait, le Premier ministre préparait son attaque décisive. Bien que sa tentative de faire officiellement surveiller Raspoutine eût échoué, ses agents avaient continué à agir en secret. On accumulait les renseignements. Ainsi, au début de l'automne 1911, le Premier ministre décida-t-il d'aller voir le tsar pour lui présenter son rapport.

À ce propos, Sazonov donne des informations précieuses dans le Dossier : « Sa lutte avec Stolypine était très intéressante, et j'en parle en me fondant sur les propos mêmes de Raspoutine. Stolypine exigeait du tsar qu'il éloigne Raspoutine. Avec son rapport, il lui présenta les fiches sur Raspoutine établies par le Département de la Police et lui exposa tous les faits compromettants dont il avait connaissance... en particulier le fait que Raspoutine, se rendait aux bains en compagnie de femmes... À quoi le souverain répliqua : “Je suis au courant, là aussi il prêche les Saintes Écritures.” Il ordonna à Stolypine de s'en aller et jeta le rapport au feu... Voilà pourquoi, un mois avant la mort de Stolypine, je savais... que son sort était scellé. Mettez tout cela en parallèle avec des petits détails comme par exemple le fait qu'à l'occasion des festivités de Kiev on n'ait pas logé Stolypine de façon convenable et confortable ni mis une automobile à sa disposition, etc. »

Ce ne fut pas la Douma, ni la gauche, ni la droite, qui renversèrent Stolypine. Mais ce fut de ses attaques contre Raspoutine que le puissant Premier ministre fut la victime. Elles marquèrent le début de sa « mort politique ». Alix prit la tête d'une croisade sans merci contre l'ennemi de Notre Ami. De son côté, Raspoutine exprimait, ou plutôt formulait les pensées de la tsarine. « Raspoutine disait de Stolypine... qu'il s'était attribué trop de pouvoir », témoigna Vyroubova.

Le moujik le savait : homme faible, le tsar ne pardonnait pas d'être accusé de faiblesse. Le redoutable Premier ministre était encore en fonction lorsque les bruits d'un éventuel transfert au poste de gouverneur général du Caucase commencèrent à circuler. Ce que son adversaire de toujours, le comte Witte, note non sans plaisir dans ses Mémoires. Ce fut précisément à cette époque que Raspoutine eut avec Sazonov une conversation qui stupéfia ce dernier. Peu après, le moujik et son ami le journaliste Sazonov se mirent en route pour Nijni-Novgorod — une bien surprenante expédition.

Dix jours avant l'assassinat

Le ministère de l'Intérieur était le poste clé du gouvernement. Généralement, le Premier ministre essayait de l'accaparer. Comme le dirait plus tard l'un des conseillers du tsar, « un Premier ministre sans ce poste, c'est comme un tigre sans couilles ». Voilà pourquoi Stolypine occupait également la fonction. Donc, quel ne fut pas l'étonnement de Sazonov lorsque le moujik lui fit part de la mission dont il était investi par les tsars — celle de trouver un nouveau ministre de l'Intérieur en remplacement de Stolypine ! Puis Raspoutine de demander à un Sazonov quelque peu effrayé de réfléchir à une candidature qui ferait l'affaire. Et, effectivement, une fois surmontées sa stupéfaction et son appréhension, Sazonov dut réfléchir. Car, peu après, à Tsarkoïé Sélo, on examinait la candidature d'Alexis Khvostov, gouverneur de Nijni-Novgorod et dont le père était un grand ami de Sazonov. Et, ainsi, Raspoutine et Sazonov se rendirent-ils sans tarder à Nijni-Novgorod.

On trouve dans le Dossier plusieurs témoignages à ce sujet, dont la déposition de Sazonov : « Raspoutine, conformément à la mission dont l'avait chargé le souverain, s'est rendu à Nijni, dont le gouverneur était à l'époque Khvostov. À sa demande, je suis parti avec lui, en tant que vieil ami du père de Khvostov. »

Alexis Nicolaievitch Khvostov, un homme très grand et obèse (Raspoutine le surnommerait plus tard « Gros Bide »), était encore jeune, puisqu'il n'avait que trente-neuf ans à l'époque. Neveu de Nicolas Khvostov, le ministre de la Justice, il était issu d'une famille de riches propriétaires terriens. Il était par ailleurs connu pour ses convictions d'extrême droite. Mais l'accueil que Khvostov réserva aux deux visiteurs fut plutôt inattendu. Témoignage de Sazonov : « Il m'a accueilli avec courtoisie, car j'étais un vieil ami de la famille, mais, en revanche, il s'est montré très froid à l'égard de Raspoutine, et, de toute évidence, il était fort surpris par notre visite... il ne nous a même pas invités... à déjeuner. Nous l'avons vu entre deux trains. »

Khvostov devait se montrer plus éloquent dans son récit des mêmes événements : « Dix jours avant l'assassinat de Stolypine, ont fait irruption, à Nijni-Novgorod où j'étais gouverneur... un ami de mon père, Gueorgui Petrovitch Sazonov, et Grigori Raspoutine, que je n'avais encore jamais rencontré... Sazonov, sans doute pour ne pas déranger notre conversation, est resté au salon. Raspoutine et moi étions dans mon bureau. Il m'a parlé de son intimité avec le tsar... et m'a indiqué qu'il était envoyé par le tsar pour "examiner mon âme", puis, pour finir, il m'a proposé le poste de ministre de l'Intérieur. » Bien entendu, Khvostov répondit que ce poste était déjà pourvu. « Raspoutine m'a alors dit que Stolypine allait de toute façon partir. Tout cela m'a paru tellement étrange et incroyable que je n'ai pas pris cette conversation au sérieux, discutant sur le ton de la quasi-plaisanterie. Il est

Une des premières photos de Raspoutine, probablement dans sa campagne sibérienne.

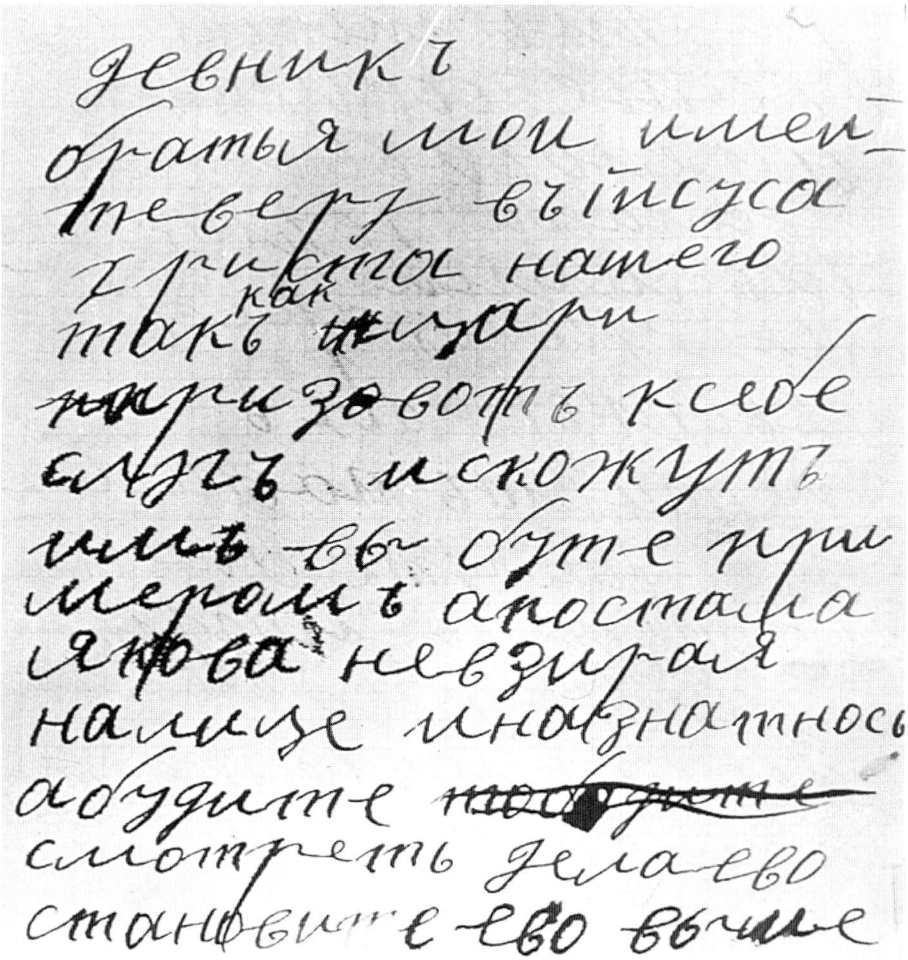
девникъ
братья мои имен-
те веръ въ Ісуса
Христа нашего
как
такъ цари
призоветъ к себе
слугъ и скожутъ
имъ въ обще при
меромъ апостала
якова невзирая
на лице иназнатнось
абудите ~~[illegible]~~
смотреть дела ево
становите ево вочие

Une page du fameux « Journal ».

Raspoutine devant
sa maison natale.

Un écrivain supposé.

Scène de village. Raspoutine au centre avec, à sa droite, sa mère puis son frère.

La maison de Raspoutine.

Le père Jean de Cronstadt, saint et thaumaturge.

Le jeune Raspoutine avec l'évêque Hermogène et le moine Iliodore.

Une des très rares photographies de Raspoutine en compagnie des enfants impériaux.

Page suivante, en haut : Saint-Pétersbourg, 1906. La famille impériale se rend à la Douma.

En bas : Nicolas en cavalier, et les grands-ducs, escortant la calèche de la tsarine.

LE CERCLE DES POLITIQUES.

S. Witte, Premier ministre en 1905-1906, haï par la tsarine.

Le monarchiste Pourichkevitch, ennemi et assassin de Raspoutine.

A. Gouchkov, porte-parole de la Douma en 1905 et dénonciateur des « forces obscures ».

P.S. Stolypine, adversaire de Raspoutine, Premier ministre en 1909, assassiné en 1911.

Le « starets » dans tous ses états.
Quatre clichés pris entre 1900 et 1916.

Raspoutine à l'hôpital, après la première tentative d'assassinat.

A. Vyroubova, compagne, confidente et conseillère de la tsarine.

A. Vyroubova : une seconde mère pour les grandes-duchesses.

Le tsar Nicolas et Vyroubova sur une plage de Crimée.

Vyroubova et la tsarine.

Page suivante, haut et bas : 1914, le « salon » de Raspoutine. Le cercle des intimes et la cérémonie du thé.

Mikhaïl Rodzianko,
le porte-parole de la Douma.

Maurice Paléologue,
l'ambassadeur de France.

L'état-major de la police. Au centre, S. Beletski et V. Djounkovski, en habit de gendarme.

Une des nombreuses caricatures de l'époque.

Le tsar Nicolas avec le kaiser Guillaume, cousin germain de la tsarine.

parti fâché. Je ne l'ai pas invité à déjeuner, et j'ai refusé de le présenter à ma famille, ce qu'il m'avait demandé. »

Rien d'étonnant à ce que cela lui ait paru étrange. Alors que Stolypine était le tout-puissant Premier ministre et ministre de l'Intérieur, tout à coup cette étrange paire débarque sans crier gare : Sazonov, un ami de son père, un éditeur parmi tant d'autres, accompagné d'un paysan mal dégrossi et à moitié illettré, sur lequel circulent les rumeurs les plus incroyables. Et les voilà qui se mettent à lui parler le plus sérieusement du monde de la destitution du grand Stolypine ! Khvostov, comme beaucoup d'autres « personnes sérieuses », n'avait aucune idée de la véritable position que Raspoutine occupait à la cour. Il n'arrivait pas à croire que le tsar ait pu confier à ces deux énergumènes le sort d'un poste aussi essentiel que celui de l'Intérieur. Tout cela lui avait paru aberrant. Et, soupçonnant quelque intrigue de cour, Khvostov avait jugé préférable de mettre poliment à la porte ces deux étranges émissaires. Il les fit néanmoins suivre par des agents de police. Khvostov reçut ainsi la copie d'un télégramme envoyé par Raspoutine à Vyroubova et qui disait à peu près ceci : « Bien que Dieu lui accorde sa confiance, il lui manque quelque chose. » Et Khvostov n'y pensa plus, considérant que tout n'était effectivement qu'une intrigue montée par l'amie de la tsarine. Mais quel ne fut pas son étonnement, pour ne pas dire son épouvante, quand, dix jours plus tard, Stolypine était assassiné ! Les paroles qu'avait prononcées Raspoutine, « de toute façon il va partir », lui parurent alors chargées de menaces.

La mort mystérieuse du Premier ministre

Extrait du Journal de K.R. : « 3 septembre. Nous avons été horrifiés d'apprendre qu'avant-hier soir, à Kiev... Stolypine a été blessé par plusieurs coups de revolver. » L'assassinat du Premier ministre tenait à une série de très étranges négligences de la part de la police secrète. À l'occasion du cinquantième anniversaire de l'abolition du servage, devait être inauguré à Kiev un monument érigé en l'honneur du grand-père de Nicolas, Alexandre II, le libérateur des paysans. Le tsar et les grandes-duchesses arrivèrent pour assister aux festivités, de même que le Premier ministre, Stolypine.

La veille des festivités, un certain Dimitri Bogrov se présenta au bureau de la police secrète. Il s'agissait d'un révolutionnaire et terroriste, jadis recruté comme indicateur par la police secrète du tsar, mais qui n'avait plus de contact avec elle depuis déjà plusieurs années. Refaisant brusquement surface, il annonça qu'un attentat contre Stolypine se préparait. L'attentat devait avoir lieu à l'opéra de Kiev, au cours du spectacle officiel. Kourlov, le chef des gendarmes, Spiridovitch, le chef de la sécurité impériale, et Kouliabko, le chef de la police secrète de Kiev, se montrèrent soudain tous extrêmement confiants. Loin de faire surveiller Bogrov, ils le laissèrent entrer dans l'opéra, de surcroît armé d'un revolver !

Pendant le deuxième entracte, le tsar sortit de sa loge. Stolypine se tenait près de la scène, dos à l'orchestre, et parlait avec Fredericks, le ministre de la cour. Un jeune homme en frac, dont l'habit détonnait avec les innombrables uniformes, s'approcha de lui. C'était Bogrov. Il sortit tranquillement son revolver et tira à deux reprises. Stolypine eut tout juste le temps de se tourner vers la loge vide du tsar et de la bénir d'un signe de croix. On le transporta dans le foyer. Deux jours plus tard, il mourait.

Forte de son expérience passée en matière d'assassinats, pour lesquels la droite et la police secrète recrutaient des agents provocateurs qui éliminaient les fonctionnaires tsaristes indésirables, la Douma parla immédiatement de provocation. Dans son discours, le monarchiste V. Choulguine accusa ouvertement la police secrète : « On a assisté ces derniers temps à toute une série d'assassinats similaires de dignitaires russes, perpétrés avec le concours des fonctionnaires de la police politique. Stolypine, qui, selon les paroles du prince Mechtcherski, disait : “Je vais me faire tuer par un agent de la police secrète”... a péri de la main d'un agent et avec la coopération des hautes autorités de la police secrète. »

On ordonna une enquête sénatoriale concernant les activités de Kourlov et de Spiridovitch. Ce qui apparemment inquiéta quelqu'un. On fit pression sur le tsar, et, sur ses ordre, l'enquête fut close.

Raspoutine et l'assassinat

Le jour du meurtre, Raspoutine se trouvait à Kiev. Il composa par la suite une sorte d'ode sur les festivités. Mais son panégyrique grandiloquent ne fut guère remarqué. Par contre, sa prédiction concernant le départ imminent du Premier ministre et la nouvelle de sa rencontre avec Khvostov, peu avant l'assassinat, se propagèrent rapidement. Certaines rumeurs affirmaient même que Raspoutine avait prédit la mort prochaine de Stolypine. Dans son livre, Iliodore prétend que Raspoutine aurait dit : « Moi, j'ai prédit la mort de Stolypine sept jours à l'avance. »

Cela devint un des principaux sujets de conversation des salons de Pétersbourg. On commença à associer le nom de Raspoutine à l'assassinat de Stolypine. Sazonov était profondément ébranlé par ces rumeurs. Il craignait que Raspoutine et lui par la même occasion n'aient été entraînés dans un jeu dangereux. L'assassinat de Stolypine démontrait à quoi aboutissait ce genre de plaisanteries. « J'ai commencé à m'éloigner de lui quand j'ai réalisé qu'il était en train d'acquérir une influence certaine sur les décisions du gouvernement », déclara Sazonov dans sa déposition.

Les rumeurs qui liaient Raspoutine à la mort de Stolypine suscitèrent l'intérêt particulier de la Commission extraordinaire. Le futur chef de la sécurité de Raspoutine, le colonel Komissarov, fut interrogé à ce sujet. Mais il n'apporta aucun élément de preuve.

Raspoutine avait-il vraiment prédit non seulement le départ de Stolypine (ce qui ne lui était pas difficile, étant donné qu'il était au courant des intentions de Tsarskoïé Sélo), mais aussi sa mort ? Cela est fort possible quand on sait qu'à cette même époque venait d'apparaître dans son entourage un personnage des plus énigmatiques : Badmaev, docteur en médecine tibétaine.

Un « Chinois rusé »

Alexandre Badmaev, âgé de soixante ans, avait les titres de conseiller d'État et de docteur en médecine tibétaine. Issu d'une famille de la noblesse bouriate, il avait grandi dans les steppes sibériennes, menant une vie de nomade au milieu d'immenses troupeaux. À cette époque, son frère prospérait à Pétersbourg où il tenait une pharmacie tibétaine et pratiquait la médecine traditionnelle de son pays. Badmaev, à son tour, partit s'installer dans la capitale. Là, il se convertit à l'orthodoxie et se dota du plus prestigieux des parrains en la personne du tsar Alexandre III.

Convoqué devant la Commission extraordinaire, Badmaev déclara : « J'ai fait mes études à l'Académie de Médecine militaire... j'ai volontairement choisi de ne pas prendre mon diplôme, afin d'avoir le droit de soigner selon les principes de la médecine tibétaine, puis j'ai commencé à pratiquer dans les hautes sphères de la société. »

Il soignait toutes les maladies avec des plantes tibétaines — la neurasthénie, les maladies respiratoires, les maladies vénériennes et, surtout, l'impuissance masculine. Selon le monarchiste Pourichkevitch, Raspoutine aurait dit de Badmaev : « Il a deux sortes de décoctions : tu prends un petit verre de la première, et ta bite s'allonge, quant à l'autre, tu en prends un plus petit encore et tu deviens gentillet, un rien stupide, et tu te fiches de tout. » Et, à Pétersbourg, tout le monde y croyait. Plus tard, on fit courir le bruit que Raspoutine avait drogué le tsar avec les plantes de Badmaev, pour qu'il devienne « gentillet et un rien stupide ».

Quoi qu'il en soit, toute la haute société se faisait soigner par Badmaev : l'ex-Premier ministre Witte, les métropolites de Kiev et de Moscou, le président adjoint de la Douma, Protopopov, et bien d'autres. « Le Chinois rusé » était le surnom donné à Badmaev par Raspoutine. Car, outre la médecine, Badmaev s'adonnait à des activités d'homme d'affaires et d'entrepreneur. Il rêvait de voir la Russie conquérir la Mongolie et le Tibet. Et il assaillait la chancellerie impériale avec des projets sans fin. Il fonda une société commerciale, la *Badmaev & Co*, loua des terres à des Tatares et des Mongols, et créa une gigantesque ferme d'élevage, pour laquelle il acheta un grand nombre de chameaux. Il rêvait de faire de cette ferme une tête de pont pour la pénétration en Asie. Pour l'accomplissement de ses projets grandioses, il sollicita une subvention auprès du tsar, mais en vain. Ruiné, il fut contraint de liquider sa ferme. Mais il détenait des informations, transmises de génération en génération dans sa famille, concernant la présence d'or dans la région du Baïkal. En 1909, il créa la *Première Société minière du Trans-Baïkal* mais, à sa grande indignation, ses projets laissèrent Stolypine de marbre. Badmaev entraîna donc dans ses affaires l'un de ses patients occultes, le grand-duc Boris Vladimirovitch. Mais, depuis le mariage de Cyrille, les fils de Vladimir étaient mal vus dans la famille impériale. Et Badmaev se vit une fois de plus refuser toute subvention de la part du gouvernement. Il essaya donc de nouer des relations directes avec Tsarkoïé Sélo. Pour cela, comme il le déclara dans sa déposition, il envoya au Palais un « remède à base de plantes » destiné à soigner l'héritier. Mais les poudres lui « furent renvoyées avec un mot de remerciement ». C'était une fin de non-recevoir. Désormais, une seule personne pouvait lui venir en aide : Raspoutine. Badmaev entreprit donc les premières démarches pour se rapprocher du moujik.

Parmi les patients de Badmaev, figurait le lieutenant-général Kourlov, chef des gendarmes et principal suspect dans l'affaire de l'assassinat de Stolypine. Aussi, si ce meurtre avait effectivement été prémédité, le « Chinois rusé », dont chacun savait qu'il détestait Stolypine, pouvait fort bien avoir entendu son patient reconnaissant faire allusion au projet d'assassinat de Stolypine. Puis, faisant la connaissance de Raspoutine, ce grand maître des intrigues aurait pu, pour prouver ses dons de voyance, annoncer la mort prochaine de Stolypine, sachant que celui-ci était l'ennemi juré du père Grigori. Ce qui expliquerait que, devant la tsarine toujours avide d'entendre ses prophéties, Raspoutine ait pu prédire la mort prochaine du Premier ministre honni, la présentant comme un châtiment divin.

Le paradoxe du mort

L'assassinat de Stolypine marqua un tournant dans la biographie de Raspoutine. Avant lui, il n'était qu'un mystère, l'objet de rumeurs vagues et d'articles de journaux confus. Les « gens sérieux » se refusaient à croire qu'un simple moujik pût disposer d'une telle influence au Palais. Ainsi en était-il du gouverneur de Moscou, Vladimir Djounkovski. La sœur de ce dernier, Evdokia, demoiselle d'honneur et amie de Tioutcheva, détestait Raspoutine, et, bien entendu, elle parlait à son frère de ce qui se passait au Palais, mais celui-ci refusait de la croire. Lui-même venait fréquemment dans la capitale pour raison de service, était invité à boire le thé avec le souverain, fréquentait la cour. Mais, ainsi qu'il l'écrivit dans ses Mémoires, il considérait « que toutes ces rumeurs n'étaient que des inventions des journaux », et il n'y prêtait aucune attention. Il s'indignait même qu'on pût oser associer le nom de Raspoutine à ceux du souverain et de la souveraine. Mais, après l'assassinat de Stolypine, Djounkovski et les « gens sérieux » commencèrent à s'intéresser sérieusement aux activités de cet obscur paysan qui avait eu la peau du grand Premier ministre.

Le sénateur Vladimir Nicolaievitch Kokovtsev fut nommé Premier ministre. Issu de la vieille noblesse, l'homme était peu brillant, mais efficace et honnête, « sans plus », comme le dirait plus tard le même Djounkovski. « Stolypine est mort pour vous céder la place », lui déclara Alix, qui aurait pu ajouter : « car vous saurez écouter la voix de l'homme de Dieu, au lieu de le persécuter ».

Avec la mort de Stolypine, la menace la plus grave pour Raspoutine avait été écartée. Mais Alix ne devait pas tarder à saisir que, loin d'être une libération, la mort du Premier ministre était exactement le contraire. En même temps que Stolypine, la peur avait disparu. Or, sans la peur, le système autocratique ne pouvait fonctionner. Ce n'était pas sans raison qu'en mourant Stolypine avait fait un signe de croix en direction de la loge du tsar. Désormais, le faible Nikki et ses pitoyables ministres restaient seuls face à la Douma. Raspoutine, qu'il était dorénavant de bon ton de haïr, se trouvait sans défense en l'absence de cette peur. Depuis sa tombe, le Premier ministre assassiné se vengeait.

Stolypine disparu, les hiérarques furent les premiers à donner de la voix.

La bataille des prophètes

Théophane était loin du monde et ne savait qu'adresser au tsar de vaines requêtes ou demander à ses amis de dénoncer Raspoutine. Hermogène, lui, était un homme d'action. Arrivé à Pétersbourg pour une session du Synode, il jugea qu'il était temps d'en finir avec Raspoutine. Le minable Kokovtsev ne lui faisait pas peur. Pas plus que Sabler, le haut-procureur, compromis par des rumeurs concernant ses relations avec Raspoutine.

Comprenant fort bien qui était le véritable chef de la famille impériale, Hermogène savait qu'il serait insensé de s'adresser au tsar. Il décida donc de briser Grigori lui-même : il fallait le dénoncer et le forcer à quitter le Palais de son propre gré. Et, pour le cas où Grigori ferait des difficultés, Iliodore avait préparé un pamphlet intitulé *Grichka*. Il y citait les lettres volées à Raspoutine et notamment celle de la tsarine qui, selon les deux moines, apportait la preuve de son adultère avec le moujik. Ainsi, Hermogène et Iliodore étaient persuadés que leur ami d'hier était fini.

Arriva le 16 décembre, jour de la dénonciation.

Les participants se réunirent avant l'arrivée de Raspoutine, vers onze heures du matin. Mitia Kozelski, en qui la tsarine avait tellement confiance avant de connaître Raspoutine, arriva lui aussi à la procure de Yaroslavl, où résidait Hermogène. Grand, presque décharné, Mitia avait un bras paralysé et portait des vêtements de paysan, usés mais propres. Puis arriva Ivan Rodionov, un noble, chroniqueur proche de l'Union du peuple russe et admirateur d'Iliodore, qu'il avait aidé à composer son pamphlet. Quant à Iliodore, que Raspoutine considérait toujours comme un ami, il devait passer prendre Grigori à onze heures.

Iliodore alla donc chercher le starets. « Raspoutine m'a accueilli très chaleureusement. Je lui ai proposé d'aller avec moi chez Hermogène... Il m'a répondu : "D'accord, allons-y... le plus vite possible, il faut que je le voie." » Ils montèrent en voiture et partirent. Bizarrement, cet homme d'ordinaire si intuitif ne se douta de rien. Comme il ne se douterait de rien quand, plus tard, on le conduira au palais Youssoupov pour l'assassiner. De toute évidence, sa confiance en Iliodore était totale. Cette confiance lui avait enlevé son flair, faisant de lui un paysan ordinaire. En chemin, Grigori parla de choses et d'autres. Il s'étonna ainsi en toute naïveté du grand luxe du nouveau palais impérial de Livadia : « Papa m'a fait lui-même visiter le palais... et puis on est sortis sur le perron et on a longuement contemplé le ciel... »

Ils arrivèrent enfin. Les acteurs du drame étaient impatients de commencer. Dans l'entrée, tout en ôtant son manteau, Iliodore, sarcastique, dit à Rodionov : « Voyez un peu ces haillons que porte le starets, Ivan Alexandrovitch ! » À quoi Rodionov répliqua : « Oh là là ! Ce chapeau coûte au moins trois cents roubles, et ce manteau de fourrure, il doit bien en valoir deux mille. Le parfait accoutrement d'ascète ! » Ce n'est qu'à ce moment-là que Raspoutine comprit que quelque chose clochait. Mais trop tard...

La suite est racontée par Iliodore : « L'heure historique avait sonné. Hermogène, moi-même et tous les autres témoins nous rassemblâmes dans la grande salle. Le "starets" prit place sur le grand divan. Mitia, boitant et balançant son bras inerte, allait et venait devant Grigori. Tout le monde se taisait. Puis il se produisit quelque chose d'incroyable, tout à la fois comique et effroyable. Mitia se mit à hurler comme un sauvage : "Ah, ah, ah ! Tu es un impie ! Tu en as outragé, des mamans ! Tu en as outragé, des nounous ! Tu couches avec la tsarine ! Espèce de scélérat." Puis il empoigna le "starets"... Raspoutine recula vers la porte. Mais Mitia, son doigt appuyé sur sa poitrine, lui hurlait d'une voix de plus en plus forte et pressante : "Tu couches avec la tsarine ! Tu es un Antéchrist !" Alors Hermogène, dans son habit d'évêque, prit une croix et dit : "Grigori, viens ici !" Raspoutine s'approcha de la table... tremblant de tous ses membres, pâle, recroquevillé, terrifié. » Puis Iliodore décrit la scène finale : « Hermogène saisit le crâne du "starets" de la main gauche et se mit à le frapper avec la croix qu'il tenait dans sa main droite. Et il hurlait d'une voix terrifiante : "Tu es le Diable ! Au nom de Dieu, je t'interdis de toucher au sexe féminin ! Je t'interdis d'entrer dans la maison impériale et d'avoir affaire à la tsarine, brigand ! Comme une mère qui nourrit son enfant au berceau, la Sainte Église, par ses prières, ses bénédictions et ses exploits, a élevé ce grand sanctuaire du peuple : l'autocratie des tsars. Et toi, canaille, tu détruis, tu brises nos vases sacrés, porteurs du pouvoir autocratique... Crains Dieu ! Crains cette croix de vie !" » Alors Rodionov, dégainant le sabre qu'il avait pris pour l'occasion, conduisit un Raspoutine éperdu vers la croix. Ils exigèrent de lui le serment qu'il quitterait le Palais. Raspoutine obtempéra. La représentation avait été un succès. Raspoutine sortit, ou plutôt il s'enfuit des appartements de l'évêque, tel le minable petit moujik de jadis. Tout de même heureux de s'en tirer sain et sauf. Car il était convaincu que Rodionov aurait été capable de le pourfendre à coups de sabre. L'éternelle peur du paysan face au seigneur...

Bien sûr, le fait d'avoir embrassé la croix ne voulait rien dire pour Raspoutine. Ses relations avec Dieu restaient inaccessibles à ces princes de l'Église. Son Dieu à lui pouvait pardonner le serment qui lui avait été arraché par la menace et la peur. Mais lui ne pouvait pardonner à un ami de l'avoir trahi. D'ailleurs, il n'était pas le seul à avoir été trompé par Iliodore, Hermogène aussi. Car Raspoutine et Iliodore étaient liés par un secret que ce dernier avait caché à Hermogène et à Théophane. La trahison d'Iliodore et la violence de l'évêque poussèrent Raspoutine, hors de lui, à envoyer immédiatement un télégramme à « maman ».

Iliodore écrit : « En sortant de la procure de Yaroslavl, Raspoutine alla directement envoyer aux tsars un télégramme plein de calomnies invraisemblables. Il prétendait qu'Hermogène et moi-même avions voulu lui prendre la vie, l'étrangler, et cela dans les appartements d'Hermogène. » Or ce n'était pas vraiment une calomnie : on l'avait menacé avec un sabre, on l'avait frappé à la tête avec une croix.

Ainsi se termina ce 16 décembre, une date très particulière dans la vie de ce mystique. Cinq ans plus tard, jour pour jour, il serait assassiné.

La consternation et la colère d'Alix lorsqu'elle reçut le télégramme et lorsque Ania lui rapporta en détail comment ses amis d'hier avaient voulu tuer le père Grigori et, du même coup, les priver, elle et l'héritier, de l'aide de l'homme de Dieu ! Mais Hermogène ne s'arrêta pas là. Lors de la session du Synode, il prononça un discours tonitruant contre les *khlysty*. Il s'en prit d'abord à la littérature russe, à toutes ces œuvres d'auteurs à la mode qui décrivaient la secte, ses cérémonies rituelles et ses péchés collectifs. Puis il passa à l'essentiel et dénonça Grigori Raspoutine, l'accusant « de tendances *khlyst* ». Le Synode l'écoutait, effrayé à l'idée de ce que serait la colère de la tsarine. Si bien que seule une minorité de hiérarques osa soutenir Hermogène. La majorité préféra se ranger aux côtés du haut-procureur Sabler, en exprimant son désaccord avec ce religieux qui se mêlait « de choses qui ne le regardaient pas ».

Hermogène ne se calma pas pour autant. Lors de conversations privées, il allait même jusqu'à accuser Raspoutine de pousser la tsarine à l'adultère. Alix était au courant de tout par Vyroubova. Désormais, Iliodore et Hermogène n'étaient plus pour elle que des menteurs, qui s'étaient prétendus des amis du père Grigori uniquement par intérêt. Ils avaient osé l'accuser, lui, l'ami de la famille impériale, Notre Ami ! Et, plus monstrueux que tout, ils avaient osé l'accuser, elle, en sachant parfaitement qu'ils mentaient ! On imagine ce qu'elle put dire à Nikki et dans quelle rage fut le tsar !

Une nouvelle prédiction annonce la fin des tsars

Puis il y eut un coup de tonnerre.

Le Dossier. Extrait de la déposition de Victor Yatskevitch, directeur de la chancellerie du haut-procureur du Saint-Synode : « En pleine session de Noël (un événement sans précédent dans la vie du Synode), Hermogène a reçu l'ordre de regagner son diocèse. Il a refusé de s'exécuter et, d'après ce que j'ai entendu dire, il a envoyé un télégramme demandant audience au souverain et lui indiquant qu'il avait à lui faire part d'une affaire importante. Mais il se vit opposer un refus. »

Iliodore corrobore cette version des faits. Il était venu à Pétersbourg pour assister Hermogène dans son malheur. À la procure de Yaroslavl, le moine écrivit un télégramme au tsar, dicté par Hermogène. « Hermogène était assis à côté de moi et pleurait amèrement tandis que je calligraphiais : "Tsar, petit père ! J'ai consacré toute ma vie au service de l'Église et du Trône. J'ai toujours servi avec zèle, sans ménager mes forces. Le soleil de ma vie a largement passé le midi, mes cheveux ont blanchi. Et voilà que, sur le déclin de mes jours, je suis honteusement chassé de la capitale par toi, mon souverain. Je suis prêt à partir n'importe où, mais, avant, accorde-moi une audience, et je te dévoilerai un secret." »

Très vite, la réponse de Nicolas lui parvint par l'intermédiaire du synode : le tsar ne désirait apprendre aucun secret. « Après avoir lu la réponse, Hermogène se mit de nouveau à pleurer. Soudain il me dit : "On va tuer le tsar, on va tuer le tsar, on va le tuer, c'est sûr." » Contrairement à la plupart des prédictions de ce genre, les paroles d'Hermogène furent publiées avant la révolution, donc avant l'exécution de la famille royale.

Sabler s'efforçait d'apaiser la colère du tsar dans l'espoir d'éviter un scandale. Mais, comme il le dit tristement au Premier ministre Kokovtsev, toutes les sympathies de Tsarskoïé Sélo étaient pour Raspoutine que l'on avait, selon le tsar, « agressé comme le font les brigands dans la forêt après avoir attiré leur victime dans un piège ».

Puis vint le dénouement. Le Synode mit officiellement Hermogène à la retraite, l'assignant à résidence au monastère Jirovitski, cela en l'absence de l'intéressé. Le moine Iliodore se vit exiler à l'ermitage Florichtchev, non loin de la ville de Gorbatov, avec interdiction de se montrer à Tsaritsyne comme à Pétersbourg.

Fait sans précédent : ni Hermogène ni Iliodore ne bougèrent de Pétersbourg, désobéissant ouvertement aux ordres du tsar. Mieux encore, ils n'hésitèrent pas à s'exprimer publiquement. Les deux rebelles acceptèrent même de donner des entretiens aux journaux, stigmatisant Raspoutine, le Saint-Synode et le haut-procureur Sabler.

Ce fut alors qu'Iliodore sortit son arme secrète.

L'arme secrète

Vyroubova ne tarda pas à recevoir de l'ex-ami de Grigori une missive qui avait tout d'une éventuelle déclaration de guerre : « Ma sœur en Christ ! Jusqu'à quand allez-vous soutenir Grigori ? Si vous ne vous séparez pas de lui, un énorme scandale va éclater dans toute la Russie. Et quel malheur cela va être ! Écoutez-moi. Craignez Dieu. Repentez-vous. Iliodore. »

Vyroubova savait déjà à quel scandale le moine faisait allusion. Elle avait entendu dire qu'Iliodore avait promis de publier un pamphlet contre le père Grigori où l'on retrouverait des lettres adressées à Raspoutine par la tsarine et les grandes-duchesses. Elle invita le moine à venir la voir. Iliodore se rendit donc chez Ania. Dans la petite maison de Tsarskoïé Sélo, une bonne partie des adeptes du starets l'attendait : Vyroubova, sa sœur Sana et son beau-frère Alexandre Pistolcors. Dans son livre, le moine décrit le danger qu'il pressentait. Dans le salon, se tenait « Pistolcors... courageux et cruel. Il dit avoir pendu, à lui seul et de ses propres mains, quatre-vingt-cinq Lettons quelque part dans les pays baltes, pendant la révolution ». Il est vrai que le moine ne se décrit pas lui-même : un gaillard énorme aux poings d'une taille impressionnante. Ce fut Pistolcors qui ouvrit le feu : « Père Iliodore ! De quel scandale nous menacez-vous dans votre lettre à Annouchka ? Et qui a l'intention de déclencher ce scandale ? Ce ne serait pas vous, par hasard ? Vous pourriez y arriver, car, en fait, c'est au moment où la reine a été bassement accusée d'avoir volé des diamants que l'idée de la Révolution française a vu le jour. » Pistolcors faisait allusion à l'année 1785 et à la célèbre « affaire du collier », laquelle reposait sur de fausses lettres de la reine Marie-Antoinette. À cela près que les lettres de la tsarine étaient bel et bien authentiques.

Il ne sortit pas grand-chose de la confrontation. Iliodore était semble-t-il venu dans l'espoir que Vyroubova lui réclamerait les lettres, en échange desquelles lui et Hermogène seraient autorisés à rester où ils étaient. Mais Vyroubova n'était pas en mesure de proposer un tel marché, même si elle l'avait voulu : la tsarine n'aurait jamais accepté de céder au chantage. Après avoir écouté le moine, Vyroubova garda le silence. Un silence lourd de menaces. Iliodore comprit qu'il n'y aurait pas de marché. Mais il n'avait pas peur. Il était soutenu par des gens puissants. Et en attendant, les fameuses lettres de la tsarine et des grandes-duchesses circulaient dans Pétersbourg.

C'est uniquement grâce au Dossier que nous savons enfin qui la tsarine devait remercier pour cette aimable diffusion.

Où l'on reparle du médecin tibétain

Le Dossier. Déposition de Badmaev : « Pendant environ deux ans, j'ai soigné le fol en Christ Mitia Kozelski, pour un catarrhe pulmonaire. Mitia donnait l'impression d'un moujik intelligent et pieux. » Lorsque le scandale éclata, Badmaev, homme redoutable, réalisa aussitôt quel profit il pouvait en tirer. Alors que l'agitation était à son comble, il contacta Iliodore et Hermogène par l'intermédiaire de Mitia.

Les deux frondeurs étaient toujours dans la capitale, et Alix était hors d'elle. Le ministre de l'Intérieur avait reçu l'ordre de conduire de force les deux clercs sur leurs lieux d'exil respectifs. Mais le ministre Makarov savait que ce serait une erreur. Leur arrestation ferait d'eux des héros aux yeux de l'opinion publique. Or la prochaine session de la Douma risquait d'être explosive. Mais Alix n'avait que faire de l'opinion publique. Elle voulait que justice fût faite. Tout comme, jadis, Marie-Antoinette.

Badmaev comprit que son heure était venue. Il devait venir à la rescousse du malheureux ministre et éviter à Grigori des ennuis à venir. Ainsi tout le monde lui serait reconnaissant.

Subitement, Iliodore disparut. À la grande joie et au grand soulagement du ministre de l'Intérieur. On pouvait désormais lancer des recherches et en rendre compte à la tsarine. En réalité, Badmaev lui avait suggéré de venir se cacher dans sa datcha. Dans le Dossier, Badmaev précise même : « Il arriva chez moi de nuit. » En même temps, il avait délivré à Hermogène « un certificat médical affirmant que celui-ci souffrait d'une entérite nécessitant qu'il reste pour l'instant à Pétersbourg ». Désormais, les clercs rebelles se fiaient entièrement à Badmaev. Et celui-ci réussit à lire ce dont tout Pétersbourg bruissait.

Le Dossier. Déposition de Badmaev : « Hermogène m'a lu le manuscrit d'Iliodore intitulé *Grichka*. » Et il ajouta : « Au vu des lettres de la tsarine, transmises à Iliodore par Raspoutine lui-même, ils en étaient arrivés à la conclusion que Raspoutine couchait avec la tsarine. »

Badmaev entra en action.

Le « Chinois rusé » dévoile son intrigue dans le Dossier. Il proposa d'abord au gouvernement de sauver la situation. Il promit de convaincre Iliodore et Hermogène de « rejoindre leurs lieux d'exil sans opposer de résistance ». En même temps, il fit promettre au ministre de l'Intérieur Makarov que « le départ en exil d'Hermogène se ferait avec les honneurs, sans gardes, dans un wagon spécial ». Makarov, tout heureux, s'empressa d'accepter. « J'ai conduit Hermogène à la gare, dans ma propre automobile », déclare Badmaev dans sa déposition. Reconnaissant, Hermogène écrirait plus tard à Iliodore : « Va à l'ermitage Florichtchev et écoute bien ce que te dira Pierre Alexeïevitch. Il ne te fera aucun mal. » Iliodore, pour qui Badmaev avait prévu un compartiment privé, accepta lui aussi de partir paisiblement en exil, ce qui réjouit Makarov. Le gouvernement était maintenant redevable à Badmaev.

Mais il voulait que la tsarine aussi lui soit redevable. Badmaev avait demandé à Iliodore de lui confier les originaux des lettres de la tsarine et des grandes-duchesses. En guise d'explication, il avait dit à Iliodore : « J'ai l'intention de faire une requête en votre faveur pour que l'on vous autorise à revenir d'exil. Je vous demande donc de me faire parvenir les originaux des lettres... afin que je puisse m'assurer que vos propos sont fondés. » Iliodore accepta et dit à Badmaev d'envoyer quelqu'un les chercher à l'ermitage Florichtchev. Deux semaines plus tard, le messager de Badmaev se présenta chez Iliodore. Celui-ci avait apparemment changé d'avis car, sous les yeux du messager, il remplaça les originaux par des copies. Bien qu'il n'eût pas les originaux entre les mains, Badmaev possédait tout de même le manuscrit d'Iliodore ainsi que les copies des lettres. Il pouvait commencer à mettre son plan à exécution.

Entre-temps, le « Chinois rusé » s'était rapproché de Raspoutine. D'autant plus facilement qu'il venait de lui rendre un fier service en envoyant ses deux ennemis en exil sans provoquer de scandale. Mais il devait rester très prudent lorsqu'il rencontrait Raspoutine. Badmaev avait en effet appris par la bouche d'un de ses patients que Raspoutine était surveillé sans relâche par la police secrète.

Une chronique de sa vie

Au début de l'année 1912, le nouveau ministre de l'Intérieur réussit là où Stolypine avait jadis échoué. Les rapports du Département de la Police attestent que « la deuxième surveillance de Raspoutine a été mise en place sur ordre du ministre de l'Intérieur Makarov, à compter du 23 janvier 1912 ». Le tsar avait été forcé de donner son accord. Après l'épisode Hermogène-Iliodore, il fallait en effet protéger Raspoutine. On expliqua au « starets » que ses ennemis risquaient de le guetter, de le tabasser, de le défigurer, et même de l'assassiner ! C'était pourquoi on le protégeait. « Tabasser, défigurer, assassiner », le moujik comprenait parfaitement bien de quoi il s'agissait. Le nom de code donné à Raspoutine par les agents était « le Russe », pour souligner son image de simple paysan russe, si chère au cœur des tsars.

Ainsi débuta l'étonnante chronique dont nous disposons sur sa vie. On saurait désormais tout de Raspoutine. Chacun de ses pas allait faire l'objet d'une mention dans les rapports des agents de surveillance extérieure qui ne le lâcheraient plus : « Au cours du présent séjour à Pétersbourg, il vit rue Kirochnaïa, dans l'appartement occupé par Gueorgui Petrovitch Sazonov, l'éditeur de la revue *L'Économiste russe*, et sa femme Marie Alexandrovna, avec laquelle Raspoutine entretient sans doute des relations intimes. » À peine sortait-il de chez lui que ce type barbu, plutôt minable dans son manteau de paysan, était pris en chasse : « Le Russe est sorti de chez lui (12, rue Kirochnaïa) à 10 h 15 pour aller au magasin, note un agent. Quatre ou cinq minutes plus tard, il en est ressorti avec quelque chose qui ressemblait à une bouteille de vin. Puis il est allé sur les quais de la Moïka. L'équipe suivante a pris le relais à quatre heures de l'après-midi. » Et à l'autre équipe de lui emboîter pareillement le pas !

« Raspoutine se rend presque chaque jour à l'appartement des Golovine », peut-on lire. Il s'agissait de Mounia et de sa mère. Il allait chez elles vers deux ou trois heures de l'après-midi, au moment où Zinaïda Manchtedt et Lili Dehn s'y trouvaient également. « Il a passé toute la journée en compagnie des femmes susmentionnées. » La maison des Golovine était typique de la vieille aristocratie pétersbourgeoise appauvrie, au dire même de Joukovskaïa : « J'aimais aller dans cette vieille demeure obscure et mystérieuse, j'aimais la fraîcheur des grandes pièces au mobilier ancien et guindé. Mounia... dans son éternel gilet gris en tricot. Des mèches de cheveux clairs s'échappaient de sa coiffure négligée et tombaient sur son front proéminent. Comme toujours, elle m'accueillit d'un gentil sourire. Son attitude envers Raspoutine ne tenait pas de la vénération devant sa sainteté mais plutôt d'une sorte de foi aveugle. » Puis de s'interroger : « Comment une famille plutôt rigide, fidèle aux principes stricts de l'ancienne morale, comme l'étaient les Golovine, avait-elle pu non seulement accepter les dévergondages de Raspoutine, mais encore faire mine de ne pas remarquer — ou effectivement ne pas remarquer — ce qui se passait autour de lui ? »

Les grands-ducs se posaient la même question concernant le couple impérial.

Les admiratrices vues par les rapports de police

Jour après jour, la police fixait sa vie sur le papier. Et dressait un tableau de son entourage. Certains de ses membres nous sont déjà familiers. Par exemple, Zinaïda Manchtedt, trente-neuf ans, femme d'un secrétaire de collège. Cinq ans auparavant, en 1907, elle avait séjourné chez Raspoutine à Pokrovskoïé et avait été interrogée par le Consistoire de Tobolsk. Trois ans plus tard, en 1910, cette petite blonde était de nouveau partie pour Pokrovskoïé, en compagnie de la nourrice des enfants du tsar, Vichniakova, qui disait l'avoir vue dans le train, allongée aux côtés de Raspoutine.

Et voilà que, dans les rapports, apparaissait une certaine « Ioulia Alexandrovna von Dehn, épouse du capitaine de vaisseau Karl von Dehn », une nouvelle admiratrice de Raspoutine. Cette très jolie jeune femme, parente éloignée de Vyroubova, était devenue la deuxième meilleure amie de la tsarine. Le mari de Lili, comme l'appelait Alix, était opposé à ce que sa femme rencontre le starets. Mais comment aurait-on pu être l'amie de la tsarine sans jamais faire la connaissance de Notre Ami ? Un jour que son fils était malade, Lili fit appel à Raspoutine.

En 1917, Ioulia Dehn fut convoquée par la Commission extraordinaire, et sa déposition figure dans le Dossier : « Il est arrivé avec Lokhtina. Il avait des yeux stupéfiants. Non seulement ils étaient perçants, mais leur emplacement lui-même était inhabituel : ils étaient profondément enfoncés dans leur orbite, avec sur le blanc une sorte d'excroissance. Mon premier sentiment en le voyant a été la peur... mais elle a disparu dès qu'il s'est adressé à moi, avec beaucoup de simplicité. Je l'ai conduit dans la chambre où dormait mon fils malade. Raspoutine a d'abord prié, s'est penché sur l'enfant endormi, puis s'est mis à le secouer pour qu'il se réveille... j'avais peur qu'en voyant un inconnu le petit soit terrifié. Mais, à mon grand étonnement... il s'est réveillé en l'appelant "tonton" et en tendant les bras vers lui. Raspoutine l'a gardé longtemps dans ses bras, le caressant, le cajolant, lui parlant comme on parle aux enfants, puis il l'a remis au lit... Le lendemain de cette visite, mon petit garçon se sentait mieux. Cela m'a beaucoup impressionnée... Puis j'ai commencé à le voir deux ou trois fois par semaine, tantôt chez lui, tantôt chez les Golovine ou chez les Sazonov. »

Dans les rapports de 1912, surgit aussi, ici et là, l'une des principales héroïnes de l'histoire de Raspoutine, la « paysanne de la province de Moguilev, district de Gorodetski, Akilina Nikitichna Laptinskaïa ». En 1907, cette femme encore jeune, très forte, à la poitrine haute, avait séjourné à Pokrovskoïé avec d'autres « petites dames » et figurait aux côtés de Lokhtina et de Manchtedt dans le dossier d'enquête du Consistoire de Tobolsk. Akilina Laptinskaïa avait à l'époque déclaré avoir rencontré Raspoutine en 1905, chez Olga Lokhtina. Infirmière, elle habitait alors à Pétersbourg, et aidait Lokhtina, à cette époque malade. Mais sans doute Raspoutine la connaissait-il déjà. Dans le Dossier, Marie Golovina déclare : « Akilina Nikitichna Laptinskaïa... habitait autrefois au monastère de Verkhotourié, mais, suite à une histoire déplaisante, elle l'a quitté pour s'engager comme infirmière lors de la guerre contre le Japon. » Or, le monastère de Verkhotourié tenant une place particulière dans la vie de Raspoutine, il est fort probable que cette femme en qui il avait une confiance presque aveugle fût apparue dans sa vie dès cette première époque.

Plus tard, quand il sombrerait dans l'ivrognerie et la débauche, Akilina aiderait Raspoutine à maîtriser le démon de la chair. En attendant, et grâce aux fenêtres sans rideaux, les agents allaient observer de bien curieuses scènes entre Raspoutine et l'imposante Akilina. En 1912, celle-ci devait abandonner son métier d'infirmière pour devenir intendante chez un particulier. Selon le rapport du Département de la Police, « elle travaillait comme intendante chez Nicolas Chepovalnikov, docteur en médecine et directeur d'une école privée ». Elle était déjà en passe de devenir l'une des figures clés du cercle qui entourait Raspoutine. Dans la hiérarchie des admiratrices du starets, Laptinskaïa occupait la deuxième place, juste après Vyroubova. Quant à Lokhtina, à moitié folle et plus toute jeune, Raspoutine préférait l'éviter.

Bientôt, une carrière étonnante s'offrirait à Akilina.

« En ville, il se déplaçait dans la calèche des Golovine, ou bien en taxi à moteur et, plus rarement, il prenait un fiacre que lui réservaient ses admiratrices. Toute la journée il se montrait en compagnie des femmes susmentionnées, ainsi qu'avec Marie Golovina et Sazonova », rapportaient les agents. Mais il arrivait aussi à Raspoutine de rester seul. Ou presque...

Une vie mystérieuse et secrète

Extraits des dépositions des agents de surveillance extérieure : « Il apparaît rarement seul dehors... Quand c'est le cas, il se rend dans la rue où déambulent les prostituées, en choisit une et l'emmène à l'hôtel ou aux étuves. » « Le fait de passer du temps avec les dames de la haute société ne l'empêche pas de continuer à fréquenter les prostituées. » « Il a pris une prostituée... place Sennaïa. » « Il est allé à l'appartement d'Anokhina avec une femme... Anokhina Feodossia loue son appartement pour de brèves rencontres. » « En se promenant dans les rues, Raspoutine accostait les femmes en leur faisant des propositions malhonnêtes, auxquelles elles répondaient par des menaces, et certaines lui crachaient même dessus. » « Il est allé sur la Nevski, a pris la prostituée Petrova et l'a emmenée à l'étuve. »

Les étuves figurent souvent dans cette interminable chasse au corps féminin. L'étuve de Pokrovskoïé, où il emmenait autrefois les « petites dames », celles de Pétersbourg, où il emmenait maintenant non seulement les « petites dames » mais aussi les prostituées. « Le Russe fréquentait... les bains publics familiaux avec la femme de Sazonov (quarante-trois ans). » « Il s'est rendu aux bains familiaux de la rue Konouchennaïa en compagnie d'une prostituée trouvée près du pont Politseiski. » « Idem avec la prostituée Anna Petrova. »

Parfois, Raspoutine ramassait plusieurs prostituées dans la même journée. Les agents soulignent soigneusement son côté infatigable : « Il est allé aux bains à *deux* reprises avec une prostituée non identifiée. » « De chez Botvinina et Kozlova, des prostituées, il s'est rendu chez les Golovine, d'où il est sorti deux heures plus tard, puis a de nouveau pris une prostituée avec qui il est allé aux bains. »

À remarquer, également, la brièveté de ses visites chez les prostituées. « Il est allé au monastère Ivanov avec Zinaïda Manchtedt, l'épouse du secrétaire de collège, puis s'est rendu rue Goncharnaïa, où il a rencontré une prostituée qu'il a emmenée dans un hôtel d'où il est ressorti au bout de vingt minutes. » Une autre fois, toujours après une visite d'une heure et demie chez Zinaïda Manchtedt, « le Russe s'est rendu en compagnie d'une inconnue, probablement une prostituée, à l'adresse suivante [suit l'adresse], d'où il est reparti vingt minutes plus tard ». « Marie Sazonova est restée deux heures chez lui... après quoi il a ramassé une prostituée, il est allé chez elle et en est ressorti très rapidement. »

Voilà en quoi consistait l'étrange vie sexuelle de Raspoutine, telle qu'elle est rapportée par la surveillance *extérieure*. Mais une fois, les agents, infatigables eux aussi, réussirent à savoir ce qui se passait *à l'intérieur* des appartements des filles de joie. Et l'on reste perplexe devant le résultat de ces investigations. Ayant abordé une prostituée, « Raspoutine lui offrit deux bouteilles de bière, lui ne buvait pas... il lui a demandé de se déshabiller, il a observé son corps puis il est reparti ».

Nous retiendrons ce témoignage. Voici une autre observation, tout aussi utile pour nos réflexions à venir : « Quand il marche, le Russe parle tout seul, il agite les bras, se frappe le corps, ce qui attire l'attention des passants. » Or cette étrange conversation avec lui-même advenait chaque fois qu'il quittait une prostituée.

« Une vérité qui nous dépasse »

Durant toutes ces années, Marie Golovina correspondait avec Félix, son « frère bien aimé ». Félix vivait en Angleterre, à l'Université d'Oxford où, jeune anglophile, il faisait ses études. Quoique, pour ce qui était des études, Youssoupov avouât lui-même : « Ça n'a jamais été mon fort. » Il s'amusait bien à Oxford. Parmi ses condisciples figuraient des noms prestigieux : le prince Karageorgévitch, futur régent de Yougoslavie, le roi Manuel du Portugal, le prince de Grèce et autres *gentlemen* très titrés. Et toute cette joyeuse bande était stupéfaite de lire dans la presse les aventures scabreuses du « starets moyenâgeux », adulé à la cour de Russie.

Golovina reçut bientôt une lettre moqueuse de son frère. Félix s'y rappelait sa rencontre avec Raspoutine et demandait pourquoi les journaux parlaient aussi souvent des indécences de saint Grigori. Il conserva dans ses archives la réponse aussi emphatique qu'énigmatique de Marie. « 14 février

1912. Ceux qui révèlent l'existence d'une autre vie ont toujours, quel que soit le siècle, été persécutés et chassés, comme tous ceux qui ont suivi le Christ. Vous ne le connaissez pas bien et ne l'avez pas assez côtoyé pour comprendre sa personnalité et la force qui le guide, mais moi qui le connais depuis maintenant deux ans, je suis convaincue qu'il porte la croix du Christ et qu'il souffre au nom d'une vérité qui nous dépasse. Et si l'occultisme vous est un tant soit peu familier, alors vous savez que tout ce qui est grand se dissimule dans une certaine enveloppe qui nous ferme, à nous autres profanes, le chemin vers la vérité. »

À la même époque, des rumeurs circulaient concernant un retour prochain du jeune prince Youssoupov en vue d'un mariage prestigieux. Et Marie se mit à rêver d'une rencontre entre son « frère Félix » et le père Grigori.

Un couple splendide

La Crimée... Là, se trouvait jadis le dernier puissant khanat des Tatares, et c'était sur cette presqu'île paradisiaque qu'avaient régné les ancêtres des Youssoupov. Une bande de sable doré bordait maintenant la mer. En surplomb, se dressait le blanc palais de Livadia, résidence de la famille impériale, ainsi que les palais des grands-ducs et celui de la famille Youssoupov. En 1911 et au début de l'année 1912, alors qu'il était à Oxford, Félix recevait souvent des lettres de sa mère. Celle-ci ne quittait plus la Crimée, dont le climat convenait mieux à sa santé. Les « voisins » (ainsi qu'elle appelait la famille impériale dans ses lettres) restaient fidèles aux Youssoupov. « 31 mai 1911. Nos voisins ont regagné Pétersbourg. Le jour de leur départ, j'ai reçu une lettre très touchante et un bouquet de lys en guise d'adieu. » Le jour de sa fête, la mère de Félix avait eu une surprise de la part de ses « voisins ». « 14 octobre 1911. Alexis [un domestique] entre soudain, l'air solennel, et annonce : "Sa Majesté l'Empereur !" J'ai cru que mes invités allaient avoir une attaque... J'ai été très touchée de cette attention, je ne m'attendais pas à un tel cadeau pour ma fête... L'impératrice est encore souffrante et ne sort pas. » En effet, Alix n'était pas venue la voir. Mais pas parce qu'elle était souffrante. La raison de cette absence était bien plutôt l'amitié profonde qui liait Zinaïda

Youssoupova et Élisabeth Fiodorovna, ainsi que son attitude envers Notre Ami. Le tsar, les grandes-duchesses et Alexis, eux, venaient la voir. Souvent même. Zinaïda, ravie, racontait ces visites dans ses lettres. Car elles prouvaient que son projet allait bientôt se réaliser. Il s'agissait du mariage qui devait apparenter les Youssoupov et la famille impériale. Irina (fille du grand-duc Alexandre Mikhaïlovitch et de Xénia, la sœur du tsar) était tombée amoureuse de Félix. Et, en l'absence de son fils, Zinaïda se dépensait sans compter pour qu'ait lieu cette prestigieuse union.

Or, pour Sandro, le grand-duc Alexandre Mikhaïlovitch, ainsi qu'il le consignerait dans ses mémoires, Zinaïda fut la folle passion de sa première jeunesse. Il n'avait pas oublié combien il avait « le cœur serré » lorsque, neuf ans plus tôt, vêtu d'un caftan d'or de boyard, il avait dansé « toutes les danses » avec la belle Zinaïda, à l'occasion d'un de ces bals « historiques » qu'affectionnaient tant les tsars. Et Zinaïda était consciente du pouvoir qu'elle exerçait sur Sandro. « 15 novembre. Je vais prendre le thé à Ai-Toudor [la propriété d'Alexandre Mikhaïlovitch]... Irina était absolument superbe [un compliment précieux venant de Zinaïda]... Ils [ses parents] m'ont demandé de tes nouvelles, quand tu allais revenir en Russie... »

Comprenant le message, Félix s'apprêta à quitter Oxford.

L'intrigue du « Chinois rusé »

Averti par son patient, Kourlov, que le moujik était sous surveillance, Badmaev essayait de ne pas trop « se faire remarquer » par la police. Durant cette période, il rencontrait Raspoutine chez des tiers. Ce qui n'était pas très difficile, car Badmaev soignait tout Pétersbourg. « Il m'a donné une bonne impression, celle d'un moujik plutôt simple, mais intelligent, déclarerait-il dans sa déposition. Ce moujik peu cultivé connaissait bien les Saintes Écritures. »

« Intelligent et intéressant », « un moujik simple, inculte, mais qui comprend les choses mieux que les gens cultivés ». C'était en ces termes élogieux que Badmaev parlait de Raspoutine. Mais, non sans raison, plus tard, alors que Badmaev était devenu son ami intime, Raspoutine pourrait dire en ricanant : « Ce Chinois roulerait même le diable. » Car précisément à cette époque, au tout début de leur amitié, Badmaev avait choisi de transmettre à la Douma le fameux pamphlet d'Iliodore contre Raspoutine.

L'énigme de la lettre de la tsarine

Les lettres volées à Raspoutine furent publiées dans *Grichka*, le pamphlet qui servirait de base à Iliodore pour son fameux livre *Un Démon saint*. Si les lettres des fillettes ne présentaient que peu d'intérêt, celle de la tsarine, elle, était explosive. Elle commençait ainsi : « Mon bien-aimé et inoubliable maître, sauveur et conseiller ». Puis la tsarine poursuit : « Comme je suis triste sans toi !... Mon âme ne trouve la paix et je ne me sens reposée que lorsque toi, mon maître, tu es assis à mes côtés, et que je te baise les mains et pose ma tête sur tes saintes épaules. Ô, comme je me sens alors légère. Je n'ai plus qu'un seul désir : m'endormir, m'endormir à jamais sur ton épaule, dans tes bras. Ô, quel bonheur que ta seule présence à mes côtés ! Où es-tu ? Où t'es-tu envolé ? C'est si dur pour moi, mon cœur souffre tant... Mais surtout, mon précepteur bien-aimé, ne raconte pas à Ania les souffrances que ton absence m'inflige. Ania est bonne, elle est gentille, elle m'aime, mais ne lui révèle pas ma détresse. Seras-tu bientôt de nouveau près de moi ? Je t'attends et suis à la torture sans toi. J'implore ta sainte bénédiction et baise tes mains bénies. Celle qui t'aime à jamais, M(aman). »

Les historiens se sont d'abord peu servis de cette lettre, ne croyant pas en son authenticité. Badmaev lui-même, qui avait transmis *Grichka* à la Douma, n'eut jamais l'original de cette lettre en sa possession. La lettre de la tsarine était-elle donc un faux ?

Mais l'original existait bel et bien. Sur instructions de la Commission extraordinaire, la police retrouva les traces d'une certaine Mme Karbovitch, admiratrice d'Iliodore, à qui celui-ci avait confié les lettres pour qu'elles fussent en lieu sûr. Lors de la perquisition de son appartement, les officiers du Département de la Police confisquèrent les originaux des lettres de la tsarine et des grandes-duchesses.

Selon le témoignage même du Premier ministre Kokovtsev, dans ses Mémoires : « Makarov [le ministre de l'Intérieur] m'a donné ces lettres à lire... L'une d'entre elles, assez longue et écrite par l'impératrice, a été reproduite très fidèlement dans la copie diffusée par Goutchkov [le président de la Douma]. » Or, pour Kokovtsev, « Makarov ne savait pas quoi en faire, et il me fit part de son intention de les remettre au souverain... Mais j'ai objecté qu'il mettrait ainsi le souverain dans une situation délicate et se ferait de l'impératrice une ennemie mortelle... Je lui ai conseillé de remettre ces lettres en mains propres à l'impératrice ». Mais, apparemment, Makarov avait lui aussi mal interprété le contenu de la lettre. Il était persuadé que si le tsar lisait une telle lettre, ce serait la fin de la tsarine. Kokovtsev rapporte que Makarov remit tout de même au souverain l'enveloppe contenant les lettres. Comme le raconta lui-même Makarov à Kokovtsev, le souverain « pâlit, sortit la lettre de la tsarine de l'enveloppe et, après avoir jeté un coup d'œil sur l'écriture, dit : "Oui, cette lettre est authentique." Puis, ouvrant un tiroir, il y jeta la lettre d'un geste brusque qui ne lui ressemblait pas ». « Votre renvoi est assuré », lui aurait dit Kokovtsev après ce récit.

Tout cela est confirmé par Vyroubova dans sa déposition : « Le ministre de l'Intérieur a personnellement apporté au souverain les originaux des lettres. J'ai moi-même vu ces lettres apportées par Makarov, et j'affirme que c'étaient bien les originaux, et non des copies. » Non sans ajouter, dans le Dossier, que le ministre de l'Intérieur Makarov « provoqua la colère de la tsarine pour ne pas lui avoir pas remis sa lettre à Raspoutine ».

D'ailleurs, la tsarine devait confirmer elle-même l'authenticité de sa lettre. Le 17 septembre 1915, parlant de ses ennemis, elle écrirait au tsar : « ... ils ne sont pas meilleurs que Makarov, qui a montré à des étrangers ma lettre adressée à Notre Ami. »

Le tsar n'avait pas pu ne pas deviner la vraie raison qui avait poussé le ministre de l'Intérieur à lui remettre les lettres. Et cela avait dû le rendre fou de rage. Makarov aurait très bien pu détruire les lettres. Et annoncer à toutes ces canailles qui se mêlaient de la vie privée de leur famille qu'aucune lettre n'avait jamais existé. Mais il ne l'avait pas fait. Et Goutchkov, comment s'était-il procuré cette lettre ?

Était-il possible qu'elle lui ait été montrée par Makarov, comme Alix le prétendait ?

Le Dossier prouve que le ministre était innocent.

« Il roulerait même le diable »

Maintenant que le tsar avait les lettres, Badmaev ne pouvait plus espérer aucun témoignage de gratitude de la part d'Alix. L'ayant compris, le « Chinois rusé » décida d'obtenir la gratitude des ennemis de l'impératrice.

Le Dossier. Extrait de la déposition de Badmaev : « Après avoir lu les copies des lettres, j'étais convaincu qu'elles ne prouvaient en aucune façon que la tsarine couchait avec Raspoutine. » Médecin expérimenté, il avait très bien compris que c'était seulement la lettre d'une femme qui, épuisée par la maladie de son fils et par de terribles pressentiments, suppliait qu'on la délivre de ses souffrances. C'était cela, sa « détresse ». Seul Raspoutine savait soulager ses crises de neurasthénie aiguë. Et afin que sa lettre fût compréhensible pour le starets, elle s'efforçait d'utiliser son langage à lui, solennel et plein d'amour.

Mais, comme l'écrivait à juste titre le Premier ministre Kokovtsev, qui avait lu la lettre, « certains passages et expressions de la lettre de l'impératrice, qui ne faisaient en fait que révéler sa nature mystique, ont donné prétexte aux commérages les plus ignobles ». Badmaev savait parfaitement comment les ennemis de l'impératrice liraient cette lettre, et à quel point ils lui seraient reconnaissants d'un tel cadeau. Il décida donc de rendre à la Douma un service inoubliable. Sous le sceau du secret, il montra le manuscrit d'Iliodore à Protopopov, le vice-président.

Déposition de Badmaev dans le Dossier : « J'ai montré le "manuscrit" à mon vieux patient Protopopov. Il m'a demandé la permission d'en donner connaissance à Goutchkov et Rodzianko. Il m'a promis de ne pas s'en servir, mais il n'a pas tenu sa parole. » En effet, juste après, selon Kokovtsev, « on a commencé à distribuer en ville des copies sur hectographe de quatre ou cinq lettres adressées à Raspoutine, dont l'une avait été écrite par Alexandra Fiodorovna et les autres par les grandes-duchesses ».

Goutchkov s'était donc bien servi de la lettre. On peut

imaginer son étonnement et sa fureur après avoir lu le pamphlet d'Iliodore et la lettre de la tsarine. L'assassinat de Stolypine, le manuscrit d'Iliodore, les articles de journaux parlant de l'influence du moujik-*khlyst*... pour lui, tout cela se mêlait pour ne former qu'un seul tableau, celui de la chute du pouvoir.

Alors qu'il ne décolérait pas, l'irascible Goutchkov apprit l'existence de nouvelles preuves incriminant Raspoutine, qui éclipsaient toutes les précédentes. Elles étaient contenues dans le dernier article accusateur de Novossiolov. Cette fois l'essayiste attaquait Raspoutine à la manière des prêtres de l'ancien temps : « Des paroles d'indignation montent de manière irrépressible de la poitrine des orthodoxes russes pour dénoncer le vil corrupteur des âmes et des corps humains, Grigori Raspoutine. » En même temps, il demandait au Saint-Synode combien de temps encore il allait tolérer « cet érotomane... ce *khlyst*... ce charlatan... et toute cette comédie criminelle qui avait fait de nombreuses victimes, dont il possédait les lettres ». En complément de son article, Novossiolovi adressa à Goutchkov une brochure, « Raspoutine et la débauche mystique », où étaient reproduits ses articles de 1910 contre Raspoutine, ainsi qu'une certaine « Confession de N... ». Tous ceux qui connaissaient Raspoutine pouvaient aisément reconnaître, en l'auteur anonyme de cette confession, l'infortunée Berladskaïa qui, il n'y avait pas si longtemps, disait aux inspecteurs du Consistoire de Tobolsk que Raspoutine l'avait soutenue spirituellement, lui sauvant pratiquement la vie après le suicide de son mari. Elle racontait maintenant une tout autre histoire.

Débauche mystique

Ainsi qu'on peut le lire dans sa « confession », la tragédie de Berladskaïa avait commencé lorsqu'elle avait appris que son mari la trompait. Elle l'avait quitté, emmenant ses enfants avec elle, « entamant une procédure de divorce ». Son mari s'était suicidé. Se sentant coupable, elle avait voulu mourir à son tour. « Lors d'une conversation, une amie me proposa de me faire rencontrer un petit moujik qui savait très bien consoler l'âme et parler de ce qui est secret. »

Raspoutine sut la consoler, il l'aida à sortir de ses transes et la présenta à ses disciples qui « renforcèrent sa conviction quant à la sainteté du père Grigori ». « J'essayais de me soumettre en tout, et lorsque mon âme se révoltait par des "il ne faut pas", "je ne veux pas", ou bien quand il m'était difficile d'accomplir les "pénitences" — car souvent mon âme ne pouvait suivre —, je luttais, me persuadant qu'il y avait des choses que je n'étais pas capable de comprendre, que tout cela était nouveau, que ses paroles étaient une loi sacrée et que ce n'était pas à moi d'en douter. » Puis commencèrent les caresses. « Parfois je me sentais oppressée par ses caresses — d'interminables étreintes et baisers, avec toujours l'envie de m'embrasser sur la bouche. J'y voyais comme des leçons de patience et j'étais soulagée quand elles se terminaient. »

Mais l'essentiel arriva lorsqu'elle partit pour Pokrovskoïé avec son petit garçon. « Nous étions dans le train, Grigori, une sœur, mon fils et moi. Le soir, quand tout le monde fut couché (mon Dieu, que ne devez-Vous pas entendre !), il descendit de sa couchette et s'allongea près de moi, se mit à me caresser avec empressement, à m'embrasser et me dire les mots d'amour les plus tendres, et il me demanda : "Veux-tu m'épouser ?" Je répondis : "S'il le faut." J'étais entièrement soumise à son pouvoir, je ne croyais le salut de mon âme possible que par son intermédiaire, quoi qu'il fît. Je considérais tout, ses baisers, ses paroles, ses regards enflammés, comme une sorte de mise à l'épreuve de mon amour pour lui, et je me rappelais les paroles de l'une de ses disciples au sujet d'une épreuve trouble, très pénible. (Aide-moi, Seigneur !) Et soudain, il suggéra que nous nous laissions tenter par l'amour pécheur. J'étais sûre qu'il me mettait à l'épreuve, que lui était pur... (Mon Dieu, aide-moi à tout écrire). Il m'obligea à me préparer... et commença à accomplir ce qui est possible pour un époux... en me faisant violence, me caressant, m'embrassant et ainsi de suite... et il me forçait à rester allongée, sans résister. (Ô, Seigneur tout-puissant !) »

Puis d'exposer les surprenantes idées concernant le « péché », que Raspoutine essayait de lui expliquer. Mais laissons cela de côté pour l'instant, nous y reviendrons plus tard, lorsque nous passerons enfin au mystère essentiel : son enseignement.

Après avoir reçu l'article et la brochure, Goutchkov régla tout comme sur du papier à musique. L'article de Novossiolovi fut publié dans le journal *La Voix de Moscou*. Mais comme le Premier ministre Kokovtsev et le ministre Makarov avaient déjà eu l'occasion d'affronter les discours courroucés du tsar à propos des articles sur Raspoutine, le journal ainsi que tous les exemplaires de la brochure, retrouvés lors d'une perquisition, furent confisqués immédiatement.

Goutchkov pouvait maintenant frapper les trois coups de l'acte principal.

Révolte à la Douma

Comme il l'avait prévu, en apprenant que les publications dénonçant la dépravation du moujik avaient été confisquées, la Douma, unanime, se révolta. Goutchkov provoqua l'enthousiasme des députés en proposant d'adresser « une interpellation immédiate du gouvernement sur le caractère illégal de l'interdiction faite à la presse de publier des articles sur Raspoutine ». La résolution proposée par Goutchkov fut votée à l'unanimité, moins une voix. Ainsi Raspoutine avait-il réussi l'exploit de réunir pour la première fois la gauche et la droite. Sans compter que l'article interdit était intégralement cité dans le texte qui venait d'être voté ! Et c'était sous la forme de cette interpellation de la Douma, que le tsar allait recevoir les terribles accusations portées contre l'homme que sa famille chérissait tant !

Comment Alix put-elle ne pas réagir à cette publication ? C'était la deuxième fois qu'une fidèle adepte de Raspoutine racontait les exploits lubriques de l'« homme de Dieu ». D'abord Vychniakova, et maintenant Berladskaïa. Continuait-elle à ne pas y croire ? Ou bien savait-elle quelque chose qui expliquait tout autrement ce qui s'était passé ?

Le recueil de Novossiolovi avait donc été confisqué. Mais, comme souvent en Russie, des copies manuscrites et quelques exemplaires du journal sauvés par miracle commencèrent à circuler dans les deux capitales. Et, comme le dirait plus tard Rodzianko, chaque exemplaire atteignait des sommes astronomiques. La prise de position de la Douma fut suivie d'une véritable avalanche d'articles sur le « starets ». En signe de protestation contre « l'étouffement illégal de la presse », tous les journaux se mirent à publier les aventures, souvent imaginaires, de Notre Ami. La censure confisquait les numéros, les éditeurs de presse payaient sans rechigner leurs amendes, les lecteurs partaient à la chasse aux journaux confisqués, les tirages augmentaient.

« Raspoutine » devint un nom commun.

Et toujours la même question. Qu'en pensait-on, de l'autre côté ? Le 25 janvier, la grande-duchesse Xénia notait dans son journal : « Comment tout cela va-t-il se terminer ? Quelle horreur ! » Extrait du journal de la générale Bogdanovitch : « 18 février 1912. Jamais nous n'avons connu d'époque aussi honteuse. Ce n'est plus le tsar qui règne sur la Russie, mais cette canaille de Raspoutine... Raspoutine se plaint des attaques de la presse, dit qu'il est prêt à partir, mais qu'ici "les siens" ont besoin de lui. » Naturellement, par « les siens », il faut comprendre « la famille impériale ». « 22 février. Tout Pétersbourg est en émoi à cause de ce que Raspoutine est en train de faire à Tsarskoïé Sélo. Chez la tsarine, hélas, tout lui est permis ! ! ! »

« Ne lui faites pas trop de mal »

Rodzianko, le président de la Douma récemment élu, était persuadé que la résolution de Goutchkov allait obliger les autorités suprêmes à prendre une décision concernant le problème Raspoutine. Et il avait déjà préparé son rapport pour le tsar. Mais il lui fallait d'abord discuter avec l'impératrice mère. Terrifiée par ce qu'elle avait lu dans les journaux, celle-ci l'avait en effet convoqué. Rodzianko fut introduit dans le petit bureau de la vieille impératrice, qui l'interrogea immédiatement sur la résolution de Goutchkov. Comme il le raconterait dans ses Mémoires, Rodzianko expliqua que la résolution avait pour objectif de « calmer les esprits » car « les rumeurs sur Raspoutine étaient allées trop loin dans l'opinion publique ». Mais la veuve d'Alexandre III avait déjà compris que Raspoutine n'était qu'un sinistre outil dont ils avaient décidé de se servir pour renverser l'empire. Ce que résumerait plus tard Kerenski d'une formule lapidaire : « Sans Raspoutine, il n'y aurait pas eu Lénine. »

Rodzianko poursuivit en lui racontant les débauches auxquelles se livrait le « starets ». Elle l'écoutait sans rien dire. Ce ne fut qu'au moment où Rodzianko allait prendre congé qu'elle laissa échapper : « J'ai entendu dire que vous aviez l'intention d'en parler au souverain. N'en faites rien. Son âme est trop pure pour qu'il croie au mal. » Elle connaissait bien le caractère de son fils. Il suffisait qu'on le presse pour qu'il s'enferme dans une obstination butée ; et se souvienne qu'il était un autocrate, lui qui n'avait plus les moyens de l'être, car Stolypine, le dernier à avoir su le protéger contre ces fous et ces bavards, était mort. Aussi, au moment de se séparer, recommanda-t-elle à cet homme qui connaissait si peu son fils : « Ne lui faites pas trop de tort. »

Le 13 février, l'impératrice mère convoqua chez elle le Premier ministre Kokovstev. « Notre conversation, qui dura une heure et demie, fut entièrement consacrée à Raspoutine », écrivit-il dans ses Mémoires. Puis elle se rendit chez Nikki et Alix.

Journal de Nicolas : « 15 février. Maman est venue à l'heure du thé. Nous avons parlé de Grigori. » Journal de Xénia : « Maman est si contente d'avoir tout dit... Alix a défendu Raspoutine en disant que c'était un homme remarquable et que maman devrait le rencontrer... Maman s'est contentée de leur conseiller de le laisser partir sans plus tarder, pendant qu'à la Douma on attendait une réponse. Alix a déclaré qu'il ne fallait pas céder. Mais que, néanmoins, ils étaient fort reconnaissants envers Maman d'avoir parlé avec tant de franchise. Et elle a même baisé la main de Maman. »

La mère de Nikki, donc, ne put que se redire à elle-même ce qu'elle avait dit la veille à Kokovtsev : « Ma pauvre bru est incapable de réaliser que c'est non seulement elle-même, mais aussi la dynastie qu'elle entraîne à sa perte... Elle croit profondément en la sainteté de ce douteux individu. » Mais le tsar choisit de suivre le conseil de sa mère. Il décida, comme toujours quand le scandale menaçait d'éclater autour du moujik, qu'il était préférable que le père Grigori se réfugiât à Pokrovskoïé.

« 18 février 1912. Il a pris le train à la gare Nicolaev, notent les agents. L'Hivernale, l'Oiseau, l'Estivale, la Colombe, la Chouette et une quinzaine d'autres personnes, des inconnus des deux sexes, l'ont accompagné à la gare. » Désormais, les admiratrices permanentes de Raspoutine avaient chacune leur surnom dans les rapports. La police avait fait preuve d'imagination. Pour son côté mesuré et économe, Laptinskaïa (trente-deux ans) était surnommée « la

Chouette » ; la mignonne petite Zina Manchtedt, qui, bien qu'âgée de trente-sept ans, ressemblait à une petite fille, était tendrement appelée « la Colombe » ; Golovina mère (cinquante-deux ans) était « l'Hivernale » en raison de son âge et parce qu'elle habitait le petit canal d'Hiver ; sa fille Mounia, avec ses yeux clairs, avait pour surnom « l'Oiseau » ; la femme de Sazonov, une brune aux yeux noirs, devenait « la Corneille ». Seule Vyroubova, compte tenu de son intimité avec les « personnalités », avait échappé à tout sobriquet.

Les agents prirent le même train que Raspoutine et rapportèrent : « Le 22, il est arrivé à Tioumen. Sa femme et sa fille l'attendaient, elles étaient ravies de le voir. » De Pokrovskoïé, le moujik lui-même envoya aux tsars une lettre dont le texte est consigné dans le journal de Lokhtina : « Très chers Papa et Maman ! Voilà que le démon maudit prend des forces. Et la Douma est à son service. Elle contient de nombreux lutionnaires [révolutionnaires] et youpins. Et eux, qu'est-ce qu'ils cherchent ? Pour eux, autant en finir au plus vite avec l'oint du Seigneur. Et Goutchkov, leur maître,... il calomnie, il sème la discorde avec ses résolutions. Papa, la Douma est à toi, tout ce que tu veux faire, fais-le. Il ne faut pas de ces résolutions... »

Rapport de l'homme le plus gros de Russie

Le 28 février, « armé de documents », c'est-à-dire de cette même brochure de Novossiolov, le « gros Rodzianko », comme on l'appelait à Tsarskoïé Sélo, se rendit chez le tsar. Le président de la Douma aborda tout d'abord l'éternel problème de la mauvaise administration du Caucase, puis passa à l'essentiel, déclarant au tsar que tout le monde était indigné d'apprendre que Raspoutine était un *khlyst*.

« Mais qu'est-ce qui vous amène à penser que c'est un *khlyst* ? » demanda le tsar. Rodzianko expliqua que la police avait constaté, lors de sa filature, qu'il allait aux étuves avec des femmes. « Et alors ? C'est une coutume chez les gens simples. » Rodzianko se mit alors à parler de la brochure de Novossiolov, évoquant l'enquête de Tobolsk, les lettres et les confessions des victimes de Raspoutine, l'épouse du général L. que Raspoutine avait rendue folle, les cérémonies rituelles à l'appartement de Sazonov, où vivait Raspoutine, et, enfin, l'influence néfaste qu'il pourrait avoir sur l'âme de l'héritier. « Avez-vous lu le rapport de Stolypine ? demanda le tsar. — Non, je savais qu'il existait, mais je ne l'ai pas lu. — Je l'ai rejeté, dit le tsar. » Rodzianko crut naïvement que le tsar regrettait son geste d'alors. Il n'avait pas saisi le message : vous ne m'apprenez rien de nouveau, j'ai déjà entendu tout cela. En son for intérieur, le tsar ne pouvait que se moquer de telles préventions. Il *savait* qu'il n'y avait pas de cérémonies chez Sazonov, que l'épouse du général L., c'était Lokhtina, qui paraissait folle parce qu'elle avait décidé de rompre avec les vanités de ce monde en choisissant une autre vie, et que le dossier de l'enquête de Tobolsk ne contenait aucune preuve de l'appartenance de Raspoutine à la secte *khlyst*.

Le tsar suggéra à Rodzianko de récupérer le dossier de Tobolsk auprès du Synode et de l'étudier. Rodzianko était heureux, persuadé d'avoir gagné. Puis le tsar le présenta à l'héritier. Rodzianko, enjoué, se désigna comme « l'homme le plus grand et le plus gros de Russie ». Alors, le petit garçon, « cet enfant extraordinairement sympathique », lui raconta comment il récoltait de l'argent pour des œuvres de charité, et comment « après être resté debout toute une journée avec un gobelet », il avait « récolté cinquante roubles à lui tout seul ! » Le gros Rodzianko se dit que le fait de lui avoir présenté le tsarévitch était une marque suprême de confiance.

En fait, le tsar lui avait présenté son fils pour lui montrer que l'âme du jeune garçon était pure. Parce qu'on lui avait appris à aimer et à servir son prochain.

Dès le lendemain, Rodzianko se mit avec enthousiasme à son enquête. « On m'avait demandé de récupérer le dossier auprès du Saint-Synode, de l'étudier, puis de faire part de mon opinion sur Raspoutine. C'est Damanski, l'adjoint du haut-procureur, qui m'a apporté le dossier. » Damanski lui aussi devait sa place à Raspoutine. Ce fils de prêtre sibérien, minable rond-de-cuir était devenu l'ami du « starets », raison pour laquelle Sabler s'était vu contraint de le nommer son adjoint. Il s'empressa d'informer la tsarine du fait que le dossier de Tobolsk avait été transmis à Rodzianko. Alix prit peur. Certes, le dossier ne contenait aucune preuve directe, mais elle savait que ses ennemis sauraient se contenter de preuves indirectes pour l'attaquer.

« Dès le lendemain, il [Damanski] m'a téléphoné en me

demandant de le recevoir, se souviendrait Rodzianko. À peine arrivé, Damanski m'annonça : "Je suis venu vous demander de me remettre le dossier secret sur Raspoutine. — Est-ce un ordre de l'empereur ? — Non, mais c'est une personne très haut placée qui vous le demande... la souveraine. — Veuillez faire savoir à la souveraine qu'elle est, tout comme moi, le sujet de l'empereur son époux. — Votre Excellence, j'ai amené avec moi le catéchiste des enfants de l'empereur."

« Il s'agissait de l'archiprêtre Vassiliev. Il m'adressa la parole : "Vous n'imaginez pas quel homme merveilleux est Raspoutine !" Je m'emportai : "Vous êtes venus pour me chanter les louanges d'une canaille, d'un débauché et d'un *khlyst* ! Veuillez quitter mon bureau !" »

Or, dans le même temps, Goutchkov continuait d'œuvrer de son côté. La résolution votée par la Douma n'était que la première manche de son grand jeu. Le 9 mars 1912, au cours des débats sur le budget, la deuxième manche commença de façon assez brutale. Alors qu'on abordait l'examen du budget du Synode, Goutchov se leva pour prononcer un discours contre Raspoutine qui resterait dans les annales. Pour la dynastie des Romanov, c'était le début d'un compte à rebours qui allait se terminer par sa chute.

L'heure de la révolution avait sonné

Il parla du drame que traversait le pays et au centre duquel, dirait-il, « se trouve un personnage énigmatique, tragi-comique, une sorte de fantôme ou de vestige de l'ignorance séculaire ». Stolypine, ce roc qui avait soutenu la dynastie, n'était plus de ce monde. D'où cette harangue de Goutchkov et cette insolente question qui eût été inconcevable ne serait-ce qu'un an auparavant : « Par quelles voies cet homme a-t-il pu atteindre la position centrale qu'il occupe aujourd'hui ? En s'appropriant une influence considérable, devant laquelle s'inclinent les plus hauts détenteurs du pouvoir au sein de l'État et de l'Église ! Imaginez un peu qui est le maître tout là-haut ! »

Le tsar était dans une colère noire ; on l'avait humilié vis-à-vis d'Alix. Plus tard, Goutchkov raconterait devant la Commission extraordinaire : « Un des ministres m'a rapporté ce qu'avait déclaré l'empereur : "Pendre Goutchkov ne serait pas suffisant !" J'ai répondu : "Ma vie appartient à mon souverain, mais ma conscience, elle, ne lui appartient pas, et je continuerai à me battre." »

Puis, comme on l'apprend dans le Dossier, Badmaev manœuvra habilement en faveur de la partie adverse. Pour le cas où, à Tsarskoïé Sélo, l'on découvrirait la source d'information de Goutchkov. Extrait de sa déposition : « J'ai envoyé le télégramme suivant à Rodzianko : "Messieurs, que faites-vous donc à la Douma ? Peut-on vraiment se fonder sur la déposition d'un Iliodore offensé ?" Rodzianko m'a répondu qu'il était lui-même très embarrassé, et que Goutchkov avait fait son discours de façon impromptue, sans en avertir personne. » Rodzianko était embarrassé parce que, cette fois, c'était dans son amour-propre que le tsar avait été atteint et blessé.

Après le discours de Goutchkov, Zinaïda Youssoupova, la mère de Félix, poussée par son amie Ella (la grande-duchesse Élisabeth Fiodorovna), essaya pour la première fois d'aborder la question de Raspoutine avec la tsarine. « Goutchkov et Rodzianko devraient être pendus », fut tout ce qu'elle put tirer de sa « voisine » de Crimée.

Entre-temps Rodzianko avait terminé son rapport concernant l'affaire de Tobolsk. Naturellement, il y informait le tsar du fait que la culpabilité de Raspoutine était avérée. Sa demande d'audience au tsar fut dirigée sur le Premier ministre Kokovtsev, avec l'explication suivante : « L'attitude de la Douma est révoltante... je ne souhaite pas recevoir Rodzianko. » En partant pour le sud, Nicolas avoua à Kokovtsev : « J'étouffe complètement dans cette atmosphère de commérages, de mensonges et de méchanceté. Je vais essayer de rentrer le plus tard possible de Crimée. »

Extrait du journal de Bogdanovitch : « 14 mars. Demain, toute la famille impériale part pour la Crimée. Raspoutine aussi. C'est bien triste à écrire, mais on se demande quel genre de goût peut avoir la tsarine pour supporter ce *khlyst*. »

Raspoutine avait en effet été convié à se rendre en Crimée. Mais pas directement par Alix. C'était l'Amie qui lui avait envoyé un télégramme codé, non signé. Alix, cependant, ne comptait pas moins leur démontrer, à tous, que leurs médisances n'étaient rien en regard des volontés de la tsarine.

Bénie soit la folie

Au village de Pokrovskoïé, Raspoutine menait alors une vie paisible, qui fut brusquement interrompue par l'arrivée de la générale folle. Lokhtina avait marché jusqu'à Pokrovskoïé, pieds nus, vivant de mendicité. L'ancienne arbitre des élégances de Pétersbourg était presque effrayante dans sa tunique blanche bizarre d'où pendaient des rubans et de petites icônes. Sous le regard ahuri des villageois, elle traversa Pokrovskoïé en vociférant : « Christ est ressuscité ! » Pâques était pourtant encore loin.

L'histoire de sa folie est conservée dans le Dossier.

L'année précédente, en 1911, alors que Raspoutine était encore avec Iliodore, Lokhtina, chassée de chez elle, était partie pour Tsaritsyne. Extrait de la déposition de Marie Golovina : « C'est de Tsaritsyne qu'elle est revenue pieds nus et en habit blanc de nonne. J'ai fait à cette époque la connaissance d'Iliodore, qui disait de Lokhtina qu'elle avait atteint de tels sommets dans sa vie spirituelle qu'on pouvait la considérer comme une "folle en Christ" (à savoir quelqu'un qui feint la folie au nom du Christ). Iliodore voulait même célébrer un office chez nous en l'honneur de Lokhtina. Mais ma mère s'y opposa catégoriquement. Cependant, ayant entendu ce qu'Iliodore disait d'elle, Lokhtina changea brusquement de comportement et se mit à se comporter effectivement comme une "bienheureuse"... On ne la laissait plus entrer dans son appartement de Petrograd ni dans sa propriété de la région de Kazan, dont, au passage, elle avait fait donation à sa fille. Elle ne vivait que d'aumône. »

Elle était devenue une sorte de roi Lear russe et en jupon. Les journaux écrivaient souvent que c'était Raspoutine qui avait fait perdre la tête à la pauvre générale. Comme le déclarerait encore Golovina, « le comportement de Lokhtina fit craindre des conséquences néfastes pour le père Grigori ». Raspoutine exigea donc qu'elle cesse de jouer les « folles en Christ ». Lokhtina obéit. Plus que tout le reste, c'était cette façon de hurler sans cesse « Christ est ressuscité ! » qui exaspérait le père Grigori. Mais elle continuait. Ces cris le mettaient en fureur. Comme s'il avait peur de quelque chose. C'était surtout pour cela qu'il la battait comme plâtre.

Cela étant, la générale continuait à exercer un étrange pouvoir sur le moujik. Sur lui, sur Vyroubova et même sur les tsars, auxquels elle osait envoyer de temps en temps des télégrammes très secs, voire courroucés. Et jusqu'à Mounia Golovina qui lui baisait la main avec vénération... Au début du mois de mars de l'année 1912 Lokhtina débarqua donc chez Raspoutine, à Pokrovskoïé. Là, elle apprit que Raspoutine avait rompu avec Iliodore. Pour elle, le coup était rude. Le « Christ » et « Sabaoth » étaient devenus des ennemis. Le monde s'écroulait. « Lokhtina, qui adorait Raspoutine et Iliodore, tenta de les réconcilier mais n'y parvint pas, ce qui perturba sérieusement son équilibre mental », ajoutait Mounia dans le Dossier.

Femme battue

L'événement eut lieu en plein jour. Les villageois, hébétés, furent témoins d'une scène barbare. Sous leurs yeux, la femme de Raspoutine traîna « la petite dame de la capitale » hors de chez elle en la tirant par les cheveux. Et, à peine sortie, elle se mit à rouer de coups l'ancienne lionne de Pétersbourg.

Puis la femme du général s'éloigna de l'isba de Raspoutine en marchant péniblement.

De là naquirent les célèbres légendes sur la jalousie de l'épouse de Raspoutine, qui faisait sortir les femmes du lit de son mari et les traînait hors de chez elle en les tirant par les cheveux. C'était cela que les braves villageois, non initiés au monde mystérieux qui commençait à la porte de Raspoutine, devaient raconter aux journalistes. Le juge de la Commission extraordinaire qui interrogea Lokhtina à propos de cet épisode croyait lui aussi à une bagarre « sur fond de jalousie ». Pourtant, dans sa déposition, Olga Lokhtina déclara au juge : « Pour ce qui est de la jalousie, la femme de Raspoutine était effectivement jalouse de moi (si on peut appeler cela de la jalousie), mais cela ne concernait pas son mari, mais Iliodore, que je vénérais... En ce qui concerne la bagarre, elle a bien eu lieu. » Elle reconnaissait donc les faits. Écoutons maintenant ses explications.

Chassée du paradis

« Un jour que Raspoutine et les siens étaient en visite chez un voisin, j'ai rendu visite à une autre famille et, ayant appris que ces gens étaient dans le plus grand dénuement, j'ai insisté auprès du père Grigori pour qu'il me donne sa vache. Il faut dire que quand j'ai une idée dans la tête... j'insiste jusqu'à obtenir ce que je veux. C'était en présence d'un visiteur, et j'ai reproché son avarice à la femme de Raspoutine [pas à Raspoutine, mais bien à sa femme ; lui était au-dessus de ces choses triviales]. Après le départ de leur invité, elle m'a accusée de lui avoir fait des reproches devant un étranger, puis elle m'a attrapée par les cheveux et s'est mise à me frapper. »

Mais, dans sa naïveté, le juge d'instruction ne croyait pas trop à cette histoire. Il n'arrivait pas à concevoir que les relations entre la femme de Raspoutine et ses admiratrices puissent être dénuées de toute jalousie. Et pourtant, comme le prouvent d'autres témoignages, c'était bien le cas. Lokhtina disait la vérité, la jalousie n'avait rien à voir avec la fureur de la femme de Raspoutine. Toutefois, la générale n'avait pas compris la vraie raison qui lui avait valu cette raclée. Certes, demander à une paysanne russe de donner sa vache était absurde. Et se voir accusée d'avarice devait lui sembler tout simplement scandaleux. Mais ce n'était pas pour cela qu'elle avait battu Lokhtina. En réalité, le fait qu'elle eût « décidé de rester fidèle et à Raspoutine et à Iliodore », ainsi que Lokhtina l'expliquerait elle-même devant la Commission, avait sans doute fait peur à Raspoutine. Il craignait qu'Iliodore, rusé comme il était, n'utilisât la générale folle comme espionne. Il fallait donc la chasser de Pokrovskoïé. Voilà pourquoi la femme de Raspoutine devait saisir n'importe quel prétexte pour jeter Lokhtina hors de chez eux. Ce qu'elle avait fait.

« Après ma querelle avec la femme de Raspoutine, je suis allée au monastère de Florichtchev [où Iliodore avait été exilé]. On ne m'a pas laissé voir Iliodore, et j'ai tout juste pu lui crier de l'entrée que j'étais là... Puis on m'a expulsée, et un rapport a été rédigé, disant que j'étais en pleine crise de folie. »

Mais Lokhtina ne renonça pas pour autant. Chez elle, on ne voulait plus la voir. Les maisons de Raspoutine et d'Iliodore lui étaient désormais fermées. Elle chercha un moyen de rester aussi près que possible du paradis perdu. Elle eut alors l'idée de vivre près du moine Macaire, le père spirituel de « Sabaoth ». « Je suis allée rejoindre le père Macaire au monastère de Verkhotourié. La cellule du starets était en travaux, et je me suis installée dans un petit cagibi, dont le starets bloqua la porte à l'aide d'une planche coincée par une grosse pierre. Je ne mangeais qu'une fois par jour, on me donnait les restes du père Macaire. »

Ne comprenant pas sa ferveur, les moines voulurent chasser cette femme. Mais quand Lokhtina avait décidé quelque chose, il était impossible de la faire changer d'avis. Alors, raconte-t-elle, « la police est arrivée et m'a ordonné de quitter les lieux. J'ai répondu que je ne partirais pas de mon plein gré... Mais j'ai finalement été obligée de m'en aller, car les frères s'en sont pris à Macaire et l'ont battu. J'en ai informé le tsar par télégramme : "Je vous conjure de prendre la défense du starets Macaire... que vous connaissez personnellement." » Et le tsar prit sa défense. Les moines furent punis, et la cellule du père spirituel de Raspoutine fut rapidement restaurée. On aménagea même, près de la cellule, une petite dépendance pour la générale, afin qu'elle puisse vivre auprès de Macaire.

Le juge d'instruction n'était apparemment pas satisfait du récit de Lokhtina. Il refusait de croire que les raisons de sa querelle avec la femme de Raspoutine fussent aussi innocentes. Il revenait sans cesse sur ses relations avec Raspoutine. Mais, son interlocuteur n'étant pas initié à la doctrine de « Sabaoth », Lokhtina répondait de façon obscure et évasive. « Les passions étaient loin de moi lorsque je me trouvais près du père Grigori, disait-elle. Un mauvais arbre ne peut donner de bon fruit. Sinon, comment expliquer que les adeptes de Raspoutine, hommes et femmes, renonçaient au luxe et à une vie qui était contraire à l'Évangile, et n'y revenaient plus jamais ? Je parle des vrais adeptes, qui suivaient ses préceptes. »

Les « vrais adeptes » ? Ceux qui mettaient *en pratique* ses enseignements. Eux seuls pouvaient saisir le sens de ce qui se passait chez Raspoutine.

Un été avec les tsars

Après avoir reçu le télégramme de Vyroubova, Notre Ami quitta immédiatement Pokrovskoïé, et selon les indications des agents : « 10 mars. Raspoutine a pris un train qui revient sur Pétersbourg. » De Pétersbourg, il rejoignit les tsars en Crimée.

Olga et Xénia, les sœurs du tsar, étaient elles aussi parties avec la famille. Pendant le voyage, les grandes-duchesses se mirent à parler du « starets ». À vrai dire, à cette époque-là, toute la Russie ne parlait que de lui. « 10 mars. Dans le train, Olga nous a raconté sa conversation avec elle (Alix). Elle lui a dit pour la première fois que son petit garçon souffrait de cette terrible maladie dont elle-même était atteinte... [Ce fut ainsi que la tante apprit la maladie mortelle de son neveu.] Concernant Grigori, elle demande comment elle pourrait ne pas croire en lui quand elle voit le petit aller mieux dès qu'il est près de lui ou qu'il prie pour lui. » Et Xénia d'ajouter dans son journal : « Mon Dieu, comme c'est terrible, et comme ils sont à plaindre ! »

Lorsque Raspoutine arriva en Crimée, Alix déclara qu'elle n'avait « pas été mise au courant ». Néanmoins, comme l'écrit Xénia, « elle était ravie, et il paraît qu'elle a dit : "Il sent toujours quand j'ai besoin de lui" ». Et, comme toujours, Nikki dut se résigner.

Raspoutine fut installé à Yalta. On allait l'y chercher en voiture pour le conduire à Livadia. On le faisait entrer au palais en secret, sans faire enregistrer sa présence par le fourrier. Mais lorsque la voiture impériale traversait la ville et que le moujik à la barbe hirsute regardait, l'air important, par la fenêtre, toute la ville savait qu'on l'emmenait chez la tsarine. Le garde qui laissait entrer la voiture impériale voyait lui aussi très bien qui l'on conduisait au palais. D'autant plus que Notre Ami se montrait fièrement par la fenêtre, sans la moindre intention de se dissimuler.

Pendant tout ce temps, les journaux continuaient à publier des articles retentissants sur Raspoutine. Seule la catastrophe du *Titanic*, en avril 1912, éclipsa quelque temps le moujik. Mais, peu après, les noms des personnages de l'histoire de Raspoutine recommencèrent à faire les gros titres.

En mai 1912, Iliodore quitta les ordres en signe de protestation Le 8 du mois, il avait soumis au Synode une requête (qui ressemblait plutôt à un ultimatum) : « Poursuivez Raspoutine en justice pour les terribles crimes qu'il a commis au nom de la religion, ou bien exigez que je quitte les ordres. Je ne puis accepter que le Synode, porteur de la grâce du Saint-Esprit, protège un “saint démon” qui bafoue l'Église du Seigneur. Jamais je n'accepterai que l'on profane ce qui appartient au Seigneur. »

Et, de nouveau, la presse se déchaîna contre Raspoutine.

Entre-temps, son ami Damanski, le haut-procureur adjoint, avait fait publier son manuscrit préparé jadis avec l'aide de Lokhtina. Alix put donc y relire de nombreux passages sur les persécutions injustes, éternel destin des justes. « Je suis la victime de terribles calomnies. C'est affreux, ce qu'ils écrivent. Mon Dieu ! accorde-moi la patience et fais taire mes ennemis ! Console les tiens, Seigneur ! Donne-moi Ton exemple ! » C'est ce qu'il répéta à la tsarine en la priant de le laisser quitter la Crimée. Mais il savait qu'elle ne le ferait pas. Il pouvait être tranquille.

En mai, il quitta Livadia et rentra à Pétersbourg. Il vivait en se cachant des journalistes. « Raspoutine a réapparu sur la scène », nota Bogdanovitch dans son journal.

Début mai toujours, Raspoutine partit pour Moscou. À la gare Nicolaev, les agents enregistrèrent la présence de ses accompagnatrices habituelles : la Chouette (Laptinskaïa), l'Hivernale et sa fille (Golovina mère et fille) et la Corneille (Sazonova). Ce fut au cours de ce voyage, dans le train, que s'opéra une rencontre décisive.

« Tu veux être gouverneur ? Je peux arranger ça. »

Quelques semaines plus tard, quand, au milieu de l'océan d'articles hostiles à Raspoutine, il en surgit un qui prenait résolument sa défense, cela fit sensation. L'auteur de cet article, Alexis Filippov, était un homme riche, propriétaire de son propre établissement bancaire et rédacteur d'un journal à succès. En outre, il avait une réputation de libéral — il avait passé un an à la forteresse Pierre-et-Paul pour avoir tenu des propos déplacés visant les autorités, illustrant ces paroles d'un poète à la mode : « Levez-vous pour la vérité, et vous tomberez pour elle. » Ami de la demoiselle d'honneur

Tioutcheva, Filippov n'éprouvait que répulsion pour Raspoutine. Jusqu'à leur rencontre dans un train, un beau jour de mai.

En 1917, Alexis Frolovitch Filippov, âgé de quarante-huit ans, fut convoqué devant la Commission extraordinaire. Dans sa déposition, il déclara : « En 1912, je me suis rendu à la laure de la Trinité-Saint-Serge [célèbre monastère non loin de Moscou]. Quand... je suis monté dans le train, j'ai remarqué dans le wagon un paysan vêtu d'un manteau plissé à la taille, et dont la physionomie était frappante : il avait des yeux mystiques enfoncés dans des orbites entourées de taches brunâtres. Il était avec... une femme plutôt forte et vêtue de noir (sa secrétaire Akilina Laptinskaïa)... Il était en train d'examiner, d'un air attendri, naïf et enfantin, une énorme bourse en cuir qu'on venait apparemment de lui offrir. Je lui ai demandé : "Où avez-vous eu cette bourse ?" Cette question fut le point de départ de mes relations avec Raspoutine... Mon flair me disait que ma nouvelle connaissance appartenait à une secte, et qu'il était *khlyst*. Il abordait les sujets les plus divers, usant d'images et d'aphorismes... Ce qui m'a le plus frappé, c'est son immense foi dans le peuple russe, et son attitude envers le pouvoir autocratique, raisonnable mais non servile. Il se disait favorable au rapprochement du tsar et de son peuple sans l'intermédiaire de la bureaucratie... Je l'écoutais avec d'autant plus d'attention que, peu de temps auparavant, j'avais moi-même été condamné à un an de réclusion pour avoir osé faire remarquer à un représentant du pouvoir qu'il ne comprenait pas l'essence de l'autocratie... C'est pourquoi j'ai laissé échapper : "Si seulement un homme comme toi pouvait avoir accès au tsar..." Il est alors sorti dans le couloir en me faisant discrètement signe de le suivre et m'a dit : "Ne le répète à personne... mais je suis Raspoutine, celui qu'on vilipende dans les journaux." »

Les deux hommes poursuivirent leur discussion. « Son intérêt pour la peinture [religieuse] m'a incité à lui proposer de nous revoir à Moscou. Il a accepté avec un enthousiasme juvénile, peu conforme à son âge... À l'arrivée à Moscou, personne n'est venu accueillir Raspoutine, et il s'est rendu chez Nicolas Ivanovitch Rechetnikov, un ancien notaire qui deviendrait plus tard son secrétaire. Mais le jour même, il est arrivé à l'heure convenue à la procure du Kremlin. Il a écouté avec une incroyable attention mes exposés, longs d'une heure chacun, sur Basile le Bienheureux, par exemple... Nous avons passé deux jours à Moscou, occupant notre temps à visiter des églises. C'est à cette occasion que nous sommes devenus amis et, de retour à Petrograd, où j'étais rédacteur du journal *La Fumée de la Patrie*, j'ai commencé à lui rendre régulièrement visite... Nous nous rencontrions tous les jours, et j'étais stupéfait de voir Raspoutine occuper une misérable petite pièce qui ne correspondait guère à l'idée qu'on se faisait de lui... puissant favori de la famille impériale... Pour sa part, Raspoutine ne buvait pas de vin, et dissuadait même les autres de le faire... Enthousiasmé par mes propos sur la façon de diriger l'État, il s'est exclamé : "Tu veux être gouverneur ? Je peux arranger ça." Il vivait simplement, et même pauvrement, parlait peu et avec réticence de la cour et de ses rapports avec elle. Quand un jour je lui ai demandé s'il était vrai que la souveraine ne lui donnait rien, il m'a répondu : "Elle est avare... terriblement avare." Raspoutine était à l'époque à court d'argent, je suppose, car il m'empruntait souvent vingt-cinq kopeks pour payer le cocher, et une fois il a envoyé quelqu'un me demander vingt-cinq roubles qui lui manquaient pour pouvoir aller en Sibérie, alors que, plus tard... il distribuerait chaque jour des centaines et des milliers de roubles à des inconnus venus le solliciter. »

Ce fut à cette époque que Raspoutine présenta Filippov à Vyroubova, ouvrant ainsi le monde des tsars à ce libéral d'hier. Et, bien que devenu le témoin de la vénération de l'Amie envers le moujik, Filippov avait apparemment compris quelque chose : « Vyroubova me donnait l'impression d'être une femme pleine d'admiration pour Raspoutine... mais elle voyait en lui un moyen d'exercer une certaine influence sur l'impératrice. » À son tour, Filippov présenta Raspoutine à ses amis. « Peu après, dans le bureau de la rédaction de *La Fumée de la Patrie*, j'ai assisté à une conversation entre l'éditeur du journal, Alexandre Lvovitch Gariasine, et... l'avocat-conseil du ministère de la Marine, Ivan Bajenov, qui rapportait les paroles d'un courtisan concernant les relations sexuelles scandaleuses de Raspoutine et de la tsarine, et qui disait qu'il faudrait monter un complot pour assassiner "ce chien". Je suis intervenu en déclarant que je venais de faire sa connaissance et qu'il m'avait séduit, puis je leur ai fait part de mes impressions... J'ai suggéré à Gariasine de proposer à Raspoutine de l'emmener quelque part en automobile. »

Gariasine, qui avait sa propre auto — ce qui était très rare à l'époque —, accepta avec plaisir de rencontrer cette célébrité énigmatique et scandaleuse. « Raspoutine refusa d'aller au musée... trouvant que les tableaux n'étaient que sottise... que la vie était bien mieux. Gariasine proposa alors la visite d'un orphelinat et, à son grand étonnement, Raspoutine accepta. » À l'orphelinat, « il s'est transformé... Il prenait chacun des enfants dans ses bras, le soupesait et demandait ce qu'on lui donnait à manger. Sur le chemin du retour, il a dit qu'"il faudrait y faire venir les jeunes paysannes de toute la Russie, pour qu'elles apprennent à porter des enfants sains et à les garder en bonne santé après leur naissance"... Il a fait part de ses impressions à la tsarine, qui s'est rendue à l'improviste à l'orphelinat, a fait un tour rapide de l'établissement, puis a commencé à réfléchir à l'organisation d'un institut pour la protection de la maternité... J'ai profité de l'occasion pour faire paraître dans *La Fumée de la Patrie* un article qui prenait la défense de Raspoutine, créant ainsi la surprise dans les milieux de la presse, de gauche comme de droite, par qui il était persécuté. [L'article intitulé « Enfance et péché » parut le 16 mai 1912.] Raspoutine était fou de joie, car j'étais le seul à avoir osé prendre sa défense dans la presse à une époque où il était plus que jamais harcelé et alors que Goutchkov l'attaquait à la Douma... À partir de ce moment-là, il s'est mis à réaliser tous mes souhaits, tous mes désirs, sans discuter, et, bien souvent, il venait me demander conseil et me confiait ses problèmes. Mais jamais il ne m'a dit mot d'une quelconque relation intime, que ce soit avec la tsarine, qu'il qualifiait toujours de "petite futée", ou avec toute autre femme ».

Comme cette image diffère de celle de l'affreux moujik lubrique qui, à la même époque, pourchassait les femmes dans les rues de Pétersbourg ! Qui était-il donc ? Un loup-garou rusé ? Un maniaque sexuel ? Est-il possible qu'après toutes ces pages on ne le connaisse toujours pas ? Que nous soyons seulement sur le chemin qui conduit à son secret ?

Le dandy aux « fautes de grammaire »

En juin 1912, une nouvelle mit toute la société en émoi. « 7 juin 1912. Hier soir, Olga Nicolaievna et Dimitri Pavlovitch ont annoncé leurs fiançailles », note l'épouse du général Bogdanovitch dans son journal. Dimitri était le protégé du tsar. Les lettres railleuses que ce garnement envoyait à Nicolas ont été conservées. Bretteur et fêtard, grand et svelte comme la plupart des Romanov, favori de la Garde, il possédait tout ce dont Nikki était dépourvu. Bien que son père fût rentré d'exil, il continuait de vivre avec la famille impériale. Mais Alix ne l'aimait pas. Car le jeune homme n'avait jamais caché son dédain pour le moujik. Aussi, était-ce avec effroi qu'elle voyait approcher le mariage de sa fille avec Dimitri. Or, un autre mauvais sujet, Félix Youssoupov, était rentré d'Angleterre précisément à cette époque. Et, pour la plus grande joie d'Alix, ce retour devait renverser la situation.

Félix raconterait plus tard qu'au cours des années 1912 et 1913 Dimitri et lui se voyaient souvent. « Il vivait à l'époque avec la famille impériale au palais Alexandre, mais nous passions tout notre temps libre ensemble. » Félix, son aîné de quelques années, fascinait complètement ce beau jeune homme qu'était le grand-duc Dimitri. À l'inverse de la vie recluse et monotone du palais, avec les grandes-duchesses et l'impératrice sans cesse affairées autour du malheureux petit héritier, c'étaient les portes d'un autre monde que lui ouvrait Félix. Celui-ci fit pour Dimitri ce que son frère aîné avait jadis fait pour lui ; il lui fit connaître les nuits chaudes de Pétersbourg. Tous les soirs, une voiture attendait les deux garçons. « Presque chaque nuit, nous allions à Pétersbourg et nous passions du bon temps dans des restaurants, des boîtes de nuit, ou chez les Tsiganes. Nous invitions les artistes à dîner avec nous dans les salons privés. Pavlova se joignait souvent à nous. » Et pas uniquement Anna Pavlova, la célèbre danseuse étoile. Les goûts peu conventionnels de Félix — dont il fait lui-même état dans ses Mémoires — attiraient également dans les salons privés des danseurs partageant les mêmes penchants.

La famille impériale était horrifiée. « Étant au courant de mes aventures scandaleuses, Leurs Majestés voyaient notre amitié d'un mauvais œil », racontait Félix. Ou, plus précisément, connaissant ses tendances homosexuelles, tendances à l'époque condamnées par la loi impériale, les tsars considéraient avec effroi l'attachement fougueux de Dimitri pour Félix. On interdit au futur mari d'Olga de le fréquenter. « Ce fut au tour de la police secrète d'ouvrir l'œil », se souviendrait Félix, non sans amusement.

Au mois d'août, fut célébré le centenaire de la bataille de Borodino, ce village près de Moscou où la Grande Armée de Napoléon avait entamé sa débâcle. À Moscou, les soldats avaient formé deux haies d'honneur tout le long de la rue Tverskaïa, avec une foule de gens massée derrière eux. Les innombrables églises de la ville faisaient retentir leurs cloches. Acclamés par des « hourra ! », le tsar, Alix, l'héritier et Olga occupaient le premier équipage. Dimitri avait pris place dans la dernière voiture. Tous cherchaient des yeux le fiancé de la fille aînée du tsar. En vain. Comme s'il était absent.

Félix s'était révélé le plus fort. Plus fort que les interdits impériaux, plus fort que le bonheur de devenir l'époux de la fille du tsar. Dimitri continuait de fréquenter Félix. La rumeur offrait une explication toute simple : Dimitri était bisexuel. Et, de fait, Dimitri, le futur amant de la célèbre Coco Chanel, était follement amoureux de Félix. Dans le jargon des salons de l'époque, cela s'appelait « faire des fautes de grammaire ». Dimitri jugea préférable de quitter le palais Alexandre. Il s'installa à Pétersbourg dans une maison particulière que Félix l'aida à meubler — dans le style luxueux qui avait rendu célèbre sa propre demeure, le palais Youssoupov, situé sur le canal de la Moïka.

Ainsi, Dimitri avait-il fait son choix. La conscience tranquille, Alix pouvait ou plutôt devait rompre les fiançailles. Dimitri avait compromis sa réputation avec cette amitié scandaleuse. Mais, une fois encore, Nicolas fit preuve de constance dans ses sentiments. Continuant à avoir un faible pour Dimitri, il préféra se méfier des rumeurs. Le moujik comprit ce qu'on attendait de lui. Et il ne fit pas défaut à sa bienfaitrice. Raspoutine prédit que Dimitri attraperait sous peu une maladie de peau due à sa vie de débauche. Aussi, sur ses conseils, Alix ordonna-t-elle aux filles « de se laver les mains avec une solution spéciale après avoir rencontré le grand-duc et lui avoir serré la main ».

Le prince a-t-il reçu une gifle ?

C'est aussi à cette époque qu'eut probablement lieu une autre rencontre, cette fois entre Raspoutine et Félix, bien que ce dernier ne la mentionne à aucun moment. Toute une légende a fleuri à ce sujet. L'actrice Véra Leonidovna Youreneva m'a ainsi raconté que, furieux qu'il se soit mêlé des fiançailles de Dimitri, Félix joua à Raspoutine un tour dont il était coutumier. Il se déguisa en femme et se présenta chez lui. Lorsque, fidèle à lui-même, Raspoutine commença à se montrer entreprenant, le « mauvais garçon » se mit à se moquer de lui et à l'insulter. Ce qui lui valut une gifle. Il me semble toutefois que quelque chose sonne faux dans cette légende. Pourquoi Félix ne lui avait-il pas tout bonnement tiré dessus ? Que le moujik lubrique ait été abattu pour avoir osé lever la main sur le prince aurait été très bien accepté par tout le monde ! Certes, la mise en scène elle-même était plutôt compromettante. Était-ce cela qui avait obligé Félix à se retenir ?

Les rumeurs concernant cette gifle continuèrent à me paraître fantaisistes jusqu'au jour où, dans le Dossier, je tombai sur l'étonnante déposition de Ioulia Den, une amie de la tsarine. « Quant au prince Félix Félixovitch Youssoupov... ce jeune homme efféminé et élégant fréquentait Raspoutine l'année qui précéda notre rencontre, puis au cours de l'année où nous avons fait connaissance [1911 et 1912]... Je sais que lors d'une dispute entre le prince et Raspoutine, qui n'avait pas apprécié le comportement du prince, Raspoutine l'a giflé, après quoi le prince n'est plus retourné le voir. » Ioulia en parlait comme d'un fait notoire. Alors que Youssoupov se trouvait à Pétersbourg et aurait donc facilement pu réfuter ses propos s'ils avaient été mensongers. Si cette gifle eut effectivement lieu, on comprend beaucoup de choses. Le prince pouvait-il pardonner un tel affront ? Fut-ce là la véritable raison de la haine profonde que commença alors à vouer à Raspoutine la belle et la fière Zinaïda Youssoupova, mère de Félix ?

Réhabilitation de Raspoutine

Le tsar n'avait pas reçu Rodzianko et les accusations concernant son appartenance à la secte *khlyst* continuaient à pleuvoir sur Raspoutine. Mais, de façon tout à fait inattendue, la tsarine eut alors de quoi se réjouir... Le Seigneur avait choisi d'intervenir en faveur de l'homme de Dieu. La vérité triomphait : Alexis, l'évêque de Tobolsk nouvellement nommé, avait rouvert l'enquête. Et le Consistoire de Tobolsk avait rédigé une nouvelle Conclusion : « Son Éminence Alexis, évêque de Tobolsk, a étudié en détail l'affaire Grigori Novykh. Lors d'un déplacement dans le district de Tobolsk, il s'est arrêté au village de Pokrovskoïé et s'est longuement entretenu avec le paysan Grigori Novykh sur ses croyances religieuses et ses aspirations, avant de parler de lui avec des gens qui le connaissaient bien... De tout ce qui est dit précédemment, Son Éminence Alexis conclut que l'accusation d'appartenance à la secte *khlyst* du paysan Grigori Raspoutine-Novykh n'est pas suffisamment fondée, et, en ce qui le concerne, il estime que le paysan Grigori Novykh est un chrétien orthodoxe, un homme d'une grande intelligence et d'une grande spiritualité, qui recherche la vérité du Christ et se montre apte, le cas échéant, à donner de bons conseils à ceux qui en ont besoin. » S'appuyant sur le rapport de l'évêque Alexis et « au vu des nouvelles données », le Consistoire décréta dans l'arrêté du 29 novembre 1912 : « L'affaire Grigori Raspoutine-Novykh du village de Pokrovskoïé est, par le présent acte, suspendue et considérée comme classée. »

Après avoir pris connaissance de cette Conclusion, le tsar demanda que des copies en soient distribuées au Synode, aux ministres et à la Douma. Afin que le gros Rodzianko puisse retrouver sa tranquillité.

Les raisons de l'apparition soudaine de cette Conclusion, conservée dans les archives de Tobolsk, restaient pour moi mystérieuses. Puis, dans le Dossier, j'ai découvert le témoignage du fils de l'évêque Alexis de Tobolsk. Tout est alors devenu clair.

Dans les coulisses de la réhabilitation

En 1917, la Commission extraordinaire convoqua Leonid Alexeevitch Moltchanov, fils de feu l'évêque Alexis. Il avait fait la connaissance de Raspoutine en 1912, alors qu'il était âgé de vingt-trois ans. Il était à l'époque secrétaire du procureur général du district de Pskov. Cette même année, son père avait été muté de Pskov à Tobolsk, où il était allé lui rendre visite à l'occasion d'un congé. « Le 7 juillet, j'ai pris le vapeur qui va de Tioumen à Tobolsk... Quand on a appris que Raspoutine prenait ce même bateau, la nouvelle a fait sensation parmi la foule. » Et, en dépit de la campagne de presse qui le lui avait rendu particulièrement antipathique, Moltchanov eut envie de faire la connaissance du père Grigori. « J'ai passé avec lui toute la journée, jusqu'à l'arrivée à Pokrovskoïé, où il devait débarquer. Raspoutine disait qu'on écrivait beaucoup de mensonges à son propos, qu'Hermogène et Iliodore, au lieu d'accomplir leur devoir pastoral, s'occupaient de politique et que le souverain n'appréciait guère ces “synodiens” [les membres du Synode] qui, au lieu d'accomplir leur devoir pastoral, ne s'intéressaient qu'à la magnificence de leurs habits, aux rubans et aux décorations, et qui se présentaient à Tsarskoïé Sélo en dignitaires plutôt qu'en pasteurs. » Après avoir écouté le récit de Raspoutine sur les persécutions dont il était l'objet, Moltchanov lui conta à son tour comment son père avait lui-même été persécuté par les membres du Synode. Le père de Moltchanov, Alexis, avait été évêque de Tauride. Et, comme l'expliquait son fils, il avait été victime de calomnies, dont l'objectif était de le chasser de Crimée, « afin de céder le diocèse à Théophane, que l'on cherchait à évincer de Petrograd ». Raison pour laquelle les « synodiens » avaient expédié Alexis à Tobolsk, au fin fond de la Sibérie. « Raspoutine était désolé pour mon père... il déclara que, dès que l'occasion s'en présenterait, il raconterait tout ça à “papa” et “maman”. »

Naturellement, l'histoire piqua l'intérêt de Raspoutine. Et plus encore quand il apprit en quoi consistaient les « calomnies » dont avait été victime le père de Moltchanov.

Victor Yatskevitch, directeur de la chancellerie du haut-procureur du Saint-Synode, évoque l'affaire dans le Dossier. En réalité, ce n'était pas à cause de Théophane qu'Alexis avait perdu son diocèse du Sud, mais à cause d'une jeune institutrice du nom d'Élisabeth Kochevaïa, avec qui le hiérarque avait une liaison. Alexis fut tout d'abord envoyé à Pskov. Or, dans le diocèse de Pskov, explique Yatskevitch, se trouvait « le monastère Vorontsov, tristement célèbre pour son hérésie et qui était devenu le nid de la secte des johannites » — des adeptes de Jean de Cronstadt, qu'ils considéraient comme une incarnation du Christ. Ils avaient également leur propre « Mère de Dieu », Porfiria Kisseliova. « Ainsi, continue Yatskevitch, ils constituaient une secte ordinaire, de type *khlyst*. » Et, loin de lutter contre eux, Alexis avait offert sa protection à ce « navire ». Raison pour laquelle il avait été envoyé encore plus loin, à Tobolsk.

Le climat rigoureux de Tobolsk était très éprouvant pour Alexis. Comme son fils l'avait raconté à Raspoutine, Alexis souffrait de néphrite et avait du mal à supporter les régions froides. Mais cet évêque de province n'avait aucun ami au Synode, susceptible de favoriser sa mutation dans le Sud. Raspoutine comprit alors qu'au diocèse de Tobolsk, dont dépendait son village natal, se trouvait l'homme qu'il lui fallait. Un évêque blessé, sans relations, manquant cruellement de soutien et, surtout, étrangement favorable aux *khlysty*.

Dès le 10 juillet, le père de Moltchanov « reçut un télégramme venant de Pokrovskoïé, dans lequel Raspoutine lui demandait la permission de lui rendre visite à Tobolsk. Il y resta trois jours ». Peu après, Alexis obtint un premier signe encourageant : on le convoqua à Tsarskoïé Sélo, dans la petite maison d'Ania, ce « parvis du pouvoir », comme disait la cour en persiflant. À l'instar des mendiants qui demandaient l'aumône sur le parvis des églises, chez Ania, on sollicitait les hautes fonctions.

Le Dossier. Déposition de Moltchanov : « Après avoir fait la connaissance de Vyroubova, mon père a célébré l'office du soir à la cathédrale Fiodorovski... il a pris le petit déjeuner chez Vyroubova. Au cours du repas, un télégramme a été envoyé sur le yacht [où se trouvait la famille impériale]... auquel fut faite une réponse bienveillante. »

Ainsi, dès l'automne, l'évêque se mit à préparer son témoignage de reconnaissance. L'enquête du Consistoire de Tobolsk relative à l'appartenance de Raspoutine aux *khlysty* fut déclarée close.

Miracle ! Miracle !

Au cours de l'automne 1912, Raspoutine accomplit un de ses véritables miracles, en sauvant la vie de l'héritier. Même ses ennemis furent obligés de le reconnaître.

La tragédie commença début octobre, à Spala, la résidence de chasse située dans la réserve forestière de Bielowiege. Ce soir-là, on donnait un bal au château. Et personne ne soupçonnait ce qui était en train de se passer au même moment dans l'une des pièces. Même Pierre Gilliard, le précepteur d'Alexis, ignorait où avait bien pu passer l'héritier. Par la suite, Gilliard racontera dans ses Mémoires la scène, devenue célèbre, dont il avait été le témoin. Quittant la salle de bal par un couloir intérieur, il s'était retrouvé devant une porte d'où provenaient des gémissements déchirants. Il avait alors vu Alix accourir du bout du couloir en soulevant sa robe de bal pour ne pas trébucher. Elle avait apparemment été prévenue au beau milieu du bal ; son fils était en proie à une nouvelle crise, comme toujours accompagnée de douleurs insupportables. Dans son affolement, elle n'avait même pas remarqué la présence de Gilliard.

Journal de Nicolas, à la date du 5 octobre. « Ce fut un bien triste jour de fête. Le pauvre Alexis souffre depuis plusieurs jours d'une hémorragie secondaire. » La tuméfaction avait provoqué une infection généralisée. Les médecins préparaient déjà Alix à l'inévitable fin. Il était temps d'annoncer officiellement que l'héritier était malade. Extrait du journal de K.R : « 9 octobre. Le bulletin de santé du tsarévitch a été publié. Il est le fils unique du souverain ! Que Dieu le protège ! » L'année précédente, Alexis avait eu une hémorragie rénale. Mais, comme l'écrivit Xénia dans son journal, « on a envoyé chercher Grigori. Avec sa venue, tout s'est arrangé ». Cette fois, Raspoutine était loin. Mais Alix avait confiance : les prières de Notre Ami auraient raison de la distance.

Déposition de Vyroubova : « On envoya alors à Raspoutine un télégramme lui demandant de prier, et Raspoutine répondit par un télégramme réconfortant qui disait que l'héritier vivrait : "Dieu a vu tes larmes et écouté tes prières... Ton fils vivra." »

Quand, le visage ravagé par le manque de sommeil, Alix leur montra triomphalement le télégramme, les médecins se contentèrent de secouer tristement la tête. Ils n'en notèrent pas moins avec stupéfaction le calme subitement retrouvé de cette femme dont l'enfant était en train de mourir. Telle était sa foi en Raspoutine ! Et les médecins avaient dû penser que le Moyen Âge était de retour au Palais... Mais l'héritier se rétablit ! Alix se dit alors qu'elle venait d'être le témoin d'un miracle biblique. Par sa seule prière, et sans même s'être déplacé jusqu'à Spala, il avait sauvé son fils !

Le 21 octobre, Fredericks, le ministre de la Cour, annonça depuis Spala : « La période critique de la maladie de Son Altesse Impériale... est passée. » « N'était-ce pas suffisant pour mériter l'amour des parents ? » interrogeait Vyroubova.

De retour à Pétersbourg, Raspoutine acheva de rassurer les tsars.

Déposition de Vyroubova : « Les médecins disaient que l'hémorragie de l'héritier était héréditaire, et qu'il ne s'en débarrasserait jamais du fait de la fragilité de ses vaisseaux sanguins. Raspoutine les a rassurés en déclarant qu'avec l'âge tout s'arrangerait. » Et, pour la première fois, il annonça qu'il quitterait alors la cour.

Comment Alix aurait-elle pu ne pas l'idolâtrer après tout cela ? Le mot n'est pas trop fort, pour elle il était un dieu. Certes bien commode, comme nous le verrons par la suite.

Les rumeurs quant à la mort possible de l'héritier firent réagir Michel, le frère de Nikki. Si Alexis décédait, il devenait l'héritier, et il savait que, dans ce cas, la famille ne lui permettrait jamais d'épouser Nathalie Wulfert, ex-femme d'un capitaine de cavalerie. Or les cheveux blond cendré et les yeux de velours de la femme la plus élégante de Pétersbourg valaient bien plus qu'un trône. Michel décida donc de ne pas perdre de temps.

Le 31 octobre, l'impératrice mère reçut une lettre de Cannes : « Chère maman... comme il m'est difficile et douloureux de te causer du chagrin... mais il y a deux semaines, j'ai épousé Nathalie Sergueievna... Je ne me serais sans doute jamais décidé à le faire s'il n'y avait eu la maladie du petit Alexis. »

Désormais, pour la famille d'Alexandre III, l'avenir du trône ne dépendait plus que d'un petit garçon malade. Désormais, cet avenir se trouvait entre les mains du troublant thaumaturge.

La joyeuse vie de Raspoutine

Pendant ce temps, l'étrange « envoyé de Dieu » poursuivait son existence peu commune. Les agents continuaient d'accumuler leurs rapports : « 3 décembre 1912. Il s'est rendu à la rédaction des journaux religieux *La Cloche* et *La Voix de la Vérité* en compagnie de Lioubov et Marie Golovine. Puis il a ramassé une prostituée sur la perspective Nevski et l'a emmenée à l'hôtel. » « 9 janvier. Il a voulu aller aux bains familiaux avec Sazonova, mais ils étaient fermés. Il l'a quittée et a embarqué une prostituée. » « 10 janvier. Il est allé chez une prostituée. »

L'enchaînement était toujours le même : des Golovine, plutôt guindés, il passait à une prostituée ; puis, après avoir vu Vyroubova, il allait aux bains avec une de ses initiées ; mais, dans l'intervalle, il ramassait une prostituée ; le soir, enfin, il prenait parfois une automobile, et en route pour Tsarskoïé Sélo ! Désormais, cette chasse au corps féminin lui était devenue habituelle. Il n'avait plus peur qu'on le dénonce aux tsars. « Si, lors de ses premiers séjours, il a fait preuve d'une certaine prudence avant d'aborder des prostituées, regardant autour de lui et empruntant des rues désertes, lors de son dernier séjour, ces rencontres se sont faites tout à fait ouvertement », concluaient les agents de surveillance.

Or, cet individu en manteau de paysan et à la barbe hirsute, qui sillonnait les rues louches et faisait des « visites éclairs » chez les prostituées, eut l'outrecuidance de vouloir à nouveau se mêler de politique internationale !

Au début de l'hiver 1912, Raspoutine fit de la sorte un pas de plus vers sa propre mort.

Qui était le pacificateur ?

Après l'assassinat de Stolypine, catégoriquement opposé à l'implication de la Russie dans le conflit des Balkans, le père des « princesses noires » le roi Nicolas du Monténégro, reprit confiance. Et il passa à l'action.

Dans la nuit du 26 septembre (9 octobre) on apporta au palais d'Hiver un télégramme annonçant le début des hostilités entre le Monténégro et l'Empire ottoman agonisant alors mené par les Jeunes-Turcs. Les troupes monténégrines encerclèrent la forteresse turque de Scutari. Le tsar donna ordre au ministre des Affaires étrangères de tout faire pour convaincre le Monténégro de renoncer. Mais le père des princesses monténégrines, fort de l'état d'esprit qui régnait à Pétersbourg et du soutien de l'Oncle Redoutable, continua le siège de Scutari.

Le chaudron balkanique était prêt à exploser. Le 5 (18) octobre, la Serbie et la Bulgarie entrèrent en guerre contre la Turquie, puis, le lendemain, ce fut au tour de la Grèce. L'annonce de la guerre entre l'Union balkanique et les musulmans turcs provoqua, en Russie, une flambée enthousiaste de nationalisme. Pétersbourg vit refleurir les manifestations ayant pour mot d'ordre : « Une Croix pour Sainte-Sophie ! » Cette fois encore, la société était prête à venir en aide aux frères chrétiens des Balkans. Même Filippov, l'ami de Raspoutine, était alors favorable à la guerre.

La réaction ne se fit pas attendre. Les Autrichiens et les Allemands firent des menaces de guerre. Les 10 et 29 novembre, puis le 5 décembre 1912, le Conseil des ministres se réunit à Pétersbourg. La situation qui avait prévalu quelques années auparavant se répétait. Les nationalistes de droite et la jeune bourgeoisie voulaient la guerre. Mais Stolypine, l'homme qui avait su vaincre l'opinion publique (ou plutôt la folie publique), n'était plus là. La guerre était imminente. Une guerre mondiale. La flotte autrichienne et les navires des grandes puissances bloquaient déjà la côte du Monténégro. En Russie, on s'attendait à la mobilisation générale. Ce fut alors que le tsar fit subitement preuve de fermeté de caractère, en exigeant de son ministre des Affaires étrangères qu'il en arrive à une solution négociée. Le 21 avril, après de longs palabres, le roi du Monténégro accepta de libérer Scutari en échange d'une compensation financière. Sazonov, le ministre russe des Affaires étrangères, annonça avec soulagement : « Le roi Nicolas s'apprêtait à allumer un incendie mondial pour s'y faire cuire une omelette. » Manière de justifier le refus, unanimement critiqué, de soutenir le Monténégro.

Une rumeur se mit alors à circuler dans Pétersbourg. Derrière la subite détermination du tsar se cachait la volonté de Raspoutine ! Une fois de plus, il avait empêché les tsars de venir en aide aux frères slaves.

Et c'était vrai.

Le Dossier. Déposition de Filippov : « En 1912-13, en pleine crise des Balkans, et alors que nous étions sur le point d'entrer en guerre contre l'Autriche, en réponse à mon exigence de voir la Russie prendre activement la défense des peuples slaves contre les Allemands, Raspoutine m'a fait cette remarque : "Les Allemands sont une force, mais les petits frères, ce sont de vrais cochons, qui ne valent pas la peine qu'on perde ne serait-ce qu'un seul Russe pour eux"... Raspoutine estimait qu'on ne serait pas prêts à combattre les Allemands... tant que l'on ne se serait pas remis du choc de la guerre avec le Japon. » Déposition de Vyroubova : « Raspoutine était un adversaire résolu de toute guerre, quelle qu'elle soit. À l'époque de la guerre des Balkans, il était contre l'intervention de la Russie. » Encore le Dossier. Déposition de Badmaev : « Il [Raspoutine] m'a dit qu'il avait demandé au tsar de ne pas participer à la guerre des Balkans, alors que la presse tout entière exigeait l'intervention de la Russie, et il a réussi à convaincre le tsar. » Ainsi l'incroyable s'était produit. Un moujik à demi illettré avait eu raison de tous les partis et amené le tsar à agir au mépris de l'opinion publique.

Et cela à lui tout seul !

C'est du moins ce qui se disait alors à la cour et dans tout Pétersbourg. Ce qui était à la fois complètement avéré et absolument faux. En réalité, Raspoutine avait tout simplement eu d'emblée une vision très claire de sa mission au Palais : comprendre quels étaient les désirs les plus profonds de la tsarine, cette femme à la volonté de fer. Et les exprimer sous forme de prophéties, de messages divins. Il savait combien elle était horrifiée à la seule idée qu'une guerre avec l'Allemagne pût avoir lieu. Et, une fois encore, il exprima à haute voix ce qu'elle souhaitait intérieurement. De nouveau, il effraya le tsar avec des prédictions apocalyptiques, pour le cas où il y aurait la guerre. Et elle, Alix, acceptait ses prophéties avec soulagement, comme étant la volonté de Dieu exprimée par l'homme de Dieu. Dès lors, le tsar n'avait plus qu'à se soumettre.

Pure hypothèse ? Mais Gilliard, le précepteur des enfants du tsar, qui comme tel avait passé de nombreuses années auprès de la famille et comprenait bien Alexandra Fiodorovna, écrirait dans ses Mémoires, en parlant de Raspoutine : « La plupart du temps, ses paroles prophétiques ne faisaient que confirmer ce que souhaitait intimement l'impératrice. Sans même le soupçonner, elle inspirait "l'inspirateur". Ses désirs personnels, en passant par Raspoutine, revêtaient à ses yeux la force et l'autorité d'une révélation. »

Cela, la société ne le comprenait pas.

On crut une fois de plus que le moujik inculte et débauché avait empêché une juste guerre. Nicolas Nicolaievitch, qui venait de subir une seconde défaite dans cette affaire des Balkans, ne lui pardonnerait jamais. Inflexible, l'Oncle Redoutable jugeait le moujik coupable de l'humiliation de la Russie. Dans le Dossier, Constantin Tchikhachev, président du tribunal de district d'Orel, rapporte ces paroles de Raspoutine : « Auparavant, il [Nicolas Nicolaievitch] m'aimait beaucoup. Notre amitié a duré jusqu'à la guerre des Balkans. Il voulait que les Russes entrent en guerre. Moi, je ne le voulais pas, et je m'y suis donc opposé. Depuis, il est fâché contre moi. »

Le massacre pan-européen n'avait donc pas eu lieu — à tout le moins, pas cette fois-là. Mais le grand-duc et les autres vautours, avaient définitivement acquis la conviction que, tant que le moujik serait au Palais, il n'y aurait pas de guerre. Ils savaient aussi qu'il était au Palais pour longtemps, car la tsarine ne s'en séparerait jamais.

La seule chose qui leur restait à faire était donc de l'éliminer physiquement.

Le dangereux Djounkovski

1913 se profilait, année de la célébration du tricentenaire de la dynastie. Fin 1912, comme l'avait prédit le Premier ministre Kokovtsev, Makarov, le ministre de l'Intérieur, fut démis de ses fonctions. À la veille des festivités du tricentenaire, il se retrouva à la retraite. Son successeur à l'Intérieur, Vassili Maklakov, fut choisi parmi les gouverneurs de province. Il était parent du comte Léon Tolstoï et d'un Cadet connu pour ses idées libérales. Mais, contrairement à ces derniers, il était monarchiste et, en tant que gouverneur, s'était singularisé en expulsant les juifs de son district. Il avait à peine plus de quarante ans. Vu son relatif jeune âge, on lui assigna un adjoint, Vladimir Djounkovski, gouverneur de Moscou et ancien acolyte du mari d'Ella, le grand-duc Serge assassiné.

Djounkovski allait concentrer entre ses mains toute la police secrète ; nommé chef de la gendarmerie, ayant le département des filatures sous ses ordres, il fut en outre chargé d'assurer la sécurité de la famille impériale pendant les festivités.

En 1917, devant la Commission extraordinaire, Djounkovski expliqua que le tsar le connaissait depuis l'époque où il était « tout jeune officier au premier bataillon du régiment Preobrajenski ». C'était là que le futur tsar avait reçu sa formation, fait qui comptait beaucoup pour Nicolas, adorant tout ce qui était militaire. Le tsar avait eu l'occasion de revoir Djounkovski lorsque ce dernier était de service au palais, et il connaissait ses convictions monarchistes. Nicolas admirait également la belle allure de cet ancien officier de la Garde. Le nouveau chef de la police secrète avait l'air réellement redoutable au dire même du poète Blok : « ... visage grave, moustaches agressives, front bombé. » Djounkovski était aussi un homme du monde qui savait se montrer divertissant. Lorsqu'il était invité à déjeuner, il amusait les enfants du tsar en imitant particulièrement bien les chants d'oiseaux.

Mais, pour l'heure, Djounkovski préparait la capitale pour les festivités. Plus tard, après la mort du tsar et la chute de la monarchie, il raconterait l'événement en détail dans ses Mémoires.

Les grandes festivités et le moujik

Le jour sacré arriva. Trois cents ans plus tôt, un boyard du nom de Michel Romanov était devenu tsar par décision des États-Généraux. À l'aurore du 21 février 1913, les cloches se mirent à carillonner à travers toute la Russie. À huit heures du matin, Pétersbourg fut réveillé au son des canons de la forteresse Pierre-et-Paul. Dès le petit matin, Djounkovski commença à parcourir la ville. Les rues étaient déjà noires de monde. Une foule considérable s'était massée devant la cathédrale de Kazan, dans l'attente de la famille impériale. À midi, retentit l'acclamation assourdissante des troupes qui faisaient la chaîne depuis le palais d'Hiver jusqu'à la cathédrale. Derrière l'escadron de cosaques en manteau écarlate, apparut la calèche du tsar et du tsarévitch, suivie du carrosse des deux impératrices, avec leurs deux immenses Gardes debout sur les marchepieds, et, enfin, celui des grandes-duchesses. Puis ce fut le début de la célébration religieuse à la cathédrale de Kazan. Ce fut alors que les invités — les plus hauts dignitaires de l'empire — aperçurent le moujik tant haï ! Il était impossible de ne pas le voir. Il se tenait parmi les invités d'honneur.

Le Dossier. Extrait de la déposition de Yatskevitch, directeur de la chancellerie du haut-procureur du Saint-Synode : « Pendant l'office... j'ai aperçu un moujik à côté des sénateurs. On m'a dit que c'était Raspoutine. » Le moujik stupéfiait par la magnificence de son « costume populaire ». « Il était somptueusement vêtu d'une chemise russe couleur framboise foncé, de bottes hautes vernies, d'un large pantalon noir et d'un manteau noir de paysan ». Raspoutine trônant devant les députés ! C'était plus que ce que le président de la Douma pouvait en supporter. L'énorme Rodzianko s'avança vers Raspoutine et lui ordonna de quitter la cathédrale sur-le-champ. Il se souviendrait de lui avoir dit : « Si tu ne pars pas d'ici, je donne l'ordre à la sécurité de te sortir manu militari. » Craignant un scandale, le moujik se dirigea vers la porte en disant : « Oh, mon Dieu, pardonne-lui son péché ! » Rodzianko l'accompagna triomphalement jusqu'au parvis de la cathédrale, où un cosaque lui remit sa pelisse et le fit monter dans une automobile.

On imagine facilement ce que ressentit Alix en apprenant que Raspoutine s'était fait chasser de la cathédrale où il avait été invité par « les tsars ».

Au mois de mai, les célébrations du tricentenaire se poursuivirent à Kostroma. C'était dans cette ville, au monastère Ipatiev, que vivait le jeune boyard Michel Romanov lorsqu'il avait été appelé pour régner, et la famille impériale avait naturellement voulu entreprendre ce pèlerinage aux sources. Cela, quatre ans avant son funeste séjour dans la maison Ipatiev d'Ekaterinbourg, où cette même dynastie connaîtrait ses derniers jours. Arrivé la veille, Djounkovski apprit de la bouche de son adjoint que Raspoutine était lui aussi déjà arrivé en ville et qu'il demandait un billet pour assister aux festivités. Djounkovski se fit un plaisir d'ordonner qu'on le lui refuse.

Le 19 mai, la foule envahit les berges de la Volga, et la flottille impériale, saluée par des salves d'artillerie, le tintement des cloches et les acclamations « Dieu protège le tsar ! », accosta devant le monastère Ipatiev. La famille impériale se rendit immédiatement à l'ancienne cathédrale de l'Assomption. Djounkovski était juste derrière eux lorsqu'ils pénétrèrent dans la cathédrale, et quelle ne fut pas sa stupéfaction quand, près de l'autel, il aperçut Raspoutine, qui, comme il l'apprit plus tard, « y avait été conduit sur ordre de l'impératrice ».

Djounkovski eut une nouvelle fois l'occasion d'être stupéfait le lendemain, lors d'une autre cérémonie à Kostroma, au cours de laquelle devait être posée la première pierre d'un monument en l'honneur de la dynastie des Romanov. Les soutanes en brocart doré et rose des chantres, les chasubles anciennes des évêques et des archimandrites, les parures et les fracs des nobles, le souverain en grand uniforme de son régiment d'Erevan, fondé par le premier Romanov... Et, non loin, toujours le même Raspoutine en chemise de soie et pantalon bouffant. Avant la pose de la première pierre, un office avait été célébré à la cathédrale. Et, là aussi, le moujik était présent !

Ce fut au tour de Yatskevitch d'être indigné. « Pendant les festivités de Kostroma, le jour où l'on devait poser la première pierre du monument, Raspoutine est sorti de la cathédrale juste derrière la famille impériale, et j'étais une fois de plus stupéfait et indigné que l'on ait autorisé Raspoutine à entrer dans la cathédrale où n'avaient été admis que la famille du tsar et Sabler, le haut-procureur. »

Des festivités furent ensuite organisées à Moscou, l'ancienne capitale. Et, de nouveau, ce furent les haies d'honneur, les foules enthousiastes, le tintement des cloches... Le souverain sur un cheval à la robe dorée, escorté par les grands-ducs, eux aussi à cheval, l'impératrice et l'héritier dans une calèche, Ella et les filles du tsar dans un autre équipage... Le 24 mai 1913, Xénia écrivait dans son journal : « Dieu merci, tout s'est magnifiquement passé. Devant la porte Spasski [du Kremlin], tout le monde est descendu et s'est dirigé en procession jusqu'à la cathédrale de l'Archange. » Là, Nikki alluma la veilleuse d'icône placée au-dessus du tombeau de Michel Fiodorovitch. Cette veilleuse en or, placée au-dessus du tombeau du premier Romanov, avait la forme de l'ancienne couronne des tsars de la Moscovie. « Raspoutine se tenait près de l'entrée, et tout le monde le voyait à part moi... Que de mécontentement et d'indigation parmi le clergé », continuait Xénia. « Tout cela m'a laissé une sorte d'arrière-goût désagréable », confirmait Djounkovski, ignorant qu'il avait commis une énorme bourde.

Alix n'avait désormais plus confiance en lui, et elle avait peur de ses agents. Le 12 juin 1913, Maklakov, le nouveau ministre de l'Intérieur, donna l'ordre de « lever la surveillance de Raspoutine et de rappeler les agents qui se trouvaient dans le district de Tobolsk ». Il était interdit à la police de le suivre.

Pour une courte période, le moujik allait être débarrassé de ses chroniqueurs permanents.

« La clique de Moscou »

Élisabeth Fiodorovna n'avait pas été dupe de l'enthousiasme populaire de ces jours de fête. Elle savait que la dynastie avait essuyé de sérieux revers à l'occasion de la guerre honteuse avec le Japon et de la révolution de 1905. Et le moujik, dont la vie de débauche s'étalait dans les journaux, représentait un véritable danger.

Extrait de la déposition de la grande-duchesse Élisabeth Fiodorovna devant la Commission extraordinaire : « Quand j'ai pris connaissance des premières rumeurs selon lesquelles Raspoutine se conduisait dans sa vie privée tout autrement qu'au palais impérial, j'ai mis ma sœur en garde. Mais elle refusait de croire ces rumeurs, qu'elle considérait comme des calomnies semblables à celles qui frappent toujours ceux qui mènent une existence sainte. »

Rassemblé autour d'Ella, le cercle des ennemis de Raspoutine, « la clique de Moscou », comme disait Alix, devenait de plus en plus actif. À cette époque, Zinaïda Youssoupova, un des membres les plus intransigeants de ce cercle, séjournait de plus en plus souvent dans ses palais moscovites. À son tour, Ella devint une habituée d'Arkhangelskoïé, la célèbre propriété des Youssoupov située aux environs de Moscou et dont le luxe n'avait rien à envier aux palais des Romanov. « C'est un vrai plaisir de les voir ensemble. Elles sont toutes les deux incroyablement sympathiques », notait le journaliste

D. Reguinine. « La grande-duchesse (Élisabeth Fiodorovna) vient nous voir à Arkhangelskoïé », écrivit plus d'une fois Zinaïda à son fils au cours de l'été 1912.

Cette alliance avec Ella allait être d'un grand secours à Zinaïda durant la période qui suivit immédiatement les festivités du tricentenaire. Car, à cette époque, alors que les interminables négociations prénuptiales entre Zinaïda et les parents d'Irina — Sandro et Xénia, la sœur du tsar — touchaient à leur fin, le grand-duc Dimitri s'était soudain mêlé de l'affaire.

La bataille des princes

Dimitri, mis au courant des préparatifs du mariage, était brusquement tombé amoureux d'Irina ! De la fiancée de son meilleur ami, un garçon qu'il vénérait ! Et pour lequel il avait annulé son mariage avec la fille du tsar. Non seulement il était tombé amoureux d'Irina, mais encore voulait-il l'épouser. À Pétersbourg, on avait du mal à croire cette histoire. Selon l'actrice Véra Leonidovna, les choses étaient plus compliquées qu'elles ne paraissaient. « Dimitri Pavlovitch se vengeait, purement et simplement. Le grand-duc avait appris que Félix, pour qui il avait sacrifié son mariage avec la fille du monarque, s'apprêtait en toute tranquillité à épouser la nièce du tsar. Ce qui signifiait la fin de leurs relations. Dimitri était furieux. Et il s'est mis à faire lui-même la cour à Irina. Il avait tout simplement décidé de briser cette union. » Peut-être la réalité était-elle tout autre — bien plus ordinaire. À l'époque, Dimitri aimait autant les hommes que les femmes. Il n'est donc pas exclu que le jeune homme soit réellement tombé amoureux de cette frêle beauté. Quoi qu'il en soit, Dimitri demanda la main d'Irina.

Et la famille Romanov se retrouva divisée dans ses sympathies. Zinaïda décrit la situation dans une lettre adressée à Félix : « 28 mai 1913. Mon cher garçon, les parents [d'Irina] se sont expliqués... La mère ne nie pas que la grand-mère (l'impératrice mère Marie Fiodorovna) soit pour Dimitri. Mais elle dit qu'elle n'aurait rien contre [toi] si Irina ne veut entendre parler de personne d'autre. Nous étions tous très émus en nous quittant... Ce qui m'inquiète aussi, c'est l'avenir de tes relations avec Dimitri, car je suis convaincue de sa duplicité. Il fait tout ce qu'il peut pour éveiller l'intérêt d'Irina et ne la quitte pas d'une semelle... Il me fait peur avec son funeste uniforme. C'est vraiment terrifiant. » Il y avait de quoi émouvoir ce cœur maternel. Son fils aîné s'était déjà fait tuer par un officier pour une histoire d'amour.

Mais Félix, lui, ne s'inquiétait pas. Il connaissait sa force.

« C'était à la princesse Irina de choisir entre nous deux, raconte Félix. Nous étions tacitement convenus de ne rien dire ni faire qui puisse influer sur son choix. Elle déclara qu'elle avait décidé de se marier avec moi, et que personne ne pourrait la faire changer d'avis. Dimitri s'inclina devant son choix. Mais cela altéra nos relations. L'ombre que ce mariage jeta sur notre amitié ne s'est jamais dissipée. »

Non seulement Dimitri se résigna, mais encore aida-t-il Félix. À ce moment précis, en effet, les parents d'Irina reçurent au sujet de leur futur gendre des informations pour le moins effrayantes. Ayant eu vent de certaines rumeurs alors qu'il était à Paris, Alexandre Mikhaïlovitch écrivit à sa femme Xénia : « 9 novembre 1913. Tous ces derniers temps, j'ai été très chagriné par des rumeurs concernant la réputation de Félix... Il ne faut pas se précipiter pour annoncer le mariage... Si nous entendons à nouveau parler de tout cela, nous annulerons le mariage. »

Félix courut aussitôt au palais de Xénia. Et sa force de persuasion l'emporta ! Avec le soutien de Dimitri, qui prit noblement sa défense.

De Moscou, où elle séjournait, Zinaïda écrivit à Félix : « 12 novembre. Je savais bien qu'il s'agissait de vieilles histoires. L'attitude de Dimitri Pavlovitch est des plus louables. Je ne me serais jamais attendue à un soutien de ce côté-là... Cependant, je ne vois pas son intervention du même œil que toi. Je pense qu'il n'est pas irréprochable et qu'il agit de façon amicale tout en se protégeant lui-même. »

Restait à savoir qui s'était donné la peine de fournir ces informations à la famille d'Irina. Était-ce la tsarine en personne qui avait tenu à faire savoir à sa belle-sœur le genre d'homme qu'elle s'apprêtait à faire entrer dans la grande famille des Romanov ? Alix était capable de haine farouche face aux ennemis de l'homme de Dieu. Aussi, en tant que témoin, Dimitri dut-il inventer une tout autre version des « fautes de grammaire » de Félix. Ce qu'il fit « tout en se protégeant lui-même », comme le fit très justement remarquer Zinaïda Youssoupova.

L'important était que cette histoire réunissait de nouveau les futurs assassins de Raspoutine.

Durant ces moments difficiles, la grande-duchesse Élisabeth Fiodorovna avait soutenu Félix, le fils de son amie. Et, à la veille de se marier, ayant décidé de changer de vie, le « mauvais garçon » se confessa à Ella. « Quand je lui ai révélé ce qu'elle ignorait de ma vie privée, elle m'a déclaré : "Je sais plus de choses sur toi que tu ne le penses... Celui qui est capable de faire le mal peut aussi faire beaucoup de bien pour peu qu'il choisisse le bon chemin." » Ayant elle-même été l'épouse d'un homosexuel, le grand-duc Serge, elle pouvait comprendre et aimer son « petit Félix ».

« Permettez-moi d'éliminer Raspoutine »

À l'automne 1913, Raspoutine séjournait à Yalta, où, comme l'année précédente, on venait le chercher pour le conduire au palais impérial de Livadia. À cette époque, un certain R.G. Mollov occupait le poste de procureur au palais de justice d'Odessa. De par sa fonction, il avait vécu longtemps à Yalta, et sa déposition figure dans le Dossier. C'est durant cette période que le gouverneur de Yalta, le général Doumbadzé, se plaignit au procureur : « Doumbadzé disait que l'on envoyait souvent l'automobile de la cour chercher Raspoutine pour l'emmener à Livadia. Doumbadzé avait informé l'empereur du fait que la population de Yalta était très remontée contre Raspoutine. À quoi l'empereur lui avait répondu qu'il avait le droit de vivre comme il l'entendait et de recevoir qui il voulait, et qu'il demandait à tout le monde de ne pas se mêler de ses affaires de famille. »

Doumbadzé décida donc de sauver lui-même le prestige de la Famille. Il envoya à Pétersbourg un télégramme adressé au directeur du Département de la Police S. Beletski, dans lequel il lui proposait de « tuer Raspoutine lors d'une de ses traversées en bateau jusqu'à Yalta ». Naïf, Doumbadzé ne pouvait imaginer combien de personnes allaient lire ce télégramme avant qu'il aboutisse sur le bureau de Beletski. Ce dernier fut donc obligé d'agir vite. Il déclare dans sa déposition : « J'ai fait remettre ce télégramme en "mains propres" à

Maklakov [le ministre de l'Intérieur]. » Résultat : la traversée suivante de Raspoutine « se passa sans encombre ».

« Les nôtres » accaparent la Géorgie

Cette fois, Raspoutine arrivait en Crimée avec une mission bien précise. En août 1913, l'exarque de Géorgie était mort. Raspoutine pouvait enfin tenir sa promesse et montrer sa gratitude à Alexis, l'évêque de Tobolsk. Le Dossier. Déposition de Moltchanov : « Au cours de l'automne 1913, Raspoutine... est allé à Livadia en me promettant de faire tout son possible pour obtenir le transfert de mon père dans le Sud. Mon père n'avait d'autre ambition que de s'installer dans n'importe quelle ville du Sud, quand l'exarque de Géorgie est subitement décédé... Je suis allé accompagner Raspoutine à la gare... et je lui ai demandé si mon père pouvait être nommé exarque de Géorgie. » Et Raspoutine « promit formellement d'en faire la demande aux tsars ».

Et comment ! Il aurait ainsi son homme au sein du Synode, et pas n'importe lequel, puisque l'exarque de Géorgie avait rang de quatrième hiérarque. Le moujik fit donc le nécessaire. Et la chose n'était pas facile s'agissant d'un évêque qui avait compromis sa réputation ! Mais Alix faisait confiance à Notre Ami. Qui, sinon l'homme de Dieu, était le mieux placé pour décider des affaires de l'Église ?

Sabler, le haut-procureur, était horrifié face à une telle perspective. Dans sa déposition, il relate sa discussion avec le tsar alors qu'il était allé à Livadia lui faire son rapport : « Nicolas m'a dit : "Vos candidats ont tous échoué, notre choix s'est donc arrêté sur Alexis, l'évêque de Tobolsk."... Je me suis permis d'exprimer mon opposition en déclarant qu'il ne possédait pas les qualités morales nécessaires, qu'il vivait avec l'institutrice Élisabeth Kochevaïa, laquelle l'accompagnait partout et le suivrait sans doute à Tiflis, le mettant ainsi dans une situation compromettante. Mais sa nomination a néanmoins eu lieu. »

Ainsi, l'évêque en disgrâce, exilé dans un coin perdu, fut nommé exarque et promu au rang d'archevêque. « Les nôtres », comme disait la tsarine en parlant des amis de Notre Ami, se trouvaient désormais à la tête de l'Église de Géorgie.

La prophétie de Théophane

Cet été-là, Théophane n'était pas en Crimée. Chassé de sa chaire de Crimée, obtenue grâce à Ella, il avait été exilé à Astrakhan l'année précédente. Ce qui risquait d'être fatal à sa santé. À la grande indignation d'Ella, il s'était même vu interdire de venir se soigner en Crimée lorsque la famille impériale y séjournait. Mais en quittant son siège, Théophane, indomptable quoique naïf, avait raconté tout ce qu'il savait sur Raspoutine à Damanski, adjoint du haut-procureur et ami du moujik.

Dans le Dossier, Théophane déclare avoir conclu cette conversation par une prophétie : « Raspoutine est un réceptacle du diable, le temps viendra où le Seigneur le punira, lui et ceux qui le protègent. » Puis, s'étant signé, il était parti. Sur le moment, Damanski s'était sans doute contenté de sourire. Mais quand, un an plus tard, on lui découvrirait un cancer, il se rappellerait la prophétie de l'évêque déchu.

À Astrakhan, Théophane contracta la malaria ainsi qu'une maladie pulmonaire. Ella parvint tout de même à lui venir en aide ; il fut nommé en Ukraine, où il finirait ses jours comme évêque de Poltava. Ella continuait d'irriter sa sœur en lui faisant remarquer qu'il était inhumain d'interdire à Théophane de se soigner en Crimée. Qu'il avait été son confesseur et n'avait en rien démérité d'elle. Et de même que le fait d'aimer Raspoutine était leur affaire personnelle, celui de ne pas l'aimer était l'affaire personnelle de l'évêque. Mais Alix redoutait le caractère de Théophane, elle craignait qu'il ne parvînt à se frayer un chemin jusqu'au souverain.

Et elle était aidée par Raspoutine, qui cherchait un moyen de fermer définitivement cet accès à son vieil adversaire.

Une nuit en Crimée en compagnie d'une dame voilée

Le Dossier a conservé les traces de cette histoire étonnante. En 1917, un des juges de la Commission extraordinaire se rendit à Yalta pour y interroger la veuve d'un prêtre, Olga Appolonovna Popova, une femme de soixante ans, paralysée depuis des années. Voici ce qu'elle déclare dans sa déposition : « J'ai connu l'évêque Théophane il y a six ans. Il me rendait visite environ deux fois par an, en tant qu'invalide… Il ne mentionnait jamais Grigori Raspoutine, de même qu'il ne disait rien de sa vie à Pétersbourg… Je ne connaissais pas du tout Grigori Raspoutine. Raspoutine est venu me voir pour la première fois le 3 octobre 1913 vers midi… Raspoutine m'a parlé de ma vie — de ma maladie, de ma pauvreté… Puis brusquement, il m'a dit : "Si tu veux, tu peux avoir mille roubles demain, quitter cet appartement et voir tes enfants heureux. Bon, mais on ne va pas en discuter des heures, a ajouté Raspoutine. Est-ce que tu es au courant que Théophane a dit qu'il avait eu des relations sexuelles avec l'impératrice ?" Raspoutine s'exprimait vulgairement. "Si tu es au courant, ne le cache pas, et les mille roubles sont à toi."

« Moi, j'ai répliqué que je ne savais rien et que cela était impossible. Raspoutine s'est mis en colère… Il arpentait la pièce à grands pas et se tordait les mains. Il a recommencé à vouloir me convaincre de calomnier l'évêque. J'étais tellement indignée que je lui ai craché au visage. Raspoutine a reculé vers la porte et m'a dit : "Toi et tes enfants, vous vous souviendrez de moi !" Puis il a changé de ton. Il a répété à plusieurs reprises : "Personne n'a jamais osé me parler de façon aussi insolente… Je sais bien que tu vas te ressaisir et retirer ce que tu as dit. Tu vas retirer ce que tu as dit, tu vas le faire, tu vas le faire", répétait-il en me regardant fixement. Apparemment, ma remontrance avait porté. Il a approché une chaise tout près de moi et m'a dit : "Bon, je vais revenir te voir aujourd'hui avec *elle*, tu veux bien ?" J'ai compris qu'il parlait de l'impératrice. "Tu diras la vérité devant elle, tu reprendras tes esprits… Penses-y, tes enfants seront heureux, et une large route s'ouvrira devant ton fils." Visiblement, Raspoutine imaginait l'avoir emporté sur moi, vieille malade. Mais, moi, je me suis dit que j'allais tout raconter à l'impératrice… Raspoutine m'a annoncé qu'ils viendraient vers minuit.

« À minuit passé, une automobile s'est arrêtée devant notre appartement. Quand mon fils a ouvert la porte, Raspoutine est entré, accompagné d'une grande dame en robe noire, le visage caché sous un épais voile. Elle s'est assise à côté de moi et m'a posé des questions sur ma maladie, elle m'a tâté le pouls et examiné les escarres que j'avais sur le dos. Ensuite, Raspoutine s'est approché de mon lit, il a effleuré l'épaule de la souveraine et m'a dit : "Bon, tu vas lui dire la vérité ?" J'ai répondu que je disais toujours la vérité à tout le monde, d'autant plus qu'il me restait peu de temps à vivre.

« Raspoutine s'est éloigné et la souveraine m'a dit : "Dites-moi, vous a-t-il [Théophane] parlé de sa liaison avec cette personne ? — Ce n'est qu'un mensonge, un mensonge ignoble ! Il n'a rien dit de tel, et il n'aurait pas pu le faire. Je suis sûre que le Seigneur punira celui qui l'a calomnié."

« Raspoutine a dit alors quelque chose à la souveraine, mais je n'ai pas réussi à distinguer les mots. Il s'est mis à tourner sur lui-même dans la chambre en disant : "Elle a peur ! Elle a peur !" J'ai répondu : "Non, je n'ai pas peur ! Je ne veux pas de tes mille roubles, je ne vendrai pas l'évêque !"

« Et Raspoutine a recommencé à me supplier de dire la vérité, en ajoutant que mes enfants n'auraient pas à en souffrir. Juste avant de partir, la souveraine s'est penchée au-dessus de moi et m'a dit : "Donc, vous affirmez que cela ne s'est pas passé ? — Non, cela ne s'est pas passé et, de toute façon, ça ne pouvait pas. Il m'a proposé mille roubles si j'acceptais de calomnier l'évêque." La souveraine a insisté : "C'est votre dernier mot ?" J'ai répété : "Il n'a rien dit, et il n'avait rien à dire."

« La souveraine restait assise, très nerveuse, elle n'arrêtait pas d'enlever et de remettre son gant. Et Raspoutine n'arrêtait pas de répéter : "Elle a peur, elle a peur !" Puis Raspoutine l'a prise par le bras et, après m'avoir lancé un regard noir, il est sorti. »

Que signifie cette scène ? Raspoutine était-il à ce point sûr de son influence sans limites, qu'il se permettait de mentir effrontément devant Alix ? Ou bien savait-il tout simplement qu'elle rêvait de chasser à tout jamais Théophane de Crimée ? Et que, pour cela, elle avait besoin d'un prétexte ? Il ne faisait que déchiffrer et réaliser ses désirs secrets ! Il était devenu, au sens propre, son *alter ego*.

Dans ce cas, on comprend pourquoi, après ce qui venait de se passer, la tsarine écrivit une lettre à Popova.

Déposition de Popova : « Peu après, j'ai reçu une lettre écrite d'une fine écriture de femme et non signée. On me suggérait dans cette lettre de me raviser et de dire la vérité. »

L'avant-dernier séjour de la famille impériale à Livadia touchait à sa fin.

Et la nuit d'Ipatiev se rapprochait.

Portrait de la « Sainte Famille » en 1913

Cet hiver-là, à Pétersbourg, Raspoutine s'installa pour la première fois dans un appartement à lui. Jusque là, il avait habité à titre gracieux chez les Lokhtine ou les Sazonov. Puis il avait loué de misérables petits pied-à-terre. Les archives du Département de la Police ont gardé les adresses successives du « Russe » : 37, avenue Liteïny ; 70, rue Nicolaev... « Raspoutine occupait une pièce dans un appartement de la rue Nicolaev. Dans cette pièce, il n'y avait qu'un lit simple et une table-buffet en bois peint », raconte Moltchanov dans le Dossier.

Mais, cette fois, mieux doté, il fit venir ses filles de Pokrovskoïé. Le moujik avait décidé de leur donner une éducation pétersbourgeoise. Qu'elles deviennent des « petites dames » ! Sans compter qu'il en avait assez de ne pas avoir de chez-soi et de devoir fréquenter les bains publics et les appartements crasseux des prostituées. Akilina Laptinskaïa prit l'affaire en main.

En octobre 1913, à son retour de Yalta, Raspoutine emménagea dans son premier appartement personnel, au 3, avenue d'Angleterre, dans un immeuble appartenant à Veretennikov. Cet appartement avait été mis à la disposition de Raspoutine pour une somme très modique, par un de ces nombreux ratés qui cherchaient à profiter de son influence. Veretennikov était un major-général qui, mis de force à la retraite, rêvait de reprendre du service.

Raspoutine hébergeait maintenant ses deux filles, qu'il avait inscrites dans un lycée privé. Une certaine Anna Popova, aujourd'hui âgée de plus de quatre-vingt-dix ans, m'a confié avoir fait ses études au lycée privé de Stebline-Kamenskaïa, avec Matriona, l'une des filles de Raspoutine. La vieille dame m'a raconté être allée avenue d'Angleterre avec Matriona afin de demander à Raspoutine une contribution pour une œuvre de charité. Transie de peur, elle avait regardé « le sorcier ». Il avait sorti son porte-monnaie, réfléchi un moment, puis leur avait donné un billet. « Il nous a donné très peu », se rappelait Popova.

En effet, il était pauvre à l'époque. Dans le Dossier, Moltchanov décrit le cadre de vie du « starets » : « C'était un appartement de quatre ou cinq pièces, peu confortable et mal meublé. Dans une des pièces était installée Laptinskaïa qui, en l'absence temporaire de domestique, chauffait le samovar et préparait la soupe au poisson ; les deux filles en partageaient une autre quand elles revenaient du pensionnat de Stebline-Kamenskaïa. » Mais peu importait le confort, c'était son premier appartement à lui, et il pouvait y recevoir toutes ses admiratrices. Laptinskaïa put enfin quitter son emploi d'économe et emménagea avec lui. Désormais, elle se présentait fièrement comme sa « secrétaire ». La secrétaire d'un moujik illettré. Quant à Katia Petcorkina, arrivée de Pokrovskoïé pour lui donner un coup de main, elle travaillait comme femme de ménage et cuisinière.

Joukovskaïa nous décrit les filles de Raspoutine à cette époque : « Une force sibérienne sauvage se dégageait de leurs larges visages pâles aux lèvres épaisses et colorées… Leurs corps puissants sentant la sueur faisaient éclater leurs robes de petites filles en fin cachemire. » Barbara avait à l'époque treize ans, et Matriona déjà seize. Matriona avait « un visage blanc, large, un menton proéminent et un front bas qui surplombait des yeux gris et moroses… Elle secouait la tête d'un mouvement impatient pour chasser de ses yeux une frange trop longue… Elle passait le bout de sa langue sur ses épaisses lèvres rouge vif, à la façon d'un carnassier ».

Dans le Dossier, Moltchanov, de son côté, dresse le portrait de Raspoutine tel qu'il apparaissait en 1913 : « Son langage était entrecoupé et pas toujours cohérent. Il ne quittait pas son interlocuteur des yeux, et une force singulière émanait de son regard… Ses mouvements étaient caractéristiques d'un neurasthénique : il se levait d'un bond et ses mains tripotaient toujours quelque chose. » Il continuait à stupéfier ses adeptes par la connaissance qu'il avait des gens, ou plutôt de leurs pensées secrètes. Toujours dans le Dossier, Filippov se souvient : « Durant cette période, Raspoutine n'était pas seulement nerveux, il faisait aussi preuve d'une étonnante perspicacité. Alors que nous nous trouvions en présence de ma femme et de ma belle-sœur… il a remarqué à je ne sais quels petits signes imperceptibles que ma belle-sœur et moi-même étions attirés l'un par l'autre. La prenant à l'écart, il lui a expliqué que mes sentiments pour elle allaient conduire à mon divorce, ce qui s'est effectivement produit. »

La première fois qu'il rencontra l'une des connaissances de Filippov, le professeur Ozerov, un légiste connu, Raspoutine discerna en lui « une absence de paix spirituelle, due au fait qu'il ne pense qu'à l'argent ». Quand Filippov expliqua qu'Ozerov était un membre respecté du Conseil d'État, Raspoutine répliqua : « Ce n'est qu'une nullité d'État. » Et Filippov d'ajouter : « C'était une définition géniale d'Ozerov. »

Ce fut à cette époque que Raspoutine fit la connaissance de la vieille Gouchtchina, qui venait de perdre son mari. Encore le Dossier. Extrait de la déposition de Gouchtchina, Alexandra Gueorguievna, soixante-treize ans, veuve d'un médecin : « Chaque fois que j'allais à l'église, je voyais un homme vêtu d'un manteau de paysan, qui priait avec ferveur... Sa façon de prier était spéciale : il tombait à genoux et s'appuyait par terre avec ses doigts, plutôt bizarrement... Des tas de gens le saluaient et lui demandaient de prier pour eux. » On lui apprit qu'il s'agissait de Raspoutine. « Un jour, il s'est approché de moi après l'office et m'a demandé : "Pourquoi es-tu triste ?" Je lui ai raconté mes malheurs, et il m'a dit : "C'est un péché d'être triste, il faut prier Dieu." » Puis il l'avait invitée chez lui. C'est ainsi que la vieille femme s'était retrouvée sur l'une des plus célèbres photographies du cercle de Raspoutine, une photo qui allait illustrer les innombrables ouvrages qui lui seraient consacrés. Nous y reviendrons plus loin.

Un cri de douleur

Le harcèlement de la presse se poursuivit tout au long de l'année 1913. Raspoutine était maintenant habitué à lire des entretiens qu'il n'avait jamais donnés, et qui servaient de prétexte pour le ridiculiser. Son ami Filippov tenta une nouvelle fois de prendre sa défense dans son journal *La Fumée de la Patrie*. « Toute une littérature s'est créée autour du starets... un grand nombre d'articles sur son influence extraordinaire, voire inexplicable, dans les plus hautes sphères... Raspoutine n'est qu'un paysan russe ordinaire, à l'intelligence exaltée... mais qui n'a pas rompu ses liens avec le simple peuple, dans lequel il puise sa force. » En outre, Filippov se moquait des journalistes qui se faisaient l'écho « des rumeurs selon lesquelles Raspoutine aurait réussi à faire sauter des piliers comme Hermogène ou Théophane ». Ainsi, même Filippov, son ami intime, ignorait l'étendue de l'influence dont le moujik disposait à Tsarskoïé Sélo.

Il arrivait parfois que Notre Ami cède à tel ou tel journaliste en accordant un entretien. Ce qui faisait frémir Alix, car ses vraies déclarations étaient souvent plus dangereuses que celles qu'inventaient les journalistes. D'autant plus que, sous l'influence de Filippov, Raspoutine avait l'idée de fonder son propre organe de presse. « J'ai décidé de lancer le plus juste et authentique journal populaire. On va me donner de l'argent — on a déjà trouvé des gens qui y croient —, je vais rassembler des gens bien, faire le signe de la croix en disant : "Que Dieu nous bénisse !", puis faire sonner la cloche », annonça-t-il lors d'un entretien au *Courrier de Pétersbourg*. Mais, apparemment, Alix réussit à enterrer cette idée. Elle avait compris que toute cette histoire allait le faire couler. Or ils avaient besoin de lui, elle et son petit garçon. Et elle ne pouvait se passer de leurs conversations sur l'âme.

C'était aussi l'époque où les journalistes essayaient d'en savoir plus sur l'implication de Raspoutine dans la crise des Balkans. Il répondait : « En général, cela n'a pas de sens de faire la guerre : de se prendre mutuellement la vie, de violer le Testament du Christ et tuer prématurément son âme. Les Turcs et les Allemands n'ont qu'à s'entre-tuer, c'est leur malchance et leur aveuglement, mais nous, nous nous élèverons au-dessus de tous si nous regardons à l'intérieur de nous avec amour et sérénité. » Et on recommença à le maudire pour avoir trahi les frères slaves. Et, de nouveau, la tsarine chargea Vyroubova de dire au starets qu'il devait éviter la presse.

Les journalistes continuaient d'appeler. Et il hurlait dans le combiné : « Mais que veulent-ils de moi ? Pourquoi ne veulent-ils pas comprendre que je ne suis qu'un moucheron et que je n'ai besoin de rien ni de personne ? À part moi, n'y a-t-il vraiment plus rien d'autre sur quoi parler et écrire ? Je ne fais de mal à personne... et, de toute façon, je ne le peux pas, car je n'en ai pas les forces. Ils font de chacun de mes pas un sujet de discussion... ils mélangent tout... Laissez-moi tranquille... Laissez-moi vivre. »

Ce monologue fut immédiatement publié dans les journaux, accompagné d'un commentaire railleur.

Cela n'empêcha pas les journalistes de continuer à appeler et, lui, de continuer à hurler dans le combiné : « Puisque je te dis que je ne suis qu'un petit moucheron et que ça ne sert à rien de s'occuper de moi. Il se passe des choses importantes autour de nous, et vous, vous parlez toujours de la même chose : Raspoutine et encore Raspoutine... Taisez-vous... Assez d'écrire... Vous aurez à en répondre devant Dieu ! Lui seul voit tout. Lui seul comprend. Et juge. Si c'est indispensable, écrivez... Je ne dirai plus rien. J'ai pris les chose trop à cœur... Maintenant je suis grillé... Je m'en fiche... Qu'ils écrivent. Qu'ils continuent à brailler. Apparemment, c'est mon destin. J'ai tout supporté. Je n'ai peur de rien. Écrivez. Autant que vous voudrez. Je te dis, je m'en fiche. Adieu. »

Ce monologue-là fut aussi publié. Rien à faire, il était le héros du jour.

Un héros condamné. L'année 1914 approchait.

Le moujik a-t-il coulé un second Premier ministre ?

Mentait-il quand il se qualifiait de simple « petit moucheron » ? Oui, il mentait, mais en même temps il disait la vérité. L'ambiguïté de sa position auprès des tsars devint manifeste dans l'histoire où se retrouvèrent pareillement mêlés le Premier ministre nouvellement promu Kokovstev et son prédécesseur, le comte Witte.

Après la nomination de Kokovstev, Alix avait lâché un « ballon d'essai ». Elle avait envoyé Raspoutine « examiner son âme ». Plus tard, Kokovtsev raconterait : « J'ai eu la surprise de recevoir une lettre de Raspoutine disant littéralement ce qui suit : "Je m'apprête à partir pour toujours, et je voudrais qu'on se voie pour échanger quelques idées... fixez un rendez-vous." » Kokovstev accepta. S'ensuivit une scène presque comique. Raspoutine entra et s'assit, sans rien dire. Le silence se prolongea. Raspoutine regardait le Premier ministre. « Il me fixait de ses petits yeux gris acier, enfoncés et très rapprochés. Raspoutine ne me quitta pas des yeux pendant un bon moment, comme s'il voulait m'hypnotiser, ou alors il m'étudiait tout simplement. » Puis le moujik marmonna soudain : « Alors, je dois partir, ou quoi ? On ne me laisse plus vivre, ici, on n'arrête pas de raconter n'importe quoi sur moi. » Là, selon les plans d'Alix, le Premier ministre était censé dire comment il comptait protéger Raspoutine. Mais Kokovtsev dit : « Oui, bien sûr, vous feriez bien de partir... Vous devez comprendre que votre place n'est pas ici, que vous portez préjudice au souverain en apparaissant au

Palais... en donnant matière à alimenter les inventions et les conclusions les plus invraisemblables. » Kokovstev s'entendit alors répondre : « D'accord, je suis le méchant, je m'en vais, qu'ils se débrouillent sans moi. » Il resta encore un moment sans rien dire, puis se leva et dit simplement : « Eh bien, nous avons fait connaissance. Adieu. »

Quand Raspoutine lui raconta que Kokovstev lui avait suggéré de « partir », Alix cessa d'aimer le Premier ministre. Car, pour la tsarine, l'entretien de Kokovtsev avec Raspoutine n'était pas seulement un entretien avec l'homme de Dieu. C'était un ballon d'essai, dont le but était pour elle de tester la capacité du Premier ministre à se ranger à ses idées. À rejoindre le camp de ses amis. À devenir l'un des « nôtres ».

Alix se plaignit à Nikki. Aussitôt, le souverain demanda au nouveau Premier ministre de lui raconter son entretien avec le moujik. « Quand j'ai terminé mon récit, le souverain m'a demandé : “Vous ne lui avez pas dit que vous alliez l'expulser s'il ne partait pas de son plein gré ?” Après avoir obtenu ma réponse comme quoi... je n'avais aucune raison de menacer Raspoutine d'exil dans la mesure où il m'avait dit lui-même qu'il désirait partir depuis longtemps, le souverain me déclara qu'il était ravi de l'entendre. Et qu'il serait “extrêmement peiné si quelqu'un était ennuyé à cause de nous”... Puis le souverain a demandé : “Et quelle impression a-t-il produite sur vous, ce petit moujik ?” J'ai répondu qu'il m'avait laissé une impression des plus désagréables, et qu'il m'avait semblé... avoir devant moi le type même du vagabond sibérien. »

Plus tard, devant la Commission extraordinaire, Kokovstev fut encore plus direct. « Je suis resté onze ans dans l'administration pénitentiaire centrale... et j'ai eu l'occasion de voir tous les bagnes, et... parmi les vagabonds sibériens d'ascendance inconnue, il y a tous les Raspoutine qu'on veut. Tout en se signant, ils sont capables, toujours avec le même sourire, de vous prendre par la gorge et de vous étrangler. »

Raspoutine l'avait compris : il était temps de s'attaquer au Premier ministre. « Maman » ne voulait plus de Kokovstev. Déposition de Filippov dans le Dossier : « Le renvoi de Kokovstev eut lieu sous la pression, tenace et très ingénieuse, de Raspoutine, lequel avait le don, au détour d'une conversation, de caractériser la personne haïe par une petite phrase ou une épithète bien placée, qui produisait un effet magique sur les natures faibles et arrogantes, notamment le souverain. » Le 14 janvier, bien qu'il eût remis de l'ordre dans les finances de l'État et ouvert une période de réelle stabilité, Kokovtsev fut remercié, avec une place au Conseil d'État et, tout comme Witte, avec le titre de comte.

On aurait pu penser que le départ de Kokovtsev ramènerait le comte Witte sur le devant de la scène politique. L'homme était brillant, et ses sentiments favorables à Raspoutine faisaient dire à Bogdanovitch qu'ils « chantaient à l'unisson ». En toute logique, la nomination de Witte, le favori des partis progressistes et du capital industriel, aurait permis de résoudre tous les problèmes. D'un côté, il aurait été bien accueilli par la société, et de l'autre, il avait assez d'intelligence et d'autorité pour faire taire les ennemis du starets. Et Witte savait que l'astucieux Raspoutine comprenait tout cela parfaitement bien, et qu'il le soutiendrait. Mais, comme tant d'autres, Witte n'avait pas saisi la situation telle qu'elle était réellement : Raspoutine ne pouvait user de son influence que pour autant que la tsarine n'avait pas pris de décision définitive. Dans le cas contraire, il ne pouvait qu'entrer dans son jeu. Faire passer l'opinion d'Alix pour son propre pressentiment, sa prédiction, son désir à lui.

En ce qui concernait Witte, Alix avait une opinion bien arrêtée. Elle le détestait. Car, en tant que promoteur de la Constitution de 1905, il avait limité les prérogatives du tsar et celles à venir de son fils, il avait « spolié le Petit ». Quelque utile qu'eût pu être ce génial ministre, elle était incapable de dominer ses sentiments et n'en avait d'ailleurs aucun désir. À l'instar de Marie-Antoinette, qui n'avait jamais pu surmonter son aversion pour La Fayette ou Mirabeau, quoi que ces derniers fissent pour la sauver.

Comprenant tout cela, Raspoutine ne souffla mot de ses sympathies à l'égard de Witte.

Par contre, dès qu'Alix n'avait pas d'opinion arrêtée, Raspoutine pouvait exercer son pouvoir. Alors, la pratique, tombée en désuétude depuis le XVIIIe siècle, consistant à agir par l'intermédiaire du favori du tsar reprenait tous ses droits. Si Raspoutine ne put faire nommer Witte, il réussit en revanche à influer sur le choix du nouveau ministre des Finances, poste pour lequel Alexandra Fiodorovna montrait une totale indifférence.

Les banquiers commencèrent alors à se rapprocher de Raspoutine. On lui présenta Pavel Bark, enfant chéri du jeune capitalisme russe. Âgé de quarante-trois ans, Bark avait quitté son poste de haut fonctionnaire au ministère des Finances pour devenir directeur général de la banque Volga-Kama, où il avait eu l'occasion de mettre à profit ses anciennes relations au sein du gouvernement. Puis il avait abandonné la banque pour une fonction au sein du gouvernement. Sous Kokovstev, il était devenu vice-ministre du Commerce et de l'Industrie. Sachant dans quelle situation se trouvait le Premier ministre, Bark et, plus important, les banquiers qui le soutenaient, se lancèrent à la conquête du ministère des Finances. Dans le Dossier, Filippov déclare : « La chute de Kokovstev, politicien extrêmement prudent en matière de finances et qui avait fait preuve d'une fermeté et d'une indépendance exceptionnelles à l'égard des banques, fut très profitable aux boursicoteurs. »

En janvier 1914, Ivan Goremykine devint Premier ministre. Avec le « vieux », comme Raspoutine appelait cet homme de soixante-quinze ans, commença une politique particulièrement prisée en Russie, celle de la contre-réforme, consistant dans le cas d'espèce à rejeter tous les changements introduits par Stolypine. C'est dans ce cadre que l'on discuta des candidatures au poste de ministre des Finances. Raspoutine se mit alors à évoquer avec insistance la bonne âme de Bark et ses capacités. Quand l'impératrice lui fit part des réflexions du père Grigori au sujet de Bark, le tsar ne put que s'étonner de l'intervention de Raspoutine dans un domaine auquel il ne comprenait pas grand-chose. Intervention qui ne pouvait s'expliquer que par une intuition divine. Bark fut donc nommé ministre des Finances.

Si Raspoutine était intervenu par le passé dans des nominations au sein de l'Église, c'était la première fois qu'il le faisait au sein du gouvernement. En réalité, l'arrivée de Bark au poste de ministre des Finances constituait une véritable révolution, chose que le « starets » n'avait pas comprise. Lui, savait seulement que désormais c'était l'un des « nôtres » qui s'occupait de l'argent. En fait, c'était la fin de la politique menée par Stolypine, puis par Kokovstev. Bark était le protégé des puissantes banques qui, au travers du nouveau ministre, allaient gérer les finances de ce pays quasi féodal. Filippov, qui lui aussi était banquier et connaissait le système de l'intérieur, déclare dans le Dossier : « Bark... a donné des gages aux banques... L'État a commencé à subventionner largement les banques privées, prétendument pour soutenir les entreprises industrielles... Les directeurs de banques ont ensuite utilisé ces fonds pour acheter des valeurs boursières et spéculer à la baisse, ce qui s'avérerait particulièrement dangereux dans la première période de la guerre. »

Goremykine n'avait ni la force ni la capacité de faire revenir la Russie à l'état de stagnation, de tranquillité muette qu'elle avait connu à l'époque d'Alexandre III. Mais il se montrait des plus « obéissants » avec Alix, recevait l'homme de Dieu et lisait avec attention les innombrables notes que lui adressait le père Grigori en même temps qu'il lui envoyait des solliciteurs. « Vénérable vieillard, écoute-les, et, si tu le peux, aide-les. Avec toutes mes excuses. Grigori. »

Dans le Dossier, Filippov raconte qu'un jour, complètement ivre, Raspoutine avait téléphoné au domicile du vieux Goremykine pour lui soumettre une nouvelle requête. Goremykine s'était alors excusé de ne pas pouvoir le recevoir, sa femme étant gravement malade. La langue pâteuse, Raspoutine avait rassuré le ministre en lui disant que « la vieille » allait bientôt se rétablir. Et, en effet, la vieille dame se rétablit !

L'ombre de Marie-Antoinette

La dernière année paisible de l'empire des Romanov s'acheva sur des fiançailles. Les relations de Zinaïda et de la famille impériale étaient devenues encore plus tendues. Entre elles se trouvait Raspoutine. Au mois de novembre, Zinaïda fit à son fils la description d'un dîner au palais de Livadia. « On m'a fait asseoir à la table impériale et, pendant les danses, j'ai été invitée à prendre place aux côtés de notre hôtesse, qui m'a félicitée et beaucoup parlé de vous deux. En dépit de son amabilité de façade, la conversation a été sèche et j'ai pu voir à quel point je lui déplaisais. Lui [le tsar] s'est contenté de me serrer la main avec un sourire, mais il ne m'a pas adressé un mot. La grosse [Vyroubova] se comporte conformément à sa position de cinquième fille. Les "sœurs noires" [les princesses monténégrines] ont l'air de pestiférées. Personne à la cour ne les approche, voyant bien que les maîtres les ignorent complètement. »

Ce fut enfin au tour du fiancé de rendre visite à sa future belle-famille. Le tsar aimait jouer au tennis. Il nous reste même un rouleau de film où Nicolas apparaît, raquette à la main — petit message de l'Atlantide disparue à jamais. Le 11 novembre, Nikki décrit dans son journal sa partie de tennis avec le futur époux de sa nièce. Puis il ajoute cette phrase : « C'est le meilleur joueur de Russie, on a de quoi apprendre auprès de lui. » Ce joli cœur à l'allure si peu militaire devait tout de même avoir quelque qualité !

Le 22 décembre 1913, Xénia inscrivit dans son journal les mots attendus de la part d'une mère dont la fille se fiance : « Seigneur, fais que leur amour soit heureux. Je n'arrive pas à croire que c'est mon Irina qui se marie ! » Étant donné que les relations entre Zinaïda et la tsarine restaient tendues, la cérémonie du mariage eut lieu « en territoire ennemi » — pour Alix —, c'est-à-dire chez l'impératrice mère, au palais Anitchkov. Le mariage fut célébré dans la chapelle du Palais. Le 9 février, Nikki nota dans son journal : « Alix, les enfants et moi sommes allés en ville au palais Anitchkov pour assister au mariage d'Irina et de Félix Youssoupov. Tout s'est très bien passé. Il y avait beaucoup de monde. »

L'escorte impériale et deux automobiles amenèrent de Tsarskoïé Sélo la nouvelle famille de Félix : Nikki, Alix et leurs filles. Irina arriva au palais avant son fiancé. Elle était superbe dans sa robe de satin blanc brodée d'argent, avec une longue traîne. Un diadème en cristal de roche orné de diamants retenait le voile de dentelles. Détail alarmant : ce diadème avait appartenu à Marie-Antoinette. Pendant ce temps, le marié en redingote noire à revers et col brodés d'or était bloqué dans un ascenseur. C'était un vieil ascenseur qui ne marchait que par intermittence.

On vit alors toute la famille impériale, y compris le tsar, faire des efforts désespérés pour libérer le futur marié en détresse. Tandis que le brave Nikki et les filles essayaient de l'aider, Alix observait la scène en silence. Ce vieil ascenseur en panne avait quelque chose d'angoissant. Tout comme le diadème de la reine de France.

Il ne restait que quelques mois avant le début de la

guerre mondiale. Et exactement trois ans avant la chute de l'empire, en février 1917.

Le lieu de la tragédie est prêt !

Ses parents cédèrent à Félix le rez-de-chaussée de l'aile gauche de leur palais du quai de la Moïka. « J'ai fait percer une entrée indépendante et effectuer certains changements nécessaires. À droite se trouvaient les salles d'apparat — la salle de bal et ses colonnes de marbre jaune, avec, au fond, des arcades donnant sur le jardin d'hiver, le salon avec son papier peint couleur saphir, ses tableaux, ses tapisseries. Le tout dans le style Louis XVI. » Dans le style d'un roi décapité par la révolution ! « À droite du vestibule, je m'étais aménagé un petit logement pour les fois où je viendrais à Pétersbourg tout seul. L'une des portes ouvrait sur un escalier dérobé qui menait au sous-sol... J'avais l'intention d'aménager dans cette partie du sous-sol un salon style Renaissance. Les travaux étaient à peine terminés que la révolution a éclaté, et nous n'avons jamais profité de cet endroit auquel nous avions consacré tant d'efforts. »

Rusé Félix... En fait, il profiterait largement de ce salon en sous-sol, aménagé dans le « style Renaissance ». Au moins une fois. Ce serait là qu'il assassinerait Raspoutine.

Durant la cérémonie du mariage, Zinaïda et la tsarine ne s'étaient pas adressé la parole.

Alix avait imaginé le terme des « nôtres » pour désigner ceux qui aimaient le starets. Restaient ceux qui n'étaient « pas des nôtres », comme par exemple tout l'entourage d'Élisabeth Fiodorovna, l'aristocratie moscovite, la grande famille des Romanov, la haute société de Pétersbourg, la Douma, le grand-duc Nicolas Nicolaievitch, la haute aristocratie militaire qui entourait le grand-duc et, enfin, les monarchistes de droite, anciens alliés du moujik. Ceux qui n'étaient « pas des nôtres », c'était tout le monde, à quelques exceptions près. Et, seuls contre tous : Alix, l'Amie, Nikki. Trois valeureux mousquetaires.

7

Thé avec Raspoutine : le salon du moujik

Un curieuse « sataniste »

Au début de l'année 1914, dans l'appartement du moujik, se constitua un des salons les plus influents de Pétersbourg. Les descriptions de ce salon par les différents témoins rappellent la nouvelle d'Akutagawa, *Rashomon*, tant elles sont contradictoires. Car il fallait être un initié pour voir ce qui s'y passait sous le bon éclairage. Comme tout le reste de la vie de Raspoutine, ce salon était une énigme.

Le 5 août 1917, la Commission extraordinaire interrogea le célèbre spécialiste des sectes, Alexandre Stepanovitch Prougavine. Âgé de soixante-six ans, le chercheur expliqua : « Consacrant mon existence à l'étude des courants religieux russes, en particulier mystiques, je me suis naturellement... intéressé à Raspoutine. » Au cours de l'hiver 1914, une jolie jeune femme était venue le voir. Se présentant comme un jeune écrivain, publiant sous le pseudonyme de Joukovskaïa, elle déclara s'appeler Véra, s'intéresser « aux courants religieux et mystiques » et désirer s'introduire chez Raspoutine. Dans ses *Mémoires*, Véra Joukovskaïa raconte que Prougavine la regarda « avec affliction » et lui conseilla aussitôt de renoncer à son projet, les conséquences d'une telle rencontre pouvant se révéler « funestes » pour elle. « Je lui ai répété que ma décision était ferme, précise Joukovskaïa, et je lui ai même demandé de me procurer l'adresse et le numéro de téléphone de Raspoutine. »

Véra Joukovskaïa était une enfant de l'époque, cette « veille de l'Apocalypse ». Comme le prince Youssoupov et bien d'autres jeunes gens d'alors, elle était dans une quête permanente de sensations inédites. Elle en avait déjà expérimenté un certain nombre, notamment la cocaïne. Et, selon le témoignage de Prougavine, « à Paris, sa recherche de révélations religieuses l'avait conduite jusqu'au satanisme et à la participation à des messes noires ». Elle-même reconnaissait avoir « assisté à des réunions secrètes de *khlysty* ». La notoriété quelque peu terrifiante de Raspoutine la fascinait et l'obsédait.

« J'ai tout fait pour vous mettre en garde, et maintenant je m'en lave les mains », finit par lui dire Prougavine. Et, le lendemain, il lui communiqua l'adresse et le numéro de téléphone de Raspoutine.

Joukovskaïa commença à rendre régulièrement visite au père Grigori et, une fois, elle emmena même Prougavine avec elle, ainsi qu'en témoigne ce dernier dans le Dossier. De sorte que ce qui va suivre est le témoignage d'une femme qui côtoyait de près le starets.

« Raspoutine habitait au 3 de l'avenue d'Angleterre. Son numéro de téléphone était le 64646, se souvenait Joukovskaïa. Je ne traînai pas et l'appelai immédiatement... Je tombai par miracle à un des rares moments où le téléphone de Raspoutine n'était pas occupé. J'entendis une voix sifflante : “Qui est là ? Bon, j'écoute.” D'une voix un peu tremblante je demande : “Père Grigori ? C'est une jeune dame à l'appareil. J'ai beaucoup entendu parler de vous. Je ne suis pas d'ici, et j'ai très envie de vous rencontrer. »

Moins d'une heure plus tard elle pénétrait dans « un immense immeuble gris ».

« Dans le hall d'entrée se trouvaient, côte à côte, un loup et un ours empaillés... sur fond de fenêtre de style décadent, à laquelle pendait un bouquet de bruyère rose en train de sécher... L'ascenseur s'arrêta tout en haut... À mon coup de sonnette, une femme petite et forte, portant un fichu blanc, vint m'ouvrir [il s'agissait d'Akilina Laptinskaïa]. Ses grands yeux gris écarquillés me lancèrent un regard peu aimable : “Vous avez rendez-vous ? Bon, entrez...” La porte de l'antichambre s'entrouvrit, Raspoutine en surgit puis, à pas rapides et traînants, il s'avança en marchant légèrement de côté. Trapu, d'une largeur d'épaules inhabituelle, il portait une longue chemise avec une ceinture framboise, un pantalon anglais à rayures et des pantoufles à carreaux avec des revers... Peau sombre et ridée... Cheveux séparés au milieu par une raie approximative et barbe assez longue presque uniformément blond foncé... S'approchant à me toucher, il prit ma main et s'inclina devant moi. Je remarquai son gros nez grêlé... puis il planta dans les miens ses petits yeux clairs, profondément enchâssés au milieu des rides. Dans celui de droite apparaissait une petite excroissance jaune... Une force désagréable et sauvage émanait de ses yeux. Son regard était insistant, ses yeux clignaient très rarement, et ce regard fixe et magnétique était troublant... "Conduis-la dans ma chambre spéciale", dit Raspoutine à mi-voix en me désignant. »

On la fit passer « devant une porte derrière laquelle se faisaient entendre des voix étouffées ». C'était précisément là, dans la plus grande pièce de l'appartement que se tenait « le salon ». C'était les voix des admiratrices de Raspoutine que Joukovskaïa venait d'entendre. Puis on l'introduisit dans une chambre exiguë pourvue d'une unique fenêtre.

« Restée seule, je regardai autour de moi. Contre le mur, près de la porte, se trouvait un lit recouvert d'une courtepointe de soie, en patchwork multicolore, jetée sur des coussins gonflants, et, à côté du lit, il y avait un lavabo... Près du lavabo, devant la fenêtre, se trouvait un bureau. Au centre était posée une grande pendule en or portant sur le dessus le blason impérial... Il n'y avait pas d'icône à l'angle du mur, mais sur le rebord de la fenêtre était posée une grande photographie représentant l'autel de la cathédrale Saint-Isaac, à laquelle pendait un bouquet de rubans de différentes couleurs. Et, par analogie, je me rappelai une maisonnette de "gens de Dieu" [des *khlysty*] aux environs de Kiev : là non plus il n'y avait pas d'icône au coin du mur, mais une image du Sauveur posée sur le rebord de la fenêtre, avec des rubans pendant dessus... Approchant son fauteuil, il s'assit face à moi en plaçant mes jambes entre ses genoux. »

C'était ainsi, les jambes des femmes enserrées entre ses genoux, que commençait l'entreprise de séduction, comme beaucoup en témoigneraient. Ou, plus exactement, c'était ainsi que commençait son monologue sur le fondement religieux du péché.

« Ne te fie pas aux popes, ils sont bêtes, ils ne connaissent pas le mystère dans son entier... Le péché nous est donné pour que nous puissions nous repentir, et le repentir, c'est la joie pour l'âme, la force pour le corps, tu comprends ? Ah, toi ma douce, ma petite abeille de miel... Le péché, il faut le comprendre... Sans péché, il n'y a pas de vie, parce qu'il n'y a pas de repentir, et sans repentir, il n'y a pas de joie... Tu veux que je te montre le péché ? Jeûne la semaine à venir et viens me voir après la communion, quand le paradis sera dans ton âme. Alors, je te montrerai le péché... »

Ensuite Joukovskaïa reprend : « Quelqu'un de terrifiant, d'impitoyable me regardait du fond de ses prunelles presque entièrement cachées... Brusquement, ses yeux se rouvrirent, son visage se dérida et, me regardant tendrement, il demanda : “Pourquoi est-ce que tu me regardes comme ça, mon abeille ?” Alors, se penchant, il m'embrassa avec une froide exaltation de moine. »

Elle repartit. Manifestement un peu déçue de cet au revoir affectueux et dénué de passion : « Seulement, attention, reviens vite. »

Le salon se réunit

Et puis, croyons-la, « il ne se passa rien de plus ». Raspoutine se contenta de l'introduire dans son « salon ». Et là, Joukovskaïa nota tout de façon détaillée : « En tout il y avait une dizaine de dames. À l'extrémité de la table se tenait un jeune homme en jaquette, morose et visiblement préoccupé par quelque chose. Près de lui, appuyée au dossier de son fauteuil, était assise une très jeune femme enceinte... Ses grand yeux bleus regardaient tendrement Raspoutine. Il s'agissait du couple Pistolcors, ainsi que je l'apprendrais plus tard à l'occasion d'une rencontre. Mais les années qui suivirent, je ne revis plus jamais Pistolcors chez Raspoutine, seulement Sana. À côté de Sana était assise Lioubov Vassilievna Golovina. Son visage pâle et fané me plut beaucoup. Elle se conduisait comme la maîtresse de maison, servant chacun et participant à la conversation générale. »

Elle vit aussi Vyroubova. « Je la regardai avec curiosité :

grande blonde corpulente, elle était vêtue trop simplement, et même sans goût. Son visage était ingrat, avec une bouche sensuelle d'un framboise éclatant et de grands yeux bleus qui brillaient anormalement. Son visage changeait en permanence. Il était comme fuyant, double, trompeur ; une volupté cachée et une sorte d'anxiété inextinguible y alternaient avec une sévérité ascétique. De toute ma vie je n'ai jamais revu un tel visage, et je dois dire qu'il produisait une impression ineffaçable.

« Assise près d'elle, Mounia Golovina... me regardait de ses timides yeux bleu pâle qui papillotaient... les autres dames étaient insignifiantes et se ressemblaient à s'y méprendre. »

Le Petit Dandy

Une autre dame décrivit les amies de Raspoutine. Comme Joukovskaïa et bien d'autres, elle eut droit au rituel de la séduction. Elle entendit et retranscrivit le même murmure hypnotique : « Là-dedans il n'y a pas de péché... Ce sont les gens qui ont inventé ça... Regarde les bêtes sauvages. Est-ce qu'elles connaissent le péché ?... Dans la simplicité est la sagesse... Ne sèche pas ton âme... »

Il lui fut aussi donné d'entendre les étranges affirmations des ferventes adeptes du père Grigori. La très pure Mounia lui dirait ces paroles énigmatiques : « Il rend tout saint. » Et, au nom de toutes, elle lui demanderait de ne pas le tourmenter... et de lui céder, « car avec lui il n'y a pas de péché ».

C'était elle que Raspoutine appelait si expressivement « le Petit Dandy ». Véra Djanoumova, ainsi se nommait cette jeune femme, maintes fois mentionnée dans les rapports des agents chargés de surveiller le starets. « Raspoutine a envoyé un télégramme à Djanoumova : "Trésor choyé. Fermement avec toi en esprit. Je t'embrasse." » Ou bien encore : « Il a emmené Djanoumova au Donon. »

Véra, femme d'un riche marchand moscovite, publierait ses Mémoires en émigration. Elle aussi y décrirait le salon de Raspoutine.

Le voilà, assis à table, entouré de ses admiratrices. Tout se mêle autour de cette table — le chinchilla, la soie et le drap sombre, les diamants de la plus belle eau et les fines aigrettes dans les cheveux, les fichus blancs des sœurs de charité et les foulards des vieilles femmes. Le Petit Dandy en est ébahi. « On sonne à la porte : on apporte un panier de roses et une douzaine de chemises brodées, en soie de différentes couleurs... », ou encore : « On livre un lourd manteau de paysan à la doublure de brocart prodigieusement travaillé. » La soigneuse Akilina Laptinskaïa ramasse tous ces présents et les emporte dans une pièce voisine. Le rituel du thé commence. Sur la table sont disposées diverses sucreries pour les invités. Lui, comme l'indiquent les témoins, n'en mange pas. « Jamais de choses sucrées », se rappellera son secrétaire, Simanovitch. Sa fille Matriona écrira la même chose dans son livre de souvenirs. Mettons-nous donc bien cela dans la tête : *il ne mange pas de sucreries*. De même, jusqu'en 1913, abstinence de vin et condamnation des buveurs, Lokhtina en témoigne. Sazonov le confirme. Et si du vin apparaît sur sa table, c'est en très petite quantité et uniquement des vins doux, auxquels il a pris goût dans les monastères, à l'époque de ses pèlerinages.

Les dames continuent d'arriver. À chaque coup de sonnette, Mounia se précipite pour ouvrir la porte, et cette fille d'ancienne demoiselle d'honneur de deux impératrices, qui de plus est parente d'un grand-duc, aide le nouvel arrivé à ôter ses chaussures. C'est ainsi que Raspoutine enseigne l'humilité. Puis survient la princesse Chakhovskaïa : « La princesse, qui avait abandonné mari et enfants et qui depuis quatre ans le suivait sans relâche, était une femme d'une beauté saisissante... » se souviendra Djanoumova. Cette beauté, une des premières aviatrices russes, a de justesse réchappé d'un accident.

Toutes les nouvelles venues commencent par le rite du baisemain. Dans le Dossier, Gouchtchina témoigne : « Je venais chez lui uniquement en journée... je voyais beaucoup de dames ; toutes lui manifestaient une extrême déférence et lui baisaient la main. »

Puis le « salon » passe au thé. C'est au tour de Joukovskaïa de raconter : « Sur un coin de la table sifflait un énorme samovar, fraîchement astiqué... le service était des plus bizarres : les magnifiques gâteaux et les splendides coupes de cristal remplies de fruits côtoyaient, posés à même la table, les piles de pains d'épice à la menthe et les tas de vulgaires craquelins. La confiture était servie dans des bocaux poisseux et, à côté d'un plat contenant un somptueux esturgeon en gelée étaient posées de larges tranches de pain noir... Devant Raspoutine se trouvait une assiette creuse avec deux dizaines d'œufs durs et une bouteille de Cahors... Toutes les mains se tendirent, les yeux se mirent à briller : "Père, un petit œuf !" Raspoutine attrapa une pleine poignée d'œufs et entreprit de les distribuer, plaçant un œuf dans chaque main tendue... Vyroubova se leva et, s'approchant de Raspoutine, elle lui tendit deux petits concombres salés sur une tranche de pain. Après s'être signé, Raspoutine commença à manger, mordant tantôt dans le pain, tantôt dans un concombre. Il mangeait toujours avec ses mains, même le poisson, et, entre deux bouchées, essuyant à peine ses doigts sales, il caressait ses voisines de table tout en proférant ses "sentences"... Puis entra une grande fille en tenue de lycéenne... Toutes les mains se tendirent vers elle : "Mara, Marotchka !" C'était très curieux de voir toutes ces princesses et comtesses embrasser la fille de Raspoutine. Une lui baisa même la main. »

Visages sortis du néant

Le Dossier nous offre la possibilité de voir de nos propres yeux la plupart des gens assis autour de la table de Raspoutine. Approximativement à la même époque ont été prises deux photographies. Et toutes les deux ont survécu aux guerres et aux révolutions.

La première, la plus connue, est reproduite pratiquement dans toutes les biographies. Elle fut prise dans la pièce principale décrite par Joukovskaïa, où le « salon » de Raspoutine se réunissait autour du thé. On y aperçoit, ouverte, la porte donnant sur le couloir qui menait à la « chambre spéciale ». Au centre de la table, sur une chaise, est assis Raspoutine. Il porte une longue chemise de paysan, boutonnée sur le côté ; une de ses bottes, bien lustrée, brille ; sa barbe et ses cheveux sont soigneusement peignés — il revient de la messe ; sa main gauche est pressée contre sa poitrine. Mais tout cela ne se remarque que plus tard, car ses yeux au regard aveuglant vous attirent irrésistiblement, faisant passer tout le reste au second plan. Devant lui, la table est en désordre ; le thé est terminé, et il ne subsiste que quelques gâteaux secs entassés sur un plat. Tout autour de Raspoutine se massent toujours la même dizaine de femmes et quelques hommes. Près de la porte, on distingue le téléphone, celui-là même qui sonnait lorsqu'on appelait de Tsarskoïé Sélo pour lui dire que le tsarévitch allait mal.

Le deuxième cliché, connu lui aussi, représente une assemblée moins nombreuse. Raspoutine est assis à la même table, autour du thé. Mais là, il est en noir. Ses yeux brillent de la même façon. Cette fois, seules des femmes sont assises à table avec lui. Six dames et une fillette en costume marin, à la mode à l'époque, regardent l'objectif. Certaines figurent déjà sur la première photo. Un jeune homme à moustaches, seul de son espèce, se tient debout devant une porte vitrée. Ce sympathique garçon se trouvait également sur le premier cliché.

Ces deux photographies sont d'ordinaire accompagnées de cette légende pour le moins imprécise : « Raspoutine entouré de ses admiratrices. » Parfois est également mentionnée la présence d'Anna Vyroubova. Tous les autres personnages figurant sur ces photos restaient anonymes. Dans le Dossier j'ai trouvé leurs noms ! Les juges d'instruction de la Commission extraordinaire les avaient tous identifiés.

Le Dossier. Déclaration de Vyroubova concernant ces deux clichés : « Cette photo de groupe ainsi que l'autre, très comparable, ont été prises par hasard — je ne me souviens plus à l'initiative de qui — un de ces dimanches après la messe, où Raspoutine aimait avoir ses proches amis réunis autour de lui pour le thé. Elle identifia les « proches amis » en question, « les visiteurs de la première période » : « Golovina, Den, ma sœur Pistolcors et les Volynski, des juifs convertis extrêmement douteux. » Et aussi Moltchanov. En effet, ce très charmant jeune homme, qui figure sur les deux photographies, n'était autre que Leonide Alexeïevitch Moltchanov, dont nous avons à plusieurs reprises cité le témoignage. Il était le fils de l'évêque Alexis, devenu exarque de Géorgie grâce à Raspoutine.

Convoqué devant la Commission, Moltchanov identifia avec précision tous les personnages figurant sur chacun des deux clichés. Ainsi s'animaient ces photos prises en 1914, à la veille d'une effroyable guerre. On y retrouvait non seulement bon nombre de nos vieilles connaissances, mais aussi des gens que nous rencontrerons par la suite. Des personnages qui appartiennent à l'avenir de Raspoutine.

Déposition de Moltchanov dans le Dossier : « Dans cet appartement de l'avenue d'Angleterre ont été prises deux photographies de groupes qui, par la suite, furent largement diffusées. » Il passe au premier cliché : « Dans la rangée du haut, de gauche à droite, Alexandra Pistolcors et son mari, employé à la chancellerie. » Ils sont debout contre le mur : un jeune monsieur, grand, solide, soigné, et, à côté, sa femme Alexandra, dite Sana, avec son visage de porcelaine, son air enfantin et son gros ventre (elle était en effet enceinte, ainsi que l'avait écrit Joukovskaïa). Rappelons qu'Alexandra Pistolcors (née Taneeva) était la sœur cadette de Vyroubova et que son mari Alexandre était le fils de la tante de Mounia, Olga Golovina, qui avait fait scandale en épousant le grand-duc Paul. Ancien officier de la Garde, Alexandre Erikovitch s'était illustré par sa cruauté, lors de la répression de la révolution de 1905. Retraité de l'armée, il occupait désormais un poste de modeste fonctionnaire à la chancellerie d'État.

À côté des Pistolcors, un jeune homme à moustaches tend le cou pour être vu. Il s'agit justement de Moltchanov. D'après son témoignage : « Après les Pistolcors, il y a moi, puis le prince Jevakhov, amené chez Raspoutine par son collègue Pistolcors. »

Le petit prince moustachu, debout près de la porte, est à peine visible derrière les têtes et les chapeaux des dames. Pourtant le prince Nicolas Jevakhov, ce mystique qui allait de monastère en monastère en collectionnant des visions apocalyptiques qu'il rapportait à la tsarine, deviendrait bientôt un fidèle adepte du starets. Plus tard Raspoutine s'en souviendrait. En septembre 1916, ce jeune homme, qui jusque-là occupait une modeste fonction, serait, grâce à Raspoutine, nommé substitut du haut-procureur du Saint-Synode.

Moltchanov identifia deux autres personnes se trouvant à côté du prince : Ervin Khristoforovitch Guil, le mari d'une charmante admiratrice de Raspoutine, et Nina Dimitrievna Iakhimovitch, une grande et solide femme, une de ses adeptes les plus inconditionnelles. Puis Moltchanov déclina l'identité de personnages de la première importance : Olga Vassilievna Loman et sa fille Nadiejda. Il s'agit de la famille de Dimitri Loman, dont nous avons déjà parlé comme étant le marguillier de la cathédrale Fiodorovskiski, à Tsarskoïé

Sélo. Ancien disciple de Raspoutine, Loman commença en 1913 à faire des avances aux ennemis du starets, notamment la grande-duchesse Élisabeth Fiodorovna, sœur de l'impératrice. Pour cette raison, devait expliquer Moltchanov, Vyroubova déclara « aux nôtres » qu'il fallait « se méfier de Loman ».

Extrait de la déposition de Loman : « À partir de cette époque, j'ai commencé à noter un refroidissement à mon égard... je craignais de me voir totalement écarté du Palais... et j'en souffrais. » Voilà donc pourquoi le rusé colonel essaya de renouer avec Raspoutine. Désormais, sa femme — une dame entre les deux âges au visage ingrat et méchant — ainsi que sa fille fréquentaient le salon du starets.

La photo montre aussi une jeune femme au visage dur et froid, qui allait jouer un rôle central dans la vie future de Raspoutine. Il s'agit d'Anna Ivanovna Rechetnikova, fille d'Anissia Rechetnikova, une très riche et très vieille femme de marchand, chez qui Raspoutine logeait souvent lorsqu'il était de passage à Moscou. Le frère d'Anna, un homme au passé douteux, deviendrait un des hommes de confiance de Raspoutine. Filippov affirme dans son témoignage que « l'ancien notaire Rechetnikov, jadis condamné pour fraude et détournements de fonds, avait été gracié sur intervention de Raspoutine ». Très vite, Rechetnikov commencerait à faire payer les solliciteurs de Raspoutine, tandis que sa sœur se retrouverait au centre du plus gros scandale impliquant le starets, celui du *Yar*, célèbre restaurant de Moscou. « Au deuxième rang : Sophie Volynskaïa... » Elle aussi jouerait un rôle important dans cette deuxième partie de la vie de Raspoutine débutant en 1914.

Déposition de Filippov dans le Dossier : « Volynskaïa, une belle juive d'un certain âge... femme de l'agronome Volynski... fut un personnage fatal pour Raspoutine en ceci qu'elle l'aida activement à passer de la bienfaisance à l'exploitation féroce de ses clients. Son mari [lui aussi condamné par la justice]... avait été gracié et, reconnaissant, s'était érigé en une espèce de conseiller financier de Raspoutine, à qui par ailleurs il procurait toutes sortes d'affaires lucratives. » Ainsi Raspoutine s'était débrouillé pour faire gracier Rechetnikov et Volynski, ses futurs « secrétaires ». Cela faisait partie intégrante de son enseignement. Ce n'était pas un hasard si la tsarine avait noté dans son cahier ces paroles du starets :

« Ne craignez jamais de libérer les prisonniers et de faire renaître les pécheurs à la vie juste. Les prisonniers à travers leurs souffrances... sont plus hauts que nous à la face de Dieu. » Il est vrai que, d'après la rumeur, la « belle juive » était passée dans la « chambre spéciale », où les entremises de Raspoutine se payaient en nature. Mais ce n'était qu'une rumeur.

« Plus loin, poursuivit Moltchanov, c'est Vyroubova. » Facilement reconnaissable à sa face de lune, Vyroubova avait été obligée de rester à côté de la juive tant haïe. Près d'elle, deux femmes dont nous avons précédemment cité les témoignages figurant dans le Dossier. La vieille femme en deuil, c'est Gouchtchina, la veuve inconsolable rencontrée par Raspoutine un matin à l'église. À son côté, une beauté en chapeau à plumes, très à la mode. Il s'agit de Ioulia Dehn, la meilleure amie de la tsarine après Vyroubova.

Enfin, sur la même rangée, un dernier personnage mérite notre attention. Il s'agit d'un vieil homme, de petite taille, à l'allure de paysan. Avec son visage en partie caché par ses cheveux et sa barbe, il fait penser à un sylvain, un Pan russe. Moltchanov le désigne comme étant « le père de Raspoutine ».

« Au premier rang se trouvent Zina Timofeeva, Marie Golovina, Marie Guil, Raspoutine et Madame Kleist, dont on m'a dit qu'elle faisait du théâtre en amateur et de la danse », continua Moltchanov. Étant passées par la « chambre spéciale », ces toutes jeunes admiratrices — Zina Timofeeva, Olga Kleist et Marie Guil — avaient mérité leur place au côté de Raspoutine. Mais bientôt elles iraient grossir les rangs de celles « qui s'évanouissaient comme l'éclair ». Des trois, une seule — Marie Guil — resterait un peu plus longtemps. « Âgée de vingt-six ans, épouse d'un capitaine », elle serait mentionnée dans les rapports des agents de surveillance comme faisant partie des visiteurs de Raspoutine après 1914.

Parmi ces admiratrices éphémères, on peut aussi voir Marie Golovina, la fameuse Mounia, comme l'appelait lui-même Raspoutine. La « jeune fille très pure » dont parlait Félix Youssoupov n'était déjà plus toute jeune sur la photo. Au milieu de la folie qui entourait le starets, cette femme au visage ingrat et serein demeura imperturbable. Car, initiée, elle connaissait tous les secrets de l'enseignement du starets.

Et, pour finir, voici le dernier personnage du cliché : une

femme corpulente, au visage de paysanne butée, assise par terre. Moltchanov indique : « Aux pieds de Raspoutine est assise Akilina Laptinskaïa. » Une autre des gardiennes de ses secrets.

Le jaloux et la grosse secrétaire

Akilina, la « secrétaire » de Raspoutine, avait inauguré la deuxième phase de la vie du starets. Ce fut exactement à cette époque, au début de l'année 1914, qu'il commença à prendre de l'argent à ses solliciteurs. « Laptinskaïa, femme d'une intelligence et d'une persévérance exceptionnelles, était exclusivement guidée par des considérations matérielles : diverses personnes lui offraient certaines sommes pour que Raspoutine vienne les voir ou les reçoive chez lui. Par deux fois Raspoutine l'a mise à la porte pour corruption et parce qu'il la soupçonnait d'avoir dérobé des milliers de roubles », témoignait Filippov. Mais, début 1914, non seulement il s'était habitué à la cupidité de Laptinskaïa, mais encore l'encourageait-il plus ou moins ouvertement. Il avait compris le parti qu'il pouvait en tirer. Désormais il n'avait plus besoin d'emprunter de l'argent ni d'attendre l'aumône de cette avare d'impératrice. Laptinskaïa subvenait à ses besoins. Ce qui lui permettait de se montrer généreux, de faire le bien et de donner de l'argent aux pauvres qui venaient le solliciter. De toute façon, la grosse Akilina n'avait jamais craint ses accès de colère. Elle n'était pas seulement sa « secrétaire ». Homme simple, Raspoutine aimait les femmes bien en chair.

Et il se montrait jaloux à son égard !

Dans le Dossier, Filippov rappelle un épisode datant de 1915, alors que l'ancienne infirmière Akilina commençait à travailler dans le train sanitaire créé par l'impératrice : « Je tombai par hasard sur Akilina Laptinskaïa avant son départ pour le front. Je fis un saut dans son wagon et lui offris une boîte de bonbons. Raspoutine l'apprit... furieux il me reprocha longuement d'avoir "tenté de séduire sa colombe"... Je mis un certain temps à comprendre de qui il s'agissait. Il s'avéra que la "colombe" en question était Laptinskaïa, une femme... d'une corpulence peu commune... Alors qu'auparavant elle me rendait souvent visite, la "colombe" se vit interdire de venir chez moi. » Toujours selon Filippov,

Raspoutine, insatiable coureur de jupons, était d'une jalousie maladive. Ainsi, en mars 1914, séjourna chez lui une des ses fidèles admiratrices, une certaine Patouchinskaïa, femme d'un modeste notaire de Ialoutourovsk. Maintes fois mentionnée à Pokrovskoïé par les agents de la surveillance extérieure, sa trace disparaissait à Pétersbourg... Voici ce qu'en dit Filippov dans sa déposition : « Je me rappelle la femme du notaire de Sibérie, Patouchinskaïa, une charmante femme qui vécut chez lui plusieurs mois de suite sans se montrer à qui que ce soit, car Raspoutine n'était pas seulement jaloux physiquement mais aussi platoniquement. Par exemple, il n'aimait pas quand on disait "Ah, quelle jolie femme" [en parlant d'une de ses amies]. » Raison pour laquelle, cachée quelque part dans les profondeurs de l'appartement, la mignonne Patouchinskaïa n'apparaît pas sur la photo !

Dans son témoignage, Moltchanov affirme : « Cette photo de groupe a été prise le 9 mars 1914 par le photographe Kristinine, à la demande inopinée d'un des présents. » Dans sa déposition, Moltchanov parle aussi du second cliché. « Peu avant ou peu après, il a pris une seconde photo de groupe similaire à la première... Pour autant que je me souvienne, dans ce groupe, hormis Raspoutine, se trouvaient Mme Golovina, Mme Guil, Den, une femme venue de Sibérie avec une requête à l'attention de Raspoutine, une vieille habitante de l'île Vassiliev et Matriona, la fille aînée de Raspoutine. »

Ces deux photos, prises avant ce terrible mois de juillet 1914 qui vit le début de la Première Guerre mondiale, apportent une sorte de point final à la première partie de la vie de Raspoutine. La déposition de Moltchanov est en tout point confirmée par celle de Mounia Golovina dans le Dossier : « La petite photographie qui m'est présentée et sur laquelle je figure au premier rang, deuxième à partir de la gauche, représente des gens réunis chez le père Grigori, dans son appartement du 3, avenue d'Angleterre. À part moi figurent Zina Timofeeva, Marie Sergueevna Guil... Olga Kleist... aux pieds de Raspoutine est assise Akilina Laptinskaïa... Au deuxième rang, Alexandra Alexandrovna et Alexandre Erikovitch Pistolcors, Sophie Leontievna Volynskaïa, Anna Alexandrovna Vyroubova, Alexandra Gueorguievna Gouchtchina, la veuve d'un médecin, et le père de Raspoutine, aujourd'hui disparu... » Ainsi, consciencieusement, Mounia avait-elle énuméré tous les noms cités par Moltchanov.

Au-delà du cadre : la mystérieuse prêtresse

Mais la personne la plus importante du « salon » de Raspoutine était restée en dehors du cadre de ces deux photographies. Elle était absente au moment où elles ont été prises. Olga Lokhtina résidait alors dans l'ermitage, auprès du moine Macaire. Elle ne revenait que de temps à autre dans la capitale pour voir son « Sabaoth ». Ses apparitions chez Raspoutine sont décrites de manière assez similaire par différents témoins.

Extrait de la déposition de Joukovskaïa : « Un fort bruit retentit dans le couloir. Je me retournai en direction de la porte entrouverte, où, sur le seuil, ondulait quelque chose d'incroyablement vif, ample, flottant, absurde... qui chantait d'une voix haut perchée et stridente, comme hystérique : "Chri-i-st est ressu-u-sci-i-té ! ! !" Cette chose passa rapidement devant moi... et se laissa tomber entre mon fauteuil et celui de Raspoutine... Se relevant d'un bond, Lokhtina lui prit la tête entre ses mains et se mit à l'embrasser sauvagement, tout en hurlant d'une voix entrecoupée et éraillée : "Mon cher petit chéri, mon petit vase bienheureux, mon barbichu adoré..." Essayant désespérément de se dégager de son emprise, Raspoutine, à demi étranglé, criait : "Lâche-moi, Satan !" Ayant enfin arraché ses mains de son cou, il l'expédia d'un geste dans un coin de la pièce... Haletante, Lokhtina se traîna jusqu'au divan... elle se mit à vociférer : "Tu es tout de même à moi ! Je sai-ais que tu m'ai-aimes ! — Je te hais, salope ! répliqua vivement Raspoutine avec détermination. — Et moi, je vais encore t'embrasser !" Se précipitant sur Raspoutine, elle saisit sa tête... Raspoutine la frappa si fort qu'elle alla valdinguer contre le mur, mais... de nouveau Lokhtina se mit hurler avec frénésie : "Vas-y, bats-moi, bats-moi !..." Baissant la tête, Lokhtina essayait d'embrasser l'endroit de sa poitrine où Raspoutine l'avait frappée... Elle faisait penser à une sorte d'horrible prêtresse, implacable dans sa rage et son adoration. »

Filippov, nous l'avons vu, décrirait une scène comparable. Puis, après ce violent échange, Joukovskaïa assista à un mystérieux rite. Soudain Vyroubova s'approcha de Lokhtina, se mit à genoux devant elle, lui baisa la main, puis regagna sa place. « Enfin, tu as compris ! » lui dit calmement Lokhtina avant d'ajouter : « Pourquoi je ne vois pas ma sœur novice ? Allez, vite, vite ! À genoux, et ma main, ma main ! » Mounia s'agenouilla alors devant Lokhtina et lui baisa la main.

Rien n'est inventé. Mounia Golovina serait d'ailleurs amenée à expliquer au juge de la Commission son étrange soumission à Lokhtina. Extrait de sa déposition : « En 1913, en forme de protestation contre les attaques dont Lokhtina était l'objet, j'ai commencé à me désigner moi-même comme sa novice et à la servir lorsqu'elle venait à Petrograd... Ce faisant, je voulais remplacer sa fille bien-aimée, et je supposais que la vie lui serait plus facile si au moins elle pouvait reporter son amour sur une tierce personne. » Ce fut tout ce que Golovina parvint à expliquer au juge d'instruction.

Toutefois des questions demeuraient : pourquoi Vyroubova, femme plutôt rusée et froide, se prosternait-elle aussi devant Lokhtina ? Pourquoi, dans le Dossier, certains témoins évoquaient-ils les télégrammes insolents que la générale envoyait à Tsarskoïé Sélo et que la tsarine elle-même supportait sans broncher ? Et pourquoi les filles du tsar entretenaient-elles une correspondance avec elle ?

« Dans l'appartement des Napoïkine [chez qui habitait Lokhtina], elle a laissé des lettres et des papiers... j'ai recopié les lettres que lui avaient adressées les grandes-duchesses, Olga, Tatiana et Marie », devait témoigner Prougavine dans le Dossier. Bien loin de la battre tout le temps, Raspoutine discutait parfois très longuement avec elle. Et, avec les admiratrices du starets, Lokhtina se montrait sévère comme si elle était leur supérieure. Un autre témoin, la chanteuse Belling, décrivit pareillement la mystérieuse générale : « Une femme entra... Vêtue d'une robe de toile blanche et portant la coiffe blanche des nonnes. À son cou pendaient plein de petits livres avec des croix — les douze Évangiles lus le Jeudi de la Passion... Elle murmurait quelque chose à Raspoutine, et lorsque quelqu'un se mit à parler fort, elle le regarda avec courroux et, incapable d'en supporter davantage, elle dit : "Ici, chez le père, il faut se conduire avec dignité, comme dans un temple. — Laisse-les se divertir, dit Raspoutine. — Il faut avoir de la joie dans son cœur, mais de l'humilité à l'extérieur", répliqua-t-elle sévèrement. »

Spécialiste des sectes, Prougavine avait sans doute raison lorsque, dans le Dossier, il souleva un morceau du voile qui recouvrait l'étrange générale : « Je n'irais pas jusqu'à affirmer qu'elle était mentalement dérangée sous le simple prétexte qu'elle proclamait que Grigori était Sabaoth et Iliodore un Christ, parce que, dans ce cas, il faudrait aussi qualifier de malades mentaux les *khlysty*, dans la mystique de qui on peut trouver l'affirmation de semblables hypostases divines relatives à tel ou tel de leurs maîtres. » Ainsi, la question reste ouverte : qui au juste était l'étrange générale ?

Autre mystérieuse dame

Une autre admiratrice de Raspoutine ne figurait pas sur les photos. Bien que son nom apparaisse çà et là dans les rapports des agents chargés de surveiller le starets : « 27 août, 10 h 55, la baronne Koussova, Véra Illarionovna, est arrivée chez lui... La baronne a passé la nuit chez lui... 28 août, 7 h 30 du matin, la baronne Koussova a quitté son domicile. »

« La baronne K, une petite brune qui faisait de l'effet », disait d'elle Djanoumova. « Koussova fréquentait assidûment le salon de Raspoutine... Elle y faisait toutes sortes d'affaires, toutes sortes de trafics », déclara un témoin devant la Commission extraordinaire. Est-ce à dire qu'elle était une de ces femmes d'affaires aux idées les plus mercantiles qui payaient « en nature » ?

C'est un peu ce que semble dire Véra Koussova elle-même.

Le Dossier. Déposition de Véra Illarionovna Koussova, baronne, vingt-sept ans : « J'ai fait la connaissance de Raspoutine en 1913... Mon mari servait dans le régiment de Crimée, patronné par l'impératrice... La famille impériale séjournait alors en Crimée. J'aspirais à un meilleur poste pour mon mari. Dans cette perspective, et aussi par curiosité, un jour, sur le bord de mer, je me suis approchée de Raspoutine. Après m'être présentée, je lui ai exposé ma requête. Raspoutine promit de m'aider. En juillet, je suis venue à Petrograd pour environ deux semaines avec l'intention de lui demander d'intervenir en faveur de quelqu'un qui m'était très proche et, en même temps, pour lui demander un soutien spirituel dans le malheur qui m'assaillait... Il s'est en fait révélé incapable de m'apporter un quelconque soutien moral, car je voyais qu'il ne disait que des lieux communs aux gens qui venaient le voir pour lui demander conseil... Néanmoins, j'ai continué d'aller chez Raspoutine afin d'y rencontrer des gens intéressants et utiles pour moi... Je n'ai jamais considéré Raspoutine comme un saint. »

Le juge présenta alors à Koussova un télégramme sur lequel il lui demanda de s'expliquer : « Beaucoup de choses lui [Raspoutine] avaient été révélées, dit-elle soudain. C'est pourquoi j'ai écrit à Laptinskaïa en 1916 : "Ah, si seulement le père Grigori pouvait m'aider de là où il est, me montrer la voie." » Ce qui prouve qu'alors même que Raspoutine n'était déjà plus de ce monde et qu'elle ne pouvait donc aller chez lui pour rencontrer des gens « intéressants et utiles », elle continuait à être en relation avec Akilina et, mieux encore, à solliciter l'aide de Raspoutine depuis l'au-delà. Car « beaucoup de choses lui avaient été révélées ». Même si elle venait juste de dire qu'il avait été incapable de lui apporter « un quelconque soutien moral ».

Sans doute, à l'instar de Vyroubova, ne dit-elle pas tout à la Commission extraordinaire... D'autant que, dans le Dossier, la déposition de Lokhtina nous montre Koussova sous un angle très différent : « Lors de notre première rencontre... elle me raconta... qu'en fait sa vie n'était pas drôle... Par la suite j'ai eu l'occasion d'entendre que son mari buvait et qu'elle en souffrait terriblement. Elle racontait qu'un jour, en état d'ébriété, il était entré à cheval dans sa chambre. » C'était vrai, la baronne était avant tout une femme malheureuse, qui avait besoin de réconfort. Mais pas uniquement. Dans ce même témoignage de Lokhtina, est mentionné un fait extrêmement intéressant. La baronne, de même que Lokhtina, saluait toujours les gens par la formule « Christ est ressuscité », d'ordinaire uniquement employée le jour de Pâques. Là-dessus aussi, il nous faudra revenir.

Le sermon et la danse

Pendant tout le temps que durait le thé, Raspoutine ne cessait de parler. Parfois, il arrachait nerveusement un petit morceau de pain et le jetait sur la nappe ou bien il écrasait des craquelins dans ses doigts et éparpillait les miettes autour de la coupe en cristal. Mais les autres n'y prêtaient pas attention, tant ils étaient attentifs à son sermon.

Dans sa déposition, Gouchtchina déclare : « Raspoutine me faisait l'impression d'être un saint homme. Il parlait de Dieu et de l'âme. » Le prince Jevakhov (présent sur la première photo) se rappelait la première fois qu'il avait entendu un sermon de Raspoutine. Son collègue Pistolcors l'avait emmené dans cet appartement situé dans l'île Vassiliev, où il avait découvert une assemblée pittoresque. Jamais il n'oublierait ce discours inspiré.

« Comment l'homme ravalé au rang d'animal, avec ses habitudes de bête sauvage, peut-il commencer une vie qui plaise à Dieu ? disait Raspoutine. Comment sortir de la fosse aux péchés ? Comment trouver le chemin qui, de notre cloaque, mène à l'air pur et à la lumière divine ? Un tel chemin existe. Et je le montrerai... Le salut est dans Dieu... Et tu verras Dieu uniquement, uniquement si tu ne vois rien autour de toi. Parce que, autour de toi, tout ce que tu fais, et même la pièce où tu te trouves, tout cache Dieu à ta vue. Que dois-tu donc faire pour voir Dieu ? demandait-il en proie à une sorte de tension nerveuse, au milieu du silence qui s'était instauré. Après l'office, après avoir prié Dieu, un dimanche ou un jour de fête, quitte la ville et va au beau milieu des champs. Et marche, marche, jusqu'à ce que tu ne voies plus, derrière toi, le nuage noir des fumées, suspendu au-dessus de Pétersbourg, mais, devant toi, le bleu de l'horizon. Arrête-toi et réfléchis sur toi-même. Comme tu te trouveras petit et insignifiant, et la capitale tout entière se transformera en une sorte de fourmilière sous ton regard intérieur. Et où passeront alors ton orgueil, ton amour-propre, la conscience de ta puissance ? Tu lèveras les yeux vers le ciel... et tu sentiras de tout ton cœur, de toute ton âme, que tu n'as qu'un seul père, le Seigneur, et que lui seul a besoin de ton âme. Lui seul prendra ta défense. Et t'aidera. Et une telle miséricorde s'emparera de toi... Ce sera ton premier pas sur le chemin qui conduit à Dieu. Cette fois, tu peux ne pas aller plus loin.

Retourne dans le monde, reprends ton occupation, mais garde comme la prunelle de tes yeux ce que tu as rapporté avec toi. C'est Dieu que tu as rapporté avec toi. Garde-le et désormais laisse passer par lui toute chose que tu fais. Alors seulement chaque œuvre terrestre se transformera en œuvre de Dieu... Car, comme l'a dit le Sauveur, "le royaume de Dieu est en nous". Trouve Dieu et vis en lui et avec lui. »

Jevakhov se souvenait qu'un « silence religieux régnait dans la pièce », même si Raspoutine n'avait en fait rien dit de nouveau. Mais cette force électrique qui émanait de lui hypnotisait ses auditeurs, et l'on peut aisément imaginer le silence, la dévotion qui l'accompagnaient tandis qu'il s'adressait à ses adeptes. Souvent, il s'interrompait brutalement et, de cette voix impérieuse qui impressionnait tellement Djanoumova, il ordonnait : « Écris ! »

Il avait pris l'habitude qu'on retranscrive ses paroles — la tsarine elle-même le faisait. Il tendait un crayon à l'une de ses adeptes, qui se mettait aussitôt à noter. Il reprenait plusieurs fois les mêmes sentences. Il savait combien il était important de répéter les choses à ses « idiotes ». (Dans un de ses télégrammes, il qualifie d'« idiotes » ses admiratrices car, bien que cultivées, ces femmes ne comprenaient rien aux choses simples.) Et il dictait, expliquant comment garder l'Amour dans son âme, malgré les malheurs et les persécutions. Il parlait souvent de l'Amour pour le Créateur à ces malheureuses femmes — veuves, divorcées, rejetées par leur mari. Les femmes délaissées et offensées constituaient la majorité absolue de son « salon ».

« Créateur, apprends-moi à aimer. Alors, même mes blessures d'amour ne me feront plus souffrir et mes souffrances me seront douces. » Ou encore ces paroles qui résonnaient comme des versets du *Cantique des Cantiques :* « Dieu, je suis à Toi et Toi à moi, ne me prive pas de Ton amour ! » Cette retranscription est l'œuvre de la tsarine.

Quand tous étaient suffisamment subjugués par son discours, quand les visages des « idiotes » s'illuminaient, il leur faisait chanter des cantiques. Et les élégantes Pétersbourgeoises entonnaient des hymnes anciens. En chœur avec le paysan. Gouchtchina, comme Vyroubova et Golovina ont parlé de ces chants collectifs. « Akilina attaqua un chant de sa belle voix de soprano, les autres se joignirent à elle... la voix basse et agréable de Raspoutine résonnait comme un accompagnement qui soulignait et mettait en valeur les voix de femmes. Je n'avais jamais entendu ce cantique. Beau et triste. Puis on commença à chanter des psaumes », se rappelait Djanoumova. Il avait également donné à la famille impériale cette habitude de chanter en chœur. Ainsi, comme le déclareraient des témoins, les membres de la famille impériale chantaient souvent des cantiques pendant leur détention.

Puis, quand l'exaltation était à son comble, Raspoutine bondissait de son siège et réclamait de la musique. Commençait alors sa fameuse danse effrénée. « Il y avait quelque chose de *khlyst* dans sa danse..., se rappelait Filippov. Il dansait avec la même ardeur pendant un long moment, avec des mouvements bien spécifiques, nerveux, frénétiques, sautant et lançant par intermittence des "Ouh !" comme quelqu'un qu'on pousse dans l'eau glacée... il dansait entre quinze minutes et une heure d'affilée... jusqu'à ce qu'il ait atteint une sorte d'extase, de frénésie... il disait que tous les gens religieux devaient être de bons danseurs et, pour appuyer ses propos, il citait le roi David dansant devant le tabernacle. »

Mais parfois, alors que la fête battait son plein, la sonnerie du téléphone retentissait, et le salon était parcouru d'un pieux frisson. Alors, d'une voix triomphante, Akilina annonçait à Raspoutine : « C'est Tsarskoïé Sélo qui appelle ! »

Puis les invités se séparaient. Les adieux étaient aussi l'objet d'une cérémonie. « On commença à se séparer, rapporte Djanoumova. On baisait la main du père, et lui serrait chacun dans ses bras et l'embrassait sur la bouche. "Quelques biscuits, père", demandaient les dames. Il distribuait à chacune des craquelins qu'on enveloppait dans des mouchoirs parfumés... on les cachait dans les sacs... puis, en chuchotant, on demandait à la servante de nous donner du linge sale du père... Avec sa sueur, surtout. » Ainsi, sous le regard sévère de l'intelligente Akilina, les nobles dames emportaient le linge sale du moujik, et Mounia aidait ceux qui partaient à se rechausser.

Déposition de Moltchanov : « On essayait de lui dire au revoir en tête à tête, et pour cela on attendait son tour dans le couloir... Je noterai cet étrange comportement de Vyroubova : un jour, après avoir dit au revoir à Raspoutine dans le couloir, elle revint pour une raison quelconque dans la pièce, mais elle refusa alors de me serrer la main en guise d'adieu, déclarant qu'elle avait déjà dit au revoir au père et qu'elle ne le ferait maintenant à personne d'autre. » Telle était la coutume pour certaines — emporter avec soi la chaleur de cette sainte main qui portait bonheur.

Fin de la première période : le mystère demeure

Nous sommes parvenus en 1914, en suivant attentivement les traces de sa biographie. Nous nous sommes efforcés de tout décrire en détail, de rapporter patiemment les témoignages de ses amis et de ses ennemis. Pourtant, les deux questions posées initialement restent entières. Qui au juste était Raspoutine ? Qu'était-il pour la famille impériale ?

Une chose toutefois est d'ores et déjà claire : Raspoutine n'était pas un Tartuffe plein de ruse, qui se payait la tête des gens avec ses pieux discours. Tartuffe est un personnage européen. Raspoutine est un personnage mystérieux, asiatique, ô combien plus complexe et plus fascinant.

Nous avons abondamment cité les pensées de Raspoutine. Ses quêtes, ses invocations à Dieu, sa voyance, ses prophéties sont-elles bien une réalité ? Maintenant nous pouvons répondre « Oui » sans hésiter.

Et qu'en est-il des prostituées, des innombrables « petites dames », de ces « idiotes » d'admiratrices qui fréquentaient la « chambre spéciale » et qui devenaient à moitié folles en confondant religion et luxure ? Là aussi nous pouvons répondre : « Oui, elles ont bien existé ! »

En même temps, dans le Dossier, Sazonov, Moltchanov et Filippov qualifient cette partie de la vie de Raspoutine de « spirituelle ». « Cette période, je pourrais l'appeler période d'acquisition d'une certaine hauteur spirituelle, d'où il retombera plus tard » (Sazonov) ; « durant cette période Raspoutine buvait peu, et toute cette époque de sa vie porte l'empreinte de la modestie » (Moltchanov) ; il était « poétiquement rêveur dans la première période de 1911-1913 » (Filippov).

Est-ce à dire qu'ils ne connaissaient pas le secret de sa vie ? Pourtant Filippov savait beaucoup de choses. Alors, pourquoi ? Et finalement, la famille impériale... ? Certes, il prêchait l'amour, était désintéressé, parlait aux tsars de ce qu'ils ignoraient — la façon de vivre et de travailler du simple peuple, les joies du pèlerin solitaire, avec Dieu et la nature pour seuls compagnons. Il apaisait les crises de nerfs de la tsarine, donnait de l'assurance au tsar. Mais surtout il allait sauver leur enfant.

Les articles de presse continuels, les rapports de police le décrivant en train de courir après les prostituées, les interventions à la tribune de la Douma citant les témoignages de ses victimes, le récit de la nurse des enfants impériaux et le reste... Tout cela, comme nous l'avons vu, parvenait aux oreilles des souverains. De tous les côtés. Les deux Premiers ministres, Stolypine et Kokovtsev, les demoiselles d'honneur de la cour, Ella, la sœur chérie de la tsarine, ainsi que tous les membres de la famille Romanov, y compris Nicolas Nicolaievitch (qui, notons-le, continuait de jouir d'une telle confiance de la part du tsar que celui-ci le nommerait chef suprême des armées dès le début de la guerre), Théophane, le confesseur de la tsarine — tous les informaient de la débauche à laquelle se livrait Raspoutine. Mais ils ne les croyaient pas !

Ne les croyaient-ils vraiment pas ? Ou bien savaient-ils quelque chose qui n'était pas accessible à tous ces futiles accusateurs ?

8

Les jeux de la chair

Le mystère de son enseignement

Pour essayer de répondre à toutes ces questions, il convient de revenir sur notre tentative initiale de décrypter la doctrine de Raspoutine. Récit de Joukovskaïa : « C'est à Kiev que j'ai pour la première fois entendu parler de Raspoutine. Je venais alors de terminer le lycée et, par l'intermédiaire de quelqu'un que j'avais rencontré par hasard, j'assistais à des réunions de "gens de Dieu", ainsi qu'ils se désignaient eux-mêmes (j'ai appris bien après qu'on les appelait également *khlysty*). C'est là, à la périphérie de la ville, qu'un soir, autour de l'habituel thé aux raisins secs, boisson favorite des "gens de Dieu", Kouzma Ivanytch, comme se nommait le maître de céans, se mit à parler du starets Grigori Raspoutine. Plissant ses yeux à l'éclat très vif (les *khlysty* ont tous des yeux très particuliers, qui brillent d'une espèce de lumière ruisselante aux reflets chatoyants, et parfois cet éclat devient insupportable), il dit comme à contrecœur : "Il était avec nos frères, mais nous l'avons renié : il a enseveli son esprit dans la chair." »

Parmi les meilleurs spécialistes russes des sectes, personne ne doutait alors que Raspoutine fût un *khlyst*. Alexandre Prougavine, qui consacrait son existence à l'étude de la mouvance sectaire et qui, en tant que socialiste-révolutionnaire, respectait les *khlysty* en qui il voyait une « orthodoxie de la paysannerie », collectait les récits des membres de l'entourage de Raspoutine et affirmait que Raspoutine était un *khlyst* qui, par ses frasques, dénaturait et compromettait l'idée *khlyst*. Le théologien Novossiolov, l'aumônier des armées Gueorgui Chavelski, le célèbre philosophe religieux Serge Boulgakov, l'archevêque Antoni Volynski et les évêques Hermogène et Théophane — tous, de gauche comme de droite, affirmaient que Raspoutine était un *khlyst*. Et, pour finir, son cher Filippov lui-même témoignait dans le Dossier : « Une vague intuition me disait que mon ami appartenait à la secte des *khlysty*. » Parmi les chercheurs sérieux, un seul, le bolchevik Bontch-Brouïevitch, affirmait que Raspoutine n'avait rien à voir avec les sectes.

Il est évident que Raspoutine avait commencé comme un *khlyst* ordinaire. Ce n'est pas un hasard si, dès le tout début, en 1903 et 1907, le Consistoire de Tobolsk enquêta à deux reprises sur l'éventualité de son appartenance à la mouvance *khlyst*. Et si la seconde enquête pouvait être attribuée aux manœuvres des princesses monténégrines et du grand-duc Nicolas Nicolaievitch, à l'influence de qui attribuer la première ? Or, bien que cette deuxième enquête ait été habilement montée, les enquêteurs de Tobolsk, peu informés en matière de sectes — comme le reconnaît l'inspecteur Beriozkine — n'avaient rien pu prouver. Interrogeant les adeptes de Raspoutine, les enquêteurs avaient vite été dépassés par leur foi aveugle en la sainteté du starets. Et pourtant, l'une d'elles, Berladskaïa, racontera plus tard dans sa « Confession » à quelle débauche elle se livrait à l'époque en compagnie du père Grigori. Quant à Raspoutine lui-même, qui niait catégoriquement être jamais allé aux étuves avec femmes — accusation très dangereuse pour lui — il dirait tout à fait autre chose dès son retour à Pétersbourg. Ce qui signifie qu'il avait menti aux enquêteurs car il ne voulait et ne pouvait expliquer à ces serviteurs de l'Église officielle les secrets mystiques que lui avait révélés son étonnant maître.

Le secret de l'amitié avec Iliodore

L'existence de liens de Raspoutine avec les *khlysty* ne ressort pas uniquement de l'enquête de Tobolsk. Elle est également prouvée par l'ennemi juré du starets, le moine Iliodore, ou plus exactement par le comportement de ce dernier après qu'il eut résilié ses vœux. Dans les archives de Tobolsk, on trouve les témoignages de disciples d'Iliodore l'ayant suivi dans la ferme où il s'était installé après avoir quitté les ordres. Le moine défroqué s'était fait construire une nouvelle maison, qu'il avait baptisée « Nouvelle Galilée », allusion au « Nouvel Israël », nom d'une communauté *khlyst* des environs de Pétersbourg. Puis il avait commencé à prêcher son étonnante doctrine, laquelle fut portée noir sur blanc par son disciple Sinitsyne : « Iliodore déclare que le Christ a été crucifié, mais qu'il n'est pas ressuscité ; seule est ressuscitée la vérité éternelle que prêchait le Christ et que lui-même prêche maintenant. » Et Iliodore va donc créer « une nouvelle religion, et, grâce à cette religion, la vie des hommes tout entière changera ». Et, afin que tous comprennent qu'il est le fondateur d'une nouvelle religion et donc un nouveau Christ, Iliodore revêt une longue tunique blanche, tout comme Jésus. « Comme Jésus, il bénissait ses visiteurs en apposant sa main sur la tête de celui qui était béni... Et il se nommait lui-même "roi de Galilée". »

Ainsi, un nouveau « navire » *khlyst* s'était formé avec la « Nouvelle Galilée », conduit par son « roi de Galilée ». Depuis qu'il avait quitté les ordres, Iliodore n'avait plus besoin de se cacher. Il était *khlyst* tout simplement. Son appartenance aux *khlysty* — dont la révélation surprit très désagréablement Hermogène et Théophane — explique de toute évidence l'étroite amitié et la confiance de Raspoutine envers ce funeste moine.

Réunion de *khlysty* à Tsarskoïé Sélo

Plus intéressant encore est le témoignage du fameux poète *khlyst*, Nicolas Kluev. « On me traitait de Raspoutine », écrit Kluev dans un de ses poèmes daté de 1918. Son destin commença, comme il l'écrit lui-même, lorsqu'un « starets venu du Nouvel Athos » (une secte *khlyst* avait été écrasée dans cette colonie monastique du Caucase) lui dit qu'il devait « devenir un Christ ». Le starets présenta Kluev aux « frères ». Il commença alors un long pèlerinage. « Les frères-colombes [les *skopsy*] m'emmenèrent presque jusqu'aux confins de la Russie, dans la province de Samara. J'y vécus deux ans en tant que roi David d'un grand Navire d'Or de blanches colombes-Christs, puis, en compagnie de gens dont l'identité restait secrète, je parcourus la Russie. »

À Pétersbourg, le poète *khlyst* jouissait d'un tel engouement qu'il fut invité à Tsarskoïé Sélo. On le conduisit auprès de la tsarine, au palais Alexandre. Là, se rappelait Kluev, « sur une estrade tendue de velours de soie, dans une salle froide du palais de Tsarskoïé Sélo, devant des rangées de chaises d'or, je me tenais debout dans mes grossières bottes de paysan... » Ce fut alors qu'il vit Raspoutine. « Nous ne nous étions pas revus depuis dix-sept ans, et voici que Dieu avait voulu que nos lèvres se joignent... Nous nous embrassâmes... comme si nous nous étions quittés la veille... la discussion s'engagea... Dans la langue secrète du peuple, j'essayais de parler à Raspoutine de l'âme, du Christ qui renaît en l'homme... il répondait à côté et, finalement, il avoua que désormais il se conformait à la stricte orthodoxie... Au moment de nous séparer, je n'embrassai pas Raspoutine, mais m'inclinai à la façon des moines. »

En fait, il est probable que Raspoutine, l'ami des tsars, n'ait tout bonnement pas voulu ou pas pu suivre son ancien ami sur un terrain délicat. D'autant que son enseignement, initialement « fondé sur la doctrine *khlyst* », s'en était largement éloigné depuis, comme l'écrivait très justement Prougavine. Raspoutine s'était forgé sa propre doctrine.

Une imperceptible auréole

« Orthodoxie du peuple », tel est le terme employé par un prêtre de mes connaissances pour qualifier l'enseignement de Raspoutine. Une religiosité populaire et naïve qui commence par une grande sainteté et se termine par un grand péché. Mais tout d'abord quelques mots sur la conception *khlyst* de la résurrection du Christ, réincarné en homme. Pour que cette résurrection ait lieu, il est nécessaire d'étouffer en soi la chair et le péché. Afin de parvenir à la métamorphose de l'âme, il convient avant tout de tuer le vieil Adam, l'homme du péché, qui sommeille en nous. Et pour cela, il faut rejeter tout ce qui est terrestre : l'honneur et la gloire, l'amour-propre et même la honte. Il ne faut se soucier que d'une chose : la volonté divine. Alors seulement, tout ce qui est terrestre en toi mourra, et tu entendras la voix de Dieu. Dans la conception mystique des *khlysty*, la résurrection a lieu quand en toi il n'y a plus de « toi » mais seulement l'esprit et la pensée de Dieu. Le Saint-Esprit s'installe en toi et ta mystérieuse transformation en un nouveau Christ peut avoir lieu. Mais le chemin qui mène au « Dieu en soi » est long et douloureux.

Extrait des souvenirs de Joukovskaïa : « Mounia racontait particulièrement bien la façon dont Grigori Efimovitch mortifiait sa chair... la façon dont, en pleine chaleur, il se laissait dévorer par les moustiques et les moucherons. Désormais il pouvait tout se permettre — celui qui a dompté sa chair ne craint plus aucune tentation ! »

À la fin de sa période de pèlerinages, quand il avait senti en lui la capacité de soigner et même de prophétiser, il avait acquis la conviction que Dieu l'habitait. Dans le Dossier, on retrouve cette idée lorsque Filippov évoque les pratiques alimentaires de Raspoutine. Il ne s'agissait pas d'un régime quelconque, mais du chemin qui menait vers le « divin en soi ». « Raspoutine ne se contentait pas d'éviter la viande... Il mangeait du poisson comme le Christ et ses apôtres. Et, suivant la loi apostolique, il mangeait avec ses mains... rompant le pain et ne le coupant jamais... En outre, il trouvait que la nourriture à base de viande noircissait l'homme, tandis que celle à base de poisson l'éclaircissait. C'est pourquoi les apôtres et les gens ne consommant que du poisson irradient une lumière — une sorte d'auréole imperceptible. » Et c'était ainsi, entouré d'un halo de lumière, qu'il se voyait lui-même et que le voyaient ses admiratrices.

Sa mission

En même temps, il semble qu'il souffrait beaucoup. Son tempérament impétueux ne lui permettait pas d'étouffer totalement ses tendances à la luxure, d'oublier la chair des femmes. Et il devait alors se dire que si, en dépit de ses hauts faits spirituels, cette soif de la chair demeurait en lui, c'était pour quelque chose ; que cette soif recelait un but caché. Ce n'était pas pour rien qu'il éprouvait les tourments de la chair. C'était une sorte de signe. Et, progressivement, il comprit quelle était sa mission. Il était de son devoir, lui qui avait atteint la perfection, de guérir également les autres des tourments de la chair légués par Adam. Et, en premier lieu, ces faibles créatures de Dieu qu'étaient les femmes, ces réceptacles du péché, dont la nature même cachait la soif de luxure, si plaisante au diable. Toutefois, comme nous le verrons, il soignait aussi les hommes. Mais, pour aborder cette mission, il devait continuer ses exploits spirituels et devenir stoïque. Comme les saints, débarrassés de toute passion. Ce fut ainsi qu'il commença à forger sa doctrine.

Raspoutine nu

Dans ses relations avec les femmes se cachait précisément la mystique naïve et quelque peu effrayante de la doctrine découverte par ce paysan illettré. Comme on le voit dans le Dossier, ces relations troublaient profondément l'éditeur Filippov qui, pour cette raison, tenta à plusieurs reprises d'aborder le sujet avec son ami. Mais Raspoutine se dérobait. Car Filippov, homme ordinaire influencé par le monde extérieur, ne pouvait le comprendre. « En ce qui me concerne personnellement, pas une seule fois Raspoutine n'aborda avec moi la question de ses relations intimes avec les femmes... si quelqu'un amenait la discussion sur un sujet plus ou moins scabreux, très vite il essayait de détourner la conversation par une plaisanterie. » Une fois, cependant, Filippov prit en défaut l'apparente timidité de son ami. « Un jour qu'il était invité chez moi, Raspoutine alla à mon insu à la cuisine, où se trouvait ma servante, une mignonne petite Ukrainienne et, revenant, il me dit : "Quelle garce tu as là ! — Ah oui, pourquoi ? lui demandai-je. — Elle m'a fichu une claque !" Il s'avéra que Raspoutine l'avait entraînée dans la chambre et avait commencé à la tripoter, et, elle, l'avait giflé. » En même temps, Filippov était témoin de la véritable adoration que les belles aristocrates témoignaient au moujik éconduit par la servante. Il observait la façon dont Lokhtina quémandait ses caresses, elle qui avait brisé sa vie pour lui.

Alors, de nouveau, essayant de trouver une explication, Filippov remettait la discussion sur le tapis. Et, de nouveau, Raspoutine éludait.

Filippov, semble-t-il, entreprit de mener sa propre enquête. Allant souvent aux bains publics avec Raspoutine, il se mit à observer attentivement le corps nu du moujik. « J'avais l'occasion d'examiner ses caractéristiques morphologiques dans la mesure où nous nous lavions ensemble aux bains... Extérieurement Raspoutine était d'une extrême propreté : il changeait souvent de linge, allait régulièrement aux bains, si bien qu'aucune odeur désagréable n'émanait jamais de lui. » En revanche, même dans les bains chics que fréquentaient les deux hommes, Raspoutine restait un paysan méfiant. « Pour se laver, il ne laissait jamais au gardien la croix pectorale que lui avait offerte la tsarine, mais il la cachait au fond d'une de ses bottes avec une chaussette pardessus. »

Mais la chose qui intéressait le plus Filippov était le corps nu de Raspoutine. Il y cherchait la raison de son succès, le secret de cette sexualité légendaire dont tout Pétersbourg faisait des gorges chaudes. Mais il ne trouva rien de surnaturel. « Son corps était exceptionnellement robuste, ferme, coloré et bien proportionné, sans la bedaine ni le relâchement musculaire fréquents à cet âge... et sans cette pigmentation qui donne une couleur brune aux organes génitaux des hommes d'un certain âge... » Telles furent les seules « particularités physiques » qu'il nota. Rien d'extraordinaire, pas trace du sexe démesuré dont se nourrissaient et continueraient de se nourrir les légendes sur Raspoutine. Un paysan soigné, très propre, au corps encore jeune — c'était tout.

Déçu, Filippov décida apparemment d'interroger les dames susceptibles de l'aider à élucider certaines questions concernant son ami. Il fit part des stupéfiantes informations qu'il avait obtenues au juge de la Commission extraordinaire, lui-même très intrigué. « Selon Ptachinskaïa, qui avait parlé de cela à Annenkova, ainsi que d'après d'autres dames qui me le dirent directement, Raspoutine ne présentait pas grand intérêt du point de vue des relations physiques. »

Ainsi les dames n'éprouvaient-elles aucune extase amoureuse exceptionnelle avec Raspoutine. Mais il y avait une autre partie de la vie du starets qu'ignoraient Sazonov et

Filippov. Ce dernier aurait été bien étonné d'apprendre que son ami passait une bonne partie de son temps à racoler des prostituées qu'il emmenait aux étuves ou dans des appartements, ainsi que le notèrent les agents chargés de sa surveillance. Mais, curieusement, dans leurs rapports ne figure aucun interrogatoire d'entre elles. C'est sans doute pour cette raison que, plus tard, la Commission extraordinaire décida de les rechercher. Le Dossier répertorie les noms de celles qu'on essaya de retrouver pour les faire témoigner. Mais en vain. Elles s'étaient toutes évaporées à la faveur du chaos grandissant. Cependant la question demeurait : était-ce possible que la police n'ait jamais songé à interroger ces filles avant la révolution ? Ou bien leurs témoignages avaient-ils disparu en même temps que les autres documents relatifs à Raspoutine dont j'ai déjà parlé, et sur lesquels je reviendrai ? Cette seconde éventualité était sans aucun doute la plus vraisemblable. Ces témoignages de prostituées avaient été détruits. Mais on ne détruit jamais tout. Une déposition avait survécu. Ô combien précieuse !

Un des agents avait consigné : « L'enquête montra qu'après avoir abordé la première prostituée, Raspoutine lui acheta deux bouteilles de bière, mais lui-même n'en but pas... il lui demanda de se déshabiller, regarda son corps et repartit. » Ce rapport me stupéfia. Car j'avais entendu quelque chose de semblable bien des années auparavant. Mais à l'époque je n'avais pas compris ce que cachaient les mots.

Une prostituée nommée la Pêche

Au début des années soixante-dix, j'allais souvent à Leningrad, où, dans les studios de Lenfilm, se déroulait le tournage de *Jour de soleil et de pluie*, un film dont j'avais écrit le scénario. Ce jour-là, on tournait une scène dans laquelle apparaissait un personnage muet — une vieille Pétersbourgeoise tout droit sortie de la Russie tsariste. On avait convoqué un certain nombre de vieilles dames pour un *casting*. L'une d'entre elles frappait par sa laideur — une vraie sorcière. Au réalisateur qui en faisait la remarque, l'assistant répliqua : « Elle ne vous plaît pas ? Pourtant, à l'époque, elle plaisait bien à Grichka Raspoutine. »

Elle n'en fut pas pour autant retenue pour le rôle. Mais

moi, jeune écrivain plein de fougue, je brûlais d'envie de l'interroger. Je me souviens de l'avoir rattrapée au vestiaire et de l'avoir invitée à manger quelque chose à la cafétéria du studio. Je la revois encore en train d'engloutir son repas sans dire un mot. Ce fut seulement quand elle eut terminé qu'elle me dit : « Si c'est à propos de Grichka, j'en ai assez de répéter la même chose... Il ne s'est jamais rien passé entre nous. Grichka était impuissant. »

Ainsi commença cette conversation dont j'ai gardé trace dans mon journal. Les faits remontaient à 1914, juste avant la guerre. Chassée de chez elle, elle avait connu un destin qui rappelait l'histoire de la Katioucha de Tolstoï dans *Résurrection*. Entrée au service d'une riche famille, elle avait été séduite par le fils de la maison et s'était finalement retrouvée sur le trottoir. Elle n'avait pas encore dix-sept ans. Un jour, un homme vêtu d'un manteau de paysan l'avait abordée. Il lui avait proposé une telle somme d'argent qu'elle s'était d'abord demandé si ce paysan n'aurait pas tué quelqu'un pour être si riche. Mais, comme s'il avait lu dans ses pensées, il lui avait dit : « Idiote, tu ne sais pas qui je suis ? Je suis Grigori Efimovitch Raspoutine. » Il l'avait emmenée dans un hôtel bon marché où il avait ses habitudes et lui avait ordonné de se déshabiller. Il s'était mis en face d'elle et l'avait regardée en silence. Brusquement, son visage était devenu tout blanc, comme exsangue. Au point qu'elle avait pris peur. Puis il l'avait payée et était parti. En la quittant il lui avait dit : « Tu as les reins malades. » Par la suite, il l'avait une seconde fois emmenée dans le même hôtel. Il s'était même couché avec elle, mais il ne l'avait pas touchée. Et puis la Pêche, comme tout le monde l'appelait, avait vu Raspoutine embarquer d'autres filles. Elle en était ravie, car il lui faisait peur — un vrai fou. Elle craignait qu'il ne lui tranche la gorge. C'étaient des choses qui arrivaient.

Ultime détail de sa confession : en 1940, l'ancienne prostituée avait dû se faire opérer ; on lui avait enlevé un rein.

La clé du mystère ?

Dans le Dossier, Filippov se souvenait d'une étonnante conversation avec Raspoutine : « J'ai... entendu cette explication de sa bouche concernant son attitude à l'égard des femmes : il trouvait en elles peu de spiritualité et de “feu”... Alors que l’homme doit toujours “s’affiner” et, dans ses rapports avec les femmes, il ne doit pas tant user d’elles physiquement qu’éprouver des sentiments “affinés” du fait de leur proximité, et cela, ajoutait Raspoutine, “c’est quelque chose que les bonnes femmes ne comprennent pas... Les saints eux-mêmes faisaient déshabiller les prostituées et les regardaient. Ils ‘affinaient’ leurs sentiments mais ne se permettaient aucune intimité...” Et Raspoutine pour sa part était convaincu qu’en affinant ses nerfs et en expérimentant le plus haut degré de l’état platonique, on pouvait s’élever dans les airs en dépit du poids du corps... Et il expliquait par cette faculté de l’âme l’ascension du Christ et le fait qu’il pût marcher sur les eaux, et il disait que le Christ lui-même n’évitait pas Marthe et Marie-Madeleine et qu’il était toujours le bienvenu chez elles. »

Ce témoignage de Filippov reprenait pratiquement mot pour mot ce qu’écrivait un agent de police : « ... il lui a demandé de se déshabiller, a regardé son corps et est parti. » C’était exactement aussi ce que racontait la Pêche. Ainsi « affiner » ses nerfs revenait-il à vaincre le démon de la chair, à se libérer du péché originel. Et cette victoire donnait le pouvoir de marcher sur l’eau, de s’élever dans les airs... Le pouvoir d’« être un Christ ».

Mais qu’en était-il des nombreuses femmes avec qui il couchait ? Les innombrables « petites dames » ? Son ennemi, le moine Iliodore, se fondant sur des propos tenus par Raspoutine, évoquait aussi dans sa déposition cette façon d’« affiner » ses sentiments, quoique d’une manière diamétralement opposée : « Sa puissante volonté lui donna la possibilité de se détourner radicalement de sa vie de débauche pour se diriger vers les exploits spirituels du jeûne et de la prière. Par ces exploits d’abord, et par une extrême débauche sexuelle ensuite, il affina sa chair et amena ses nerfs jusqu’à la limite du déséquilibre... Cet état peut être obtenu, soit par les exploits ascétiques, soit par la dépravation sexuelle, ou bien encore par une maladie débilitante, comme par exemple la phtisie. Dans tous ces cas, les sujets sont très nerveux, émotifs, profondément sensibles, capables de pénétrer l’âme d’autrui, de lire dans les pensées et de prédire l’avenir. »

Il y avait ici à la fois des différences et des similitudes. Dans les deux cas, Raspoutine paraissait une sorte de vampire. Chez Filippov, il buvait la mystérieuse énergie de la victoire sur le péché dissimulé dans le corps de la femme. Chez Iliodore, cette énergie était engendrée par l'acceptation du péché provenant du corps féminin. Mais il ne s'agissait pas de deux stades différents, comme le pensait Iliodore. Ces deux voies découvertes par Raspoutine, ces deux chemins, il les suivait simultanément.

La lutte avec le diable

Il semble qu'au début Raspoutine ait atteint son but et qu'il soit devenu stoïque. Et quand il racontait à Iliodore avoir couché avec deux jeunes filles tout en restant impassible, il ne mentait pas. C'était ainsi qu'il se mettait à l'épreuve. Pour s'endurcir, Raspoutine errait dans Pétersbourg et, tels les saints des temps anciens, afin d'exercer sa capacité de résistance à la tentation, il ramassait des prostituées, se limitant à regarder le corps nu de ces pécheresses. Mais, manifestement, le malheureux « saint » éprouvait souvent de drôles de sentiments au fond de lui. Voici ce qu'écrivait un agent de surveillance qui avait observé Raspoutine alors qu'il venait de quitter des prostituées : « ... il marche seul, se parle à lui-même, agite ses bras et se frappe la poitrine, ce qui attire l'attention des passants. » N'oublions pas que, pour Raspoutine, le diable était bien réel. Et si, à l'un des frères Karamazov de Dostoïevski, le diable apparaissait dans un délire fiévreux, pour Raspoutine le diable était un compagnon de route qui lui emboîtait le pas en permanence. Et ce qu'observa le policier alors que Raspoutine venait de quitter des prostituées n'était rien d'autre qu'une virulente discussion du starets avec le démon.

Le « saint » attire à lui l'esprit des ténèbres

Parallèlement aux prostituées, il y avait aussi les « petites dames », les « idiotes » — Lokhtina, Berladskaïa, Manchtedt, la baronne Koussova et les autres. Elles étaient censées venir en aide au starets quand le diable perfide cessait de lui obéir. Quand son stoïcisme était mis à mal par la lubricité, qui le privait de ses forces et faisait obstacle aux pieuses pensées.

Sans doute, dans un de ces moments-là, Raspoutine eut-il l'idée de développer l'expérience de certains starets, dont il avait entendu parler dans les monastères. Grand connaisseur de la vie monastique, Serge Nilus parlait du « diable visible » qui hantait les rêves de deux starets, les abbés Manuil et Feodossi. À cela près que ni l'un ni l'autre ne songeait à se débarrasser du mal. Ils laissaient le démon s'installer dans leur « moi », et c'était là qu'avait lieu la lutte entre l'esprit démoniaque et l'esprit du Christ. Et la victoire du second sur le premier.

Le moujik décida de procéder de la même façon. Il résolut de laisser s'installer en lui le démon de la luxure, qui l'attirait tant. Et de l'abattre à l'intérieur de son propre corps. Sous la forme des « petites dames », le diable lui appartenait désormais. Il invitait ses admiratrices à venir le voir, comme on va chez le médecin, afin qu'il les débarrasse de leur lubricité. Comme le montrent clairement les archives de Tobolsk, Iourevski (le prêtre qui, en 1913, avait essayé de poursuivre l'enquête du Consistoire relative à l'appartenance de Raspoutine aux *khlysty*) décrivit « les rites magiques » qu'accomplissait le père Grigori lorsqu'il allait à l'étuve avec ses admiratrices. Selon les témoignages qu'il avait recueillis, « Raspoutine commençait par prier, puis il répétait à trois reprises : “Démon de luxure, sors d'ici !” Après quoi il se livrait à l'acte sexuel avec la femme. La puissance de la copulation était telle que la femme ne ressentait pas l'état habituel de lubricité. Elle sentait que le démon de la fornication l'avait quittée ».

En réalité, « la puissance de la copulation » n'y était pour rien. Ce qui était en cause, c'était la terrifiante crédulité de ces femmes qui, en cet hypnotiseur inculte et convaincu de sa prédestination, voyaient un saint. Comme dans certains « navires » *khlyst*, qu'avait autrefois fréquentés Raspoutine, on croyait pieusement que le péché collectif délivrait du démon de la chair. Iourevski avait présenté les résultats de ses investigations à l'évêque de Tobolsk, Alexis, le père de Moltchanov. Et, naturellement, l'évêque les avait jetés au feu en ordonnant au prêtre d'abandonner l'affaire. Dans sa déposition devant la Commission extraordinaire, Beletski, le chef du Département de la Police, déclara : « Devant moi, il expliquait à ses néophytes qu'en absorbant dans sa propre enveloppe les péchés contre lesquels il luttait, en absorbant la crasse et le vice, l'homme accomplissait la transformation de son âme, lavée par ses péchés. » Ou, plus précisément, lavée non pas par ses péchés mais par le repentir permanent, infiniment douloureux, et par la prière.

Voilà dans quels abîmes ce mystique à demi illettré et malheureux avait voulu se plonger. Voilà ce dont parlait sa femme lorsque, le surprenant avec une « petite dame » lors d'une de ses habituelles séances d'exorcisme, elle disait : « Chacun porte sa croix. Lui, c'est celle-là. » Et c'est aussi pourquoi il disait à Joukovskaïa : « Sans péché, il n'y a pas de vie parce qu'il n'y a pas de repentir, et sans repentir, il n'y a pas de joie. » Cet « érotisme saint » développa progressivement sa sensibilité jusqu'à l'extrême. Désormais, il décelait immédiatement le péché chez une femme. Et alors, il n'y allait pas par quatre chemins — il se jetait littéralement sur elle. Comme ce fut le cas avec la mignonne petite servante de Filippov. Ainsi qu'avec Joukovskaïa, Djanoumova et d'autres. Plus les pensées d'une femme étaient impures, plus cela l'attisait, plus vite il devait « prendre le péché en lui, la délivrer du démon ». Son désir était à la mesure de l'impureté de la femme. Ce fut exactement ce dont il discuta avec Berladskaïa après avoir couché avec elle. En se donnant à lui, ainsi qu'elle l'écrirait, Berladskaïa était convaincue « qu'il [était] un saint et qu'il ne se [comportait] maintenant de façon si abjecte que pour son bien et sa purification ». Et elle en éprouve pour lui pitié et reconnaissance. Raspoutine était lui aussi convaincu de faire le bien.

C'était également ce que disait Lokhtina dans le Dossier, confirmant ses propos publiés par Iliodore : « Pour un saint, tout est saint. Le père Grigori serait-il comme les autres ? Les gens commettent le péché, mais lui, en faisant la même chose, il te sanctifie et fait descendre sur toi la grâce divine. »

« Pour un saint tout est saint »

En même temps, durant cette première phase, sa période « sainte », Raspoutine souffrait. Il sentait que, loin d'avoir étouffé sa lubricité, celle-ci l'avait vaincu. D'où l'émergence chez lui d'un état qui renvoyait directement à Dostoïevski — une souffrance inextinguible engendrée par la conscience de ses propres péchés, les invocations permanentes à Dieu accompagnées de la prière et du repentir.

Ainsi se manifesta chez lui ce redoutable talent de l'homme russe, consistant à vivre intérieurement dans le bien tout en demeurant dans l'enveloppe du péché permanent. « Là où la douleur du repentir transforme le péché en amour », l'amour étant essentiel pour Raspoutine, l'amour se répandant partout, l'amour païen envers la nature, les arbres, les brins d'herbe, la rivière, l'amour chrétien de la famille. Seul l'amour était saint. Ainsi, une femme mariée qui aimait son mari était-elle intouchable pour Raspoutine. En revanche l'absence d'amour équivalait au mensonge. Comme devait en témoigner Lili Den dans le Dossier, « il... exigeait la pureté dans les relations familiales ». Il l'avait un jour rencontrée dans la rue en compagnie de son père. Croyant qu'il s'agissait de son amant, il lui avait fait « toute une scène », la menaçant de raconter à son mari qu'elle se promenait avec un homme. Cela explique combien était sacré pour Raspoutine l'immense amour de la tsarine pour son époux.

En revanche, une femme qui n'aimait pas son mari tout en continuant de partager sa vie était une pécheresse. Il était contre l'amour assujetti aux lois du mariage. Pour lui, cette chose affreuse était l'œuvre de l'Église. Tout ce qui n'était pas dicté par l'amour véritable était selon lui criminel et devait être changé. Et, ainsi que tous les *khlysty*, il considérait comme un devoir de remplacer le manque d'amour conjugal par une union nouvelle, physique et spirituelle. Voilà pourquoi, apprenant que la grande-duchesse Olga, sœur du tsar, vivait dans le « non-amour » avec son mari homosexuel, il avait essayé de la prendre dans ses bras pour lui instiller l'amour.

En outre, il était persuadé qu'en les gratifiant de son amour et en les libérant de la luxure, les femmes restaient à jamais liées à lui par des fils invisibles. « Tu sais, expliquait-il à Joukovskaïa, il existe un sentier qui mène de la terre jusqu'au ciel. Si j'aime très fort une personne, ce chemin, je le garde dans mon esprit, et je sais si elle le suit ou si elle s'en écarte... Parce que je l'ai délivrée de tous ses péchés, elle avance toute pure près de moi, et si elle s'écarte du chemin, le péché est le mien et non le sien. » Et, lorsqu'il décrivait la ridicule jalousie de Raspoutine à l'égard de Laptinskaïa et d'autres, Filippov se fourvoyait. Raspoutine n'était pas jaloux de ces femmes. Il se sentait responsable d'elles et craignait que quelqu'un ne les pervertisse. Car il était sincèrement convaincu qu'en couchant avec elles il les avait délivrées du péché. Or, sans lui, elles retomberaient dans le péché. Pour cette raison, comme le déclarerait Lili Den, il exigeait de ses admiratrices qu'elles viennent le voir « presque quotidiennement ».

Seconde transformation

L'expérience des saints ermites qui s'infligeaient le jeûne et l'ascèse pouvait-elle convenir au pécheur d'hier ? Il était vrai que la colline de sainteté qu'il avait gravie avec tant de peine dans sa jeunesse n'était pas très haute. Si bien que le diable qu'il avait laissé pénétrer dans son âme était toujours là. Finalement, sa douloureuse tentative pour exorciser la luxure s'était muée en luxure pure et simple. Et celle-ci était devenue pour lui une sorte de drogue. Ainsi prirent fin ses expériences. Une telle transformation de l'âme s'appelait « l'état d'égarement spirituel ». C'est pourquoi à partir d'un certain moment, comme nous le verrons, Raspoutine se mettrait à détester ces « petites dames » qui s'étaient données à lui. Et par la faute de qui le diable qui habitait son âme avait renforcé ses positions. Mais il ne pouvait plus reculer. Car ce n'était pas seulement la satisfaction des sens, mais aussi cette façon d'« affiner ses nerfs » qui lui conférait sa force obscure et mystérieuse.

Son salon devint ainsi et peu à peu une secte ordinaire. Il en était le maître, secondé par Lokhtina. Celle-ci ne craignait pas de prêcher la bonne parole à la face du monde, appelant Iliodore « Christ » et Raspoutine « Sabaoth ». Mais pour ne pas leur nuire, elle s'était transformée en une sorte de « folle en Christ ». Car aux fols en Christ (*youridivy*) tout était permis. Le phénomène de ces illuminés, simples d'esprit (*yourodstvo*), était le deuxième secret de Raspoutine. Alix y voyait une explication aux agissements étranges de Notre Ami. Leur connaissance du phénomène autorisait les tsars à ne pas prêter attention aux accusations de débauche dont Raspoutine était l'objet.

Les tsars et les fous

Extrait du journal de K.R. : « Ils continuent à recevoir le fol en Christ Gricha. » Le Dossier. Témoignage d'André Zeïer, « chargé des équipages de la famille impériale » : « Raspoutine venait fréquemment au Palais, me semble-t-il... Je l'ai vu pour la première fois à l'église... Le colonel Loman l'a embrassé. Quand j'ai demandé qui c'était, Loman m'a répondu de façon évasive que c'était un fol en Christ. »

Alix, évidemment, employait le mot plus conventionnel de « starets » pour désigner Raspoutine, façon de bien souligner que Notre Ami était un élu de Dieu. Mais en réalité les starets vivaient à l'écart du monde, pratiquaient le jeûne et la méditation. Pour l'essentiel, il s'agissait d'ermites vivant à proximité des monastères. Abreuvée de littérature mystique, la tsarine savait parfaitement que, parallèlement aux starets, existaient d'autres « hommes de Dieu » authentiques : les étonnants *yourodivy* ou fols en Christ, phénomène typiquement orthodoxe et russe de surcroît.

À la base du *yourodstvo*, on peut citer ces paroles de l'apôtre Paul dans la Première épître aux Corinthiens : « Si quelqu'un parmi vous croit être sage à la façon de ce monde, qu'il se fasse fou pour devenir sage ; car la sagesse de ce monde est folie auprès de Dieu » (3, 18-19) et un peu plus loin : « Nous sommes fous, nous, à cause du Christ... » (4, 1). On peut aussi citer ces paroles du Christ dans l'Évangile selon saint Marc : « Si quelqu'un veut venir à ma suite, qu'il se renie lui-même... » (8, 34). Au nom du Christ, les *yourodivy* renonçaient à la vie des gens ordinaires. Ils simulaient la folie, s'exposant volontairement aux souffrances et aux humiliations. Ainsi se joignaient-ils au martyre du Christ lui-même. « Les pécheurs les frappent, mais les sages les écoutent », disait-on d'eux au temps du royaume de Moscovie.

À l'inverse des pécheurs qui se déclaraient des saints, les fols en Christ étaient des saints qui se déclaraient pécheurs. L'Anglais G. Fletcher, qui séjourna en Moscovie à la fin du XVIe siècle, décrivit ces gens étranges : « Cheveux longs, parfois entièrement nus, sales, ils dormaient n'importe où, comme des chiens errants. Souvent dans des cimetières ou des décharges. » Pourtant, dans le royaume de Moscovie, la voix des *yourodivy* était perçue comme la voix du Christ.

Quand l'un d'eux avait faim, il lui suffisait d'entrer dans une échoppe et de se servir ; le marchand en était heureux. Et la plus belle cathédrale de Moscou, érigée tout près du Kremlin, est consacrée à un fol en Christ : Basile le Bienheureux.

Les cruels princes de Moscovie vénéraient et redoutaient ces « bienheureux », les fols en Christ. Ivan le Terrible, l'un des tsars russes les plus sanguinaires, accusa Novgorod et Pskov de trahison. Novgorod fut encerclée par ses troupes. On envoya une partie des habitants au bûcher, tandis que les mères, ficelées à leurs bébés, étaient jetées à la rivière. Celles qui surnageaient étaient achevées à coups de lance par des soldats montés sur des barques. Après quoi le tsar marcha sur Pskov, décidé à lui faire subir le même sort. En ville, le tocsin sonnait, les femmes faisaient leurs adieux à leurs maris. Mais, entrant dans Pskov, le tsar voulut tout d'abord s'incliner devant un fol en Christ du nom de Nicolas. C'était pendant le grand carême. Le fol en Christ, affublé de lourdes chaînes à même son corps nu, répondit au salut du tsar en lui tendant simplement un morceau de viande crue. « Je suis chrétien, je ne mange pas de viande pendant le grand carême », objecta le tsar. À quoi le fol en Christ rétorqua : « Tu fais pire. Tu dévores de la chair humaine en oubliant et le carême et Dieu. » Et le tsar tout-puissant repartit docilement à la tête de son armée, sans avoir touché Pskov. Telle était la force des *yourodivy*. Ces soi-disant simples d'esprit cachaient sagesse et sainteté sous l'apparence de la folie. Par leur comportement, ils ridiculisaient les travers du monde. La nudité était leur façon de dénoncer le siècle uniquement préoccupé de l'apparence mais oublieux de l'âme. En violant les conventions sociales, ils dévoilaient les vices cachés de l'homme.

Pour eux, un de ces principaux vices était la luxure. Les fols en Christ poursuivaient donc les femmes de leurs assiduités, montrant ouvertement ce que les autres préféraient dissimuler et faire en secret. Pour cette raison, leur comportement était souvent assimilé à de la débauche. Il leur arrivait même de s'accoupler dans la rue, devant tout le monde.

G. Chavelski, l'aumônier de l'armée et de la flotte impériales, l'avait lui-même noté : « La tsarine gardait sur sa table de chevet l'ouvrage intitulé *Les saints fols en Christ russes*, annoté de sa main partout où il y était question du *you-*

rodstvo sous son aspect de licence sexuelle. » Ainsi Alix croyait-elle avoir percé le mystère de Raspoutine.

Le fol en Christ renonçait à tous les biens, non seulement matériels mais aussi spirituels, comme la gloire, les honneurs, le respect et même l'affection de ses proches. Mieux encore, il défiait ces biens et ces tentations en se conduisant de façon inhumaine, monstrueuse (*ourod*, monstre, et *yourodivy* sont des mots de même racine). Alix pouvait comprendre les mystérieux comportements de ces saints hommes grâce à l'exemple de l'un d'entre eux, un fol en Christ de l'ancienne Byzance, nommé Syméon comme le saint de Verkhotourié.

Théophane aussi avait en son temps cherché dans la *Vie* de ce fol en Christ une explication aux agissements de Raspoutine. Le fol en Christ saint Syméon « allait intentionnellement à l'étuve avec des femmes, ce pour quoi il était maltraité et injurié », pouvait-on lire dans sa *Vie*. Ou encore : « Les gens ne pouvaient reconnaître toute sa sainteté car il la cachait à leurs yeux. Car le *yourodstvo* est un exploit par lequel une personne imprégnée de la sagesse chrétienne se révèle à travers sa profonde humilité et ses actes apparemment déments. » Syméon se présentait volontiers comme sexuellement détraqué. Un jour, par exemple, « alors que la femme d'un marchand de vin dormait seule dans sa chambre... Syméon alla auprès d'elle et commença à se déshabiller, faisant mine de vouloir se coucher avec elle. Elle se mit à crier, et le marchand de vin accourut. Sa femme lui dit : "Il veut me violer." Et le mari rossa sauvagement le starets. Mais Syméon était heureux d'avoir subi cet affront ». Et encore : « Il y avait deux étuves dans la ville : l'une pour les hommes, l'autre pour les femmes. Syméon alla dans celle des femmes. On lui cria : "Arrête, Syméon le fol en Christ, n'y va pas, c'est l'étuve des femmes." À quoi Syméon répondit : "Là-bas il y a de l'eau chaude et de l'eau froide, ici il y a de l'eau froide et de l'eau chaude ; il n'y a rien d'autre de particulier ni ici ni là-bas." À ces mots, il entra, nu, dans l'étuve et s'assit au milieu des femmes. Après quoi un diacre demanda au saint : "Père, comment se sentait ta chair quand, nu, tu es entré au milieu des femmes nues ?" Le starets répondit : "Toujours pareil, comme un arbre parmi les arbres... sans sentir que j'avais un corps... mais toute ma pensée était dirigée vers l'œuvre de Dieu." Débarrassé des passions, il ne craignait pas de s'approcher des femmes et, tel le buisson ardent du mont Sinaï qui ne se consumait pas au milieu des flammes, lui ne se consumait pas au contact des femmes... Et ceux qui médisaient de lui tombaient malades sur-le-champ. Et lui seul pouvait les guérir par son baiser. »

Or justement, Alix l'avait bien vu : l'évêque Théophane était tombé malade pour avoir osé attaquer Raspoutine et n'avoir pas compris sa sainteté. En lisant l'histoire du fol en Christ Syméon, la tsarine croyait lire l'histoire de Notre Ami. Et, lorsqu'on leur rapportait des horreurs sur Raspoutine, les étuves, les prostituées... les tsars ne pouvaient pas ne pas penser aux fols en Christ et à saint Syméon. Et, jusqu'à leur dernier souffle, ils resteraient convaincus d'avoir connu un authentique fol en Christ, un saint resurgi des temps de l'ancienne Moscovie, royaume des premiers Romanov. Tel un humble fol en Christ, Raspoutine se livrait volontairement aux outrages et aux persécutions des gens aveugles. D'où la réponse faite par le tsar à Stolypine lorsque celui-ci accusait Raspoutine d'aller à l'étuve avec des femmes : « Je le sais, et là aussi il prêche les saintes écritures. »

La secte

Vyroubova était-elle initiée au « khlystovisme » de Raspoutine ? Il semble que non, contrairement à Lokhtina. En revanche, de même que la tsarine, Vyroubova pensait que Raspoutine était un fol en Christ. Du moins s'efforçait-elle de le croire car, femme intelligente, elle était sans cesse assaillie par le doute, raison pour laquelle elle continuait à s'intéresser aux *khlysty*. Elle était à l'affût de tout ce qui pouvait contredire ce qui s'écrivait dans les journaux, de tout ce qui pouvait faire plaisir à la tsarine.

Lors de la perquisition à son domicile, on trouva chez Vyroubova un texte étrange intitulé *Les secrets des khlysty*. Dans le dossier, Vyroubova déclarerait : « Quand les journaux ont commencé à insinuer que Raspoutine était un *khlyst*, je me suis adressée à une de mes relations, Gofshtetter, journaliste au *Temps Nouveau*, et je lui ai demandé de m'expliquer de quoi il s'agissait. Gofshtetter m'a donné alors cette feuille expliquant l'essence des conceptions religieuses des *khlysty*, feuille qui m'a été présentée lors de mon interrogatoire par la Commission extraordinaire. » Le texte envoyé par Gofshtetter était surprenant, et il est peu probable que Vyroubova l'ait montré à la tsarine. « Le baiser attendri posé sur la main du père spirituel, le sentiment de grâce céleste à son seul contact, et, de la part du père spirituel, la démonstration permanente de ses capacités hors du commun et, au moyen de cette démonstration et de l'hypnose, l'étouffement de la volonté personnelle et de la liberté de pensée de ses adeptes et une constante extase à demi hystérique — autant d'éléments caractéristiques de la secte. » Que pouvait bien penser cette femme intelligente et secrète en lisant une telle description, correspondant au détail près à ce qu'elle observait presque quotidiennement chez Raspoutine ?

Télégrammes sensationnels

Ainsi, sans même s'en rendre compte, ils s'étaient transformés en secte. Avec sa loi première : la divinisation du maître et le secret. Apparemment, seules les « initiées » — Lokhtina, Koussova et Mounia Golovina — connaissaient le principal secret du « Christ » Grigori. Les autres savaient uniquement qu'il détenait le pouvoir de prophétiser et de les délivrer, pauvres pécheresses, du démon de la chair et de les rendre « limpides tel un éclat de verre ». Mais toutes gardaient précieusement les secrets qui leur étaient confiés. Théophane, qui avait discuté avec les victimes de Raspoutine — Vichniakova, Berladskaïa et d'autres — témoignait dans le Dossier du fait que « Raspoutine savait instiller dans l'esprit de ses admiratrices l'idée qu'en confession elles ne devaient jamais avouer le péché d'adultère, car cela ne ferait que troubler leur confesseur qui ne le comprendrait pas ».

Durant toute cette période, seules quelques-unes violèrent cet accord tacite. Car, face au maître, elles éprouvaient un sentiment bien particulier, sans lequel aucune secte ne peut exister. Ce sentiment, ainsi que l'expliquait Lili Den, toujours dans le Dossier, c'était la peur. La peur devant cette force qu'à maintes reprises il leur avait prouvée. Sans lui, sans sa force, sans ses miracles, elles ne pouvaient exister. Sans lui, elles étaient comme des aveugles sans leur guide. À peine était-il parti pour Pokrovskoïé que ses « idiotes » le submergeaient de télégrammes. Dans les archives de la

Commission extraordinaire (dossier 7094-710), sont conservées plusieurs dizaines de ces télégrammes. Mais il y en eut sans doute des centaines !

« 24 juillet 1913. Très malade. J'implore de l'aide. Sana. » « 13 avril 1916. Rentrée malade, l'âme sombre. J'appelle à l'aide. Sana. » « Dans notre cercle, Alexandra Pistolcors était appelée Sana », rappelle Golovina dans son témoignage. Sana au visage de porcelaine, la sœur cadette de Vyroubova.

Et maintenant, la sœur aînée. Parmi ces télégrammes, ceux de Vyroubova implorant l'aide du starets occupent la place d'honneur. Anna croyait-elle vraiment aux pouvoirs de Raspoutine ou faisait-elle semblant pour plaire à son amie la tsarine ? La question reste posée. « 26 novembre 1914. On écrit que père est très affaibli, priez. Doit-on s'inquiéter, il vient aujourd'hui faire son rapport... Ania. »

On trouve aussi des télégrammes envoyés par Vyroubova depuis le *Standart*, le yacht impérial. « Vivons tranquillement, un peu péniblement. Je pense souvent à toi. Ania. » « Maman est toujours très malade, son humeur est sombre. Tout le monde s'inquiète. Ania. » Le plus souvent, Anna écrit à la demande de « maman », la tsarine. Car, affirmerait-elle au cours de ses interrogatoires, après l'affaire de la lettre volée par Iliodore, la tsarine cessa d'écrire à Raspoutine.

J'étais sur le point d'abandonner la lecture fastidieuse de tous ces messages, quand quatre télégrammes me firent littéralement sursauter. Je n'en croyais pas mes yeux !

Je t'aime, je t'embrasse. Douchka.

Aux pages 253 à 255 ainsi qu'à la page 258 du Dossier (j'indique à dessein les numéros de pages), étaient attachés quatre télégrammes se terminant tous par la même formule : « Je t'aime, je t'embrasse. Douchka[1] ». Je les retranscris ici dans leur intégralité.

« 25 octobre 1914. Petrograd. À Novykh. Je suis revenue pour trois jours. Je suis fatiguée mais heureuse de pouvoir tenir. Je suis sûre que mes forces... [vont redoubler ?] grâce à tes prières. Je t'aime, je t'embrasse. Douchka. »

---

1. « Douchka » peut se traduire par « ma (ta) bien-aimée », « ma (ta) mie ». (*N.d.T.*)

« 7 décembre 1914. Petrograd. À Novykh. Aujourd'hui je reviendrai dans huit jours. Je te sacrifie mon mari et mon cœur. Prie et bénis-moi. Je t'aime, je t'embrasse. Douchka. »

« 9 avril 1916. Tsarskoïé Sélo. À Novykh — Pokrovskoïé. Toute mon âme, toutes mes pensées sont avec toi. Prie pour moi et Nicolas en ce jour lumineux. Je t'aime, je t'embrasse. Douchka. »

« 2 décembre 1916. Tsarskoïé Sélo. À Novykh — Pokrovskoïé. Tu n'écris rien. Je m'ennuie terriblement de toi. Viens vite. Prie pour Nicolas. Je t'embrasse. Douchka. »

Qui était-elle ?

L'auteur des deux derniers télégrammes, envoyés de Tsarskoïé Sélo, ne faisait aucun doute. Derrière la signature « Douchka » se cachait bien l'impératrice. Ainsi, les affirmations de Vyroubova étaient fausses. Alix avait continué d'écrire au moujik. Et cela, en dépit de sa promesse à Nicolas de ne plus le faire. À ceci près qu'elle ne signait plus « Maman » mais « Douchka ». D'ailleurs, l'adresse d'expédition et le contenu même des messages étaient sans ambiguïté quant à leur auteur. En effet, le télégramme daté du 9 avril 1916 (« ... Prie pour moi et pour Nicolas en ce jour lumineux... ») renvoyait à la date des fiançailles de Nikki et Alix au château de Cobourg, le 8 avril 1894, anniversaire qu'ils commémorèrent leur vie durant. Quant à l'autre télégramme également expédié de Tsarskoïé Sélo, où « Douchka » demandait à Raspoutine de prier pour Nicolas, il était incontestablement d'Alix.

Et quel extraordinaire attachement exprimaient ces deux messages ! « ... Toute mon âme et toutes mes pensées sont avec toi... » ; « ... Je m'ennuie terriblement de toi... » Ainsi s'exprimait la tsarine de Toutes les Russies s'adressant à un paysan.

Mais qu'en était-il de ce télégramme signé « Douchka », dans lequel il n'était plus question de Nicolas mais où en revanche il était dit « Je te sacrifie mon mari et ma vie » ? Associé aux autres télégrammes et à la lettre rendue publique par Iliodore, ce message avait quelque chose de terrible. De choquant.

Ce n'est que plus tard que j'ai compris que la malheureuse tsarine n'avait rien à voir avec ce télégramme. Tout d'abord, il était envoyé de Petrograd et non de Tsarskoïé Sélo. Quant à la signature, « Douchka » était un des termes de prédilection de Raspoutine. C'était ainsi qu'il appelait Joukovskaïa ou encore la chanteuse Belling. Toutes ses admiratrices étaient peu ou prou ses « Douchka », alors que la tsarine pensait sans doute être la seule. Mais, démocrate, le moujik les mettait toutes sur un pied d'égalité. Il en ressort que l'auteur des deux télégrammes expédiés de Petrograd était probablement une de ces nombreuses « Douchka » que Raspoutine s'efforçait de délivrer du démon de la chair. Mais, au moment de l'enquête de la Commission extraordinaire, quelqu'un les avait attachés avec les deux autres, sans doute en vue d'une publication. Et cela à dessein. « Toute mon âme et toutes mes pensées sont avec toi », « Je m'ennuie terriblement de toi », « Je te sacrifie mon mari et mon cœur », tout cela mis côte à côte promettait d'être explosif. Mais, pour une raison obscure, ces documents ne furent jamais publiés.

9

Premier sang

« Il était épuisé... »

Fin 1913, début 1914, Raspoutine se retrouva apparemment aux prises avec une crise physique et spirituelle. Le défilé monotone des « idiotes » et de leurs corps nus était devenu la routine. Il n'« affinait » plus ses nerfs. Et la présence permanente du démon l'avait exténué. Dans le Dossier, Filippov en témoigne : « Il était épuisé en son for intérieur ; de l'équilibre spirituel, il était passé à une période de doute et de pénibles désillusions qui concernait tout, et plus particulièrement le sens de la vie. »

Il commença alors à avoir peur, à perdre sa force. Déclaration de S. Beletski, chef du Département de la Police : « Fin 1913, le Département de la Police intercepta la lettre d'un hypnotiseur auprès de qui Raspoutine prenait des cours. » Ce qui n'était pas un mythe. Un agent de surveillance extérieure rapporta consciencieusement : « 1er février 1914. Selon nos renseignements, Grigori Raspoutine, résidant au 3, avenue d'Angleterre, prend des cours d'hypnose chez un certain Guerassime Papandato (dit "le Musicien") — environ vingt-cinq ans, teint basané, moustaches, veste d'uniforme. » Désormais, quand on faisait appel à lui pour soigner un enfant malade, Raspoutine refusait en disant : « Peut-être Dieu va-t-il le reprendre pour le protéger de ses péchés futurs. » Il avait besoin d'un stimulant. Sans l'alcool, il se sentait mal. Quelque chose allait arriver. D'inévitable. De fatal. Ce fut à ce moment-là qu'il se mit à boire de façon excessive.

Le souffle de la guerre

À partir du début de l'année 1914, tout le monde commença à parler de l'imminence d'une guerre. Dans le journal du tsar daté de cette époque sont collées des photos inhabituelles : la tsarine, l'héritier du trône et l'une des grandes-duchesses portant l'uniforme des régiments qu'ils patronnaient. Une atmosphère guerrière s'était emparée de l'Europe tout entière. Les gens n'avaient pas connu de guerre sanglante depuis longtemps. Un siècle s'était écoulé depuis les guerres napoléoniennes qui avaient embrasé l'ensemble du continent. Les seuls conflits qui avaient éclaté par la suite étaient demeurés localisés. L'humanité avait oublié l'odeur du sang et des corps en décomposition. De retour d'Allemagne, le tsar sentait que l'empereur, le belliqueux « oncle Willy » était désormais prêt à en découdre. La France, avide de venger l'humiliation subie dans le récent conflit avec la Prusse, exprimait le même désir. Nicolas lui-même renouait avec ses vieux rêves : reprendre aux Turcs Constantinople, la capitale de l'ancienne Byzance, et y ériger la croix orthodoxe, s'assurer le contrôle des détroits et faire de la mer Noire une mer intérieure russe. C'eut été un beau cadeau pour marquer le début du quatrième centenaire de sa dynastie : la Russie réunissant le monde orthodoxe sur les ruines de l'Empire ottoman écrasé.

De nouveau il prêtait une oreille bienveillante aux propos va-t'en-guerre du grand-duc Nicolas Nicolaievitch. Et il se délectait de la popularité dont bénéficiaient ses propres idées. La jeune bourgeoisie russe voulait la guerre, la vieille aristocratie la désirait aussi.

Tous, sauf Alix...

Nikki connaissait sa peur panique de la guerre. Il connaissait ses pressentiments. Et quand il notait dans son journal « Dieu, bénis la Russie et nous tous avec la paix et le calme », Alix sentait qu'il ne le faisait que pour lui plaire. En réalité, Nikki voulait la guerre. Quant à elle, Allemande d'origine, elle ne pouvait se permettre de prendre position contre un conflit avec l'Allemagne. Cette fois encore, Notre Ami était le seul qui pût les sauver de la guerre. Nikki battait en retraite devant les prophéties du père Grigori. Il fallait absolument qu'il revienne au plus vite à Pétersbourg.

Un grand malheur

Raspoutine quitta donc Pokrovskoïé. Le 9 mars 1914, il arriva à Moscou, où, comme à son habitude, il s'installa chez la vieille Anissia Rechetnikova. La fille de celle-ci, Anna, ne quitta pas Raspoutine un seul instant de tout son séjour. Elle l'accompagnait au restaurant, où elle réglait systématiquement l'addition. De Moscou, Raspoutine devait gagner la Crimée et son doux soleil printanier pour y attendre l'arrivée de la famille impériale. Mais, finalement, les tsars décidèrent de ne pas quitter Pétersbourg. Raspoutine fut donc prié de rejoindre la capitale. Il s'y rendit, accompagné de son père, Efim Raspoutine, et d'Anna Rechetnikova. De cette époque, date la photographie représentant Raspoutine au milieu de ses adeptes, dont eux.

À Pétersbourg, Raspoutine ne déçut pas les attentes d'Alix. À Tsarskoïé Sélo, il reprit apparemment ses habituelles discussions avec le tsar, le menaçant de cataclysmes à venir, etc. Mais cette fois il se trouva face à une réaction inattendue. Non seulement le tsar ne voulut pas l'entendre mais encore lui suggéra-t-il de retourner dans son village et d'y rester le temps que les esprits se calment.

Extrait de la déposition de Moltchanov dans le Dossier : « En mars 1914, je suis venu voir Raspoutine et je l'ai trouvé profondément abattu. "C'est un grand malheur, mon garçon, me dit-il, je vais devoir rentrer définitivement au village de Pokrovskoïé." Comme à la même époque Vyroubova et Alexandra Pistolcors avaient l'air préoccupées, j'en ai conclu que, pour une raison quelconque, on était mécontent de Raspoutine, à Tsarskoïé Sélo. »

La célébrité de Raspoutine était redoutable. Les journaux relataient scrupuleusement ses moindres faits et gestes. « Raspoutine est parti pour Tioumen en compagnie de son père », note le journal *Temps Nouveau* dans son édition du 22 mars. Le père regagna Pokrovskoïé tandis que le fils prolongeait son séjour à Tioumen. Le 28 mars, le correspondant du même journal voit Raspoutine « chez monsieur Striaptchikh », l'homme qui accueillait le moujik lorsqu'il séjournait à Tioumen et chez qui ses admiratrices lui adressaient souvent leurs télégrammes. « Il a bu le thé, assis sur le divan en compagnie de deux dames — une brune splendide et une autre, nettement plus âgée, mais dont la beauté n'a pas perdu les traces de son éclat passé. » Et le lendemain, « dans la fraîcheur matinale, conduisant son propre attelage, il est parti pour Pokrovskoïé pour y passer la semaine pascale ». Vêtu d'une riche pelisse de fourrure et d'une splendide chapka en castor, Raspoutine menait ses chevaux le long de cette route où jadis son père et lui transportaient, pour une misère, voyageurs et marchandises. Le sol ne s'était pas encore transformé en une étendue boueuse ; en Sibérie, c'était encore la saison des petits matins glacials. Air pur, espace, liberté... il faisait bon vivre.

La veille de la catastrophe

La situation dans le pays était des plus réjouissantes. Les festivités du tricentenaire avaient renforcé le prestige de la dynastie, l'économie se développait, l'autocratie paraissait de nouveau inébranlable. Il est vrai toutefois qu'à cette même époque un jeune poète, Velimir Khlebnikov, cet étrange génie, ce poète pour les poètes, donnait dans un recueil du groupe littéraire « l'Union de la jeunesse », une liste des dates qui devaient marquer la fin des grands empires. Pour ce qui était de la Russie, il prévoyait la fin de l'empire des Romanov en 1917. Mais personne, hormis les auteurs de cet obscur recueil, n'eut connaissance de cette prophétie.

Le sentiment d'apocalypse imminente qui prévalait la veille encore semblait maintenant fantaisiste. Quant aux révolutionnaires, ceux qui n'avaient pas été déportés menaient une pitoyable existence à l'étranger. Lénine avait déclaré tristement à ses compagnons de lutte que leur génération ne verrait pas la révolution. La guerre victorieuse qui s'annonçait et promettait de nouveaux marchés devait réconcilier la bourgeoisie émergente et l'autocratie. Seul le moujik, « dernier révolutionnaire de la Russie » et dernier porte-drapeau de l'opposition, pouvait peut-être encore inquiéter la famille Romanov et les hommes au pouvoir. En outre, comme on le pensait sérieusement, il demeurait le principal obstacle au déclenchement d'une guerre qui ne pouvait être que triomphale. Aussi, le grand-duc Nicolas Nicolaievitch ne manquait-il pas d'attaquer le starets chaque fois qu'il discutait avec le tsar. Pour Alix la situation était claire — il fallait se hâter d'emmener Nikki à Livadia.

Dernier printemps à Livadia

À la fin du mois d'avril, la famille impériale partit pour la Crimée. Comme toujours, Nikki n'avait pas résisté bien longtemps. Alix avait gagné. Et les journaux annonçaient déjà que Raspoutine avait quitté Pokrovskoïé pour Yalta.

Le palais de Livadia était vide. On n'y recevait plus le grand-duc Dimitri, ex-favori du tsar ; Michel, le frère de Nicolas, était en exil à l'étranger ; et la sœur de la tsarine, la grande-duchesse Élisabeth Fiodorovna, ennemie jurée de Raspoutine, ne venait plus jamais. Seuls les « nôtres » étaient là : Vyroubova, Lili Dehn et Raspoutine. Comme à l'habitude, on allait le chercher à son hôtel pour le conduire en secret au palais. Et, comme d'habitude, Yalta se régalait des commérages concernant ces visites secrètes. Le dernier printemps au palais de Livadia touchait à sa fin. Ni la famille impériale ni Raspoutine ne le verraient jamais plus.

« Raspoutine envisage de rentrer à Pétersbourg au mois de mai », annonçait le journal *La Parole russe*. Effectivement, il partit pour la capitale, mais en chemin, comme souvent, il fit étape à Moscou. « Le 3 mai 1914, Grigori Raspoutine est arrivé à Moscou et, à son habitude, s'est installé chez Anissia Ivanovna Rechetnikova. Raspoutine nie toute intention de se retirer dans un monastère, ainsi que le bruit en a couru... de même qu'il nie toute altercation avec Djounkovski », écrivait le journal.

Depuis qu'il avait échoué dans ses tentatives de faire surveiller Raspoutine, le chef des gendarmes ne se montrait plus. Il n'y avait donc pas eu de nouvel accrochage. Toutefois, le « starets » se savait surveillé en secret. Mais se plaindre eût été vain dans l'immédiat. Le tsar n'était plus de son côté. Le tsar s'apprêtait à faire la guerre.

Raspoutine se sentait mal à l'aise à Pétersbourg. Il avait envie de quitter la ville, comme s'il y pressentait un péril.

Mais Alix redoutait de le voir partir alors que la guerre frappait à la porte. Il était son dernier espoir. Ceux qui aspiraient au conflit l'avaient également compris. Le moujik semi-illettré se retrouvait de nouveau au centre d'événements mondiaux.

L'été arriva. Vacances politiques trompeuses. Croyant à la trêve estivale, Alix laissa le starets rentrer chez lui pour l'été. Les journaux déclarèrent : « Raspoutine est sur le point de partir pour Pokrovskoïé, où il séjournera jusqu'au mois d'août, avant de rentrer à Pétersbourg. » On s'empressa alors d'interviewer la vedette. À la lumière des événements en cours, le journaliste de *Temps Nouveau* demanda à Raspoutine : « Êtes-vous au courant que le comte Witte a parlé de vos louables efforts et de vos prises de position contre ceux qui appellent à la guerre ? — Il faut respecter la dignité nationale, mais le cliquetis des armes est méprisable. Je l'ai toujours dit », répondit le paysan. Et aussitôt le journal publia cette déclaration accompagnée d'une allusion qui ne pouvait échapper aux lecteurs : au moment du conflit dans les Balkans, la question de la guerre et de la paix avait été laissée à la discrétion d'un paysan à moitié illettré. Ce qui avait abouti à l'humiliation de la Russie et à la trahison des peuples slaves. Allait-on permettre qu'un tel scandale se reproduise ?

Une fois de plus, Alix lui interdit de discuter avec les journalistes. Le 30 mai, le *Courrier de Saint-Pétersbourg* annonce : « Raspoutine a demandé à la police de protéger son appartement contre les incursions des collaborateurs de journaux, qui l'exaspèrent, et il a en même temps fait changer son numéro de téléphone. » Puis, enfin, il s'échappa de la capitale.

Étrange coïncidence à la veille de la grande tuerie

Il quitta Pétersbourg en compagnie de ses fidèles admiratrices, Golovina et Vyroubova. Le 8 juin, ils arrivèrent à Tioumen. De là, fidèles à une coutume chère au starets, ils se rendirent au monastère de Verkhotourié pour s'incliner devant les reliques de saint Syméon. Puis, après avoir fait ses adieux à Vyroubova et Golovina, qui rentrèrent à Pétersbourg, Raspoutine rejoignit Pokrovskoïé en attelage, les journalistes à ses basques. Ceux-ci avaient désormais pris la place des agents de surveillance, derrière lui en permanence. Il n'est d'ailleurs pas impossible que certains d'entre eux aient eu la double casquette.

Raspoutine ne profita pas longtemps de sa vie paisible à Pokrovskoïé. Au cours de la seconde moitié du mois de juin eurent lieu deux événements qui, bien qu'apparemment incomparables par leur importance, influèrent l'un et l'autre sur le destin de peuples entiers, sur l'avenir de millions de futures victimes et sur la carte du monde.

Le premier est universellement connu : le 15 (28) juin 1914, à Sarajevo, un étudiant nationaliste serbe du nom de Gavrilo Princip assassina l'héritier du trône d'Autriche-Hongrie, l'archiduc François-Ferdinand. Cela signifiait l'explosion inévitable du « chaudron balkanique ». En Russie, Allemagne, et Autriche-Hongrie, les partis de la guerre exultaient. « Bien, maintenant nous allons régler nos comptes avec la Serbie », déclara le comte Berchtold, le ministre des Affaires étrangères d'Autriche-Hongrie. Quant à la Russie, il était évident qu'elle ne permettrait pas l'écrasement de la Serbie.

Le 22 juin, l'émissaire russe, le comte Tatichtchev, déclara que le Kaiser, Guillaume II, était résolu à soutenir l'Autriche-Hongrie. La Première Guerre mondiale était en marche.

Alix décida de faire revenir le moujik dans la capitale. Et, pour cela, elle se sentait prête à affronter l'opposition obstinée de Nikki. Mais alors qu'elle essayait de convaincre son époux, le télégraphe apporta une nouvelle qui la terrassa : le second de ces événements de juin. Dans le lointain Pokrovskoïé, une inconnue s'était approchée de Raspoutine et lui avait planté un couteau dans le ventre. Il ne s'était pas écoulé deux semaines depuis le tragique attentat de Sarajevo que tombait, victime d'un coup de couteau, le seul homme qui fût sans doute susceptible d'empêcher l'intervention de la Russie et donc la guerre mondiale.

Raspoutine était-il réellement en mesure d'arrêter la guerre ? Cette question serait longuement débattue par la suite. La chanteuse Belling, qui deviendrait une proche de Raspoutine, raconterait dans ses Mémoires avoir, au cours d'un dîner, entendu cette réflexion du starets : « Si cette maudite bonne femme ne m'avait pas coupé les intestins, il n'y aurait pas eu de guerre... Et pendant que mes intestins guérissaient, l'Allemand a commencé la bagarre ! »

Dans le Dossier, son ami Sazonov témoigne : « Raspoutine m'a lui-même certifié que s'il s'était trouvé à Petrograd la guerre n'aurait pas eu lieu. » Le moujik était en droit de proférer de telles affirmations car il savait que, dans cette affaire, ce n'était pas lui qui tenait le rôle principal mais *elle*. Son rôle à lui se limitait à rentrer à Pétersbourg et à prêcher contre la guerre en prédisant les pires malheurs. Afin que, forte de ses prophéties, elle soit à même de briser la volonté du tsar.

Pourtant, la cour comme l'opinion publique étaient persuadées que c'était lui, Raspoutine, qui tirait les ficelles. Dans sa déposition, Goutchkov déclarerait : « Raspoutine avait une attitude négative à l'égard de la guerre. Bien avant le début du conflit, une correspondante de presse italienne lui demanda si la guerre aurait ou non lieu. Il répondit : "Oui, ils manigancent pour ça. Que Dieu fasse qu'il n'y ait pas de guerre, et moi, je vais m'en occuper." »

Une meurtrière raconte

L'attentat avait eu lieu alors que Raspoutine rentrait de l'église. Près de son portail une mendiante l'attendait. Elle lui demanda l'aumône et, alors que Raspoutine lui tendait de l'argent, elle sortit une arme blanche et le frappa au ventre. La femme, immédiatement maîtrisée par des villageois, se révéla être une certaine Khionia Gousseva. L'événement fit la une de tous les journaux de Russie.

Dans les archives de Tambov sont conservés les trois volumes de l'enquête relative « à la tentative d'assassinat du paysan... Grigori Efimovitch Raspoutine ». On peut y lire la déposition de Khionia Gousseva : « Le 29 juin après-midi, j'ai vu arriver... Grigori Raspoutine... Mon poignard dans son étui était accroché sous ma jupe... et je l'ai saisi à travers une fente de ma blouse. Je lui ai donné un coup dans le ventre avec ce poignard. Après quoi Raspoutine s'est éloigné de moi en courant ; je me suis lancée à sa poursuite... avec l'intention de lui porter un coup mortel. » Ainsi, ils passèrent en courant devant les maisons, sous les yeux des villageois pétrifiés. Une petite femme brandissant un poignard derrière un

Raspoutine pressant sa chemise contre sa blessure. Elle ne parvint pas à lui porter un second coup. « Il a ramassé un limon qui traînait par terre et m'en a donné un coup sur la tête, ce qui m'a fait tomber... C'était le milieu de la journée, et les gens sont accourus en criant "Tuons-la"... Je me suis vite relevée et j'ai dit à la foule : "Livrez-moi à la police. Ne me tuez pas." Ils m'ont attaché les mains et m'ont conduite au *volost*... »

Khionia Gousseva était originaire de Tsaritsyne. Elle avait un visage effrayant avec son nez complètement rongé par la syphilis. Mais Khionia expliqua : « Je suis une vraie jeune fille, je n'ai jamais eu d'enfants ni souffert de la syphilis... on m'a détruite avec des médicaments ; à cause d'eux j'ai perdu mon nez à l'âge de treize ans. » Apprenant que Khionia venait de Tsaritsyne, Raspoutine, qui commençait à se rétablir, déclara que l'attentat était le salut mortel que lui avait adressé le moine Iliodore. Mais Gousseva nia toute implication d'Iliodore. Elle expliqua avoir agi de son propre chef, poussée par ce qui s'écrivait sur Raspoutine dans les journaux : « Je considère Grigori Efimovitch Raspoutine comme un faux prophète et même un antéchrist... J'ai décidé de tuer Raspoutine pour faire comme le saint prophète qui a égorgé quatre cents faux prophètes avec un couteau. »

Raspoutine resta plusieurs jours entre la vie et la mort. Toutes ses admiratrices ainsi que la famille impériale l'inondaient de télégrammes lui souhaitant un prompt rétablissement.

Entre-temps on avait commencé à interroger sérieusement Gousseva. Bien informé, le *Temps Nouveau* écrivait : « Lors de son interrogatoire, Gousseva a exprimé son regret de ne pas avoir tué le starets. Khionia Gousseva, chapelière de son état, a fait la connaissance de Raspoutine en 1910, alors qu'il séjournait à l'hôtellerie du couvent Balachev à Tsaritsyne, où vivait Xénia, une religieuse amie de Gousseva. » Les journaux présentaient différents scénarios plus ou moins scabreux. Selon l'un d'eux, Raspoutine avait séduit Gousseva alors qu'elle était jeune et belle. Un autre prétendait que Raspoutine avait souillé la jeune et ravissante nonne Xénia lors d'une cérémonie rituelle *khlyst* et que Gousseva avait voulu venger son amie. Et bien que, très vite, il s'avérât que la nonne en question n'avait jamais vu Raspoutine que de très loin et que par ailleurs elle n'était pas jeune du tout, aucun démenti ne fut publié. Les lecteurs voulaient du sensationnel sur Raspoutine, il ne fallait pas les décevoir.

Condamnée à l'asile

Dès qu'il commença à aller mieux, les journalistes prirent d'assaut la chambre que Raspoutine occupait à l'hôpital de Tioumen. Son malheur le réconcilia pour un temps avec une partie de la presse. Certains journaux prirent un ton presque compatissant pour parler de lui. Les *Nouvelles de la Bourse* écrivaient : « Assis dans sa blouse d'hôpital, très fatigué, il m'a raconté ses tourments... Le grand public ignore ses pensées, qu'il note presque chaque jour dans un cahier. » Et le correspondant du journal de citer : « C'est une grande chose d'assister à la dernière heure d'un malade. Tu reçois deux récompenses : tu visites le malade et en même temps tout ce qui est terrestre te semble une illusion et un piège du démon. »

On expédia Gousseva à l'asile de fous de Tomsk. C'était la seule solution pour éviter un procès à scandale qui risquait de relancer la vague de haine contre Raspoutine. N. Veriovkine, vice-ministre de la Justice, témoigna devant la Commission extraordinaire : « Gousseva fut déclarée folle... mais cette femme criait : "Je suis saine d'esprit et j'ai bonne mémoire, je l'ai frappé sciemment." » Puis ses parents essayèrent de la faire sortir de l'hôpital psychiatrique, arguant de sa guérison. Mais le ministre de la Justice repoussa leur requête, motivant sa décision en ces termes : « La libération ne pourra intervenir tant que le danger que présente la malade pour son entourage ne sera pas totalement écarté. » Ainsi Gousseva fut-elle condamnée à pourrir dans un asile. Elle serait finalement libérée par la révolution.

L'attentat contre Raspoutine fut un choc pour la malheureuse générale. Elle séjournait à l'époque dans la ferme d'Iliodore. Le *Courrier de Saint-Pétersbourg* rapporta : « Ayant appris l'attentat meurtrier contre Raspoutine, Lokhtina s'est précipitée chez Iliodore en criant : "Le jour du jugement est arrivé. Repentez-vous pendant qu'il en est encore temps." » Elle passa la moitié de la journée devant la porte à tambouriner et à crier, jusqu'à ce que les disciples d'Iliodore viennent lui transmettre l'ordre du « Christ » : ficher le camp. Lokhtina craignait d'aller à Pokrovskoïé car, pour les adeptes de Raspoutine, elle était aussi une paria. « Cette année-là, après que Gousseva eut attenté à la vie de Raspoutine, tous les adeptes du starets se détournèrent de Lokhtina du fait de sa proximité avec Iliodore... Lokhtina continuait de ne pas croire à l'implication d'Iliodore. Raspoutine, lui, n'en doutait pas », témoigna Marie Golovina.

Le mystère de l'attentat

Raspoutine revenait obstinément à son ennemi de Tsaritsyne. Le correspondant du journal *La Parole de la Kama et de la Volga* publia un entretien avec lui : « C'est une fille de Tsaritsyne... elle vénérait Iliodore. Une bonne femme est capable de tout si elle vit avec l'esprit d'un autre. C'est Iliodore qui l'a poussée, elle n'a pas agi de sa propre volonté. Elle n'était que le marteau, l'enclume, c'était quelqu'un d'autre. »

Et, effectivement, dans son livre *Un Démon saint*, Iliodore confirma qu'il connaissait Gousseva : « Je connais bien Gousseva. Elle est ma fille spirituelle... Jusqu'à l'âge de dix-huit ans elle avait un très beau visage, mais ensuite elle est devenue un monstre : son nez est tombé. Elle explique cela par le fait qu'elle priait Dieu qu'il lui retire sa beauté. Et il la lui retira. Simplement, lors de ses pèlerinages dans les lieux saints, dormant dans les bouges des grandes villes, elle a contracté cette affreuse maladie, la syphilis, et elle est devenue monstrueuse. » En revanche Iliodore niait catégoriquement avoir participé à la préparation de l'attentat : « Je suis injustement accusé par Raspoutine de lui avoir envoyé cette femme pour le tuer. »

Toutefois, Raspoutine transmit aux enquêteurs la lettre qui lui avait été adressée à Pokrovskoïé, trois jours après l'agression. « C'est moi qui sors vainqueur de cette lutte et non toi, Grigori ! Ton hypnose s'est dissipée comme la fumée au soleil... Je te le dis, en dépit de tout tu mourras ! Je suis le vengeur ! Le Captif. » « Cette lettre, je pense que c'est Iliodore en personne qui l'a écrite », déclara Raspoutine. Le document fut versé au dossier. Pour notre part, contrairement aux enquêteurs de 1914, nous n'eûmes pas besoin de chercher longtemps les pièces à conviction ni de nous perdre en conjectures.

Dans une bibliothèque de New York, je suis tombé sur un livre très rare, offert par la fille du général russe Denikine, le commandant de l'armée blanche pendant la guerre civile. Le livre était intitulé *Marthe de Stalingrad*, et son auteur n'était autre qu'Iliodore. Il l'avait écrit et publié en russe, bien plus tard, alors qu'il vivait en Amérique où il avait émigré. Dans ce livre, Iliodore confirmait que c'était bien lui qui avait décidé d'en finir avec Raspoutine. Un soir, en « Nouvelle Galilée », il avait réuni ses ouailles au bord de la rivière — environ quatre cents personnes. « L'assemblée désigna les trois plus jolies filles... Ces trois beautés, écrivait Iliodore, étaient censées séduire et tuer Raspoutine ». C'est alors que Khionia Gousseva demanda : « Pourquoi sacrifier de jolies femmes qui ont toute la vie devant elles ? Moi, je suis infirme et personne n'a besoin de moi. Seule, je lui infligerai son châtiment. Père, donnez-moi votre bénédiction pour l'égorger comme l'ancien prophète qui égorgea les faux prophètes. » Et Iliodore lui donna sa bénédiction.

Ainsi, derrière le poignard de Gousseva se trouvait Iliodore. Mais était-il le seul ?

Qui étaient les vrais responsables ?

Répondre à cette question n'est guère difficile. En effet, dès le 2 juillet Iliodore prit la fuite. Comme il l'écrivit : « J'ai quitté ma patrie et, déguisé en femme, j'ai fui à l'étranger. Le 19 juillet 1914, près de Tornio, j'ai traversé la rivière à quatre kilomètres au-dessus de la douane et du poste frontière. » Mais Iliodore oublie de dire le plus intéressant. Selon les témoins, « Iliodore s'était enfui de chez lui en automobile ». Mais comment ce pauvre moine avait-il bien pu se procurer une automobile ? Quelle route lui avait-on fait emprunter pour arriver à Tornio ? Qui avait organisé sa fuite et payé un guide connaissant les postes frontières et capable de le faire passer sans encombre en Finlande ? Et ce n'était pas tout. Dans sa déposition, Beletski raconta comment, plus tard, désireux de gagner la confiance de Raspoutine, il avait informé ce dernier du fait qu'on avait laissé la femme d'Iliodore filer à l'étranger en emportant les archives explosives du moine. Et cela, « en dépit des rapports et même de plusieurs télégrammes adressés par le chef de la gendarmerie de Saratov au Département de la Police, à l'attention de Djounkovski... » Ces messages demandaient l'autorisation de retenir et de fouiller la femme d'Iliodore et indiquaient même le jour et l'heure de son départ. Mais, avait expliqué Beletski, l'autorisation de Djounkovski était arrivée alors que la femme d'Iliodore avait déjà passé la frontière.

Encore et toujours ce même Djounkovski, chef des gendarmes et de la police secrète ! Et proche ami d'Ella et du grand-duc Nicolas Nicolaievitch, ce qui n'était pas un hasard.

Le 1er juillet, quelques jours après l'attentat, la police secrète fut chargée d'assurer la protection de Raspoutine. À cet égard, la déposition de Djounkovski devant la Commission extraordinaire est des plus intéressantes. « J'ai mis en place une double surveillance de Raspoutine. Je recevais des rapports journaliers indiquant les endroits où se rendait Raspoutine, le temps qu'il restait et chez qui... La surveillance a été établie... juste avant l'attentat dont il a été victime. » « Juste avant » et non après ? Était-ce un lapsus de Djounkovski ?

Sans doute que non. Il est plus probable qu'il ait involontairement laissé échapper cet aveu. Si la surveillance officielle avait effectivement été mise en place après l'attentat, une surveillance non officielle l'avait été avant.

Grigori Novy

Ainsi Raspoutine avait-il été pris dans une toile d'araignée. « C'est Iliodore qui a eu l'idée de me tuer. » Combien de temps encore allait-il croire cela ? Était-ce possible que ce moujik intelligent continue de rester sourd aux propos de Beletski lorsqu'il évoquait les faveurs dont Iliodore jouissait en haut lieu ? Non, bien sûr ! Et c'est pourquoi il comprit très vite que désormais sa fin était inéluctable. Comme était inéluctable la fin de ce couple naïf et malheureux, entouré d'un famille qui ne l'aimait pas, d'une cour hostile et d'une société folle qui brûlait d'envie de faire la guerre.

Et ces pressentiments, cette peur, il les noyait de plus en plus fréquemment dans le vin. Sa vie avait définitivement basculé. Pendant longtemps il s'était abstenu de boire. Il se connaissait. Dans le dossier d'enquête de Tobolsk, il déclare au juge d'instruction : « J'ai renoncé au vin il y a dix ans ; quand je suis soûl, j'ai mauvais caractère. » En fait de « mauvais caractère », la boisson faisait de lui une bête sauvage capable de se livrer aux pires excès. Il est un vent incessant qui dévale l'Oural pour balayer l'étendue infinie de la plaine russe. De même, dans l'âme russe, une force menaçante et indomptable sommeille en permanence. Et gare si cette force se donne libre cours ! Désormais il allait boire pour de bon, comme un vrai trou. Désormais il allait lui falloir de l'argent, beaucoup d'argent. Et, désormais, il allait fermer les yeux sur la façon dont sa secrétaire, Laptinskaïa, soutirerait cet argent à ses solliciteurs. Après tout, n'était-ce pas un juste retour des choses ? Pour les tsars, il avait renoncé à gagner sa vie comme paysan. Or les tsars ne le payaient pas. Qu'au moins leurs sujets le fissent, pour permettre au pauvre moujik de faire la fête ! La fête finale, l'apothéose ! Ainsi tous ces messieurs auraient de quoi se souvenir de lui ! Lui, l'inoubliable moujik Grichka !

Le nom donné par les tsars prenait un sens prophétique : après le coup de poignard, le moujik était à la fois Raspoutine (le débauché) et Novy (le nouveau).

La guerre

Alix observait, terrifiée, cette joie frénétique mêlée d'horreur qui entourait les préparatifs de la guerre. Pendant ce temps, là-bas, au fin fond de la Sibérie, son *alter ego* gisait sur son lit de douleur, entre la vie et la mort.

Le 6 juillet, le texte de l'ultimatum à la Serbie était ratifié par l'Autriche-Hongrie. Mais on décida qu'il ne serait présenté à Belgrade qu'après le départ de Pétersbourg de Poincaré, le 10 juillet. Cela afin d'empêcher le président français et le tsar de réagir immédiatement en mettant en place des actions communes. Poincaré arriva en Russie le 7 juillet pour une visite officielle de trois jours. La signature d'un accord secret, dit « accord intime », confirmait solennellement les obligations militaires imposées aux deux parties par l'alliance franco-russe. Au dîner offert en l'honneur du président français, Stana, une des deux « femmes noires », s'écria avec entrain : « Avant la fin du mois nous aurons la guerre... nos armées se rejoindront à Berlin. » Le matin, sous un ciel menaçant, le tsar et le président avaient contemplé, enthousiastes, la puissance de l'armée russe. Pour sa part, Alix avait manqué se trouver mal pendant les manœuvres. L'ayant observée durant le dîner, l'ambassadeur de France, Maurice Paléologue, la décrirait ainsi : « Elle se mord la lèvre à chaque instant, et son souffle fiévreux fait étinceler le filet de diamants qui couvre sa poitrine... la pauvre femme lutte manifestement contre la crise de nerfs. »

Une heure après que Poincaré eut quitté Pétersbourg, l'émissaire à Belgrade de l'Autriche-Hongrie remit l'ultimatum au gouvernement serbe. Immédiatement la Serbie demanda son soutien à la Russie. Le 12 juillet, le conseil des ministres sous la présidence du tsar mit en vigueur la « Résolution relative à la période de préparation à la guerre ». Le soir même, les membres du comité d'état-major furent informés de la décision du tsar « de soutenir la Serbie, même si cela impliquait de décréter la mobilisation générale et d'entreprendre les actions militaires, mais pas avant toutefois que les troupes autrichiennes aient franchi la frontière serbe ».

La France engagea les préparatifs de guerre en même temps que la Russie, deux semaines après l'Allemagne et l'Autriche-Hongrie. L'Angleterre, quant à elle, mit sa flotte en état d'alerte. Parallèlement les pourparlers se poursuivaient, mais désormais les diplomates n'étaient plus en mesure d'inverser le cours de l'histoire. L'Europe folle était prête à en découdre.

De son côté, Alix envoyait des télégrammes affolés — à Tioumen d'abord, puis à Pokrovskoïé, où le blessé avait été transféré dès que son état l'avait permis.

« 12 juillet 1914. Urgent. Tioumen. À Novy de Peterhof. Minute grave. Ils menacent de la guerre. »

« 16 juillet 1914. Mauvaises nouvelles. Moments terribles. Prie pour lui, plus la force de lutter contre les autres. »

Elle continuait à implorer son aide. Et cette fois non plus le moujik ne la laissa pas tomber. Bien que très affaibli, il prit sa plume maladroite.

Le 16 juillet, le décret appelant à mobilisation générale était signé. Nicolas Nicolaievitch exultait. La famille Romanov au grand complet se réjouissait. Ce fut à ce moment précis, apparemment, que le tsar reçut de Pokrovskoïé le télégramme tant attendu par Alix.

La Prophétie

Raspoutine envoya toute une série de télégrammes assez semblables. Mais celui-là était plus terrible que les autres par la prédiction lourde de menaces qu'il contenait.

À ce propos, Badmaev stipulerait dans sa déposition : « Et pendant cette guerre... il a envoyé un télégramme sur le même sujet [refuser la guerre], mais on ne l'a pas écouté. » Dans le Dossier, Vyroubova déclarerait quant à elle : « Puis, quand fut donné l'ordre de mobilisation générale, juste avant le début de cette guerre, il a envoyé un télégramme au souverain, depuis le village de Pokrovskoïé, dans lequel il lui demandait de faire en sorte que la guerre n'ait pas lieu. » À la lecture du registre tenu par les agents de surveillance extérieure, on apprend que le 20 juillet 1915, en pleine guerre donc, alors qu'il se trouvait à Pokrovskoïé, Raspoutine déclara à l'agent Terekhov : « L'année dernière, alors que j'étais à l'hôpital, j'ai demandé au souverain de ne pas faire la guerre, et à ce même propos j'ai envoyé au souverain vingt télégrammes, dont un très sérieux. »

Une photocopie de ce télégramme « très sérieux » envoyé au tsar par Raspoutine a été publiée en 1968, dans l'ouvrage *La Révolution russe* (R.S.T. Paris). Le voici.

« ... Nuée menaçante sur la Russie : malheur, beaucoup de chagrin, pas d'éclaircie, mer de larmes sans bornes. Et de sang ? Que dirai-je ? Il n'y a pas de mots, mais une horreur indescriptible. Je sais que tous veulent de toi la guerre, même les fidèles, sans savoir que c'est pour la ruine. Dur est le châtiment de Dieu ; lorsqu'il ôte l'intelligence, c'est le début de la fin. Tu es le tsar, le père du peuple, ne laisse pas les fous triompher et perdre eux-mêmes et le peuple... Tout se noie dans un grand sang... Grigori. »

Curieusement, un autre visionnaire prédisait à sa façon la même chose : Vladimir Ilitch Lénine. « La guerre entre la Russie et l'Autriche serait très utile pour la révolution... »

Et l'incroyable se produisit. Après ce télégramme de Raspoutine, alors que les alliés, que le monde entier attendaient la transmission du décret impérial ordonnant la mobilisation générale, le tsar téléphona au service du télégraphe pour en annoncer l'annulation. Parmi les ministres et au sein de l'état-major, souffla la panique. Décision fut prise de déclarer que l'annulation du décret était « un malentendu, une erreur qui va être rapidement corrigée ». Serge Sazonov, le ministre des Affaires étrangères, et Yanouchkevitch, le chef de l'état-major général, se concertèrent pour savoir qui envoyer auprès du tsar afin de le convaincre de rectifier l'« erreur ». Mais Nicolas refusa de recevoir quiconque.

Seul le grand-duc Nicolas Nicolaievitch se débrouilla pour obtenir une audience. L'Oncle Redoutable parvint sans grand mal à convaincre le tsar de ce dont celui-ci ne demandait qu'à être convaincu. À trois heures de l'après-midi, Nicolas reçut Sazonov et, en présence de son émissaire personnel auprès de Guillaume II, le général Tatichtchev, il donna de nouveau son accord à la mobilisation générale. Sazonov en informa aussitôt par téléphone le chef de l'état-major général, Yanouchkevitch, terminant par ces mots : « Maintenant vous pouvez casser le téléphone. » Il craignait autant le tsar que Raspoutine.

À 17 h 30, le 17 (30) juillet, les télégraphes annonçaient la mobilisation générale de l'armée et de la flotte russes.

Le 19 juillet (1er août) vers midi, l'Allemagne demanda au gouvernement russe l'arrêt « de toutes les opérations menaçant l'Autriche et l'Allemagne », autrement dit l'annulation de la mobilisation générale. Au terme de l'ultimatum, le soir même, l'Allemagne déclara la guerre à la Russie. Vassiliev, le dernier directeur du Département de la Police, raconterait dans ses Mémoires : « Le 2 août, l'ambassadeur allemand, le comte Pourtalès, les larmes aux yeux, remit la déclaration de guerre à Sazonov. À deux heures, un office religieux fut célébré au palais d'Hiver. C'est également là qu'eut lieu l'annonce publique de la guerre. La tsarine et le tsar sortirent devant les milliers de gens qui avaient envahi la place, et la foule s'agenouilla. Elle, cependant, était si bouleversée qu'elle cachait son visage de ses mains, et, aux mouvements convulsifs de ses épaules, on pouvait supposer qu'elle pleurait. »

La Russie était en guerre. L'Oncle Redoutable, ce géant de deux mètres tant aimé des militaires et principal ennemi de Raspoutine, fut nommé par Nicolas commandant suprême des armées. Il ne restait plus à Alix qu'à se soumettre. Obligée de se joindre à l'ivresse générale, elle envoya une nouveau télégramme à Pokrovskoïé.

« 21 juillet. Nicolas te demande de bénir son cousin qui part à la guerre. Ici on est d'humeur gaillarde. »

Devenu commandant suprême, Nicolas Nicolaievitch était bien résolu à régler sans tarder ses comptes avec le moujik. Informé par Djounkovski du fameux télégramme « très sérieux », le grand-duc décida d'avoir une discussion avec Nicolas au sujet de ce paysan qui avait osé inquiéter le tsar de Toutes les Russies en prédisant d'épouvantables catastrophes. Selon l'agent Terekhov, « Raspoutine disait qu'on aurait bien voulu le mener en justice à cause de ce télégramme... mais le souverain... avait répondu : "Ce sont nos affaires de famille, elles ne sont pas passibles du tribunal" ».

Façon de remettre le grand-duc à sa place.

10

Le nouveau Raspoutine

Le retour

Le mois d'août se terminait quand, enfin, Raspoutine reparut dans la capitale. Il s'installa dans son nouvel appartement, rue Gorokhovaïa. Dans le Dossier, commentaire de Filippov : « Vyroubova a fait déménager Raspoutine dans un immeuble de la rue Gorokhovaïa, plus commode pour les rencontres avec les personnes qui prenaient le train à la gare de Tsarskoïé Sélo pour venir en ville. »

Dans la cour, les agents battaient le pavé. Depuis l'attentat, il était de nouveau sous surveillance. Ainsi, reprit la chronique policière de sa vie. À cela près que les gens de Djounkovski désignaient maintenant Raspoutine par le surnom péjoratif d'« Obscur ». Ses vieux amis furent les premiers à lui rendre visite : « Moltchanov a rendu visite à l'Obscur les 21, 23 et 29 août », indiquait le journal de la surveillance extérieure.

Dans le Dossier, confirmation de Moltchanov : « Je ne l'ai pas revu avant la fin du mois d'août 1914, date à laquelle, remis de son agression, il rentra à Petrograd... Il marchait courbé et restait en robe de chambre car il avait encore des pansements, et on lui interdisait de porter des vêtements ordinaires. Il était visiblement déprimé... Il me parla longuement de l'attentat, me raconta qu'une "salope" l'avait blessé, qu'il s'était enfui en pressant sa chemise contre sa blessure, qu'on l'avait opéré dans son village de Pokrovskoïé, à la lumière de bougies en stéarine, et que le docteur s'était étonné qu'il ne soit pas mort. »

Il vivait enfermé dans la peur et le souvenir des souffrances qu'il venait d'endurer. Mais, alors qu'il avait le plus grand mal à se tenir droit, lui enfilant un manteau par-dessus sa robe de chambre, Ania l'emmena voir la tsarine. Les agents de surveillance notèrent dans leur journal : « 25 août. L'Obscur est parti pour Tsarskoïé Sélo en compagnie de Vyroubova. »

C'était peu de dire qu'elle l'attendait ! L'offensive russe en Prusse orientale avait fait long feu et l'armée du général Samsonov avait sombré dans les lacs de Mazurie. Vers le début septembre, l'armée russe était boutée hors de Prusse orientale. Les horreurs de la guerre. Espérant toujours que quelque chose pourrait arrêter le massacre, Alix écrivait à Nikki : « 24 septembre... Cette horrible guerre finira-t-elle un jour ? Je suis certaine que Guillaume passe parfois par des moments de désespoir à l'idée qu'il mène le pays à la ruine... Mon cœur saigne quand je pense à tout le mal que se sont donné papa et Ernie pour que notre petite patrie accède à la prospérité. » Elle imaginait déjà sa petite principauté dévastée... « Cette horrible guerre finira-t-elle un jour ? »

Mais le tsar n'entendait pas ses prières. Car, malgré la défaite de l'armée de Samsonov, au Sud-Ouest les troupes russes connaissaient certains succès. Vers la mi-septembre, après avoir écrasé l'armée austro-hongroise, elles avaient occupé la Galicie et son antique capitale, Lvov. Pour la seconde fois, le tsar crut que la guerre pouvait renforcer son pouvoir. La première fois, c'était lors de la guerre avec le Japon, laquelle s'était soldée par la révolution de 1905.

Les prophéties changent

Raspoutine comprit immédiatement, vu la ferveur et l'optimisme qui régnaient, que mieux valait ne pas se prononcer contre la guerre. « Nous ne signerons la paix qu'à Berlin ! » répétait-on à l'unisson. Ce qui fit écrire à la poétesse Zinaïda Hippius : « Ils ont déjà tous perdu la raison. » Les représentations diplomatiques allemandes furent mises à sac. À la Douma, régnait une touchante atmosphère d'union sacrée. Alix, qui ne pouvait faire autrement que de se joindre au chœur unanime, ne parlait que de guerre jusqu'à la victoire finale. Notre Ami la soutenait. À cette époque, comme le déclarerait Vyroubova, Raspoutine « insistait sur la nécessité de poursuivre jusqu'à la victoire. Il ne parlait jamais de paix séparée ». Cependant, tout en prédisant la victoire, il n'oubliait pas d'ajouter ce qu'elle voulait entendre. Dès cette époque, « Raspoutine prédisait que la guerre serait une lourde épreuve pour la Russie et qu'elle causerait des pertes considérables ».

« On le conduit à Tsarskoïé Sélo », notaient de nouveau les agents. Là, il pouvait se soustraire à leur surveillance, en disparaissant dans la petite maison d'Ania. Alors, du palais Alexandre, sortait une calèche. À son bord, se trouvait la tsarine, seule ou en compagnie de ses enfants. L'équipage s'arrêtait devant la petite maison d'Ania — seul endroit où Alix pouvait rencontrer Notre Ami, dans l'impossibilité de le recevoir au palais Alexandre. Le tsar ne voulait pas irriter l'Oncle Redoutable. Désormais les visites de Notre Ami n'étaient admises qu'en cas d'extrême nécessité, autrement dit quand l'héritier était malade. Alix s'était débrouillée pour que ses visites ne fussent pas consignées dans le journal des fourriers de la chambre, cette véritable chronique de la vie de la cour. Toutefois, en raison du légendaire laisser-aller russe, certaines d'entre elles seraient malgré tout mentionnées : « Le 17 octobre 1914 à 8 h 30, Raspoutine a été reçu par Sa Majesté l'impératrice. » De même le 23 avril 1916 à 9 h 20 et le 5 septembre 1916 à 9 h 45. Mais, à part ces trois visites, combien de fois ne vint-il pas pour soulager ce petit garçon qu'Alix appelait son « rayon de soleil » !

Un étrange événement

Peu à peu Raspoutine recouvra la santé et avec elle la joie de vivre. Selon les agents chargés de sa surveillance, depuis son retour, du 22 au 29 août, une mignonne petite brune, la baronne Koussova, venait chaque jour le voir. Et, à Tsarskoïé Sélo, il ne rencontrait pas uniquement la tsarine et

Ania. En effet, toujours selon les rapports des agents, Sana et Eric Pistolcors habitaient également là-bas, au palais du grand-duc Paul Alexandrovitch. Mais comme Olga, mère d'Eric et épouse du grand-duc, ne pouvait pas supporter Raspoutine, les rencontres avaient aussi lieu dans la petite maison d'Anna Vyroubova.

Par ailleurs, pendant une semaine à compter du 7 octobre, la belle Sana au visage de porcelaine fut l'invitée permanente de Raspoutine. En revanche, les agents ne mentionnent pas la présence de son mari. Quant à son ami Filippov, il vint le voir le 26 août. La vie reprenait son cours. Ou plutôt prenait un nouveau cours. En effet, depuis son retour, il buvait comme un trou. Désormais il lui arrivait d'être ivre même dans la journée. « 5 octobre, à six heures et demie de l'après-midi il a pris un fiacre alors qu'il était en état d'ébriété et s'est endormi en route », devait consciencieusement noter un agent. Un policier en faction au coin de la rue, « le prenant pour un ivrogne, voulut l'envoyer au poste », mais l'agent lui expliqua qu'il s'agissait de Raspoutine.

Les nouveaux rôles d'Alix

Depuis qu'il était rentré, Alix avait retrouvé son assurance. L'envoyé de Dieu avait vaincu la mort, et elle y voyait un heureux présage. Maintenant, elle était forte. Maintenant, elle était avec lui. Il ne la quittait pas, même dans ses lettres quotidiennes à Nikki.

C'était la première fois de leur vie commune qu'Alix et Nikki étaient obligés de se séparer pour une longue durée. Le tsar était en permanence au front, au côté du commandant suprême. D'où la crainte d'Alix de voir Nikki se rallier aux positions de l'Oncle Redoutable et de son entourage qui, tous, détestaient Notre Ami. Et sans doute ne se gênaient-ils pas pour raconter au crédule Nikki toutes sortes d'ignominies. Raison pour laquelle, inondant le tsar de lettres, Alix faisait référence à Notre Ami aussi souvent que possible. L'historien Pokrovski put ainsi calculer qu'en l'espace d'un an et demi de correspondance, entre 1914 et 1915, le nom de Raspoutine fut mentionné plus de cent cinquante fois par la tsarine.

Extraits de ses lettres : « 19 septembre 1914... Je sais

qu'en dépit de la multitude des tâches qui se présentent, tu vas ressentir durement l'absence de ta petite famille et de ton petit trésor. Il va vite se remettre maintenant que Notre Ami est venu lui rendre visite, et cela sera une consolation pour toi. » Dès que Nikki revenait à Tsarskoïé, Alix organisait une rencontre avec Raspoutine. Et, par sa bouche, elle en profitait pour expliquer à Nikki combien le commandant suprême et son entourage étaient dangereux pour lui. « 20 septembre 1914... Notre Ami... a été très heureux de votre rencontre d'hier... Grigori t'aime jalousement et cela lui est insupportable que N. [Nicolas Nicolaievitch] joue un rôle quelconque... » Dorénavant, observant la règle établie conjointement avec Nikki, elle excluait la présence de témoins quand elle rencontrait Notre Ami. Sans doute pour cela, le 23 septembre, écrivait-elle au tsar : « ... Ania a été vexée que je ne vienne pas chez elle, mais elle avait une foule d'invités, et Notre Ami est resté là-bas trois heures. » En revanche, dès le lendemain : « 24 septembre... Avec Olga nous avons fait un saut chez Ania pour une demi-heure, car Notre Ami était chez elle et avait exprimé le désir de me voir. Il m'a posé des questions sur toi... Que Dieu te donne du courage, de la force et de la patience — de la foi tu en as plus que quiconque, et elle te protège... Et Notre Ami t'aide lui aussi à porter cette lourde croix et ton immense responsabilité. »

« 24 octobre... Notre Ami prévoit de retourner chez lui vers le 5 et désire venir nous voir ce soir. » Mais Alix ne voulait pas le laisser partir sans un rendez-vous avec Nikki, qui devait rentrer prochainement. Elle tenait à ce qu'il insuffle au tsar ces idées nouvelles et essentielles qui lui étaient venues dès le début de cette terrible guerre. « 25 octobre. Dans la soirée Notre Ami est passé nous voir pour une petite heure ; il a décidé d'attendre ton retour, puis, sitôt après, de repartir pour quelque temps dans son village natal... Il semble que Lavrinovski [le gouverneur de Tauride] soit en train de tout gâcher en expédiant les braves Tatares en Turquie... et Notre Ami a exprimé le désir que je parle immédiatement avec Maklakov [le ministre de l'Intérieur] car, selon lui, il ne faut pas perdre de temps en attendant ton retour. » Ainsi, maintenant, Notre Ami lui conseillait de faire ce à quoi sa nature volontaire et autoritaire aspirait depuis longtemps : prendre en main les affaires de l'État en l'absence de Nikki !

Fin octobre, Nikki revint à Tsarskoïé Sélo. Le moujik l'avait effectivement attendu. Le retour fut joyeux. Repoussant les forces austro-hongroises, l'armée russe était à la frontière de l'Allemagne. Quoique l'entrée en guerre de la Turquie, le 29 octobre, obligeât à ouvrir un nouveau front. Extrait du journal de Nicolas : « J'étais fou de rage contre les Allemands et les Turcs. Ce n'est que... sous l'effet des paroles apaisantes de Grigori que mon âme a retrouvé son équilibre. » Après la terrible épreuve que représentait pour lui l'obligation de prendre chaque jour des décisions capitales, rien ne lui était plus nécessaire que de retrouver Notre Ami et ses paroles rassurantes sur l'amour que Dieu vouait à la dynastie. Quant à sa nouvelle idée, elle était lumineuse : désormais, quand lui serait au front, à l'arrière, l'impératrice serait « l'œil du souverain ». Et, pour cela, elle devait s'intéresser de plus près aux affaires de l'État.

Maintenant, Notre Ami pouvait tranquillement repartir pour Pokrovskoïé. Pour sa part, le tsar devait rejoindre son armée en campagne. Il visiterait d'abord les troupes de l'arrière puis, par le train, il irait dans le Caucase, sur le front turc. Il ne restait plus à Notre Ami qu'à continuer d'encourager le tsar par des télégrammes plus ou moins cohérents à propos de la victoire finale.

Ce qu'il ne manqua pas de faire. « Les anges dans les rangs de nos guerriers, le salut de nos héros inébranlables avec la joie et la victoire », disait l'un de ces obscurs télégrammes.

À cette même époque, une nouvelle idée s'empara d'Alix. Une idée qui, pour un temps, allait faire passer au second plan ses velléités de gouverner. Par milliers, des blessés et des mutilés étant ramenés du front, de toute la force de son inépuisable énergie, elle décida de se consacrer à des actions charitables. Elle organisa son propre train sanitaire et fit installer un hôpital au Grand Palais de Tsarskoïé Sélo. Elle-même et les grandes-duchesses se transformèrent en sœurs de charité. Tout cela répondait si bien à sa nature profondément religieuse ! Notre Ami lui exprima immédiatement son soutien.

Le 21 novembre 1914, Alix écrivit à Nikki : « Voici le télégramme que je viens de recevoir de Notre Ami : "Quand tu soulages les blessés, Dieu se glorifie de ta tendresse et de ton exploit." C'est tellement touchant ! Cela me donne la force de surmonter ma timidité. » Le starets sentait combien la tsarine faisait d'efforts pour sortir de sa réclusion volontaire à Tsarskoïé Sélo. Elle avait décidé de devenir « une sœur de la charité pour la Russie ». Il le fallait si elle voulait faire taire ce surnom odieux que partout elle croyait entendre murmurer : « l'Allemande ». Comme c'était dur pour cette femme timide qui avait honte de tout y compris de son accent anglais, que curieusement en Russie on prenait pour un accent germain. Maintenant, avec ses filles, elle se dépensait sans compter dans les hôpitaux.

« 27 octobre 1914... Nous partons visiter un autre hôpital... nous y allons habillées en sœurs de charité, ce qui plaît à Notre Ami... et demain aussi... » « 28 novembre 1914... Par moments, je sens que mes forces me lâchent, je me bourre de médicaments pour le cœur et puis tout repart normalement. Notre Ami veut que je fasse des visites, et pour cela je dois vaincre ma timidité. »

Entourée par une cour hostile, elle avait soif d'amour. Et cet amour, elle le trouvait parmi les blessés et les gens simples. Son rêve se réalisait. Sa tournée des hôpitaux la conduisit à Voronej, où elle retrouva le tsar. Ensemble, ils devaient se rendre à Moscou. Là, dans l'ancienne capitale, il était prévu qu'ils assisteraient à des offices religieux ainsi qu'elle en rêvait et « comme le demandait Grigori ».

À Moscou, ils furent accueillis par le son des cloches des innombrables églises, par les prières solennelles et la liesse populaire. De Moscou, Alix repartit pour son cher Tsarskoïé Sélo, tandis que Nikki avait retrouvé le Grand Quartier général qu'elle détestait, avec à sa tête l'Oncle Redoutable. Raspoutine était alors à Pokrovskoïé. Elle lui demanda de revenir. Peu après elle écrivait à Nikki : « 14 décembre 1914... Notre Ami doit arriver demain. Il dit que nous allons bientôt recevoir de meilleures nouvelles de la guerre. »

Il arriva en effet. Même la nature semblait se réjouir du retour de l'homme de Dieu. « 15 décembre 1914... Belle journée ensoleillée... A. [Ania] est allée l'accueillir. » À peine arrivé chez lui, il entendit la sonnerie du téléphone. C'était « Maman ». « 16 décembre 1914... J'ai discuté une minute au téléphone avec Gr[rigori], il te transmet : "Force d'esprit — je viendrai bientôt vous voir, nous discuterons de tout." »

Pendant ce temps, sur le front, les choses commençaient à se compliquer, mais Notre Ami lui disait ce qu'elle voulait entendre. « 17 décembre... Ce matin, au téléphone, Notre Ami lui [Ania] a dit qu'il était un peu rassuré par les dernières nouvelles. » Cependant, elle ne perdait pas une seule occasion d'attaquer le commandant suprême, en se servant des paroles inspirées du « starets ». « 22 janvier 1915... Elle [Vyroubova] me demande de te dire qu'hier elle a oublié de te transmettre, de la part de Notre Ami, que tu ne dois à aucun moment faire référence au commandant en chef dans ton manifeste. Tout doit venir exclusivement de toi à l'intention du peuple. »

Au Grand Quartier général, nous le verrons, le commandant suprême était mis au courant de ces lettres.

Autre attentat ?

Juste avant Noël, Notre Ami fut victime d'un étrange incident. « Vers la Noël... j'ai lu dans *Les Nouvelles de la Bourse* qu'une automobile avait percuté... son fiacre », témoigna Moltchanov. Les voitures étaient si rares à l'époque qu'un tel accident était des plus étranges. D'autant plus que, parallèlement, le harcèlement de la presse avait repris. Maintenant on lui reprochait ses efforts en faveur de la paix. « Grigori Raspoutine... est le plus féroce ennemi de la sainte Église du Christ... Durant la lutte de libération des pays balkaniques... seul un ennemi de l'Église orthodoxe pouvait conseiller à la diplomatie russe de rester calmement à observer la cruauté et la sauvagerie des Turcs... Ce n'est pas pour son bien que sont envoyés à la Russie ce genre de détracteurs de l'Orthodoxie, de faux prophètes sans âme », écrivait la revue *Réponses à la vie* en décembre 1914.

Ainsi était-il prévenu : il n'avait pas intérêt à mettre son nez dans la politique. Mais, quand bien même l'aurait-il voulu, il ne pouvait rester en retrait. La tsarine attendait de lui de nouvelles prophéties. Il n'avait pas le choix.

La Russie des tavernes

Résultat ? Il était ivre en permanence. Seules les beuveries sans fin et les bringues délirantes l'aidaient à juguler sa peur. Son appartement de la rue Gorokhovaïa s'apparentait de plus en plus à un bouge. Et, de plus en plus fréquemment, après avoir bu comme un trou, il se lançait dans une danse effrénée qui n'était pas sans rappeler « la bière spirituelle » des *khlysty*. Il avait recouvré la santé et avec elle sa force bestiale et son endurance. Désormais, il allait être un des hôtes les plus assidus et les plus déchaînés des salons particuliers des restaurants de la capitale.

Dans le Dossier, Filippov donnerait une description détaillée des beuveries auxquelles se livrait Raspoutine. N'étant pas lui-même étranger à cette « maladie russe », Filippov, à la fois observateur et participant actif, ne pouvait cacher son admiration pour ces « orgies esthétiques ». « Une fois, en 1914, alors qu'il était déjà entré dans sa période de folie orgiaque, Raspoutine resta chez moi de midi à minuit à boire, manger, danser, discuter avec l'assemblée qui se trouvait là. Puis, emmenant quelques personnes rue Gorokhovaïa, il continua à boire des vins doux jusqu'à quatre heures du matin. Quand les cloches se mirent à sonner (c'était juste avant le carême), il exprima le désir d'aller à matines et... il parvint à s'y rendre et resta debout pendant tout l'office qui dura jusqu'à huit heures et, de retour chez lui, comme si de rien n'était, il reçut quatre-vingts personnes venues le solliciter... Il faut dire qu'il savait boire — sans cette bestialité caractéristique du paysan russe. Je me suis très souvent demandé comment... après ces soûleries et autres excès, il faisait pour ne pas transpirer... D'ailleurs, il n'a jamais vomi, ce qui est courant après les excès de boisson. De même, je n'ai jamais noté de quelconque marque d'indécence dans sa mise, comme, par exemple, un pantalon déboutonné, alors qu'en 1915 il venait chez moi quotidiennement quand ce n'était pas deux fois par jour et que ses ribotes atteignaient de telles... proportions que mon appartement s'en était transformé en véritable bouge. »

L'ivrognerie pour le salut de l'âme ?

L'affaire commençait à prendre un tour sérieux. Au cours d'une de ces bringues, il se fit tabasser. Durant une autre, il se vanta et parla de ses rencontres avec les tsars. Filippov avait l'impression de voir Raspoutine sombrer sous ses yeux. Particulièrement effrayé par ses propos d'ivrogne concernant la famille impériale, il décida d'avoir une discussion avec Vyroubova. « Fin 1914 début 1915, Raspoutine... n'arrêtait pas de se soûler et passait son temps à traîner à *L'Ours* et autres restaurants, où il n'hésitait pas à faire étalage de son influence sur de hauts personnages. J'ai écrit une lettre à Vyroubova, dans laquelle je décrivais concrètement les aventures de Raspoutine à *L'Ours*, comment il s'était fait rosser, et j'insistais sur la nécessité de mesures radicales susceptibles d'influencer Raspoutine. »

Mais, comme le déclara Filippov, au lieu de prendre des mesures, Vyroubova s'empressa de faire part au père Grigori des dangereuses accusations de son ami. Après quoi, Raspoutine en personne fit irruption chez Filippov et « s'engagea dans une explication orageuse ». Il expliqua qu'« aucune Vyroubova ni d'ailleurs personne ne pouvait influer sur lui et que, même s'il retirait ses bottes et demandait à Vyroubova de lui baiser les pieds, celle-ci le ferait ». Fou de rage, Filippov alla demander une explication à Vyroubova, qui se contenta de répondre en soupirant : « Vous dites que je lui ai fait part du contenu de votre lettre le concernant, mais c'est un cas unique et un homme unique ; devant lui je suis impuissante. »

L'intelligente Vyroubova n'allait pas se lancer dans l'explication d'un paradoxe que Filippov n'était pas en mesure de comprendre. Et que, par la suite, les ennemis du père Grigori comprendraient avec retard. Ce paradoxe, le prince Youssoupov le formulait ainsi : chaque scandale autour de lui ne faisait que renforcer la position de Raspoutine !

C'était le piège tendu par la tsarine. À cette époque, elle était de plus en plus fréquemment informée des beuveries de Raspoutine. Or, chaque rapport relatant les frasques du moujik n'avait pour résultat que de provoquer sa rage à l'égard de leur auteur. Elle ne pouvait expliquer à ces gens normaux, vivant dans un monde normal, ce qu'elle-même savait : le secret mystique de ses extravagances — son *yourodstvo*. Comment ces gens vains auraient-ils été capables de comprendre les actes de ces saints, maintenant disparus, de l'ancienne Russie ? De comprendre ce besoin d'être offensé, humilié ? Elle savait maintenant que le défendre contre ces gens était la croix qu'elle avait à porter. Préserver l'homme de Dieu et le garder près du trône. Chacune des folles débauches du starets, suivie de son chapelet de dénonciations, obligeait la tsarine à lancer une nouvelle attaque contre ses ennemis. Avant d'en finir avec eux cruellement et sans explication. Et afin de ne pas avoir à se justifier auprès de ces gens qui ne comprenaient rien, elle inventa sa version personnelle des choses. Dorénavant quand on lui montrait les rapports des agents faisant état des sinistres exploits de Raspoutine, indignée, elle ordonnait à la police de retrouver ce méprisable poivrot qui avait osé se faire passer pour le père Grigori. Le paysan voyait tout l'avantage qu'il pouvait tirer de la situation. Maintenant, chaque nouveau scandale l'aidait à démasquer ses ennemis et à les éliminer. Ainsi il pouvait continuer sans vergogne à faire la noce.

Parfois, en pleine nouba, on l'appelait de Tsarskoïé Sélo pour lui dire que le tsarévitch allait mal. Alors, se dessoûlant comme par miracle, au point qu'il n'exhalait pas la moindre odeur d'alcool, il s'engouffrait dans la voiture qu'on lui avait envoyée et partait soulager le malheureux enfant. Arrivé au Palais, il était le même que toujours : esprit clair, affectueux mais sans servilité, indépendant, et même parfois sévère comme il sied à un prophète.

L'étau se resserre

Ce fut alors que Joukovskaïa refit son apparition après une longue interruption. Dans ses Mémoires, elle raconte son arrivée rue Gorokhovaïa : « Après être passée sous la voûte sombre qui menait à une cour asphaltée, je m'approchai d'un immeuble brun-rouge de deux étages, dont la porte s'ouvrit d'elle-même à mon arrivée. Devançant ma question, un aimable portier m'indiqua que Raspoutine habitait au premier étage et que sa porte était habillée d'une tenture framboise. Tandis que le portier me retirait mes bottines, j'observais avec méfiance un individu... assis dans un coin, près d'un petit poêle en fer : il scrutait chaque personne qui entrait avec une attention excessive, avant de reprendre un air parfaitement indifférent. Des individus du même genre étaient maintenant postés aux paliers menant à son appartement ainsi qu'aux abords de la maison. »

Dans sa nouvelle demeure de la rue Gorokhovaïa, Raspoutine était soumis à une surveillance constante, dont l'objectif, naturellement, était d'assurer sa sécurité. Et afin qu'elle ne mette pas fin à cette surveillance, on présentait régulièrement à la tsarine des « lettres interceptées » dans lesquelles Raspoutine était menacé de mort. Ainsi, Djounkovski pouvait continuer à contrôler les faits et gestes du moujik.

Dans les dossiers du Département de la Police, j'ai trouvé ce résumé : « Il fut établi une surveillance extérieure de l'Obscur, résidant au 64 de la rue Gorokhovaïa. Au début, celle-ci ne donna aucun résultat, car il se montrait méfiant et, de plus, était toujours entouré d'admirateurs qui l'emmenaient ici et là. Cela dura jusqu'au jour où arriva une lettre (anonyme) comportant une menace de mort contre Raspoutine. En conséquence de quoi, la police secrète proposa à Raspoutine d'assurer sa sécurité et de lui affecter deux agents : Terekhov et Svistounov. Il accepta la proposition. Les agents chargés de protéger Raspoutine remplissaient par la même occasion la tâche assignée par le Département de la Police : identifier ses visiteurs. Ayant entièrement confiance en eux, Raspoutine les emmenait souvent avec lui, ce qui leur facilitait le travail. Lors de ses déplacements à Pokrovskoïé ou à Moscou, ces mêmes agents l'accompagnaient et faisaient leur rapport au Département de la Police par courrier, deux fois par semaine. »

Coup d'État

Depuis les festivités du tricentenaire, Raspoutine connaissait parfaitement les sentiments de Djounkovski à son égard. Du temps de Stolypine déjà, il savait que les agents n'étaient pas tant là pour le protéger que pour l'espionner. Mais il n'avait guère le choix. Qu'il envoie promener ses gardiens et il serait immédiatement abattu en pleine rue comme un chien. C'était la guerre et Petrograd fourmillait d'hommes en armes. Si bien que son assassinat aurait pu être imputé à n'importe qui. Déjà, la collision entre la voiture et son fiacre avait démontré que ses ennemis ne restaient pas inactifs. Il commençait à comprendre que, de toute façon, il ne vivrait pas longtemps sous la traque de ses ennemis, ou à attendre que ses propres gardes en finissent avec lui. Il n'avait qu'un moyen de sauver sa peau : éliminer ses ennemis ! Se débarrasser des Djounkovski et des autres ! Un coup d'État, voilà ce qui permettrait d'installer les « nôtres » au pouvoir. Il savait que cela était possible, que cela pouvait réussir. Parce qu'il avait déjà compris que c'était précisément ce dont rêvait « maman ». Assez de noyer sa peur dans le vin. Il était temps d'agir. D'autant plus que, fin 1914 début 1915, était apparue autour de lui une bande d'individus aussi hardis que dangereux.

La bande de canailles

Il s'agissait de ces gens que Filippov gratifiait des noms de « canailles » et « spéculateurs » et que Raspoutine appelait ses « secrétaires ». Leur entrée en scène n'était pas due au hasard. L'argent les avait réunis. Car beaucoup d'argent circulait désormais dans le modeste appartement de la rue Gorokhovaïa. À cette époque, une arme redoutable était tombée entre les mains de Raspoutine : les requêtes des citoyens. Entrepreneurs, fonctionnaires civils et militaires, pauvres Russes et riches juifs — riches mais privés de droits —, tous ne rêvaient que de contourner la monstrueuse machine qu'était la bureaucratie russe. Et Notre Ami leur offrait cette possibilité. Évitant les innombrables barrages de l'administration, leurs requêtes passaient directement des mains du moujik à celles des ministres et même des tsars. Le moujik gribouillait aux ministres des recommandations qu'il appelait « pratétions » (pour « protections »). Et les ministres, à l'insu les uns des autres, s'empressaient de donner satisfaction au favori. Ainsi, maintenant, la foule des quémandeurs se pressait dans son entrée.

Joukovskaïa en donnerait cette description : « La "salle d'attente", une pièce vide avec quelques rares chaises... pleine des visiteurs les plus divers, du général arborant ses décorations au petit homme effacé, vêtu d'un caftan bleu marine et rappelant un aubergiste de campagne. »

Retour au Dossier. Déposition de Moltchanov : « Des solliciteurs apparurent en grand nombre... Raspoutine se précipitait généralement dans la pièce voisine, y prenait un morceau de papier et, de son écriture en pattes de mouche, griffonnait un petit mot à l'attention d'un ministre ou autre personne de pouvoir... Raspoutine transmettait les requêtes aux tsars par l'intermédiaire de Vyroubova. »

Quant à Feodossia Voïno, servante de Vyroubova, elle

déclare, toujours dans le Dossier : « Vyroubova et moi allions souvent chez Raspoutine, à Petrograd. Le soir, ça se terminait toujours de la même façon : Vyroubova récupérait tout un tas de requêtes qu'elle emportait chez elle, puis au Palais. Parfois, lorsqu'il était chez Ania, Raspoutine transmettait lui-même les requêtes à la tsarine. » « Les dernières années, Raspoutine... s'est mis à apporter des pleines poches de requêtes. Cela ne plaisait pas du tout à l'ancien tsar... J'ai prévenu Raspoutine de cette attitude à l'égard de ses sollicitations, mais Raspoutine n'a prêté aucune attention à mes paroles », déclarerait pour sa part Vyroubova.

Cependant, le tsar devait se montrer tolérant. Car Alix appréciait beaucoup ces requêtes. Elles collaient parfaitement avec l'image de Raspoutine qu'elle avait créée, celle d'un moujik désintéressé. Une image qui était encore vraie quelques années plus tôt, à l'époque où il aidait les gens sans rien demander en retour. À présent tout était différent. Sa nouvelle vie, ses beuveries démentielles, ses bringues avec les Tsiganes revenaient très cher. D'ailleurs, il ne se contentait pas de dépenser sans compter cet argent facilement gagné, il le distribuait généreusement autour de lui. S'il lui arrivait maintenant de prendre lui-même de l'argent, le plus souvent, c'était ses « secrétaires » qui le faisaient, lorsqu'ils lui trouvaient de riches solliciteurs. Sa suite de « secrétaires » constituait une sorte de machine à collecter le tribut auprès des solliciteurs. Les sommes considérables que dépensait désormais le moujik subjuguaient son ami Moltchanov, qui toutefois affirmerait dans le Dossier : « Je ne me suis jamais demandé d'où Raspoutine tenait tout cet argent... je pensais que c'était à Tsarskoïé Sélo qu'on lui en donnait. »

Les « secrétaires »

Ce terme lui plaisait énormément. Lui, le moujik à moitié illettré, avait maintenant des secrétaires, tel un haut fonctionnaire ! Intelligente, dévouée à la vie à la mort (au sens propre, nous le verrons), Akilina Laptinskaïa était la secrétaire en chef. Elle supervisait les autres afin qu'ils ne se servent pas trop au passage. Toutefois, les habiles secrétaires ne parvenaient pas à prélever leur tribut sur tous les quémandeurs. Les pauvres, comme précédemment, pouvaient accéder gratuitement aux faveurs de Raspoutine. Il leur suffisait de l'aborder dans la rue et de lui demander un rendez-vous. C'était « l'affaire de Dieu ». La tsarine était profondément touchée par les récits d'Ania sur la façon dont le starets venait en aide aux pauvres. Les jolies petites dames, quant à elles, n'avaient non plus aucun mal à accéder à Raspoutine. Elles n'avaient qu'à se procurer son numéro de téléphone et faire comme Joukovskaïa, l'appeler directement. Alors, la bonne réponse à la question « Quel âge avez-vous et êtes-vous jolie ? » leur ouvrait la porte de l'appartement de la rue Gorokhovaïa. En revanche, les hommes aisés, sans parler des riches, devaient passer par les secrétaires.

Extrait de la déposition de Filippov : « Ses secrétaires, hommes et femmes, exigeaient et recevaient des sommes considérables, dont un tiers seulement finissait dans les mains de Raspoutine. Les dizaines de milliers de roubles restants demeuraient entre celles de Simanovitch, de Volynski, de Dobrovolski et, dans les derniers temps, de Rechetnikov. »

Au début, les « secrétaires » de Raspoutine n'étaient qu'au nombre de deux, Volynski et Dobrovolski, deux fripouilles qu'il avait sauvées de la prison. Mais bientôt un troisième larron fit son apparition : le juif Simanovitch. Extrait de la déposition de Vyroubova : « Chez Raspoutine, j'ai rencontré un youpin désagréable, Simanovitch, ainsi que Dobrovolski, un type lui aussi extrêmement désagréable et méprisable. Pour moi, il était clair que ces messieurs étaient des intermédiaires entre Raspoutine et ses solliciteurs et qu'ils combinaient toutes sortes d'affaires... La femme de Dobrovolski, une personne outrageusement fardée et douteuse, était en relation amicale avec les filles de Raspoutine. » Par la suite, le « secrétaire » Simanovitch raconterait que, grâce à l'argent extorqué à ses solliciteurs, « Raspoutine avait amassé un gros capital ». Mais cela était faux. Raspoutine n'avait rien amassé du tout et ne laissa rien après sa mort. C'était comme si l'argent lui brûlait les mains — il le dépensait en bombances ou le distribuait généreusement. À sa famille, pourtant pas bien riche, il n'envoyait que le strict nécessaire. Pour sa part, il n'avait désormais plus besoin d'argent pour vivre à Petrograd. Son entourage pourvoyait à tous ses besoins. Son appartement était payé sur la cassette des tsars, et ses faramineuses notes de restaurants ainsi que ses orgies à domicile étaient entièrement à la charge de ses admirateurs et autres quémandeurs. Néanmoins, quand il apprenait que ses secrétaires le grugeaient, il piquait des colères de paysan. « Le couple Dobrovolski jouissait d'une grande influence — lui était un ancien inspecteur des écoles du district de Tsarskoïé Sélo. Mais quand il fut prouvé qu'ils ne reversaient pas tout l'argent à Raspoutine, après une explication orageuse, ils perdirent toute influence », témoignerait plus tard Beletski, le directeur du Département de la Police.

C'était le troisième secrétaire, Simanovitch, qui avait révélé les malversations du couple Dobrovolski. À cette époque, Raspoutine — l'ancien ami du féroce antisémite Iliodore et des gens de l'Union du peuple russe — avait fait du juif Simanovitch son principal homme de confiance. Simanovitch avait ainsi rejoint le prétendu « Centre pensant » de la rue Gorokhovaïa.

« Au meilleur des juifs »

Telle était la dédicace que Raspoutine avait inscrite sur une photo de lui, qu'il avait offerte à Simanovitch. Dans un rapport, un agent de la police secrète présentait l'homme en ces termes : « Aron Simanovitch, marchand de la Première Guilde, quarante et un ans (né en 1873), quatre enfants. Il n'est "marchand" que de nom ; il ne s'occupe d'aucune sorte de commerce, mais joue aux jeux de hasard dans différents clubs. Il se rend presque chaque jour chez Raspoutine... Un individu extrêmement nuisible et un grand intrigant susceptible de se livrer à n'importe quelle combine et à la spéculation. Il est arrivé qu'il amène chez Raspoutine des personnes de sexe féminin et de mœurs apparemment légères, de même qu'il livre du vin. » Depuis l'instauration de la prohibition, en 1914, les boissons alcoolisées faisaient en effet l'objet d'un vaste trafic. Un homme utile, donc.

Raspoutine avait fait la connaissance de Simanovitch quelques années plus tôt, à Kiev, où l'homme possédait une bijouterie. À cette époque déjà, Simanovitch était fiché par la police comme joueur et usurier. Il prêtait de l'argent à des taux très élevés à la jeunesse dorée qui fréquentait les clubs. Après son installation à Pétersbourg et la chute de Dobrovolski, Simanovitch devint le principal conseiller financier du moujik. C'était en outre lui qui dénichait les solliciteurs qui rapportaient le plus.

Au début, par l'intermédiaire de Raspoutine, Simanovitch aidait des juifs à se soustraire au service militaire. Moyennant finances, naturellement. Mais en 1915, l'affaire devint plus sérieuse. Dès les premières défaites militaires, on invoqua l'explication préférée des Russes, la cause de tous leurs maux : les responsables des défaites n'étaient ni les généraux incompétents ni les entrepreneurs qui amassaient des millions en livrant des armes et des uniformes à l'armée, mais les espions — ces « Allemands de l'intérieur » qui refusaient la défaite de ceux de l'extérieur. Et, conformément à l'antisémitisme en vigueur, ce furent d'abord les juifs qu'on accusa d'espionnage. Sur ordre du commandant suprême des armées, à Dvinsk, plusieurs juifs furent pendus pour ce motif, accusation qui se révélerait ultérieurement injustifiée. Puis on commença à expulser de Petrograd les juifs pratiquants, y compris de riches entrepreneurs. Par l'intermédiaire de Raspoutine, Simanovitch faisait en sorte qu'ils puissent rester dans la capitale.

Simanovitch plaisait à Raspoutine. Il appréciait l'attitude respectueuse qu'il observait en présence de la toute-puissante Ania. Il appréciait son amour sincère pour son peuple persécuté et son acharnement à vouloir changer l'opinion que la famille impériale avait des juifs. Il aimait bien aussi voir cette canaille extorquer de grosses sommes d'argent aux juifs nantis et aider gratuitement ses coreligionnaires les plus démunis. Enfin, il appréciait l'enthousiasme de Simanovitch devant ses bringues retentissantes et son admiration mêlée de crainte face à sa force mystérieuse. Car ce père exemplaire n'avait jamais oublié le miracle accompli sous ses yeux par Raspoutine, lorsque celui-ci avait guéri son fils souffrant de la danse de Saint-Guy, une maladie à l'époque incurable.

Miracle en dix minutes

« J'amenai mon fils malade, je l'installai dans un fauteuil et quittai l'appartement. Mon fils revint à la maison une heure plus tard. Il était guéri et heureux, et la maladie ne reparut jamais. » Il s'agit là d'un des nombreux récits contenus dans les Mémoires de Simanovitch, un récit qui n'est nullement le fruit d'une imagination délirante. En 1917, la Commission extraordinaire décida de vérifier les bruits faisant état de ce miracle. Le fils de Simanovitch en personne fut convoqué devant la Commission. Dans le Dossier, figure l'étonnant témoignage de Johann Simanovitch, vingt ans, étudiant de confession juive.

« Entre 1909 et 1910, sont apparus chez moi les symptômes d'une maladie nerveuse appelée danse de Saint-Guy. Dès que la maladie s'est déclarée, j'ai commencé à consulter des médecins, d'autant plus qu'une fois j'avais été obligé de rester couché ayant tout le côté droit paralysé. Parmi les médecins qui m'ont traité, je peux citer le professeur Rosenbach et le docteur Roubinko, résidant à Petrograd. En 1915, apprenant de mon père la maladie dont je souffrais, Raspoutine a proposé que l'on m'amène chez lui. Resté seul avec moi dans la pièce, Raspoutine m'a assis sur une chaise et, s'installant en face de moi, il m'a regardé fixement dans les yeux, tout en commençant à me caresser la tête. J'ai alors ressenti une impression particulière. Cette séance, me semble-t-il, a duré une dizaine de minutes. Après quoi, au moment des adieux, Raspoutine m'a dit : “C'est rien, ça passera !” Et, effectivement, je peux maintenant affirmer que depuis ce rendez-vous avec Raspoutine les attaques n'ont plus jamais recommencé. Bien que deux ans se soient écoulés depuis cette séance. J'attribue cette guérison exclusivement à Raspoutine, car, s'ils rendaient les crises moins pénibles, les remèdes n'empêchaient pas leur apparition. Alors qu'après ma visite chez Raspoutine les crises ont cessé. »

On imagine ce que durent éprouver la tsarine et toutes ses admiratrices en apprenant que, tel le Christ, Notre Ami avait, par un simple attouchement, chassé le démon du corps d'un homme. On comprend aussi pourquoi Simanovitch lui était tellement dévoué. Plus tard, Beletski expliqua que Simanovitch s'efforçait de préserver Raspoutine des « relations douteuses » et qu'il n'hésitait pas à payer des salons privés pour que ses orgies restent secrètes.

Le « brain-trust »

Mais, plus important que tout, Simanovitch mit Raspoutine en relation avec les banquiers juifs. Notamment le plus riche d'entre eux, le fameux « Mitka » — Dimitri Lvovitch Rubinstein. Dans un pays d'antisémitisme populaire et de capitalisme bâtard, cet homme d'affaires juif avait étonnamment réussi. Marchand de la Première Guilde, il était devenu banquier et président du conseil d'administration de la Banque franco-russe. Docteur en droit, il savait tirer profit des innombrables lacunes d'une législation semi-féodale. Il comprenait l'importance de la presse. Et quand le très respectable journal pro-gouvernemental le *Temps Nouveau* se transforma en société par actions, il tenta d'en prendre le contrôle, ce qui fut immédiatement dénoncé par ses adversaires comme « une tentative de la juiverie internationale de s'emparer de la presse russe ». Quant au fils du célèbre Alexis Souvorine, l'ex-propriétaire du journal, il protesta de façon originale. Lors de l'assemblée des actionnaires, il tira plusieurs fois par la fenêtre, cela afin d'attirer l'attention du gouvernement. Finalement, on ne laissa pas Mitka acheter le *Temps Nouveau*. Rubinstein était bien conscient de la fragilité de sa situation dans cette période de ferveur patriotique. C'est alors qu'il eut l'idée d'accomplir l'impossible — tout en restant juif pratiquant, être nommé « conseiller d'État », un grade civil correspondant dans l'armée à celui de général, par l'intermédiaire de Raspoutine. Pour cela, le moujik fit venir chez lui Loman, constructeur de la cathédrale Fiodorovskiski.

Dans le Dossier, Loman témoigne : « Rubinstein avait décidé de faire une donation pour la construction de maisons à proximité de la cathédrale Fiodorovskiski, cela afin qu'on lui donne le grade de conseiller d'État. J'ai refusé sa proposition, car, en tant que juif, il n'avait pas droit à ce titre. » Rubinstein continua néanmoins à solliciter l'entremise de Raspoutine. Il devait montrer à tous les faveurs dont il jouissait auprès de la famille impériale, montrer combien était solide son empire financier. Aussi faisait-il pression sur le moujik, persuadé que celui-ci avait tout pouvoir sur la tsarine. Rubinstein, pas plus que les autres, ne comprenait que Raspoutine ne pouvait que ce que la tsarine elle-même désirait. Ce qui n'empêcha pas le moujik d'essayer. « Raspoutine me dit que Rubinstein lui avait demandé d'intervenir pour qu'il obtienne le titre de conseiller d'État, et il me semble qu'il en a lui-même parlé au souverain et à la souveraine, mais je... sais qu'on lui a opposé un refus », attesterait Vyroubova. Toutefois, Raspoutine aida le banquier dans bien d'autres cas. « Une fois ou deux, dans les soirées de Raspoutine, j'ai vu ce petit juif rondouillard... Il ne buvait pas, ne participait pas à la fête, mais entraînait tout le temps Raspoutine dans le bureau pour lui parler de quelque chose. Généralement, en sortant du bureau, il disait : "Attention, n'oublie pas d'en parler à Anouchka..." À quoi Raspoutine répondait : "Très bien, je le ferai" », selon la chanteuse Varvarova, une fois de plus dans le Dossier.

La solide position de Raspoutine apparaissait au banquier comme une garantie de solidité de sa propre situation. Malin, analysant parfaitement la conjoncture politique, le banquier Rubinstein était l'un des conseillers les plus dévoués de Notre Ami et un membre éminent du « directoire » de la rue Gorokhovaïa.

Cela étant, l'apparition des juifs dans son entourage obligea Raspoutine à se justifier auprès de Lokhtina et de celles de ses admiratrices qui le suivaient depuis l'époque d'Iliodore, des Cents-Noirs et de l'Union du peuple russe. Le Dossier. Déposition de Lokhtina : « Concernant l'attitude de Raspoutine à l'égard des juifs... je ne peux que rapporter ces paroles du père Grigori : "Je détourne leur attention, sinon ils causeront un grand malheur à la Russie." »

Parmi les membres du « directoire » de Raspoutine figurait un autre client dévoué, rival de Rubinstein en affaires : le banquier et boursier Ignace Porfirievitch Manus, président du conseil d'administration d'une société de transport et d'assurance. Étant orthodoxe, Raspoutine put lui obtenir son titre de conseiller d'État, moyennant beaucoup d'argent, cela va sans dire. En même temps, le moujik s'amusait de voir les deux féroces adversaires se battre pour obtenir ses faveurs. La prohibition instaurée dès le début de la guerre obligeait Rubinstein à dépenser des sommes folles afin de procurer à Raspoutine des quantités considérables de vin pour lui et ses amis. Les deux banquiers étaient par ailleurs obligés de rivaliser de générosité envers le moujik. Ce dernier, telle une pompe, aspirait sans la moindre trace d'énormes sommes d'argent, que parfois il redistribuait sur-le-champ à ses amis et compagnons de beuverie.

Le Dossier. Témoignage de la chanteuse Varvarova : « Raspoutine me disait : "Aujourd'hui j'ai reçu dix mille roubles de la part de Rubinstein, on va en profiter pour faire une belle bringue." »

La fin de l'année 1914

Toutes les cathédrales de Moscou célébraient Noël. Dans son journal, le célèbre écrivain Bounine décrivit l'office au couvent Marthe-et-Marie, dont la grande-duchesse Élisabeth Fiodorovna était la supérieure. Bounine ne fut pas autorisé à entrer dans l'église, car, lui expliqua-t-on mystérieusement, la grande-duchesse s'y trouvait en compagnie du prince Dimitri Pavlovitch venu lui rendre visite. Resté à l'extérieur, l'écrivain écouta le chœur des vierges dont le chant plein de tristesse et d'émotion s'échappait par les portes grandes ouvertes. Puis, portées par les vierges, apparurent les icônes et les bannières. Devant elles, imposante, toute vêtue de blanc, une croix d'or retombant sur son front, la grande-duchesse avançait, un grand cierge à la main.

À cette époque le cercle des plus farouches ennemis de Raspoutine s'était resserré autour d'Élisabeth Fiodorovna. Son protégé, le grand-duc Dimitri Pavlovitch, qui exécrait au plus haut point le starets, était de plus en plus l'hôte de Moscou, aux côtés des Youssoupov et du commandant suprême. La sainteté, le pouvoir et l'argent se trouvaient ainsi réunis.

La surveillance se renforce

L'offensive contre Raspoutine se poursuivait. Djounkovski fit un pas supplémentaire dans le but d'effrayer la tsarine. Extrait du rapport de police : « De nouvelles informations concernant un prochain attentat [contre Raspoutine] nous étaient parvenues et il fut ordonné que soient prises des mesures de sécurité plus strictes. Pour cela, il lui fut assigné une garde composé de cinq à six hommes plus une voiture avec chauffeur. Les agents travaillaient en deux équipes, ce qui faisait onze personnes en tout. La répartition des postes était la suivante : un homme à l'intérieur de l'appartement ou bien sur le palier, devant la porte ; un autre, portant un uniforme de portier, dans le hall d'entrée ; un pour assurer la liaison entre la surveillance intérieure et la surveillance extérieure ; le chauffeur garé devant la porte cochère. En cas de déplacement en automobile, un des agents devait l'accompagner. » Les individus qui se cachaient derrière Djounkovski tenaient à connaître les moindres faits et gestes de Notre Ami. Dorénavant, à toute heure du jour et de la nuit, un œil était fixé sur lui. Et les rapports des agents constituaient une chronique ininterrompue de sa vie. De sa vie d'ivrogne.

Et, visiblement, le moujik et les gens qui l'entouraient étaient conscients de la nécessité d'agir vite. « Les nôtres » devait rapidement accéder au pouvoir. Et, chose essentielle, Alix en était la première convaincue.

Un prince très dangereux

À cette époque, un nouvel hôte fit son apparition chez Raspoutine, une personnalité du « tout Pétersbourg », le prince Mikhaïl Andronikov. Dès son premier contact avec Raspoutine, le prince prit tout naturellement place dans les rapports de la police. On peut y lire cette présentation de lui : « Andronikov Mikhaïl Mikhaïlovitch, trente-neuf ans, études au Corps des pages [le plus prestigieux établissement de Russie], issu d'une vieille famille de nobles géorgiens, fonctionnaire au ministère de l'Intérieur, chassé de ses fonctions pour manque d'assiduité au travail. En 1914, nommé fonctionnaire chargé de missions spéciales auprès du haut-procureur du Saint-Synode. »

Le prince était une figure parfaitement représentative de la Russie en ces temps de folie. Bien que n'occupant aucune fonction particulière, il était un personnage de première importance. S'il avait dû quitter son fastidieux travail de rond-de-cuir au ministère de l'Intérieur, il n'en avait pas moins — selon les mauvaises langues — gardé les liens les plus étroits avec le département le plus important de ce ministère, celui des services secrets. Il était un ami personnel du précédent chef du Département de la Police, Stéphane Beletski. Pour l'heure, le prince était appointé par le Synode, où il ne faisait que de très rares apparitions. Cependant, tout modeste fonctionnaire qu'il fût, il était reçu par tous les ministres. Bien que méprisé, il était l'hôte des salons les plus cotés de Pétersbourg. Car tout le monde craignait sa mauvaise langue. Le prince consacrait en effet le plus clair de son temps à une tâche unique : telle une abeille travailleuse mais dangereuse, colporter les ragots à travers les administrations et les salons de la capitale.

Polovtsev, ce membre du Conseil d'État cité plus haut, déclara : « Je connais le prince depuis longtemps... Il passait presque tout son temps à rendre visite aux ministres et autres dignitaires... Il apprenait d'eux et en retour leur rapportait divers rumeurs et faits provenant de la cour et des cercles dirigeants... On le recevait afin d'être au courant des intrigues... et afin de faire circuler certaines rumeurs par son intermédiaire... Par ailleurs on le craignait, sachant qu'il avait ses entrées partout et qu'avec sa langue de vipère il était capable de porter préjudice à toute personne qui lui déplaisait. Il est ridicule de vouloir lui coller l'étiquette de conservateur ou de libéral... Son opinion sur tel ou tel homme de pouvoir ne dépendant que des relations qu'il avait avec lui : ceux qui le recevaient se voyaient encensés, ceux qui l'évitaient étaient la cible de ses critiques et de sa haine. »

À longueur de journée, il intriguait, manœuvrait, manipulait. Polovtsev rapporta les propres paroles d'Andronikov : « Dès qu'un quelconque X est nommé directeur de tel ou tel département ministériel, je lui adresse la lettre suivante : "Enfin le soleil de la justice a resplendi sur la Russie. Et ce gouvernement fou qui nous menait à la ruine a fini par comprendre que les destinées de ce département devaient être remises entre de nobles mains... Que Dieu vous protège sur le difficile chemin qui s'ouvre devant vous." Alors ce X, qui jusque-là n'a jamais entendu parler de moi, commence à me téléphoner, prêt à me recevoir quelle que soit la raison que j'invoque. »

« Les documents confidentiels, expliquait encore Polovtsev, étaient acheminés par porteurs. Il les soudoyait afin qu'ils lui montrent les enveloppes qu'ils transportaient. Il n'avait même pas besoin de les ouvrir pour savoir ce qu'elles contenaient. Par exemple, il était de coutume d'attribuer les décorations au mois de janvier. Eh bien, il était en mesure de féliciter tel ou tel nouveau promu avant même que celui-ci ait reçu la bonne nouvelle. Et ce personnage haut placé se disait alors, plein de respect, que ce prince jouissait d'une sacrée influence parmi les hautes sphères. »

Malgré ses talents remarquables, deux choses nuisaient à la carrière du prince : ses penchants homosexuels et les sombres rumeurs concernant ce qui se passait chez lui. Conformément aux rapports de la police, le prince louait « un grand appartement meublé, de sept pièces ». La pièce centrale était la légendaire chambre à coucher du prince. « Dans cette chambre — ainsi que l'écrit Roudnev, le juge de la Commission extraordinaire chargé de l'interroger —, derrière un paravent, était aménagée une sorte de chapelle avec un grand crucifix, un lutrin, une couronne d'épines, une rangée d'icônes, une tenue complète de prêtre. » Pour sa part, Pierre Kilter, le valet de chambre du prince, déclara : « Mais je n'ai jamais eu l'occasion de le voir prier là. Parmi les icônes et les couronnes d'épines, le prince recevait de très jeunes invités... Un tas de gens venaient voir le prince, surtout des élèves officiers, des lycéens, des jeunes officiers — tous très jeunes et très beaux. Tous ces gens faisaient comme chez eux — buvaient, mangeaient, passaient la nuit, à deux dans le même lit de surcroît. Andronikov se conduisait de façon suspecte, disparaissant à l'occasion dans la salle de bains avec tel ou tel de ces jeunes gens. »

Le compère et la commère

« Le prince détestait les femmes, témoigna son ami Beletski. Une seule lui rendait visite, une femme d'un certain âge du nom de Nathalie Tchervinskaïa. » La raison de l'étroite amitié qui liait le prince et Tchervinskaïa était simple ; ils étaient unis par la même haine envers le ministre de la Guerre Soukhomlinov. Tchervinskaïa détestait le ministre depuis que celui-ci, alors âgé de soixante-deux ans, avait abandonné sa sœur pour épouser une jeunesse. Andronikov, à cette époque, était très proche de Soukhomlinov. Mais, désirant se rapprocher un peu plus du puissant ministre, Andronikov rapporta à Soukhomlinov certaines frasques de sa jeune épouse. Naturellement, le prince tenait ses informations de Tchervinskaïa. Après quoi, Soukhomlinov mit purement et simplement à la porte son fidèle ami le prince. D'où la haine d'Andronikov. Une haine dont il fallait se méfier, car l'homme était rancunier et vindicatif.

Le grand-duc Nicolas Nicolaievitch lui aussi haïssait Soukhomlinov pour s'être prononcé en faveur d'une limitation de l'influence des grands-ducs sur l'armée. En même temps ce point de vue avait affermi la position du vieux ministre, dans la mesure où tous ceux qui s'opposaient à Nicolas Nicolaievitch avaient automatiquement les faveurs de la tsarine. Mais 1915 vit se multiplier les revers militaires et, avec eux, les critiques à l'égard du ministre de la Guerre, accusé de tous les maux. Pour Andronikov, il était clair que le moment était venu d'attaquer le ministre. D'autant plus que Tchervinskaïa, cette « rumeur ambulante » comme on l'appelait dans les salons, avait informé Andronikov d'une nouvelle importante : Soukhomlinov s'était débrouillé pour offenser également Raspoutine. Comme le déclarerait Andronikov lors de son interrogatoire : « Raspoutine importunait constamment les ministres avec ses notes... Soukhomlinov avait refusé de le recevoir et, plus généralement, il se comportait mal avec lui. » Si bien que le plan du prince était simple : Raspoutine devait amener la tsarine à ne plus soutenir le ministre de la Guerre. Et Andronikov décida de se rapprocher de Raspoutine.

L'union du prince et du moujik

Voilà pourquoi, dès le retour de Raspoutine dans la capitale, les agents notèrent la présence d'une femme d'un certain âge parmi les habitués de la rue Gorokhovaïa. Très vite ils établirent son identité. Ainsi apprend-on à la lecture des comptes rendus de la police qu'à la fin du mois d'août 1914, Raspoutine reçut la visite quotidienne de « Nathalie Illarionovna Tchervinskaïa, quarante-huit ans ». En fait, l'amie d'Andronikov préparait le terrain pour le prince. Puis, bientôt, celui-ci fit son entrée rue Gorokhovaïa. Comme le confirmerait le prince lui-même dans sa déposition : « Je vins le voir après son retour à Petrograd, alors qu'il souffrait encore de sa blessure. » Aux juges de la Commission, le prince ne cacha pas les raisons de son rapprochement avec Raspoutine. « J'avais compris qu'il me faudrait utiliser Raspoutine pour faire connaître à Tsarskoïé Sélo certains agissements de Soukhomlinov. »

Mais, ses relations avec Raspoutine étant devenues plus étroites, Andronikov commença sans doute à évaluer la situation d'une manière nouvelle. Il voyait le moujik partir secrètement à Tsarskoïé Sélo, les poches pleines de requêtes. Il voyait les riches solliciteurs se presser dans la « salle d'attente ». Dans ces conditions, le prince en arriva vite à la conclusion que l'histoire de Soukhomlinov n'était qu'une pitoyable broutille en comparaison des possibilités qui s'ouvraient à lui dans la maison de la rue Gorokhovaïa. Le prince était en permanence à court d'argent. Seule, sa modeste place de fonctionnaire au Saint-Synode ne lui permettait pas d'assumer le coût de son immense appartement, d'entretenir ses jeunes amis ni de fréquenter les restaurants les plus chers, ainsi que l'exigeait sa position dans le monde. Or, naturellement, il n'avait pas échappé au prince que des sommes considérables transitaient par l'appartement de Raspoutine. Il voulait lui aussi profiter de la manne en recrutant de riches solliciteurs.

De leur côté, Raspoutine et son « directoire » avaient besoin du prince dans un but bien précis. Andronikov était en relation avec les gens les plus influents du moment. Par son intermédiaire, il était possible de commencer à établir des contacts avec d'éventuels candidats aux postes dirigeants — « nos » candidats. Comprenant ce que Raspoutine attendait de lui, le prince ne pouvait être que ravi. Son rêve se réalisait. Lui, l'intrigant minable, le laborieux colporteur de ragots, allait se retrouver au centre de la grande politique ! Il allait faire et défaire les ministres. Car c'était lui qui manipulerait Raspoutine. Certes, il était rusé, le moujik. Rusé, mais à moitié illettré tout de même.

De toute évidence, Andronikov proposa de commencer par l'essentiel : trouver le futur chef du Département de la Police. Ce fut dans cette perspective que, début 1915, eut lieu l'étonnante rencontre entre Raspoutine et un proche d'Andronikov, Stéphane Beletski.

Retour du maître de la provocation

Après la révolution de Février, Stéphane Petrovitch Beletski serait convoqué devant la Commission extraordinaire. Le poète Alexandre Blok, chargé de retranscrire les interrogatoires, le décrirait ainsi dans ses notes : « ... voix sourde, cheveux gris, nez retroussé... et yeux larmoyants, qui brillent constamment... » À l'époque des faits que nous évoquons, Beletski avait à peine dépassé la quarantaine et avait donc à peu près le même âge qu'Andronikov. En revanche, contrairement à ce dernier, il avait atteint les échelons supérieurs de la bureaucratie russe. De 1912 jusqu'à son éviction, l'année précédente, il avait occupé les sinistres fonctions de directeur du Département de la Police. Son passage avait été marqué par de subtiles provocations de la part des organes secrets, et notamment par l'infiltration des groupes révolutionnaires. C'était également sous son « règne » que Stolypine avait été mystérieusement assassiné et qu'avait été montée la cabale antisémite contre un certain Mendel Beylis, un jeune juif faussement accusé d'avoir participé à un « meurtre rituel » sur un enfant orthodoxe. Autant dire que Stéphane Petrovitch était passé maître dans l'art de l'intrigue et de la provocation. Cela faisait maintenant un an qu'il avait été démis de ses fonctions et envoyé à la retraite, avec un poste de sénateur. Toutefois, le très intelligent Stéphane Beletski, se sentant en pleine possession de ses moyens, aspirait tout naturellement à reprendre du service. Il fréquentait les salons conservateurs les plus influents, où d'ailleurs il avait fait la connaissance d'Andronikov, avant de devenir son ami.

Ainsi qu'on peut le lire dans les notes prises par Blok, Beletski raconta qu'on lui avait fortement conseillé « d'aller moins souvent chez Andronikov ». Il continua néanmoins à rendre de fréquentes visites au prince. Et ce fut avec plaisir qu'il se lança dans la nouvelle intrigue. Quant à Raspoutine, selon les rapports de la surveillance extérieure, il « rendit visite à l'ancien directeur du Département de la Police Beletski, le 30 janvier 1915 ».

Il est probable que Beletski reçut la promesse de reprendre son ancien poste. Maintenant, il fallait trouver « notre » ministre de l'Intérieur. Car Beletski pour sa part n'avait aucune chance, il était le premier à le savoir. Il dirait lui-même plus tard : « Le tsar se montrait froid à mon endroit. »

La patrone

Andronikov était convaincu de la toute-puissance de Raspoutine. Lui non plus n'avait pas compris la réalité de la situation. Le coup d'État que préparait le moujik n'était possible que parce que c'était le vœu de la tsarine. Dès le début de la guerre, alors que Nicolas passait la majeure partie de son temps à la Stavka, le Grand Quartier général, Alix avait décidé de l'aider en participant à la direction du pays. D'ailleurs, comment agir autrement avec tous ces ministres qui faisaient n'importe quoi, et ce, alors qu'elle avait auprès d'elle un homme capable de lui transmettre les volontés de ce Dieu dont il était l'envoyé ? Des volontés qui, par un heureux hasard, correspondaient le plus souvent à ses propres désirs ! Le plus souvent... Car Raspoutine avait eu plus d'une fois l'occasion de voir ce qui se passait quand ce n'était pas le cas. Et, de nouveau, il allait en faire l'expérience en ce début d'année 1915.

La dernière volonté d'un grand Premier ministre

En janvier, Raspoutine reçut la visite d'une dame voilée. Contrairement à Joukovskaïa, il semble qu'elle n'ait pas compris le rôle que jouait l'homme assis dans le hall d'entrée. Ayant identifié la mystérieuse visiteuse, l'agent déguisé en portier nota dans son rapport : « La comtesse Witte a rendu visite à l'Obscur les 8 et 25 janvier ; les deux fois, elle se dissimulait sous un épais voile. Le 25 janvier, elle a demandé au portier de la faire passer par l'escalier de service et pour cela lui a donné trois roubles de pourboire. »

C'était bel et bien la femme de l'ancien Premier ministre. À cette époque, Witte était mourant — il décéderait en février —, et il venait de terminer une longue lettre à l'attention du tsar. Après y avoir énuméré les mesures importantes prises alors qu'il était aux affaires, dont notamment la Constitution, le vieil homme demandait une faveur au souverain : accorder à son petit-fils le titre de comte. Ainsi l'on comprend de quelle requête était porteuse la comtesse en venant voir Raspoutine, un homme dont son mari lui avait souvent parlé dans les termes les plus élogieux.

Raspoutine, bien entendu, accepta de transmettre la requête et insista auprès d'Alix pour que cette dernière faveur fût accordée au comte. Mais, détestant Witte, la tsarine resta sourde à la demande de Notre Ami. Le moujik comprit qu'il était inutile d'insister. Le petit-fils de Witte ne serait jamais comte. Et quand le tsar rentra de la Stavka, Raspoutine ne lui demanda rien. Il savait rester à sa place ; on pouvait contredire le tsar, mais certainement pas la tsarine.

Un ami funeste

L'entretien avec Beletski s'était excellement passé. Ce haut fonctionnaire mourait d'envie de retrouver son ancien poste et comprenait parfaitement les obligations qui en découlaient. Le premier des « nôtres » était trouvé. En principe, Raspoutine aurait dû en informer Ania — l'habituel agent de liaison entre Notre Ami et « Maman »... En principe, car, pour l'heure, il n'y avait personne à informer. Le principal maillon de la chaîne de communication venait de se briser. En ce début d'année 1915, la destinée porta un coup très rude aux plans des comploteurs.

Le 10 janvier, Raspoutine célébrait à la fois sa fête et son anniversaire. Ce jour-là, après un silence de plusieurs mois, une des ses vieilles connaissances, le jeune Moltchanov, rendit visite au starets. Quand Raspoutine reprocha à Moltchanov de l'avoir « oublié », ce dernier préféra garder pour lui la vraie raison de sa disparition. En revanche, il la dévoila dans le Dossier. « Au début de l'année 1914, je reçus des informations alarmantes concernant l'état de santé de mon père... et le 20 mai mon père décéda. Après la mort de mon père, je suis tombé dans une sorte d'apathie. De plus, en me remémorant le passé de tous les gens qui avaient lié leur destin à Raspoutine — Iliodore, Hermogène, Damanski, qui grâce à Raspoutine avait fait une brillante carrière mais avait ensuite été victime d'une maladie incurable —, j'ai acquis la conviction, sans doute superstitieuse, que Raspoutine portait la poisse. »

À sa liste, Moltchanov aurait pu ajouter son propre père,

qui avait obtenu un poste élevé par l'intermédiaire de Raspoutine. Et aussi Ania, la principale admiratrice du starets. Car, alors que Raspoutine festoyait joyeusement à l'occasion de son anniversaire, Anna Vyroubova gisait à demi inconsciente, luttant contre une mort qui paraissait inévitable. Huit jours plus tôt, le 2 janvier, avait eu lieu une catastrophe ferroviaire qui allait reporter de plusieurs mois les changements à la tête de l'État.

Ressuscitée d'entre les morts

« J'ai quitté la souveraine, se rappelait Vyroubova, et j'ai pris le train pour aller en ville. Je suis montée dans la voiture de première classe, la première après la locomotive. Il y avait beaucoup de monde. À moins de six verstes de Petrograd, un terrible vacarme s'est fait entendre. Je me suis sentie renversée la tête la première et j'ai heurté le sol. Quand je suis revenue à moi, j'étais entourée par le silence et l'obscurité. Puis j'ai entendu les gémissements des blessés et des mourants prisonniers sous les décombres du train. Moi-même, je ne pouvais ni remuer ni crier ; une énorme traverse métallique me coinçait la tête. »

On la dégagea des décombres et on l'allongea à même la neige. « Deux heures plus tard, la princesse Orlova et la princesse Guedroïts apparurent. Elles s'approchèrent de moi. Guedroïts palpa un os cassé sous mon œil et dit à Orlova : "Elle est en train de mourir." Et elle partit. » Les deux demoiselles d'honneur pouvaient être satisfaites — l'Amie avait cessé d'exister. « Ce n'est qu'à dix heures du soir, sur l'insistance du général Ressine [commandant du régiment qui gardait le Palais], arrivé de Tsarskoïé Sélo, que de charmants élèves infirmiers me transportèrent dans un wagon chauffé. » Ensuite, elle put voir l'impératrice. « Je me souviens... à Tsarskoïé on m'a portée à travers la foule, et j'ai vu l'impératrice et les grandes-duchesses en larmes. On m'a installée dans une ambulance, et l'impératrice y est montée d'un bond puis, accroupie, elle a posé ma tête sur ses genoux. Moi, je lui murmurais que j'étais en train de mourir... Un prêtre est venu m'administrer les derniers sacrements. Après quoi, j'ai entendu murmurer qu'il fallait me dire adieu car je ne tiendrais pas jusqu'au matin... Le souverain m'a pris la main et m'a dit que j'avais de la force dans la main... Je me souviens de Raspoutine entrant et disant aux autres : "Elle vivra mais elle restera estropiée." Pendant six semaines, jour et nuit, j'ai enduré une souffrance inhumaine. »

Journal de Nicolas, à la date du 2 janvier 1915 : « J'ai appris... la collision... La pauvre Ania, parmi d'autres, a été gravement blessée... et transportée à l'infirmerie du Palais. J'y suis allé à onze heures. Ses parents sont venus avec elle. Grigori est arrivé plus tard. »

Extrait de la déposition d'Andronikov devant la Commission extraordinaire : « Quand je suis arrivé, la famille impériale au grand complet se tenait au chevet de Vyroubova. Son état était désespéré... Raspoutine a commencé à faire des gestes en disant : "Anouchka, écoute-moi." Et elle, qui n'avait répondu à personne, a subitement ouvert les yeux. »

Ainsi, une fois de plus, la tsarine voyait le miracle s'accomplir sous ses yeux. Mais était-ce vraiment là un fait miraculeux ? Nous avons déjà dit que la situation de Vyroubova s'était brusquement compliquée dans la période 1913-1914. Ses jeux amoureux avaient fini par susciter une crise de jalousie inattendue chez la tsarine. Et, connaissant la personnalité d'Ania, on est en droit de se demander si cette dame de fer balançant entre la vie et la mort ne joue pas tout simplement cette scène. Afin que la tsarine voie ce qu'elle rêvait tant de voir : l'Amie sauvée par l'homme de Dieu ! Afin que ce miracle apparaisse à la tsarine comme un signe divin appelant à une renaissance de leur amitié.

« Qu'au moins cet accident serve à quelque chose... »

Ainsi Alix commenta-t-elle, par écrit, l'événement. Pourtant, au début, elle imagina que Nikki irait chaque jour rendre visite à l'Amie, dans sa petite maison. Et cette pensée l'irritait. En conséquence le 26 janvier, elle lui écrivait : « Elle veut rentrer chez elle... mais, chéri, dans ce cas tu dois lui annoncer tout de suite que tu ne pourras pas aller la voir aussi souvent... si tu ne fais pas tout de suite preuve de fermeté, nous allons de nouveau avoir des histoires, des scènes d'amour et des scandales, comme ce fut le cas en Crimée. Dès le départ, maintiens tout dans les limites qui s'imposent, comme tu le fais maintenant, afin que cet accident serve au moins à quelque chose et apporte un résultat favorable... J'ai un tas de requêtes que Notre Ami lui a apportées pour toi. »

Le Dossier. Déposition de Feodossia Voïno, trente-six ans, assistante médicale au service de Vyroubova : « J'ai commencé à travailler auprès d'elle après son accident. C'était à la fin janvier 1915. Vyroubova était encore en très mauvais état et ne pouvait rien faire sans secours. L'aide-soignant est venu après moi, alors qu'elle pouvait déjà se mouvoir. » Il s'agissait d'Akim Jouk, un militaire de quarante-neuf ans, assigné à l'infirmerie de Tsarskoïé Sélo.

Toutefois le 27 janvier 1915, Alix écrivait à Nikki : « Ania se rétablit... Elle reparle de rentrer chez elle. J'imagine déjà ce que va être notre vie ! Elle est obsédée par le fait d'avoir maigri, bien que je trouve qu'elle a un ventre et des jambes colossales (et pas du tout appétissantes, en plus) ; elle a le teint rose, les joues toujours aussi grasses et des cernes sous les yeux. Elle reçoit beaucoup de visites ; mais, bon Dieu, comme elle s'est éloignée de moi depuis qu'elle a eu cette conduite odieuse, surtout en automne, hiver et printemps 1913... Je n'arrive pas à me sentir à l'aise avec elle, comme c'était le cas avant. » Puis, plus tard, au cours du printemps : « 5 avril 1915... Jouk a promené Ania en fauteuil roulant... Elle s'apprête à venir me voir demain ! Ô, Seigneur, et moi qui étais si heureuse d'en être débarrassée pour un bon bout de temps ! Je suis devenue égoïste... je veux t'avoir pour moi toute seule, et maintenant, elle va tout le temps nous importuner quand tu reviendras. »

Retour à la case départ

Le moujik n'avait pas abandonné l'Amie. Comme auparavant, il fixait rendez-vous aux tsars dans la petite maison d'Ania. Il se démenait comme un beau diable pour restaurer l'ancienne amitié. Et il savait qu'il y parviendrait. Sans Ania, Alix était trop seule. Déposition de Jouk dans le Dossier : « Raspoutine rendait souvent visite à Vyroubova... En général, ces jours-là, toute la famille impériale venait — le tsar, la tsarine et les enfants. » Et, comme de bien entendu, Notre Ami finit par l'emporter. Il réussit à renouer les anciennes relations. Très vite, la grande jalousie fut oubliée au profit de la grande amitié retrouvée. De nouveau Alix et l'Amie se submergèrent mutuellement de lettres interminables, de nouveau se voir ne leur suffisait pas.

Après la révolution, toutes deux s'affaireraient à brûler ces lettres, car celles-ci avaient cessé d'être strictement personnelles. La tsarine et l'Amie, réconciliées, avaient en effet commencé à s'occuper des affaires du pays. La révolution de palais qu'elles fomentaient conjointement avec le moujik était en marche. Le Dossier. Déposition de Jouk : « À l'époque où Vyroubova ne pouvait pas marcher, la tsarine venait très souvent chez elle... Plus tard aussi, la tsarine lui rendait très fréquemment visite, et elles continuaient à correspondre. Leur correspondance était tellement abondante que parfois, le soir, j'avais à peine eu le temps de ramener Vyroubova des appartements impériaux que déjà arrivaient des lettres de la tsarine. Et le temps que Vyroubova se prépare pour aller dormir, il leur arrivait d'échanger deux ou trois lettres. Elle se rendait au Palais tous les jours, y restait de trois à cinq heures l'après-midi puis de neuf heures et demie à minuit ou une heure le soir. »

On voit avec quelle énergie Alix s'était lancée dans l'affaire. Il y avait cependant un « tabou » que désormais l'Amie respectait scrupuleusement. « Elle n'allait pas chez la tsarine les soirs où le tsar était là, de retour de la Stavka. » Elle n'était autorisée à le voir que la veille de son départ. « Le jour du départ du tsar, Vyroubova était habituellement invitée à dîner au Palais », confirmerait Jouk.

Et si finalement il n'y avait jamais eu de débauche

Pendant tout le mois de février et au-delà, la fête se poursuivit rue Gorokhovaïa. Durant toute cette période, Raspoutine fournit généreusement aux agents de surveillance de quoi étoffer leurs rapports. « 12 février. Raspoutine, accompagné d'une femme non identifiée, a été conduit chez le prince Andronikov... À 4 h 30, il est rentré chez lui en compagnie de six hommes ivres, avec une guitare. Ils ont chanté et dansé jusqu'à 6 heures. » « 10 mars. Vers 1 heure du matin, sept ou huit hommes et femmes sont arrivés. Ils ont chanté des chansons, fait du tapage et crié, puis, en compagnie de Raspoutine, ils sont partis on ne sait où. » « 11 mars... il a été conduit au 8 de la rue Pouchkine, chez la prostituée Tregoubova. »

Les rapports des agents indiquent au sujet de cette dernière : « Tregoubova, Véra Ievlevna, vingt-six ans, juive convertie. Femme de petite vertu, qui a pour activité professionnelle exclusive de mettre en contact des gens riches avec Raspoutine, en majorité des juifs qui cherchent à arranger leurs affaires commerciales. A un jour déclaré gagner trois cents roubles par mois. Rend presque quotidiennement visite à Raspoutine. »

En 1917, la Commission extraordinaire interrogea Véra Tregoubova. J'ai retrouvé son témoignage dans le Dossier. Celui-ci dément totalement la description faite d'elle par les agents. Dans sa déposition, Véra Tregoubova, âgée de vingt-huit ans, déclarerait être une ancienne élève du Conservatoire. Elle avait fait la connaissance de Raspoutine par hasard « chez une vieille dame, Alexandra Ivanovna Doubelt, veuve d'un lieutenant-général ». Elle y avait également rencontré deux femmes : « une propriétaire foncière, à qui on pouvait donner cinquante-cinq ans et qui était terriblement grosse... », ainsi que la sœur de Doubelt, Lydia Ivanovna Kondyreva (retenons bien ce nom). « Vers dix heures du soir, un homme en bottes et manteau de paysan couleur kaki est passé la voir, expliquerait encore Tregoubova. J'ai deviné que c'était Raspoutine, dont j'avais eu l'occasion de voir le portrait... Doubelt, la maîtresse de maison, a commencé à dire à Raspoutine, à qui elle s'adressait par son prénom et son patronyme, qu'il serait bien de me trouver une place de chanteuse au théâtre impérial, car, étant juive, j'avais des difficultés à trouver un emploi. À quoi Raspoutine a répondu : “J'ai beaucoup de juifs dans mes connaissances ; ils ne posent pas de problèmes, ils sont très bien.” » Vers la fin de la soirée, toujours selon les dires de Tregoubova, Raspoutine, déjà bien éméché, s'était mis à la harceler, en lui disant : « Je ferai tout ce que tu voudras si tu viens chez moi. Viens ce soir à minuit. » À cela, Tregoubova avait répliqué fièrement : « Pourquoi est-ce que je viendrais chez vous ? Je ne fais pas commerce de mon corps. » Puis elle ajouterait, détail insigne : « Pendant tout ce temps, Raspoutine n'arrêtait pas de me prendre les mains et de me tripoter. »

Qualifier une respectable chanteuse, qui voyait Raspoutine pour la première fois, de prostituée qui « rend presque quotidiennement visite à Raspoutine » jette le doute sur tous les autres rapports des agents de surveillance extérieure. Est-il possible que tous ces rapports aient été téléguidés par les ennemis du starets ? Et que, finalement, ces beuveries et toute cette débauche n'aient jamais existé ?

Mais, malheureusement pour Tregoubova, Kondireva témoigna également devant la Commission.

Dans le Dossier, Lydia Ivanovna Kondireva, soixante-dix-huit ans, veuve d'un conseiller d'État actuel, donnerait une tout autre version des faits : « J'habitais chez ma sœur, A. I. Doubelt, quand un soir, fin 1914, est arrivée une jolie jeune femme, manifestement de ses connaissances... elle avait amené avec elle Raspoutine, totalement inconnu de ma sœur jusqu'à cette date. Cette dame a présenté Raspoutine en déclarant : "Il tenait à venir vous voir ce soir." Dans l'appartement se trouvait également Sophie Dimitrievna Oznobitchina, arrivée de Kazan, une belle femme de cinquante-cinq ans, bien conservée, veuve de mon cousin chambellan. On a offert le thé à Raspoutine. La dame qui l'avait amené était selon moi en relations très amicales avec Raspoutine — elle l'appelait tantôt Grigori Efimovitch, tantôt "père", et le tutoyait. Raspoutine est resté silencieux la plus grande partie du temps et, profitant des quelques minutes où il est resté seul avec Oznobitchina... il a commencé à lui caresser la main, à lui tapoter la joue, à l'inviter chez lui. Oznobitchina s'amusait de ses avances, rigolait... Il est parti avec cette dame... J'ai interrogé ma sœur Doubelt au sujet de la jolie jeune dame qui avait amené Raspoutine. Elle m'a dit que c'était Véra Tregoubova, qu'elle n'avait visiblement pas d'emploi régulier et passait son temps avec Raspoutine. Pendant un temps, elle avait vécu chez une femme qui louait des chambres meublées, par l'intermédiaire de qui elle s'était introduite chez ma sœur. » Dont acte.

De son côté, Djounkovski continuait à envoyer les rapports de ses agents à la Stavka, où Nicolas Nicolaievitch s'empressait de les montrer au tsar. Rentrant à Tsarskoïé Sélo, ce dernier, à son tour, racontait tout à Alix, provoquant sa fureur. Désormais, elle n'appelait plus Djoukovski que « mon ennemi ». Mais, jusque-là, les récits des frasques de

Raspoutine restaient dans la limite de ce que les souverains connaissaient déjà. Il fallait trouver quelque chose qui sortît de l'ordinaire.

« Le 25 mars, Raspoutine est parti pour Moscou », devaient noter, le même jour, les agents. Ce fut lors de ce séjour du starets dans l'ancienne capitale que Djounkovski trouva enfin ce qu'il cherchait, quoiqu'il se serait sans doute moins réjoui s'il avait su où le menait le dangereux moujik. Au restaurant tsigane *Yar*, éclata un scandale à l'origine de toute une série d'événements qui, dans une certaine mesure, allaient influer sur l'histoire de la Russie.

La Moscou tsigane

À Moscou, Raspoutine continua de faire la noce. Le lieu principal de cette débauche permanente était le monde très particulier, aujourd'hui pratiquement disparu, de la Moscou tsigane. C'était parc Petrovski, qu'habitaient à l'époque les artistes qui se produisaient dans les deux célèbres restaurants, le *Yar* et le *Strelna*, les établissements de prédilection de Raspoutine. Sous une voûte, était aménagée un jardin d'hiver, avec ses palmiers, ses cactus et ses grottes artificielles. Des serveurs attentionnés émergeaient de ces grottes et s'élançaient le long des petites allées qui menaient aux tables. Les Lebedev, un chœur tsigane, constituaient le clou du spectacle. Les artistes se produisaient trois fois dans la soirée pour l'ensemble des clients du restaurant, puis ils étaient invités dans les salons particuliers. Là, les clients leur commandaient leurs chansons favorites et, pour cela, payaient généreusement. Les solistes étaient fréquemment invités à prendre place à table. Mais les Tsiganes ne buvaient jamais pendant le travail, les clients le savaient. Si une Tsigane était invitée, sa mère ou sa sœur devait la chaperonner ; jamais elle n'entrait seule dans un salon. D'ailleurs, il arrivait parfois que les choses tournent au drame sanglant. Une fois, par exemple, un officier ivre avait voulu rester seul dans un salon privé, avec une jolie petite Tsigane. Quand le père avait ordonné à la jeune fille de partir, l'officier l'avait abattu.

Bien souvent, la fête se poursuivait après la fermeture du restaurant. Vers une heure du matin, les habitués suivaient alors les Lebedev jusqu'à leur campement, où les réjouissances reprenaient de plus belle. Ivan Ivanovitch Rom-Lebedev étaient l'un des derniers représentants de cette célèbre famille tsigane qui, à l'époque de Raspoutine, faisait l'orgueil de Moscou. J'ai eu l'occasion de rencontrer ce grand et beau vieillard, qui vécut jusqu'aux années quatre-vingt. Dramaturge de talent, il avait fondé le Théâtre tsigane de Moscou. Il se souvenait très bien des fêtes nocturnes au campement.

Une fois entrés dans la maison, les invités s'installaient autour d'une table, et les serveurs remplissaient leurs verres. Le chœur commençait par la chanson traditionnelle : « Pour la conversation amicale, / Autour de la table du banquet, / Suivant la coutume des ancêtres, / Nous vous chanterons ce chant. » « Ces nuits-là, se souvenait Rom-Lebedev, moi, petit garçon, je ne dormais pas. J'écoutais avidement ce qui se passait dans la salle. Parfois venaient les fils de Léon Tolstoï... et le grand-duc Dimitri Pavlovitch est venu plus d'une fois. » Et, surtout, Rom-Lebedev n'avait pu en rien oublier la scène dont il avait été le témoin en mars 1915.

Réveillé par le bruit, il comprit tout de suite que des hôtes étaient là. Il sortit dans le couloir. D'ordinaire, passant à la hâte devant lui, les serveurs lui glissaient quelque friandise. Mais, cette fois-là, ils passèrent à toute vitesse, l'air sévère et concentré. Dans le couloir, à l'entrée de la salle, se tenaient des gendarmes. Quelqu'un d'important venait d'arriver. De la salle s'éleva un chant : « Grigori Efimovitch est un bon gars ! Chez les Tsiganes il est enfin venu !... » Comme à son habitude, le gamin colla son œil à la serrure. Il vit le chœur au grand complet, près de la porte du balcon. Son père se tenait devant, sa mère était assise à l'extrémité. Au centre de la table se trouvait un paysan en chemise russe brodée. On lui offrit un verre de champagne, et le chœur entonna : « Cul sec ! Cul sec ! Cul sec ! » Puis commença la danse traditionnelle tsigane. La grand-mère du garçon s'approcha alors du moujik et, s'inclinant devant lui, l'invita à danser. Le moujik s'exécuta volontiers, s'accroupissant lestement devant la grand-mère en frappant ses bottes, sous les hourras et les applaudissements. La fête, c'était clair, ne se terminerait qu'au petit matin.

Tel fut le prélude, au *Yar*, d'un immense scandale dont le héros n'était autre que le starets lui-même. En 1917, la Commission extraordinaire devait interroger diverses personnes susceptibles de faire la lumière sur les circonstances de cette obscure affaire.

L'orgie au *Yar*

Le Dossier. Déposition de Djounkovski : « En mars 1915, le gouverneur de Moscou, Adrianov, m'a *informé* que le bien connu Grigori Raspoutine s'était conduit de façon scandaleuse au restaurant moscovite *Yar* — il avait baissé son pantalon, exhibé son membre viril et s'était, en plus, vanté de porter une chemise brodée par la souveraine. J'ai... ordonné qu'une suite judiciaire soit donnée à l'affaire. »

Djounkovski chargea le chef de la section moscovite de la police secrète, Martynov, de mener l'enquête et de lui en référer.

Le Dossier. Déposition de Martynov : « J'ai aussitôt convoqué le lieutenant-colonel Semionov, à cette époque commissaire... du district sur le territoire duquel se trouvait le *Yar*. Semionov m'a informé du fait qu'il était présent au *Yar* le soir où Raspoutine y avait fait la noce. Ce dernier était arrivé au *Yar* en compagnie de quelques personnes... ils avaient réservé un salon privé, invité des chanteuses et commencé à faire la bringue. Aujourd'hui, je ne me souviens pas de tous les détails, mais, à l'époque, j'ai fait un rapport très détaillé au Département de la Police, sur la base des informations données par Sémionov. »

Déclaration de Djounkovski devant la Commission extraordinaire : « Le 26 mars 1915, vers onze heures du soir, G. Raspoutine est arrivé au restaurant *Yar* en compagnie d'Anissia Ivanovna Rechetnikova, veuve d'un respectable citoyen, de Nicolas Nicolaievitch Soedov, collaborateur de journaux moscovites et pétersbourgeois, ainsi que d'une femme non identifiée. Toute la compagnie était déjà passablement éméchée... Après avoir pris possession du salon privé, les nouveaux arrivants ont appelé au téléphone le rédacteur en chef et propriétaire du journal moscovite *Nouvelles de la Saison*, Semion Kougoulski, afin de l'inviter à les rejoindre... Apparemment, la compagnie avait, là aussi, trouvé le moyen de se procurer du vin, car, s'étant enivré davantage, Raspoutine s'est mis à danser "à la russe" puis à faire des confidences aux chanteuses dans le genre : "Ce caftan, c'est la vieille qui me l'a offert... c'est elle qui l'a cousu." Et après la "danse russe" : "Eh ! Qu'est-ce qu'elle dirait, la patronne, si elle me voyait ici." Ensuite, la conduite de Raspoutine a pris la tournure scandaleuse d'une psychopathie sexuelle. Il aurait exhibé ses organes génitaux et, dans cet état, continué à converser avec les chanteuses, distribuant à certaines d'entre elles des billets doux du genre "aime avec désintéressement"... À la remarque du chef du chœur concernant l'inconvenance de sa conduite en présence de femmes, Raspoutine a répliqué qu'il se conduisait toujours ainsi devant les femmes, et il a persévéré dans son attitude. Il a distribué entre dix et quinze roubles à certaines des chanteuses, prenant l'argent à sa jeune compagne, laquelle a par la suite réglé tous les frais de la soirée au *Yar*. Vers deux heures du matin, la compagnie s'est dispersée. »

Exultant, Djounkovski commença à préparer son rapport au tsar. Il demanda par ailleurs à Martynov d'élucider les raisons qui avaient amené une assemblée aussi disparate à se réunir. Connaissant la méfiance de Raspoutine à l'égard des journalistes, s'étonnait-il sans doute de la présence aux festivités de deux journalistes.

Dans un nouveau rapport, Martynov apporta « des informations complémentaires recueillies par des moyens occultes » : « Dans les milieux des intermédiaires moscovites, aux pratiques d'une honnêteté douteuse, est apparu depuis un certain temps un noble du nom de Nicolas Soedov qui s'occupe vaguement de littérature. Son travail littéraire se limite à collaborer à la presse de boulevard... De passage à Petrograd, il s'est présenté chez Raspoutine en qualité de représentant de la presse. Durant le séjour de Raspoutine à Moscou, il est allé voir ce dernier dans l'espoir qu'il l'aiderait à mettre à exécution son projet de fourniture en gros de sous-vêtements pour les soldats. Visiblement, à Petrograd, il avait su intéresser Raspoutine à l'affaire en lui promettant un gros pourcentage. La fête elle-même était une façon, habituelle dans les milieux d'affaires moscovites, "d'arroser" l'accord... Auparavant, Soedov avait proposé à l'homme de presse Kougoulski de participer à l'affaire... Kougoulski, anticipant sur les bénéfices attendus, avait pris à sa charge les frais de la fête... La nouvelle de l'arrivée de Raspoutine et son attitude tapageuse avaient attiré l'attention du restaurant, dont le propriétaire, Soudakov, désireux de s'éviter des ennuis, avait affirmé qu'il ne s'agissait pas de Raspoutine mais de quelqu'un d'autre. Quand cela vint aux oreilles de Raspoutine, celui-ci, de la façon la plus cynique, s'efforça de prouver qu'il s'agissait bien de lui, en faisant scandaleusement allusion dans ses propos à ses étroites relations avec des personnages haut placés. Quant à l'affaire de livraison de linge, elle est tombée à l'eau. »

Pareille description de la « psychopathie sexuelle » de Raspoutine paraît très suspecte. Nous nous souvenons du témoignage de Filippov ; présent aux bamboches du père Grigori, il mentionnait que sa tenue demeurait parfaitement correcte. « De même, je n'ai jamais noté de quelconque marque d'indécence dans sa mise, comme, par exemple, un pantalon déboutonné, alors qu'en 1915 il venait chez moi quotidiennement... » Et, de fait, dans aucun autre rapport de police on ne trouve de semblable description de cette prétendue « psychopathie ». Par ailleurs, la présence inhabituelle de deux journalistes et l'étrange facilité avec laquelle « l'affaire » devait tourner court, tout cela nous met en garde.

Que s'est-il réellement passé ?

Le scénario a probablement été le suivant. Ce soir-là, un des compagnons de beuverie de Raspoutine était un certain Soedov, individu louche, qui alimentait en faits divers la presse à scandale. Et qui, comme le chef de la police secrète du lieu, Martynov, le note, « n'oubliait jamais, dans ses articles... de mentionner les actions de l'administration moscovite dans les termes les plus louangeurs », ce qui voulait clairement dire qu'il était un indicateur appointé, fait courant parmi les petits journalistes. Il avait de toute évidence reçu pour mission d'entraîner le moujik dans une affaire compromettante. Soedov avait promis un contrat juteux à Raspoutine, qui s'était empressé d'accepter. Puis Soedov avait proposé de fêter cet accord aux frais du troisième larron dans l'affaire, rédacteur d'une feuille de chou. Ils étaient donc maintenant deux à pouvoir ébruiter à travers tout Moscou ce qu'ils souhaitaient, cela par l'intermédiaire d'articles dans leurs journaux. Ensuite avait eu lieu une des bringues habituelles de Raspoutine, avec danse *khlyst*, chœur tsigane, distribution d'argent pris à Soedov et Kougoulski, et propos avinés concernant les chemises brodées par « Maman ». Ce qui, sur ordre de Djounkovski, s'était transformé, sous la plume des deux journalistes, en orgie, outrage à la famille impériale et séance d'exhibitionnisme.

« Raspoutine m'a parlé de l'offense que lui avait infligée Djounkovski en se plaignant du comportement qu'il avait eu à Moscou, se rappellerait Beletski. Il admettait avec bonhomie avoir péché, sans dire exactement en quoi ; j'ai cru comprendre qu'il parlait de soûlerie. » Tout le reste — la « psychopathie sexuelle », etc. — semble bien avoir été inventé. Bientôt, la rumeur à propos du scandale au *Yar* gagna toute la ville. Pourtant, pour une raison que l'on ignore, Djounkovski ne s'empressa pas d'en parler au tsar. Apparemment, la facilité avec laquelle Raspoutine avait accepté la proposition de Soedov et Kougoulski le laissait perplexe. Il se posait la même question que nous : était-il possible que ce moujik intelligent et rusé n'ait pas compris que bambocher en compagnie de deux journalistes pouvait se révéler dangereux pour lui ? En vertu de quoi Djounkovski tergiversa : il pressentait un mauvais tour. Aussi ne fut-ce que trois mois plus tard, Raspoutine étant absent de Petrograd, qu'il se risqua à faire part du scandale au tsar.

Ce qui fit certainement rire Raspoutine. Plus d'une fois, il avait eu l'occasion de vérifier cette règle : tout individu qui osait se prononcer contre lui se voyait privé de son pouvoir. Il n'avait donc rien à craindre. On pouvait faire tous les rapports qu'on voulait. Ainsi, si paradoxal que cela pût paraître, la démarche du chef des gendarmes fut favorablement accueillie par le paysan. Car elle signifiait la fin de son ennemi. Si l'ennemi était rusé, lui l'était davantage.

Le scandale du *Yar* : la clé de l'énigme

Le scandale du *Yar* apparaît *in fine* comme une provocation... montée par le moujik lui-même ! D'où son absence totale de réticence à aller faire la fête en compagnie de deux journalistes, indicateurs de police. Sans compter qu'il leur avait préparé une bonne surprise, qui allait faire voler en éclats toutes les accusations de Djounkovski. Cette provocation montée de main de maître nous donne une clé pour comprendre le caractère de Raspoutine. Possédant une étonnante capacité d'associer des choses incompatibles, il se montrait naïf, bon enfant, vivait de ses prophéties, puis, le moment suivant, se révélait calculateur, rusé, prudent comme un vrai paysan. Surtout, il savait apprendre. Et il avait auprès de qui le faire. À cette époque, deux maîtres ès intrigues faisaient déjà partie de son équipe : tout d'abord Simanovitch, ensuite, quelques coudées au-dessus, de classe pétersbourgeoise, le prince Andronikov. Enfin, peu avant l'affaire du *Yar*, était apparu dans son entourage un intrigant de classe internationale : Manassevitch-Manouïlov, dit le « Rocambole russe », en référence au célèbre aventurier et espion inventé par Ponson du Terrail.

Un Rocambole russe ?

Ivan Fiodorovitch Manassevitch-Manouïlov avait commencé sa vie de façon étonnante. Fils d'un juif pauvre nommé Manassevitch, il avait été adopté par un riche marchand nommé Manouïlov. Ce dernier lui avait légué une fortune considérable que, toutefois, il ne pourrait toucher qu'à l'âge de trente-cinq ans. Mais le jeune Manassevitch ne voulut pas attendre. Quittant sa province, il débarqua à Pétersbourg où, après s'être converti au luthéranisme, il entama une joyeuse existence, consacrée à faire la noce, à jouer, tout cela avec l'argent qu'il empruntait aux usuriers, anticipant son futur héritage. À l'étonnement général, le jeune juif avait alors pour protecteur un des idéologues les plus influents du monarchisme : le prince Mechtcherski. Compte tenu des penchants homosexuels du prince, les mauvaises langues eurent vite fait de trouver une explication à l'étrange attachement manifesté par l'antisémite Mechtcherski à l'égard du jeune juif. La carrière de Manassevitch connut une ascension fulgurante. Il devint alors agent de la police secrète, exécutant les missions les plus diverses. Il vola notamment, dans la chambre d'hôtel du secrétaire du comte Witte, des documents compromettants pour le Premier ministre. Documents qu'il transmit ensuite au ministre de l'Intérieur Plehve, qui détestait Witte. Peu après, avec l'aide du prince Mechtcherski, Mannassevitch, juif d'origine et luthérien de confession, fut néanmoins envoyé au Vatican en tant que défenseur des droits des chrétiens orthodoxes.

En 1917, il fut amené à répondre aux questions de la Commission extraordinaire. « À part vos fonctions officielles [au Vatican], quelles autres fonctions aviez-vous ?

— L'observation de la propagande catholique.

— De l'influence de Rome sur la Russie ? Comment suiviez-vous la progression du catholicisme ?

— J'avais des agents à ma disposition.

— Autrement dit, vous étiez à la tête d'un réseau... »

À cette époque, Manassevitch travaillait pour l'espionnage. Durant la guerre russo-japonaise, il trouva le moyen de s'infiltrer dans l'ambassade du Japon à La Haye, où il se procura des codes diplomatiques. « En un temps très court, j'ai pu obtenir les codes des pays suivants : l'Amérique, la Chine, la Bulgarie et la Roumanie », déclara Manassevitch. Mais, en 1905, ses collègues espions prouvèrent que les renseignements livrés par Manassevitch n'étaient souvent que pure invention et qu'il s'appropriait l'argent destiné à ses agents.

Ensuite, Manassevitch, ayant pris sa retraite, commença à collaborer à de grands journaux. Habitué à jouer double, voire triple jeu, il établit des contacts secrets avec Bourtsev, un révolutionnaire qui traquait les provocateurs du Département de la Police. Plus tard, quelqu'un évoqua la somme fabuleuse contre laquelle Manassevitch avait vendu toute une série de documents à Bourtsev. Bien qu'il eût depuis longtemps épuisé son héritage à rembourser ses dettes aux usuriers, il continuait de dépenser des sommes considérables aux jeux de cartes et à la Bourse. En 1910, le Département de la Police décida de perquisitionner son appartement. Mais, naturellement, on n'y trouva rien. Il poursuivait son activité multiforme, travaillant simultanément pour les journaux, le Renseignement, ou, plus exactement, pour les Renseignements de divers pays, pour la police secrète et pour les révolutionnaires. Cela, en touchant de l'argent de tous les côtés. « Repoussant, de petite taille, rasé de frais », nota Blok, qui assista à son interrogatoire.

En 1915, son destin prit un nouveau tournant. Jusque-là, le journaliste Manassevitch-Manouïlov n'écrivait dans le *Temps Nouveau* que des choses négatives sur Raspoutine. Ce dernier s'était même plaint de ce que Manassevitch l'avait « harcelé avec un appareil photographique ». Or, en 1915, tout d'abord secrètement, Manassevitch se mit à jouer les adeptes néophytes. Puis bientôt, à la surprise générale, on le retrouve parmi les plus proches amis du starets. Naturellement, ce Saül devenu apôtre Paul apparut à Raspoutine comme un atout précieux. D'autant plus que Manassevitch était un incorrigible fêtard. Ainsi, ce maître dans l'art des intrigues et des provocations se retrouva-t-il rue Gorokhovaïa, où il intégra le « directoire ».

L'énigmatique Rechetnikova

Tandis que Djounkovski diligentait l'enquête sur le scandale du *Yar*, Raspoutine, soûl et heureux, quittait Moscou. Un témoin donna une description détaillée de son départ, de l'atmosphère qui l'entourait et de l'état d'esprit dans lequel se trouvait alors le moujik.

Le Dossier. Déposition de Constantin Iakovlevitch Tchikhatchev, quarante-huit ans, président du tribunal du district d'Orel :

« C'était au début de l'année 1915. Alors substitut du procureur de la chambre de justice de Saratov, je faisais le voyage de Moscou à Petrograd pour raison d'affaire. À la gare Nicolaiev, j'ai vu une foule de gens autour d'un homme dont le visage était souvent reproduit dans les journaux. Raspoutine s'apprêtait à prendre le même train que moi [Raspoutine ayant quitté Moscou en mars, Tchikhatchev raconte ici l'épisode final du fameux séjour moscovite, si abondamment arrosé]... Plusieurs dames, avec des fleurs et des bonbons, étaient venues l'accompagner. Il portait une pelisse doublée de zibeline... une chapka de castor, une chemise de couleur, en soie brodée, avec une ceinture en soie terminée par des glands et de hautes bottes vernies [rien n'avait échappé au regard acéré du substitut]... Un homme grand et sec d'une quarantaine d'années, avec des yeux délavés, une longue barbe et de longs cheveux. Il plaisantait, tournait sur place, agitait les épaules — il était éméché. Sur le quai, les gens avaient reconnu Raspoutine et observaient son comportement avec curiosité [le misérable paysan était depuis longtemps déjà devenu une célébrité].

« J'ai pris place dans la même voiture-couchettes de seconde classe d'une compagnie internationale, dans laquelle un petit compartiment avait été aménagé pour Raspoutine. Dans cette voiture, se trouvaient les époux Khotimski. Lui était fonctionnaire chargé de missions spéciales. “Tu veux peut-être boire encore un coup ? — Parce qu’il y a du vin, ici ?” Il s’avéra que les Khotimski avaient rapporté quelques bouteilles de vin rouge de Crimée. On en déboucha une, on demanda des verres au contrôleur, et la langue de Raspoutine se délia... Il répondait volontiers à toutes les questions, menait la discussion avec aisance et parfois même avec passion, comme s’il se trouvait en compagnie de vieux amis. Il donnait l’impression d’un homme parfaitement spontané, qui disait ce qu’il pensait. À quelques questions, il répondit en avouant ne rien y comprendre. Ni affectation, ni chiqué, ni volonté de se montrer plus intelligent et meilleur qu’en réalité... Il émaillait son discours d’expressions comme “Tu comprends”, employait fréquemment des mots grossiers, gesticulait, se frottait les mains, mettait ses doigts dans son nez. »

Finalement, ses compagnons de voyage en arrivèrent aux thèmes qui préoccupaient le Russe moyen de l’époque. « Raspoutine ne parlait pas volontiers du tsar et de la tsarine, mais, à diverses occasions, il déclara : “Il est simple, mais Dieu le récompense pour sa simplicité. Personne n’a pris Constantinople, mais c’est peut-être lui qui le fera.” Il dit aussi : “Tout le monde essaie de convaincre le tsar d’être commandant suprême. Le souverain en avait bien envie, mais moi, j’ai toujours dit que j’étais contre. Est-ce que c’est vraiment au tsar de commander ? Pour chaque mort on lui demandera des comptes. Mais le tsar le voulait vraiment. Il est même devenu tout pâle quand j’ai commencé à dire que j’étais contre.” » Cette remarque est stupéfiante ! Est-ce à dire qu’au début de l’année 1915, le tsar voulait devenir chef des armées ? Et que le moujik, lui, avait compris que ce serait une erreur ? Eh bien, oui. Raspoutine n’avait rien inventé.

Ces paroles sont d’ailleurs corroborées par cette remarque inscrite dans le journal du grand-duc Nicolas Mikhaïlovitch au tout début de la guerre : « 29 août 1914. De toute évidence, le choix de Nicolas Nicolaievitch comme commandant suprême est d’ores et déjà considéré comme une erreur, mais qu’il prenne lui-même les rênes du commandement très complexe des armées est par ailleurs considéré comme prématuré. Quand ils nous battront et que nous reculerons, alors nous pourrons essayer ! Je ne dois pas être très loin de la vérité ! Qui vivra verra. » Des paroles qui, comme nous le verrons, se révéleraient prophétiques.

De plus, une chose est claire ; Raspoutine savait déjà à cette époque que les jours de son ennemi Nicolas Nicolaievitch étaient comptés. Parce que le tsar voulait prendre sa place. Alors que, pour sa part, la tsarine ne le désirait manifestement pas. Elle craignait que le tsar ne s'empêtre dans la guerre. Ses invités continuaient à interroger avidement Raspoutine sur les souverains. « Raspoutine approuvait grandement le fait que la tsarine soigne les blessés. “Au moins, elle sait que le peuple souffre.”... À la question de savoir si c'était elle qui lui avait offert cette splendide pelisse, il répondit non, que c'était une de ses admiratrices qui la lui avait offerte, et que la tsarine lui en avait donné une moins bien, qu'il ne portait plus. »

De nouveau resurgit la même Rechetnikova. Cette femme était visiblement très riche pour lui avoir offert une pelisse encore plus somptueuse que celle de la tsarine, au point qu'elle en avait stupéfié ces riches messieurs et dames. Après les tsars, on passa à un autre sujet brûlant. « Raspoutine ne cachait pas qu'il aimait les femmes. Il disait qu'elles étaient bien mais qu'elles n'arrêtaient pas de mentir. Il considérait les femmes de la cour et les aristocrates avec mépris. “Les idiotes ! Elles s'accrochent à moi. Un jour, l'une d'elles est venue me voir pour me demander une grâce. Elle aurait mieux fait de me dire directement ce qu'elle voulait...” À la question de savoir pourquoi il jouissait d'un tel succès auprès des femmes, comme s'il les hypnotisait, Raspoutine répondit avec agacement : “Pour ma part, je suis un homme simple, je ne pratique aucun hypnotisme et je ne comprends pas ce que cela veut dire.” »

Arriva enfin la troisième question délicate. « Raspoutine parlait à contrecœur de la guerre, arguant du fait que, de façon générale, il ne fallait pas faire la guerre. À la question de savoir quand finirait la guerre, il répondit par cette réflexion : “Quand ils auront pris Constantinople, c'en sera fini de tout.” Dans un autre cas, il se retrancha derrière une phrase générale : “Les gens cesseront de faire la guerre quand les gamins cesseront de se bagarrer.” »

Ensuite, les invités de Raspoutine observèrent son compartiment. « Quand on lui demanda qui avait payé son compartiment, il répondit que c'était sans doute son adepte

Rechetnikova. Dans son compartiment, se trouvaient des boîtes de bonbons, dont il régala les autres ; mais lui n'en mangea pas, disant vulgairement qu'il ne mangeait pas de cette saloperie ! [Rappelons-nous bien : pour Raspoutine, les sucreries sont de la "saloperie".] »

Et, pendant tout ce temps, Raspoutine n'était pas seul. *Ils* étaient là, tout près, *ils* surveillaient chaque geste du moujik. Homme d'expérience, Tchikhatchev *les* avait remarqués immédiatement : « Le compartiment voisin de celui de Raspoutine était occupé par un monsieur... qui ne cessait d'entrouvrir sa portière pour écouter ce qui se disait. C'était apparemment un agent de la police. »

En lui faisant ses adieux, Khotimskaïa déclara à Raspoutine qu'elle était « extraordinairement heureuse d'avoir fait la connaissance d'une telle personnalité » et que, dès son arrivée, elle ne manquerait pas « d'en informer ses amis par téléphone ». Raspoutine interrompit cette semi-boutade par une remarque empreinte d'amertume : « Tu n'en tireras rien de bon. Dès le premier coup de téléphone, tu vas te faire injurier. »

Au travers de ce récit de Tchikhatchev, on retrouve l'histoire habituelle de Raspoutine : le moujik entre deux vins, qui, tout d'abord humble, va peu à peu ensorceler tout le compartiment. Bientôt ses auditeurs boivent ses paroles, celles d'un homme qui appartient au monde inaccessible des tsars. Puis vient l'habituelle entreprise de séduction. « Raspoutine s'est mis à faire la cour à Khotimskaïa. Il s'est assis à côté d'elle et l'a félicitée pour sa voix lorsqu'elle a entrepris de lui chanter des romances et des chansonnettes... Il ne la quittait pas des yeux, se frottait les mains, l'air extasié, et exprimait sa satisfaction de façon extrêmement démonstrative. » Ensuite, comme toujours, il se fait plus pressant. « Selon Khotimskaïa, lorsqu'ils restèrent en tête à tête, Raspoutine lui proposa de venir le rejoindre pendant la nuit. » Et Tchikhatchev d'écarter tout doute quant à la véracité de ces dires : « Effectivement, quand nous nous sommes tous séparés et que, plus tard, ne trouvant pas mon compartiment, j'ai actionné par mégarde la poignée de la portière de Raspoutine, celui-ci, attendant manifestement l'arrivée de Khotimskaïa, s'est précipité pour ouvrir en s'exclamant joyeusement : "Je vous en prie, je vous en prie !" »

Soirées avec Raspoutine

Le 30 mars, ainsi que le consignèrent les agents, « Raspoutine est de retour de Moscou ». Extrait du registre de la surveillance extérieure : « 30 mars 1915. De retour de Moscou, il a envoyé un télégramme à Moscou, à la princesse Tenicheva : “Ravi de la découverte, vexé pour l'attente, j'embrasse ma chérie.” Et un autre rue Kozitski, à Djanoumova : “Trésor adoré. Suis fermement avec toi en esprit. Je t'embrasse.” » Après Moscou, il continuait donc à « affiner ses nerfs » à Pétersbourg. Encore selon la surveillance extérieure : « 3 avril. Il a amené une femme qui a passé la nuit chez lui ».

De retour dans la capitale, il reprit sans attendre sa vie de bamboche acceptant avec plaisir diverses invitations. Et les agents, qui se déplaçaient en fiacre, avaient bien du mal à le suivre : « On l'a conduit à l'appartement d'Untel, puis d'Untel ».

Par ailleurs, il poursuivit les relations engagées dans le train. Dans la déposition de Thikhatchev, l'on trouve le récit d'une visite de Raspoutine à Khotimskaïa. Le moujik était à la mode, mystérieux et inquiétant. Khotimskaïa invita donc une société choisie « à une soirée de découverte » : un écrivain connu, Brechko-Brechkovski ; Lejeune, professeur au Conservatoire, avec sa femme, une célèbre cantatrice ; et, enfin, Tchikhatchev lui-même.

« Raspoutine est arrivé pour le dîner, vêtu d'une nouvelle chemise de soie. Au début, il s'est montré un peu sauvage, mais, très vite, il s'est déridé, surtout après s'être mis à table et avoir avalé un verre de vin rouge. » Et, naturellement, « à la demande des présents », il raconta l'histoire qui peu avant avait occupé tous les esprits, celle de l'attentat commis sur sa personne par Gousseva. « Elle s'est approchée de moi, m'a demandé trois roubles, j'ai sorti mon porte-monnaie, j'ai fouillé dedans... Pendant que je fouillais, elle m'a enfoncé un grand couteau dans le ventre. Je me suis enfui en courant, mais elle, cette idiote, me suivait avec son couteau. Je lui crie : “Jette ça, salope !” Mais elle ne le jette pas. C'est alors que j'ai ramassé un pieu en bouleau et que je me suis demandé jusqu'à quel point j'allais lui ouvrir le crâne. Puis j'ai eu pitié d'elle. Je lui ai donné un léger coup sur l'épaule. Elle est tombée, les gens l'ont attrapée par les bras, prêts à l'écarteler. Je suis intervenu, puis, à bout de forces, je suis tombé à mon tour. » Puis il ajouta, conclusion ironique à l'attention de ses fortunées auditrices : « Si au moins c'était une petite mignonne qui m'avait poignardé... Mais non, cette garce n'avait pas de nez. »

Il accepta d'aborder tous les thèmes avec facilité et naturel. Pourquoi s'était-il querellé avec Hermogène et Iliodore ? « Je suis resté leur ami tant que j'ai répondu à leurs désirs... Ils me demandaient d'intervenir en leur faveur, j'intervenais en leur faveur, ils me demandaient de l'argent, je leur en trouvais. Quand j'ai commencé à les contredire, je suis devenu un moins que rien... Hermogène voulait être patriarche. Et quoi encore ! Le patriarche doit être un homme de prière, pur, unique comme le soleil. »

À mesure qu'il s'enivrait, sa nature apparaissait de plus en plus effrayante. Du moins, était-ce son jeu : soûl, il pouvait les remettre à leur pitoyable place. « Quand le maître de maison lui posa à plusieurs reprises la même question... alors qu'il était engagé dans une discussion animée avec quelqu'un d'autre, Raspoutine commença par l'envoyer promener d'un geste impatient de la main, puis il lui lança : "Va te faire..." » Ils entendirent alors un « impossible et obscène juron de paysan, au point que, gênées, les dames présentes s'enfuirent dans les autres pièces ».

Mais, dans le même temps, un tel naturel captivait tous ces nobles personnages. « Il se distinguait de beaucoup d'autres par sa spontanéité ; il n'essayait pas de se montrer meilleur qu'il ne l'était... tout dans son attitude évoquait le "fol en Christ". » Ainsi, Tchikhatchev avait-il compris le personnage que jouait le père Grigori, sans toutefois comprendre que ce n'était qu'un rôle.

Après son retour dans la capitale, Raspoutine accomplit une autre visite mémorable, dont se firent alors l'écho plusieurs écrivains en vue. Cette fois-là, Raspoutine arriva en compagnie du Rocambole russe, Manassevitch-Manouïlov. Selon les minutes des agents : « 9 avril. À 21 h 45, Raspoutine... est arrivé au 18 de la rue Sadovaïa, chez Alexis Frolovitch Filippov... Il y est resté jusqu'à deux heures du matin. On a pu noter qu'une sorte de réunion ou de fête avait lieu. »

Rocambole réunit des personnalités

Cette soirée étonnante est décrite dans le Dossier par le maître de maison en personne, Filippov. Soirée qui, il faut le dire, faillit bien lui valoir de sérieux désagréments. Mais chaque chose en son temps. Quelques jours plus tôt, plusieurs écrivains célèbres de la capitale avaient simultanément reçu de mystérieux appels téléphoniques. Parmi eux figurait une certaine Teffi. Ce nom était à l'époque connu de tous les lecteurs russes. Teffi était le pseudonyme de la fameuse humoriste Nadejda Lokhvitskaïa. Bien qu'elle eût à l'époque dépassé la quarantaine, la beauté fatale d'hier restait une très belle femme. Des années plus tard, en émigration, elle raconterait ce fameux coup de fil dans un petit essai intitulé *Raspoutine*. « La période du dégel à Pétersbourg, la neurasthénie... Rozanov m'appela au téléphone et, en termes décousus, me parla d'une certaine invitation. "Je ne peux pas vous en dire plus par téléphone..." Il n'osa pas me dire quoi que ce soit de concret. »

L'écrivain Vassili Rozanov était l'un des maîtres à penser du moment. Contrairement à Teffi, aujourd'hui presque oubliée, les écrits de Rozanov demeurent emblématiques pour les intellectuels russes. Épris de l'œuvre de Dostoïevski, Rozanov, alors âgé de vingt-quatre ans, avait épousé Apolinaria Sousslova. De deux fois son aînée, cette ancienne maîtresse de Dostoïevski était le prototype des héroïnes tourmentées du célèbre romancier. Mystique, fréquentant volontiers les *khlysty*, dont les cérémonies rituelles le fascinaient, Rozanov lui-même n'était pas sans rappeler certains personnages de Dostoïevski. Ainsi l'on comprend son très vif intérêt pour cette invitation, dont le mystère fut élucidé lorsqu'un autre écrivain célèbre, Izmaïlov, vint voir Teffi.

« Vous n'avez donc pas compris de qui il s'agissait ? demanda Izmaïlov. Est-ce possible que vous ne sachiez pas de qui on ne doit pas parler au téléphone ? De Raspoutine ! » Et Izmaïlov précisa qu'il suffisait de prononcer le nom de Raspoutine pour que les lignes téléphoniques fussent placées sur écoutes par la police. Puis il expliqua toute l'affaire : « À Pétersbourg, vit un éditeur, F [Filippov], chez qui Raspoutine se rend assez fréquemment... il est un de ses amis... Chez lui vient également un homme connu dans les milieux littéraires, M-tch [Manassevitch-Manouïlov]. Ce M-tch a suggéré à F d'inviter certains écrivains intéressés à voir Raspoutine de leurs yeux... L'assemblée ne sera pas très nombreuse, la liste des invités a été établie avec beaucoup de soin... afin d'éviter toute histoire déplaisante. Ce matin, M-tch m'a montré ladite liste. »

Et, bien que tous aient pu redouter de se retrouver dans un sale histoire — une connaissance d'Izmaïlov, homme public très en vue, s'était fait photographier en compagnie de Raspoutine et se considérait pour cela « déshonoré à vie » —, l'intérêt porté au moujik demeurait le plus fort. Car « tout Pétersbourg » ne parlait que de lui. Quelques jours auparavant, Teffi dînait chez des amis. Dans la salle à manger, sur le miroir surplombant la cheminée, elle avait pu lire cet écriteau : « Ici on ne parle pas de Raspoutine. » En conséquence de quoi, durant toute la soirée, Teffi avait parlé de Raspoutine « avec une certaine demoiselle d'honneur nommée E ». Cette dernière lui avait raconté que, la voyant pour la première fois, Raspoutine lui avait dit : « Tu viendras chez moi ! » et qu'elle avait alors senti battre son cœur. Elle n'avait jamais pu oublier le ton péremptoire du moujik. « Comme si mon destin lui était ouvert », avait ajouté la demoiselle d'honneur, presque horrifiée.

Le soir venu, donc, Manassevitch avait tout prévu. Et, vers dix heures, ces célèbres écrivains, qui étaient en même temps collaborateurs de grands journaux, se retrouvèrent chez Filippov.

Le Dossier. Déposition de Filippov : « J'avais décidé... d'organiser une réception pour une dizaine de journalistes s'intéressant à Raspoutine et représentant les courants les plus divers : Rozanov du *Temps Nouveau*, Teffi de la *Parole russe*, Izmaïlov des *Nouvelles de la Bourse* et d'autres. » À ses yeux, la soirée conçue par Manassevitch serait gagnante à tous les coups. En effet, ainsi qu'il avait pu le constater à maintes reprises, Raspoutine sortait toujours vainqueur des confrontations, même avec les gens les plus malintentionnés à son égard. Et ce fut le cas cette fois encore. « Raspoutine charma tout le monde, y compris ceux qui avaient des *a priori* contre lui », témoignerait Filippov — lui qui avait été souvent témoin des séances de séduction du moujik, et connaissait sa façon habituelle de procéder.

« Raspoutine ne se joignit pas immédiatement à la conversation ; conformément à son habitude, il étudia soigneusement les personnes présentes, puis commença à placer des répliques bien senties, essentiellement sous forme d'aphorismes. Ses réponses au célèbre mystique Rozanov et celles à Teffi furent particulièrement réussies... Au milieu du dîner, libéré par l'alcool, Raspoutine proposa d'improviser sur le thème : Qu'est-ce que l'amour ?... Raspoutine était en chemise de soie blanche, ceinturée... par une cordelière, et il improvisait debout, d'une voix légèrement chantante, les yeux levés au ciel. En même temps, son expression, rappelant le style du *Cantique des Cantiques* de Salomon, était si pittoresque que Teffi entreprit de noter ce qu'il disait, et elle a gardé ce texte en souvenir, avec un autographe de Raspoutine. Raspoutine avait une attitude désinvolte à l'égard de Teffi, comme s'il devinait sa nature vieillissante mais toujours passionnée. »

Teffi, elle aussi, décrirait la soirée : « Dans la pièce enfumée, se trouvaient six personnes... Manassevitch se tenait dans l'embrasure de la porte... il y avait deux autres personnes... Raspoutine était assez grand, sec, musculeux, avec un visage comme mangé par son nez long et charnu... des yeux perçants et rapprochés... Ses yeux brillaient d'un tel éclat qu'il était impossible d'en distinguer la couleur. » Puis : « Notre hôte et moi-même nous sommes mis d'accord, avait annoncé Rozanov à Teffi. Il va vous placer à côté de lui... il aime les dames. Vous devez sans faute aborder des sujets érotiques ; faites-le parler, sur ce terrain, il sera intéressant. » Elle fut donc placée à un coin de la table, Raspoutine à sa droite, Rozanov et Izmaïlov à sa gauche. Ce qui lui permit d'éprouver la « désinvolture de Raspoutine », ou, plus exactement, ses avances. « Raspoutine buvait énormément. "Pourquoi tu ne bois pas ? Bois, Dieu te pardonnera." Et tout en essayant de me convaincre, il m'effleure l'épaule, tel un hypnotiseur. "Tes yeux sont tristes, *il* te fait beaucoup souffrir... Eh, nous aimons tous les larmes des femmes. Je sais tout... C'est quoi, cet anneau à ton doigt ? Passe-le-moi discrètement sous la table, je vais souffler dessus et le réchauffer... Pourquoi l'as-tu enlevé ? Je l'aurais fait moi-même." Mais j'avais parfaitement compris [ce qui se passerait sous la table], raison pour laquelle je l'avais ôté moi-même... "Quand tu viendras chez moi, je te raconterai plein de choses que tu ne connais pas." Et, de nouveau, il m'effleura l'épaule. »

Raspoutine avait alors récité ses vers. « Il s'agissait d'un poème en prose dans le style du *Cantique des Cantiques*... Je me souviens encore d'une phrase : "Splendides et hautes sont les montagnes. Mais mon amour est plus haut et plus splendide qu'elles, parce que l'amour est Dieu." » Le moujik avait ensuite donné un autographe à la célèbre Teffi. « Il tripota longuement son crayon. D'une écriture de chat, il gribouilla : "Dieu est amour, aime, Dieu te pardonnera. Grigori." À cet instant, le maître de maison s'était soudain approché de Raspoutine, l'air préoccupé : « Un appel téléphonique de Tsarskoïé ! » Teffi avait alors compris avec stupéfaction qu'à Tsarskoïé Sélo l'on savait où il se trouvait ! Pendant que Raspoutine était au téléphone, Rozanov donna ses instructions à Teffi : il fallait absolument faire parler Raspoutine de ses cérémonies *khlyst*.

Ainsi, c'était pour cela qu'ils étaient venus ! Rozanov, comme tous les autres, comme Filippov, l'ami de Raspoutine, était persuadé que le moujik appartenait à la secte secrète. Et tous savouraient par avance son récit, mais...

« Mais Raspoutine ne revint pas à table. Le maître de maison expliqua qu'il avait été appelé d'urgence à Tsarskoïé Sélo. »

Le dénouement de l'intrigue

Dès le jour suivant, le scandale éclata. En fait, c'était de Tsarskoïé Sélo qu'avait été donnée l'alarme concernant la soirée. Et, à l'aurore, l'appartement de Filippov était perquisitionné, à la stupeur du maître des lieux.

Le Dossier. Déposition de Filippov : « En réponse à mon indignation, le colonel Ivanov, qui occupait les fonctions de chef de la police secrète, m'annonça sous le sceau du secret que le responsable était Raspoutine, qui avait déclaré qu'en sa présence des gens de lettres avaient pris note de ce qu'il disait... et que des agents avaient rapporté que des documents compromettant la souveraine se trouvaient en ma possession et que dans mon appartement se préparait l'assassinat de Raspoutine. »

Peu après, Izmaïlov, affolé, accourut chez Teffi pour lui faire ce récit : « Aujourd'hui, F [Filippov] est venu me voir et m'a dit qu'il... avait été interrogé sur l'identité des écrivains qui avaient dîné chez lui et sur ce que Raspoutine avait déclaré. On l'a menacé de l'expulser de Petrograd. Mais le plus écœurant et le plus étonnant de tout est que, sur le bureau de l'homme qui l'interrogeait, Filippov a vu la liste écrite de la main de M [Manassevitch]... Nous devons être prudents. Même si on ne nous interroge pas, on nous fera certainement suivre. »

Eh oui, c'était Manassevitch ! Désireux d'assurer sa place aux côtés de Raspoutine, il avait décidé d'épurer l'équipe entourant le père Grigori. Simanovitch, qui s'occupait des finances, savait rester à sa place. En revanche, Filippov, qui jouait le rôle de conseiller et avait effectivement une grande influence sur Raspoutine, l'inquiétait manifestement. Ainsi, Rocambole, dans la plus belle tradition du Département de la Police, se livrait à son sport favori en jouant double jeu. Il avait lui-même suggéré à Filippov d'organiser cette réunion d'écrivains en même temps qu'il en informait Tsarskoïé Sélo et en attribuait l'initiative à Filippov. C'était lui, enfin, qui avait transmis la fameuse liste où figuraient les écrivains invités. Voyant cette liste, Alix avait pris peur. Tous les écrivains cités étaient connus pour être progressistes. D'où ce coup de téléphone qui avait interrompu la soirée. Naturellement, c'était aussi Manassevitch qui avait donné l'information concernant certains documents compromettants pour la tsarine, censés se trouver chez Filippov. Parallèlement, il avait fait part à Raspoutine des intentions malveillantes des écrivains qui avaient consigné la discussion dans le seul but de se moquer de lui. Alors qu'il avait été convenu « de ne rien noter ». D'ailleurs, dans ce cas précis, Manassevitch voyait juste. Il ne doutait pas un seul instant que les écrivains manqueraient à leur parole. Et, de fait, peu après la fameuse soirée, un des participants, Anatole Kamenski, termina sa pièce de théâtre sur Raspoutine.

Le Dossier. Déposition de Filippov : « Un écho de cette soirée... fut la pièce d'Anatole Kamenski, montée par Iarovskaïa. Elle rencontra d'énormes difficultés du côté de la censure... Les écrivains présents à la soirée m'avaient donné leur parole de ne rien publier concernant cette réunion et c'est pourquoi... Raspoutine attaqua aussi sévèrement la pièce de Kamenski... Celui-ci, selon l'expression de Raspoutine, “avait violé son serment”. »

Dans un vieux numéro jauni du journal *La Rampe et la Vie*, j'ai retrouvé une information relative à cet événement qui avait à l'époque offusqué tout Petrograd. « Le 8 décembre 1915 à Petrograd, au théâtre de Iarovskaïa, devait avoir lieu la première de la nouvelle pièce d'A. Kamenski, *Demain peut-être*. À huit heures du soir, alors que la salle était déjà comble, la direction annonça que la représentation ne pouvait avoir lieu, une interdiction officielle ayant été prononcée. » Toutefois, la pièce fut autorisée lorsque Kamenski l'eut remodelée, transformant son héros, le paysan russe Raspoutine... en un Suédois !

À la suite de cette histoire, effrayé, Filippov prit peu à peu ses distances avec Raspoutine. Quant au moujik il commença à se méfier de Filippov. Désormais, Manassevitch-Manouïlov était son conseiller, l'homme fort de son équipe. Ce dernier attendait déjà les changements au gouvernement, qui s'annonçaient si prometteurs.

Pourtant, les choses allaient tourner bien différemment.

11

Une victoire à la Pyrrhus

« Curieusement, il a dit la même chose que moi »

La guerre se poursuivait. Dans le même temps, une autre faisait rage — celle qui opposait Alix au commandant suprême des armées — « N. », ainsi que la tsarine appelait Nicolas Nicolaievitch dans ses lettres. « 4 avril 1915. Bien que N. soit placé très haut, tu es au-dessus de lui. Notre Ami a, comme moi, été frappé par le fait qu'il rédige ses télégrammes, réponses aux gouverneurs, etc. en utilisant ton style — le sien devrait être plus simple et plus modeste. »

En avril, le tsar et le commandant suprême devaient inspecter les troupes stationnées en Galicie et en Pologne, récemment conquises. À la cour, une rumeur persistante laissait entendre que le grand-duc Nicolas Nicolaievitch s'était mis en tête de devenir roi de Galicie et de Pologne. Aussi, Alix craignait-elle que, durant leur tournée, l'Oncle Redoutable n'amène Nikki à en être d'accord. Et Notre Ami fit aussitôt valoir que le tsar ne devait pas entreprendre ce voyage. À la rigueur, s'il y était obligé, il devait le faire seul. « 6 avril 1915... Ton idée de voyage en Lituanie et en Pologne m'inquiète. N'est-il pas trop tôt ? En effet, il règne là-bas un état d'esprit très hostile à la Russie, notamment en Lituanie. Je demanderai à Notre Ami de prier tout particulièrement pour toi lorsque tu seras là-bas. Pardonne-moi de te le dire, mais

N. ne doit pas t'accompagner — tu dois être le personnage principal lors de ce premier voyage... Vraiment, ne le prends pas avec toi, car, là-bas, la haine envers lui doit être très forte, alors que ta présence va réjouir tous ceux qui t'aiment... *Au fond* [1], Notre Ami aurait préféré que tu ailles, après la guerre, dans les territoires conquis, je te le signale en passant. » Et le lendemain : « 7 avril 1915... Comme tout ce que tu t'apprêtes à faire est intéressant ! Quand Ania Lui a parlé en secret (car je Lui ai demandé de prier tout spécialement pour toi) de ton intention, curieusement, Il a dit la même chose que moi ; que, de façon générale, Il n'approuvait pas ton voyage et que "le Seigneur le protégera... mais... il serait mieux de le faire après la guerre". Il ne conseille pas d'emmener N. ; il trouve que, partout, tu es mieux tout seul, et je suis entièrement d'accord avec cela. Que le Seigneur te bénisse et te protège lors de ce voyage. »

Mais le tsar fit bel et bien le voyage en compagnie du commandant suprême. Nicolas ignorait alors que les Allemands avaient préparé une contre-offensive décisive et qu'il voyait toutes ces villes présumées conquises pour la dernière fois de sa vie.

Quant à Notre Ami, il ne se contentait plus désormais de jouer le rôle de perroquet savant de la tsarine. Peu à peu, sa métamorphose s'était accomplie. De devin capable de précéder ses désirs, il s'était progressivement transformé en authentique conseiller. D'abord né des fantasmes d'Alix, le prophète devenait réalité. Ayant pris son autonomie, le moujik commença à dicter ses propres volontés à la tsarine. Son âme de paysan lui soufflait des décisions inspirées de l'idée populaire qu'il fallait « vivre selon sa conscience », décisions qui ne manquaient pas d'émerveiller Alix tant était simple leur mise en œuvre.

« 10 avril 1915... Gr [Grigori] est quelque peu préoccupé par le problème "de la viande" ; les marchands ne veulent pas en abaisser le prix, bien que le gouvernement l'exige, et il y a même eu une sorte de grève de la viande. Notre Ami pense qu'un des ministres devrait convoquer quelques-uns des principaux marchands pour leur expliquer qu'il est criminel d'augmenter les prix dans une période aussi difficile et leur faire honte. »

---

1. En français dans le texte (*N.d.T.*)

Un bolchevik au Palais

Ce fut aussi à cette époque que Raspoutine commença à faire aux tsars d'amusantes recommandations. « Il trouve que tu devrais ordonner aux usines de produire des obus ; tu n'as qu'à donner des instructions afin que l'on t'envoie la liste des usines, et indique alors lesquelles... Sois plus autocratique, mon chéri, montre ta volonté ! » C'était cocasse, mais Raspoutine suggérait des mesures évoquant, rétrospectivement, et de manière irrésistible, l'Union soviétique. Pendant le second conflit mondial, on imposerait en effet à toutes les usines du pays de se plier aux besoins du front. Exactement ce que préconisait un peu plus tôt Raspoutine : « 29 août 1915... Notre Ami pense qu'un plus grand nombre de fabriques doivent produire des munitions, par exemple les fabriques de bonbons. » Et le tsar essayait de réaliser tout ce qui lui était demandé ! Réquisitions forcées des produits alimentaires auprès des paysans et des propriétaires terriens, nationalisation et militarisation des usines — toutes les mesures préconisées par Raspoutine étaient mises en œuvre.

Ou, plus exactement, commençaient à l'être. Le travail serait achevé plus tard par les bolcheviks. Ainsi, certaines mesures datant du « communisme de guerre » avaient été proposées, avant Lénine, puis Staline, par un paysan russe du nom de Grigori Raspoutine. Et elles avaient commencé à être mises en œuvre par le dernier tsar.

Peu avant son assassinat, Raspoutine se mettrait aussi à parler à la tsarine « de l'augmentation de la rémunération des fonctionnaires pauvres à travers le pays tout entier », afin que la machine étatique devienne plus forte en période de troubles. Quant à la façon dont il envisageait de financer cette mesure, on sourit à l'entendre dans la bouche de la tsarine : « Il est toujours possible d'imposer les capitalistes », écrirait Alix à son mari le 25 septembre 1916. « Faire payer les riches ! » Ce vieux rêve paysan serait lui aussi réalisé par les bolcheviks. Ce n'était donc pas sans raison que Bontch-Brouievitch, futur compagnon de lutte et ami de Lénine, fondateur de la sanglante Tchéka, louait dans ses articles d'alors « le moujik plein de talent et d'intelligence ». De même que ce n'était pas un hasard si ce père parmi d'autres de l'État bolchevique y décrirait une scène étonnante. Dans le but de tester « sa capacité de connaître les gens », Bontch-Brouievitch avait décidé de montrer à Raspoutine le portrait de quelqu'un qui lui était cher. En voyant le portrait, « Raspoutine entra en état de profonde agitation. "Mais c'est qui ? Dis-moi, qui est-ce ?" Il se précipita vers un grand portrait mural, d'où se détachait un visage de vieillard, fier et intelligent. "Quel homme ! Mon Dieu ! Mais c'est Samson, mon ami, un vrai Samson ! Présente-le-moi ! Allons le voir immédiatement ! Voilà qui le peuple doit suivre en rangs serrés !" Et Raspoutine s'empressa d'allumer la lampe électrique se trouvant à côté, désirant mieux voir le visage du vieillard qui l'avait tant bouleversé. Je lui expliquai qu'il s'agissait de Karl Marx ».

L'article relatant cette scène et contenant les paroles prémonitoires de Raspoutine fut publié dans le *Jour*, le 1er juin 1914, à la veille de la guerre qui allait détruire l'empire des tsars et servir de préambule à l'État marxiste.

Rencontre chez Ania

Entre Alix et Ania, c'était la grande amitié retrouvée : « 14 avril 1915. La malheureuse Ania a de nouveau une phlébite et de fortes douleurs à la jambe... La pauvre, elle est vraiment gentille, maintenant, si calme... Hier, pour la première fois, elle a marché seule jusqu'à la salle à manger en s'aidant de ses béquilles. » Dès la fin du mois d'avril, Notre Amie pouvait déjà se déplacer partout avec ses béquilles. Et se montrer jalouse d'une infirme devenue grosse et ramollie eût été ridicule. Le matin, Ania visitait son infirmerie. Après quoi, reprenant les vieilles habitudes, elle passait le reste de la journée au Palais. Et Notre Ami, qui avait à la fois sauvé l'Amie et ses liens d'amitié avec Alix, participait aux conversations des deux femmes — parfois physiquement, mais le plus souvent en pensée.

Le Dossier. Déposition de Marie Beliaeva, vingt ans, servante de Vyroubova : « En mai 1915... Vyroubova se levait entre neuf et dix heures, allait à l'infirmerie, où elle restait jusqu'à une ou deux heures de l'après-midi, puis se rendait chez la tsarine, au Palais, et y restait jusqu'à cinq heures... Elle dînait parfois chez la tsarine ou bien était invitée. Mais, après le repas, elle retournait toujours chez la tsarine, où elle restait jusqu'à minuit. » L'Amie et la tsarine étaient inséparables, y compris les rares soirs qu'Ania passait à la maison. Car, ces soirs-là, Notre Ami était chez elle. Et, par conséquent, Alix y était également. « 15 avril 1915... Hier soir, j'avais 37,2 de température, mais je me sens... mieux, si bien que j'ai envie d'aller chez Ania pour y rencontrer Notre Ami, qui désire me voir », écrivait Alix à Nikki. « 16 avril 1915... Hier, Notre Ami est resté peu de temps chez Ania, mais il a été charmant. Il a posé beaucoup de questions à ton sujet. »

La lettre secrète

À cette même époque, eut lieu un événement qui suscita une vague de rumeurs dans Petrograd et une vive émotion parmi les alliés. Marie Vassiltchikova rentra d'Allemagne. Cette demoiselle d'honneur de la tsarine, fille du directeur du célèbre musée de l'Ermitage, possédait une immense propriété aux environs de Vienne, où la guerre l'avait surprise. Les Allemands refusaient de la laisser revenir en Russie. Mais sa mère venant de décéder, on l'avait autorisée à quitter l'Allemagne pour un délai de trois semaines, Ernie, le frère d'Alix, se portant garant pour elle. Au cas où elle ne reviendrait pas, les Allemands l'avaient menacée de confisquer sa propriété. Ernie avait intercédé en faveur de Marie, celle-ci ayant en échange — et pour son plus grand malheur — accepté de transmettre une lettre destinée à la tsarine. Mais l'espionnite qui sévissait alors condamnait d'avance la malheureuse Vassiltchikova.

Témoignage de Vyroubova devant la Commission extraordinaire : « L'impératrice a été informée de son arrivée par la grande-duchesse Élisabeth Fiodorovna, qui avait refusé de la recevoir... À son arrivée à Petrograd, Vassiltchikova m'a envoyé une lettre à Tsarskoïé Sélo me demandant de la recevoir. Mais sur ordre de l'ancienne impératrice, j'ai répondu par un refus. Comme à la cour on la soupçonnait d'espionnage, elle a été expulsée de Petrograd et privée de son insigne de demoiselle d'honneur... Pour ce qui est de son [de la tsarine] attitude concernant l'éventualité d'une paix séparée avec l'Allemagne, j'affirme avec certitude n'avoir jamais entendu la moindre discussion relative à une telle éventualité ou à un quelconque désir de signer une paix séparée, que ce soit dans la bouche de l'ancien souverain ou celle de l'ancienne impératrice. Au contraire, l'un et l'autre étaient favorables à la guerre jusqu'au bout... En trois ans de guerre, elle n'a rien écrit ni lu en allemand. Elle aimait énormément son frère, le duc de Hesse, mais, pendant ces trois années, elle n'a reçu aucune nouvelle de lui. »

De nouveau, elle mentait. Elle savait très bien que Vassiltchikova avait transmis à Alix une lettre de son frère.

Alix à Nikki : « 17 avril 1915... J'ai reçu une longue et gentille lettre d'Ernie... il pense que quelqu'un doit commencer à édifier un pont pour les négociations. Il a eu l'idée d'envoyer une personne privée à Stockholm, laquelle pourrait rencontrer la personne envoyée par toi... Ernie l'a déjà envoyé là-bas, pour qu'il y soit vers le 28... J'ai fait envoyer un message à ce monsieur, pour lui dire qu'il n'attende pas... et bien que tous aspirent à la paix, le temps n'est pas encore venu. Je voulais en finir avec cette affaire avant ton retour, car je sais combien elle t'est désagréable. »

Bien que la lettre d'Ernie fût privée, Nicolas décida d'agir en homme de principe et la transmit au ministère des Affaires étrangères. Pour montrer qu'il était totalement étranger à ces propositions de paix. Cela fut une erreur. Car, aussitôt, la rumeur s'enflamma. « En Russie, tout est secret et rien n'est mystère. » Et un bruit tenace et terrible prit naissance : la tsarine était une espionne, elle correspondait avec les Allemands et leur transmettait des secrets militaires. Une rumeur qui, pour le pays, deviendrait une des explications de la catastrophe qu'allait connaître le front.

Déposition de Vyroubova : « Dans les infirmeries, il lui est plus d'une fois arrivé d'entendre, dans la bouche des sœurs de la charité ou dans celle des blessés, que, en tant qu'Allemande, elle était soupçonnée d'espionnage, au sein de l'armée et du peuple. »

Alors que s'il avait fallu soupçonner quelqu'un de révéler des secrets militaires, cela aurait dû être son frère Ernie. Sa proposition d'entamer sans tarder des négociations de paix coïncidait étrangement avec la préparation secrète de la contre-offensive allemande. C'était comme s'il avait voulu prévenir Alix : dépêchez-vous ! Peu après le rejet de la proposition d'Ernie, à la mi-avril commença la puissante offensive allemande. Et le douloureux repli des troupes russes.

« 7 mai 1915... Je suis allée chez Ania et y suis restée jusqu'à cinq heures. J'y ai vu Notre Ami. Il pense beaucoup à toi et prie pour toi. Nous sommes restés longtemps à discuter... C'est terrible de ne pas être avec toi dans des moments aussi difficiles. »

Les rumeurs de trahison n'épargnaient pas le starets honni. On commença à parler des espions allemands qui entouraient le moujik perpétuellement soûl. De cela aussi, Alix entendait parler dans son infirmerie. Elle était à la torture à l'idée que le commandant suprême se servît de ces bruits répugnants. Voilà pourquoi, obstinément, pratiquement dans chaque lettre qu'elle envoyait au tsar, à la Stavka, elle parlait de Notre Ami. Sans oublier les majuscules à l'évocation de son nom, comme s'il se fût agi d'un saint.

« 14 juin 1915... Je t'envoie une canne (un poisson tenant un oiseau), qui Lui a été envoyée de Novy Afon à ton attention. Il l'a utilisée et maintenant il te l'envoie comme une bénédiction — si tu peux, utilise-la de temps en temps ; cela me fait tellement plaisir qu'elle soit dans ton compartiment à côté de la canne que touchait Mr. Philipe. » Ainsi, dans le compartiment de Nikki, Nos deux Amis se rencontraient.

Ajoutées aux informations faisant état des défaites subies par l'armée russe, les rumeurs concernant des pourparlers secrets avec les Allemands effrayaient les alliés. Dans la même lettre datée du 14 juin, Alix écrit à Nikki : « Paul a pris le thé avec moi et est resté un bon moment. Il s'est montré charmant, parlant ouvertement et franchement... sans désir de se mêler des affaires qui ne le regardent pas [à savoir Raspoutine]... Paléologue [l'ambassadeur de France Maurice Paléologue] est allé le voir il n'y a pas longtemps et a eu avec lui une longue conversation privée, au cours de laquelle il a très habilement essayé de savoir auprès de Paul si tu n'aurais pas l'intention de conclure une paix séparée avec l'Allemagne, comme il l'a entendu dire ici et en France... Paul a répondu qu'il était convaincu que cela était faux... Je lui ai dit que tu ne songeais vraiment pas à la paix et que tu savais que cela provoquerait une révolution, raison pour laquelle les Allemands s'efforçaient de répandre ces bruits. »

Non, Nikki ne songeait pas à trahir les alliés, et il s'apprêtait à mener la guerre jusqu'à son terme. Les lourdes pertes subies l'amenèrent d'ailleurs à envisager un nouvel appel sous les drapeaux, lequel devait concerner le propre fils unique de Raspoutine. « Il [Notre Ami] a déclaré que tu honorerais ton règne en ne faisant pas appel à la deuxième classe dans l'immédiat », écrivit alors Alix à Nikki.

Ce n'était pas seulement la peur de voir partir son fils qui expliquait cette prise de position de Raspoutine. En effet, pour la plus grande satisfaction d'Alix, le moujik racontait les changements d'attitude observés dans les campagnes, ajoutant qu'une nouvelle moisson sanglante risquait de précipiter la révolution plus sûrement encore que ne l'aurait fait une paix séparée. Voilà pourquoi, après le couplet de rigueur sur la guerre jusqu'à la victoire finale, Alix demande à Nikki de ne pas mobiliser de nouvelles troupes, façon camouflée de l'appeler à envisager la fin des hostilités.

À cette époque, Alix était ouvertement espionnée. Toujours dans cette même lettre du 14 juin, elle écrivait : « Marie Vassiltchikova [la princesse Vassiltchikova, homonyme de la malheureuse messagère d'Ernie] habite la petite maison d'angle verte et, tel un chat, observe de sa fenêtre qui entre et sort de chez nous... elle a dit à la comtesse Fredericks qu'elle avait vu entrer Grigori (c'est odieux !). Pour la punir, aujourd'hui nous avons fait un détour pour aller chez Ania. » Vassiltchikova fut expulsée de la capitale. Mais les rumeurs disant que la tsarine se faufilait hors de son propre palais pour aller rejoindre le moujik se répandirent jusqu'à la Stavka, où elles affolèrent tout le monde. D'abord la lettre d'Ernie, et maintenant ce moujik qui honnissait la guerre et qui, tout récemment encore, prédisait la défaite ! De quelle influence devait-il jouir pour obliger la tsarine à quitter son palais comme une voleuse, au mépris de sa dignité ! Et, pour finir, vinrent les rumeurs affirmant que Raspoutine montait la tsarine contre le commandant suprême.

Ce dernier décida de passer à l'attaque.

La joyeuse fête continue

Djounkovski avait apparemment reçu l'ordre d'accélérer son rapport au tsar. Le chef des gendarmes continuait d'être inondé par les comptes rendus des agents de la surveillance extérieure.

« 26 avril, vers dix heures du soir, des hommes et des femmes non identifiés ainsi que le banquier Rubinstein ont commencé à se réunir chez Raspoutine... À onze heures, on a entendu jouer de la guitare... Cela s'est poursuivi jusqu'à deux heures du matin. » « 30 avril. Il a ramené une prostituée chez lui. » « 2 juin. Il est revenu à dix heures du soir totalement ivre. Avant de rentrer chez lui, il a envoyé la femme du portier chercher Outkina, une masseuse qui habite le même immeuble. Celle-ci n'était pas chez elle. Il s'est alors rendu à l'appartement 31 du même immeuble, chez la couturière Katia. Manifestement, on ne l'a pas laissé entrer dans l'appartement, car il est aussitôt reparu dans l'escalier et a commencé à harceler la femme du portier en lui demandant de l'embrasser. Cette dernière, parvenant à se dégager, a appelé chez lui, et sa domestique est venue le chercher. »

C'étaient là, toutefois, des broutilles, Djounkovski s'apprêtant à porter le coup qu'il pensait fatal en rapportant le scandale du *Yar*.

La liste des victimes est ouverte

Entre-temps les défaites s'accumulaient. En mai-juin, l'armée russe avait dû céder la Galicie, la Pologne, une partie des territoires baltes. En juin, Lvov, antique capitale de la Galicie, tombait. Dans le palais autrichien des Habsbourg, les Allemands régnaient en maîtres. « 12 juin 1915... Sans doute Guillaume dort-il désormais dans le lit du vieux François-Joseph, que tu as occupé une nuit. Je n'aime pas ça, c'est humiliant — mais il faut supporter. J'espère voir Notre Ami un instant chez Ania... cela me remontera le moral », écrivait Alix.

Les revers militaires amenèrent le commandant suprême à poursuivre plus activement encore le passe-temps favori des dirigeants russes — chercher des boucs émissaires. Le meilleur candidat à ce rôle restait le ministre de la Guerre Soukhomlinov. D'une part, le grand-duc ne l'aimait pas, de l'autre, la Douma lui reprochait sa fidélité aux tsars. Aussi, non content de lui imputer la responsabilité du manque de canons, d'obus, de balles et d'uniformes, on fit du vieux ministre une cible privilégiée de la très populaire campagne de chasse aux espions.

Tout d'abord, sur une dénonciation suspecte, Serge Miassoedov fut accusé d'espionnage et fusillé. Chef du contre-espionnage, l'homme était un proche de Soukhomlinov. Naturellement, l'affaire rejaillit sur le ministre. Le prince Andronikov et Tchervinskaïa s'empressèrent de faire la tournée des salons. « J'étais sûr que Soukhomlinov était entouré de toute une série d'espions », expliquerait plus tard Andronikov devant la Commission extraordinaire. Cette opinion était reprise à la fois par l'opposion parlementaire et par les grands-ducs. Andronikov utilisa aussi Raspoutine, qui se joignit aux ennemis du ministre et lui jeta sa pierre. Manassevitch l'encourageait ; pour une fois, Raspoutine était avec tous les autres. Finalement, en juin, cédant aux exigences du commandant suprême, le tsar lâcha Soukhomlinov. Le vieux ministre fut non seulement privé de ses fonctions, mais arrêté et enfermé à la forteresse Pierre-et-Paul.

Mais le moujik n'avait pas compris jusqu'au bout ce qui venait de se passer. Accusé de haute trahison, l'innocent Soukhomlinov était la première victime d'importance que le tsar sacrifiait à l'opinion publique et au commandement suprême. D'autres suivraient immanquablement.

La tsarine, elle, l'avait compris. Le 25 juin, elle écrivit à Nikki : « Maintenant d'autres peuvent penser que l'opinion publique suffit pour éloigner Notre Ami. »

« Les ennemis de Notre Ami sont nos ennemis »

La triste situation militaire exigeait de nouvelles mesures susceptibles de souder la société. Chose dont le commandant suprême ne cessait de parler au tsar. Celui-ci finit par se laisser convaincre de prendre une mesure populaire en nommant de nouveaux ministres qui obligeraient la Douma à soutenir le gouvernement. Nicolas Nicolaievitch expliqua notamment au tsar qu'un homme portant le nom allemand de Sabler ne pouvait être le haut-procureur du Saint-Synode à une époque où le peuple haïssait les Allemands. Sans compter que la Douma détestait Sabler et lui reprochait, le tsar le savait, sa loyauté envers Notre Ami. Mais, pour le reste, il était bien obligé de reconnaître que le commandant suprême avait raison. Il fut donc décidé de nommer Samarine au poste de haut-procureur. Issu de la vieille aristocratie, celui-ci était le chef de la noblesse patriarcale moscovite. Le tsar accepta par ailleurs de procéder à des changements au sein du ministère de l'Intérieur. On limogea Maklakov, lui aussi un fidèle de Raspoutine, et, pour le remplacer, l'on choisit un libéral, le prince Chtcherbatov. D'une grande famille de la noblesse, ce dernier était à la fois respecté de la cour et de l'opposition. Le général Alexis Polivanov, jadis proche de Goutchkov et maintenant du commandant suprême, était pressenti comme ministre de la Guerre. Il ne faisait pas de doute que la Douma approuverait également sa nomination. Mais ces décisions recelaient un piège. Convoqués à la Stavka, les futurs ministres déclarèrent qu'ils ne pourraient travailler efficacement tant que Grigori Raspoutine resterait à Petrograd.

Le Dossier. Déposition de G. Mollov, nommé vice-ministre de l'Intérieur, auprès du prince Chtcherbatov : « Quand on m'a offert le poste de vice-ministre de l'Intérieur, j'ai immédiatement demandé au prince Chtcherbatov : "Qu'en est-il de Raspoutine ?" Chtcherbatov m'a rassuré en disant que, lorsqu'il avait accepté le portefeuille de l'Intérieur, le souverain lui avait donné, ainsi qu'à Samarine, le nouveau haut-procureur, sa parole que Raspoutine ne reviendrait jamais de Sibérie. »

Le Dossier. Déposition de Yatskevitch : « Samarine... posa comme condition "que la vie de l'Église soit débarrassée de toute influence extérieure". Le tsar lui donna une réponse aimable mais évasive. » C'était vrai, le mieux élevé de tous les monarques s'était montré aimable avec eux. Mais c'était tout. Le prince Chtcherbatov avait pris ses désirs pour des réalités. Les tsars n'avaient pas à faire des promesses à leurs sujets. Simplement, Nicolas avait décidé de recourir à un procédé éprouvé : renvoyer le moujik chez lui pour quelque temps.

Début juin, Nicolas rentra à Tsarskoïé. Il ne parla pas à Alix des futurs ministres. D'autant que rien n'était encore arrêté. Mais ce n'était pas pour rien que Raspoutine s'était acoquiné à Manassevitch et Andronikov, qui tous les deux avaient travaillé au Synode. Notre Ami d'abord, puis l'Amie et la tsarine, apprirent que l'on révoquait Sabler. Il fut décidé de demander à Nikki de maintenir Sabler à sa place jusqu'à ce que Notre Ami déniche un bon candidat.

Nikki n'était pas d'humeur à lui expliquer que le candidat en question était déjà trouvé. À la place, il lui parla de l'été qui arrivait, du fait que Grigori rentrait d'ordinaire chez lui à cette période de l'année et qu'il serait bien qu'il en fît autant cette année, afin de faire taire les stupides rumeurs qui couraient à son sujet. Qu'il pourrait revenir à l'automne, quand la situation sur le front serait meilleure. « La souveraine m'a dit qu'il fallait vraiment que Raspoutine parte et elle a ajouté que le souverain le souhaitait aussi », témoigne Ioulia Dehn dans le Dossier.

Avant de repartir pour la Stavka, Nicolas convoqua Sabler. Mais il ne put se résoudre à lui dire la vérité. Le Dossier. Déposition de Yatskevitch : « Sabler fut reçu par le souverain, à qui il présenta son dernier rapport et qui se montra comme d'habitude très aimable... À sa question concernant la date de son prochain rapport, le souverain répondit : « Je vous écrirai, je vous écrirai. » Puis leur discussion fut interrompue, car l'héritier venait de faire irruption dans le bureau, ce qui était devenu une habitude quand on voulait se débarrasser d'un visiteur. Sabler rentra satisfait à sa datcha et, vers huit heures, il reçut une note lui annonçant son éviction. Le souverain expliquait que « les circonstances l'exigeaient, etc. ».

Samarine fut nommé. Et le tsar demeura toujours aussi aimable.

Le pèlerin prépare sa besace

Tout Petrograd commença bientôt à bruire des rumeurs annonçant le départ de Grichka. Manassevitch et Andronikov s'attendaient à ce que Raspoutine se rue chez la tsarine. Or, à leur grande surprise, le moujik se prépara tranquillement à partir, racontant combien il était content qu'on l'eût enfin autorisé à quitter la capitale. Il répétait à l'envi une chose qu'il avait souvent dite à ses admiratrices et que Joukovskaïa avait notée : « Il n'y a qu'une joie — la liberté... Bien souvent, durant le jour, on abattait des arbres, et quels arbres il y avait chez nous ! Ici, on n'en a jamais vu de pareils. Et, la nuit, on faisait un feu de camp sur la neige et on dansait autour... on enlevait la chemise et, tout nu, on allait dans le froid, et nos froids, c'est autre chose que les vôtres ! Dans vos villes, c'est que de la grisaille, pas la vie !... Si je garde ma force, c'est uniquement parce que je sais qu'à la moindre embrouille, je n'ai qu'à partir, besace au dos et bâton à la main. » Manassevitch comme Andronikov ne comprenaient pas que son départ était un coup de force. Que ni Alix, ni le tsar, ni l'héritier ne pouvaient se passer de lui. Que bientôt, comme toujours, les tsars allaient céder et le rappeler.

Le jour de son départ, Raspoutine eut connaissance des remaniements au sein du gouvernement. Le résultat était presque drôle — le contraire de ce que lui et les membres de son « directoire » avaient escompté. Atterrée, Ania se précipita chez la tsarine en claudiquant. Le moujik pouvait être rassuré, car il savait que, désormais, « Maman » ne laisserait pas le tsar en paix.

Le soir même, 15 juin, Raspoutine partit pour Pokrovskoié.

L'offensive de la tsarine

À peine avait-il quitté la capitale qu'Alix écrivait à Nikki la première d'une longue série de lettres désespérées, dans lesquelles, sans le savoir, Notre Ami allait exiger, conseiller, prophétiser.

« 15 juin 1915... En ville, le bruit court que tous les ministres ont été changés... Notre Ami, chez qui Ania est allée pour lui faire ses adieux, attend avec impatience de savoir ce qu'il en est exactement. (Il paraîtrait que Samarine est nommé en remplacement de Sabler... Samarine va sans aucun doute prendre parti contre Notre Ami — c'est un Moscovite tellement virulent et borné.) Ania lui a répondu que je ne savais rien. Il demande de te dire de ne pas prêter attention aux paroles de ceux qui t'entourent, de ne pas te soumettre à leur influence, mais de te fier à ton instinct... Il regrette que tu n'aies pas parlé avec Lui de tout ce que tu avais en tête, de ce dont tu t'es entretenu avec les ministres et des changements que tu prévoyais. Il prie ardemment pour toi et pour la Russie, et il peut être d'une plus grande aide si tu lui parles ouvertement. Je souffre terriblement d'être séparée de toi. Nous avons vécu vingt ans ensemble, et maintenant qu'ont lieu des événements terriblement graves, je ne connais ni tes pensées ni tes décisions — c'est si douloureux ! »

Nikki tenta d'atténuer sa colère en lui écrivant que tous parlaient de Samarine « comme d'un homme intègre et pieux », etc. Mais Alix demeurait implacable.

« 16 juillet. Je viens juste de recevoir ta précieuse lettre... Oui, mon chéri, concernant Samarine, je suis plus que contrariée, je suis proprement désespérée — il appartient à la clique mauvaise et bigote d'Ella [autant pour la sœur chérie !]... Les commérages contre Notre Ami vont commencer, et tout ira mal... Ce qui signifie l'emprise d'Ella et ses pressions du matin au soir. Il va œuvrer contre nous, car il est contre Gr [Grigori]... J'en ai gros sur le cœur. »

Et elle déversait sur le malheureux Nikki son monologue passionné :

« 16 juin... Je ne cesse de penser à ce que dit Notre Ami ; que bien souvent nous n'accordons pas suffisamment d'attention à Ses paroles. Il était opposé à ton séjour à la Stavka, parce que, là-bas, on t'amène à faire des choses qu'il vaudrait mieux ne pas faire. Ici, à la maison, l'atmosphère est beaucoup plus saine, et tu verrais les choses de manière plus juste. Reviens vite... Comme tu le vois, je n'ai aucune confiance en N... Je sais qu'il est loin d'être intelligent et, étant un ennemi de l'homme de Dieu, ses entreprises ne peuvent pas être fructueuses ni ses opinions être justes... Hier soir, Grigori..., avant son départ, a entendu parler de la nomination de Samarine... Il était complètement désespéré... Maintenant, la clique moscovite va nous prendre comme dans une toile d'araignée.

« Les ennemis de Notre Ami sont nos ennemis, et je suis convaincue que Chtcherbatov va les rejoindre. Pardonne-moi de t'écrire toutes ces choses, mais je suis si malheureuse depuis que j'ai appris cela que je ne peux me calmer... Je comprends maintenant pourquoi Grigori était contre ton voyage là-bas. Ici, j'aurais pu t'aider. Ils craignent mon influence... car ils savent que j'ai une forte volonté, que je lis à travers eux mieux que quiconque et que je t'aide à être ferme. Si tu étais là, j'userais de toutes mes forces pour te faire changer d'avis... et tu te rappellerais les paroles de Notre Ami. Quand Il conseille de ne pas faire quelque chose et qu'on ne L'écoute pas, plus tard, on se rend compte qu'on a eu tort... Je t'en prie, dès ta première discussion avec S. [Samarine] parle-lui... au nom de la Russie... La Russie ne sera pas bénie si son souverain laisse se poursuivre les persécutions contre l'homme de Dieu, j'en suis certaine. Dis-lui avec sévérité... que tu interdis toute intrigue et tout commérage contre Notre Ami... sinon... tu ne le garderas pas. Pardonne-moi cette lettre écrite avec douleur et les larmes aux yeux... Notre premier Ami [Philippe] m'avait donné une icône avec une clochette, qui me met en garde contre les mauvaises gens et les empêche de m'approcher. Je sens cela, et ainsi je peux aussi te protéger d'eux. Même ta famille le sent, et c'est pourquoi ils essaient de t'approcher quand tu es seul. »

Ensuite, elle formulait son désir de participer au gouvernement du pays.

« Ce n'est pas ma volonté, c'est Dieu qui désire que ta pauvre petite femme te vienne en aide. Gr l'a toujours dit et M. Ph aussi. Je pourrais te mettre en garde à temps si j'étais au courant des affaires. »

Désormais, elle écrirait indéfiniment la même chose, la goutte usant la pierre, jusqu'à ce qu'elle la brise.

Abraham refuse de sacrifier son fils

Raspoutine s'arrêta à Tioumen le 19 juin. Et, même de là, les agents continuaient à alimenter Djounkovski en informations sur les moindres allées et venues de Notre Ami. « À Tioumen, l'Obscur a séjourné dans un monastère, chez son ami le père prieur Martemian [récemment nommé supérieur du monastère de Tobolsk grâce aux efforts déployés par Raspoutine]. Selon Martemian, après le dîner, l'Obscur, à lui tout seul, a bu les deux quarts du vin du monastère. »

Le 21 juin, Raspoutine arriva à Pokrovskoïé, escorté par les deux agents Terekhov et Svistounov, qui le suivaient sans relâche et passaient le plus clair de leur temps chez lui, à lui lire des livres et des journaux. À Tioumen, Raspoutine avait reçu la confirmation définitive que son fils unique était appelé sous les drapeaux. Il avait alors envoyé un télégramme désespéré à Alix, dans lequel il parlait d'Abraham menacé de se voir retirer son fils Isaac. Alix écrivit immédiatement à Nikki : « 20 juin... Mon chéri... Il ne faut pas lui prendre son fils unique... Donne des ordres, je t'en prie. » Mais Nikki ne lui donna aucune réponse. Alix crut y voir une nouvelle machination du commandant suprême, devenu maître de la volonté de son époux.

« 25 juin 1915... Je déteste ton séjour à la Stavka et beaucoup partagent mon avis... Ah, mon Nikki, les choses ne vont pas comme elles devraient ! N. ne te retient là-bas que pour t'influencer avec ses mauvais conseils... Souviens-toi que Notre Ami t'a demandé de ne pas rester là-bas trop longtemps... J'ai rarement aussi cruellement souffert que maintenant, n'étant pas en mesure de t'aider, mais sentant et réalisant que les choses ne vont pas comme il convient. Je suis impuissante et inutile — c'est pénible jusqu'à l'insupportable... N. connaît ma volonté, et il craint mon influence (orientée par Grigori) sur toi ; c'est exactement comme cela, mon cher ami ! Mon aimé, il faut toujours le pousser, lui rappeler qu'il est l'empereur et qu'il peut faire tout ce qui lui sied. Tu n'en profites jamais ; tu dois montrer que tu as ta propre volonté, que tu n'es pas dépendant de N. et de son état-major, qui te dictent tes actions. »

Elle savait combien sa dernière phrase était terrible pour lui. Et, bien sûr, elle était tombée juste.

Le funeste rapport

Le 5 juin 1915, le rapport de Martynov, chef de la police secrète de Moscou, concernant le scandale du *Yar* était enfin sur le bureau de Djounkovski. Raspoutine étant maintenant loin de la capitale, Djounkovski et le commandant suprême décidèrent qu'il était temps de passer à l'action. Les circonstances étaient propices. Djounkovski avait été convoqué par le tsar pour lui faire son rapport sur les troubles que venait de connaître Moscou et dont l'ambassadeur de France, Maurice Paléologue, se fit l'écho : « Sur la célèbre place Rouge... la foule invectivait la famille impériale, exigeant que l'impératrice soit envoyée au couvent, que l'empereur abdique, que le trône soit remis au grand-duc Nicolas Nicolaievitch, que Raspoutine soit pendu. »

Après avoir parlé de ces désordres, Djounkovski avait prévu de passer au second sujet : Raspoutine. Il ferait tout d'abord remarquer que « la conduite de cet homme suscite des attitudes négatives dans l'opinion publique », après quoi il montrerait au tsar le rapport relatif au scandale du *Yar* ainsi que l'ensemble des informations accumulées en un an par les agents chargés de surveiller le père Grigori.

Le commandant suprême attendait Djounkovski avec impatience et accueillit le brave major-général avec une joie non dissimulée.

Déposition de Djounkovski : « Le souverain m'a reçu à dix heures du soir... » Puis tout se passa comme prévu. Après avoir évoqué les événements de Moscou, Djounkovski enchaîna sur Raspoutine. « Le souverain... m'a écouté très attentivement, sans toutefois prononcer un seul mot durant tout mon exposé. Puis il a tendu la main et m'a demandé : "Tout cela est consigné par écrit ?" J'ai sorti le mémorandum de ma serviette, le souverain l'a pris, a ouvert son bureau et y a mis le document. J'ai alors dit au souverain que, vu le sérieux de la question, vu que je considérais l'activité de Raspoutine comme extrêmement dangereuse et que je supposais qu'il devait être une arme entre les mains d'une quelconque organisation désireuse de conduire la Russie à sa perte, je lui demandais l'autorisation de poursuivre mes investigations concernant l'activité de Raspoutine et de lui en référer. [Naturellement, il s'agit ici d'une allusion aux prétendus espions allemands évoluant dans l'entourage de Raspoutine, un thème très en vogue à l'époque.] Ce à quoi le souverain a répondu : "Non seulement je vous y autorise, mais je vous demande même de le faire. Mais, s'il vous plaît, que ces rapports ne soient connus que de moi et de vous. Cela doit rester entre nous." J'ai chaudement remercié le souverain pour sa confiance. Ensuite, il m'a encore retenu pendant une demi-heure ou une heure, pendant laquelle nous avons parlé d'autres affaires, puis il m'a laissé partir. Il devait être minuit et demi lorsque j'ai pris congé du souverain... Le mémorandum que j'avais laissé au souverain contenait la description très détaillée de ce qui avait eu lieu au *Yar*... tout y était relaté de la manière la plus directe... On y disait que ce n'était pas le premier épisode semblable, que tout cela allait *crescendo* et jetait une ombre déplaisante, que, pour cette raison, je considérais de mon devoir de fidèle sujet d'en informer le souverain, estimant qu'il y avait menace pour la dynastie. »

Le lendemain, ce fut au tour du commandant suprême de faire la leçon au tsar.

Dans l'atmosphère étouffante du wagon chauffé par le

soleil, l'Oncle Redoutable, de sa voix de stentor, répéta en hurlant ce qu'avait dit Djounkovski à propos des beuveries au *Yar* et sur le fait que, par l'intermédiaire de la trop confiante tsarine, tous les secrets militaires étaient portés à la connaissance d'un moujik alcoolique et débauché, autour de qui tournaient des individus louches, parmi lesquels sans doute des agents allemands. Le grand-duc proposa de régler l'affaire sans délai et « en famille », à savoir de faire rapidement venir Alexandra Fiodorovna à la Stavka et, loin de Vyroubova et de l'entourage de Raspoutine, de lui montrer le rapport de Djounkovski. Le souverain n'émit aucune objection. Si bien que le grand-duc en garda la certitude que le tsar était d'accord avec sa proposition. C'était une erreur.

Le grand-duc n'avait fait que confirmer au tsar ce qu'Alix lui écrivait, à savoir que les sujets ne comprenaient pas la modestie des tsars. Et, habitué au tact dont le tsar faisait preuve à la Stavka, le commandant suprême s'était oublié. Cela avait été sa première irréparable erreur. Mais il y en avait eu une seconde : la discussion concernant Raspoutine. Nicolas Nicolaievitch et Djounkovski ne lui avaient rien appris de nouveau. C'était indéfiniment le même récit, celui de gens du monde face à la conduite d'un fol en Christ. Quant aux espions allemands, tout le monde était accusé de l'être, même cette pauvre Alix, le tsar le savait. En conclusion, Nicolas ne désirait plus qu'une chose : retourner à Tsarskoïé Sélo, loin de tous ces gens qui ne comprenaient rien.

Le lendemain de son entrevue avec le souverain, Djounkovski raconta triomphalement au grand-duc Dimitri l'aimable accueil que lui avait réservé le tsar et lui donna à lire une copie du mémorandum. Ce fut là encore une grossière erreur, car le tsar avait expressément exigé la plus stricte confidentialité. De retour à Petrograd, Dimitri raconta tout à son père ainsi qu'aux autres membres de la famille Romanov, soulignant l'heureuse nouvelle que constituait la colère du tsar et donc la fin du maudit paysan. Connaissant bien le tsar, Paul, le père de Dimitri, ne douta pas un instant de la façon dont cette « colère » allait se terminer. Et, comme à la même époque il essayait d'obtenir le titre de grande-duchesse pour sa femme, Paul préféra rester dans les bonnes grâces d'Alix.

Aussi, l'informa-t-il des bruits qui couraient.

Le 22 juin, Alix écrivit à Nikki : « Mon ennemi Djounkovski a montré à Dimitri cet infect torchon. Dimitri a tout répété à Paul... Et il a odieusement péché en prétendant qu'après avoir lu le papier tu aurais dit que tu en avais assez de ces sales histoires et que tu souhaitais que Notre Ami soit sévèrement puni. Je suis certaine qu'on déforme tes propos et tes ordres... ce sont les calomniateurs qui doivent être punis, pas Lui. À la Stavka, on veut se débarrasser de Lui — c'est répugnant. Si nous laissons persécuter Notre Ami, nous et le pays tout entier allons souffrir pour cela. Ah, mon ami, quand vas-tu enfin taper du poing sur la table et élever le ton contre Djounkovski et les autres ? Personne ne te craint... ils doivent trembler devant toi. »

« J'ai eu vent de certains bruits concernant un scandale à Moscou, auquel était lié le nom de Raspoutine, témoignerait plus tard Vyroubova. Je n'ai pas accordé d'importance à ces bruits. »

La bombe explose

En réalité, dès que le souverain était revenu de la Stavka avec le rapport relatif au scandale du *Yar*, l'Amie avait commencé à déployer une activité fébrile à dénoncer les menteurs qui avaient calomnié le starets. Visiblement, elle était au courant du piège préparé à l'intention de ses persécuteurs par le rusé moujik lui-même ou par cet expert en provocation qu'était Manassevitch.

Dans le rapport de Djounkovski comme dans le mémorandum de Martynov, il était dit que Raspoutine était arrivé au *Yar* « en compagnie d'Anissia Ivanovna Rechetnikova, veuve d'un respecté citoyen ». Aussitôt, Vyroubova déclara triomphalement que Raspoutine connaissait effectivement bien ladite Anissia Ivanovna Rechetnikova. Mais que cette Anissia Ivanovna non seulement n'avait pas pu faire la fête avec lui, mais n'avait pas pu venir au *Yar*.

Déposition de Vyroubova : « Parfois... je passais prendre le thé chez... Anissia Rechetnikova, une vieille dame de quatre-vingt-dix ans qui, à part pour se rendre à l'église, ne sortait pas de chez elle. C'était le prototype de la femme de marchand moscovite, chez qui le thé était toujours prêt avec de quoi grignoter et où l'on trouvait en permanence un membre quelconque du clergé. Grigori Efimovitch Raspoutine s'arrêtait toujours chez elle. » C'était effectivement dans cette demeure au mobilier ancien et aux icônes ternies par le temps que séjournait le plus souvent Raspoutine lorsqu'il venait à Moscou.

Déposition de Vyroubova : « Je considère comme absolument impossible que cette vieille femme ait fait la noce avec Raspoutine au *Yar*, alors qu'il fallait lui tenir la main pour la faire passer d'une chaise à une autre. »

La remarque de Vyroubova était habile. Elle savait parfaitement que Raspoutine était effectivement au *Yar* en compagnie d'une Rechetnikova, Anna Ivanovna, la fille d'Anissia, qui, ayant les mêmes initiales que sa mère, s'était apparemment présentée à la police sous l'identité de celle-ci. Il s'agissait de cette même Anna Ivanovna Rechetnikova que l'on retrouve sur la photo de « Raspoutine entouré de ses admiratrices ». C'était elle qui, au mois de mars, avait accompagné à la gare le moujik, passablement éméché, et qui lui avait offert une somptueuse pelisse. Or Vyroubova la connaissait parfaitement bien et savait qu'elle participait à toutes les bamboches du père Grigori, de même qu'elle connaissait très bien son frère, Nicolas Ivanovitch Rechetnikov. Celui-ci, un des derniers « secrétaires » de Raspoutine, dirigeait à l'époque son infirmerie.

Telle était la révélation, la bombe qui, aux yeux des tsars — qui voulaient tant croire que le starets avait été calomnié —, allait réduire à néant l'enquête sur l'affaire du *Yar*.

Quand Nikki revint de la Stavka, Alix délirait tant elle était inquiète. Elle suppliait qu'on ne l'enferme pas dans un couvent, qu'on lui permette au moins de voir son mari et son cher petit. On imagine aisément dans quelle colère entra le tsar en voyant à quoi on avait réduit sa femme. Pourtant, fidèle à son habitude, il dissimula son émotion sous le masque de la courtoisie et de l'impassibilité. Apprenant l'histoire mettant en cause Rechetnikova, il semble que le tsar ait compris que Djounkovski, comme tous les autres, lui avait menti par haine du moujik, ce qui ne pouvait que cruellement le décevoir venant d'un officier du régiment Preobrajenski, un homme en qui il avait confiance. Et, bientôt, Djounkovski sentit « un changement », comme il le dirait lui-même. Désormais, « il me devenait très difficile d'agir. Je rencontrais une résistance très forte quoique invisible ».

Un torrent de télégrammes

Tandis que les passions se déchaînaient, à Pokrovskoïé, Raspoutine menait sa vie habituelle, consciencieusement décrite par les agents de Djounkovski. « 24 juin. Dans sa maison... il a mis en marche le gramophone, a dansé, chantonné, raconté comment il avait sauvé trois cents baptistes du châtiment. Ils lui avaient promis mille roubles chacun, mais ne lui en ont donné que cinq mille en tout. » « 26 juin. Une femme s'est présentée chez la voisine de Raspoutine, Nathalie, et a posé des questions sur Raspoutine... L'ayant appris, celui-ci a aussitôt envoyé un policier la chercher, mais on ne l'a pas retrouvée. Raspoutine avait très peur et s'est remémoré les femmes qu'il connaissait à Tsaritsyne. »

Raspoutine craignait qu'ici, loin des tsars, on pût attenter à ses jours.

Le 27 juin, les agents interceptèrent un télégramme de Vyroubova. Après quoi, ils notèrent que « l'Obscur reçoit une masse de télégrammes et expédie de nombreuses lettres », mais qu'« il ne nous les donne pas à poster ».

Maintenant, le moujik était au courant de tout. Il allait pouvoir bientôt plier bagage. Il ne s'était pas trompé : ces pitoyables loups s'étaient cassé les dents sur lui.

« 11 juillet. La femme d'officier Patouchinskaïa est arrivée. L'Obscur est sorti de chez lui en la tenant par la taille... Il était très joyeux et buvait du vin. » « 13 juillet. Après la baignade, il est allé chez la femme du sacristain Ermolaï... Il va la voir presque quotidiennement avec des intentions très intimes... Patouchinskaïa est partie pour Yaloutourovsk, appelée par son mari. Au moment du départ, elle a embrassé voluptueusement l'Obscur sur la bouche, le nez la barbe, les mains. »

Ainsi, tout était décrit en détail à Djounkovski. Mais celui-ci n'avait plus que faire de ces rapports.

L'arrivée de l'heureux auteur

Alix trouva un prétexte pour faire revenir Notre Ami. Les dossiers du Département de la Police ont conservé une coupure du quotidien *Le Temps du Soir* datée du 24 juillet 1915, dans laquelle on peut lire cette information : « Les *Pensées et Réflexions* de Grigori Raspoutine viennent de paraître. Le nombre d'exemplaires est limité. L'éditeur est A. F. Filippov, directeur exécutif d'une institution bancaire, rédacteur et éditeur de différents journaux de Bourse, connu pour être un admirateur de Raspoutine. »

Bien que s'étant éloigné du dangereux starets, Filippov avait achevé ce qui avait été commencé. Il déclarerait dans sa déposition : « La brochure de Raspoutine *Mes Pensées et Réflexions* a été publiée et préfacée par moi... Le photo de Raspoutine a été prise en Sibérie après qu'il eut été blessé par Gousseva, et alors qu'il était encore à demi inconscient. La brochure a été éditée sur l'insistance de Vyroubova. Les corrections ont été effectuées par la souveraine. »

Ainsi le prétexte avait été trouvé ; l'heureux auteur devait rentrer à l'occasion de la sortie de son livre. En ces jours décisifs où se préparait le coup d'État, Alix avait besoin de lui.

Le journal de la surveillance mentionne : « Le 28 juillet, Raspoutine est reparti pour Petrograd. Il est arrivé à Petrograd le 31 juillet. » Et, dès son retour, les 31 juillet et 1er août, une automobile devait conduire « l'Obscur » à Tsarskoïé Sélo, ainsi que le notèrent encore les agents.

Tribunal à Tsarskoïé Sélo

La réunion à Tsarskoïé Sélo autour de la question « Que faire ? » dura deux jours entiers. Au centre des débats, se trouvait le commandant suprême. Alix mettait en cause le grand-duc. On citait les mots d'ordre qui avaient fusé lors des récents troubles de Moscou. Alix était persuadée que le grand-duc en était l'instigateur. Elle rappela tout ce qu'elle avait déjà dit dans ses lettres : le grand-duc se conduisait en autocrate. Puis, pour le prophète, vint le moment de prendre la parole.

Il joua son rôle à merveille, en déclarant ce qu'Alix rêvait d'entendre. Plus tard, le 10 septembre, elle écrirait à Nikki : « Notre Ami a dévoilé leur jeu à temps et t'a sauvé en te convainquant de chasser N. [Nicolas Nicolaievitch] et de prendre toi-même le commandement. »

En prophète digne de ce nom, il avait prédit et menacé.

« Si le tsar n'avait pas pris la place de N. N., il aurait été chassé du trône », dirait Lili Den, prétendant citer les paroles de la tsarine. Mais ces paroles n'étaient pas celles de la tsarine. Un autre les avait prononcées pour elle. Le 9 décembre de la même année, Alix écrirait à Nicolas : « Notre Ami dit que si "le nôtre" (c.à.d. toi) n'avait pas pris la place de Nic. Nic., il aurait été déjà chassé du trône. » Oui, en ce jour fatidique, Raspoutine avait exigé que le tsar démette le grand-duc et prenne sa place à la tête des armées, afin d'éviter un coup d'État ! Une fois de plus, le moujik s'était fait l'écho des désirs de la tsarine.

Le tsar avait-il vraiment cru aux intentions pernicieuses de l'Oncle Redoutable ? Je pense que non. En revanche, l'idée qu'en période de défaites le souverain dût prendre en main l'entière responsabilité des opérations de guerre lui plaisait infiniment. Il ne pouvait résister à la tentation qui le taraudait depuis le début de la guerre : devenir le commandant suprême.

Le Dossier. Témoignage du prince Chtcherbatov : « Raspoutine est rentré à Petrograd trois jours avant l'éviction du grand-duc Nicolas Nicolaievitch... je l'ai rencontré à la gare de Tsarskoïé Sélo. » Les tsars ne voulaient pas que Notre Ami fût lié aux décisions qui allaient bientôt mettre le pays en état de choc et susciter la rage de l'opposition. Le moujik devait donc repartir au plus vite, afin que la décision du tsar fût annoncée en son absence.

En attendant, tout devait demeurer dans le secret le plus absolu.

Le précédent commandant suprême avait cessé d'exister, confirmant cette loi chère à Raspoutine : la fin attendait quiconque osait s'opposer à lui.

Le bateau ivre

Le 5 août, Raspoutine reprit le train pour Pokrovskoïé. Les agents consignèrent que Vyroubova et Pistolcors « l'ont amené à la gare en voiture particulière, mais n'en sont pas descendus ». L'accompagnèrent jusqu'au train, Chakhovskaïa, la baronne Koussova et quelques autres admiratrices. Ses « idiotes » savaient déjà qu'il reviendrait bientôt.

Il était agité, nerveux. Durant le trajet, il faillit séduire une dame qui voyageait dans le même train, et l'épisode fut soigneusement décrit à Djounkovski par un de ses agents (« tout prouve que le sujet possède l'hypnose », rapporte l'agent). Mais le moujik s'amusait — « qu'ils écrivent tout ce qu'ils veulent ! » Il savait que tous ces rapports n'étaient désormais plus d'aucune utilité à Djounkovski.

Puis, incapable de tenir sa langue, le moujik commença à se vanter. « Raspoutine est venu dans la voiture où se trouvaient les agents de la police secrète Terekhov et Svistounov... et a entamé avec eux une discussion sur la guerre — que la guerre se passait mal pour nous et qu'à Petrograd il y aurait bientôt un grand changement... En conclusion, Raspoutine a dit qu'il était allé deux fois chez le tsar, lequel lui avait proposé un wagon particulier pour son voyage... mais Raspoutine aurait refusé. » Bien sûr qu'il lui avait proposé. Les propos qu'avait tenus le moujik méritaient bien cela !

Raspoutine continua de fêter sa victoire jusqu'à Pokrovskoïé, ainsi que le rapportèrent les agents. « Le 9 août, il a pris un vapeur, où il s'est installé dans une cabine particulière... Une heure plus tard, il est sorti, ivre, de sa cabine et s'est approché des soldats de l'escorte locale qui voyageaient sur le même bateau. Leur ayant donné vingt-cinq roubles, il leur a fait chanter des chansons... Il s'est retiré dans sa cabine... De retour, il a donné cent roubles aux soldats... le chant a repris de plus belle, et Raspoutine s'est joint au chœur... Les chansons ont continué jusqu'à une heure, puis il a fait passer les soldats en deuxième classe, avec l'intention de les inviter à déjeuner... Mais le capitaine n'a pas autorisé la présence de simples soldats... Il leur a alors commandé un repas, a payé puis s'est de nouveau mis à chanter. Ensuite, il a commencé à se quereller avec des passagers, a pris à partie le garçon de service, le traitant d'escroc et l'accusant de lui avoir volé trois mille roubles. Après que le capitaine lui eut dit qu'un procès-verbal serait dressé par la police dès leur arrivée, il s'est retiré dans sa cabine. Près du hublot ouvert, la tête posée sur une petite table, il marmonnait quelque chose, tandis que le public "l'admirait". Raspoutine a glissé de la table et est resté allongé par terre jusqu'à l'arrivée au village de Pokrovskoïé. »

À huit heures du soir, les agents et deux marins débarquèrent Raspoutine. À quatre, ils le mirent, ivre mort, dans une charrette qui l'amena chez lui. À la demande des passagers, le capitaine dressa un procès-verbal. Rapport du 10 août : « S'exclamant et s'étonnant de s'être soûlé si vite... après n'avoir bu que trois bouteilles de vin, Raspoutine ajouta : "Ah, mon gars, quelle sale histoire !" » Le gouverneur de Tobolsk, Stankevitch, qui détestait Raspoutine, écrivit immédiatement à Petrograd et, ayant reçu l'accord enthousiaste de Djounkovski, il ordonna aussitôt une enquête. Pour son plus grand malheur.

« L'affaire devait être jugée au tribunal du district, et elle inquiétait au plus haut point Tsarskoïé Sélo », se rappelait Beletski. En revanche, elle laissait Raspoutine parfaitement indifférent. Selon les rapports des agents, apprenant que le gouverneur avait en tête de lui infliger trois mois de prison pour abus d'alcool et harcèlement des passagers, Raspoutine « se contenta de cracher par terre en disant : "J'en ai rien à foutre, du gouverneur !" ».

Et il avait raison. Le malheureux gouverneur ignorait la règle que connaissait le moujik : quiconque osait s'opposer à lui... Stankevitch n'avait plus qu'à se préparer à la retraite.

Non sans humour, Notre Ami expliqua à Tsarskoïé Sélo qu'il ne s'était nullement enivré, mais qu'il avait « offert à boire à de jeunes recrues, par esprit patriotique ».

« Où allons-nous, où allons-nous ? »

L'inquiétude éprouvée par l'opinion publique dura tout le mois d'août. Au début du mois, dans les milieux proches du trône, des rumeurs avaient commencé à courir, des rumeurs auxquelles on avait peur de croire. Ce fut alors qu'en Crimée, au domaine des Youssoupov, arriva une étrange missive.

La guerre avait surpris les Youssoupov en Allemagne, en 1914. Ils avaient miraculeusement échappé à une arrestation par les Allemands et pris le dernier train en partance pour la Russie. Entre-temps, un heureux événement avait eu lieu chez les jeunes Youssoupov. La belle Irina avait donné naissance à une fille. Étant l'une et l'autre de nature maladive, Irina et la fillette avaient trouvé refuge dans le domaine de

Aï-Tudor, loin du détestable climat de Petrograd. En août, quittant la capitale, où il avait suivi un entraînement militaire, Félix était allé rejoindre Irina en Crimée. La mère de Félix, Zinaïda Youssoupova, avait alors fait parvenir à son fils, *via* un homme de confiance, une lettre énigmatique, qui plongea le jeune homme dans un trouble inhabituel.

« 9 août... En général, tout est abominable, et dans la sphère des Validols en particulier. Le "bouquin" a une énorme influence, qui, dans les jours qui viennent, va se manifester autour d'un grand changement... Je ne me permets pas de t'en dire plus pour l'instant et je ne suis même pas censée le savoir, mais, selon moi, tout cela sera désastreux. Si ce n'est toi, du moins Irina aura-t-elle sans doute deviné de quoi il s'agit... Je suis lasse d'écrire une lettre aussi compliquée... Validol à la place de *Bonheur*[1]. »

La lettre était codée, et, ne se fiant guère à la perspicacité de son fils, Zinaïda comptait sur l'intelligente Irina, laquelle n'eut sans doute aucun mal à déchiffrer le message. Essayons de reconstituer son cheminement d'alors.

« Validol » venant du mot *vali*, qui en Turquie désignait les souverains, Zinaïda utilisait ce terme pour parler du tsar et de sa famille. Le « bouquin », renvoyait à Raspoutine, qui citait en permanence la Bible, le Livre des Livres. *Bonheur* était le surnom donné à la cour à Nicolas Nicolaievitch aux jours heureux du début de la guerre. Ainsi, le 9 août, Zinaïda annonçait-elle à son fils le remplacement du grand-duc Nicolas Nicolaievitch par le tsar et le rôle joué par Raspoutine dans ce changement. Autrement dit, comme souvent en Russie, il s'agissait d'un secret de Polichinelle. La cour savait déjà tout.

La nouvelle de l'éviction du grand-duc, si populaire dans l'armée, provoqua un choc généralisé. Et tous, à l'instar de Zinaïda, y voyaient l'influence de Raspoutine. Déposition du prince Chtcherbatov : « Sa décision de s'attribuer la fonction de commandant suprême (même si deux semaines plus tard il a annoncé qu'il ne pouvait en être question) a été attribuée à l'influence de l'impératrice et de Raspoutine. Mais je pense qu'étant un être faible il craignait toute personne dès qu'elle jouait un trop grand rôle, que ce soit Stolypine ou le grand-duc Nicolas Nicolaievitch. Nous considérions que le souve-

1. En français dans le texte (*N.d.T.*)

rain ne possédait pas les qualités requises, que ce soit en stratégie ou en tactique, et qu'il n'apporterait rien d'utile dans le domaine militaire. Mais qu'il introduirait au sein de la Stavka ces aspects négatifs que la cour apporte toujours dans le milieu militaire. En outre, son séjour à la Stavka rendait techniquement impossible la bonne conduite des affaires du pays. Si les ministres devaient faire l'aller et retour ne serait-ce qu'une fois par semaine, cela revenait à priver le pays de son gouvernement pendant plus de deux jours par semaine. » Sur ce point, Chtcherbatov avait raison. Après le départ du tsar pour la Stavka, le gouvernement du pays passerait progressivement aux mains de la tsarine. Le rêve qu'elle nourrissait depuis si longtemps deviendrait réalité.

Djounkovski se souviendrait, lui, que, dès le 10 août, il avait compris que son destin était scellé, lorsque son agent à Pokrovskoïé lui avait rapporté l'attitude de Raspoutine. « Il a dit : "Bon, quant à votre Djounkovski..." et il a sifflé. Et le 16 août, il y eut une note du souverain disant que je devais partir. » À la mi-août, les journaux se faisaient déjà largement l'écho de rumeurs concernant des « remaniements parmi la haute administration ».

À la fin du mois d'août, Nicolas partit pour la Stavka, afin d'y annoncer son éviction à l'Oncle Redoutable. Alix craignait qu'il ne change d'avis. « 22 août 1915... Dieu t'a béni le jour de ton couronnement, il t'a placé là où tu es et tu as accompli ton devoir... Tout est pour le mieux, comme dit Notre Ami, le pire est derrière... Je vais télégraphier à Notre Ami ce soir, afin qu'il prie tout particulièrement pour toi... Ta rencontre avec N. ne sera pas agréable — tu lui faisais confiance, et maintenant tu es convaincu de la justesse de ce que Notre Ami répète depuis tant de mois, qu'il agit mal à ton égard, à l'égard de ton pays et de ta femme... Dieu est avec toi et Notre Ami est pour toi — tout est bien — et, plus tard, tous te remercieront d'avoir sauvé le pays... La gauche est furieuse... leurs cartes sont dévoilées et leur intrigue, pour laquelle ils voulaient utiliser N., est claire pour tout le monde. » Juste avant son départ, Alix avait donné à Nikki un petit peigne appartenant à Grigori. « 23 août... N'oublie pas de te coiffer avant toute discussion ou décision difficile. Ce petit peigne te viendra en aide. »

Cependant l'impératrice mère — « Tante Mini », comme on l'appelait au sein de la grande famille Romanov — avait tout compris. Elle ne se faisait aucune illusion quant au rôle joué par le moujik. Elle connaissait bien sa bru. Journal du grand-duc André Vladimirovitch : « 24 août... Cet après-midi, je suis allé chez Tante Mini... Je l'ai trouvée dans un état de profond abattement... elle considère que la mise à l'écart de Nicolas Nicolaievitch va conduire à un désastre inévitable. Elle ne cessait de répéter : "Où va-t-on ? Où va-t-on ? Ce n'est pas Nikki, non, pas lui... Il est gentil, honnête et brave. C'est elle. Elle seule est responsable de tout ce qui se passe..." Elle a aussi ajouté que cela lui rappelait l'époque de l'empereur Paul qui, dans sa dernière année, avait commencé à éloigner de lui tous les gens qui lui étaient dévoués, et que la fin tragique de notre arrière-grand-père lui apparaissait dans toute son horreur. »

Journal de l'impératrice mère : « 21 août... Toutes mes paroles sont restées vaines... Tout cela dépasse mon entendement. »

Le 25 août, depuis la Stavka, Nikki fit part à Alix de la conversation la plus pénible de son existence : « Dieu merci, tout est terminé. Et me voilà avec cette nouvelle responsabilité sur mes épaules, mais que la volonté de Dieu soit faite !... Toute la matinée de ce mémorable 23 août... j'ai prié et relu sans fin ta première lettre. Plus approchait le moment de notre rencontre, plus la paix régnait dans mon âme. N. est entré avec un sourire allègre et amène et m'a simplement demandé quand je lui ordonnais de partir. De la même manière, je lui ai répondu qu'il pouvait rester encore deux jours ; nous avons ensuite discuté de problèmes ayant trait aux opérations militaires, de certains généraux et ainsi de suite, et ce fut tout. »

Comme on avait voulu le faire autrefois pour Stolypine, cet autre farouche ennemi de Grigori, le tsar exila au Caucase le grand-duc vaincu par le moujik. Mais jusqu'au bout, jusqu'à la révolution, la tsarine allait continuer à lutter contre lui. Ainsi, peu après, le 15 septembre, elle écrirait : « Je trouve que N. emmène une trop grande suite avec lui [au Caucase]... J'ai bien peur que, là-bas, ils ne continuent à intriguer. »

Les « nôtres » passent à l'action

Raspoutine coulait des jours tranquilles à Pokrovskoïé en attendant la fin du coup d'État. Car c'était bien de cela qu'il s'agissait. Le commandant suprême était tombé et, à sa suite, le ministre de l'Intérieur et le chef du Département de la Police. Alix envisageait de faire subir le même sort à Samarine, le haut-procureur du Saint-Synode, mais le tsar n'était pas encore au courant.

Le moujik lui proposa « nos » candidats aux postes de ministre de l'Intérieur et de chef du Département de la Police. Tout ce qui avait été envisagé rue Gorokhovaïa au début de l'année pouvait maintenant se réaliser. La tâche en revenait aux nouveaux régents : la tsarine, l'Amie et leur assistant en chef, Notre Ami. Ce dernier, absent de la capitale, agissait par l'intermédiaire de son homme de confiance, le prince Andronikov, avec lequel il avait tout mis au point durant les trois jours qu'il avait passés à Petrograd. Sitôt après le départ de Grigori, le « prince suspect » avait été reçu par Vyroubova.

Le Dossier. Déposition de Vyroubova concernant Andronikov : « J'ai fait sa connaissance peu avant qu'il m'amène Khvostov... Parfumé, la moustache cirée, c'était un homme obséquieux qui apportait quantité de rumeurs en plus de fleurs et de confiseries. » Puis le prince revint en compagnie de Khvostov, futur ministre de l'Intérieur, afin que Vyroubova se fît une opinion.

Extrait de la lettre de la tsarine adressée à Nikki le 29 août : « Mon chéri, Ania vient de rencontrer Andronikov et Khvostov. Ce dernier lui a fait une excellente impression. »

Après quoi, Andronikov transmit directement à la tsarine la liste des candidats aux postes dirigeants de l'Église !

Le 7 septembre, Alix écrivit à Nikki : « Mon ami, voici la liste (très courte, hélas) des individus susceptibles d'être candidats au poste de Samarine... J'ai reçu cette liste d'Andronikov. » La tsarine recherchait des gens loyaux. Et elle craignait que Nikki ne se trompe dans ses choix. Ce qu'il avait fait bien des fois, comme avec Stolypine, Kokovtsev, Djounkovski et tant d'autres... Mais comment être sûr ? C'était très simple. Il suffisait de suivre cette règle si souvent rappelée dans ses lettres : seul quelqu'un qui croyait en l'homme de Dieu et se montrait prêt à lui être dévoué pouvait être ministre. Car cela signifiait automatiquement confiance et dévotion à l'égard de « Maman », puisque les désirs de l'homme de Dieu coïncidaient toujours avec les siens. Désormais, tels devaient être les ministres ! Mais, ne connaissant pas de personnalités répondant à ces exigences, les deux femmes d'État en herbe, Alix et Ania, avaient sagement décidé de s'en remettre à Grigori. En partant, celui-ci leur avait donc envoyé Andronikov afin qu'il les aide.

Le premier candidat présenté par Andronikov, au nom de Grigori, fut Beletski, celui-là même qu'au début de l'année ils avaient déjà essayé de faire nommer au poste de chef du Département de la Police. Avec le ministre de l'Intérieur, l'affaire se révéla plus compliquée. Andronikov avait en effet proposé à Raspoutine une de ses vieilles connaissances : Alexis Khvostov, le jeune gouverneur de Nijni-Novgorod, chez qui le moujik s'était rendu en compagnie de Sazonov, la veille de l'assassinat de Stolypine, quatre ans auparavant.

Le chemin du pouvoir, modèle 1915

Khvostov n'était plus gouverneur de Nijni-Novgorod. Il avait quitté le service de l'État et s'était fait élire à la Douma. En revanche, il était toujours aussi gros et joufflu. À la Douma, il était devenu président de la fraction de droite et portait fièrement, au revers de sa veste, l'insigne de l'organisation antisémite l'Union du peuple russe. Ses harangues antigermaniques plaisaient beaucoup à Tsarskoïé Sélo. Plus tard, Khvostov expliquerait aux juges de la Commission extraordinaire : « Je me suis occupé de l'espionnage allemand et de l'influence allemande. Cette question m'intéressait au plus haut point. » Il était difficile de trouver meilleure candidature — un membre de la Douma, héraut de la droite, qui plus est combattant indomptable de l'espionnage allemand, qualité particulièrement bienvenue eu égard aux bruits qui entouraient Raspoutine et la tsarine. Enfin, Khvostov était russe, ce qui était très important compte tenu de l'accumulation, à la cour, des noms à consonance germanique.

Andronikov connaissait bien Khvostov, comme d'ailleurs il connaissait tous les gens d'une certaine importance. Et il savait que l'homme accepterait n'importe quelles conditions pour accéder à l'Olympe dans un délai fulgurant. Après sa discussion avec Khvostov, il semble qu'Andronikov ait su rallier Raspoutine à ses positions. Ce dernier n'avait pas oublié l'accueil que lui avait réservé l'ancien gouverneur quelques années auparavant. Mais, apparemment, le prince parvint à persuader le moujik que le politicien hautain d'autrefois n'existait plus. Pour sa part, le nouveau Khvostov savait parfaitement que, pour devenir ministre, il lui fallait servir Notre Ami. Les dernières hésitations de Raspoutine furent définitivement balayées lorsque le prince lui proposa d'adjoindre à Khvostov un homme dont il connaissait la loyauté à son égard : Beletski. Ce dernier prendrait en charge le Département de la Police et, par conséquent, la sécurité de Raspoutine.

Après son « audition » chez Vyroubova, Khvostov fut introduit chez la tsarine. Il déclara dans sa déposition : « L'impératrice m'a accueilli avec bienveillance et m'a laissé entendre... que, bien que mon attitude à l'égard de Raspoutine ne soit pas sans reproche, elle était persuadée que mes yeux s'ouvriraient... et qu'elle ne s'opposerait pas à ma nomination, pour autant toutefois que la protection de Raspoutine soit sous la responsabilité de Beletski. »

Toutefois, pendant qu'Ania et la tsarine débattaient avec Andronikov des futures nominations, un événement sismique se produisit à la Douma.

Le moujik cimente toutes les haines

L'entière société russe comme la Douma bruissaient des rumeurs provenant du Palais. L'éviction du grand-duc avait créé une situation nouvelle. Le nouveau commandant suprême était jugé inapte à diriger l'armée et l'on considérait le Premier ministre Goremykhine comme un vieil homme totalement soumis à la souveraine, et incapable de mener le gouvernement. Or, des bruits persistants faisaient également état de nominations en préparation, qui, en l'absence du tsar, étaient devenues la prérogative de la tsarine. On voyait poindre la menace du fameux cabinet des « forces obscures », avec à sa tête, pensait-on, un Premier ministre occulte qui ne serait autre que le moujik à moitié illettré. Lequel était sur le point de rentrer dans la capitale.

Le 25 août 1915, le Bloc progressiste fut créé à la Douma. La lutte contre « les forces obscures » avait réussi l'impensable — réunir des gens d'horizons les plus divers et qui, pour la plupart, se détestaient cordialement les uns les autres. Regroupant 300 des 442 députés, le Bloc avait pour objectif d'écarter en douceur « les forces obscures » — Raspoutine et la tsarine — du pouvoir et d'amener le pays vers une authentique monarchie constitutionnelle. Pour cela, il fallait obtenir la démission de Goremykhine et la constitution d'un « gouvernement de confiance », responsable devant la Douma. Le Bloc avait pour mot d'ordre : « Les masses restent calmes, la Douma parle pour eux. »

Dans le même temps, Goutchkov préparait une résolution concernant le scandale du *Yar*. Mais ce fut l'occasion pour Khvostov de démontrer que l'émissaire de Notre Ami ne s'était pas trompé en le recommandant.

Déposition de Vyroubova : « Khvostov a raconté que... une résolution se préparait à la Douma. Khvostov avait été sollicité pour la signer, mais il avait refusé en faisant remarquer que, si cette question était soulevée, l'amnistie [que le tsar préparait pour les prisonniers] ne serait pas accordée. Après réflexion... ils ont renoncé à la résolution. »

Le 30 août 1915, Alix écrivait à Nikki : « Il faudrait se débarrasser de Goutchkov, mais comment ? Voilà la question. En temps de guerre — est-ce qu'il n'est pas possible d'inventer quelque chose pour le faire enfermer ? C'est repoussant de voir son jeu, ses discours et ses manœuvres sournoises... On prétend qu'Il [Raspoutine] se trouve actuellement à Tsarskoïé Sélo, exactement comme autrefois on affirmait qu'Ernie était ici. »

Les rumeurs les plus incroyables parcouraient la capitale, alors que Notre Ami attendait à Pokrovskoïé qu'aient lieu les ultimes changements promis. Pendant tout ce temps, il n'avait cessé de se battre pour son fils. Ce malheureux garçon un peu simple d'esprit allait mourir au front. Aussi, il avait dépêché sa femme, Prascovia, à Petrograd, afin qu'elle implore les tsars de faire en sorte que leur fils reste chez eux. Pour sa part, il avait envoyé des télégrammes suppliant sur requête larmoyante. Et, de nouveau, Alix écrivit à Nikki :

« Pourrais-tu savoir quand sa province va être appelée et m'en informer aussitôt ? Est-ce que Son fils est concerné ? Je t'en prie, réponds vite... Je te joins une requête de Notre Ami, note dessus ta résolution. Il me semble que l'on peut tout à fait satisfaire cette demande. » Mais, de nouveau, le tsar resta muet. Et, de nouveau, elle insista : « 1er septembre 1915... Notre Ami est désespéré que Son fils soit appelé. C'est Son fils unique, c'est lui qui, en l'absence de son père, fait marcher la maison. »

Toujours aucune réponse de Nikki. Il ne pouvait pas expliquer à Alix que, s'il pouvait changer les ministres, il n'était pas en son pouvoir de faire rester chez lui le fils du moujik. C'eût été une provocation envers la société comme envers la famille Romanov elle-même. Entièrement absorbée dans sa lutte pour les « nôtres », Alix en oubliait que, tout récemment, le fils du grand-duc Konstantin Konstantinovitch, Oleg, presque un enfant, avait été tué. Et le père n'avait pu surmonter sa douleur — il avait succombé à une crise d'angine de poitrine. Et d'autres jeunes grands-ducs étaient au front. Dans ces conditions, comment aurait-il pu libérer le fils de Raspoutine de ses obligations militaires ? Mais Alix, comme toujours, refusait de lâcher prise : « 11 septembre 1915... Je comprends que le garçon doive être appelé, mais on pourrait le prendre comme infirmier dans le train ou quelque chose dans ce genre... Il est son fils unique... Je voudrais tellement pouvoir aider et le père et le fils. » Finalement le fils de Raspoutine serait réquisitionné, mais la tsarine se débrouillerait pour le caser comme infirmier dans son train sanitaire.

À la Douma, on continuait de s'indigner de la nomination prochaine de ministres choisis pour plaire au moujik et des fréquentes visites à la tsarine du Premier ministre Goremykhine.

Le 6 septembre, utilisant son amusant style codé, Zinaïda Youssoupova renseignait ainsi son fils, toujours en Crimée : « L'ambiance générale est exécrable. "La pelisse à l'odeur de naphtaline" [le vieux Goremykhine] continue d'aller régulièrement chez Valida [l'impératrice]. Elle est tout bonnement triomphante ! »

Les attaques de l'opposition continuaient. La plus implacable arriva de Moscou, la capitale de la lutte antiraspoutinienne. Vladimir Gourko, un homme respectable aux convictions de droite, chambellan et membre du Conseil d'État, prit publiquement position en prononçant ce jeu de mots qui fit bientôt le tour de la Russie : « Nous voulons un pouvoir fort... ce qui signifie... un pouvoir avec un fouet [*khlyst*], pas soumis à un flagellant [*khlyst*]. »

« Cette calomnie à double sens est dirigée contre toi et Notre Ami. Dieu les punira pour cela », écrivait Alix au tsar, le 8 septembre.

Mon âme est en peine

Le moujik devait se rendre à l'évidence ; lui qui avait tant de fois sauvé l'enfant des tsars avait été incapable de protéger le sien. L'armée venait de lui prendre son fils. Ce fut alors qu'il sombra définitivement dans l'alcool, qui le transformait en bête sauvage.

Selon un agent : « 5 septembre. L'Obscur est allé en visite chez son frère. Leur père est arrivé à son tour et a commencé à l'injurier dans les termes les plus obscènes. L'Obscur, comme enragé, a bondi de table, a poussé son père dehors, l'a jeté par terre et l'a roué de coups de poing. Le père criait : "Ne me bats pas, scélérat !" Il a fallu les séparer de force. Le père avait un œil poché, au point qu'il n'arrivait plus à l'ouvrir. Ayant recouvré ses esprits, le vieillard s'est remis à injurier l'Obscur de plus belle, menaçant de raconter qu'il [Grigori] ne savait rien faire d'autre que de tenir Dounia [la servante Dounia Petchorkina] par les parties de son corps les plus tendres. Après quoi il a fallu retenir l'Obscur pour l'empêcher d'attaquer son père de nouveau. »

Les agents faisaient volontiers au moujik la lecture des journaux, dont il continuait à occuper largement les colonnes. Par ailleurs, il était apparemment tourmenté par des visions. Il sentait que là-bas, à Petrograd, l'inévitable approchait. Encore l'agent : « Raspoutine a dit : "Mon âme est en peine. Cette peine me rend sourd. Mon âme va bien pendant deux heures et mal pendant cinq... mal à cause de ce qui se trame dans le pays, et puis il y a ces maudits journaux qui parlent de moi, qui m'irritent énormément. Il faudrait les traîner en justice." »

Pendant que Raspoutine se soûlait à Pokrovskoïé, la tsarine plaidait sans relâche pour la nomination rapide de Khvostov. Et, de nouveau, elle faisait intervenir les prédictions de Notre Ami. « 7 septembre 1915... Nous avons besoin d'un homme énergique, qui connaisse les gens et possède un nom russe. » « 9 septembre 1915... Chasse-les tous, donne de nouveaux ministres à Goremykhine, et Dieu te bénira, toi et leur travail... Mon icône avec la clochette m'a effectivement appris à discerner les gens... La clochette tinterait s'ils venaient avec de mauvaises intentions ; elle les empêcherait de m'approcher... Et toi, mon ami, écoute mes conseils, ce n'est pas ma sagesse, mais un instinct particulier qui m'est donné pour t'aider. »

Le tsar hésitait ; il ne s'était pas encore habitué à la participation directe de sa femme aux affaires. Et elle était fâchée qu'il ne comprenne pas que toute son indomptable énergie n'avait d'autre objet que de le soutenir. « 10 septembre 1915... Je t'en prie, parle sérieusement avec Goremykhine de l'idée de nommer Khvostov ministre de l'Intérieur. Je suis convaincue qu'il est l'homme de la situation, car il n'a peur de personne et t'est dévoué. »

Mais la nomination du ministre de l'Intérieur n'était qu'un début. Dès le 11 septembre, elle exigeait la tête de Samarine, le haut-procureur du Synode. « Prends un morceau de papier et note ce dont tu dois parler [avec le Premier ministre Goremykhine]... 1) Samarine... Samarine est stupide et insolent. Actuellement, ils [les députés à la Douma] affirment que tu ne pourras pas chasser S. [Samarine], mais tu vas le faire. Révoque-le immédiatement, mon chéri, ainsi que Chtcherbatov [le ministre de l'Intérieur]. Je te demande de mettre Khvostov à sa place... » Désormais, elle ne cesserait d'insister sur Khvostov, jusqu'à ce que le tsar finisse par céder. « Les ministres ne valent rien », écrivait-elle le 12 septembre, puis, le 14 : « Certains sont furieux que je me mêle des affaires, mais mon devoir est de t'aider. Même pour cela, certains ministres et l'opinion publique me condamnent... Telle est la stupidité de ce monde. »

Il lui arrivait d'écrire deux lettres dans la même journée. Elle était certaine que leurs ennemis à la Stavka empêchaient Nikki de mettre en œuvre ses sages décisions. Ce n'était pas pour rien que l'ennemi de l'homme de Dieu, Dimitri, était à la Stavka. 13 septembre : « Mon chéri... pourquoi ne l'envoies-tu pas rejoindre son régiment ? Cela fait mauvais effet — aucun des grands-ducs n'est au front, à part Boris de temps en temps, quant aux malheureux fils de Constantin, ils sont toujours malades. » Elle savait se battre et, ce faisant, elle se montrait impitoyable. Pour avoir osé s'opposer au starets, l'ex-fiancé de sa fille, un garçon élevé dans sa famille, devait être envoyé au combat, plus près de la mort.

Pendant tout ce temps, Notre Ami était à leurs côtés. Il n'oubliait pas de leur envoyer les télégrammes appropriés. Le 8 septembre, la tsarine à son mari : « Concernant les nouvelles du front, Notre Ami écrit (ajoute cela à tes autres télégrammes) : "N'ayez pas peur. Ce ne sera pas pire que ça a été. La Foi et la Bannière sont avec vous." » Puis, le lendemain : « As-tu recopié Son télégramme pour toi, sur un morceau de papier ? Si ce n'est pas le cas, le voilà de nouveau : "Ne succombez pas dans les épreuves, le Seigneur vous glorifiera par son apparition." » Curieuses prédictions un an et demi avant la révolution... En outre, Raspoutine avait envoyé le télégramme tant attendu demandant la nomination de Khvostov, l'homme qui avait la faveur de Dieu.

À la Stavka devait se tenir un conseil des ministres, au cours duquel Alix espérait que serait annoncée la nomination de Khvostov. Elle avait conseillé au tsar de rechercher de l'aide auprès de Notre Ami, présent bien qu'invisible. « 15 septembre 1915... Avant le conseil des ministres, n'oublie pas de serrer dans ta main la petite icône et de te passer plusieurs fois Son peigne dans les cheveux. Oh, comme je vais penser à toi et prier pour toi, mon bien-aimé. »

À Petrograd, on était inquiet. Le vice-ministre de l'Intérieur, G.R. Mollov, avait reçu d'un de ses agents une information digne de foi, selon laquelle l'impératrice avait convoqué Khvostov à Tsarskoïé Sélo et lui avait laissé espérer sa nomination au poste de ministre de l'Intérieur. Plus tard, Mollov raconterait : « J'ai informé le prince Chtcherbatov qu'il fallait considérer que ses jours comme les miens étaient comptés... Chtcherbatov ne partagea pas mon point de vue, disant qu'il revenait depuis peu de la Stavka, où il avait été reçu avec bienveillance par le tsar. » L'histoire de Sabler se répétait.

Le 15 septembre, le colonel Globatchov, chef de la police

secrète de Petrograd, arriva, dans tous ses états, au ministère de l'Intérieur.

Témoignage de Mollov dans le Dossier : « Globatchov me présenta le télégramme d'un de ses agents assignés à Raspoutine. Dans ce télégramme, il était mentionné que Raspoutine avait reçu de Vyroubova une lettre dont le contenu était approximativement le suivant : "Sana [Alexandra Fiodorovna, la tsarine] est triste, elle espère vivement te voir dans une dizaine de jours. Donne ta bénédiction." Dans ce même télégramme, il était dit que Raspoutine s'apprêtait à rentrer rapidement à Petrograd. » En juxtaposant les deux événements, Mollov avait compris le sort qui l'attendait.

Pendant ce temps, Alix continuait à submerger le tsar de lettres. Souffler n'était pas dans son tempérament. Le 17 septembre, elle lui adressa deux missives.

« 17 septembre... Télégraphie-moi ne serait-ce qu'un mot pour m'apaiser ! Et si tu as pris une décision concernant Khvostov, écris : "Je me souviens de la queue [*khvost* en russe]." Si les ministres ne sont pas remplacés, télégraphie : "Pas de changement pour l'instant." » Mais Alix savait très bien qu'il ne déciderait rien avant de la voir. À son retour de la Stavka, elle l'emporterait définitivement. Et elle le suppliait donc. « Reviens le plus vite possible et procède aux changements... Khvostov espère qu'avec de l'intelligence et de la détermination l'on pourra remettre tout en ordre en deux ou trois mois... Oh, comme j'aspire à t'aider... Certains craignent mon intervention dans les affaires de l'État (tous les ministres), mais d'autres voient en moi quelqu'un qui t'aide en ton absence (Andronikov, Khvostov...) » Ainsi, « l'obscur prince » sortait de l'ombre. « C'est vrai, mon ami, je pense qu'il est l'homme le mieux adapté, et Notre Ami y a fait allusion dans ses télégrammes à A. [Ania]... Khvostov m'a rafraîchie... J'étais avide de voir enfin "un homme", et je l'ai vu... Personne ne sait que je l'ai reçu », ajoutait Alix pour rassurer le tsar.

Mais Nicolas continuait à hésiter. Il n'arrivait toujours pas à se faire au nouveau rôle de sa femme. Finalement, à la réunion du conseil des ministres, à la Stavka, il n'annonça aucun remaniement ministériel. Alix ne relâcha pas la pression. « 18 septembre... Je te soûle avec ça, mais je voudrais te convaincre... que ce très gros jeune homme de grande expérience est l'homme que tu dois approuver (de même que la vieille femme qui t'écrit à ce sujet). »

Pendant tout ce temps, l'Amie continuait inlassablement à passer en revue de nouvelles candidatures. « 20 septembre 1915. Je t'envoie... un court résumé de sa [Ania] conversation avec Beletski... Il semble que ce soit effectivement un homme qui pourrait être tout à fait utile auprès du ministre de l'Intérieur, car il est au courant de tout... Andronikov a donné à A. [Ania] sa parole d'honneur que personne ne saurait que Khvostov et Beletski viennent chez elle (elle les voit dans sa maison, pas au Palais), si bien que ni son nom ni le mien ne seront mêlés à cela... La femme de Notre Ami est venue. Elle est bien triste, et elle dit qu'Il souffre affreusement de la calomnie et des ignobles commérages qu'on publie sur Lui... Oui, il est temps de mettre fin à tout cela. Khvostov et Beletski, voilà les hommes qui en sont capables. »

Prascovia avait plaidé en vain la cause de son fils. Elle avait fait ses adieux à la tsarine, expliquant qu'elle devait rentrer à Pokrovskoïé « parce qu'un danger menace la vie de Grigori ». Et, en effet, le 19 septembre, ainsi que le consignèrent les agents, il avait reçu une lettre tapée à la machine : « Grigori ! Notre patrie est au bord de la ruine, ils veulent conclure une paix honteuse... Nous, en tant que représentants élus, te demandons de faire en sorte que les ministres soient responsables devant le peuple. Et si tu ne le fais pas, nous te tuerons ; il n'y aura pas de pitié. Le sort est tombé sur nous dix. »

Ainsi, l'opinion publique croyait-elle fermement que tout ce qui se passait dans les hautes sphères du pouvoir était inspiré par ce moujik à demi illettré qui avait pris le contrôle absolu de la tsarine.

Scandaleux pasteurs

Parallèlement à sa lutte pour imposer des ministres aux ordres, Alix se lança avec la même énergie dans la bataille en faveur d'une Église tout aussi docile. En cela, il y avait une logique. L'Église était une institution strictement contrôlée par les tsars, par l'intermédiaire du Saint-Synode. Sans compter que l'exemple de l'Église anglicane, dont le chef était le souverain, demeurait ancré dans l'inconscient de cette princesse britannique qu'était Alix. Le 11 septembre 1915, elle écrivit donc à Nicolas pour lui demander de remplacer Samarine à la tête du Synode : « Tu est le chef et le protecteur de l'Église, et lui essaie de saper ton prestige... Démets-le immédiatement, mon chéri. » De même, elle voulait se débarrasser des évêques insoumis : « Tu dois agir et balayer toute la crasse accumulée au Synode. » Malheureusement, elle n'avait pas la moindre idée de qui pourrait les remplacer. De nouveau, c'était à l'homme de Dieu de proposer des candidats. Qui mieux que lui aurait été à même de le faire ?

Avant qu'Alix ne décide de prendre en main l'Église, Raspoutine avait peu d'alliés parmi les hiérarques. Pour la majorité d'entre eux, il restait un obscur paysan, un individu suspect et un *khlyst* non déclaré. Pour sa part, Raspoutine considérait l'Église officielle avec ses évêques aux brillantes croix et mitres comme un univers lointain et hostile. En bon paysan, il méprisait et redoutait les hiérarques. Mais, peu à peu, la peur avait disparu. Son impériale protectrice, en reconnaissant sa sainteté, lui avait insufflé cette assurance. Elle était indignée qu'on puisse oser ne pas respecter quelqu'un qui, pour les tsars, était une grande autorité. Et ce respect était, là aussi, synonyme de loyauté. À partir de 1912, Alix avait commencé à veiller à ce que l'on donnât les hauts postes à des individus favorables à Notre Ami, notamment dans l'Église. C'était ainsi que le père Macaire, qui vénérait Raspoutine, s'était retrouvé, à l'âge de quatre-vingts ans, nommé à Moscou, l'ancienne capitale.

Un autre membre influent du Synode était l'exarque de Géorgie. Comme nous l'avons vu, le père de Moltchanov, évêque tombé en disgrâce à cause de sa liaison avec une institutrice, avait été nommé à ce poste contre l'avis du Synode. C'était alors que Raspoutine avait inauguré sa pratique consistant à recommander des pasteurs accusés de graves péchés au regard de la loi et de l'Église russes d'alors, en premier, celui d'homosexualité. Ainsi s'assurait-il leur reconnaissance et leur entière soumission. Par ailleurs, cette attitude était aussi liée à l'idée mystique d'unité des principes mâle et femelle inhérente à la conception du Christ chez les *khlysty*. Le *khlyst* Raspoutine, convaincu que le Saint-Esprit était descendu sur lui, sentait apparemment cette unité en lui — il était au-dessus du sexe. D'où non seulement son attitude tolérante à l'égard de l'homosexualité, mais aussi, semble-t-il, sa capacité de guérir de leur lubricité les femmes et même les hommes. Peut-être doit-on trouver là une explication aux étroites relations qu'avait eues Raspoutine avec Iliodore par le passé et qu'il aurait avec Félix Youssoupov dans le futur.

Quoi qu'il en soit, après la mort de Moltchanov, un certain évêque Pitirim, homosexuel suspecté de liens avec les *khlysty*, était devenu exarque du Caucase, sur recommandation de Raspoutine et par conséquent de la tsarine.

Le Dossier. Déposition de Yatskevitch : « Pitirim est un des noms les plus méprisables de notre Église. Étant évêque du diocèse de Toula, qui était en fait dirigé par son vicaire Karnitski, avec lequel l'évêque entretenait une relation condamnée par l'Église et la loi, il a pillé les richesses de la sacristie, ce qui a été établi après sa mutation dans le diocèse de Koursk. À Koursk également, c'était son jeune vicaire qui dirigeait l'évêque et le diocèse. C'est précisément à cette époque... qu'il a commencé à protéger ouvertement au monastère Bogodoukhovski, une communauté de moines considérés comme *khlysty* avérés. En conséquence, il a été chassé de Koursk. Il est ensuite devenu évêque de Saratov, où, près de lui, est apparu un nouveau jeune frère, un certain Ossipenko, qui a pris la place du précédent. » Voilà donc l'homme qui allait être promu exarque de Géorgie par l'intermédiaire de Raspoutine. Et le tsar (entendons « la tsarine »), devant les membres du Synode consternés, raya le nom de tous les candidats qui lui étaient présentés et écrivit celui de Pitirim.

À la même époque, un autre homosexuel fit son apparition dans l'entourage de Raspoutine : le père Issidore, lui aussi un fidèle partisan. Dans le Dossier, le même Yatskevitch déclare que ce prêtre, Issidore Kolokolov, « a été accusé de relations homosexuelles avec un frère convers dénommé Flavian et, pour cela, a été relégué au rang de simple moine dans un monastère. Issidore a commencé à aller chez Raspoutine et est rapidement devenu supérieur d'un des monastères de Tobolsk, où il a emmené son frère convers... bien que le Synode ait eu des preuves de leur concubinage ». Issidore devint une des personnes les plus proches de Raspoutine. Il serait plus d'une fois reçu par la tsarine, laquelle le mentionne à diverses reprises dans ses lettres. « J'ai passé une merveilleuse soirée avec Notre Ami et Issidore », écriraitelle au tsar. Et ce serait lui qu'elle choisirait pour célébrer l'office funèbre de Notre Ami.

Enfin, il fallait compter avec Barnabé, un évêque peu ordinaire, lui aussi promu grâce à Raspoutine. Prêtre dans la petite ville de Goloutvine, Barnabé n'avait pas fait de hautes études ecclésiastiques. Néanmoins, par ses sermons pleins de vivacité et accessibles au peuple, il avait acquis une énorme influence parmi la population locale et la communauté des marchands moscovites. Aussi Raspoutine l'avait-il immédiatement remarqué. L'homme personnifiait en quelque sorte ces pasteurs du peuple dont Notre Ami parlait aux tsars et à propos desquels il disait : « Ils sont peut-être incultes, mais ils croient, alors que ceux qui sont savants ne servent à rien, car ils sont presque tous incroyants. » Alix comprit alors que ce double de Notre Ami était prêt à servir. Et, par la volonté personnelle du souverain (là aussi entendons « de la souveraine »), Barnabé avait d'abord été nommé évêque de Kargopol, en dépit de l'indignation du Synode. Quand le père de Moltchnov, l'évêque Alexis, était devenu hiérarque de Géorgie, Barnabé avait été transféré sur le siège de Tobolsk à sa place. Raspoutine devait en effet se préoccuper des autorités religieuses du diocèse dont dépendait son village de Pokrovskoïé. Ni la tsarine ni lui n'avaient oublié les tracas engendrés par l'enquête du Consistoire local.

Alix était ravie. Son désir était de voir partout siéger des pasteurs vénérant Notre Ami. D'emblée, Barnabé occupa une position à part. Sans demander la permission du Synode, ainsi qu'il aurait dû, Barnabé quittait son diocèse sur autorisation spéciale de Tsarskoïé Sélo et venait à Petrograd. Le tsar le décora au grand dam des autres évêques. Il entretenait une correspondance avec la tsarine, sans jamais omettre de lui faire d'heureux présages susceptibles de la rassurer. « Chère souveraine... durant la procession autour de l'église du village de Barabinskoïé, soudain une croix est apparue dans le ciel, qui a été visible à tous pendant quinze minutes, or comme la sainte Église chante "La croix des tsars, la puissance des fidèles", je vous fais part de cette vision réjouissante », disait ainsi le hiérarque dans un de ses télégrammes.

Barnabé savait, vu la haine des autres membres du Synode à son égard, qu'il dépendait entièrement de Raspoutine. Bien qu'au fond de lui-même Barnabé n'appréciât guère Raspoutine, ainsi qu'en témoignerait Manassevitch, qui connaissait bien les deux hommes : « Après que Raspoutine se fut mis à boire... Barnabé commença à le détester, mais, à cause de Tsarskoïé Sélo, il lui passait beaucoup de choses. » Raspoutine le sentait. Désormais, s'il lui arrivait de s'attarder dans la capitale, Barnabé recevait un coup de fil aviné du starets : « Ça suffit, non ? Vous vous êtes bien promené en auto, alors maintenant retournez chez vous, s'il vous plaît, et là-bas servez-vous de vos deux jambes. Assez de se la couler douce. »

Afin d'éviter que la tsarine ne continue à faire confiance à Barnabé, Notre Ami, qui gratifiait chacun d'un sobriquet, surnomma l'évêque de Tobolsk « le rat à bourse ». « À cause d'une certaine duplicité », expliquerait Vyroubova.

La tsarine-patriarche

En août 1915, la tsarine décida de prendre le contrôle du Synode. Pour cela, il fallait démettre le haut-procureur Samarine, le favori d'Ella et de la clique moscovite. Depuis Pokrovskoïé, Raspoutine se fit un plaisir de participer à l'opération. Il savait parfaitement comment s'y prendre. Le schéma était toujours le même : attirer Samarine dans une affaire scandaleuse, l'obliger à attaquer Raspoutine et les « nôtres », et forcer le tsar à prendre une décision.

Le moujik allait maintenant fréquemment à Tobolsk pour y rencontrer Barnabé. Là, dans la vaste cellule que l'évêque occupait dans le monastère, s'élabora la manœuvre susceptible de soulever un tollé au Synode. Le prétexte était trouvé.

Au monastère de Tobolsk, était enterré le métropolite de Sibérie, Johann Maximovitch, mort deux cents ans plus tôt. À l'occasion du bicentenaire de sa disparition, le Synode s'apprêtait à canoniser Johann. Raspoutine s'entendit avec Barnabé pour ne pas attendre. L'évêque procéderait lui-même à la glorification solennelle des reliques de Johann avant la canonisation officielle. C'était un défi direct lancé au Synode. On imagine aisément la fureur de Samarine. Mais avant tout, il fallait impliquer Nicolas dans l'affaire. Barnabé envoya donc un télégramme à Petrograd. Déposition de Vyroubova : « Barnabé a adressé un télégramme au souverain sollicitant l'autorisation de chanter les louanges de Johann. Le souverain lui a répondu par télégramme : “Il est possible de chanter les louanges, mais pas d’ouvrir les reliques.” » Faisant mine de n’avoir pas compris le message du tsar, Barnabé fit l’un et l’autre. Samarine convoqua immédiatement Barnabé dans la capitale, prêt à punir l’évêque rebelle. Par la même occasion, il essaya de connaître le rôle joué par Raspoutine dans toute cette histoire. Commença alors une bataille, dont l’issue était décidée d’avance.

Alix écrivit immédiatement à son mari : « 29 août 1915... Samarine a l’intention de se défaire de lui [l’évêque Barnabé] parce que nous l’aimons et qu’il est bon envers Grigori. Nous devons écarter Samarine, et le plus vite sera le mieux, car il ne se calmera pas tant qu’il ne nous aura pas entraînés, moi et Notre Ami, dans une sale histoire. C’est absolument répugnant. » Désormais, elle inonderait Nikki de lettres, jusqu’à ce qu’il démette l’odieux Samarine.

Entre-temps, convoqué par le Synode, Barnabé était arrivé à Petrograd. « 7 septembre 1915... Samarine désire que Barnabé aille te voir pour te dire toute la vérité sur Grigori... Tu vois maintenant qu’il ne fait que persécuter Notre Ami. Cela est dirigé contre nous », affirmait Alix dans un télégramme au tsar. « 9 septembre 1915... Aujourd’hui, j’ai vu le malheureux Barnabé. Mon chéri, la façon dont S. [Samarine] s’est conduit avec lui est abominable... Cet interrogatoire est proprement inouï, et sa façon de parler de Grigori est repoussante. Il l’a qualifié des termes les plus affreux... Comme ses paroles sont criminelles concernant la célébration... [Il dit que] tu n’as pas le droit de permettre une telle chose, à quoi B. [Barnabé] a répondu fort à propos que tu étais le principal protecteur de l’Église, et S. [Samarine] a eu l’impertinence de répliquer que tu étais son serviteur. »

C’en était trop.

Victoire, victoire !

Le 26 septembre 1915, Samarine fut démis de sa fonction de haut-procureur. Le même jour, à la fin du rapport qu’il venait de lui présenter, le souverain annonça au prince Chtcherbatov qu’il n’était plus ministre de l’Intérieur. Le même jour, enfin, Khvostov recevait le portefeuille de l’Intérieur. Le 28 septembre, Beletski était nommé chef du Département de la Police et adjoint du nouveau ministre. Alexandre Volgine était nommé haut-procureur en remplacement de Samarine. Sybarite et paresseux, ce seigneur issu d'une famille de la vieille noblesse était apparu à Alix comme peu susceptible d'avoir des opinions personnelles. Mais, surtout, il était un parent éloigné de Khvostov, ce qui, pour la tsarine, était un gage de sa fidélité future. Quand elle croyait en quelqu'un, elle le faisait sans réserve.

La révolution de palais avait donc eu lieu. Le ministère de l'Intérieur — le plus important —, la police secrète et l'Église étaient passés sous le contrôle des « nôtres ». C'était une victoire. La victoire d'Alix.

Il restait moins de dix-huit mois avant la révolution de février 1917.

Raspoutine quitta Pokrovskoïé. Le 28 septembre, les agents rapportèrent : « Grigori Efimovitch Raspoutine est arrivé à Petrograd. » Il était devenu un autre homme. Tous ceux qui le virent à cette époque le notèrent. La chanteuse Belling le décrirait ainsi : « Quand Raspoutine entra dans le salon... je poussai un cri d'étonnement. Quel port impérial... que de noblesse dans ses révérences et que de délicatesse dans sa façon de serrer les mains — un homme entièrement nouveau. » Le moujik était devenu imbu de sa personne. N'avait-il pas eu raison du commandant suprême lui-même ? Et de tous les ennemis éliminés par « maman » ? Tous reconnaissaient sa puissance. De plus, son fils avait reçu l'assurance d'être affecté à l'infirmerie de la tsarine et non au front. Il avait gagné sur toute la ligne.

Le Dossier. Déposition de Moltchanov : « Il était d'humeur extraordinairement joyeuse du fait que le grand-duc avait été écarté, et que Samarine et Chtcherbatov avaient été démis pour être remplacés par Khvostov, dont Raspoutine disait que c'était un homme bien et proche de lui. »

Le projet des « gens bien »

Raspoutine ignorait, alors qu'il était sur le chemin du retour, que l'homme « bien et proche de lui » était déjà en train d'échafauder un plan avec d'autres « gens bien », dont l'objectif était de faire de lui une docile marionnette.

Déposition de Beletski : « Sitôt après la publication du

décret annonçant la nomination de Khvostov puis la mienne, nous avons été informés du départ de Raspoutine de Pokrovskoïé... Et, entre Andronikov, Khvostov et moi, a été élaboré un plan portant sur mes relations avec Raspoutine. » À cela près qu'aucun des participants à l'élaboration dudit « plan » ne comprenait quoi que ce fût au moujik et à sa situation. Ainsi que Beletski le reconnaîtrait en 1917 durant son interrogatoire, ils n'avaient pas su appréhender « les dimensions réelles de cette personnalité colossale ». Tant pour les deux bureaucrates que pour cet individu superficiel qu'était Andronikov, Raspoutine restait un moujik à demi illettré, un pittoresque bouffon auquel le couple impérial était lié par la maladie de leur fils. Aussi, lors de leur conciliabule, les trois hommes avaient-ils tout bonnement décidé d'utiliser l'obscur moujik au profit de leurs vastes projets. Le plan était simple : commencer par donner de l'argent à Raspoutine pour ses beuveries et, par ce moyen, faire de lui un agent à leur solde. Et, par son intermédiaire, orienter Tsarskoïé Sélo dans le sens qu'ils souhaitaient. En même temps, chacun, à l'insu des deux autres, poursuivait des objectifs personnels qu'il espérait atteindre grâce à Raspoutine. Objectifs qui, après leur brouille, allaient causer leur perte. Cela, faute d'avoir compris qu'ils n'avaient pas affaire, comme ils le croyaient, à un obscur paysan mais à l'*alter ego* de l'impératrice de Russie.

Les messieurs humiliés

Dès le lendemain de l'arrivée à Pétersbourg de Raspoutine, « un dîner fut organisé chez Andronikov, et notre rencontre eut lieu », se souviendrait Beletski. Et, de même que la chanteuse Belling, ils seraient tous stupéfaits. « Non seulement moi qui, à cette époque, ne l'avais pas encore bien étudié, ou Khvostov, qui ne l'avait pas vu depuis un long moment, mais aussi Andronikov et Tchervinskaïa étions ébahis du changement qui s'était opéré en lui : il montrait plus d'aplomb et d'assurance. Dès ses premières paroles, Raspoutine nous a fait comprendre qu'il était quelque peu mécontent que notre nomination ait eu lieu en son absence, ce qu'il a fait tout particulièrement remarquer au prince, le considérant comme fautif. »

Ils ne comprirent pas tout de suite que le moujik se

payait leur tête. Nous avons vu les lettres de la tsarine. Raspoutine était resté en permanence au courant des manœuvres qui avaient abouti à la nomination de Beletski et de Khvostov. Simplement, il se jouait d'eux, ravi d'obliger ces orgueilleux bureaucrates à s'abaisser devant lui.

Et ils commencèrent à se justifier. Selon Beletski, Andronikov « a su assez habilement faire face au reproche... en exprimant... sa gratitude pour le soutien apporté à notre nomination ; il a laissé entendre à Raspoutine que... nous l'appréciions particulièrement et que ses conseils et son soutien au Palais nous mettraient immédiatement sur la bonne voie et nous garderaient des erreurs ».

Sur quoi le prince « proposa de passer à table, et se mit à le servir avec empressement en faisant montre à son égard d'une attention ct d'un respect tout particulier ». L'intelligent moujik avait dû bien rire de ces nobles messieurs. Ainsi, d'entrée, il les avait remis à leur place. Mais il n'avait pas fini. Pendant le repas, ainsi que le raconte Beletski, ils furent étonnés d'apprendre que Raspoutine était au courant de leurs nominations et « qu'il n'avait rien contre ». Et, à peine les avait-il rassurés, à peine les avait-il félicités en leur souhaitant plein succès, qu'il avait commencé à attaquer Khvostov sur son attitude lorsqu'il était venu le voir à Nijni Novgorod, lui reprochant de ne même pas lui avoir donné à manger, alors qu'à l'époque, lui, Raspoutine, n'avait que trois roubles en poche.

L'occasion de rabaisser l'orgueilleux Khvostov lui était donnée, il n'allait pas s'en priver ! « Khvostov a répondu qu'il ne savait pas... et que Raspoutine aurait dû lui parler franchement de ses difficultés matérielles d'alors, et que, bien sûr, cela ne se reproduirait plus... Et il a ajouté que, désormais, Raspoutine pouvait être tranquille quant à sa sécurité. » À ce récit de Beletski, Manassevitch-Manouïlov, dans sa déposition, ajouterait ce piquant détail : quand on avait servi la soupe de poisson, Khvostov avait dit à Raspoutine « qu'il ne mangerait pas tant qu'il n'aurait pas donné sa bénédiction, et, après qu'il l'eut donnée, Khvostov lui baisa la main ».

Puis ce fut au tour de Beletski d'être humilié. « Raspoutine m'a reproché de l'avoir espionné par le passé et m'a déclaré que c'était le tsar lui-même qui le lui avait dit ». Aussitôt, le directeur du Département de la Police se justifia pitoyablement en rappelant que, grâce à lui, il n'y avait pas eu de nouvel attentat contre Raspoutine, parce que, dit-il, « je surveillais Iliodore, lequel avait organisé l'attentat du temps du général Djounkovski ». Beletski était persuadé d'avoir « habilement détourné » l'attention de Raspoutine sur Djounkovski.

En réalité, en soufflant ainsi le chaud et le froid, le moujik les avait brisés. Désormais, ils étaient à sa botte, il pouvait se montrer dans de bonnes dispositions à leur égard. D'où son attaque contre Djounkovski. « Se rappelant l'outrage que lui avait infligé Djounkovski à propos de sa conduite à Moscou [allusion au scandale du *Yar*]... il termina par ces paroles pleines de courroux : "Je ne lui pardonnerai jamais." » Puis il porta ses attaques contre Samarine, obligeant les deux bureaucrates à trahir « le meilleur » d'entre eux.

« Aucun de nous ne prit la défense de Samarine, au contraire », se rappelait tristement Beletski. Puis vient la scène finale. Andronikov « fit venir Raspoutine dans son bureau » et lui donna mille cinq cents roubles. Comme ils étaient naïfs ! Vouloir l'acheter pour mille cinq cents malheureux roubles, lui par qui en passaient des centaines de milliers ! Il les avait bien eus une fois de plus en montrant « une évidente satisfaction ». Puis ce fut au tour de Khvostov et de Beletski de présenter leurs offrandes. « Nous avions décidé d'agir à l'insu du prince... Restés seuls, nous lui avons remis personnellement trois mille roubles dans une enveloppe pour sa bienveillance à notre égard. Il a froissé l'enveloppe, l'a fourrée dans sa poche, puis est parti après avoir embrassé tout le monde. » En froissant ostensiblement l'enveloppe, il avait voulu montrer que, pour lui, trois mille roubles étaient une vétille. En 1917, ayant enfin tout compris, Beletski, plein d'amertume, dirait dans sa déposition : « Ignorant les particularités de sa nature, nous voulions obtenir sa confiance grâce à des aumônes. » Mais, sur le moment, ils avaient cru avoir acheté le moujik.

Puis le moujik continua son entreprise de dressage. Il savait que Khvostov et Beletski avaient caché non seulement à la Douma et à leurs amis mais aussi à leurs femmes le fait qu'ils le connaissaient. Il se faisait donc un plaisir de submerger les deux hommes de coups de téléphone à leur domicile. Il leur transmettait les requêtes de ses protégés et réclamait leur aide. Et quand, n'en pouvant plus, le ministre ou son adjoint cessaient de répondre eux-mêmes au téléphone, Raspoutine n'hésitait pas à exposer ses requêtes à leurs épouses. Et il ne se contentait pas de paroles. Beletski se souvenait que Raspoutine avait adressé à sa femme d'abord « une dame venue demander qu'on lui trouve un emploi, puis, deux jours plus tard, quatre sœurs de la charité arrivées de province avec des requêtes ». Très vite, l'épouse de Beletski « exigea qu'on lui épargne les quémandeuses munies de lettres de Raspoutine ainsi que les discussions téléphoniques avec lui ». Et Khvostov et Beletski prièrent humblement Andronikov de se charger des rapports quotidiens avec l'encombrant moujik. « Afin de préserver notre position et notre vie privée. » Andronikov accepta.

Le prince devait maintenant « transmettre... les requêtes venant de Raspoutine et recevoir les solliciteurs envoyés par lui ». En outre, « il fut proposé d'affecter un homme de confiance à l'appartement de Raspoutine, afin de connaître les détails de sa vie privée et, peu à peu, d'écarter de lui les éléments indésirables ».

Le premier « homme de confiance » — autrement dit l'indicateur de Khvostov et Beletski — fut une femme, Tchervinskaïa, une amie d'Andronikov. « Après avoir dévoilé notre plan à madame Tchervinskaïa et obtenu son accord, Khvostov et moi-même avons acquis la conviction... que Raspoutine était effectivement très proche d'elle... qu'il appréciait ses conseils et tenait compte de son opinion... raison pour laquelle Vyroubova était bien disposée à son égard. » Pas plus que Raspoutine, ils ne comprenaient Vyroubova. Cette femme extrêmement intelligente avait, elle, immédiatement tout compris.

Déposition de Vyroubova. « Tchervinskaïa n'est venue chez moi qu'une seule fois. Elle m'a laissé une impression étrange et désagréable, comme si elle était venue pour me soutirer quelque chose. » Vyroubova ne la reçut plus jamais.

Khvostov et Beletski expliquèrent alors à Raspoutine que leurs épouses étaient malades et qu'il était dont impossible de les recevoir chez eux, lui et ses solliciteurs. Qu'il les envoie donc tous chez Andronikov et qu'il considère la maison de ce dernier comme la sienne. Désormais, ils invitaient le moujik à dîner chez le prince « afin d'avoir la possibilité d'influer sans vergogne sur Raspoutine ». Alors qu'ils étaient censés tout savoir, ces deux hommes, qui se trouvaient à la tête du ministère le plus important du pays et à celle de la police secrète, ignoraient l'essentiel. L'individu qu'ils essayaient si pitoyablement d'acheter et qu'ils avaient si dangereusement humilié était membre du cabinet secret, qui, à cette époque, dirigeait réellement le pays, eux y compris.

Gouvernement de dames

Le Dossier. Déposition de Mollov, vice-ministre de l'Intérieur : « Deux jours après l'éviction de Chtcherbatov et la nomination de Khvostov, Raspoutine est arrivé à Petrograd et, comme j'en ai été informé par le colonel Globatchov, il a commencé à aller quotidiennement en voiture à Tsarskoïé Sélo. » Pendant toute cette période, le moujik rendait régulièrement visite à la tsarine et à l'Amie. À Tsarskoïé, Raspoutine avait repris ses anciennes fonctions, notamment celle de médecin en chef de la famille. Ainsi, le 1er novembre, Alix écrivait à son mari : « Notre Ami est actuellement auprès d'elle [Vyroubova], et sans doute irons-nous là-bas dans la soirée. Il la met au désespoir en lui disant qu'elle ne remarchera plus jamais normalement. » Et le lendemain : « Je me fais du souci pour la main de *Baby*, aussi j'ai demandé à Notre Ami d'y penser. » Mais cela n'était pas le principal souci du moujik, ni l'objet de leurs réunions quotidiennes. Après la destitution des anciens ministres, le nouveau « cabinet des trois » — le moujik, Ania, et la tsarine dans le rôle de Premier ministre — était en pleine ébullition.

Durant toute l'année qui précéda la révolution, Alix brûla d'une incroyable énergie. Exactement comme Marie-Antoinette à la veille de la Révolution, en pleine guerre entre la France et l'Autriche, alors qu'elle était appelée « l'Autrichienne » et suspectée d'être à la solde de l'ennemi. Alix, fille d'un prince allemand, était nommée « l'Allemande » et pareillement accusée d'être une espionne.

Voilà pourquoi elle tenait tant à se rendre à la Stavka avec ses filles. Certes, elle avait envie de voir son mari et son fils, mais elle voulait aussi se montrer aux troupes afin de faire taire l'odieuse rumeur. Et Notre Ami reprit sa principale activité qui consistait à demander ce qu'elle désirait. Le 9 octobre 1915, elle écrivait au tsar : « Depuis l'année dernière, Notre Ami ne cesse de me dire que je dois visiter les troupes, car cela leur apportera de la joie... Nous arrivons le 15 au matin. Quel bonheur de vous voir tous les deux ! » Le jour dit, elle se montra donc aux soldats, puis, forte des manifestations de ferveur populaire qu'elle venait de recevoir, elle rentra gouverner à Tsarskoïé Sélo. Elle restait très attentive au fait que le gouvernement rénové par ses soins n'intègre que des ministres appartenant aux « nôtres ». Et quand Nikki nomma Alexandre Fiodorovitch Trepov ministre des Transports, un homme que Notre Ami ne connaissait même pas, elle en fut furieuse comme le montre sa lettre du 1er novembre : « Il ne connaît pas Trepov. Beaucoup [comprenez elle-même et Ania] lui sont défavorables car c'est un homme faible et dénué d'énergie... Notre Ami est très contrarié de cette nomination... et il est triste que tu ne lui aies pas demandé conseil. Je regrette aussi cette nomination... ce n'est pas un homme sympathique — je le connais assez bien. »

Même maintenant que l'Oncle Redoutable n'était plus là, elle redoutait de voir le tsar trop longtemps loin d'elle. Depuis qu'il avait commencé à prendre l'héritier avec lui, à la Stavka, la solitude et le désir de rentrer à la maison lui pesaient moins. Et, brusquement, elle commença à exprimer son inquiétude de voir la scolarité de son fils interrompue par ces voyages. Alors, très vite, Notre Ami cessa d'approuver les séjours de l'enfant à la Stavka. Ainsi avait-elle raison lorsqu'elle écrivait à Nikki : « Il faut toujours suivre Ses prescriptions — elles ont un sens profond. »

Le souverain des brouillards

Toutefois, Notre Ami ne se contentait pas de soigner et de préconiser de nouveaux ministres. Il devait prévenir les crises de nerfs de la tsarine. Et préserver la bonne entente entre cette dernière et l'Amie. Quand Alix et les filles étaient parties pour la Stavka, Ania, naturellement, avait voulu les accompagner. Mais Alix n'avait plus les forces de reprendre la petite guerre d'antan. D'où, le 6 octobre, son courrier excédé au tsar : « Je t'envoie une grosse lettre de la vache. Cet être débordant d'amour ne pouvait plus attendre, elle devait déverser son amour sous peine d'éclater. » Or le père Grigori, à qui rien n'échappait, voulait éviter tout frottement à l'intérieur du « cabinet ». Aussitôt, il avait demandé à Ania de rester. « 10 novembre... A. [Ania] est très peinée qu'Il ne veuille pas la laisser partir... Il pense nécessaire qu'elle reste ici pour suivre la marche des affaires. »

Mais la prétendue peine d'Ania faisait partie du jeu. Ania avait obtenu l'essentiel. Son rêve s'était réalisé : elle était devenue membre plénipotentiaire du « cabinet fantôme » qui gouvernait la Russie. Elle avait pris son rôle tellement au sérieux que l'autoritaire Alix devait de temps à autre la remettre à sa place. « 3 novembre 1915... Khvostov et Beletski dînent chez A. [Ania] — à mon avis à tort. Il semble qu'elle veuille jouer un rôle politique. Elle est tellement fière et sûre d'elle, et pas suffisamment prudente... et Notre Ami souhaite qu'elle vive exclusivement pour nous », écrivait Alix au tsar.

Et, toujours perspicace, Notre Ami exprima de nouveau le même désir que la tsarine.

Dans son ouvrage *Le Règne de l'empereur Nicolas II*, l'historien S. Oldenburg a consciencieusement établi le nombre de fois que le tsar avait agi en opposition à Raspoutine. Ce fut au mépris de l'avis de Grigori qu'en 1915 le tsar se rendit en Galicie, qu'il convoqua la Douma en avril et ne la convoqua pas en novembre ; qu'en 1916 il ne mit pas fin à l'offensive en direction de Kovel et refusa de nommer Tatichtchev ministre des Finances, Valouev ministre des Transports et le général Ivanov ministre de la Guerre. Lors de son interrogatoire le juge de la Commission demanda à Lokhtina d'essayer de se rappeler les cas où, à Tsarskoïé Sélo, l'avis du père Grigori n'avait pas été suivi.

Le Dossier. Déposition de Lokhtina : « La dernière fois, je n'ai pas pu me rappeler à quelle occasion l'avis du père Grigori n'avait pas été suivi à Tsarskoïé Sélo... mais maintenant ça me revient. On n'a pas écouté le père Grigori à propos du comte Ignatiev [le ministre de l'Éducation], qu'on a écarté en dépit des indications du père Grigori. » Voilà en tout et pour tout ce dont elle avait pu se souvenir.

Dans un très grand nombre de cas, le tsar devait agir conformément aux prédictions de Raspoutine ou plutôt à ses « instructions » comme disait la tsarine. À ceci près que, dans la plupart des cas, il s'agissait des instructions de la tsarine et non de celles du starets. Et cela, le tsar le savait parfaitement. Ce qui ne veut pas dire qu'elle simulait. Non, elle croyait vraiment que Raspoutine était en relation avec le ciel. Et c'est pourquoi, répétons-le, elle était tellement heureuse que ses désirs correspondent aux prescriptions du père Grigori. Même si, pour le bien de la cause, il lui arrivait parfois de signifier au tsar ses volontés personnelles en les attribuant abusivement à Notre Ami.

En revanche, dans les domaines où elle n'y entendait pas grand-chose, le moujik était totalement indépendant. Dans ces cas-là, elle attendait vraiment de lui des décisions inspirées par Dieu. Avant tout, cela concernait la guerre. Là, l'aide de Notre Ami était universelle. « 22 décembre 1915... Notre Ami ne cesse de prier et pense à la guerre. Il demande à ce qu'on L'informe dès qu'il se passe quelque chose de particulier. Elle [Ania] Lui a parlé du brouillard, et Il a critiqué le fait qu'on ne lui en ait pas parlé immédiatement. Il dit que les brouillards ne nous seront plus gênants. »

Toutefois le maître des brouillards se devait non seulement de prier sans cesse mais aussi d'exprimer des idées stratégiques.

Un espion inconscient ?

Pendant ce temps, l'inquiétude gagnait l'armée. D'évidence, les agents allemands faisaient courir des bruits concernant le moujik aviné à qui la tsarine, cette Allemande, cette dépravée, dévoilait les secrets militaires, que ledit moujik et les pourris qui l'entouraient vendaient ensuite aux espions ennemis. Ces rumeurs contribuaient à démoraliser une armée déjà très éprouvée par les défaites. Cette question de savoir si la tsarine transmettait des secrets militaires au moujik tourmentait et fascinait l'opposition au sein de la cour. On ne se contentait pas d'espionner ouvertement Alix — comme le faisait la princesse Vassiltchikova —, on se mit à lui voler des lettres, ce qui était impossible sans complicité à l'intérieur du Palais. Le 20 septembre 1915, elle informait le tsar du fait que Beletski « est certain que la longue lettre que j'adressais à A. [Ania] et qui a été égarée... se trouve entre les mains de O. [Orlov] ».

Le prince Vladimir Orlov (le « gros Orlov »), un lieutenant-général, dirigeait la chancellerie impériale de campagne. Concernant cette lettre disparue, rien ne put être confirmé. Toutefois, après la nomination de Nicolas Nicolaievitch au poste de gouverneur général du Caucase, Orlov demanda la permission de rejoindre l'Oncle Redoutable.

Même parmi les gens qui n'appartenaient pas à l'opposition, nombreux étaient ceux qui considéraient Raspoutine comme un « espion inconscient », capable de dévoiler des secrets militaires aux arrivistes de son entourage. À ce point, une question s'impose : Raspoutine avait-il connaissance des opérations militaires en préparation ? « Non, répond catégoriquement Vyroubova. Dans le cabinet de travail du souverain se trouvait une carte secrète, et ce cabinet était toujours fermé à clé. Même les enfants n'étaient pas autorisés à entrer dans ce cabinet. Le souverain n'évoquait jamais les questions militaires en famille. »

Mais Vyroubova savait parfaitement que, même sans cette fameuse carte, Notre Ami connaissait tous ces secrets. Elle savait aussi qui les lui communiquait.

Extraits de lettres d'Alix : « 3 novembre 1915... Il [Khvostov] m'a apporté tes itinéraires secrets... je n'en dirai rien à personne, sinon à Notre Ami, afin qu'il te protège en tout lieu. » « 7 novembre 1915... Mon cher ange, j'ai un millier de questions à te poser concernant tes plans relatifs à R. [la Roumanie]. Notre Ami a très envie de les connaître. » « 8 novembre 1915... Il ne cesse de s'étonner de ce que tu as décidé à la Stavka... il pense que tu devrais y [en Roumanie] avoir beaucoup de troupes afin de ne pas être coupé sur l'arrière. »

En fait, ne comprenant pas grand-chose aux questions militaires, Alix s'en remettait au ciel et à l'homme de Dieu. Le moujik était donc au courant des opérations qui se préparaient et pouvait fort bien être un « espion inconscient ». D'autant que Manassevitch, expert en double jeu, et Rubinstein, bientôt accusé d'espionnage, représentaient un dangereux entourage pour un homme possédant de tels secrets.

Et ces secrets, qui inquiétaient beaucoup de monde, rapprochaient Raspoutine de la mort.

Vision

Notre Ami avait effectivement beaucoup changé. De ses relations avec le Premier ministre Goremykhine, avec Khvostov et les « autres puissants de ce monde », le moujik plein de bon sens ne gardait que mépris. Il pensait qu'il pouvait mieux faire. Mais, maintenant qu'Alix avait pris les rênes, de plus en plus fréquemment, il commença à exprimer son point de vue.

« 4 octobre 1915... Hier nous avons vu Grigori chez Ania... Il m'a demandé de te transmettre que ça ne va pas avec les nouveaux billets, l'homme simple ne peut pas le comprendre. »

Exactement à cette époque, Raspoutine déclara le plus sérieusement du monde à Filippov que, si on l'avait nommé ministre de l'Agriculture, « la Russie aurait croulé sous le millet et le blé ».

Mais, parfois, une force dangereuse et mystérieuse se réveillait soudain en lui. Ses yeux qui roulaient, ses râles, son visage qui se vidait de son sang, tout cela fut maintes fois décrit par les témoins de ses visions, lesquelles étaient parfois réellement surprenantes. Le 10 novembre, Alix dans une lettre à Nikki : « Un autre sujet le tourmente, et il n'a pratiquement pas parlé d'autre chose pendant deux heures. Il s'agit du fait que tu dois ordonner qu'on laisse absolument passer les wagons avec la farine, le beurre et le sucre. Pendant la nuit, il a eu une sorte de vision — toutes les villes, les chemins de fer, etc. Il est difficile de répéter son récit, mais il dit que tout cela est très grave... Il veut que je discute de tout cela avec toi très sérieusement et très rigoureusement... Il propose que, pendant trois jours, seuls circulent des wagons de farine, beurre et sucre. Pour l'heure, c'est même plus indispensable que les munitions et la viande... Pour cela, il faut réduire le trafic passager, supprimer les quatrièmes classes pendant ces quelques jours et, à la place, accrocher les wagons qui amènent la farine et le beurre de Sibérie. Le mécontentement va croître si la situation ne change pas. Les gens vont pousser les hauts cris et te dire que ce n'est pas réalisable... mais c'est une mesure importante et nécessaire. »

Certes, l'intelligent moujik n'avait pas besoin de vision pour savoir que le sol de Galicie et de Pologne était jonché de cadavres russes. Qu'adviendrait-il si au flot de sang s'ajoutait la famine ? La capitale n'était pas habituée aux pénuries alimentaires, et les ventres vides risquaient de précipiter la catastrophe.

D'ailleurs, tout allait se passer comme il l'avait prévu. Ce serait effectivement le manque de denrées alimentaires dans la capitale qui, en février 1917, marquerait le début de la fin pour l'empire des Romanov.

Cependant, malgré l'insistance d'Alix, le tsar ne put mettre en œuvre l'idée du moujik, faute de monde pour organiser une telle opération. Le nouveau ministre de l'Intérieur, à qui revenait cette tâche, avait à cette époque d'autres chats à fouetter.

Le moujik s'amuse

La nouvelle session de la Douma approchait. Comme l'écrivit Beletski, on s'attendait à « de dangereux discours, dans lesquels on risquait de parler à l'infini de l'influence croissante de Raspoutine ». Le moujik apprit alors que, plutôt que de prendre sa défense à la Douma, Beletski et Khvostov avaient eu l'« idée salutaire » d'éloigner de Petrograd celui-là même à qui ils devaient leur poste. Dans son témoignage, Beletski expliquerait que l'idée leur était venue « de concevoir pour Raspoutine un long voyage à travers les monastères, afin qu'il ne soit pas présent dans la capitale au moment de l'ouverture de la Douma ». Et Beletski ajouterait cette phrase étonnante : « De par mon expérience passée, je savais que toute intervention contre Raspoutine à la Douma ne faisait que renforcer son influence étant donné le tempérament particulier des plus augustes personnages. » Ainsi, lui aussi avait-il fini par comprendre.

Redoutant de voir l'influence du moujik se renforcer encore, les deux compères avaient donc décidé de « convaincre les plus hauts personnages du fait que ce voyage à travers les lieux saints [était] non seulement utile dans le but d'apaiser la Douma, mais qu'il [permettrait] de couper court au fausses rumeurs de toutes sortes concernant la vie de Raspoutine et [témoignerait] de ses élans religieux en temps de guerre ».

Pour accompagner le moujik dans sa tournée des monastères, ils firent appel à l'évêque Barnabé, au supérieur du monastère de Tioumen Martemian et à l'archimandrite Augustin. « Je me souviens de l'arrivée à Petrograd de Barnabé, accompagné de l'archimandrite Augustin et du père supérieur Martemian, deux horribles moines... Parfumé et pommadé, Augustin portait un froc de soie (Barnabé l'appelait “mon oiselet”), quant à Martemian, il était deux fois plus gros que l'énorme Khvostov. Ces deux moines... donnaient une impression de totale médiocrité », raconterait Vyroubova.

Afin de mettre les deux moines dans les meilleures dispositions, on alloua à chacun quinze cents roubles provenant d'un fonds secret — une indemnité, en quelque sorte. Martemian, pour sa part, fut gratifié de deux mille roubles supplémentaires. « Nous avions décidé de ne pas lésiner pour ce voyage », *dixit* Beletski. Ainsi avaient-ils soudoyé les trois religieux pour qu'ils acceptent d'accompagner Raspoutine.

Les deux fonctionnaires ne comprenaient pas que, pour les deux moines, la bienveillance du père Grigori était autrement plus importante que l'argent. Et, naturellement, ils racontèrent tout à Notre Ami. Après avoir sans doute bien ri, ce dernier conseilla aux moines de prendre l'argent de la police. Lui-même décida de tirer profit de la situation, en faisant mine d'être d'accord pour partir. À la condition toutefois que Khvostov démette sans délai de ses fonctions son ennemi de Tobolsk, le gouverneur Stankevitch. Déposition de Khvostov : « J'ai donné mon accord et reçu l'accord du souverain. En même temps, le souverain a précisé : « “Pour Tobolsk, j'ai d'ores et déjà un candidat, mon excellent ami...” Alors, soulevant son buvard, il tira une liste écrite de la main de l'impératrice, sur laquelle était noté “Ordovski-Taneevski”. C'est seulement après que j'ai appris qu'il s'agissait d'une candidature proposée par Raspoutine. » Ce qui était en effet le cas. « Notre Ami souhaite Ordovski [comme gouverneur de Tobolsk]. Il est actuellement président de la chambre des Finances de Perm », écrivait Alix à son mari le 24 août 1915, quelques mois plus tôt. Ainsi, sans le savoir, Khvostov exécutait la volonté de Raspoutine.

Puis, juste avant le départ, eut lieu un dîner solennel. Au cours du repas, Raspoutine continua de jouer les idiots en leur faisant le coup des souvenirs émouvants. « Raspoutine raconta ses précédents pèlerinages, alors que personne ne le connaissait encore... son voyage à Jérusalem... et comment il avait dû graisser la patte au gardien pour assister à l'office de Pâques », raconterait Beletski. Après le repas, Martemian demanda qu'on lui donne des réserves de madère, car « Raspoutine buvait de façon immodérée ». On mit à sa disposition « le madère provenant des réserves du Département de la Police ». Puis Raspoutine ne parla plus du voyage ! On imagine avec quelle joie le moujik et ses amis les moines burent le vin des policiers. Ce fut alors seulement que Beletski comprit que Raspoutine s'était tout simplement payé leur tête.

Et comment ! Pourquoi un membre du cabinet de la tsarine aurait-il quitté la capitale ? Toutefois, Raspoutine ne pardonna jamais aux deux hommes leur duplicité. Non content de se moquer de « la Queue » et de « Gros Bide » (comme il appelait maintenant le ministre), Raspoutine oublia leur demande de faire passer les requêtes par Andronikov et recommença à harceler Khvostov. Il lui adressait des dizaines de gens, chez lui et au ministère. Cette fois, ce fut la femme de Khvostov qui se rebella. De son côté, Beletski était pareillement assailli par les visiteurs envoyés par Raspoutine. Le moujik se déchaînait. Il fallait faire quelque chose rapidement. Sans compter que le prince Andronikov commençait lui aussi à poser problème aux deux fonctionnaires. Non seulement l'insolent prince ne maîtrisait pas le starets, mais encore venait-il les voir avec les requêtes de ses propres solliciteurs. Et, pour couronner le tout, il essayait sans cesse d'entraîner Khvostov et Beletski dans de sombres intrigues. Il les obligea notamment à intervenir pour qu'il puisse garder son appartement, endroit où avaient lieu ses rencontres avec Raspoutine. À cette époque, Petrograd voyait des foules de réfugiés arriver des territoires perdus par la Russie, et nombreux étaient ceux qui cherchaient à se loger. Or la princesse Tolstoï, propriétaire de l'immeuble où habitait Andronikov, avait demandé au prince de libérer l'appartement qu'elle lui louait, les fréquentes visites de Raspoutine lui déplaisant au plus haut point. Andronikov appela Khvostov à l'aide. Et, si ahurissant que cela puisse paraître, afin de permettre à Andronikov de continuer à recevoir Raspoutine dans ce lieu, Khvostov fit passer une nouvelle loi protégeant les locataires en temps de guerre. Le prince pouvait garder son logis. Mais la princesse Tolstoï traîna le prince en justice et finit par obtenir gain de cause. La haine du tribunal envers Raspoutine avait triomphé de la nouvelle législation.

La fin du triumvirat

Khvostov et Beletski décidèrent de se débarrasser de l'assommant prince. Expert en provocation, Beletski prit l'affaire en main. Les deux compères savaient qu'Andronikov était en permanence à court d'argent et qu'il en coûtait très cher à ceux qui, par son intermédiaire, désiraient s'assurer la protection de Raspoutine. Ils savaient aussi que le prince dissimulait au moujik une partie des sommes qui auraient dû lui revenir. Beletski en informa Raspoutine. À l'occasion d'un dîner chez Andronikov, comme souvent autour d'une soupe de poisson, le moujik, l'air sombre, se retira dans le bureau avec le prince, et, pour la plus grande joie des deux fonctionnaires présents, commença à le tancer « sans mâcher ses mots ».

Parallèlement, Khvostov et Beletski avaient fait savoir à Vyroubova qu'elle devait tenir compte de « certaines particularités » du prince et le rencontrer moins souvent. Vyroubova avait donc commencé à recevoir moins souvent Andronikov. Nerveux, le prince lui apportait des bonbons achetés chez les meilleurs confiseurs, des fruits et des fleurs — des raretés à cette époque, à Petrograd. Mais « elle lui demanda de ne plus rien lui apporter à l'avenir, car cela lui était désagréable ».

Puis le coup fatal fut porté au prince. Par ses agents du Département de la Police, Beletski apprit qu'Andronikov, qui n'était pas à une bassesse près, avait envoyé à l'impératrice mère la photographie prise par Kristinine en 1914 et représentant « Raspoutine et ses admiratrices ». Nous nous souvenons que Vyroubova y figurait. Informée par Beletski, l'Amie entra dans une fureur noire et demanda au prince de s'expliquer. Celui-ci se justifia en avançant qu'il avait envoyé cette photo « mu par les meilleures intentions à l'égard de Raspoutine, afin que Maria Fiodorovna puisse juger combien respectables étaient les gens entourant le starets ».

Andronikov se vit chasser de la maison d'Ania. Et Raspoutine proposa que « les rencontres aient lieu ailleurs que chez le prince ».

Ainsi Khvostov et Beletski avaient sorti Andronikov du jeu. Désormais, il ne restait qu'eux deux.

Monsieur le colonel

Les compères décidèrent de remplacer Andronikov par quelqu'un de plus fiable. Un homme qui se chargerait du sale travail, consistant à les décharger des requêtes de Raspoutine et, plus important, à obtenir de celui-ci le maximum d'informations.

Âgé de trente-six ans, le colonel Mikhaïl Komissarov travaillait depuis douze ans déjà dans les services spéciaux. Ainsi que nous l'avons vu, il avait été impliqué dans le scandale des tracts appelant aux pogromes, imprimés par le Département de la Police. En dépit de la colère de Witte, le Premier ministre d'alors, quelqu'un avait manifestement apprécié le zèle de Komissarov. Ce dernier avait en effet successivement dirigé le département secret chargé de la surveillance des ambassades étrangères et des agents militaires, puis la gendarmerie de Varsovie. Varsovie tombée aux mains des Allemands, Komissarov s'était retrouvé au chômage et avait reparu dans la capitale. Ce fut à ce moment-là que Beletski proposa à Khvostov de l'affecter à la surveillance de Raspoutine. Khvostov accepta. Il ignorait que le colonel Komissarov et Beletski n'étaient pas seulement liés par des relations professionnelles, mais aussi par une étroite amitié. Khvostov n'avait pas compris que Beletski venait de placer un homme à lui auprès de Raspoutine. Car, à cette époque, les projets des deux compères avaient commencé à diverger. Contrairement à son fanfaron de ministre, l'intelligent Beletski avait fini par apprécier Raspoutine à sa juste valeur. Ayant compris que s'opposer au moujik signifierait sa perte, il avait entrepris une démarche digne d'un chef de la police secrète. Il avait apparemment décidé de briser Khvostov en le poussant au conflit avec le starets. Et de libérer par la même occasion la place tant convoitée de ministre.

12

La bataille des intrigants

Agents, agents, agents...

Convoqué par la Commission extraordinaire en 1917, Mikhaïl Komissarov raconta le déroulement de l'intrigue. Le colonel avait été affecté à Raspoutine à la fois comme domestique, comme garde et comme informateur. On l'avait autorisé à ne pas porter l'uniforme, qu'il ne voulait pas déshonorer. Le colonel était donc en civil, ce qui ménageait sa fierté d'officier. De plus, Khvostov s'était montré généreux en mettant à sa disposition une voiture avec chauffeur ainsi qu'une équipe de cinq agents expérimentés. Ainsi avait débuté sa mission de surveillance.

Parallèlement, l'ancienne équipe — les agents du général Globatchov, de la police secrète de Petrograd — était toujours en place, avec un homme posté sur le palier, deux autres qui restaient en bas et, à l'extérieur, d'autres encore ainsi qu'une voiture de police. Raspoutine ne laissait pas les agents de la police secrète entrer chez lui et, comme précédemment, il s'amusait à les semer, qu'il fût en automobile où en voiture attelée. En revanche, le moujik adopta une tout autre attitude envers Komissarov et ses agents. Intuitif, il avait compris que Beletski était de son côté. Que Beletski était prêt à le servir. Sans compter que Raspoutine connaissait déjà Komissarov.

Dans le Dossier, Komissarov déclarerait avoir « fait la connaissance de Raspoutine chez Badmaev », que le brave colonel allait voir « en tant que patient ». Monsieur le colonel ne tarda pas à sympathiser avec les filles de Raspoutine, ainsi qu'avec Laptinskaïa. Ces dernières étaient flattées de l'attention que leur portait cet imposant monsieur de haut rang qui était pratiquement au service de Grigori Efimovitch. « Notre colonel », comme elles l'appelaient souvent, devint un familier de la maison.

C'était à juste titre que Beletski avait pu expliquer à Vyroubova et à la tsarine que Komissarov saurait assurer l'entière sécurité de Raspoutine. Komissarov élabora tout un système qui ne pouvait sans doute être comparé qu'à celui dont bénéficiait la famille impériale. Le colonel recruta les concierges et portiers de la maison de la rue Gorokhovaïa. Et, outre le chauffeur spécial qui restait dans la voiture, il posta des agents déguisés en cochers devant la maison. Tous les proches de Raspoutine furent rapidement identifiés et, sur chacun d'eux, une fiche de renseignements fut établie. Son courrier était en même temps « soumis à une perlustration ».

La difficile mission du colonel

« Les détectives qui se trouvaient sous mon commandement me faisaient chaque soir leur rapport sur Raspoutine. Quant à moi, je transmettais par écrit à Khvostov et oralement à Beletski tout ce qui était "intéressant". Je voyais ce dernier aussi bien au bureau que chez lui, où, en tant qu'ami, j'allais assez souvent », témoignerait Komissarov. Dans ces conditions, Khvostov ne recevait sans doute du colonel que les informations que Beletski jugeait nécessaire de lui transmettre. Bientôt, les agents de la police secrète passèrent eux aussi sous le commandement de « notre colonel ». Leur chef, le général Globatchov, reçut l'ordre de ne pas entraver le travail de Komissarov, de lui fournir des informations et de l'assister par tous les moyens. Et, surtout, de ne jamais faire état dans les rapports des visites de Komissarov et de ses agents au domicile de Raspoutine. C'était désormais Komissarov qui, toujours aux mêmes nobles fins, remettait de l'argent à Raspoutine afin qu'il cesse de se faire payer par les solliciteurs et de compromettre les « hautes sphères ». « En cinq mois, je lui ai remis à cinq, six reprises mille ou mille cinq cents roubles sur ordre de Khvostov et de Beletski », rapporta Komissarov. Pour quelqu'un de l'appétit de Raspoutine, ces sommes, importantes pour l'époque, n'étaient qu'une goutte d'eau dans l'océan. Mais Raspoutine prenait l'argent. Il ne refusait jamais rien de personne.

Pour les fêtes, Komissarov, attentionné, faisait des cadeaux à son protégé de la part de Khvostov et de Beletski. « Une fois, j'ai acheté... un coffret avec une théière en argent, une montre en or avec une chaîne, et deux bracelets. » Mais, au grand étonnement du colonel, Raspoutine « prit négligemment ces objets coûteux sans même regarder ce qu'on lui avait envoyé ». Il lui arrivait à lui aussi d'envoyer des cadeaux de remerciement à Khvostov — ou « la Queue » (*khvost*), ou encore « Gros Bide », comme il appelait désormais le ministre, provoquant sa rage impuissante. Ainsi un jour, selon la déposition de Komissarov, il offrit au ministre « une boîte en bois portant l'inscription “Pour la Queue”, que Khvostov, fou de rage, jeta par terre ». Par ailleurs, « il me donnait souvent des lettres à transmettre. Je n'ai aucune idée de ce qu'il écrivait, mais, presque à chaque fois, Khvostov s'emportait et poussait des jurons en les lisant puis les jetait ». Le moujik se moquait donc de lui autant qu'il le pouvait. Cependant, alors même qu'il acceptait l'argent de Beletski et de Khvostov, le père Grigori continuait sans aucun scrupule à se faire payer de ses solliciteurs. « Les agents me rapportaient que... même dans l'escalier, les solliciteurs parlaient ouvertement de la somme qu'il leur faudrait verser à Raspoutine », déclarerait Komissarov.

Les tâches qui étaient assignées à monsieur le colonel par ses deux chefs commencèrent à diverger de plus en plus. Raspoutine continuait à boire. Conformément aux ordres de Beletski, le policier devait veiller à ce que le moujik ne se rendît pas à Tsarskoïé Sélo en état d'ébriété. Khvostov, à l'inverse, lui demandait de veiller à ce qu'il s'y rendît ivre — et montrât ainsi son vrai visage. Mais Komissarov ne tarda pas à réaliser avec stupéfaction qu'en fait cela ne dépendait de personne. « Peu importait à quel point il était soûl. Quand on lui annonçait au téléphone l'arrivée de Vyroubova, il ne mettait que vingt minutes à recouvrer l'état d'un homme parfaitement sobre. Je ne peux pas dire s'il prenait quelque chose ou s'il savait se dominer... Ou encore, quand on prenait le train pour Tsarskoïé Sélo avec un Raspoutine complètement soûl, celui-ci était à l'arrivée tout à fait normal... il savait se dégriser. »

Toutefois, sa principale tâche était d'apprendre du starets ce qui se passait à Tsarskoïé Sélo. « Les conversations avec Vyroubova avaient généralement lieu à dix heures du matin. C'était donc à cette heure-là que Raspoutine revenait d'où qu'il se trouvât pour recevoir le coup de téléphone de Tsarskoïé », selon les explications de Komissarov. Et « notre colonel » arrivait lui aussi à ce moment-là pour faire le plein d'informations provenant du Palais. D'autant qu'à cette heure matinale le moujik n'était pas encore embrumé par l'alcool. Raspoutine lui donnait alors les nouvelles de Tsarskoïé ou, pour être plus exact, lui disait ce qu'il voulait qu'il sache.

Les dîners secrets de la rue d'Italie

Cependant, c'était à l'appartement que Komissarov avait spécialement loué pour leurs rendez-vous clandestins avec Raspoutine que le ministre et le chef du Département de la Police obtenaient les renseignements les plus importants sur ce qui se passait à Tsarskoïé Sélo. L'immeuble existe toujours. « J'ai loué un appartement rue d'Italie. C'était une maison d'angle. L'appartement se trouvait au rez-de-chaussée », se rappellerait Komissarov. L'appartement fut meublé et on y installa un agent et sa famille. La veille des jours où Raspoutine devait venir, l'agent commandait dans un restaurant un fastueux dîner pour plusieurs personnes, puis quittait le mystérieux appartement avec sa famille. Arrivait l'heure du dîner. Naturellement, on servait du poisson, mais aussi « des vins et du champagne en grande quantité ». Pour délier la langue du moujik porté sur la bouteille.

« Une fois ou deux », le colonel fut lui aussi invité comme il en témoignerait dans le Dossier : « Pendant le dîner, Raspoutine rapportait ce que l'on disait à Tsarskoïé Sélo, surtout chez Vyroubova et chez l'impératrice. » Selon le témoignage de Beletski, au début, Raspoutine voussoyait les deux fonctionnaires. « ... Il essayait de mener la conversation dans l'esprit de ses *Méditations*, et prenait garde de ne pas trop boire... Mais que Komissarov lui serve un petit verre et dise : “Grigori, laisse tomber cette divinité, bois plutôt, et parlons en toute simplicité.” À partir de ce moment-là, il ne se gênait plus avec nous, il tutoyait tout le monde... et nous invitait même chez les Tsiganes. » Ainsi Raspoutine continuait-il à se moquer de ces messieurs. Komissarov se plaisait à raconter à ses supérieurs cette saynète humoristique où « Grigori et lui décident des affaires d'État et des remaniements indispensables dans le gouvernement ». Relayées par Khvostov, les anecdotes de ce genre faisaient le tour de Pétersbourg. Mais Beletski, lui, restait en dehors de tout cela. Il ne pouvait apparemment pas s'empêcher de penser que Raspoutine, ce moujik sournois, était tout simplement en train de le berner, comme il le faisait avec Khvostov et Komissarov. D'autant plus que Raspoutine, malgré les efforts de Komissarov, tenait ce dernier résolument à l'écart des questions financières, qui les intéressaient tant, lui et Khvostov.

L'argent de Raspoutine : une énigme

Cette question occupa également au plus haut point la Commission extraordinaire. Voici tout ce que Komissarov fut capable de rapporter à ce sujet : « Raspoutine ne mettait personne dans le secret de ses affaires financières. Il veillait personnellement, et de près, à la sauvegarde de ses intérêts et jamais il ne pardonnait ceux qui avaient essayé de le flouer. Il les démasquait en utilisant des “expressions très particulières” [autrement dit en les agonissant d'injures] ! » Ce n'était pas par simple curiosité que Beletski et Khvostov s'intéressaient à l'argent de Raspoutine. Comme plus tard la Commission extraordinaire, les deux fonctionnaires avaient compris que les sommes absolument faramineuses que le moujik recevait de ses riches solliciteurs ainsi que des banquiers ne pouvaient évidemment pas être uniquement engloutties dans ses beuveries, d'autant qu'il faisait désormais la fête aux frais de ceux à qui il vendait ses services. De toute évidence, les deux hommes avaient des soupçons quant à la destination surprenante et fort inattendue de l'argent du moujik.

« En temps de guerre, tout est différent »

Plus tard, Vyroubova expliquerait en toute bonne foi aux juges qu'elle n'avait jamais reçu un sou de la famille impériale. Cependant, alors qu'elle se remettait tout juste de son accident, l'Amie ouvrit son infirmerie, imitant en cela la tsarine, qui avait son propre train sanitaire. Et elle faisait fonctionner cette infirmerie malgré la hausse des prix, vertigineuse en temps de guerre. Or, selon sa déposition, ses parents ne lui envoyaient que quatre cents roubles par mois. « Avec cet argent, je devais vivre et m'habiller... Il est difficile d'imaginer comment j'ai pu m'en sortir — la datcha de Tsarskoïé me coûtait à elle seule 2 250 roubles par an — avant de recevoir de la compagnie des chemins de fer... les cent mille roubles d'indemnisation. J'en ai dépensé vingt mille pour l'infirmerie. Voilà toutes mes ressources. Et les journaux disaient que j'avais jusqu'à trois millions de roubles ! Je devais, bien sûr, transmettre à la souveraine les demandes que Raspoutine me donnait, mais inutile d'ajouter que jamais je n'ai touché un kopeck pour cela. »

Pourtant, la presse s'obstinait non sans raison à parler de ses millions, sachant qu'en temps de guerre il était impossible d'entretenir une infirmerie avec vingt mille roubles. Vyroubova en était elle-même consciente. Aussi fut-elle contrainte, lors de son interrogatoire, de dévoiler ses autres sources de revenus. « Les gens qui cherchaient à gagner mes faveurs et souhaitaient me faire plaisir apportaient souvent leur petite contribution pour l'infirmerie... Le jour de l'ouverture de mon infirmerie, Beletski et Khvostov m'ont chacun fait parvenir par coursier un paquet scellé. Chaque enveloppe contenait mille roubles... Cet argent fut opportunément inscrit en recettes par l'économe de mon infirmerie, Nicolas Ivanovitch Rechetnikov. »

Le Dossier. Déposition de Flippov : « Rechetnikov jouait le rôle d'intermédiaire pour toutes sortes de demandes et de requêtes pour lesquelles il recevait lui aussi de l'argent de la part des solliciteurs, argent prétendument destiné aux institutions de la souveraine, alors qu'une grande partie des sommes restait en possession de Rechetnikov et de Vyroubova... Et une partie..., peu importante, était versée à Raspoutine lui-même. »

Ainsi l'astucieux Rechetnikov avait-il imaginé une sorte

de taxe payée par les solliciteurs de Raspoutine au bénéfice de l'infirmerie. De sorte qu'un flot d'argent continu coulait de la rue Gorokhovaïa jusqu'à la petite maison d'Ania. Mais l'argent des solliciteurs de Raspoutine ne lui était pas seulement destiné.

Là, intervient une chose incroyable. Extrait de la déposition de Filippov dans le Dossier : « Le plus odieux dans les derniers temps était que tous les intermédiaires [les « secrétaires »] qui proposaient ouvertement d'intervenir auprès de Raspoutine pour obtenir certaines faveurs prétendaient qu'une partie des sommes allouées serait versée à madame Vyroubova, ou parfois directement à l'impératrice elle-même, prétendument pour des œuvres de charité. » Cette idée semble complètement délirante ! En ce qui concerne Vyroubova, soit, on peut comprendre. Mais que l'impératrice de toutes les Russies reçoive de l'argent d'un moujik, de l'argent versé en échange de titres et d'audiences chez les ministres, paraît un non-sens ! Une absurdité !

Mais laissons la parole à Alix : « 3 novembre 1915... Notre Ami m'a dit encore une chose : que si les gens proposent des sommes importantes pour obtenir une décoration, il faut accepter, car on a vraiment besoin d'argent, et qu'en cédant à leurs faiblesses on les encourage à faire une bonne action, et des milliers de personnes y gagnent. C'est juste, mais tout de même ce n'est pas moral. Mais en temps de guerre, tout est différent... » La guerre avait englouti à la fois les allocations annuelles du Trésor destinées à subvenir aux besoins de la famille impériale mais aussi les ressources personnelles de la famille. Si bien que, sous le couvert de l'aide aux blessés, il fallait se procurer secrètement de l'argent auprès de Notre Ami. « En temps de guerre, tout est différent. » Ce qui semble vouloir dire que non seulement le moujik ne recevait pas d'argent de Tsarskoïé Sélo, mais qu'il était en quelque sorte devenu le bienfaiteur de la tsarine en personne et de son amie ! Dans ces conditions, Alix était obligée de fermer les yeux sur les innombrables requêtes dont le moujik abreuvait le Palais.

À cette époque, pour la première fois, Khvostov et Beletski furent mis à l'épreuve. La tsarine exigea que la Douma soit apaisée afin que cessent les interpellations concernant Notre Ami, interpellations qu'elle prenait comme des attaques personnelles. Mais ni l'un ni l'autre des deux fonctionnaires ne savait comment s'y prendre. Face à leurs difficultés, Raspoutine se révéla un précieux partenaire. Il suggéra d'envoyer le tsar à la Douma. Comme en témoignerait Khvostov, Raspoutine « déclara s'être à plusieurs reprises entretenu avec le tsar sur la nécessité de faire la paix avec la Douma, de s'y rendre et de dire : "Je suis vôtre et vous êtes miens. Pour quelle raison nous quereller ?" ».

Tandis que Nicolas réfléchissait à la suggestion du moujik, Khvostov et Beletski commencèrent à préparer cette rencontre. Tous deux étaient convaincus qu'il fallait commencer par amadouer Rodzianko, le président de la Douma. Mais comment faire, vu la haine que lui vouait la tsarine ? Beletski, qui commençait à bien connaître le moujik, décida de lui demander conseil. À peine avait-il commencé à dire que Rodzianko devait recevoir des signes de bienveillance de la part du tsar que Raspoutine, attrapant la balle au bond, affirma qu'il ferait « le nécessaire pour que Rodzianko soit décoré ».

Peu après, Alix écrivait à Nikki : « 3 novembre... Khvostov trouve qu'il faudrait maintenant le [Rodzianko] décorer. Il s'en trouverait flatté et, en même temps, il tomberait en disgrâce aux yeux de la gauche pour avoir accepté une décoration de toi. Notre Ami estime qu'il serait bien d'agir ainsi. Tout cela est fort peu sympathique, bien sûr, mais hélas, par les temps qui courent, la prudence nous oblige à faire des choses que l'on préférerait ne pas faire. »

Le 6 décembre, Rodzianko, cet homme haï par la tsarine, était décoré.

Les rêves de Gros Bide

Pendant ce temps, Khvostov avait entrepris la mise en œuvre de ses projets. « Il avait alors déjà semé les premières graines du doute à Tsarskoïé Sélo, concernant Goremykine et la justesse de sa politique vis-à-vis de la Douma », selon Beletski dans sa déposition confirmant que, depuis le début, Gros Bide visait un but très précis — prendre au vieux Goremykine sa place de Premier ministre. Et, maintenant, lors des dîners à l'appartement clandestin, il n'avait de cesse qu'il ne gagnât Raspoutine à sa cause. « Pendant... les repas,

Khvostov... essayait de persuader Raspoutine que le meilleur président du Conseil des ministres serait lui-même, Khvostov », déclarerait Komissarov. Mais il n'aspirait pas simplement au pouvoir. Il voulait un pouvoir illimité, comme celui dont avait joui le grand Stolypine. « Khvostov s'efforçait de convaincre Raspoutine qu'il fallait réunir le poste de Premier ministre et celui de ministre de l'Intérieur... sans lequel le Premier ministre n'était rien — un chat sans couilles. Comme à son habitude, Raspoutine ne donnait aucune réponse précise... étant un homme rusé... il répondait par monosyllabes. »

En réalité, le moujik avait compris que, « pour le vieux Premier ministre, c'était la fin ». Et il en informa « Maman » : « 6 novembre 1915... Tu sais, mon ami, il pense que je devrais maintenant voir le vieux et tout lui dire avec ménagement (car, s'il se fait huer par la Douma, que pourra-t-on faire ?)... Mieux vaudrait qu'il démissionne par ta volonté que suite à un scandale. »

Mais qui nommer à sa place ? Elle n'en avait pas la moindre idée. Et, une fois encore, pour Notre Ami l'heure était venue d'agir. Non, il n'avait pas du tout l'intention de faire nommer Khvostov. Celui-ci était trop perfide et trop bête. Il fallait un homme entièrement nouveau. Qui se ferait accepter de la Douma et qui accepterait de devenir l'un des « nôtres ». L'absence du prince Andronikov, qui connaissait tout le monde, se fit alors sentir. Raspoutine fut apparemment obligé de discuter des candidatures au poste de Premier ministre avec son « directoire », à savoir Simanovitch, Rubinstein et Manassevitch-Manouïlov.

La session de la Douma était imminente. Et tant qu'on n'avait pas encore trouvé de nouveau Premier ministre, il fallait sauver l'ancien. Mais, pour cela, le souverain devait faire un geste de réconciliation envers l'assemblée. Raspoutine suggéra alors un geste d'éclat — que le tsar se présente devant la Douma. Une démarche qui avait d'emblée séduit Nicolas, mais que la fière tsarine avait accueillie froidement. Néanmoins, elle aussi avait appris l'art du compromis. Et, le 13 novembre, elle écrivait à Nikki, au grand étonnement de ce dernier : « Si tu pouvais te présenter à l'improviste à la Douma et adresser quelques mots (comme tu avais l'intention de faire), cela nous permettrait de... sortir avec brio de cette situation... Et ce serait ensuite plus facile pour le vieux. »

Raspoutine comprenait toutefois, que tout cela ne durerait pas. Il fallait un nouveau Premier ministre. Il devait continuer à y réfléchir — avec son « directoire ».

Le « patriarche », Alix et les affaires de l'Église

Tandis que l'on cherchait un Premier ministre, Alix fut obligée de s'occuper à nouveau des affaires de l'Église. Nommé en remplacement de Samarine, Volgine, homme flegmatique et de belle prestance, l'avait déçue. Il se comportait de façon trop indépendante. Il avait essayé de réaliser ce sur quoi le précédent haut-procureur s'était déjà cassé les dents — mettre à la retraite Barnabé, un homme détesté du Synode et dont on parlait déjà à la Douma. Mais Alix se refusait à livrer les « nôtres » : « 11 novembre... Tu devrais passer un bon savon à Volgine ; il est faible et il a peur... Quand tu le verras, fais-lui comprendre qu'il est avant tout à ton service et à celui de l'Église, et que cela ne concerne ni la société ni la Douma. »

Au « cabinet de Tsarskoïé Sélo », on eut l'idée de nommer Pitirim métropolite de Pétersbourg. Comme à l'accoutumée, Alix fit pression sur Nikki. « 12 novembre... Chéri, j'ai oublié de te parler de Pitirim, l'exarque de Géorgie... c'est un homme respectable, un "grand prieur", comme dit Notre Ami. Il prévoit que Volgine va être horrifié... mais il te demande d'être ferme, car Pitirim est la seule personne qui convienne... Ce serait bien si tu pouvais le faire dès ton arrivée, de façon à éviter toute discussion, toute requête de la part d'Ella... » Une autre idée de Notre Ami compléta ce bouquet de propositions gouvernementales. « Il te demande de nommer au plus vite Jevakhov comme adjoint de Volgine... son âge n'a aucune importance, il connaît parfaitement les affaires de l'Église. C'est ta volonté, c'est toi qui décides. »

Le prince Jevakhov était cet homme brun, encore jeune, que l'on voyait sur la photo au milieu des admirateurs de Raspoutine. Avec lui non plus rien ne fut simple. Bien que petit fonctionnaire au Conseil d'État, Raspoutine l'avait immédiatement remarqué. Selon la rumeur, Jevakhov avait lui aussi des penchants sexuels incompatibles avec une carrière ecclésiastique. Raspoutine avait néanmoins commencé à le promouvoir et à l'introduire au Palais. Bientôt, ce modeste fonctionnaire s'était rendu à Belgorod sur ordre de la tsarine afin d'y installer une châsse pour les reliques de l'évêque Joseph.

Or, Volgine refusa de l'avoir comme adjoint. On créa alors pour lui la fonction de deuxième adjoint du haut-procureur. Puis le premier fut renvoyé et Jevakhov resta seul.

À la fin de l'année 1915, Pitirim fut enfin nommé métropolite de Petrograd et de Ladoga, devenant ainsi l'un des membres du clergé les plus hauts placés, « prééminent au Synode ». Il s'installa dans l'appartement réservé au métropolite, à la célèbre laure Alexandre-Nevski, principal monastère de la capitale.

Début 1916, Volgine le rebelle perdit sa place. Il fut remplacé par Nicolas Raiev, modeste directeur de cours d'enseignement supérieur pour femmes, un homme effacé et obéissant.

La révolution de palais était terminée. Le Synode était soumis. Plus tard, Alix pourrait écrire au tsar : « 20 septembre 1916... Imagine-toi que le Synode veut m'offrir un témoignage d'estime et une icône (sans doute pour mes actions en faveur des blessés)... Tu m'imagines, pauvre de moi, les recevant tous ? Depuis l'époque de Catherine, aucune impératrice ne les a reçus seule... Gr. [Grigori] est enthousiaste (je ne partage pas Sa joie), mais c'est étrange, n'était-ce pas moi qu'ils ont toujours tellement crainte et réprouvée ? »

Elle la méritait, pourtant, cette récompense. N'était-ce pas elle qui, avec l'aide du moujik Grigori Raspoutine, avait créé ce nouveau Synode composé de hiérarques à sa botte ?

« Un grand-duc ? Encore plus haut ! »

L'année 1915 touchait à sa fin. Les rumeurs concernant l'emprise de Raspoutine sur les « tsars » se répandaient sous la forme de mythes plus extravagants les uns que les autres. Depuis longtemps déjà, il était devenu un personnage mythique aux yeux des habitants de la capitale. Ce fut à cette époque que, dans son entourage, surgit une femme riche et languissante, Lidia Basilevskaïa. L'apparition de cette grande brune de vingt huit ans, divorcée, fille d'un lieutenant-général, fut immédiatement consignée dans les rapports des agents : « À une heure du matin, il est rentré chez lui, ivre... ainsi qu'un officier inconnu, accompagné d'une dame. Basilevskaïa les a rejoints... Ils sont restés jusqu'à quatre heures. »

Plus tard, la chanteuse Belling se souviendrait : « C'était en novembre 1915, à six heures du soir. Une de mes connaissances, L.P. B-aïa [Lidia Platonovna Basilievskaïa]... dont je savais seulement qu'elle s'occupait "d'œuvres de bienfaisance"... me téléphona :

— Chérie, venez chez moi, vite !

— Mais que se passe-t-il ? lui demandai-je, très étonnée.

— J'ai chez moi en ce moment une personne de haute importance qui s'est prise d'un vif intérêt pour vous d'après votre photo et qui exige que vous veniez immédiatement.

La voix de L. P. B-aïa était extrêmement impatiente et agitée.

— Il exige ? répétai-je. Mais qui est-ce donc ? Un ministre ?

— Encore plus haut ! m'entendis-je répondre.

— Eh bien, un grand-duc ?

— Encore plus haut ! gémit L. P. B-aïa, de toute évidence exaspérée par ma lenteur d'esprit.

J'étais terriblement intriguée. Mais qui était-ce donc ? Il "exigeait" et il était plus haut placé que tout ce que l'on pouvait imaginer de "haut"... Je partis, et je dois avouer que mon impatience était telle que je demandai au cocher d'aller plus vite. Quand j'entrai dans l'antichambre, c'est une L. P. B-aïa agitée et toute rouge qui m'accueillit et qui m'aida à enlever mon manteau de fourrure, et même mes caoutchoucs. "N'oubliez pas de lui baiser la main, il aime bien ça", me déclara-t-elle dans un chuchotement. Quelle horreur, pensai-je, immédiatement déçue. Un pope ! L. P. B-aïa me poussa dans la pièce voisine, qui se révéla être une chambre lumineuse et élégante avec de jolis miroirs, de petits fauteuils et des coussins de dentelle. Plusieurs dames et deux ou trois messieurs étaient assis. Je me raidis sous la sensation désagréable du regard fixe de deux yeux gris, petits, enfoncés et vilains... Avec ses cheveux en bataille, sa ravissante chemise en soie couleur lilas, ses hautes bottes, sa barbe peu soignée, il me parut familier, et je compris inconsciemment que c'était Raspoutine. »

Ce fut ainsi que la chanteuse Belling rencontra Raspoutine. Et fit son entrée dans le salon.

Le salon à la veille de la fin

Pendant toute cette période de querelles politiques, la « raspoutiniade » se poursuivait, virant à la folie. Joukovskaïa décrit le salon de Raspoutine à la fin de l'année 1915. Tous les personnages nous sont déjà familiers. « À table, devant le samovar qui bouillait, lequel, me semble-il, ne quittait jamais la table... était assise la grassouillette Akilina [Laptinskaïa] vêtue de sa robe grise de sœur de charité — elle travaillait à l'hôpital impérial. Réfugiée auprès d'elle, se trouvait Mounia qui, d'un regard plein d'une douce adoration, contemplait Raspoutine qui me serrait dans un coin du canapé. On sonna à la porte. Mounia alla ouvrir... Entra la princesse Chakhovskaïa, une grande brune bien en chair, aux mouvements lents, paresseux et voluptueux. Travaillant à l'hôpital de Tsarskoïé Sélo, elle portait elle aussi une robe de sœur de charité :

— Je suis épuisée, je n'ai qu'une envie, dormir un peu, or, tu vois, je suis venue te voir.

— Eh bien, prends garde à toi, dit Raspoutine. Tu sais que tu es délicieuse, ma gourmande.

Il lui caressait les seins, glissant la main sous son col... Puis, lui serrant le genou, il ajouta en plissant les yeux :

— Tu sais... où se trouve l'esprit ? Tu crois qu'il est là ?

Il indiqua son cœur.

— Eh bien non, il est là !

D'un geste rapide et imperceptible, Raspoutine souleva et rabaissa le bas de sa robe...

— Oh, que c'est difficile avec vous ! Prends garde à toi, sainte nitouche ! dit-il d'un ton menaçant. Sinon... je vais t'étrangler, je le jure sur la croix !

— Je vais rentrer, dit Chakhovskaïa, câline, posant la tête sur son épaule. Je prends un bain et je me couche... Ne te fâche pas, Père, implora-t-elle tendrement, le visage tendu vers lui pour qu'il l'embrasse. Tu sais bien, Père !

— Allez, viens, ma gourmande, dit Raspoutine, affable, tout en lui palpant les seins. Tu l'auras voulu... »

Voilà qui m'a toujours surpris dans les manières étranges de Raspoutine... Comment se faisait-il que chez lui tout fût permis et rien honteux ? Jamais ailleurs l'on n'aurait vu de scènes semblables à celles qui se déroulaient dans cette salle à manger vide. Où des aristocrates raffinées quémandaient les caresses d'un moujik malpropre et plus tout jeune, attendant docilement leur tour, sans colère ni jalousie !

Témoignage de celles qui fréquentèrent le divan

Durant toute cette période, la police décrivait la chasse incessante de Raspoutine, toujours en quête de nouvelles femmes : « 3 novembre 1915. Une inconnue est venue pour une requête concernant son mari, enseigne de vaisseau. En sortant, elle s'est confiée à la femme du portier : "C'est à peine si Raspoutine a écouté ce que je lui demandais, il a pris mon visage dans ses mains, puis mes seins, et il m'a dit : "Embrasse-moi... Tu me plais..." Ensuite il a écrit un mot, et il a recommencé à me harceler. Il ne m'a pas donné ce mot, mais a dit : "Viens demain." Et elle a ajouté : "Pour aller le voir, il faut lui donner une avance sur ce qu'il veut, et moi, je ne peux pas." »

Maintenant que sa « période de sainteté » était terminée, que représentaient pour lui ces innombrables femmes que les agents répertoriaient scrupuleusement ? Les noms de celles qui « refusèrent » sont inscrits dans les rapports de police. Mais, hélas, les malheureuses qui acceptèrent de « donner une avance » n'apparaissent pas nommément. Elles sont la plupart du temps désignées par une seule lettre : « Madame K. » Ou bien « une dame ». Ainsi, Beletski déclare dans sa déposition : « Une dame, dans le but de faire revenir son mari d'exil, a d'abord donné à Raspoutine tout son argent, mais il a exigé davantage... Elle le suppliait de ne pas la toucher. » Mais Raspoutine lui « a posé un ultimatum : soit elle faisait ce qu'il voulait, et il plaiderait la cause de son mari auprès du souverain, soit elle ne devait plus se présenter à lui ». Et, « profitant de son état nerveux », il la posséda. Il vint ensuite la voir plusieurs fois à son hôtel. Puis il « mit fin à leurs relations et donna l'ordre qu'on ne la reçoive plus ».

Joukovskaïa rapporte des anecdotes semblables à propos d'inconnues à qui Raspoutine avait soutiré une « avance ». Toutes se terminaient de la même façon : il couchait avec ces femmes, puis les quittait, dégoûté. Mais ces malheureuses furent si éphémères et si peu désireuses de raconter leur mésaventure que la Commission extraordinaire ne réussit à convoquer aucune d'elles, mis à part Vichniakova. Or, afin de saisir le personnage, il apparaît crucial de garder en mémoire ce sentiment de dégoût proche de la haine qu'il éprouvait pour ces inconnues qui avaient couché avec lui, de même que les paroles de ces femmes — celles d'une « dame », rapportées par Beletski : « ... profitant de mon état nerveux », ou encore cette déclaration de la nourrice Vichniakova : « M'ayant amenée jusqu'à l'hystérie, il m'a pris ma virginité ».

Pourtant, les solliciteuses inconnues et déchues avaient leur place dans cette ronde qui aurait laissé Casanova rêveur — la ronde des femmes qui étaient passées par son lit, ou plus exactement par le divan à moitié défoncé de son petit bureau, et qui avaient disparu à jamais de sa vie. Cette minuscule pièce et son divan furent décrits par la chanteuse Belling, qui elle aussi en avait eu les honneurs. Mais Joukovskaïa donne plus de détails : « Le cuir du divan était archi-usé, le dossier s'était détaché et reposait contre le siège. "Eh bien, assieds-toi, assieds-toi." Alors qu'il me prenait dans ses bras, qu'il me pressait et me serrait par-derrière, Raspoutine s'appuya contre le dossier du sofa et le renversa. M'étant dégagée de son étreinte, je lui dis en regardant le divan cassé : "Ce n'est pas bien... vous pourriez au moins faire venir un menuisier." Il s'énerva et, tout en soulevant le lourd dossier d'une seule main et le reposant à sa place, il bredouilla : "Mais c'est à cause de tout ça qu'il s'est cassé. C'est ma petite sœur de Simbirsk... Dès qu'elle passe une nuit ici, elle le démolit... Un vrai démon..." » Les échanges fougueux avec la paysanne au corps massif et lourd qui tenait Raspoutine occupé certaines nuits, ainsi que de nombreuses autres épreuves subies de jour comme de nuit, avaient eu raison de ce malheureux divan.

Qui étaient cependant ces femmes qu'avait vu passer la couche martyrisée ? Se fondant sur les rapports de ses agents et sur ses discussions personnelles avec Raspoutine, Beletski expliquerait qu'outre les solliciteuses pour qui la nécessité de donner une « avance » était une véritable torture, les principales clientes du divan de Raspoutine étaient des femmes qui « faisaient peu de cas des principes moraux », et « dont beaucoup étaient même fières de l'attention que leur portait Raspoutine et ne cachaient pas leur intimité avec lui, fût-elle temporaire ».

Mais il ne citerait toujours pas de noms. Pour la bonne raison que, généralement, elles aussi disparaissaient avec une étrange précipitation de l'appartement de la rue Gorokhovaïa après être passées par le divan. Les agents de la surveillance extérieure n'avaient pu identifier que les rares visiteuses qui s'attardaient.

Va-t'en !

En 1917, la Commission extraordinaire demanda à ces femmes de répondre à quelques questions peu agréables. Leurs dépositions figurent dans le Dossier.

« Sheïla Guerchovna Lunts, vingt-cinq ans, épouse d'un avocat à la cour, de confession judaïque, sans casier judiciaire. » Cette jolie femme avait rencontré Raspoutine à une soirée chez le professeur I. Kh. Ozerov, un ami de l'éditeur Filippov que Raspoutine qualifiait de « nullité officielle ». Elle déclare dans sa déposition : « J'avais entendu beaucoup de choses déplaisantes sur Raspoutine, notamment sur son attitude envers les femmes, raison pour laquelle quand je suis entrée et que ce moujik en grandes bottes et caftan m'a regardée, j'ai ressenti une impression désagréable... Raspoutine... plaisantait, riait et lisait l'avenir des convives dans les lignes de leurs mains, et, à vrai dire, ses prédictions n'étaient que des aphorismes à peine compréhensibles. À moi, par exemple, il a dit : "Tu souffres, mais le Seigneur Jésus va te venir en aide et ta vérité l'emportera !" Il plaisantait avec les dames, essayait d'étreindre tantôt l'une, tantôt l'autre, mais celles-ci ne se laissaient pas faire. Il buvait du vin, quoique en quantité relativement modeste. »

Naturellement, la jolie Sheïla aux cheveux bouclés tapa dans l'œil de Raspoutine. Et l'habituelle chasse commença. « Un soir, il m'a téléphoné de chez un certain Knircha que je ne connaissais pas à l'époque. Il m'a dit : "Viens, on s'amuse beaucoup ici !" » L'appartement de Knircha était l'un des lieux de distraction favoris de Raspoutine, à la fin de l'année

1915 et jusqu'en janvier 1916, dernière année de sa vie. Il apparaît constamment dans les rapports de la police secrète : « 21 janvier. Raspoutine... est allé chez Knircha... » ; « 30 janvier. Raspoutine s'est rendu chez Knircha... il est rentré chez lui à 4 h 30, complètement ivre. » André Knircha travaillait dans une société d'assurance. « Un gigolo qui vit aux crochets des femmes », indiquait un agent. Alors que des amis l'avaient avertie que Knircha « était impliqué dans des affaires louches », Sheïla accepta l'invitation de Raspoutine et se rendit, de nuit, dans cet appartement suspect. La raison en était cette fâcheuse « assignation à sédentarité » imposée aux juifs. « Je voulais tellement que mes parents, qui n'avaient pas le droit de résider dans la capitale, viennent s'installer à Petrograd », expliquerait-elle plus tard. Mais, connaissant « son attitude grossière envers les femmes », la jeune femme n'avait certainement aucun doute quant au but poursuivi par Raspoutine.

« J'arrivai dans un appartement luxueusement meublé, mais d'un luxe de parvenu, écrit Lunts, et j'y trouvai Knircha, un homme jeune, très gros, aux larges pommettes... Sa maîtresse était la femme d'un vieux général. » À sa grande surprise, elle vit aussi Protopopov, le « célèbre membre de la Douma, qui, à l'époque, n'était encore que vice-président de la Douma et que j'avais déjà eu l'occasion de rencontrer chez le professeur Ozerov... Je fus vraiment stupéfaite de voir Protopopov en compagnie de Raspoutine et, plus tard, au cours d'une conversation, je lui fis remarquer : "Vous ne devriez pas fréquenter cet endroit." Ce à quoi Protopopov répondit : "Vous avez raison !", et il me félicita pour ma franchise ».

Lunts ignorait alors qu'elle était en train d'assister à une rencontre historique. Protopopov, l'un des chefs de l'opposition, se trouvait dans ce bouge dans le but d'établir des contacts avec Raspoutine et les tsars. Puis la jeune femme poursuivit son récit : « Ce soir-là, plusieurs dames se tenaient là... et Raspoutine... provoquait la jalousie d'une grande blonde qui s'appelait, je crois, Yassinskaïa, et avec laquelle il avait apparemment eu des relations intimes. Cette dame ne m'aimait pas non plus, sans doute parce que Raspoutine avait dit à tout le monde que je lui plaisais beaucoup et qu'il était subjugué par mes yeux... Le dîner fut servi avec force vins. Raspoutine but son madère habituel, puis fit venir un chœur tsigane... Raspoutine dansait... la soirée virait à l'orgie... et je suis partie. » Apparemment, sans comprendre pourquoi le moujik lui avait demandé de venir.

Qu'elle ait effectivement voulu aider ses parents ou que cette dame sensuelle, future maîtresse de Raspoutine, ait eu une autre idée en tête, ce fut en tout cas elle qui reprit contact avec le moujik : « C'est moi-même qui ai rappelé Raspoutine pour lui dire que j'avais à lui parler. » Ainsi Sheïla était-elle finalement entrée dans la pièce au divan déglingué. « Des voix provenaient de la salle à manger, mais je ne savais absolument pas à qui elles appartenaient... Je lui parlai de ma requête, expliquant que j'étais très anxieuse quand ma sœur venait me voir et séjournait chez moi sans autorisation officielle, et je lui demandai de m'aider. » Mais il y avait trop de monde dans l'appartement, et elle avait dû partir.

Elle appela de nouveau Raspoutine et voulut savoir s'il se souvenait de son affaire. « Mais il s'avéra qu'il avait déjà oublié, car il répondit : "Je ne me souviens de rien, tu n'as qu'à venir !" J'arrivai chez lui. Il voulut me prendre dans ses bras et m'embrasser, mais je le repoussai. Quand je réitérai ma requête, il répliqua : "Bon, je vais venir chez toi, je ferai connaissance avec ta sœur et j'arrangerai tout ça !"

« Je lui téléphonai, et il vint chez moi à un moment où, à part la femme de ménage, il n'y avait personne d'autre que moi à la maison. Dans le bureau, il se fit terriblement pressant. Je lui dis :

— Arrête, il ne faut pas, soyons simplement amis, je n'ai jamais trompé mon mari.

— C'est vrai, tu ne l'as jamais trompé ? demanda-t-il.

— Parole d'honneur ! répondis-je.

— Bon je te crois ! dit-il. Mais si un jour tu as envie de le tromper, laisse-moi être le premier !

« Puis Raspoutine me demanda si j'avais du vin. Je dis que non, mais que j'avais de l'alcool à 90°. Il en vida un verre... et mangea un morceau de pomme. Puis, m'indiquant la chaise du bureau, Raspoutine me dit : "Assieds-toi !" Je m'assis. Alors, Raspoutine... se mit à me dicter une idiotie quelconque en slavon d'église. Je remplis une feuille entière... Lorsqu'il partit, il fut convenu que je retournerais le voir avec ma requête : c'était tout un tas d'histoires sans fin, assommantes... J'ai cessé d'aller le voir... »

Il ne s'était donc rien passé entre Sheïla et Raspoutine ! Le plus simple serait de supposer qu'elle mentait. Mais à se rappeler les étranges visites de Raspoutine chez les prostituées, on peut penser au contraire que, dans une certaine mesure, elle avait dit la vérité. D'où cet étonnement qui transparaissait dans sa déposition : il lui avait fait des avances, mais à peine avait-il essuyé une légère rebuffade de principe qu'il l'avait laissée, presque soulagé... Et elle avait continué à aller chez lui. Pour Raspoutine, il devait être tout à fait clair qu'elle venait avec l'intention de lui payer « une avance ». Mais il ne la prenait pas, se contentant de l'importuner de façon inoffensive, faisant « tout un tas d'histoires ». Et brusquement, elle-même, comme elle le prétendrait, avait mis fin à ces visites qui apparemment la troublaient. Mais pourquoi ?

Tout aussi brusquement, seraient interrompues les rencontres de Raspoutine avec une autre dame frivole, Marie Gayer. Sa déposition ne figure pas dans le Dossier. On y trouve en revanche cette description donnée par son cocher, Yakov Kondratenko. « Elle... ne faisait rien. Rien d'autre que mener une vie dissolue. Elle était, peut-on dire, une "fille des rues". Elle faisait un clin d'œil à un inconnu, et hop, il fallait les conduire à un hôtel... Je sais qu'elle allait souvent chez Raspoutine, et que celui-ci venait la voir et buvait jusqu'à être soûl. » Pendant tout le mois de février, les agents enregistrèrent les innombrables rencontres de Raspoutine et de Marie Gayer. Et puis, tout d'un coup, plus rien. Elle disparut de la vie du moujik.

Et tout aussi brusquement encore, disparut de chez Raspoutine une autre dame fort complaisante, la cocotte Tregoubova, que les agents avaient vue embrassant Raspoutine « à pleine bouche ». Dans le Dossier, elle raconterait une histoire ressemblant beaucoup à celle de Lunts. Tregoubova se rendait elle-même souvent chez Raspoutine, et, chaque fois, elle avait droit aux pressantes avances du moujik. Mais il lui avait suffi d'opposer une légère résistance pour que celui-ci batte en retraite. « Je suis allée chez Raspoutine une dizaine de fois, car il avait promis de me trouver une place sur la scène impériale, mais à la condition que j'accepte d'avoir des relations intimes avec lui. Ce que bien sûr j'ai refusé. » Là, rien n'est très clair : ni la chasteté de cette dame que les témoins, dans le Dossier, comme les agents de la police qualifièrent tous de « prostituée » ni la raison pour laquelle, étant si chaste, elle était allée « une dizaine de fois » chez Raspoutine, malgré son « harcèlement » continuel. Selon Tregoubova, une scène particulièrement déplaisante avait mis un terme à leurs relations. Après l'une de ses provocations habituelles, « il m'a craché au visage en disant : "Va au diable, sale youpine !"... et il est parti dans sa chambre. » Après quoi, vindicatif, Raspoutine décida de la faire chasser de Petrograd en tant que juive. Le 17 janvier 1916, elle reçut de Beletski l'ordre « de quitter Petrograd... avant 21 heures ». Elle se précipita aussitôt chez Raspoutine, le « suppliant d'être autorisée à rester à Petrograd ». Apparemment, cette fois, le moujik fut satisfait de sa visite, car il lui donna une lettre pour Beletski : « Laisse-la, ne la touche pas, qu'elle reste. » Mais, comme elle allait l'apprendre, Raspoutine avait ensuite téléphoné à Beletski pour lui dire : « Ne l'autorise pas à rester, expulse-la. » Selon les informations du Bureau des adresses de Petrograd, « la dénommée Tregoubova a quitté Petrograd fin 1916 pour s'installer à Tiflis ».

Voilà une histoire bien étrange ! Mais ce n'est pas la seule.

Il y eut encore une autre dame, Véra Varvarova. Elle avait à l'époque vingt-huit ans. Dans le Dossier, elle déclare : « Je suis une artiste, je chante des romances tsiganes... Je chantais devant le tsar. » Lors d'une tournée à Kiev, elle avait insulté un fonctionnaire et elle risquait une peine de prison. Elle alla voir Raspoutine. Et, très vite, elle reçut du Sénat « un document la libérant de toute sanction ». Elle raconterait aussi, la suite : « Raspoutine m'a appelée pour me dire : "Viens chanter chez moi, j'ai des invités." Je suis arrivée, accompagnée du capitaine en second Ezerski avec qui je vivais à l'époque. Il y avait beaucoup de monde chez Raspoutine, beaucoup de dames ; j'ai chanté, j'ai joué de la guitare, les invités chantaient en chœur, Raspoutine dansait... Par la suite, cette année-là, j'ai souvent participé à des soirées semblables... Il était très correct avec moi, d'autant que j'étais toujours accompagnée d'Ezerski », explique-t-elle, insistant sur le fait qu'elle n'était jamais allée dans « la pièce au divan ». Toutefois, elle devait décrire ce qui, sous ses yeux, arrivait aux dames qui s'y retiraient avec Notre Ami. « Il se montrait parfois très tendre avec une dame... et passait avec elle dans une autre pièce, d'où il la chassait ensuite en criant : "Va-t'en !" » Mais Varvarova ne put jamais comprendre pourquoi cela se passait ainsi. Ce qui explique sans doute la fin brutale de ses relations avec Raspoutine. « J'en avais assez de cette ambiance, et je ne suis pas allée une seule fois chez Raspoutine durant l'année qui a précédé sa mort », expliquerait-elle en conclusion de sa déposition.

En 1915, en effet, elle fit sa dernière apparition dans les rapports des agents. Mais la mention à son sujet est des plus éloquentes : « Raspoutine est rentré à 9 h 50 en compagnie de Varvarova... Il a certainement passé la nuit chez Varvarova. » Après quoi, la chanteuse alla rejoindre la foule des solliciteuses disparues, laissant sans réponse une question très importante pour la bonne compréhension de notre héros : était-elle partie de son plein gré ? Ou bien Raspoutine lui avait-il brusquement dit « Va-t'en ! » après une nuit passée avec elle ?

Il y avait encore une autre catégorie de femmes qui fréquentaient le divan. Selon Beletski, il s'agissait de femmes « aisées du point de vue matériel, et qui n'avaient aucune requête à soumettre. Mais qui cherchaient à faire sa connaissance par intérêt pour sa personnalité, sachant très bien ce qui les attendait ». Parmi elles, toujours selon Beletski, « figurait une princesse de Moscou ».

Il s'agissait effectivement de la princesse Stéphanie Dolgoroukova, épouse d'un gentilhomme de la chambre de la haute cour... Cette dame de trente-huit ans, aux formes généreuses, ce qui n'était plus très à la mode en ce début de siècle, séjournait à l'*Astoria*, l'hôtel le plus cher de la capitale.

« La nuit du 1er décembre, à 3 h 30, Raspoutine et la princesse Dolgoroukova sont arrivés en automobile à l'hôtel *Astoria*, où il est resté jusqu'au matin », enregistra un agent chargé de la surveillance extérieure. Or ce n'était pas uniquement la passion qui liait la princesse moscovite à Raspoutine. La princesse avait décidé de faire muter son mari à Pétersbourg, et le moujik l'y aidait en lui organisant des rendez-vous avec les personnes idoines.

« Le 17 décembre, la princesse a envoyé son chauffeur chercher Raspoutine pour le conduire à l'hôtel *Astoria*... Est également arrivé le général Kleïguels, ancien gouverneur de Petrograd, et ils sont restés jusqu'à deux heures du matin », disait l'agent.

Il y avait aussi deux autres dames, des amies, que nous connaissons déjà. Elles n'appartenaient pas à la haute aristo-

Le tsar avec le grand-duc Nicolas,
« l'Oncle Redoutable ».

Conseil des ministres
au Q.G. de guerre, juin 1915.

Nicolas avec le tsarévitch, en campagne, mai 1916.

Le tsar, debout, avec son puiné (au centre), et son cousin Dimitri. Sur le front.

Alix, la tsarine, avec ses filles Olga et Tatiana, en missionnées de la Croix-Rouge.

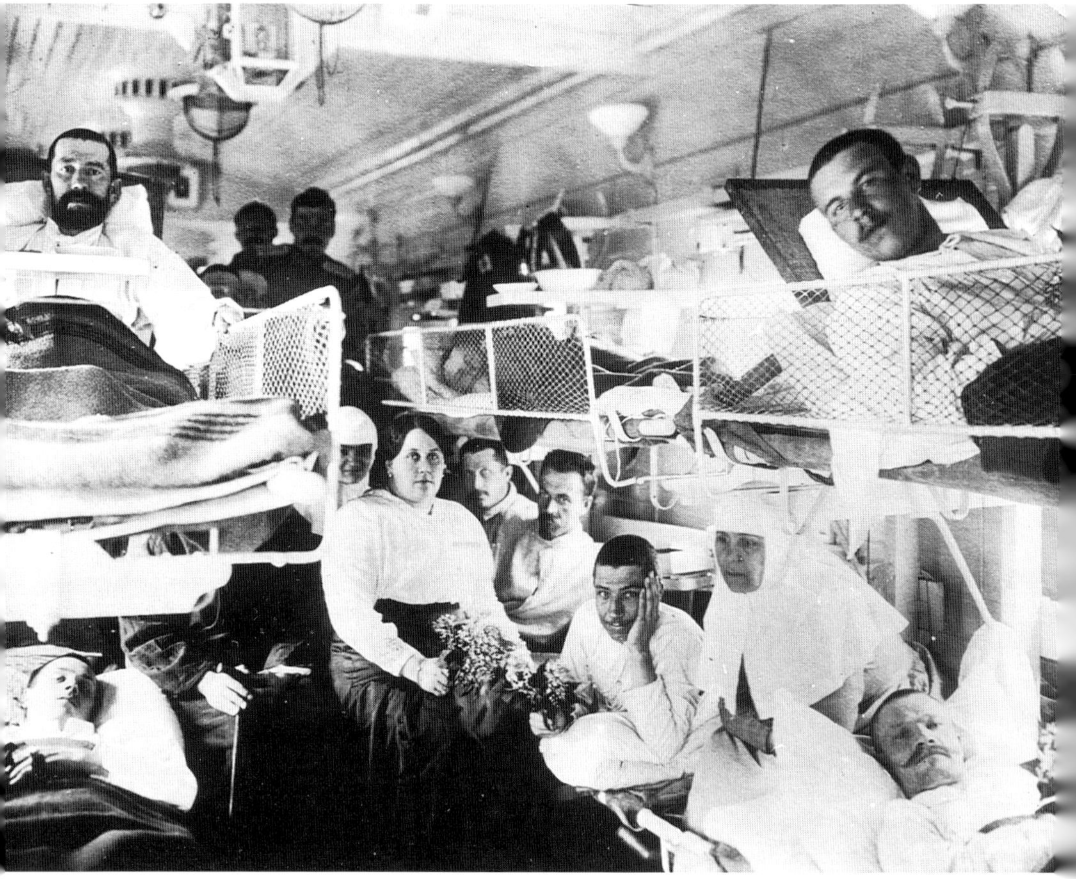

Vyroubova (au centre, avec un bouquet), promue infirmière impériale.

Page suivante, en haut : La nièce du tsar, Irina, avec son époux Félix Youssoupov.

En bas : Le grand-duc Dimitri, soldat, athlète et dandy.

Félix Youssoupov, dans l'un de ses palais.

La cour du palais Youssoupov où mourut Raspoutine.

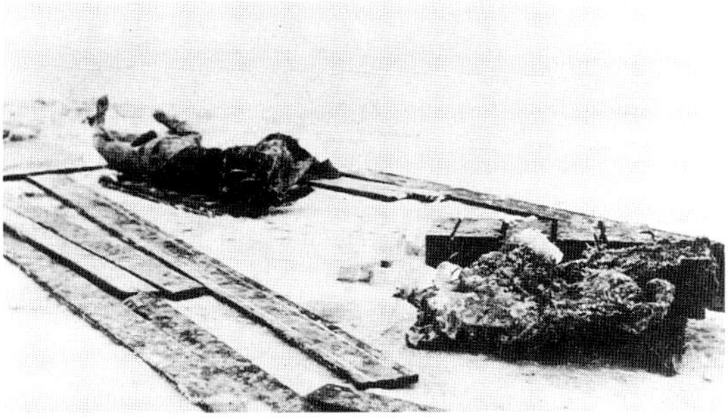

Le cadavre de Raspoutine, tiré hors des eaux de la Petite Nevka.

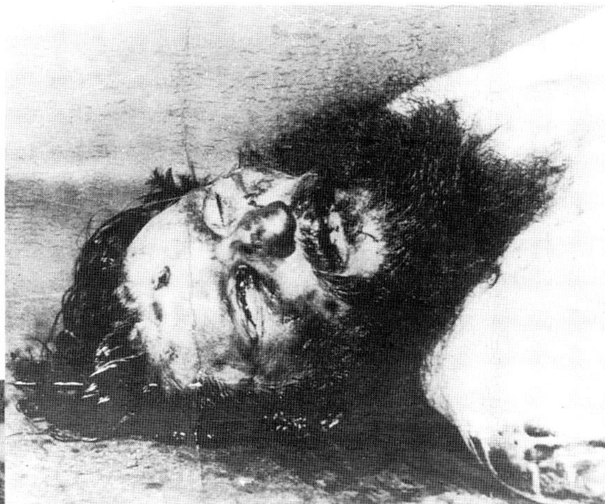

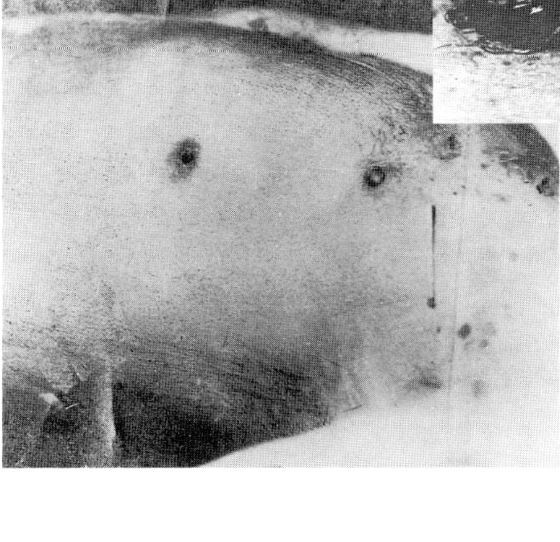

Le cadavre de Raspoutine.

Une caricature, après le meurtre, en forme d'anti-icône.

cratie, mais étaient « aisées du point de vue matériel ». Le 8 décembre, Raspoutine « a emmené Djanoumova et Filippova au restaurant *Donon*. Après le déjeuner, il est allé avec elles à l'hôtel *Rossia* », rapporte un agent. Cependant, toutes deux nieraient avoir été intimes avec Raspoutine.

De même que Joukovskaïa. Les dénégations de cette dernière sont particulièrement discutables. Dans son journal, le célèbre historien Melgounov, à qui elle avait raconté ses relations avec Raspoutine, nota, non sans scepticisme, le récit de Joukovskaïa : « Elle plaisait tellement au starets... il la suppliait de passer la nuit chez lui. Il le faisait ouvertement en présence de Mounia Golovina... Le starets attrapait Joukovskaïa par les jambes, embrassait ses bas, lui caressait le cou et les seins... Plus tard, Joukovskaïa déclara fièrement que le starets n'avait jamais réussi à l'embrasser sur la bouche. »

Dans le Dossier, Prougavine, l'homme qui avait envoyé Joukovskaïa chez Raspoutine, expliquerait carrément au juge : « Elle avait les nerfs atteints, et certainement aussi un penchant pour l'érotisme, et il faut croire que, dans sa quête d'émotions nouvelles, elle n'avait aucune répugnance pour la propre quête de Raspoutine. » De fait, dans ses Mémoires, imprégnés d'un érotisme qui semblait la tourmenter en permanence, cette femme effrontée et sans aucune pudeur, que ce fût dans sa vie ou dans ses écrits, dépeindrait un microcosme de concupiscence et d'orgies, tout en prétendant, au cours de conversations avec des amis, qu'en dépit de ses assauts, sur lesquels elle s'étendait largement, elle n'avait jamais cédé au starets !

Mais combien est intéressante la description de ces « assauts » ! Cela commençait par un long sermon : « Forniquer un peu, ce n'est pas grave... Tu vois, c'est comme ça que ça doit se passer : on commet le péché, et on oublie, et si par exemple je commettais le péché avec toi, et qu'ensuite je ne puisse plus penser à rien d'autre qu'à ton... [Joukovskaïa n'ose pas écrire le mot prononcé par Raspoutine, et le remplace par des points de suspension], alors ce serait un péché dont je ne me repentirais pas. Les pensées, elles, doivent rester pures... Et après on irait à l'église, on prierait côte à côte, et comme ça tu oublierais ton péché, et tu connaîtrais le bonheur.

— Mais alors si on considère *ça* comme un péché, pourquoi le commettre ? demandai-je.

Il plissa les yeux.

— C'est que le repentir, les prières, on n'y arrive pas sans péché.

Se penchant un peu plus, il pressa sa poitrine contre moi, me tripotant le corps et me tordant les bras... il était devenu enragé. J'ai l'impression qu'à de tels moments il ne sentait plus rien d'autre que cette volupté bestiale. On pouvait le piquer, le couper, il ne s'en apercevait pas. Une fois, je lui ai enfoncé une grosse aiguille dans la paume de la main... il ne l'a même pas sentie... Son visage féroce s'approcha du mien, il était devenu presque plat, ses cheveux humides comme le poil d'une bête étaient plaqués, et ses petits yeux brûlants paraissaient être de verre à travers ses mèches de cheveux. Mc dégageant sans dire un mot... je reculai vers le mur, pensant qu'il allait de nouveau m'assaillir. Mais, chancelant, il s'avança lentement vers moi et dit d'une voix rauque : "Allons prier !" Il me saisit par l'épaule et m'entraîna vers la fenêtre, où se trouvait une icône de Syméon de Verkhotourié. Il me fourra dans la main un chapelet en velours violet, me fit m'agenouiller et, s'écroulant derrière moi, il commença à se frapper la tête contre le sol, d'abord sans rien dire, puis en répétant : "Vénérable Syméon de Verkhotourié, aie pitié de moi, pauvre pécheur !" Quelques minutes plus tard, il me demanda d'une voix sourde : "Comme t'appelles-tu ?" [il avait oublié son nom, car pour lui elles étaient toutes des « Douchka »] et, quand je lui eus répondu, il recommença à se frapper la tête contre le sol tout en mentionnant alternativement mon nom et le sien. Après les avoir répétés une dizaine de fois, il se tourna vers moi, pâle, le visage ruisselant de sueur ; mais sa respiration était parfaitement calme et son regard était doux et tendre — le regard d'un pèlerin sibérien grisonnant. Puis il m'embrassa avec une froide exultation de moine. »

Dans toutes ses descriptions, on perçoit la curiosité frénétique et le désir qui avaient conduit Joukovskaïa jusqu'à l'appartement de Raspoutine. Cette femme satanique recherchait la violence. Mais elle n'en trouva pas auprès de lui. Sa vive résistance, qu'apparemment Raspoutine attendait, avait suffi pour que tout se termine en prières exaltées ! Et chaque fois que Joukovskaïa reviendrait voir le moujik, la scène se répéterait.

La chanteuse Belling racontait ses rencontres avec Raspoutine de manière identique. Mais, contrairement à Joukovskaïa qui avait envie de Raspoutine, Belling ne venait que par intérêt, et il la dégoûtait. Il n'y avait donc pas de prières après ses assauts, puisqu'il n'y avait pas de raison de prier. Ce n'était pas une pécheresse. C'était d'ailleurs pourquoi elle pouvait facilement échapper à ses étreintes.

Tout cela crée l'étrange sentiment qu'en fait il aspirait à ce que l'on résiste à ses assauts de façon à pouvoir *lâcher*. C'était comme si son érotisme à lui ne consistait qu'en ces assauts et cette résistance. Une résistance nécessaire.

Encore quelques mots sur les secrets érotiques du moujik

« Rentrant chez moi, écrivait Joukovskaïa, je me disais : "Et s'il se conduisait de la même façon avec Lokhtina ? Si, après l'avoir amenée à l'extase, il la faisait prier ? Et s'il faisait pareil avec la tsarine ?" Je me rappelais la passion avide et inassouvie qui transparaissait dans toutes les caresses effrénées de Lokhtina — cela ne pouvait être qu'une passion sans cesse attisée et jamais satisfaite. Mais on ne connaîtrait jamais la vérité. Ou peut-être bien plus tard, quand aucun d'eux ne serait plus en vie. »

Tout cela n'était-il que la continuation de l'expérience religieuse secrète de Raspoutine ? Toujours ce même appel de la chair et sa domination jusqu'à l'indifférence ? Cette même façon d'« affiner ses nerfs » qui lui donnait sa clairvoyance et sa force hypnotique ? Voilà pourquoi il faisait durer ses « aventures » avec les dames qui lui résistaient, comme Joukovskaïa, Djanoumova, Belling... En revanche, celles qui lui cédaient et satisfaisaient ses désirs disparaissaient sans tarder.

La cocotte Tregoubova qui lui fournissait de riches solliciteurs juifs avait continué à aller chez lui jusqu'au jour où elle s'était donnée à lui. C'était pour cela qu'il avait décidé de la chasser. Parce qu'elle avait causé sa chute. Le péché avait vaincu. Et, ainsi qu'il l'expliquait à Joukovskaïa, « il avait commencé à penser à... » Et le champ de sa force médiumnique avait faibli. Sans doute était-ce la vraie raison pour laquelle il avait voulu chasser Tregoubova de la capitale. Et, quand celle-ci était venue le voir et s'était donnée de nouveau à lui en pensant naïvement que cela l'aiderait, il avait ordonné immédiatement qu'elle fût expulsée. Lunts, Varvarova, Basilievskaïa, Gayer et bien d'autres anonymes victimes avaient sans doute elles aussi commis l'erreur de payer l'« avance ». Quant à la malheureuse Khionia Berladskaïa, dès qu'elle lui avait cédé, il avait commencé à la haïr. Cette attitude expliquait aussi la ténébreuse histoire de Vichniakova, la nurse des enfants impériaux. Après qu'elle eut cédé à son violent désir, il l'avait rejetée. Profondément humiliée, elle avait déclaré qu'il l'avait violée.

Seules restaient auprès de lui celles qui lui avaient cédé mais qui en même temps étaient acquises... à son expérience, les vrais membres de la secte, prêtes à supporter son dégoût et à continuer de le vénérer. Comme la malheureuse Lokhtina, la fidèle Zinaïada Manchtedt ou encore la discrète baronne Koussova. Et, enfin, la rusée Laptinskaïa et l'obéissante Patouchinskaïa, qui, selon la volonté du maître, jouaient le rôle d'« épouses célestes ». Et qui, docilement, dès qu'il l'ordonnait, disparaissaient de son lit. Il y avait aussi celles qui continuaient à le tourmenter avec leur désir inassouvi et leur innocent « tapage », comme la princesse Chakhovskaïa et Sana Pistolcors. Ces dames étaient attirées par son continuel harcèlement, ce jeu sexuel qui se terminait dans le sublime repentir et la prière exaltée. C'était pour cela qu'aucune d'entre elles n'éprouvait de jalousie. Et lorsqu'elles s'efforçaient de convaincre les « nouvelles » de se donner à lui, elles savaient très bien que cela annoncerait leur fin, comme ce serait le cas pour toutes ces « étrangères » qui iraient rejoindre l'armée de celles qui étaient passées par le divan avant de disparaître à jamais. Là même où Vyroubova avait fait ses classes. Là même où elle avait pris goût au jeu du désir inassouvi. Un jeu érotique dans lequel elle avait entraîné le tsar et la tsarine.

Le moujik cherche un Premier ministre

Tout cela n'empêchait pas le moujik de continuer à rechercher le futur chef du gouvernement. Ce n'était pas un hasard si Sheïla Lunts avait rencontré un des chefs de la

Douma, Protopopov, chez le gros Knircha. L'appartement servait à Notre Ami à sélectionner les futurs participants aux jeux politiques, à y faire passer les « auditions ». C'était précisément pour cela que le moujik y venait flanqué d'un certain Ossipenko, secrétaire (et un peu plus) du métropolite Pitirim.

Le 20 décembre, les agents de la surveillance extérieure notèrent : « En compagnie du secrétaire de Pitirim, Ivan Ossipenko, Raspoutine s'est rendu chez le citoyen notable héréditaire, Knircha (vingt-huit ans, célibataire). Deux caisses de vin ont été également apportées du restaurant *Villa Rodé* et un chœur tsigane a été invité. » Le « directoire » du moujik s'était considérablement élargi. À côté des juifs étaient apparus les hiérarques de la laure Alexandre-Nevski, où, désormais, Raspoutine était souvent l'hôte du métropolite Pitirim. Arrivé comme un pitoyable quémandeur douze ans plus tôt, Raspoutine était maintenant chez lui, dans cette résidence ecclésiastique. En son honneur, Pitirim organisait des déjeuners et des dîners de gala. Les invités étaient toujours les mêmes : l'évêque Barnabé ; le secrétaire de Pitirim, Ossipenko ; le secrétaire et le trésorier du Synode, Pierre Moudrolioubov et Nicolas Soloviev. Là, autour de la table, se définissait la politique du Synode.

Mais pour l'heure, en cette fin décembre 1915, on discutait fiévreusement des candidatures au poste de Premier ministre. D'où la présence d'un membre éminent du « cabinet fantôme » : Vyroubova.

« 16 décembre. Hier, Ania est allée chez le métropolite. Notre Ami aussi... ils ont bien discuté. Puis il leur a offert un déjeuner. Gr. [Grigori] était à la place d'honneur, avait annoncé fièrement quelques jours plus tôt Alix à son mari. Il a manifesté un remarquable respect à l'égard de Grigori et a été profondément impressionné par ses propos. »

Je suis le diable, je suis le démon

La dernière année de la vie de Raspoutine venait de commencer. Le moujik chargé de choisir un Premier ministre, l'homme auquel les tsars étaient totalement soumis ne dessoûla pas de tout le mois de janvier. « Il a reçu des invités jusqu'au matin... ils ont entonné des chansons », notaient inlassablement les policiers. Le 10 janvier, il fêta son anniversaire. Il avait quarante-sept ans. Il n'en aurait jamais quarante-huit. La fête se déroula sous l'œil vigilant des agents. Dès le matin du 10 janvier, les hommes de Komissarov se présentèrent à l'appartement, chargés de présents. Après lui avoir remis des cadeaux de la part des deux fonctionnaires, ils proposèrent à Raspoutine de l'aider à accueillir ses invités, comme cela se faisait dans les « bonnes maisons ». Flatté de la présence de tous ces serviteurs, le moujik accepta. Par la suite, les agents devaient décrire les présents reçus par Raspoutine : « Une quantité d'objets précieux, en or et en argent, des tapis, des ensembles de meubles, des tableaux, de l'argent... » Il reçut un télégramme de félicitations de la part des tsars, qu'on lut à haute voix devant les invités réunis, dont Vyroubova. Moudrolioubov, le fonctionnaire du Synode, prononça un discours, soulignant l'envergure nationale de Raspoutine, homme simple qui apportait au pied du trône les aspirations du peuple. Et c'était la vérité. C'est précisément pour cela que les tsars l'aimaient. Puis, après le départ de Moudrolioubov et de Vyroubova, la vraie fête commença. On lut les télégrammes arrivés des quatre coins de Russie, le moujik but comme un trou, et, en fin d'après-midi, il s'effondra ivre mort au point qu'on dut le coucher. Après un somme, il se réveilla les idées plus claires. Le soir venu, un cercle d'intimes — surtout des femmes — se retrouva dans l'appartement. Raspoutine recommença à boire, obligeant les dames à l'imiter. Puis il fit venir les Tsiganes. Ceux-ci arrivèrent en lui souhaitant un joyeux anniversaire. Tous les présents étaient maintenant fin soûls, hormis les Tsiganes. Les dames les plus raisonnables se hâtèrent de partir. Le moujik commença à se muer en bête sauvage. Sa danse effrénée, ajoutée à l'alcool, le conduisit jusqu'à la folie. Ses invités ne valaient d'ailleurs guère mieux. On dansait, on sautait, on criait... Les agents notèrent : « Ceux qui sont restés étaient tellement déchaînés que le chœur tsigane s'est dépêché de partir. » Vers deux heures du matin, seuls restaient dans l'appartement ceux qui avaient décidé d'y passer la nuit. Au matin, un scandale éclata. Les époux de deux dames firent irruption dans l'appartement, arme au poing. Les agents eurent tout juste le temps de faire sortir les épouses par l'escalier de service — celui-là même qu'emprunterait Raspoutine pour se rendre à son rendez-vous avec la mort). On fit visiter l'appartement aux deux maris, afin qu'ils pussent constater que leurs épouses n'étaient pas dans les lieux. Après quoi, les agents suivirent les deux messieurs et établirent leur identité. Quant aux dames, à l'instar de bien d'autres, elles ne reparurent plus jamais chez Raspoutine. Ce dernier, quelque peu effrayé par l'incursion des deux jaloux, « se calma pendant quelque temps et évita de sortir de chez lui ». Mais, bien vite, tout recommença.

« 14 janvier. Il est rentré à sept heures, complètement ivre, en compagnie d'Ossipenko et d'un inconnu... Il a brisé une grande vitre de la porte d'entrée de son immeuble, et on a pu remarquer qu'il avait une enflure près du nez — apparemment il était tombé quelque part. »

« 17 janvier. Une femme non identifiée est arrivée chez Raspoutine vers onze heures et y est restée jusqu'à trois heures du matin. » La dame ne revint plus, et la surveillance extérieure ne put établir son identité. Trois heures du matin était en fait une heure raisonnable. À l'époque, à cette heure-là la fête ne faisait que commencer. Et, au cri de « Allons chez les Tsiganes ! », le moujik réveillait ses compagnons à moitié endormis et les entraînait vers de nouvelles festivités. C'était comme s'il sentait qu'il était en train de vivre son dernier hiver. D'ailleurs, à cette époque, les beuveries des riches marchands différaient peu des excès auxquels se livrait Raspoutine. L'imminence de l'apocalypse rendait les gens fous.

Dans le Dossier, on peut lire le témoignage d'Isaac Bykhovski, quarante ans, de confession juive, industriel du charbon. Originaire de Kharkov, il était venu à Petrograd « pour arranger une affaire juteuse ». Ses partenaires à Petrograd lui avaient amené Raspoutine, ce dernier ayant remis à l'un d'entre eux un mot d'introduction « à l'attention du ministre du Commerce et de l'Industrie Chakhovskoï », une carte sur laquelle était simplement écrit : « Recevez-le. » Les hommes d'affaires n'avaient pas donné d'argent au moujik, se limitant à l'inviter à dîner. Raspoutine « arriva en plein repas, plongea immédiatement le nez dans son assiette, ne mangeant que la soupe et le poisson et buvant du madère... puis il appela quelqu'un au téléphone, et un jeune Géorgien fit son entrée et s'assit à côté de lui, l'appelant "père" et recherchant de toute évidence ses bonnes grâces ».

Ce Géorgien était l'officier Papkhadze, qui, à l'instar de la majorité des nobles géorgiens, se disait prince et se trouvait être à l'époque le fiancé de Matriona, la fille de Raspoutine. Grâce à ce dernier, le jeune homme avait échappé au front et faisait son service militaire dans les bataillons de réserve cantonnés à Petrograd. Dans le Dossier, Vyroubova dit de lui : « Papkhadze, un déserteur, qui ne voulait pas aller à l'armée. »

Pendant le dîner, continua Bykhovski « le Géorgien pressait tout le monde d'aller voir le chœur tsigane au Nouveau Village, où, disait-il, Raspoutine était attendu. Nous sommes tous partis, et, en sortant, il s'est avéré qu'une voiture attendait Raspoutine. Chez les Tsiganes, toute une assemblée était réunie pour Raspoutine. Là, Raspoutine s'est débridé, dansant sans cesse et buvant du madère. D'ailleurs, sa danse m'a stupéfié. Il tournait parfois sur place pendant une demi-heure, au point que je me demandais comment il faisait pour ne pas avoir la tête qui tournait. Un de mes compagnons a eu un malaise et, vers deux heures, j'ai quitté le chœur [façon habile pour les deux hommes de s'échapper sans payer]. Le reste de la compagnie est demeuré jusqu'à sept heures du matin... on a continué à commander du vin... C'est Broussilovski [un autre de ses compagnons] qui a dû payer pour tout le monde ». Et, de nouveau, on ramena Raspoutine chez lui, complètement ivre, et, de nouveau, il se précipita chez la même Katia, qui ne le laissa pas plus rentrer que la fois précédente. Il essaya alors d'embrasser la concierge à moitié endormie, laquelle le repoussa d'un geste nonchalant.

Son appartement de la rue Gorokhovaïa s'était depuis longtemps transformé en véritable bouge. Comme l'écrivit le juge Simpson dans ses conclusions : « Là, pendant des mois, dans l'intervalle entre les voyages de son train sanitaire, vivait la sœur de charité Laptinskaïa, dont les jeux érotiques avec Raspoutine pouvaient être observés de la rue, compte tenu de l'absence de rideaux aux fenêtres... Y séjournaient également la belle Sibérienne Elena Patouchinskaïa, dont le mari, notaire, avait, sur intervention de Raspoutine, été nommé à Odessa, où il s'était tiré une balle dans la tête... ; la jolie juive convertie Volynskaïa, qui avait payé en nature et en argent pour que Raspoutine obtienne la grâce de son mari ; la baronne Koussova, qui cherchait à avoir une meilleure situation pour son mari, officier du régiment de Crimée ; la chanteuse tsigane Varvarova, qui lui coûtait beaucoup trop d'argent et qui essayait de le distraire de toutes les manières possibles... ; la lubrique épouse d'avocat Sheïla Lunts... ; le propriétaire du restaurant *Villa Rodé*, qui mettait volontiers vin et dames à la disposition de Raspoutine ; l'érotomane Joukovskaïa... ; le prince Andronikov ; le médecin Badmaev ; l'agent de divers services secrets Manassevitch-Manouïlov ; l'inspecteur des écoles publiques Dobrovolski et sa jeune épouse ; le fils de l'exarque de Géorgie, Moltchanov qui arrangeait ici ses propres affaires et celles de son père... ; la juive Tregoubova... ; Simanovitch, trafiquant de diamants et tenancier de maisons de jeu ; la belle princesse Chakhovskaïa... » Et, au beau milieu de cette assemblée, trônait le moujik, ivre en permanence, englué dans des jeux religieux qui tournaient de plus en plus à la concupiscence maladive, à une sorte de drogue.

Dans le Dossier, Sazonov, l'ami d'autrefois, devait raconter au juge cette scène étonnante : « Raspoutine était conscient de sa déchéance, et il en souffrait... Je me souviens, six mois avant sa mort, il est venu me voir, ivre, et, sanglotant amèrement, il m'a raconté qu'il avait fait la bringue toute la nuit chez les Tsiganes en y laissant deux mille roubles, alors qu'à six heures il devait aller chez la tsarine. Je l'ai conduit dans la chambre de ma fille, où, au milieu de ses sanglots, il m'a dit : "Je suis le diable. Je suis le démon. Je suis un pécheur, alors qu'autrefois j'étais un saint. Je ne suis pas digne de rester dans cette chambre pure." J'ai vu que son chagrin était sincère. »

« Rocambole » fait main basse sur la maison de la rue Gorokhovaïa

À la fin de l'année 1915, le colonel Komissarov informa ses chefs que Manassevitch avait subitement acquis une énorme influence dans l'appartement de la rue Gorokhovaïa. Et, comme le notaient les agents, l'homme accompagnait de plus en plus souvent le moujik à Tsarskoïé Sélo, en voiture officielle. Komissarov raconta avec étonnement les nouveautés qui étaient apparues chez le moujik grâce à Manassevitch : une machine à écrire et une dactylo. Au moyen de cette technologie avancée, les pensées de Notre Ami étaient maintenant transmises sans délai à Tsarskoïé Sélo, sous forme dactylographiée. En bas, Raspoutine apposait une croix et gribouillait une pompeuse signature.

Les relations du moujik avec Tsarskoïé Sélo se poursuivaient désormais sans interruption.

Au début, Beletski et Khvostov crurent que l'habile aventurier avait simplement décidé, avec l'aide du père Grigori, de faire la connaissance de la puissante Amie. Seulement plus tard, les deux chefs de la police secrète comprendraient leur bévue. À cette époque, en effet, Manassevitch venait de trouver un nouveau Premier ministre au pays. Et c'était pour discuter de cette candidature inattendue avec l'Amie que les deux comparses se précipitaient à Tsarskoïé Sélo.

L'amant ingrat

La seule chose que Khvostov put établir avec certitude grâce à ses agents était la décision, prise à Tsarskoïé Sélo, de se débarrasser du Premier ministre Goremykine. Et l'imbécile en conclut que son heure était proche ! Il n'avait rien compris à l'attitude de Raspoutine à son égard. Comme le disait très justement le colonel Komissarov en parlant de son patron, « Raspoutine sentait en permanence sa haine et, malgré tous les services que lui rendait Khvostov, il n'arrivait pas à surmonter la sienne ». Khvostov déploya une activité démentielle. Il eut l'idée de rallier à sa cause le nouveau favori de Raspoutine. Puis, à travers Manassevitch, de se remettre rapidement Raspoutine dans la poche.

La chose semblait facile à réaliser. En effet, au même moment, Manassevitch était venu lui-même voir Khvostov pour une affaire personnelle et délicate. Manassevitch s'était entiché de l'actrice Lerma-Orlova. Cette ravissante personne à moitié française, demi-mondaine du genre de Sheïla Lunts, avait totalement tourné la tête de Manassevitch, un homme d'une rare laideur, toujours prêt à tomber amoureux. Hélas, l'infortuné « Rocambole » avait appris que sa maîtresse, tout en lui soutirant de l'argent, offrait gratuitement ses charmes à un jeune Suédois, l'écuyer Petz, qui lui donnait des leçons d'équitation. La jeune femme était tellement absorbée par cette noble activité qu'il devenait totalement impossible au malheureux Manassevitch d'accéder au lit tant convoité de la belle actrice. Khvostov accepta avec enthousiasme d'aider l'infortuné Manassevitch. En conséquence de quoi, Petz fut accusé de vendre des chevaux à l'armée allemande, à travers la Suède, et fut envoyé en prison avant d'être expulsé. Et Manassevitch reprit ses visites à l'actrice, terrorisée.

En retour, Khvostov était en droit d'attendre quelque réciprocité de la part de l'amant reconnaissant. Mais, dans sa grande naïveté, « Gros Bide » avait oublié que, chez ces gens-là, la reconnaissance n'existait pas. Car, pendant ce temps, Rocambole poursuivait ses grandes manœuvres en organisant des rencontres secrètes entre Raspoutine et le candidat au poste de Premier ministre qu'il avait trouvé.

Le « petit vieux » qu'il faut

Beletski eut connaissance de ces réunions au début de l'année 1916. L'identité du candidat autant que l'environnement pour le moins sinistre de ces réunions le consternèrent. Raspoutine était conduit de nuit à la forteresse Pierre-et-Paul, cette Bastille russe. Là, dans le bureau du commandant de la prison, l'attendait le candidat, à qui Raspoutine avait déjà eu le temps d'attribuer le surnom de « petit vieux » Il s'agissait de Boris Stürmer, soixante-sept ans, membre de la Douma. On voyait en permanence, au côté de Stürmer, une toute jeune femme, une certaine Nikitina, la fille du commandant de la forteresse Pierre-et-Paul. Cette demoiselle d'honneur de l'impératrice, ainsi que la décrirait Vyroubova, « avait une réputation de femme frivole et on faisait en sorte de ne pas la recevoir à la cour ». Et l'âge de Stürmer ne suffisait pas « à démentir les bruits qui circulaient sur leur compte ».

C'était Nikitina qui organisait les rencontres secrètes entre Raspoutine et Stürmer dans le bureau de son père. En 1917, ce serait enfermé dans cette même forteresse que Stürmer devrait répondre aux questions des juges de la Commission extraordinaire.

Ayant appris par ses agents que Stürmer était pressenti pour devenir Premier ministre, Beletski fut d'abord stupéfait. Puis, à la réflexion, il reconnut que ce choix n'était pas mauvais. Certes, il portait un nom allemand, plutôt mal venu.

Mais il était loin d'être le seul, à la cour. En revanche, c'était « un homme d'une incontestable loyauté à l'égard du trône, disposant d'un cercle important de relations parmi les courtisans ». En 1914, chez Stürmer, se réunissait un salon politique de grande renommée. Là, contrairement à la virulence qui prévalait ailleurs, la critique de Raspoutine se voulait constructive — autrement dit, on cherchait à sauver le pouvoir du désastre sans toucher au starets. Beletski fréquentait régulièrement ce salon.

« Le cercle de Stürmer, expliquerait Beletski, réunissait la fine fleur de l'aristocratie russe et de la bureaucratie influente — membres du Conseil d'État, sénateurs, descendants des plus anciennes familles russes... gouverneurs, hiérarques de l'Église. » Alexandra Fiodorovna le savait : ce cercle-là ne réclamait pas la tête du favori. Or toutes les tentatives de ce membre du Conseil d'État pour revenir à la politique active s'étaient soldées par un échec : son nom allemand semblait un obstacle insurmontable. Voici que son heure venait de sonner.

Beletski eut vite fait d'établir d'où avait surgi l'idée de Stürmer. À l'époque de Plehve, le puissant ministre de l'Intérieur, Stürmer occupait le poste de directeur du Département de la Police, où Manassevitch travaillait également comme agent des services secrets. Ayant compris la situation, Beletski convoqua Manassevitch. « Je lui ai demandé pourquoi il avait trahi Khvostov. S'excusant, il me dit avec emphase : "Vous serez mieux auprès de Stürmer." » Alors, résolu à établir rapidement un contact avec le futur Premier ministre, Beletski se garda bien d'informer Khvostov des réunions secrètes qui se tenaient à la forteresse. « J'ai... par l'intermédiaire de Manassevitch, assuré Stürmer de mon soutien et du fait que j'étais tout disposé à lui transmettre les informations en ma possession. »

Puis l'infatigable Manassevitch ménagea une rencontre entre Stürmer et le métropolite Pitirim. Par la suite, lors de sa déposition, Manassevitch déclarerait que Son Excellence lui avait demandé : « Le remplacement de Goremykine par quelqu'un portant un nom étranger ne risque-t-il pas de soulever certaines polémiques ? » À quoi Manassevitch avait répondu : « C'est l'homme qui importe, pas son nom. » Puis il avait ajouté : « Stürmer est un homme nouveau pour la

Douma, et, de ce fait, les députés n'oseront pas le démettre d'emblée. » Prudent, sachant qu'il avait la tsarine et Raspoutine derrière lui, Pitirim adressa au tsar une note favorable à Stürmer.

Après avoir été exclu des services spéciaux et s'être sali dans un nombre incalculable de sombres affaires, Manassevitch se vit promettre un poste de fonctionnaire chargé de missions spéciales rattaché au Premier ministre. Il devenait l'agent de Raspoutine et du cabinet « des dames » auprès du « petit vieux ». Chacun voyait son rêve se réaliser : Stürmer devenait Premier ministre, Manassevitch rejoignait le pouvoir, la tsarine et Raspoutine avaient trouvé un Premier ministre aux ordres.

Le moment vint d'annoncer la nouvelle à Khvostov. Craignant la fureur et la vengeance de Gros Bide, Manassevitch, qui avait toujours adoré jouer sur plusieurs fronts à la fois, devança les événements et prit l'initiative d'aller voir Khvostov. Il l'informa de la nomination prochaine de Stürmer en précisant que cela était l'œuvre de Raspoutine et de Pitirim. Khvostov entra dans une rage folle. Et prépara sa vengeance.

Pendant ce temps, les événements suivaient leur cours. Convoqué par le tsar le 20 janvier à trois heures de l'après-midi, Stürmer ressortit de son entrevue avec le portefeuille de Premier ministre. Quant à Goremykine, arrivé comme prévu à cinq heures pour présenter son rapport, il quitta le bureau de l'empereur, abasourdi de se retrouver à la retraite. Peu après, Manassevitch se voyait attribuer le poste de chargé de missions spéciales auprès du Premier ministre.

Comédie à la laure

Khvostov, fermement décidé à se venger, fit porter son premier coup sur Pitirim. Il décida de dévoiler au grand jour ce que le métropolite faisait tant d'effort pour dissimuler — son étroite amitié avec Raspoutine. Pour cela, il imagina toute une mise en scène. Il convoqua Komissarov et le chargea, après qu'il se serait revêtu d'un costume civil, de conduire Raspoutine chez Pitirim. Le colonel se mit aussitôt en route. « En exécutant ma mission, témoignerait Komissarov, j'ai découvert que Raspoutine ne se trouvait pas chez lui mais à Tsarskoïé Sélo. Environ un heure plus tard, il est arrivé en compagnie de sa famille, d'Ossipenko, le secrétaire de Pitirim, et d'Akilina... J'ai discrètement informé Raspoutine que nous étions attendus à la laure par le métropolite et Khvostov... Après quoi, Raspoutine et moi sommes immédiatement partis. » Flairant quelque chose qui clochait, « Ossipenko et Akilina ont commencé à protester contre le fait que j'emmène Raspoutine et... ils ont couru un certain temps derrière notre coche, en criant à Raspoutine : "Où vas-tu ? Il va te déposer n'importe où !" »

Pendant ce temps, Khvostov était déjà à la laure et attendait dans les appartements de Pitirim. Il discutait aimablement avec le métropolite quand on annonça quc Raspoutine était là.

Déposition de Komissarov : « Pitirim, qui tenait à garder secrète son amitié avec Raspoutine, a dit à Khvostov que venait d'arriver un Géorgien avec qui il avait à parler. Et il est sorti pour nous voir. Pitirim a embrassé Raspoutine. » Puis Raspoutine présenta Komissarov comme étant « le général de Khvostov ». On imagine l'effroi du hiérarque ! Ensuite Pitirim demanda d'un air lugubre : « Pourquoi n'êtes-vous pas en uniforme ? » Komissarov répondit qu'il ne le portait qu'en service. « Pitirim fut bien obligé de nous faire entrer dans la pièce où se trouvait Khvostov. »

Tout Petrograd parla de cette bonne farce. Le prestige du métropolite était anéanti. Vyroubova et l'impératrice ne décoléraient pas. Quant à Raspoutine, il était ravi. Il n'appréciait pas que le métropolite ait honte de leur amitié. Cela était humiliant pour le moujik. Par ailleurs, il savait que ce Khvostov qu'il détestait était un homme fini. « Maman » ne lui pardonnerait jamais !

Après s'être vengé de Pitirim, Khvostov décida de s'en prendre au moujik. Devenu fou, il se mit en tête de le chasser du Palais. Il espérait réussir là où Stolypine lui-même avait échoué ! De nouveau, il conçut un stratagème consistant à « entraîner Raspoutine dans une échauffourée qui tournerait au gros scandale, avec procès-verbal de la police et publicité ». Cela afin d'obliger Tsarskoïé Sélo « à admettre son éloignement ». Et alors, on pouvait bien lui retirer son portefeuille de ministre, lui, Khvostov, reviendrait triomphalement à la Douma, comme l'homme qui avait renversé Raspoutine.

La mise en scène du ministre

Pour mettre en œuvre son plan, Khvostov décida de faire appel à Manassevitch ! C'était dire s'il avait confiance en lui ! On alloua à Manassevitch de l'argent provenant des fonds du Département de la Police afin qu'il organise « une joyeuse soirée au domicile de son ami, le reporter Mikhaïl Snarski ». À la fin de la soirée, Snarski devait retenir Raspoutine et attendre que tous les invités se soient dispersés pour le laisser partir, seul. Alors, déguisés, les agents du Département de la Police devaient attaquer Raspoutine, le faire monter dans une automobile, et le battre sauvagement. Pour lui donner une bonne leçon. Ensuite, il suffirait de mettre tout cela sur le compte d'une bagarre d'ivrognes, provoquée par Raspoutine lui-même. Khvostov arriva, grimé, pour assister au spectacle. Près de l'immeuble de Snarski, des agents déguisés attendaient dans une voiture. Mais, curieusement, les fenêtres de l'appartement étaient uniformément sombres. En fait, pendant que Khvostov, grimé, faisait les cent pas dans le froid glacial en attendant le moujik, celui-ci bambochait en compagnie de Manassevitch et de Snarski. Dans un salon privé du *Palace Théâtre*, les trois hommes étaient en train de boire l'argent censé servir à corriger Raspoutine. Khvostov n'avait plus qu'à se taire. Il était humilié et ridicule. Selon Komissarov, ce fut alors que, pour la première fois, Khvostov lui dit : « Il faut tuer Raspoutine. »

L'assassinat du moujik

Dès qu'il envisagea l'assassinat de Raspoutine, Khvostov en parla tout naturellement à Beletski. Déposition de Beletski : « Il me fit remarquer que les rencontres avec Raspoutine nous pesaient à l'un comme à l'autre, de même que la crainte constante que nos relations avec lui ne soient découvertes du fait du manque de tact dont Raspoutine pouvait faire preuve... Et, enfin, que l'élimination de Raspoutine assainirait l'atmosphère entourant le trône et apaiserait l'opinion publique et la Douma. » Tuer Raspoutine, ainsi que le proposait Khvostov, « ne serait pas difficile ». Quant à justifier les raisons pour lesquelles il n'avait pas été suffisamment surveillé, cela serait encore plus facile. Il suffirait de « mentionner toutes les fois où Raspoutine disparaissait à l'insu des agents ». Beletski donna son accord. Il fut décidé de charger du meurtre « notre colonel », à savoir Komissarov.

Bien entendu, Beletski avait menti en prétendant qu'il était d'accord. Comme il l'expliquerait plus tard devant la Commission extraordinaire, il ne croyait pas au succès d'une telle entreprise, sachant combien « Raspoutine était intuitif et rusé, et Khvostov peu compétent dans l'organisation des actions de police secrète ». En outre, compte tenu du « tempérament mystique du souverain » et se souvenant des nombreux fols en Christ qui l'avaient précédé, il se demandait ce qui se passerait après l'élimination de Raspoutine. À cette question il répondait : « Un autre individu bizarre, du genre de Mitia Kozelski, ferait son apparition au Palais. » Au moins, avec Raspoutine, il avait appris quoi faire.

Mais Beletski taisait le plus important. Il avait en fait décidé de trahir Khvostov. Il le laisserait préparer l'assassinat, puis, à la dernière minute, il le dénoncerait aux tsars. Il espérait qu'on comprendrait alors à Tsarskoïé Sélo qu'il était impossible de trouver meilleur ministre de l'Intérieur que lui-même.

Fonds privés pour l'assassinat

Beletski décida de mettre Komissarov dans le coup. Et quand Khvostov convoqua le colonel pour lui exposer ce qu'il attendait de lui, celui-ci, après quelques hésitations de pure forme, accepta la mission. Là, se produisit le plus incroyable. Voyant ses réticences, Khvostov proposa immédiatement de l'argent à Komissarov. Il lui montra le paquet de billets. Un énorme paquet. « Il me promit 100 000 roubles en me montrant deux liasses de 50 000, se souviendrait Komissarov. Puis il monta jusqu'à 200 000. » Komissarov était d'autant plus ahuri qu'il savait qu'une telle somme ne pouvait venir du budget du ministère. Beletski, de son côté, affirmerait que Khvostov lui avait dit « qu'il disposait pour cette affaire d'importants fonds privés qui lui permettaient de ne pas lésiner ». Beletski avait alors compris que, derrière le projet de Khvostov de tuer Raspoutine, se trouvaient des forces très puissantes.

Entre-temps, Khvostov avait commencé à proposer des plans. Pour l'instant, la tâche de Beletski consistait « à critiquer ces plans afin d'en différer l'exécution ». Ou bien à les rejeter purement et simplement. Finalement, Khvostov proposa d'envoyer à Raspoutine une caisse de madère empoisonné, présentée comme un cadeau du banquier Rubinstein. Beletski envoya immédiatement Komissarov « chercher des poisons ». Ce dernier rapporta toutes sortes de fioles contenant différents produits plus toxiques les uns que les autres en expliquant comment agissait chacun d'eux. Pour sauver les apparences, il alla même jusqu'à empoisonner un des chats de Raspoutine. En réalité, les fioles contenaient des médicaments anodins, et Komissarov avait tiré d'un manuel de pharmacologie les noms de divers poisons.

Cependant, Beletski sentait que, tout inexpérimenté qu'il fût, Khvostov commençait à deviner son jeu.

Provocation

Le moment était venu de noyer Khvostov. Beletski conçut un final dans la plus pure tradition du Département de la Police. Après avoir fui la Russie, le moine Iliodore s'était installé en Norvège, où il menaçait d'éditer son livre, *Un Démon saint*, et d'y inclure les copies des lettres de la tsarine et de ses filles, toujours en sa possession. Naturellement, Khvostov était chargé de négocier le rachat des documents au moine défroqué. Iliodore réclamait une somme scandaleusement élevée. Les discussions s'annonçaient épuisantes. Ce fut alors, semble-t-il, que Khvostov eut une nouvelle idée : sous le prétexte de vouloir acheter le livre sur Raspoutine en préparation, envoyer à Iliodore un de ses agents. Celui-ci aurait pour mission de remettre l'argent à Iliodore et d'obtenir son accord d'accomplir, par l'intermédiaire de ses partisans en Russie, ce qu'il n'avait pas réussi à faire en 1914 : tuer Raspoutine.

Pour ce travail, Beletski recommanda immédiatement à Khvostov un homme à lui, un certain Rjevski.

Ainsi commença la provocation. Naïf, Khvostov transmit à Rjevski instructions et documents. Puis ce dernier n'eut plus qu'à jouer la partition écrite par Beletski. Dans le train, en route pour la Norvège, il provoqua un scandale. Quand on lui demanda de présenter son passeport, il se mit à menacer l'officier, hurlant qu'il était un intime du ministre Khvostov. Rjevski fut arrêté. Et, dès son premier interrogatoire, il déclara qu'il avait été envoyé par Khvostov auprès d'Iliodore afin de s'entendre avec celui-ci sur l'assassinat de Raspoutine.

Parallèlement, par l'intermédiaire d'agents, Beletski avait fait savoir à Iliodore que des gens très importants lui proposaient d'éliminer Raspoutine et qu'un agent de Khvostov s'apprêtait à venir le voir à ce sujet. Beletski avait tout calculé. Iliodore, qui vivait très difficilement en Norvège (il travaillait en usine comme ouvrier), comprit que l'occasion se présentait à lui de se réconcilier avec Raspoutine et de rentrer en Russie. Il envoya aussitôt un télégramme à Vyroubova et à Raspoutine.

Déposition de Vyroubova dans le Dossier : « Dans le télégramme d'Iliodore reçu par Raspoutine, il était dit que de hautes personnalités préparaient un attentat contre lui... mais dans le télégramme qui m'était adressé, il m'informait que sa femme allait venir me voir, laquelle m'apporterait les documents... que Khvostov était en train d'organiser l'assassinat de Raspoutine... Puis une pauvre femme modestement vêtue s'est présentée chez moi... elle a commencé à me montrer des télégrammes de Khvostov proposant soixante mille roubles à son mari pour le meurtre... Il me semble que les télégrammes étaient signés. Le souverain a confié l'enquête sur cette affaire à Stürmer. »

Qui trahira le premier ?

N'ayant pas encore compris qui se cachait derrière Rjevski, Khvostov se précipita chez Beletski pour décider quoi faire. Beletski lui suggéra une démarche décisive, ou plus exactement suicidaire : aller voir le tsar et lui montrer le journal tenu par les agents de la surveillance extérieure. Et tout lui exposer sans fard. Khvostov adhéra à l'idée. Beletski était impatient de connaître le résultat de l'entrevue.

Selon les dires de Beletski, de retour, Khvostov raconta que, muni de son rapport, le tsar était allé dans les appartements de la tsarine, où, d'après ce qu'avait pu entendre le ministre, avait eu lieu une explication orageuse. Puis le tsar était revenu et, gardant le rapport, il avait sèchement fait ses adieux à Khvostov. À un moment, Khvostov quitta son bureau, laissant Beletski seul. Ce dernier, en bon chef de la police secrète qu'il était, en profita pour fouiller la serviette du ministre. Il y trouva deux exemplaires du rapport sur Raspoutine. Il comprit alors ce qu'il soupçonnait depuis un certain temps : Khvostov n'avait rien dit au souverain concernant Raspoutine. En revanche, ainsi que Beletski allait bientôt l'apprendre, le ministre avait présenté un rapport négatif sur Beletski. Après l'avoir accusé de fomenter le meurtre de Raspoutine, il proposait de l'envoyer en province comme gouverneur général. C'était à qui trahirait l'autre. Beletski riposta en portant un nouveau coup à Khvostov. Simanovitch informa le Département de la Police qu'un ingénieur du nom de Heine était venu le voir pour lui dire que, sur ordre de Khvostov, Rjevski était en train d'organiser le meurtre de Raspoutine. Khvostov comprit tout, mais trop tard.

Déposition de Vyroubova : « Khvostov est venu me voir, terriblement bouleversé. Il pleurait et disait que toute cette histoire était un chantage monté par Beletski pour le chasser de son poste... que rien n'était vrai, que c'était une provocation de youpin [référence à l'intervention de Simanovitch], et il m'a priée d'en faire part à Leurs Majestés. J'ai fait ce qu'il me demandait, mais il m'a été répondu que, même s'il n'était pas coupable dans cette histoire, il était coupable de s'être acoquiné avec un individu comme Rjevski. »

Ce fut dans ce contexte que s'ouvrit la session de la Douma, celle où le tsar en personne devait venir, ainsi que l'avait suggéré le moujik.

Plus tard, un des juges de la Commission extraordinaire demanderait à Stürmer : « Vous devez vous souvenir que, le 9 février 1916, à l'occasion de l'ouverture de la session de la Douma, l'ancien empereur assistait à l'office religieux... Êtes-vous au courant que c'est Raspoutine qui avait insisté pour que le tsar y assiste et que c'est lui qui a suggéré au tsar de faire une visite à la Douma ? » L'idée était brillante. En dépit du scandale « Khvostov », la venue du tsar eut pour effet de calmer la Douma pour un certain temps.

Le colonel s'en va

La commission de Stürmer chargée d'enquêter sur toute cette histoire d'attentat et sur l'implication de Khvostov travaillait déjà quand Komissarov choisit de se retirer du jeu. Le colonel fit une sortie particulièrement spectaculaire : « Je me suis présenté chez lui [Raspoutine] et, en présence de Vyroubova et d'un grand nombre de ses admiratrices, j'ai passé un savon à Raspoutine non sans utiliser un langage assez vert. » Incapable de s'arrêter, le colonel était resté un bon bout de temps à injurier le moujik, pour toutes ses moqueries et toutes les humiliations qu'il lui avait fait subir. Après quoi, naturellement, Komissarov n'avait plus jamais revu Raspoutine. « À la fin du mois de février 1916, ajoutait le colonel, j'ai quitté Petrograd, sur décision personnelle et sur l'insistance de Tsarskoïé Sélo. » Beletski raconte que, lorsqu'il vint le voir pour s'excuser de l'attitude de Komissarov, Raspoutine « soupira et dit non sans un certain trouble : "Il m'a drôlement injurié... oui, drôlement..." ». Le moujik respectait cette capacité de dire des mots grossiers, propre à certains messieurs russes.

Pogrome anti-raspoutinien

Le travail de la commission Stürmer suscita une autre réaction tout à fait inattendue. Khvostov, comprenant qu'il avait été « donné en pâture à Stürmer » entreprit une démarche désespérée. Il fit arrêter Simanovitch en pleine nuit. On le tira du lit. Puis Khvostov déclara qu'il avait de bonnes raisons de suspecter les secrétaires de Raspoutine de se livrer à l'espionnage au profit des Allemands ! Dans les jours qui suivirent, d'autres secrétaires du moujik furent arrêtés, et les appartements de Dobrovolski et de Volynski furent perquisitionnés. « J'ai réussi à fouiller chez tous », se vanterait plus tard Khvostov lors de son interrogatoire par la Commission. Et, chez tous, on trouva nombre de « protections » de Raspoutine — des messages portant tous une croix en haut et le texte suivant : « Mon cher bon ami, écoute et aide. Grigori. » Rien d'autre n'était indiqué, ni l'objet ni le destinataire. On pouvait ainsi les utiliser selon les besoins du moment. Khvostov menaça de dévoiler à toute la Russie ce trafic de recommandations, d'indulgences, en quelque sorte. On s'apprêta à expulser Simanovitch de Petrograd. Khvostov fit courir le bruit que le prochain appartement à être perquisitionné serait celui de Raspoutine.

Le moujik était affolé. Il retrouva instantanément l'éternelle peur du paysan russe sans défense. Selon la chanteuse Belling, qui voyait Raspoutine à cette période : « Une fois, rue Gorokhovaïa, autour du thé, se prenant la tête entre les mains, il s'est écrié : "Scélérats ! Pourquoi me torturer ? Arrêtez ! Vous ne connaissez pas le malheur ? Vous n'avez jamais éprouvé la colère divine ?" puis, à la hâte, il s'est retiré dans sa chambre. » Avec la rumeur sur une possible perquisition, un vent de panique avait balayé Tsarskoïé Sélo.

Déposition de Vyroubova : « J'ai alors immédiatement écrit une lettre à Khvostov... pour qu'il ne perquisitionne pas l'appartement de Raspoutine, en ajoutant : "pour autant qu'il ne s'agisse pas d'un chantage". J'ai écrit à Khvostov du Palais, conformément à ce qui m'avait été dit. » Sous-entendu, à ce qui lui avait été dit par Alix.

C'en était trop ! En mars 1916, Khvostov était mis à la retraite. Furieux, le tsar ne l'avait même pas convoqué pour lui annoncer sa destitution. Le poste de ministre de l'Intérieur était donc vacant. Mais Beletski ne put tirer profit de la chute de Khvostov.

Déposition de Manassevitch : « Raspoutine disait : "Anouchka me demande qui il faut nommer ministre. Je ne sais pas moi-même... Beletski a bien envie. Mais lui, même s'il ne m'a pas encore tué, ce n'est pas l'envie qui lui en manquait ! Et le petit vieux est toujours là. Qu'il reste et qu'il gouverne. »

Ce fut donc à Stürmer qu'échut le portefeuille tant attendu de l'Intérieur.

Le grand déballage

Ainsi, le premier ministère formé d'après les recommandations d'Andronikov avait été un échec. Après la chute de Khvostov, on s'empressa d'éliminer le très suspect vice-ministre. On envisagea donc d'envoyer Beletski en province, avec un titre de gouverneur général. Mais là, Beletski commit une erreur. Il décida d'étaler dans les colonnes des journaux les détails de l'affaire Rjevski, prouvant son innocence et la culpabilité de Khvostov. Ce dernier répliqua immédiatement, lui aussi par journal interposé. Les détails de l'activité du puissant ministre, qui avait en secret organisé l'assassinat du moujik, le pouvoir et l'invulnérabilité de ce dernier, les manœuvres et les intrigues de la police secrète, tout ce monceau de révélations se répandit dans les journaux. Après ce flot de dénonciations mutuelles, Milioukov résumerait ainsi la situation devant la Douma : « Toute l'activité du ministre s'est étalée devant le pays telle une mauvaise pièce de boulevard. Après cela, nous comprenons que notre gouvernement n'est pas seulement mauvais, mais qu'il est tout simplement inexistant ! » À cette déclaration, la salle répondit par ce cri assourdissant : « Et Raspoutine ? »

Ce lavage de linge sale en public indigna aussi bien la droite que Stürmer et le tsar. Beletski se vit contraint de demander d'être déchargé de son poste de gouverneur général. Le tsar lui recommanda « de quitter Petrograd pour quelque temps ».

13

L'adieu aux tsars

Le dernier printemps

Arriva le dernier printemps de Raspoutine. Après tous les tracas liés aux perquisitions, il aspirait à la liberté. C'était le début des travaux des champs, et il savait que la terre avait besoin du paysan. Son fils était infirmier à l'hôpital de la tsarine, loin de leurs terres. Il décida, comme à l'accoutumée, de passer par Verkhotourié pour rendre hommage à son saint préféré, afin d'expier par la prière tous ses péchés de chair, et reconstituer ses forces dans la pénitence.

Raspoutine quitta Petrograd au début du mois de mars 1916. Vyroubova, Mounia Golovina, diverses autres admiratrices et, bien sûr, Manassevitch l'accompagnèrent à la gare. Alors qu'ils lui faisaient leurs adieux sur le quai, à leur grande stupéfaction, apparut la générale folle, vêtue d'une tunique blanche, un panier de poules caquetantes au bras.

Le Dossier. Déposition de Lokhtina : « Le père Grigori... ne voulait pas que je l'accompagne. Sans en rien dire, ni à lui ni aux autres, j'ai décidé de prendre le même train, j'ai débarqué à la gare et j'ai fait transporter toutes mes affaires dans mon compartiment, y compris un panier de volailles que je destinais au père Macaire... Le père Grigori, indigné, m'a ordonné de reporter mon départ de quelques jours... Comme la seconde sonnerie avait déjà retenti, j'ai été obligée de redescendre moi-même mes bagages en toute hâte. Manassevitch, qui se tenait juste là, dans le couloir, et me regardait avec dédain, a dit en français : “Elle part, elle aussi !” Alors, je me suis tournée vers lui et, d’un ton autoritaire, je lui ai ordonné de descendre le panier de volailles, qui était resté dans le compartiment, ce qu’il a fait, en regardant de tous côtés. »

Le complot continue

Mais bientôt Notre Ami fut de retour à Petrograd. Alix l’avait appelé. Elle redoutait de nouveau une trop longue absence de sa part. Elle sentait que cela approchait... Ils étaient nombreux à le sentir, à l’époque.

« Paré de la couronne d’épines des révolutions, arrive l’an 16 », prophétisait le jeune Maïakovski... Raspoutine revint donc une nouvelle fois dans la dangereuse capitale. Si Khvostov avait démissionné, les puissants personnages qui avaient offert de grosses sommes pour faire assassiner le moujik étaient toujours là. Dans le Dossier, Khvostov les mentionne prudemment : « Certaines personnes de la haute société étaient au courant de mes intentions d’éliminer Raspoutine. J’en avais notamment parlé à la princesse Zinaïda Youssoupova, qui m’avait fait comprendre que je pouvais compter sur des moyens financiers illimités pour atteindre cet objectif... La princesse Youssoupova, qui était le porte-parole de tout le milieu des grands-ducs, voyait clairement que Raspoutine menait la dynastie à sa perte. »

Oui, Zinaïda Youssoupova était bien « le porte-parole de *tout* le milieu des grands-ducs ». Et l’argent que Khvostov avait reçu pour assassiner Raspoutine ne représentait que la partie visible d’une intense activité secrète.

L’homme masqué

Parmi les innombrables rapports des agents concernant les personnes qui rendirent visite à Raspoutine, au cours des années 15 et 16, figure çà et là le nom de la chanteuse Belling. « Alexandra Alexandrovna Belling, épouse d’un enseigne », fut enregistrée par les agents le 13 février 1916, le

26 octobre et plusieurs autres fois par la suite. C'était alors la mode, dans la haute société, d'inviter cette chanteuse de trente ans à des soirées musicales. Elle chantait également à Tsarskoïé Sélo, chez la tsarine. « Profitant de la sympathie dont je jouissais "en haut lieu" en tant qu'artiste, je chantais où et quand je le voulais », écrivit-elle. Elle était belle, et Raspoutine avait, bien évidemment, un faible pour elle, au point qu'elle était obligée de fuir ses attentions pressantes. Un jour, Alexandra Belling reçut une lettre étonnante.

Dans les archives de Félix Youssoupov, le futur assassin de Raspoutine, j'ai retrouvé un extrait manuscrit de ses souvenirs, où il est question de cette lettre mystérieuse. « Un beau matin, racontait Belling, en triant mon courrier, je tombai sur une enveloppe dont l'écriture m'était inconnue. Je l'ouvris et je lus ceci : "Croyez bien que ce dont je vais vous parler est mûrement réfléchi ; on vous charge d'une mission de confiance très importante. Demain, à six heures du soir, je vous téléphonerai pour savoir où et quand je peux espérer vous rencontrer. Je vous propose de venir avec quelqu'un. La personne qui vous accompagnera peut venir masquée, comme je le serai moi-même." Quelle farce ! me dis-je. »

Mais, à six heures du soir, le téléphone sonna effectivement chez la chanteuse. « J'entendis une belle voix grave, un peu sèche... » La voix lui proposa de la rencontrer. La chanteuse décida d'accepter et dit à l'inconnu : « "Demain, je vais dîner chez Donon. Comme vous tenez à ne vous présenter que masqué... ce que je trouve amusant, il me faudra dîner dans un salon particulier... J'ai réservé le salon N° 6. N'allez pas vous tromper. Je vous y attends à sept heures précises." Sur ce, je télégraphiai à mon ami K. pour lui demander de me servir de cavalier. Je connaissais la droiture de son caractère et la clarté de son esprit. À sept heures, K. et moi avions fini de dîner et étions en train de prendre notre café... À peine cinq minutes plus tard, un personnage grand et svelte entra. Bien qu'il n'eût pas ôté son manteau et que son visage fût caché par un masque, il me sembla que ce n'était pas la première fois que je le voyais.

« Et l'inconnu se mit à parler : "Je vous demande de m'écouter en silence, sans m'interrompre... Nous connaissons votre opinion sur tout ce qui se passe et, en conscience, nous vous proposons de choisir le moyen d'éliminer Raspoutine. Nous n'allons pas vous dire que nous vous protégerons de la vengeance d'en haut. Il est même plus que probable que vous serez anéantie. Mais sachant que votre fille est ce qui compte le plus pour vous, nous lui garantissons une sécurité royale pour sa vie entière..." Il me demanda de prendre mon temps pour répondre et réfléchir, puis salua et sortit... "Que Dieu vous garde de vous mêler de ces embrouilles, s'exclama K. Au diable toutes leurs propositions ! Au diable ! Ma pauvre petite, savez-vous ce que veut ce loustic ? Il veut empêcher une révolution et sauver la dynastie... Qui d'entre eux oserait tuer cette vermine ? Ils tremblent tous pour leur peau. Méfiez-vous d'eux, et lui, ne l'approchez pas... Attendez, le moment n'est pas encore venu. Mais il est plus que proche. Encore deux ou trois petites touches et la Russie est sauvée." »

Pourquoi Youssoupov a-t-il gardé cette lettre dans ses archives ? Et pourquoi Belling a-t-elle envoyé cet extrait justement à Félix ? Parce que, je suppose, Félix connaissait bien l'homme qui était venu. Il était grand — tous les Romanov, hormis le dernier tsar, étaient très grands... Et cette allusion : « Ce n'était pas la première fois que je le voyais » ; même masqué, Belling, qui fréquentait le Palais, avait reconnu cet homme... Youssoupov, lui aussi, avait reconnu l'homme masqué et c'est pourquoi il avait gardé le manuscrit. Il s'agissait sans doute du beau-frère de Félix, le grand-duc Alexandre Mikhaïlovitch (Sandro), lequel allait bientôt supplier le tsar de se débarrasser de Raspoutine. Donc, outre la mère de Félix, qui avait donné de l'argent pour faire assassiner Raspoutine, la même cause était également financée par les hommes de la famille des grands-ducs. Sans succès... Pour le moment.

La prophétie

Néanmoins, le nœud se resserrait autour de la gorge du moujik, et lui, il le sentait. Il répétait maintenant de plus en plus souvent sa terrible prophétie : « Tant que je serai en vie, la dynastie vivra. » Dans le Dossier, Badmaev raconte avoir un jour demandé à Raspoutine s'il avait peur. « Non, avait répondu celui-ci, je n'ai pas peur pour moi, mais j'ai peur pour le peuple et pour la famille impériale. Parce que, quand on m'assassinera, cela ira mal aussi pour le peuple. Et le tsar ne sera plus là. »

On peut imaginer ce que ressentait Alix en entendant de tels propos. Et à quel point désormais elle devait craindre pour la vie de Raspoutine ! Que reflétaient au juste ces paroles ? La ruse d'un moujik intelligent qui cherchait ainsi à défendre sa peau ? Ou, effectivement, une des visions qui hantaient cet homme énigmatique ?

Et, durant tout ce temps, Alix, peu au fait de ces questions, essayait d'organiser sa protection. Elle en chargea Stürmer qui, elle le savait, avait une longue expérience du travail au sein du ministère de l'Intérieur. Déposition de Stürmer : « Après le départ de Komissarov, seule la police secrète assurait la protection de Raspoutine. Vers cette époque, il s'était mis à boire énormément, et la police se plaignait du fait qu'il était devenu impossible de le surveiller, car toutes sortes d'automobiles venaient le chercher pour l'emmener on ne savait où. » Ainsi, sachant l'assassinat inévitable, la police secrète s'en était lavé les mains par avance. Et Stürmer également. Cette obligation de protéger Raspoutine était à la fois désagréable et dangereuse pour lui. Il lui trouva un gardien. « Il fallait quelqu'un qui sût à peu près qui pouvait être dangereux et indésirable, ce dont des agents subalternes auraient été incapables... C'est là que Manassevitch-Manouïlov pouvait servir. Il fréquentait la famille... » Désormais, la sécurité du moujik, et avec elle toute responsabilité dans l'éventualité d'un attentat, reposait sur les épaules de Manassevitch. Avec l'accord d'Alix, qui n'y comprenait pas grand-chose.

Raspoutine était condamné. Les agents le surveillaient toujours mais ne le protégeaient guère. Le moujik se sentait de plus en plus traqué comme une bête. Durant l'été, il décida donc de disparaître de la capitale une nouvelle fois, et de quitter les tsars.

Raspoutine vu par la fenêtre

Les archives de la Commission ont conservé un journal assez amusant. Un voisin de Raspoutine, un fonctionnaire du Synode dénommé Blagovechtchenski, y décrit la vie de son étonnant voisin : « Sa cuisine se trouve juste en face de la mienne, donc on voit tout très bien. » Il entendait également tout très bien, car l'appartement de Raspoutine était mitoyen du sien. Il écoutait, regardait et notait tout dans son journal : « 15 juin. J'écris dans mon bureau et, de l'autre côté du mur, c'est une vraie bacchanale. Apparemment, c'est la fête avant son départ pour ses terres. On danse, on rit... Vers minuit, des musiciens sont arrivés, un orchestre à cordes d'un quelconque kiosque à musique. Ils ont joué et chanté des airs d'opérette pour accompagner une danse effrénée... Un baryton chante souvent des chansons géorgiennes [selon toute probabilité, il s'agissait de Papkhadze, le fiancé de la fille de Raspoutine]... La fête a continué très tard dans la nuit. À la fin, on pouvait distinguer plusieurs voix ivres et une personne qui dansait. C'était sans doute lui qui s'en donnait à cœur joie, en chantant et en dansant tout seul. Des dames et des demoiselles venaient sans cesse dans la cuisine chercher des *zakouski*, des fruits et des bouteilles de vin, toutes très animées, cramoisies et d'une joie débridée. Ce sont les dames elles-mêmes qui lavaient toute la vaisselle. »

L'adieu à saint Syméon

En partant de Pétersbourg, Raspoutine avait recommandé à ses admiratrices d'apprécier à sa valeur le temps qu'elles avaient passé avec lui. Déposition de Manassevitch : « En juin 1916, en ma présence et en présence de Vyroubova, il avait assuré ses fidèles qu'il avait encore cinq ans à passer dans le monde. [Selon Vyroubova, il avait promis qu'à ce moment-là le tsarévitch aurait « surmonté définitivement sa maladie ».] Ensuite, il se retirerait du monde et de tous ses proches, dans un endroit perdu, connu de lui seul, où il pourrait trouver le salut en menant une vie d'ascète ». Manassevitch n'avait pas compris qu'une fois de plus Raspoutine avait cité les paroles de Jésus : « Je ne serai pas toujours parmi vous », évoquant, en référence aux *khlysty*, Celui qui l'habitait.

Mais, peu de temps après, Alix le rappela. Et il regagna la capitale menaçante, éternellement humide et balayée de vents mouillés, en son vide estival. À la fin de l'été, il réussit à repartir pour accomplir son devoir de paysan — faire la moisson. Et, de nouveau, il fit la fête avant de partir, pour qu'on se souvînt de Grichka. Qui savait si, le temps des troubles advenu, il pourrait encore revenir ? Et, de nouveau, son voisin, indigné, écrivit dans son journal : « La bringue a duré toute la nuit. Un chœur tsigane de quarante personnes avait été invité. Ils ont chanté et dansé jusqu'à trois heures du matin... À part ça, depuis le 6 août, il picole, pelote les domestiques dans la cour et essaie de les embrasser. On dit qu'il est parti dans son village, le 9 août. »

Il était parti, mais pas seul. Comme s'il avait senti que c'était la dernière fois. Il avait emmené avec lui les fidèles d'entre les fidèles au monastère de Verkhotourié, afin qu'ils s'inclinent ensemble une ultime fois devant les reliques de saint Syméon. Vyroubova qui boitait, accompagnée de sa servante Marie Belaeva et de l'infirmier Akim Jouk, Lili Den, Mounia Golovina et les deux filles de Raspoutine s'installèrent à l'auberge du monastère et supportèrent stoïquement la crasse et les myriades de punaises. Quant au père Grigori, il occupa une cellule du monastère. De là, ils se rendirent à l'ermitage du moine ascète Macaire, chez qui, dans une pièce mitoyenne de sa cellule, habitait, à l'époque, la générale folle. Elle apportait le bois, faisait le ménage, lavait la cellule du moine et priait.

Extrait de la déposition de la servante Belaeva, dans le Dossier : « Lokhtina habite dans une cellule particulière... Elle est toute vêtue de blanc, porte de petites icônes sur la poitrine... Moi-même et Vybourova avons passé une nuit chez elle... Den était également avec nous. Le lendemain, nous sommes retournées au monastère, où se trouvent les reliques de saint Syméon. »

Après avoir fait ses dévotions, Raspoutine se rendit avec ses filles à Pokrovskoïé, tandis que ses admiratrices repartaient pour la capitale. Elles ignoraient alors qu'elles venaient de faire leurs adieux au monastère préféré du père Grigori.

La ligne pour communiquer avec Berlin

Alix le rappela dès la fin août. Dans la capitale, il se sentit de nouveau condamné... À cette époque, on racontait déjà partout que Raspoutine était à la solde d'agents allemands. Lui, la tsarine qui l'écoutait et Vyroubova — les « forces obscures » — prirent alors la décision de faire sortir la Russie de la guerre. « On ne parlait même plus de Raspoutine et de la trahison ; on les mentionnait juste comme si cela allait de soi », écrivait Victor Chklovski, célèbre homme de lettres de l'époque.

Les « forces obscures », la menace d'une paix séparée avec l'Allemagne, l'élimination de Raspoutine, telles étaient les idées qui agitaient la société de cette époque. Dans le journal du grand-duc André Vladimirovitch, on trouve ces lignes : « C'est inouï à quel point Alix est impopulaire » ; « Ô, mon Dieu, sauvez la Russie ! Mais tout sauf cette paix honteuse. » ; « Hier, une sœur de charité du palais d'Hiver a rapporté qu'il y avait une ligne secrète pour communiquer avec Berlin. »

En 1917, l'objectif principal de la Commission extraordinaire fut d'établir comme certain le fait que la tsarine communiquait secrètement avec sa famille en Allemagne, en vue d'établir une paix séparée. La Commission ne put rien prouver de tel. Au contraire, les faits ne firent que confirmer l'innocence des tsars. Lorsque, à la fin de 1916, le gouvernement allemand s'adressa aux pays de l'Entente pour proposer la paix, Nicolas répondit que le temps des pourparlers de paix n'était pas encore venu, car le but que s'était assigné la Russie — la prise de Constantinople et de ses détroits et l'instauration d'une Pologne libre à partir des trois territoires alors séparés — n'était pas encore atteint. L'ambassadeur britannique, George Buchanan, le confirme dans ses Mémoires : « Le seul point sur lequel nous pouvons compter sur sa fermeté [de Nicolas II], c'est la question de la guerre. D'autant plus que la souveraine, qui gouverne de fait la Russie, est elle-même déterminée à poursuivre la guerre. » Raspoutine lui-même ne déclarait-il pas désormais et fréquemment qu'il était pour la lutte jusqu'à la victoire ?

Son secret... Sa tragédie

Déposition de Manassevitch : « Raspoutine disait : “Si j'avais été là au début de la guerre, celle-ci n'aurait pas eu lieu... Mais, puisqu'on l'a commencée, il faut la mener jusqu'au bout. S'il y a matière à querelle, il faut vider l'abcès. Si on ne se querelle qu'à moitié, il y aura une autre querelle.” À son sujet [la tsarine], il disait : "Elle est terriblement en faveur de la guerre. Mais il y a eu des moments où elle a pleuré en pensant que son frère pouvait être blessé ou tué." »

Sabline, le commandant du yacht royal, le *Standart*, qui était très proche des tsars, affirmerait la même chose : « Le souverain était partisan de poursuivre la guerre jusqu'à la victoire... La souveraine était du même avis. » On n'a jamais découvert le moindre document susceptible de prouver le contraire.

Toutefois, les cendres trouvées dans la cheminée de la tsarine après la révolution de Février témoigneraient du nombre important de documents qui y avaient brûlé. Qu'avait-elle fait disparaître ? Des papiers personnels ? Mais alors, pourquoi toutes ces lettres intimes parlant de jalousie seraient-elles restées ? De plus, qu'aurait-elle pu avoir de secret, elle qui se dévouait corps et âme à sa famille ? Non, il est beaucoup plus vraisemblable qu'elle ait brûlé quelque chose d'autre, quelque chose de dangereux pour elle.

En septembre 1915, elle mentionnait, dans sa correspondance avec le tsar, des lettres de son frère Ernie, qui, lui, voulait ardemment la paix. N'était-ce pas plutôt ces lettres qu'on aurait trouvées réduites en cendres ? D'ailleurs, d'autres documents qui furent conservés sembleraient le prouver. Le 1er novembre 1915, elle écrivait : « Notre Ami a toujours été contre la guerre et il disait que les Balkans ne valaient pas la peine que le monde entier entre en guerre à cause d'eux. » Mais Nikki gardait le silence. Fidèle à ses funestes obligations envers ses alliés, il feignait de ne pas comprendre son appel. Et elle n'osa pas insister. Pour elle que le peuple surnommait « l'Allemande », il y allait d'un sujet trop délicat.

Mais, en 1916, pressentant le danger, elle passa de la parole à certains actes. Durant le dernier automne de leur règne, elle écrivit à Nikki : « 1er septembre. J'ai mis tous mes espoirs en la grâce de Dieu, mais dis-moi au plus vite à quel moment vous comptez passer à l'offensive, pour qu'Il puisse prier particulièrement à ce moment — c'est très important, et Il comprend ce que tu endures. » Il s'agissait de l'offensive préparée par le général Broussilov. L'offensive n'eut pas lieu... Nicolas l'annula soudainement, à la grande surprise de l'état-major. Il s'avéra qu'Alix l'avait supplié de ne pas la lancer, en faisant, à son habitude, référence aux prédictions de

Notre Ami. Et, naturellement, Notre Ami salua cette décision avec joie.

Le 23 septembre 1916 : « Notre Ami dit, à propos des nouveaux ordres que tu as donnés à Broussilov, etc. : "Très content de la décision prise par Papa. Tout se passera bien." Il n'en parlera à personne. » Mais ils avaient oublié le caractère du souverain. Comme toujours, son entourage sut le convaincre, et le général Broussilov finit par lancer l'offensive.

« 24 septembre... Mon cher époux, Notre Ami est hors de lui à cause de Broussilov, qui n'a pas obéi à ton ordre de suspendre l'offensive. Il dit que cet ordre t'avait été inspiré "d'en haut" et que Dieu l'aurait béni. Maintenant, dit-il, on va de nouveau subir des pertes inutiles. Il espère, toutefois, que tu vas insister pour que ton ordre soit respecté car, pour le moment, "ça ne va pas". »

Et le souverain et commandant suprême des armées de se justifier : « 24 septembre... Je viens de recevoir ton télégramme où tu m'apprends que Notre Ami est profondément affligé... Quand j'ai donné cet ordre, je ne savais pas que Gourko [le chef des armées] avait décidé de rassembler presque toutes les forces qu'il avait à sa disposition et de lancer une attaque conjointement avec la garde et les troupes voisines. Cette combinaison laisse espérer... un succès. Mais, je t'en prie, ma chérie, garde ces détails pour toi ! Ne lui transmets que ceci : "Papa a donné l'ordre de prendre des mesures raisonnables !" » Il avait peur, il avait suffisamment entendu parler des espions qui entouraient le starets !

Mais Alix le suppliait à nouveau : « 25 septembre 1916... Oh, je t'en supplie, réitère ton ordre à Broussilov, arrête ce massacre inutile... Tu dois insister — tu es le chef — et tous te remercieront à genoux, y compris notre glorieuse Garde ! Il n'y a là-bas que des marécages impraticables, des étendues sans protection, où il est impossible de se mettre à couvert ; peu de forêts. Bientôt les feuilles vont tomber et il n'y aura aucun refuge durant l'offensive... Nos généraux sont indifférents aux pertes, et c'est un péché... Dieu bénira ton plan — pourvu qu'on le réalise — épargne ces vies, mon cher époux. »

Ces lettres étaient le véritable reflet de ses pensées, dont Buchanan ne savait rien : pas d'offensive de quelque sorte que ce soit, il fallait en finir avec la guerre. Peu de temps auparavant, dans une offensive ratée sur le front ouest, ils avaient perdu quatre-vingt mille hommes en neuf jours. Si cette nouvelle attaque devait se solder par un échec, cela signifierait d'innombrables victimes et l'imminence d'une révolte populaire. Si, en revanche, l'offensive était réussie, cela signifierait la poursuite de la guerre et produirait tout aussi sûrement la révolte prédite par le père Grigori. Car, à présent rentré de son village, Notre Ami racontait sans cesse à Alix à quel point les paysans haïssaient la guerre. Et elle était heureuse ! Le moujik lui disait exactement ce qu'elle avait envie d'entendre, à savoir qu'il fallait à tout prix mettre fin aux hostilités.

Les idées claires des « forces obscures »

Le plus extraordinaire était que la tsarine et le moujik étaient alors les seuls à avoir raison. Ni la grande famille des Romanov, ni la cour, ni la bourgeoisie russe, ni le bloc progressiste de la Douma n'avaient compris que la guerre devait cesser. Comme allait le prouver non seulement le destin de la monarchie mais aussi la chute du gouvernement provisoire qui la remplacerait. Les bolcheviks allaient remporter la victoire précisément parce qu'ils avaient compris cette idée fondamentale : il fallait conclure la paix à tout prix. Exactement comme, en 1916, le préconisaient la dernière tsarine et Raspoutine. Ainsi, les « forces obscures » auraient pu sauver l'empire.

Toutes ces idées se reflétaient sans doute dans la correspondance d'Alix avec Ernie. C'étaient les lettres de son frère qu'Alix avait brûlées.

C'était également la raison pour laquelle avait eu lieu, à cette époque, une rencontre secrète en Suède, dont la Commission extraordinaire du gouvernement provisoire ne parvint jamais à découvrir la signification.

Qui aurait pu prédire, durant l'été 1916, que le vice-président de la Douma, Protopopov, ce charmeur, ce favori de l'opposition, ce chéri des dames, cet enfant gâté par le sort, allait devenir, à peine quelques mois plus tard, l'homme le plus détesté de la vie politique russe ?

Au cours de l'été 1916, Protopopov partit en Suède, à la

tête d'une délégation de la Douma. À Stockholm, il rencontra un certain Wartburg, frère d'un célèbre homme d'affaires, et attaché à l'ambassade d'Allemagne. Durant l'entrevue, Wartburg entretint Protopopov du désir de l'Oncle Willie de conclure une paix séparée avec Nikki, son ami d'autrefois, et des possibles conditions de cette paix. L'empereur allemand offrait à la Russie une paix honorable et avantageuse. Au retour de la délégation, Protopopov fit son rapport à Nicolas. Ce dernier, respectant en cela de façon émouvante la parole donnée aux alliés, désapprouva cette rencontre et jugea prématuré d'évoquer la paix. Après quoi, l'affaire tomba dans l'oubli. Protopopov était l'un des chefs de la Douma qui prônait la guerre jusqu'à la victoire. Personne, à l'époque, n'aurait eu l'idée de le soupçonner d'avoir des rapports avec des Allemands.

Le chéri des dames et des députés

Ce n'était pas par hasard que Sheïla Lunts avait surpris Protopopov en train de faire la fête avec Raspoutine, dans le petit appartement douteux de Knircha. En réalité, pendant tout ce temps, le favori de la Douma avait entretenu des contacts secrets avec l'homme le plus honni par l'assemblée. C'était leur ami commun, le médecin tibétain Badmaev, qui les avait présentés.

Alexandre Protopopov était un personnage typique de la fin de l'empire. Un décadent. Brillamment instruit, il avait été éduqué dans un collège jésuite de Paris. Charmant en société, c'était un remarquable pianiste, ami de Massenet. Mais tous ces dons avaient été comme altérés, comme atteints par la pourriture. Car cet homme intelligent était également un malade et un déséquilibré. Déjà, alors qu'il servait dans la garde montée, il était connu pour participer aux orgies les plus honteuses. Ses frasques en tous genres avaient considérablement réduit son immense fortune. Souffrant d'une maladie vénérienne mal soignée, il avait fait connaissance avec le docteur Badmaev, habitué à prendre le relais quand la médecine traditionnelle ne pouvait plus rien. Protopopov souffrait d'un début de paralysie et était sujet à des crises de neurasthénie aiguë. Son dernier espoir résidait donc dans les mystérieux remèdes du mage tibétain. À la fin de 1915, Protopopov suivait pour la énième fois un traitement à la clinique de Badmaev lorsque ce dernier avait entendu son ami Raspoutine dire qu'on cherchait de nouveaux ministres. Et Badmaev, qui toute sa vie avait aspiré à jouer un rôle dans la haute politique, n'avait pas laissé passer sa chance. Protopopov était le favori de la Douma. C'était lui dont le tsar avait besoin ! Son patient allait réconcilier le parlement et le pouvoir ! Doux, bien élevé, il ne pouvait pas ne pas plaire à Tsarskoïé Sélo ! Cet homme malade et sans volonté allait servir la tsarine sans rechigner. Et il n'oublierait pas son médecin. Il ne restait plus qu'à le présenter à Raspoutine.

Protopopov devait déclarer devant la Commission extraordinaire : « Badmaev conseilla à Raspoutine de m'introduire au sein du gouvernement... Badmaev voulait qu'on me nomme président du Conseil des ministres et il croyait en la force d'influence que Raspoutine avait sur le tsar et sur la tsarine... “S'il le voulait, il l'obtiendrait”. » Peu après, il commença à rencontrer le moujik en secret. Et c'est précisément à cette époque qu'entra en scène leur connaissance commune, la charmante Sheïla Lunts, qui avait fréquenté Raspoutine sans succès, et que Protopopov commença à fréquenter avec beaucoup plus de succès.

Le Dossier. Déposition de Sheïla Lunts : « Il me fit l'impression d'un homme intelligent, doux et charmant... À cette époque, je souffrais de l'absence de mon mari, et Protopopov venait le soir bavarder avec moi... » Et Raspoutine venait parfois, dans ce même appartement de Sheïla, « bavarder » avec Protopopov.

Le Dossier. Déposition de Filippov : « Protopopov venait très souvent chez elle pour la rencontrer seul à seule, puis en présence de Raspoutine, qui était également invité... Protopopov commença à prendre de terribles airs de conspirateur, lorsqu'il obtint de Raspoutine la promesse qu'il l'aiderait à obtenir le poste de ministre de l'Intérieur. »

Désormais l'accession au pouvoir passait par les salons privés des restaurants et les appartements des prostituées. Le tsar, qui se trouvait à la Stavka, avait laissé à la tsarine le soin de former le gouvernement ; la tsarine en avait chargé le rusé moujik, qui, à son tour, en avait chargé des aventuriers rusés et des banquiers véreux. Tous ces rusés aigrefins luttaient les uns contre les autres, manigançaient, se tendaient des pièges subtils, se traînaient mutuellement dans la boue. Ils maîtrisaient tous à la perfection l'art de s'anéantir les uns les autres, sans réaliser qu'ils faisaient dangereusement tanguer le bateau sur lequel ils étaient tous embarqués. Et qui, même sans cela, avait déjà bien du mal à se maintenir à la surface.

Choyé par les tsars

Mais revenons au mois de juin 1916, lorsque Protopopov, rentré de Suède après ses discussions avec Wartburg, fut reçu pour la première fois par Nicolas. Malgré le mécontentement du souverain, Protopopov ne s'en trouva pas moins « choyé par le tsar ». Le Dossier. Déposition de Vyroubova : « C'était typique du souverain, qui parfois, au premier regard, se prenait d'une sympathie irrépressible pour les gens. » Je pense que l'Amie biaise, comme d'habitude. Cette sympathie de Nicolas avait été bien préparée. Car la rencontre avec Wartburg avait été la première mission confiée par la tsarine à Protopopov, qui s'en était parfaitement acquitté. Lui, qui la veille encore était un farouche partisan de la guerre jusqu'à la victoire finale, avait transmis des propositions de paix séparée ! Et ce n'était pas sa faute si Nicolas n'avait pas osé s'opposer à son entourage ni à la Douma et était resté loyal envers ses alliés.

Mais, durant leur entrevue, Nicolas comprit que Raspoutine avait raison et que le favori de la Douma était prêt à remplir toutes les missions qui lui seraient confiées par les tsars. C'est pourquoi Nicolas se montra tellement bienveillant avec cet homme doux, si différent des ministres vociférants qui l'avaient précédé. Et, à la fin de l'audience, il lui dit quelque chose de personnel, de cordial. Protopopov se rappelait avoir vu « Alexis jouer » à travers une porte vitrée. Le souverain lui avait alors dit : « Vous ne pouvez pas vous imaginer à quel point cet enfant est un réconfort pour moi et combien il me coûte de devoir m'en séparer. »

Ainsi, Protopopov, que Raspoutine avait surnommé « Kalinine » ou « le général Kalinine », se retrouva près du trône. Déposition de Badmaev : « C'est Raspoutine qui a donné à Protopopov le surnom de “Kalinine”. » Et quand Badmaev, étonné, voulut corriger Raspoutine, le moujik lui dit : « Ça n'a pas d'importance, tout le monde rit chez le souverain, quand je l'appelle “Kalinine”. »

Chez les *khlysty*, on utilisait des surnoms pour cacher son identité. Et la tsarine, qui adorait les mystères et avait l'habitude de dissimuler sa vie aux courtisans, eut vite fait d'utiliser les surnoms de Raspoutine comme une sorte de code lorsqu'elle écrivait, sachant que beaucoup rêvaient d'intercepter ses courriers... Le ministre des Chemins de fer reçut le nom de « Ferré », Stürmer devint « le petit vieux », Khvostov « la Queue » ou « Gros Bide », le tsar et la tsarine, « Papa » et « Maman », et ainsi de suite.

L'histoire avec Wartburg avait lancé Protopopov. Ainsi qu'il le déclarerait dans sa déposition : « Raspoutine m'avait dit que je ne deviendrais pas tout de suite président du Conseil des ministres mais que j'obtiendrais d'abord le poste de ministre de l'Intérieur. » Il serait le second Premier ministre et le troisième ministre de l'Intérieur désigné par le moujik. L'union tant attendue, dont Nicolas rêvait au début de son règne, l'union entre le paysan et le pouvoir était devenue réalité.

Pourquoi « le petit vieux » était-il devenu si hardi ?

À cette époque, Raspoutine avait déjà compris que Stürmer poursuivait des objectifs personnels. Tout comme ses prédécesseurs, Kokovtsev et Khvostov. Ils agissaient tous selon un seul et même schéma : d'abord utiliser Raspoutine, conclure une alliance provisoire avec lui, pour ensuite l'éloigner du pouvoir. Raspoutine, intelligent et intuitif, avait senti immédiatement que « le petit vieux » menait un double jeu : il les évitait, lui et « maman ». Il évitait aussi Manassevitch. Mais, en fait, ce dernier, comme à l'habitude, servait deux maîtres. Très consciencieusement, il envoyait à Stürmer, dans des enveloppes marquées « secret », les informations qu'il tenait de Raspoutine sur ce qu'on s'apprêtait à faire à Tsarskoïé Sélo. Le Premier ministre, quand il le rencontrait, l'ignorait cependant avec superbe. Bientôt, il s'en débarrasserait, en lui assignant un poste au Département de la Police. Le métropolite Pitirim, selon Manassevitch, « était lui aussi mécontent, car il sentait que Stürmer lui parlait de plus en plus rarement au téléphone ».

Raspoutine, lui, contra à sa manière l'attitude du Premier ministre. Comme le confierait Manassevitch dans sa déposition, le moujik « engueulait » le premier dignitaire de l'Empire, lorsqu'il le rencontrait : « Comment oses-tu aller contre le désir de maman ! Prends garde que je ne te laisse tomber ! Alors tu seras fichu ! » Et quand Manassevitch essayait de lui faire entendre raison — ce qui avait le don de le rendre encore plus furieux, Raspoutine expliquait très clairement : « Le petit vieux n'obéit pas à maman, il n'en fait qu'à sa guise, il va bientôt se casser les dents. » Les désirs de Maman — Premier ministre de fait — avaient valeur de loi.

Mais, dès le mois d'août, le moujik comprit que Stürmer devenait dangereux. Ce même mois, un coup terrible lui fut porté : Manassevitch-Manouïlov fut arrêté. Il aimait l'argent et en avait grand besoin. Sa passion du jeu et sa coûteuse maîtresse l'exigeaient. En août 1916, le directeur adjoint de Union bancaire de Moscou prévint le nouveau directeur du Département de la Police, le général E. Klimovitch, que Manassevitch lui avait demandé vingt-cinq mille roubles, en lui donnant l'assurance que, grâce à Raspoutine, les activités de la banque ne seraient pas contrôlées.

Au lieu d'en informer Tsarskoïé Sélo, Klimovitch donna suite à l'affaire. À la banque, sur les conseils de Klimovitch, on recopia les numéros des billets, et Manassevitch, qui était un des proches de Raspoutine, fut arrêté en pleine rue, pris en flagrant délit. Le moujik comprit que Klimovitch n'aurait jamais osé prendre cette décision sans le soutien de Stürmer. Et, en effet, on apprit à Tsarskoïé Sélo que Stürmer avait dit, à propos de l'arrestation de Manassevitch : « Ce malfrat, ce maître chanteur est enfin derrière les barreaux. »

Les comptes bancaires de Manassevitch furent mis sous séquestre. On découvrit que, dans la seule période allant de fin 1915 à début 1916, la somme énorme de deux cent soixante mille roubles avait été versée sur son compte du Crédit Lyonnais. Raspoutine se précipita chez Maman. Cependant, Alix préféra garder le silence. Elle n'osa pas prendre la défense d'un juif, arrêté pour des malversations d'une telle ampleur. Manassevitch resta en prison.

Mais pourquoi Stürmer s'était-il enhardi au point de ne plus redouter le dangereux moujik ? Peut-être ce vieux renard, qui avait à sa disposition toutes les informations obtenues par la police secrète, savait-il qu'il serait bientôt délivré de Raspoutine ?

À ce moment-là, le père de Raspoutine mourut. Grigori n'alla pas aux funérailles, et, plus tard, envoya son fils le représenter à l'office de requiem célébré quarante jours après le décès, car il devait « rester auprès des tsars, sur leur demande ». Selon les agents secrets, Raspoutine parlait de la mort de son père avec « une affliction émouvante ». Pourtant, les mêmes agents rappelaient, dans leurs rapports, qu'il avait férocement battu son père. C'était des gens de la ville et ils ne comprenaient pas : il avait battu son père, comme son père avait jadis battu son grand-père. Mais il aimait son père, tout comme jadis son père avait aimé son grand-père.

Entre-temps, l'offensive contre Raspoutine se poursuivait. Il reçut un nouveau coup. La femme du banquier Rubinstein vint voir Vyroubova à Tsarskoïé Sélo et se jeta à ses pieds. Il s'avérait que Rubinstein, un des hommes les plus riches de Russie, avait été arrêté chez lui sur la terrible accusation d'espionnage. Rubinstein avait acheté des actions de la compagnie d'assurances *L'Ancre* et les avait revendues avec profit à une compagnie d'assurances suédoise. Mais, parmi les actions, on avait découvert les plans de sucreries ukrainiennes assurées par *L'Ancre*. Il n'en fallait pas plus. Un deuxième membre du « directoire » de Raspoutine était sous les verrous. Alix réalisa qu'il fallait sans plus tarder désigner un nouveau Premier ministre et un nouveau ministre de l'Intérieur.

Le banquier secret de la tsarine

Désormais, dans ses lettres, Alix demandait constamment à Nikki de nommer un nouveau ministre de l'Intérieur, en l'occurrence Protopopov. Ou, plus exactement, était-ce Notre Ami qui le demandait.

« 7 septembre 1916. Mon bien-aimé... Gr. [Grigori] prie instamment qu'on nomme Protopopov à ce poste. Tu le connais, il a produit une bonne impression sur toi, il est membre de la Douma, il saura comment se comporter avec eux. Moi, je ne le connais pas, mais j'ai foi en la sagesse et en l'avis de Notre Ami. Son amour pour toi et pour la Russie ne connaît pas de bornes. Dieu te l'a envoyé pour t'aider et te conseiller. Il prie pour toi ardemment. »

Mais Nikki hésitait : « 9 septembre... Je dois réfléchir à ce sujet... Les opinions de Notre Ami sur les gens sont parfois très étranges, comme tu le sais toi-même. C'est pourquoi il faut être prudent, surtout lorsqu'il s'agit d'une nomination à un poste aussi important. »

Pendant ce temps, Rubinstein était toujours en prison. Bientôt des rumeurs commencèrent à circuler, selon lesquelles il était le banquier secret de la tsarine, introduit par Raspoutine, et avec l'aide duquel elle envoyait de l'argent en Allemagne, à sa famille, ruinée par la guerre. S'il n'existe aucun document accréditant cette thèse, contrairement à son attitude lors de l'arrestation de Manassevitch, Alix ne resta pas neutre dans le cas du banquier. À ses appels au tsar pour qu'il désigne un nouveau ministre, elle ajouta des suppliques en faveur du malheureux Rubinstein.

Nicolas fut incapable de résister bien longtemps à cette pression. Le 19 septembre, Protopopov, à la grande surprise de la Douma, fut nommé à la tête du ministère de l'Intérieur. Avant qu'il ne rencontre le nouveau ministre, Alix envoya à Nikki un récapitulatif des points qu'il devrait aborder au cours de l'entretien. De la part de Notre Ami, bien évidemment. « 27 septembre 1916... Garde cette lettre sous les yeux. Notre Ami te demande d'évoquer toutes ces questions avec Protopopov... » L'affaire Rubinstein venait en deuxième lieu sur la liste. Elle avait écrit : « Rubinstein : expulser. » (C'est-à-dire le libérer de prison et surtout arrêter l'enquête).

L'Apothéose

Avec raison, la chanteuse Belling pouvait dire de Raspoutine qu'il avait une « allure impériale ». Depuis les impératrices russes du XVIIIe siècle, aucun favori n'avait jamais atteint une telle puissance. La grande famille des Romanov, la cour, les ministres, tous agissaient en sous-main, dans l'espoir qu'un complot réussirait. Aucun d'eux n'osait agir ouvertement. Le général Klimovitch, qui s'était permis d'arrêter Manassevitch, fut immédiatement renvoyé. Les jours de Stürmer, qui avait osé s'opposer à Raspoutine en secret, étaient comptés. Les « nôtres », le « cabinet fantôme », composé de la tsarine, de Vyroubova, et de Raspoutine, aidés du nouveau ministre de l'Intérieur, s'apprêtaient à gouverner l'empire. Et le symbole de la loyauté, pour la souveraine, était toujours personnifié par Notre Ami. Toute malveillance envers lui était punie. Dans la même lettre du 27 septembre, la tsarine demandait à Nikki de remplacer le gouverneur de Petrograd, Obolenski, qui, ainsi que sa sœur, demoiselle d'honneur, avait osé critiquer Raspoutine. Il fut aussitôt accusé d'avoir reçu des pots-de-vin. Descendant d'une des plus anciennes familles de Russie, le prince Alexandre Obolenski, gouverneur de Petrograd, major général de la suite de Sa Majesté, s'abaissa et, au sens littéral du mot, pleura devant le moujik : « 28 septembre 1916. Tu t'imagines ! Obolenski a exprimé le désir de rencontrer Notre Ami et il a envoyé une superbe automobile le chercher... D'abord, il était très nerveux en Le recevant, puis il s'est mis à parler de plus en plus, avant de fondre en larmes... Alors Gr. [Grigori] est parti car Il avait vu que le moment était arrivé où son âme avait été profondément touchée... Désormais, il va écouter les conseils de Notre Ami... Ensuite, il lui a montré un paquet soigneusement ficelé des vingt lettres de requêtes que Notre Ami lui avait envoyées au cours de toutes ces années, et il a dit qu'il avait toujours fait tout ce qui était en son pouvoir... Je n'arrive pas à m'imaginer comment cet homme si fier a pu céder... Notre Ami voit une signification hautement spirituelle dans le fait qu'un homme d'une telle trempe s'en remette totalement à lui. »

Le prince n'avait pas pleuré en vain ; son affaire de pots-de-vin fut aussitôt oubliée, comme par enchantement. Il reçut, à titre honorifique, une affectation au front en tant que commandant de brigade... Combien d'hommes fiers durent ainsi capituler ! Mais, en s'abaissant de cette manière, on peut imaginer à quel point ils haïssaient le puissant moujik !

« Toi, Maman, reste au milieu ! »

Le nouveau ministre Protopopov fit donc son apparition. Un ministre de l'Intérieur atteint de paralysie évolutive ; tout un symbole du pouvoir ! Contrairement à ses prédécesseurs, il savait déjà comment s'y prendre avec Raspoutine. Dans sa déposition, Beletski noterait : « Dans ses rapports avec Raspoutine, il n'agissait pas en novice, contrairement à ceux qui s'étaient liés à lui en le prenant pour un homme fruste et s'étaient ainsi laissé piéger. » Le « cabinet » de Tsarskoïé Sélo pouvait donc être satisfait ; il avait su trouver un ministre à la fois docile et aimé de la Douma. Raspoutine disait à Manassevitch : « Nous avions fait une erreur avec Gros Bide : lui aussi faisait partie de ces imbéciles de droite. Je te dis que tous ces gens de droite sont des imbéciles. Donc, cette fois, nous avons pris Protopopov, qui est entre la gauche et la droite. » Le moujik fut également l'auteur de la plus jolie phrase prononcée à propos des parlementaires russes : « Chez nous, qu'ils soient de droite ou de gauche, les parlementaires sont tous des imbéciles. Toi, Maman, reste au milieu ! »

Aussi, quelle ne fut pas la surprise des tsars quand la Douma accueillit la nomination de son favori de la veille avec une indignation haineuse ! Simplement parce que la tsarine et Raspoutine le soutenaient. Ni le sénile Goremykine, ni Stürmer, ni aucun des futurs Premiers ministres ne susciterait autant de haine parmi les membres de la Douma que cet ancien collègue. Déposition de Goutchkov : « Si Protopopov avait été un adversaire convaincu, je n'aurais éprouvé aucune répugnance à avoir affaire à lui. Mais Protopopov a fait volte-face, non par conviction mais pour favoriser sa carrière, grâce à l'intervention de personnages aussi louches que Badmaev et Raspoutine. » On se remémora aussitôt l'étrange entrevue de Protopopov avec l'Allemand Wartburg et on fit le lien avec sa nomination. Les malheureux tsars ne comprenaient pas ce qui s'était passé. Nicolas en perdit même son sang-froid, pour la première fois. Déposition de Vyroubova : « Quand des voix se sont élevées contre lui, dans la presse et dans la société... le souverain a été surpris qu'un homme élu par la Douma au poste de vice-président, puis comme son représentant à l'étranger, ait pu devenir, un mois plus tard, aussi indésirable... Après son rapport [au tsar ou à la tsarine] Protopopov venait parfois me voir. Il... me donnait l'impression d'une personne très nerveuse et se plaignait constamment d'être persécuté. »

Peu à peu, les étrangetés du nouveau ministre devinrent évidentes. Ses violentes crises de neurasthénie, provoquées par sa terrible maladie, l'obligeaient à recourir de plus en plus souvent aux services du célèbre psychiatre Bekhterev. Mais il parvint, apparemment, à cacher aux enquêteurs l'identité d'un autre médecin. Aurait-il pu manquer de s'adresser à Raspoutine, considéré comme un grand guérisseur ? Il est vraisemblable que Raspoutine ait, lui aussi, contribué à soulager les souffrances du malheureux ministre, renforçant par là même la dépendance de celui-ci à son égard.

Une dame dans les coulisses

À cette époque, Protopopov était très seul. La belle Sheïla l'avait quitté. Le Dossier. Déposition de Sheïla Lunts : « De retour de l'étranger, mon mari n'apprécia pas que je fréquente Protopopov. » Non sans ajouter, en toute candeur : « Dès que Protopopov eut obtenu un droit de résidence à Petrograd pour ma sœur et ma mère, j'ai cessé de le voir... »

Là, apparemment, Raspoutine intervint ; une des dames de son entourage se chargea de distraire le ministre de sa solitude. Une dame, qui, selon les rapports de police, avait été jadis très proche de Raspoutine et qui avait à l'époque des responsabilités au sein du « cabinet fantôme » de Tsarskoïé Sélo.

Le Dossier. Déposition de Vyroubova : « Protopopov rendait visite, encore plus souvent qu'à moi, à une infirmière de mon hôpital, Voskoboïnikova, chez qui, parfois, il restait à dîner. Je lui disais que c'était gênant, mais il objectait que cette atmosphère de simplicité le délassait. »

Le Dossier. Déposition de Feodossia Voïno : « Protopopov venait souvent à l'infirmerie de Vyroubova, où travaillait Voskoboïnikova, laquelle servait d'intermédiaire entre Vyroubova et Protopopov... Voskoboïnikova et Laptinskaïa étaient les personnes les plus proches de Vyroubova et celles en qui elle avait le plus confiance. » Voskoboïnikova devait rester dans les coulisses de l'histoire de Raspoutine. Même si, tout comme Laptinskaïa, elle y avait joué un rôle important.

Mais, en 1917, après la chute du régime, elle fut recherchée par la police et obligée de fournir une déposition, conservée dans le Dossier.

L'interrogatoire de la belle agent de liaison

Nadejda Ivanovna Voskoboïnikova, trente ans, était la veuve d'un officier cosaque. Après la mort de son mari, en 1911, elle quitta la province pour Petrograd et se lia d'amitié avec la famille du sénateur V. N. Mamontov, homme profondément croyant, âgé de soixante-huit ans. Selon Voskoboïnikova, « la femme de Mamontov ne comprit pas cette amitié et alla jusqu'à divorcer ». La police ne la comprit pas non plus, la mentionnant, dans ses rapports, comme étant la « maîtresse de Mamontov ». Ce fut chez lui que la jeune femme fit la connaissance de Raspoutine, invité « pour discuter de questions religieuses ». Voskoboïnikova commença de la sorte son ascension vers le Palais. « En 1915... j'avais les nerfs détraqués... » Bien que Mamontov l'eût prévenue qu'une « visite chez Raspoutine pouvait être mal interprétée, vu les rumeurs qui couraient à son sujet », la jeune femme alla tout de même chez le moujik. « Raspoutine me redonna courage... me dit que Dieu m'aiderait. »

Après quoi, le juge lui posa évidemment une question très désagréable, à laquelle elle répondit fièrement : « La nuit, je n'allais pas plus chez Raspoutine que chez qui que ce soit de mes connaissances. » Mais les rapports des agents de la surveillance extérieure donnaient une version différente, d'où la question du juge. Apparemment, après être passée par la « petite pièce au divan », elle n'y avait plus jamais été conviée, comme beaucoup d'autres qui l'avaient précédée. Elle put donc déclarer avec assurance : « Raspoutine ne s'est jamais permis aucune privauté avec moi. »

Après la mort de Mamontov, que, selon elle, « Raspoutine avait prédite », le père Grigori ne l'abandonna pas. Elle rejoignit alors l'infirmerie de Vyroubova. Le starets avait vu juste : elle savait se rendre utile. Bientôt, elle devint infirmière en chef et l'Amie la présenta à la souveraine. Cette dernière, séduite par son dévouement à Notre Ami et à l'Amie, lui proposa de « prendre l'hôpital en main ». Il subsiste des télégrammes pour attester à quel point la tsarine lui faisait confiance, durant ces derniers mois de pouvoir. « C'est terriblement difficile, pénible, Alexandra », se plaignait la tsarine dans une lettre à Voskoboïnikova, écrite le 14 novembre 1916, depuis la Stavka.

À l'automne 1916, donc, grâce à Raspoutine, Voskoboïnikova fit la connaissance du ministre esseulé... Dès lors, par son intermédiaire, on pouvait solliciter l'Amie et, bien sûr, Protopopov. Elle se retrouvait des mieux placées. Le Dossier. Déposition de F. Voïno : « Elle est arrivée chez nous sans le sou... Mais, très vite, elle s'est transformée en une jeune dame très chic avec des quantités de bijoux en or. Elle avait un appartement à elle sur la perspective Nevski... Elle traitait Protopopov avec familiarité, et lui agissait de même avec elle. Il ne se gênait pas pour la prendre par la taille devant moi. »

En 1916, elle occupait auprès de Vyroubova la même position que Laptinskaïa auprès de Raspoutine. On trouve les noms de Voskoboïnikova et de Laptinskaïa dans le registre du fourrier de la chambre, parmi les rares personnes que la tsarine recevait chez elle. Au sein du « cabinet fantôme », l'une et l'autre servaient de lien aux « forces obscures » : Raspoutine, Vyroubova, la tsarine et Protopopov, qui se transmettaient, par leur intermédiaire, leurs messages les plus importants et les plus secrets. Par ailleurs, grâce à Voskoboïnikova, Raspoutine, la tsarine et Ania contrôlaient le ministre malade.

La danse macabre

Bien que parvenu au sommet de sa puissance, le moujik vivait dans une terreur constante. La menace d'un attentat le hantait. Belling raconterait que, pour pouvoir ramener chez lui Raspoutine lorsqu'il était soûl, Ossipenko n'avait qu'à dire : « Qu'est-ce que tu fais ? On manigance un attentat contre nous, ici, et toi, tu restes avachi sur ton siège ! » Alors, « enfilant à la hâte son manteau, sa pelisse et, enfonçant sa chapka sur sa tête, Raspoutine se précipitait vers la sortie. » Mais, depuis le départ de Komissarov et l'arrestation de Manassevitch, la police secrète restait seule à le protéger. Et il était conscient qu'elle pouvait le vendre à ses ennemis à tout moment.

Le Dossier. Déposition de Filippov : « Désormais, lorsqu'il arrivait chez moi, il essayait de s'enivrer le plus vite possible, exigeait des Tsiganes et des distractions, et s'il y avait quelque chose qui l'intéressait vraiment, c'était bien la danse. » Il cherchait l'oubli et un peu de joie dans l'extase. Il pressentait l'imminence d'un complot et ne pouvait s'empêcher d'en parler à la tsarine, au risque de l'affoler.

Le 21 septembre, Alix écrivit à Nikki : « Ces sombres brutes de Rodzianko, Goutchkov et Cie sont l'âme d'un complot beaucoup plus important que ce que l'on peut imaginer (je le sens), leur objectif est d'arracher le pouvoir des mains des ministres. Mais tu verras bientôt tout le monde et tu en discuteras. Quant à moi, je vais demander conseil à Notre Ami. Il a si souvent des jugements pleins de bon sens, qui n'effleurent pas les autres. Dieu l'inspire. »

Le « beaucoup plus important » finit par advenir, faisant retentir les trois coups du dernier acte — la chute de l'empire. Quelques jours plus tard, le 1er octobre, le pays fut ébranlé par le discours de Paul Milioukov, chef des Cadets, le parti le plus important de l'opposition : « D'un bout à l'autre du pays, de sombres rumeurs de trahison se répandent. Ces rumeurs vont très haut et n'épargnent personne. Le nom de l'impératrice est cité de plus en plus souvent, avec celui des aventuriers qui l'entourent... Est-ce de la bêtise ou de la trahison ? » Le mot « trahison », qui correspondait si bien à l'humeur de l'armée frappée d'hémorragie, fut aussitôt pris pour argent comptant et s'enracina dans la conscience de millions de gens.

Alix exigea que Stürmer prenne des mesures. Elle était furieuse et, cette fois, Stürmer n'osa pas se défiler. Le Premier ministre convoqua Rodzianko... Le « petit vieux » s'était foulé la cheville et ne pouvait pas marcher. L'effet était des plus comiques : Stürmer, allongé dans son lit, impuissant, la jambe suspendue en l'air, essayant de réprimander le colossal et imposant Rodzianko, qui le dominait de toute sa taille.

Extrait de la déposition de Rodzianko : « Il m'a demandé de lui fournir une copie du discours de Milioukov, afin de lui intenter un procès. J'ai répondu que... je ne lui enverrais aucune copie. » Puis Rozianko demande : « Pour quelle raison le [Raspoutine] défendez-vous ? C'est une canaille de première grandeur, le pendre serait encore trop peu ! » Et, du fond du lit, surgit la faible réponse du Premier ministre : « Cet ordre vient d'en haut ». Ce fut ainsi qu'il vendit la tsarine. Mais le président de la Douma, en rage, s'acharna contre le vieil homme : « Quelle espèce de monarchiste êtes-vous donc, après cela ? Vous êtes un républicain zélé, qui mine la monarchie en faisant des faveurs à un imposteur ! »

Il se trompait : avec l'aide de Raspoutine, ils minaient tous la monarchie, de la tsarine à Rodzianko lui-même.

À présent, le moujik parlait de plus en plus souvent de la mort.

Le Dossier. Déposition de Moltchanov : « En octobre 1916... j'ai rendu visite à deux reprises à Raspoutine. J'ai noté une certaine tristesse chez lui. J'ai remarqué qu'il y avait du vin sur la table et qu'il en buvait beaucoup, comme pour juguler un lourd pressentiment. Il chantonnait sans arrêt : "Les temps vont changer, tout va changer." Au moment des adieux, il se montra très affectueux, il me dit qu'il appréciait mon amitié et ma bienveillance. Il mentionna mon défunt père avec des paroles chaleureuses et ajouta qu'il serait peut-être assassiné et qu'on ne se reverrait plus... Et, soudain, comme reprenant ses esprits, il dit : "Si, si, on va se revoir. Tu vas venir à Petrograd." »

Et tous les soirs, rue Gorokhovaïa, se répétait cette danse folle, ivre et ensorcelante, qui calmait son effroi. Son fils, venu le voir pour quelques jours, devait se cloîtrer dans les pièces du fond pour échapper à cette folie. Si l'appartement était silencieux, cela signifiait que le moujik était en train de s'enivrer dans un restaurant, ou qu'une voiture l'avait emmené à Tsarskoïé Sélo, pour une réunion du « cabinet ». Le 16 octobre, Alix écrivait à Nikki : « Hier, j'ai passé une soirée agréable chez A. [Ania], avec Notre Ami, son fils et l'évêque Issidor [le même Issidor Kolokolov, accusé d'avoir eu une liaison avec son vicaire]. Gr. [Grigori] pense qu'il vaudrait mieux appeler sous les drapeaux les classes plus jeunes — à la place des hommes de quarante ans et plus, qui sont nécessaires chez eux pour les travaux des champs et de la ferme. » Cette suggestion-là du moujik était tout à fait sensée. Mais le temps filait.

Arriva novembre, l'avant-dernier mois de sa vie.

La tombe est prête

Lettre du 5 novembre, d'Alix à Nikki : « La pose de la première pierre de l'église d'Ania s'est bien passée. Notre Ami était là... ainsi que le brave évêque Issidor. » Ce serait à cet endroit, sous l'autel de l'église, alors en construction, qu'il serait enterré. Et ce serait le « brave évêque » qui célébrerait l'office funèbre. Mais, ce jour-là, pour commémorer la pose de la première pierre de « l'église d'Ania », fut organisée une petite fête, qui donna lieu à un grand scandale...

Peu après, à l'issue d'une des séances de la Douma, les parlementaires entourèrent Pourichkevitch, l'ennemi juré de Raspoutine. Il distribuait, à qui voulait, une photographie amusante. On y voyait Raspoutine, assis à table, le « brave évêque » Issidor à son côté, des bouteilles de vin devant eux, et, tout autour, des joueurs de balalaïka et de joyeuses sœurs de charité, apparemment pompettes. Au moment où, sur le front, l'armée russe perdait son sang et où la famine menaçait le pays, comment les membres de la Douma pouvaient-ils réagir à cette fête célébrée à l'arrière par un « espion et un aventurier » ?

Le lendemain, un des clichés se trouvait sur le bureau de Protopopov. Ce dernier devait déclarer dans sa déposition : « Pourichkevitch a distribué neuf mille exemplaires de cette photo montrant Raspoutine, ceux qui se trouvaient autour de lui, la table, le vin, les joueurs de balalaïka et un moine.

— Comment savez-vous qu'il en a distribué neuf mille exemplaires ?

— Au verso du cliché, qui m'avait été envoyé de Tsarskoïé Sélo, apparemment sur ordre de la tsarine, par l'intermédiaire de Vyroubova ou de Voskoboïnikova, on avait écrit : “9 000 exemplaires”. »

La dernière photo de Raspoutine vivant

L'histoire de cette photo, que je n'ai malheureusement pas retrouvée, explique beaucoup de choses sur le dénouement tout proche. Voskoboïnikova, sa jolie bien-aimée, transmit vraisemblablement à Protopopov l'information relative à la photographie. Non seulement parce qu'elle était sa maîtresse, mais aussi parce que cette photo ne lui était pas étrangère : en effet, Nadejda Voskoboïnikova figurait elle-même parmi les joyeuses sœurs de charité.

La jeune femme fut amenée à témoigner à propos de cette fameuse photographie. Sa déposition se trouve également dans le Dossier : « Sur la photo qui m'est présentée figurent Raspoutine et l'évêque Issidor... on me voit de profil derrière Issidor. C'est le colonel Loman qui a proposé de prendre cette photo. » Loman, le constructeur de la cathédrale Fiodorovski, si chère au cœur de la tsarine, avait donc suscité ce cliché. La scène eut lieu après que la « partie officielle de la cérémonie » fut terminée et que Vyroubova et les autres officiels eurent quitté l'infirmerie. « Après le départ des invités, déclare Voskoboïnikova, Issidor et Raspoutine sont restés à l'infirmerie. C'est à ce moment-là que Loman nous a proposé de prendre le café : "Si les huiles sont parties, pourquoi les travailleurs ne pourraient-ils pas rester un peu ?" Loman nous a offert le champagne et le café et même la musique de ses chantres... qui ont magnifiquement interprété des chants russes. Puis Loman a proposé qu'on se fasse tous prendre en photo. C'est un employé de la cathédrale Fiodorovski qui nous a photographiés. Loman, lui aussi, faisait partie du groupe ; il se tenait derrière Issidor. Ensuite, nous avons demandé à recevoir les photos, mais il a dit qu'elles étaient ratées... Comment il se fait que Loman ne figure pas sur la photo, je n'en sais rien... Peut-être qu'il s'est baissé au moment où on l'a prise... À part les chantres, on voit la sœur Moltchanova, [épouse du fameux Moltchanov dont nous avons déjà parlé], Bendina, ma sœur, et l'infirmière Voïno. Sont assis : l'infirmière Kochtchéeva, Raspoutine, l'évêque Issidor, Maltsev [le constructeur du sanctuaire de Séraphim]. La sœur Kochtchéeva a l'air bien gai sur cette photo ; elle était sans doute pompette. »

Et Voskoboïnikova d'expliquer : « La sœur Kochtchéeva était toujours très stricte, mais là, elle semble d'humeur joyeuse. Sans doute parce que quelqu'un la fait rire. Je suppose que c'est Loman qui a tout manigancé. »

Loman, lui aussi, a été interrogé au sujet de cette fameuse photo.

Le Dossier. Sa déposition : « Sur la photo, on voit un déjeuner... à l'occasion de la pose de la première pierre du sanctuaire de Séraphim, que construisait Maltsev, et non plus moi, sur l'ordre de Vyroubova. Je n'avais pas l'intention d'être pris en photo avec ces personnes et je n'ai pas posé. Je me tenais près d'une des fenêtres qui étaient assez éloignées de la table, c'est pourquoi je ne figure pas sur la photo. »

Pourtant, ce n'était pas un hasard si Loman ne se trouvait pas sur la photo. Ce n'était pas davantage un hasard si l'intelligente Vyroubova, comme le déclarerait Voskoboïnikova dans sa déposition, les avait « prévenus qu'il fallait se méfier davantage de Loman ». Et c'était encore moins un hasard si Raspoutine avait dit, toujours selon Voskoboïnikova, qu'on ne pouvait « pas se fier à Loman », qu'il était un personnage « ambigu ».

L'ambigu Loman servait déjà d'autres maîtres. Ce courtisan chevronné avait manigancé cette provocation sur l'ordre de quelqu'un. Il avait décidé de prendre Raspoutine en photo en compagnie d'Issidor, l'évêque scandaleux et d'une bande de joyeuses sœurs de charité en état d'ébriété. Il avait décidé de photographier « une orgie de Raspoutine ». Voilà pourquoi, au moment où cette photo avait été prise, on avait « fait rire » la sœur Kochtchéeva, tandis que Loman, lui, s'accroupissait. Le rusé Loman, certain du proche avenir, s'était mis au service des conspirateurs.

Ce fut comme un signal. La fin approchait. Les rats abandonnaient le navire en perdition.

À la veille du dénouement

« Fin novembre 1916, l'atmosphère de l'appartement de la rue Gorokhovaïa était de plus en plus tendue, se rappellerait Joukovskaïa. D'un côté, c'était toujours le même bazar… les incessantes sonneries du téléphone… le salon, la salle à manger et la chambre grouillant de femmes bourdonnantes comme des guêpes, jeunes et vieilles, pâles ou maquillées, qui entraient et sortaient, chargées de bonbons, de fleurs ou de toutes sortes de boîtes qui jonchaient le sol… Quant à Raspoutine, débraillé, le regard fuyant, il faisait parfois penser à un loup traqué, et c'est pourquoi, je suppose, on sentait dans tout ce mode de vie une sorte de frénésie, d'insécurité ; tout paraissait fortuit, instable, comme à l'approche d'un malheur, comme une menace qui pesait sur cette maison sombre et hostile. »

Comme tant d'autres à cette époque, Joukovskaïa retint, puis transcrivit le marmonnement du moujik : « Voilà, ils sont là, mes ennemis… Ils fouillent, ils trament, ils préparent la trappe… Moi, je vois tout. Tu crois que je ne sais pas que tout sera bientôt fini… On a perdu la foi… Le peuple n'a plus la foi, voilà. Bon, adieu ma petite abeille ! Donne-moi un baiser d'adieu. » Elle ne le revit plus jamais.

« Ce sera une révolution rageuse et vengeresse »

Fin 1916, l'affaire était entendue. Ce n'étaient pas les balles des terroristes ni les obus allemands, mais l'existence d'un seul homme qui menaçait de détruire l'un des plus grands empires du monde. L'opposition, la société, la cour, tout le monde luttait désespérément contre ce moujik illettré, issu d'un village inconnu, et dont le nom faisait peur.

Les jours précédant l'assassinat de Raspoutine, Vassili Maklakov, député de la Douma et membre du très puissant parti des Cadets, arriva à Moscou pour prononcer un discours devant les plus gros industriels et commerçants de la ville. Un agent de police, qui se trouvait dans l'assistance, transcrivit son discours, lequel resta dans les papiers du Département de Police. Chez son camarade de parti, le millionnaire Konovalov, Maklakov alla jusqu'à évoquer l'inévitable révolution préparée par Raspoutine. « La dynastie joue son existence, et les forces de destruction extérieures n'y sont pour rien. Elle est en train de réduire son existence potentielle d'une bonne centaine d'années par une terrible œuvre de destruction interne. » Puis, Maklakov prononça ces paroles prophétiques : « Le plus horrible de cette révolution imminente... c'est que ce ne sera pas une révolution politique, qui se déroulerait de façon planifiée, mais une révolution rageuse et vengeresse, née des couches les plus basses et les plus ignorantes, et qui ne peut être que primitive, convulsive et chaotique. »

Ce sentiment d'une apocalypse inévitable, réapparu dans la société, devint général. Au même moment, le jeune prince Jevakhov raconta à la tsarine une vision qu'avait eue un certain colonel O. Ce colonel O. avait été transporté sur une haute montagne, d'où il pouvait voir toute la Russie couverte de sang d'un bout à l'autre.

Seuls

Cet automne-là, dans leurs palais de Crimée, les grands-ducs ne savaient pas encore que leur dernière année se terminait. Mais ils sentaient que des temps redoutables approchaient inexorablement. Et le tsar était seul face à cette catastrophe imminente. Son cousin, le grand-duc Nicolas

Mikhaïlovitch, écrirait plus tard dans son journal : « L'empereur Alexandre III était entouré d'un cercle fermé de quelques personnes de confiance... Après vingt-trois ans de règne, Nicolas n'a plus un seul ami, ni parmi ses proches ni dans la haute société. » Ou, plus précisément, ce tsar solitaire n'en avait qu'un et c'était ce moujik, détesté par tout le monde, qui menaçait l'existence de l'empire et de la dynastie. Même sa mère était désormais contre Nicolas, accusé de mener l'empire à sa perte.

Le Dossier. Déposition de Vyroubova : « L'impératrice mère, elle-même, se montrait hostile envers les souverains. Marie Fiodorovna et eux se voyaient si rarement que, durant les douze ans que j'ai passés auprès d'Alexandra Fiodorovna, je n'ai dû voir Marie Fiodorovna que deux ou trois fois. »

Haïr la tsarine était de bon ton dans la société. La cour et les dignitaires de Tsarskoïé Sélo rejoignirent la fronde des grands-ducs. Le prince Jevakhov se rappelait que la directrice de l'école diocésaine de jeunes filles de Tsarskoïé Sélo, non seulement ne s'était pas inclinée devant la souveraine, lorsqu'elle l'avait croisée, mais elle avait ostensiblement détourné la tête, en passant près de l'impératrice de Toutes les Russies. « Cela me peine... non pour moi-même, mais pour mes filles », dit alors Alix au prince. Des caricatures honteuses représentant la tsarine et le moujik barbu dans des poses obscènes circulaient aux quatre coins du pays. Le tsar était désormais appelé avec mépris « Nicolachka », dans cet empire aigri et saigné à blanc par la guerre. Ce même tsar, qui, naguère encore, était leur « petit père » redouté, se trouvait à présent représenté, par des milliers de graffiti, en époux pitoyable, trompé par sa femme et par un moujik lubrique.

« Je suis extrêmement occupé par le complot qui se prépare »

Comme Maklakov le faisait observer avec beaucoup de justesse : « Les hautes sphères de la noblesse et de la cour craignent que le pouvoir ne les entraîne dans sa perte, avec tous leurs privilèges. » Le légendaire Yacht-Club était devenu désormais le centre de l'opposition aristocratique. Ce club avait été fondé en 1840, sous Nicolas Ier. Seule la fine fleur de l'aristocratie de vieille souche, le sang-bleu de la Russie, y avait accès. Sous Alexandre III, le père de Nicolas, le Yacht-Club était devenu, de fait, une assemblée politique fermée. C'était de là que la haute aristocratie menait la lutte contre les nihilistes et les révolutionnaires. L'inaccessible cercle était entouré de mystère. La tradition voulait que le club fût présidé par le Ministre de la cour, à l'époque, le comte Fredericks. Mais, même là, dans cette citadelle de la monarchie, « on critiquait les actions de l'impératrice », au dire même du grand-duc Nicolas Mikhaïlovitch. C'était un symptôme effrayant. Alix, par l'intermédiaire du comte Fredericks, essayait de mettre fin à ce genre de conversations. Mais Fredericks, qui était resplendissant aux bals, avec sa prestance d'ancien officier de la garde et ses manières irréprochables évoquant celles des hauts dignitaires de l'ancien régime, se révélait un ministre impuissant — un pouvoir en déliquescence étant toujours entouré de gens pitoyables et médiocres. Les conversations sur la tsarine non seulement continuaient mais elles devenaient même franchement irrespectueuses. À cette époque, le grand-duc Dimitri et Félix Youssoupov étaient membres du Yacht-Club. Des complots s'ourdissaient à Pétersbourg et à Moscou dans les palais de la noblesse et dans les luxueux appartements des riches. Tandis qu'aux environs de Pétersbourg, à Tsarskoïé Sélo, vivait une famille solitaire, désespérément isolée dans son palais. Alix, toujours à la tête du « cabinet fantôme », continuait sans relâche à convoquer ses ministres dociles mais impuissants. Nicolas était loin, à la Stavka.

Bientôt, la grande famille Romanov entreprit d'ultimes démarches auprès d'Alix. Zinaïda Youssoupova demanda une audience. Nous nous rappelons que Khvostov, auteur de la tentative d'assassinat avortée contre Raspoutine, avait parlé de l'argent que Zinaïda était prête à lui donner pour en finir avec le moujik. Cette beauté dotée de nombreux talents (elle aurait pu devenir une actrice brillante, et Stanislavski en personne lui avait proposé d'entrer dans sa troupe) était sans doute un des personnages principaux du complot qui se tramait. Elle fut « accueillie froidement » par la tsarine, et, dès qu'elle se mit à parler de Raspoutine, elle fut « priée de quitter le palais ». Mais, avant de s'exécuter, elle voulut remplir son devoir envers la souveraine et « tout dire ». Alix l'écouta sans broncher et déclara à la fin de son monologue : « J'espère ne plus jamais vous revoir. »

Zinaïda était très proche d'Ella, la sœur d'Alix. Ce ne fut donc pas un hasard si, après Zinaïda, Ella vint à son tour voir Alix. L'impératrice écouta sa sœur, jadis tant aimée, sans mot dire. Toujours sans un mot, elle la raccompagna jusqu'à sa voiture... Félix Youssoupov devait écrire : « Ella... est rentrée en larmes... [disant] : "Elle m'a chassée comme un chien... Pauvre Nikki, pauvre Russie." » Félix n'avait pas inventé ces pleurs. J'ai trouvé dans les archives une lettre d'Ella, écrite à Nikki après l'assassinat de Raspoutine. Dans sa lettre, elle rappelait cette entrevue : « En désespoir de cause, je me suis précipitée vers vous, que j'aime tant, pour vous mettre en garde, car toutes les classes de la société, de la plus basse à la plus haute étaient à bout de patience... Elle m'a ordonné de ne rien dire. Je suis partie en me demandant si l'on se reverrait un jour... et quelles autres tragédies allaient avoir lieu, quelles autres souffrances nous attendaient. »

Apparemment, le complot des grands-ducs prit définitivement forme au début de l'automne. Félix se rappelait que « les grands-ducs et certains aristocrates avaient conspiré pour éloigner l'impératrice du pouvoir et la faire exiler dans un monastère. Raspoutine devait être envoyé en Sibérie, l'empereur destitué, le tsarévitch couronné ». Peu avant l'assassinat de Raspoutine, Pourichkevitch fut convoqué au palais du grand-duc Cyrille Vladimirovitch. Le futur assassin de Raspoutine, le monarchiste Pourichkevitch, écrivit dans son journal : « En sortant du palais du grand-duc, impressionné par notre conversation, j'étais persuadé qu'il était en train de manigancer quelque chose d'inadmissible à l'encontre du souverain. » Mais cette chose « inadmissible », selon la bonne tradition russe, se limitait à des rodomontades. En réalité, aucun d'entre eux n'aurait osé violer son serment et lever la main sur le tsar.

Cependant, les grands-ducs devaient se hâter, car un autre complot était en train de mûrir à la Stavka, celui des généraux et des députés de l'opposition. « Konovalov [membre de la Douma], Krymov [général], et Alexeev [chef de l'état-major au Grand Quartier général] sont en train de fomenter un complot », notait le général Broussilov. Et, comme le consignait mélancoliquement dans son journal, un autre général, Lemke : « Je suis extrêmement occupé par le complot qui se prépare. »

Dernier avertissement

Les grands-ducs, une nouvelle fois, tentèrent de résoudre le problème « en famille », comme jadis l'Oncle Redoutable l'avait proposé au tsar. À cette époque, on s'apprêtait à célébrer l'ultime mariage de la dynastie Romanov au pouvoir. Il s'agissait d'une énième union morganatique qui venait ternir le prestige de la dynastie. Olga, la sœur du tsar, avait divorcé de Pierre d'Oldenburg. Ce charmant petit Pierre, si gentil, descendant de la vieille famille des princes d'Oldenburg, était homosexuel. On avait donc fini par accepter la décision d'Olga. Cette fois-ci, la sœur de Nicolas avait jeté son dévolu sur l'adjudant de son ex-mari, Nicolas Koulikovski, modeste capitaine du régiment des cuirassiers. La famille Romanov se réunissait sous prétexte de préparer le futur mariage, mais les discussions portaient en fait sur tout autre chose. Elles aboutirent finalement à une nouvelle « délégation familiale ».

Le grand-duc Nicolas Mikhaïlovitch arriva le 2 novembre à la Stavka. Aîné de la branche des Mikhaïlovitch, historien reconnu, c'était un interlocuteur brillant. Cet orateur consommé devait porter aux oreilles du tsar le résultat des dernières réunions de la grande famille. Après une longue conversation, il remit une lettre à Nicolas. Il y écrivait : « J'ai longuement hésité avant de te révéler toute la vérité. Mais ta chère mère et tes sœurs m'ont finalement convaincu, et je me suis décidé. » C'était donc une sorte de lettre collective de la part de toute la famille.

Le lendemain, Nikki écrivit à Alix : « Mon adorée... Nicolas Mikhaïlovitch est venu passer la journée ici hier et nous avons eu une longue conversation, dont je te parlerai dans ma prochaine lettre. Je suis trop pris aujourd'hui... Ton vieux Nikki, à jamais. »

Il n'osa pas lui répéter le contenu de cette discussion pénible et préféra lui envoyer tout simplement la lettre que Nicolas Mikhaïlovitch lui avait remise : « Tu m'as dit à plusieurs reprises que tu n'avais personne à qui te fier, que tout le monde te mentait. Si c'est vrai, cela est aussi le cas avec ton épouse, qui t'aime ardemment mais qui s'égare à cause des mensonges constants et haineux de son entourage. Tu as confiance en Alexandra Fiodorovna... c'est compréhensible. Mais ce qui sort de sa bouche n'est que le résultat d'une habile manigance et non l'exacte vérité. S'il n'est pas en ton pouvoir d'écarter d'elle cette influence, protège-toi au moins des interventions permanentes et des murmures qui proviennent de ton épouse bien-aimée. »

Le grand-duc expliquait ensuite pourquoi il s'était décidé à se charger de cette mission : « ... c'est dans l'espoir de te sauver, toi, ton trône et notre chère patrie de conséquences irrémédiables, terribles. Tu te trouves à la veille d'une ère de nouveaux troubles, et même plus : d'attentats ». Il demandait, de plus, au tsar de désigner « des ministres responsables devant la Douma ».

Ainsi, le tsar fut prévenu pour la dernière fois que « l'ère des attentats » approchait. Et il le fut par la famille Romanov toute entière.

Le rêve

Alix était furieuse. « 4 novembre... Je viens de lire la lettre de Nicolas et je suis profondément indignée. Pourquoi ne l'as-tu pas interrompu au milieu de votre discussion, pour lui dire que, s'il abordait encore une fois ce sujet, ou parlait de moi, tu l'exilerais en Sibérie ?... Il m'a toujours détestée... Mais en temps de guerre... se réfugier derrière le dos de Maman et de tes sœurs, au lieu de prendre courageusement la défense de la femme de son empereur, ce n'est que bassesse et trahison... Toi, mon chéri, tu es trop bon, trop indulgent, trop doux. Cet homme devrait trembler devant toi. Lui et Nicolacha sont tes pires ennemis... Ta petite femme est ton soutien, un rempart derrière toi. » Elle ajoutait en *post-scriptum* : « J'ai rêvé que j'étais opérée. On m'avait enlevé un bras... Et après j'ai reçu cette lettre de Nicolas. » Et elle concluait en s'appuyant, comme d'habitude, sur l'opinion de Notre Ami : « Après avoir lu la lettre de Nicolas, il a dit : "Je n'ai vu nulle trace de grâce divine, à aucun endroit de cette lettre ; il n'y a que du mal, tout comme chez le frère de Milioukov, comme chez tous ces frères du mal. Dieu a montré à Maman dans son rêve que tout cela ne vaut rien." »

Le dernier mariage de la famille

On décida de célébrer le mariage à Kiev, où résidait la mère d'Olga, l'impératrice mère. Toute la famille Romanov devait s'y rendre. Sachant que Nicolas lui aussi allait assister au mariage de sa sœur, Alix était inquiète. Elle imaginait le genre de conversations qui allaient avoir lieu. Elle ne manqua pas de condamner la future cérémonie, en utilisant, comme toujours les paroles de Notre Ami. « 5 novembre. Notre Ami est très mécontent du mariage d'Olga. Il trouve que ce n'est pas bien vis-à-vis de toi et que cela ne lui apportera pas le bonheur. »

Puis vint la noce, qu'Olga décrivit dans ses Mémoires. La cérémonie fut modeste. L'église était petite et sombre. La mariée portait l'uniforme de la Croix-Rouge. Elle fut bouleversée en voyant son frère, tant il avait changé : Nikki avait le visage amaigri, des poches sous les yeux.

Après ce triste mariage, Nicolas repartit aussitôt à la Stavka, pour éviter d'avoir à parler de Raspoutine.

« L'ère des attentats » commence

Le rêve d'Alix n'était pas fortuit. Au même moment, début novembre, juste après la démarche infructueuse de Nicolas Mikhaïlovitch, Félix Youssoupov renoua avec Raspoutine. Interrogé dans le cadre de l'enquête relative au meurtre de Raspoutine, Félix déclarerait : « Après un long intervalle... j'ai rencontré Raspoutine, en novembre, chez Golovina. » Ce que confirmerait cette dernière dans sa propre déposition : « Au mois de novembre 1916, le prince Youssoupov rencontra Raspoutine chez moi. » Voici ce qu'en raconterait Félix : « M. G. [Mounia Golovina] m'a téléphoné : "Demain on reçoit Grigori Efimovitch, il a envie de vous voir..." La voie à suivre était toute tracée devant moi... Il est vrai qu'en empruntant cette voie, je devais tromper une personne sincèrement bien disposée à mon égard. »

Assurément Félix mentait-il. Après la visite ratée de Nicolas Mikhaïlovitch à la Stavka, la chasse à Raspoutine était ouverte. Un plan avait été établi, qui vouait la pauvre Mounia à jouer un rôle fatidique dans le meurtre de celui qu'elle vénérait. C'était, évidemment, Félix qui lui avait téléphoné.

« Félix se plaignait de douleurs dans la poitrine », affirmerait Mounia dans sa déposition. En se plaignant d'une maladie, que les médecins étaient incapables de guérir, Félix savait qu'il susciterait cette proposition de lui faire rencontrer le grand guérisseur, d'autant que Mounia rêvait depuis longtemps d'une rencontre entre les deux personnes qu'elle aimait plus que tout au monde... Et la rencontre eut effectivement lieu chez elle.

« Depuis la première fois que je l'avais vu, Raspoutine avait beaucoup changé. Son visage était boursouflé et tout son être semblait s'être ramolli. Il ne portait plus son simple manteau de paysan mais une chemise en soie bleue et un large pantalon en velours... Il se comportait d'une manière très désinvolte... Il m'embrassa... » Cette fois, le prince n'essaya pas d'éviter le baiser. La veille, Mounia, au cours d'une conversation avec Raspoutine, avait appelé Félix « le petit » (pour le différencier de son père qui s'appelait également Félix Félixovitch). Raspoutine, qui adorait les sobriquets, reprit la balle au bond et surnomma aussitôt Félix « le petit ».

Les assassins se rassemblent

Après cette rencontre, Félix, selon ses propres dires, se mit à chercher des complices pour le futur meurtre... Plus tard, à Paris, il se souviendrait : « Passant mentalement en revue les amis à qui je pourrais confier mon secret, je m'arrêtai sur deux d'entre eux : le grand-duc Dimitri Pavlovitch et le lieutenant Soukhotine. J'étais sûr que le grand-duc m'accorderait son soutien et accepterait de participer à la réalisation de mon plan. Je savais à quel point il détestait le starets et souffrait pour le souverain et la Russie. »

Félix demanda donc à rencontrer Dimitri. « Le voyant seul dans son bureau, je lui expliquai sans tarder mon affaire. Le grand-duc accepta immédiatement et me dit qu'éliminer Raspoutine était la dernière tentative possible et la plus efficace pour sauver la Russie en perdition. »

Je crois qu'ici encore Félix bâtissait la future légende, en prétendant qu'il était le seul instigateur de l'assassinat et que le grand-duc s'était contenté de le rejoindre.

Les choses se passèrent sûrement autrement. Au mois de novembre, la dernière mise en garde de Nicolas Mikhaïlovitch au tsar avait échoué. Venait « l'ère des attentats ». C'était à ce moment précis que le grand-duc Dimitri et Félix, qui étaient amis intimes, avaient décidé de réaliser ce dont on parlait constamment au sein de la famille et que personne n'osait faire : liquider Raspoutine. La décision de l'assassiner vint sans doute de Dimitri, ce courageux officier de la Garde, qui, comme l'écrivit à juste titre Félix, « détestait le starets », et non pas de Félix, un civil, dont Ella, qui le connaissait bien, disait qu'il « n'était pas capable de faire du mal à une mouche… qu'il n'avait pas voulu embrasser la carrière des armes, pour ne pas faire couler le sang ». En revanche, on pouvait sentir la patte de Félix dans la perfidie du plan dressé. Le sang de ses ancêtres, les impitoyables khans tatares, parlait en lui.

Apparemment, ils n'étaient pas les seuls de la famille Romanov à être au courant de cette décision. Pour cette raison, Félix parlait d'un « complot », et le tsar écrirait plus tard aux grands-ducs : « Je sais que nombreux sont ceux d'entre vous à ne pas avoir la conscience tranquille, car Dimitri Pavlovitch n'est pas le seul à y avoir été mêlé. »

En tout cas, étrange coïncidence, la grande-duchesse Ella quitta brusquement Pétersbourg, dix jours avant l'assassinat de Raspoutine. Et, non seulement elle quitta la ville, mais elle partit faire une retraite dans un monastère. Et pas n'importe lequel : le monastère de Sarov, où se trouvaient les reliques de saint Séraphim, considéré comme le saint patron de la famille impériale. Comme si elle savait que quelque chose d'important et de terrible pour la famille impériale allait se passer, elle allait prier Dieu et saint Séraphim. Elle écrirait par la suite au tsar : « Je suis partie à Sarov et Divéevo… pendant dix jours j'ai prié pour vous tous. Pour ton armée, pour le pays, les ministres, les faibles de corps et d'esprit, y compris pour ce malheureux, afin que Dieu l'éclaire. »

Elle avait donc prié au monastère afin que Dieu éclaire le « malheureux Raspoutine ». Pour éviter ce qui se préparait et dont elle était informée. Elle avait prié aussi pour ceux qui avaient décidé de répandre le sang, ses deux pupilles : Dimitri, qui avait habité dans sa maison jusqu'à la mort de son mari, et Félix, qu'elle appelait « mon Félix », et à l'éducation duquel elle avait tellement contribué.

Pauvre Job

Les deux conspirateurs furent obligés d'interrompre les préparatifs de l'assassinat pendant quelque temps, le grand-duc devant rejoindre la Stavka. Mais tous deux savaient que Dimitri n'y resterait pas longtemps, car, à Tsarskoïé Sélo, « on ne l'aimait pas et on redoutait son influence ». Ils avaient raison ; souvenons-nous des lettres d'Alix.

Le grand-duc, d'après ce qu'écrivit Félix, s'aperçut que « quelque chose n'allait pas chez le tsar. Chaque jour, il devenait plus indifférent à ce qui se passait autour de lui... », et il pensa que « cela était provoqué par des personnes mal intentionnées : on donnait à boire au souverain un breuvage qui affaiblissait ses capacités intellectuelles ».

Il s'agissait d'une légende très répandue à l'époque, selon laquelle Raspoutine et la tsarine, à l'aide des remèdes tibétains du docteur Badmaev, cherchaient à dominer la volonté du tsar. Mais les deux hommes se stimulaient ainsi mutuellement, afin de se convaincre de la nécessité d'accomplir au plus vite leur mission.

La légende de l'indifférence grandissante du tsar était fondée sur une réalité. La veille de l'ouverture de la Douma, la droite avait présenté au tsar ses propositions pour sortir d'une situation qui devenait de plus en plus dangereuse. Le prince Rimski-Korsakov, membre du conseil d'État, chez qui se réunissait un cercle étroit d'aristocrates de droite, transmit à Stürmer une « note » pour le tsar.

« Vu qu'il n'y a aucun doute, aujourd'hui, sur le fait que la Douma se soit engagée sur une voie clairement révolutionnaire... elle doit être renvoyée immédiatement, et la prochaine convocation reportée *sine die*. Les forces militaires de Petrograd sont tout à fait suffisantes pour écraser une éventuelle révolte. » Mais Stürmer ne prit pas le risque de transmettre cette note au tsar. Il avait lui aussi remarqué son étrange indifférence. Il se contenta de lui présenter un rapport sur l'état d'esprit qui prévalait chez les défenseurs du trône. Le tsar l'écouta, indifférent. Et il ordonna d'ouvrir la session de la Douma.

Le tsar devenait effectivement de plus en plus passif, car il avait compris que la situation était sans issue. Il lisait les rapports des services secrets et il n'ignorait rien du complot général en train de mûrir. Il était las de cette lutte sans fin. Il avait décidé de leur céder le pouvoir. Pour se retirer, mener sa vie privée, pour qu'on laisse tranquille sa femme, qui devenait folle à cause de cette activité frénétique et de ses sombres prémonitions, ainsi que ce moujik, qui les aidait à survivre en les soignant, elle et leur fils. Raison pour laquelle il aspirait lui-même à l'inévitable, tout en essayant, en attendant, de calmer tant bien que mal la Douma en ébullition.

Pour la énième fois, il remania le gouvernement, sans y croire. Le 10 novembre, il remplaça Stürmer, Premier ministre détesté, par Alexis Trepov, un homme issu d'une célèbre famille de fonctionnaires de droite. Son père, Fiodor, gouverneur de Pétersbourg, était connu pour sa cruauté. Son frère, Dimitri, avait été jadis un puissant ministre de l'Intérieur. Mais le pauvre Alexis faillit ne pas prononcer son discours d'intronisation à la Douma tant il fut sifflé. L'assemblée ne voulait pas recevoir d'aumône de la part du pouvoir. Elle exigeait un ministre qui fût responsable devant elle. Nicolas décida alors de faire une dernière concession : sacrifier Protopopov. Rodzianko avait eu le temps de lui raconter pas mal de choses à propos du ministre à moitié fou.

Le 10 novembre, le tsar écrivit à Alix : « Tu es certainement déjà au courant des changements auxquels il est indispensable de procéder aujourd'hui. Protopopov est un brave homme, mais il saute d'une idée à l'autre et ne parvient pas à se tenir à une opinion précise... On dit que depuis quelques années il n'est plus tout à fait normal, à la suite d'une certaine maladie. C'est risqué de confier un ministère à une telle personne, par les temps qui courent. Je ne te demande qu'une chose : n'y mêle pas Notre Ami. C'est moi qui suis responsable, et par conséquent je souhaite être libre de mon choix. » Il la conjurait ainsi de cesser d'invoquer en permanence les paroles du moujik.

Alix avait parfaitement compris ; Nikki avait décidé d'en finir avec le « cabinet » de Tsarskoïé Sélo censé les sauver. Il avait décidé de se tourner une fois de plus vers les « personnages odieux » qui rêvaient de limiter le pouvoir du tsar. Et il serait de nouveau trompé ! Elle ne pouvait pas lui permettre d'être « libre de son choix ». Les conseils de Notre Ami ne tardèrent pas à affluer de nouveau.

« 10 novembre... Souviens-toi, une fois encore, que pour toi, pour *Baby* et pour nous, la clairvoyance, les prières et les conseils de Notre Ami te sont indispensables... Protopopov vénère Notre Ami, c'est pourquoi Dieu sera avec lui. Stürmer a été lâche pendant des mois, il ne Le voyait pas... et voilà, il a perdu pied. Ah, mon chéri, je prie Dieu pour qu'il t'éclaire, car c'est en Lui qu'on trouvera le salut. Sans Lui, je ne sais pas ce que nous serions devenus. Il nous sauve par Ses prières... Je te le demande pour moi : ne remplace personne avant ma venue. »

Elle arriva à la Stavka et Nikki garda Protopopov. Une fois de plus, il avait cédé.

Mais aussi, plus que jamais, il voyait combien la situation était désespérée. Il se sentait très las.

Sans perdre de temps, le nouveau Premier ministre, Trepov, se mit à l'ouvrage en procédant exactement de la même manière que son prédécesseur déchu. Il décida de calmer la Douma en éloignant Raspoutine de Petrograd. Ne connaissant le moujik que par ouï-dire, il répéta l'erreur de Khvostov. Il voulut l'acheter. Et, pour cela, il lui envoya un de ses proches, le général A. Mossolov. Croyant tout savoir des moujiks, ce dernier apporta du vin avec lui. Raspoutine le but. Après quoi, Mossolov proposa un marché à Raspoutine : il cessait d'intervenir dans les affaires du gouvernement et dans la nomination des ministres, en contrepartie de quoi, Trepov lui accordait généreusement une rente annuelle de trente mille roubles. À tout le moins, fut-ce ainsi que, dans sa déposition, Beletski rapporta cet épisode, en s'appuyant sur les dires de Raspoutine. Puis il ajouta qu'après avoir refusé le marché, Raspoutine « fit immédiatement part à la souveraine et au tsar de la proposition de Trepov d'acheter son silence sur tout ce que Raspoutine considérait ne pas être dans l'intérêt des tsars ».

Ainsi, ces pitoyables imbéciles proposaient à Raspoutine d'échanger une place de conseiller des tsars contre une somme d'argent dérisoire, de cet argent qui n'avait guère de valeur pour lui et qu'il jetait par les fenêtres. Ce fut ainsi que Trepov perdit immédiatement la confiance de la tsarine. Son destin était désormais scellé. Ce que Raspoutine résumait en disant : « Les Trepov, on ne peut pas les garder, leur nom porte malheur. »

À la même période, un événement incroyable se produisit à la Douma. Le monarchiste Pourichkevitch, connu pour ses convictions de droite, dont la tête chauve et les moustaches en pointes avaient paru mainte fois dans les journaux de toute la Russie, prononça un discours à la Douma qui devint immédiatement célèbre.

« ... restée allemande sur le trône russe »

Grand, poussif, doté d'une voix de stentor, monarchiste fanatique, réputé pour ses interminables insultes à l'égard de l'opposition, Pourichkevitch lança une attaque en règle contre la souveraine de toutes les Russies et le moujik, dans son discours du 19 novembre, prononcé à la tribune de la Douma. À deux heures du matin, Protopopov, furieux, télégraphia à la Stavka les passages les plus dangereux du discours. J'ai retrouvé ce télégramme dans les archives. Dans les journaux, les passages suivants furent censurés. Pourtant, dès le lendemain, tout Petrograd les connaissait par cœur, grâce aux nombreuses copies qui circulaient déjà.

« Le mal provient de ces forces et de ces influences obscures qui... ont fait accéder à des postes importants des personnes inaptes à les occuper... De l'influence qu'exerce surtout Grichka Raspoutine (bruits, exclamations : "C'est vrai !" "C'est une honte !")... Ces dernières nuits, je n'arrive plus à dormir, je vous en donne ma parole... je reste les yeux ouverts et je vois défiler toute une série de télégrammes, de notes, de renseignements, écrits par ce moujik illettré, tantôt à un ministre, tantôt à un autre... Il y a eu des cas où, après avoir refusé de satisfaire ses requêtes, ces messieurs forts et puissants ont perdu leur poste... Pendant ces deux ans et demi de guerre... j'ai considéré qu'il fallait oublier les querelles de famille... Aujourd'hui j'ai décidé de rompre ce silence pour déposer au pied du trône les pensées du peuple russe et l'amertume du front russe, causées par les ministres du tsar qui ne sont plus que des marionnettes dont les fils sont tirés par Raspoutine et l'impératrice Alexandra Fiodorovna, le génie du mal de la Russie et du tsar... qui est restée allemande sur le trône russe et étrangère au pays et au peuple. »

Il ne pouvait guère aller plus loin !

Le tsar, à la lecture de ce discours, savait pertinemment que désormais on ne lui laissait qu'un seul choix : son trône ou sa femme. Il choisit sa femme. Et attendit l'inévitable.

Quand on lut à Raspoutine le discours de Pourichkevitch, il eut la réaction qu'Alix attendait de lui : en bon chrétien, il pardonna. Mais comprenant aussi qu'il fallait remonter le moral des tsars, il envoya un télégramme à la Stavka. « 19 novembre 1916. Pourichkevitch a proféré des insultes éhontées mais indolores. Mon calme reste intact. » Et afin de préserver leur quiétudc, il prédit aux tsars qu'ils garderaient le pouvoir : « Dieu vous soutiendra. À vous est la victoire, à vous est le navire. Personne n'a le pouvoir de le prendre. » Ainsi leur promettait-il un avenir radieux — deux mois avant la révolution. Il répéta la même chose à « Maman », qui se trouvait alors dans son train sanitaire : « 22 novembre... Ayez foi et ne craignez pas la peur, gardez intact tout ce qui est à vous pour le donner au petit. Ce que son père a reçu, son fils le recevra. »

Et dans une note — d'une rare cohérence venant de lui — adressée à Voïekov, commandant du Palais, Raspoutine écrivait : « Quand on n'y est pas habitué, même la kacha est amère, et pas seulement Pourichkevitch et sa bouche injurieuse... À présent ces guêpes se reproduisent par millions. Il faut rester unis entre amis. Même si nous ne sommes qu'un petit nombre, du moins nous pensons de la même manière. Chez eux règne la méchanceté, chez nous, l'esprit de vérité. Grigori Novy. » Toutefois il confirmait la partie la plus terrible du discours de Pourichkevitch : « À présent, ces guêpes se reproduisent par millions. »

Le 20 novembre au matin, Félix Youssoupov lut le discours de Pourichkevitch avec la plus grande attention.

Le lendemain de son discours, Pourichkevitch se réveilla célèbre, ainsi qu'en témoigne son journal : « Le 20 novembre, le téléphone n'a pas cessé de sonner, on me félicitait... Parmi ceux qui m'ont appelé, un homme a éveillé mon intérêt ; il s'est présenté comme étant le prince Youssoupov. Il m'a demandé s'il pouvait venir me voir pour élucider quelques questions liées au rôle de Raspoutine, ce dont il était délicat de parler au téléphone. Je lui ai demandé de venir à neuf heures du matin. »

« Toi aussi, tu dois y prendre part ! »

Le jour de sa visite chez Pourichkevitch, Félix envoya une lettre à Irina, toujours en Crimée. Félix, lui, vivait à Petrograd, où il recevait une formation militaire dans le Corps des Pages. « L'aile des jeunes » du palais Youssoupov étant en réfection, Félix habitait le palais de son beau-père, le grand-duc Alexandre Mikhaïlovitch.

En Crimée, c'était le temps des pluies, bien qu'il fît encore très doux. Les domaines des grands-ducs avaient été désertés. De toute la brillante société, seules Zinaïda Youssoupova et Irina occupaient leur palais désert, échappant ainsi à l'automne pétersbourgeois, froid et humide. Pendant tout ce temps, « les jeunes », Irina et Félix, échangeaient des lettres remplies d'innombrables déclarations d'amour, qui ressemblaient étrangement à celles d'Alix et de Nikki. Leur amour n'avait pourtant rien de comparable, n'était-ce qu'à cause des penchants particuliers de Félix, mais tel était le style épistolaire de l'époque. À en juger par ses lettres, la maladie et la mélancolie rongeaient la belle et frêle Irina. Mais cette dernière lettre de Félix lui fit oublier tous ses tracas ; à la place des mots d'amour habituels, il lui faisait part du meurtre qui se préparait. Et auquel il avait décidé de prendre une part décisive — d'où la précaution d'avoir fait remettre la missive par un de ses hommes de confiance.

« Je suis terriblement occupé par l'élaboration du plan d'élimination de Raspoutine. Cela est maintenant tout simplement indispensable, sinon tout sera fini. Pour cela, je rencontre souvent M. Gol. [Mounia Golovina] et lui [Raspoutine]. Ils se sont entichés de moi et se montrent d'une totale franchise avec moi. » Et il ajoutait, à la plus grande surprise de son épouse : « Tu dois aussi y prendre part. Dm. Pavl. [Dimitri Pavlovitch] est au courant de tout et m'aide. Tout se passera à la mi-décembre, quand Dm. reviendra. Comme il me tarde de te voir ! Mais il vaudrait mieux que tu ne rentres pas avant, car nos appartements ne seront prêts que le 15 décembre. Et encore, pas toutes les pièces... et tu n'aurais pas où t'installer... Pas un mot à quiconque de ce que je t'écris. »

À la fin, il ajoutait : « Dis-le à ma mère, lis-lui ma lettre. » Car, à l'évidence Zinaïda Youssoupova était au fait de la conspiration.

Ainsi, le 20 novembre, au moment où Félix s'apprête à rencontrer Pourichkevitch, le plan d'assassinat de Raspoutine, élaboré par lui et Dimitri, était prêt à être mis en œuvre.

Passion charnelle ?

Lors de l'enquête qui suivit l'assassinat, Katia Petchorkina, la servante de Raspoutine, déclara dans sa déposition que Félix était venu pour la première fois chez Raspoutine « le 20 novembre, jour de la Présentation de la Vierge au Temple ». Elle avait retenu ce jour car c'était une fête religieuse. Le prince n'était pas venu seul mais en compagnie de Mounia Golovina.

Effectivement, Golovina affirmerait dans le Dossier : « Félix se plaignait de douleurs dans la poitrine et je lui ai conseillé de voir Raspoutine. Le prince y est allé avec moi à deux reprises : fin novembre et début décembre. Il est resté chez lui moins d'une heure. » Autrement dit, le jour même où il téléphonait à Pourichkevitch, Félix se rendit pour la première fois chez Raspoutine. Cette visite avait pour objectif de réaliser la partie la plus importante de son plan : gagner l'entière confiance du moujik.

Au juge chargé d'enquêter sur l'assassinat de Raspoutine, Félix décrirait très brièvement sa mystérieuse guérison : « Fin novembre, je me suis rendu à l'appartement de Raspoutine avec Golovina. Raspoutine a fait des passes au-dessus de moi et j'ai cru ressentir un certain soulagement. » Plus tard, émigré à Paris, il en ferait un récit beaucoup plus détaillé : « Après le thé, Raspoutine me fit entrer dans son bureau, une petite pièce meublée d'un divan en cuir, d'un grand bureau et de plusieurs fauteuils. Le starets m'ordonna de m'allonger sur le divan [ce même divan où les solliciteuses de Raspoutine payaient leurs "avances"], puis il fit légèrement glisser sa main sur ma poitrine, mon cou et ma tête... Ensuite, il se mit à genoux en posant une main sur mon front et marmonna une prière. Son visage était si près du mien que je ne voyais que ses yeux. Il resta dans cette position pendant quelque temps. Puis, d'un geste brusque, il se leva et se mit à faire des passes magnétiques. Le pouvoir hypnotique de Raspoutine était sans limites. Je sentais une force entrer en moi comme un flot doux et envahir tout mon être. Mon corps s'engourdit. J'essayai de parler mais ma langue ne m'obéissait plus. Je ne voyais que les yeux de Raspoutine qui brillaient en face de moi comme deux rayons phosphorescents. Puis j'ai senti la volonté de résister à l'hypnose se réveiller en moi. Je compris alors que je ne l'avais pas laissé subjuguer totalement ma volonté. »

Dans les archives de la Fédération de Russie, on a conservé le journal d'une personne qui connaissait bien Félix, et qui expose une série de réflexions intéressantes concernant cette fameuse « guérison ». Il s'agit du grand-duc Nicolas Mikhaïlovitch. Après l'assassinat de Raspoutine, il avait essayé de faire parler Youssoupov. « Félix m'a dit toute la vérité. Grichka l'a aimé tout de suite... et, très vite, il lui a accordé sa confiance — une confiance totale. Ils se voyaient presque tous les jours et parlaient de tout... si bien que Raspoutine lui confiait tous ses projets, sans être aucunement gêné d'une telle franchise. » Réfléchissant sur cette soudaine confiance de Raspoutine envers son opposant de la veille, le grand-duc en vint à la question qui s'imposait : « Je n'arrive pas à comprendre le psychisme de Raspoutine. Comment expliquer, par exemple, sa confiance illimitée envers le jeune Youssoupov, alors qu'il ne se fiait jamais à personne... craignant toujours d'être empoisonné ou tué ? » Nicolas Mikhaïlovitch avait raison de s'étonner ; on l'a vu, Raspoutine vivait dans la crainte permanente d'un attentat. Le grand-duc expliquait ainsi cette confiance : « Il reste à supposer quelque chose de complètement incroyable : une sorte d'amour, une passion charnelle pour Félix, qui aurait obscurci l'esprit de ce paysan vigoureux et débauché et l'aurait mené à sa tombe. Est-il possible qu'ils n'aient fait que parler, au cours de leurs interminables conversations ? Je suis persuadé qu'il y eut également des manifestations physiques de leur amitié, sous forme de baisers, d'attouchements réciproques et peut-être de quelque chose de plus cynique. Le sadisme de Raspoutine ne fait aucun doute. Mais jusqu'où allaient les perversités charnelles de Félix, je ne le sais pas encore. Bien que des rumeurs sur sa lascivité aient largement circulé dans la société, jusqu'à son mariage. »

Le grand-duc soupçonnait donc qu'il fallait prendre le terme « guérison » dans le sens que lui donnaient les *khlysty* et Raspoutine : exorcisme du démon de fornication. Dans le cas d'espèce, était-ce de son attirance pour les hommes que ce médecin universel, issu d'un village de Sibérie, voulait délivrer Félix ? Il est possible que la mystérieuse préhistoire de leurs relations, qui s'était soldée par une gifle, ait d'emblée assuré Félix de l'enthousiasme de Raspoutine pour entreprendre cette « guérison ». Toutefois, une chose était claire pour le grand-duc : ce fut après ces rencontres que « Raspoutine accorda une entière confiance à Félix ».

Or, au cours de cette « cure », Félix préparait déjà le futur meurtre. Venant pour ses séances, il montait chez Raspoutine par l'escalier de service, évitant ainsi les agents de surveillance. Il lui était facile d'expliquer à Golovina et à Raspoutine son désir de ne pas être vu : les Youssoupov étaient hostiles au starets, et il ne voulait pas provoquer de conflit au sein de sa famille. Ainsi, il habituait Raspoutine à ses visites secrètes chez lui. La servante du moujik indiqua dans sa déposition : « "Le petit" arrivait par l'escalier de service. »

Le secret de la surveillance de Raspoutine

La servante Katia Petchorkina ne mentionna que deux visites de Félix, chaque fois accompagné de Marie Golovina. Mais sans doute venait-il beaucoup plus souvent par l'escalier de service. Raspoutine devait faire en sorte qu'il n'y ait pas de témoin à ces visites « médicales ».

Toutefois, Félix, bien qu'évasif, parlerait de ses visites au pluriel : « Durant mes dernières visites chez Raspoutine... » Pour sa part, Lili Dehn déclarerait dans le Dossier qu'au dire de Raspoutine « le prince allait souvent » chez lui. Et la tsarine écrivait à Nikki : « 17 décembre... Ces derniers temps, Félix est souvent allé chez Lui. »

Plus tard, cherchant à souligner les difficultés qu'ils avaient dû surmonter, les conspirateurs mentionnèrent que Raspoutine « était surveillé par les agents de trois instances :

l'impératrice, le ministère de l'Intérieur et les banques ». En fait, après l'arrestation de Manassevitch et le départ de Komissarov, Raspoutine n'était plus surveillé que par la police secrète. Mieux encore, en venant chez Raspoutine, Félix s'aperçut avec stupeur que, passé minuit, il n'était plus du tout protégé. C'était un ordre secret de Protopopov. Au dire de Beletski, ce ministre pitoyable « venait lui-même chez Raspoutine, le soir après dix heures, pour des discussions de la plus haute importance ». Ne voulant aucun témoin de ces réunions, Protopopov ordonna, selon le même Beletski, « de supprimer la surveillance extérieure après dix heures du soir », tout en assurant Tsarskoïé Sélo et Raspoutine que la surveillance continuait, mais qu'après cette heure, les agents étaient postés « en face de la maison, et non à la porte, afin qu'on ne les remarque pas ».

Les agents qui se trouvaient sur le palier, devant l'appartement, quittaient, eux aussi, leur poste avant minuit. Ainsi, Félix apprit-il qu'on pouvait emmener Raspoutine à minuit passé, sans craindre une filature. L'idée d'assassiner Raspoutine durant la nuit vint de cette constatation.

L'appât royal

Le 21 novembre, donc, Félix rencontra Pourichkevitch. Ce dernier écrivit dans son journal : « Ce jeune homme en uniforme... m'a plu par son allure empreinte d'une grâce ineffable et de classe, ainsi que par sa maîtrise intellectuelle. C'est visiblement un homme d'une grande volonté et d'une grande fermeté de caractère... qualités rares chez les Russes, en particulier ceux issus de l'aristocratie. »

Félix exposa à Pourichkevitch, toujours enivré par son propre discours, le principal paradoxe qui y résidait : « Votre discours n'apportera pas les résultats que vous escomptez : non seulement l'importance de Raspoutine ne va pas diminuer, mais au contraire, elle va se renforcer, grâce à l'influence illimitée dont il jouit auprès d'Alexandra Fiodorovna, laquelle gouverne de fait le pays. »

Lui aussi était convaincu de « l'influence illimitée de Raspoutine ».

« Alors, que faire ? demanda Pourichkevitch.

— Éliminer Raspoutine », répondit le parent du tsar.

Pourichkevitch accepta avec empressement de participer au meurtre. Félix lui proposa de le présenter aux deux autres conspirateurs.

« Le 22 novembre, à huit heures du soir, je suis allé chez le prince », noterait Pourichkevitch dans ses Mémoires. Là, il fit la connaissance d'un jeune officier du régiment Preobrajenski, le lieutenant Soukhotine. « Puis un jeune homme, beau et svelte, fit irruption dans la pièce, et je reconnus le grand-duc Dimitri Pavlovitch. » Ils mirent au courant de leur plan Pourichkevitch, qui l'exposerait ainsi : « Ils avaient appris que Raspoutine cherchait depuis longtemps à rencontrer une certaine comtesse N., jeune beauté pétersbourgeoise qui fréquentait les Youssoupov. Mais elle se trouvait en Crimée. Lors de sa dernière visite chez Raspoutine, Youssoupov lui avait annoncé que la comtesse devait rentrer dans les jours prochains à Pétersbourg, où elle allait passer quelque temps, et... qu'il pourrait la rencontrer chez lui. »

Cette belle comtesse N. devait servir d'appât pour attirer Raspoutine.

Ainsi, est-ce par un mensonge obligé que Pourichkevitch commençait ses Mémoires. Car, sous le nom de la belle comtesse N., se cachait la femme de Félix, Irina. Youssoupov écrirait lui-même plus tard : « Raspoutine désirait depuis longtemps faire la connaissance de ma femme. Pensant qu'elle était à Petrograd et que mes parents se trouvaient en Crimée, il accepta de venir chez moi. » L'amie de la tsarine, Lili Den, narrerait de façon encore plus passionnante cette histoire « d'appât ».

Le Dossier. Déposition de Lili Dehn : « Durant la dernière année de la vie de Raspoutine, le prince allait souvent chez lui... et, selon Raspoutine, il lui racontait des choses étonnantes et très intimes sur sa femme. Raspoutine n'a pas précisé de quoi il s'agissait, mais il devait aller chez le prince pour soigner sa femme. »

Soigner « des choses intimes », c'est-à-dire exorciser le démon de fornication. Selon la méthode habituelle du starets. Mais Pourichkevitch ne pouvait pas écrire qu'on avait décidé d'utiliser la nièce du tsar pour servir d'appât au moujik lubrique. Ses convictions monarchistes l'empêchaient parfois de relater toute la vérité. Il est important de garder cela à l'esprit pour pouvoir reconstituer la nuit du meurtre.

Si les suppositions de Nicolas Mikhaïlovitch concernant

les relations que Raspoutine entretenait avec Félix étaient justes, continuer la cure au palais Youssoupov devait être une proposition tentante pour Raspoutine. Après avoir chassé du prince le démon de la chair, il devait en délivrer sa femme. C'était la propre nièce du tsar que l'on avait promise au moujik, pour cette nuit-là. Et il en perdit la raison. Le moujik rusé se transforma en coq de bruyère en rut.

Cependant, vers la fin novembre, les conspirateurs se retrouvèrent face à des complications. Félix reçut la réponse d'Irina, écrite dans le style autoritaire d'Alix. Irina traitait son plan de « sauvagerie » et de « sale histoire ».

« 25 novembre 1916... Je te remercie pour ta lettre insensée. Je n'en ai pas compris la moitié. Mais je vois que tu t'apprêtes à accomplir une sauvagerie. Je t'en prie, sois prudent et ne mets pas ton nez dans ces sales histoires. Le plus écœurant est que tu aies tout décidé sans me consulter. Je ne vois pas comment je peux participer à ton plan, si tout est déjà arrangé. Qui est ce "M. Gol." ? Je viens juste de comprendre ce que ça veut dire et qui ils sont. À l'instant même, alors que je suis en train de t'écrire. Bref, sois prudent. Ta lettre révèle à quel point tu es enthousiaste et prêt à grimper aux murs. Je serai à Petrograd le 12 ou le 13. Surtout, ne songe même pas à faire quoi que ce soit en mon absence, sinon je ne viens pas du tout. Je t'embrasse fort. Que Dieu te protège. »

Le point crucial demeurait donc obscur ; était-elle prête ou non à participer au complot ?

Félix lui répondit le 27 novembre : « Quel bonheur que ta longue lettre. Tu ne sais vraiment pas à quel point tu me manques, surtout en ce moment, alors que ma tête explose d'une multitude de pensées, de toutes sortes de projets etc. J'ai tellement envie de tout te raconter ! Ta présence est indispensable à la mi-décembre. Le plan dont je te parle a été préparé minutieusement. Il est déjà aux trois quarts prêt. Il ne reste que la touche finale, et c'est pour cela qu'on attend ton retour... Cela [le meurtre] est le seul moyen de sauver une situation qui est presque désespérée... Toi, tu serviras d'appât... Bien sûr, pas un mot à qui que ce soit. » À la fin de cette lettre, il ajoutait une phrase énigmatique, pour la convaincre, sans doute : « Malania y participe également. »

Ainsi, hormis Irina, une certaine Malania devait elle aussi prendre part au meurtre.

« À minuit, un ami viendra »

Irina devait donc rentrer à la mi-décembre, date prévue pour l'assassinat. Entre-temps, Félix annonça à Raspoutine son retour prochain. Toujours selon lui, dans ses Mémoires : « Raspoutine accepta la proposition de venir pour faire la connaissance de ma femme... à condition que je vienne le chercher personnellement pour l'emmener chez moi. En même temps, il me demanda d'emprunter l'escalier de service. Je notai avec horreur et stupéfaction la facilité avec laquelle Raspoutine avait tout accepté... et écarté de lui-même tous les obstacles possibles. »

Et Félix de tricher encore une fois ! C'était lui qui avait dû suggérer l'escalier de service en invoquant le côté délicat de la situation. Et Raspoutine en était convenu. Il savait que les agents postés devant la maison allaient de toute façon les voir quitter la cour et les suivre. Et si quoi que ce soit arrivait, il pourrait toujours s'enfuir de la maison, comme il s'était enfui de la soirée chez les Belling. Et les agents le couvriraient. Il ignorait qu'il n'était plus surveillé après dix heures du soir.

Le palais Youssoupov avait été choisi comme théâtre pour le meurtre. Or, le palais donnant sur un petit canal, la Moïka, de l'autre côté duquel, juste en face, se trouvait un poste de police, « tirer un coup de revolver était exclu », ainsi que l'écrivit Pourichkevitch. Ils décidèrent donc d'en finir avec Raspoutine en l'empoisonnant.

Initialement, il était prévu qu'ils agiraient à quatre : le grand-duc, Pourichkevitch, le lieutenant Soukhotine et Félix. Mais Pourichkevitch demanda, à juste titre, d'ajouter un cinquième comparse : ils avaient besoin d'un chauffeur pour emporter le cadavre. Il proposa à cet effet le docteur Lazavert, qu'il connaissait bien, car ce dernier travaillait sous ses ordres dans le train sanitaire dont il avait la charge.

L'assassinat avait été programmé pour la nuit du 16 au 17 décembre, date que Pourichkevitch devait expliquer ainsi : « Dimitri Pavlovitch était pris tous les soirs jusqu'au 16... on choisit donc ce jour ». Ce qui arrangeait bien Pourichkevitch. Il était prévu que son train sanitaire repartirait pour le front le 17 décembre. Il pourrait donc disparaître de la capitale juste après le meurtre.

Le poison

Le 24 novembre, une des dernières réunions se tint dans le train sanitaire, à l'ombre du wagon de Pourichkevitch. Youssoupov arriva avec le grand-duc, et Pourichkevitch les présenta au docteur Lazavert. Youssoupov leur montra le cyanure qu'il s'était procuré auprès de Maklakov, le chef des Cadets, auteur du discours sur l'horreur du « raspoutinisme ». Le poison se présentait, pour une part sous forme de petits cristaux, pour une autre, dilué dans une fiole. Ils avaient décidé d'empoisonner les gâteaux et le vin qu'on servirait à Raspoutine. Plus tard, Maklakov, qui ne voulait pas être accusé de complicité d'assassinat, déclarerait leur avoir fourni une poudre anodine. Mais le docteur Lazavert savait bien faire la différence entre une poudre anodine et du cyanure. Non, Maklakov ne devint un humaniste que beaucoup plus tard. À l'époque, il ne pensait qu'à en finir avec le moujik. Il avait même remis à Félix une barre métallique recouverte de caoutchouc, pour le cas où il faudrait l'achever. Mais lui-même ne prit pas part à l'assassinat, prétextant un voyage à Moscou. Il avait décidé de s'éclipser. Après tout, il s'agissait tout de même d'un assassinat !

Les conspirateurs mirent au point le plan final dans ce fameux wagon. Ils devaient se retrouver à minuit. Et avoir tout préparé avant minuit et demi : mis le poison dans les gâteaux et dans le vin etc. À minuit et demi, selon ce qui avait été convenu entre Raspoutine et Félix, ce dernier devait aller chercher le moujik, avec le docteur Lazavert, déguisé en chauffeur. De retour au palais, au lieu d'emprunter l'entrée principale, ils passeraient par la cour, afin que, derrière la grille en fonte, on ne remarque pas les silhouettes qui sortiraient de l'automobile. Et ils feraient entrer le moujik dans le palais, par la petite porte donnant sur la cour.

Cette porte s'ouvrait sur un étroit escalier en colimaçon, que Raspoutine descendrait pour gagner le sous-sol. D'ici le 16 décembre, ce sous-sol devait être aménagé en une charmante salle à manger de style russe ancien. Une fois au sous-sol, Félix expliquerait à Raspoutine qu'il lui faudrait patienter encore quelques instants avant qu'ait lieu sa rencontre tant souhaitée avec Irina, car il y avait à l'étage des invités arrivés à l'improviste, qui s'apprêtaient à partir. Entre-temps, Félix offrirait à Raspoutine du vin et des gâteaux empoisonnés.

Les quatre autres attendraient l'issue dans l'escalier menant au sous-sol, afin de pouvoir, le cas échéant, s'y précipiter pour donner un coup de main.

Une répétition mystique

Le 28 novembre, Pourichkevitch vint repérer les lieux du futur assassinat. « Je suis passé dans le bureau de Félix, inquiet de voir des rangées de domestiques alignés dans l'entrée, avec, à leur tête, un nègre en livrée. Mais Félix m'a rassuré, en me disant qu'il donnerait congé à tous les domestiques, sauf deux qui seraient de service à l'entrée principale. »

La salle à manger, que Félix devait faire aménager au sous-sol pour y accueillir son cher invité, était, selon Pourichkevitch, « délabrée et en plein travaux, et on y installait l'électricité ». Toutefois, l'endroit lui parut extrêmement bien adapté au plan qu'ils avaient conçu. Les murs étaient épais, les deux lucarnes qui donnaient sur la cour étaient minuscules et se trouvaient au ras du sol. Ainsi, on pourrait même tirer un coup de feu, le cas échéant.

Quant à Félix, il habitait toujours chez son beau-père, le grand-duc Alexandre Mikhaïlovitch. Il allait très souvent au palais Youssoupov pour y superviser l'aménagement du lieu du crime. Le sous-sol était divisé en deux par une arcade ; une partie devait être aménagée en petite salle à manger, l'autre, minuscule, en salon.

« Trois vases de porcelaine chinoise ornaient des niches creusées dans les murs, se souviendrait Félix. On avait sorti des remises d'antiques chaises en bois sculpté, tendues de cuir... de précieuses coupes d'ivoire... Une armoire datant de l'époque de la Grande Catherine, en bois d'ébène incrusté d'un véritable labyrinthe de petits morceaux de verre, ornée de petites colonnes en bronze et munie de tiroirs secrets. On avait posé sur l'armoire un crucifix en cristal de roche et argent gravé, un travail italien du XVIe siècle... L'énorme cheminée était décorée de calices dorés, de plats de majolique et d'un groupe de sculptures en ivoire. On avait étalé par terre un tapis persan et posé une immense peau d'ours polaire devant l'armoire... Au milieu de la pièce, on avait installé une table, à laquelle Raspoutine devait boire sa dernière tasse de thé. »

C'était au milieu de l'escalier en colimaçon, reliant le sous-sol aux appartements de Félix, que se trouvait la fameuse petite porte donnant sur la cour et par laquelle ils feraient entrer Raspoutine.

Le matin du 29 novembre, les assassins étaient très affairés : ils parcouraient en automobile les environs de Petrograd à la recherche d'un endroit où ils pourraient noyer le cadavre, dans une trouée de glace. Ils en trouvèrent un qui faisait l'affaire : un coin obscur sur la Vieille Nevka, en dehors de la ville.

En lisant, dans les Mémoires de Youssoupov et Pourichkevitch, les passages où il était question de la préparation de l'assassinat, j'avais l'impression de savoir déjà tout cela, notamment cette recherche méticuleuse d'un lieu propice pour faire disparaître le cadavre. Dans ce cas comme dans celui qui m'avait occupé autrefois, le meurtre était secondaire — l'important était de bien cacher les corps. Ici comme là, on avait longuement discuté pour choisir le lieu du crime et on avait opté pour un sous-sol, afin qu'on n'entende pas les coups de feu. Un sous-sol très semblable, petit, divisé en deux, avec des lucarnes au ras du sol ! Oui, les préparatifs de l'assassinat de la famille impériale dans le sous-sol de la maison Ipatiev seraient presque identiques. Comme si l'assassinat du moujik n'avait été qu'une répétition générale de celui de la famille impériale.

« Ne me force pas à rentrer à Petrograd ! »

Cette nuit-là, donc, Raspoutine était supposé disparaître purement et simplement. Félix était chargé de le faire sortir de chez lui alors que tout le monde dormirait et qu'il n'y aurait plus de surveillance. Raspoutine lui avait promis de ne dire à personne où il se rendait. Mais pour le cas où il n'aurait pas gardé le secret, les assassins avaient eu une idée, ainsi que le raconterait Félix : « Comme Raspoutine avait l'habitude de faire la bringue au restaurant *Villa Rodé*, le lieutenant Soukhotine y téléphonerait après l'assassinat pour demander : “Dans quel salon se trouve Raspoutine ?” Et après avoir reçu une réponse négative, il ajouterait : “Ah ! Il n'est donc pas encore arrivé ? Alors, il ne devrait pas tarder.” » Ainsi, ils pourraient dire que Raspoutine était resté un certain temps au palais, puis qu'il l'avait quitté pour se rendre au *Villa Rodé*. Et la police apprendrait par l'administration du restaurant qu'il devait effectivement s'y rendre. Et s'il avait disparu en route, c'était sûrement la faute d'un de ses douteux compagnons de débauche. Et même si on ne les croyait pas, qu'on essaie de prouver le contraire ! Ils avaient décidé de nier le meurtre jusqu'au bout.

Mais ils eurent un dur contretemps, juste avant le meurtre. Un messager leur apporta de Crimée une lettre d'Irina : « 3 décembre... Je sais que si je viens, je tomberai sûrement malade... Tu n'imagines pas dans quel état je suis. J'ai tout le temps envie de pleurer. Je suis d'une humeur horrible. Je n'ai jamais été comme ça. Je ne voulais pas t'écrire tout ça pour ne pas t'inquiéter. Mais je n'en peux plus ! Je ne sais pas moi-même ce qui m'arrive. Ne me force pas à aller à Petrograd. Viens plutôt ici, toi. Excuse-moi, mon petit chéri, de t'écrire des choses pareilles. Mais je n'en peux plus, je ne sais pas ce que j'ai. Il paraît que c'est une neurasthénie. Ne te fâche pas après moi, je t'en prie, ne te fâche pas. Je t'aime à la folie. *I can't live without you* [Je ne peux vivre sans toi]... Que Dieu te garde. »

C'était une curieuse hystérie. Une sorte d'effroi s'était emparé d'elle. Apparemment, elle aussi croyait aux pouvoirs de ce diable de moujik. Elle savait qu'elle portait un coup terrible à Félix, mais elle était incapable de se dominer. Non seulement elle refusait de rentrer, mais elle suppliait Félix de renoncer à son projet : « Viens plutôt ici, toi ! » Ainsi, quelques jours avant le meurtre, la femme de Félix privait les conspirateurs de leur acteur principal — de leur appât.

Irina en l'absence d'Irina

Là, il y a un blanc dans le récit de Félix comme dans celui de Pourichkevitch. Comment réagirent-ils ? Ils durent imaginer tout une mise en scène, comme nous le verrons plus tard. Toutefois, ils décidèrent de ne pas changer les grandes lignes du plan : annoncer à Raspoutine qu'Irina était bien rentrée à Petrograd, l'emmener au palais de Félix, lui dire que la petite soirée d'Irina durait un peu plus longtemps que prévu, et lui demander de patienter dans la charmante salle à manger du sous-sol. Il y trouverait une table dressée, comme si la joyeuse compagnie, troublée par son arrivée, l'avait quittée à la hâte et continuait de s'amuser à l'étage. Phonographe et bruits de voix compléteraient la mise en scène. Tandis que Raspoutine attendrait la fin de la soirée pour rencontrer Irina, Félix l'empoisonnerait en bas.

Tout était prêt. Il ne restait plus qu'à attendre le 16 décembre. Le 17 au matin, tout serait terminé.

À la veille du « règne de la volonté et de la puissance »

« Raspoutine était de plus en plus épris de Youssoupov, observerait le grand-duc Nicolas Mikhaïlovitch, et lui racontait ouvertement des plans d'avenir incroyables... Il avait été décidé de signer une paix séparée avec l'Allemagne vers la fin décembre... Cela provoqua chez Youssoupov l'envie et la ferme résolution de l'éliminer coûte que coûte. »

Dans ses Mémoires, Youssoupov écrirait la même chose. Ne faisait-il que reprendre des rumeurs bien connues pour mieux justifier le meurtre ? Ou mes suppositions sont-elles justes : Alix avait décidé que la Russie devait sortir de la guerre avant qu'ait lieu la nouvelle offensive en préparation, laquelle risquait de se solder par un désastre qui serait immanquablement imputé au commandant suprême ? Il est fort probable que cette décision ait été à l'origine de la tristesse et de la dépression du souverain, qui comprenait combien une paix séparée était essentielle, mais aussi combien elle serait honteuse. Car cela signifierait avoir manqué à sa parole. De plus, il ne serait possible d'en finir avec la guerre que s'il prenait cette mesure que les monarchistes avaient si souvent réclamée : dissoudre la Douma.

Alors qu'avaient lieu les dernières « répétitions » du meurtre, le tsar se préparait à quitter Tsarskoïé Sélo pour retourner à la Stavka. Son court séjour chez lui touchait à sa fin. Le 2 décembre, deux jours avant son départ, Nicolas vit Raspoutine pour la dernière fois. Raspoutine avait fait un autre rêve qui promettait succès et prospérité. Ce rêve de l'homme de Dieu remplit de joie le cœur d'Alix. Il tombait évidemment à pic. Elle sentait bien que Nikki perdait courage. Pour le réconforter, elle lui permit d'emmener leur fils avec lui. Le tsar repartit donc le 4 décembre en compagnie de l'héritier du trône. Une lettre d'Alix l'attendait dans le train. « 4 décembre 1916... Encore un peu de patience et de foi profonde en les prières et l'aide de Notre Ami, et tout ira bien ! Je suis absolument persuadée que de grands et beaux moments sont proches pour ton règne et pour la Russie. Surtout, garde ta force d'âme !... Montre-leur à tous, que c'est toi le maître... Le temps de ton indulgence et de ta douceur sans bornes est révolu, vient maintenant le règne de ta volonté et de ta puissance... Il faut leur apprendre l'obéissance. Tu les as trop gâtés avec ta bonté et ta mansuétude... Tout va s'arranger. Le rêve de Notre Ami est très parlant. Mon chéri, prie l'icône de la sainte Vierge de Moguilev, elle te redonnera force et paix. Que le peuple voie que tu es un tsar chrétien... »

Durant tout ce temps où l'on préparait sa mort, Raspoutine était calme et joyeux. Lui aussi, apparemment, attendait des décisions importantes de la part du tsar. On en avait discuté au sein du « cabinet fantôme ». Bientôt il n'y aurait plus de Douma ni tous ces beaux parleurs malveillants.

Le 6 décembre, Alix écrivait à Nikki : « Hier, nous avons passé une soirée paisible et douillette dans la petite maison. Notre chère "grande Lili" [Den] est venue aussi, un peu plus tard, ainsi que Mounia Golovina. Il était d'excellente humeur. On voit qu'Il pense à toi sans arrêt et qu'à présent tout ira bien... Sois le maître, écoute ta solide petite femme et Notre Ami. »

La vérité sort de la bouche des enfants

Félix, ayant compris qu'il ne la ferait plus changer d'avis, écrivit une lettre à Irina, dans laquelle il exprimait une simple demande. « 8 décembre 1916... Je pars le 16 ou le 17. Quel bonheur d'être de nouveau ensemble. Si tu savais comme je t'aime !... Les répétitions se passent bien... Envoie-moi un télégramme le 16 disant que tu es malade et me demandes de venir en Crimée, c'est indispensable. » Tout comme Pourichkevitch, Félix avait décidé de quitter la capitale après l'assassinat. Il avait besoin de ce télégramme pour que son départ n'ait pas l'air d'une fuite.

Mais Irina était toujours nerveuse. Elle avait compris que les « répétitions » allaient aboutir à une première sanglante. Elle devenait folle à l'idée de la confrontation qui aurait lieu entre Félix et le redoutable moujik à qui obéissaient les forces de l'au-delà. Cette nervosité s'était transformée en maladie. « 9 décembre... Cher Félix... As-tu reçu mon délire ? Ne crois surtout pas que j'aie tout inventé. Telle était vraiment mon humeur ces derniers jours. Ce matin, je n'ai plus de fièvre, mais je reste au lit. J'ai beaucoup maigri, je ne sais pas pourquoi... Excuse ma dernière lettre. Elle était très désagréable. Je voulais garder tout ça pour ton arrivée, mais je n'ai pas pu. Il fallait que je vide mon cœur. Il s'est passé quelque chose d'invraisemblable avec *Baby*. Récemment, elle n'avait pas bien dormi la nuit et répétait sans arrêt : "La guerre, nounou, la guerre !" Le lendemain, on lui a demandé : "La guerre ou la paix ?" Et *Baby* a répondu : "La guerre !" Le jour suivant, je lui ai demandé : "Dis "Paix" !" Elle m'a regardé droit dans les yeux et a répondu : "Guerre". C'est très étrange. Je t'embrasse et je t'attends avec une terrible impatience. »

Guerre, sang et mort. Elle et son enfant avaient peur. Ne dit-on pas que la vérité sort de la bouche des enfants ?

« ... il y avait tellement de choses étranges, à l'époque »

Grâce au vin, Notre Ami se maintenait dans un état de béatitude. Pour oublier qu'il avait la mort aux trousses. Désormais, il était constamment ivre.

Le Dossier. Déposition de Golovina : « Dans les derniers temps, il buvait beaucoup et j'en éprouvais de la compassion envers lui. L'ivresse n'avait pas d'effet sur ses capacités intellectuelles. Ce qu'il disait était encore plus passionnant. »

Le malheureux Protopopov était maintenant forcé de lui rendre visite pendant ses beuveries. C'était une manière pour le moujik d'éprouver sa docilité, ce qui, pour le ministre, était insupportable.

Le Dossier. Déposition de Golovina : « Dans nos discussions, Protopopov se plaignait qu'il était très fatigué, qu'il souffrait et que seul Dieu pouvait lui venir en aide. Il aurait souhaité partir faire une retraite dans un ermitage quelconque, mais il ne le pouvait par amour pour "eux" — le souverain et l'impératrice, d'après ce que j'ai compris... Quand on y pense, c'était étrange que le ministre de l'Intérieur ait ce genre de conversation avec moi, mais il y avait tellement de choses étranges, à l'époque ! »

Comme toujours, quand on l'appelait à Tsarskoïé Sélo, Raspoutine se transformait. Selon Komissarov dans sa déposition : « Ces jours-là, il ne buvait pas. Il allait aux bains et allumait un cierge... comme il faisait, chaque fois qu'il devait rencontrer le tsar en personne. Il s'y préparait toute la journée. En route, il se concentrait et rassemblait ses esprits. » Même lorsqu'on l'avait emmené chez les tsars, après la joyeuse fête qui avait présidé à la pose de la première pierre de l'église d'Ania, il avait les idées claires, ainsi que l'avait mentionné la tsarine dans sa lettre. Il savait se dégriser comme par magie. Kommissarov s'en était étonné à maintes reprises. Les tsars ne le virent jamais en état d'ébriété.

Une icône pour son cercueil

Le 11 décembre, quelques jours avant l'assassinat, Alix alla à Novgorod avec les grandes-duchesses et l'Amie. Un office fut célébré dans l'ancienne cathédrale Sainte-Sophie. Puis elles rendirent visite à la prophétesse du couvent Dessiatine. « 12 décembre... Elle était allongée dans une petite pièce obscure, si bien qu'on a dû nous apporter une chandelle, pour que nous puissions nous voir. Elle a 107 ans et porte des chaînes. » À la lueur vacillante de la chandelle, la tsarine réussit à apercevoir « des yeux jeunes et étincelants ». Et la vénérable vieille, qui avait vécu sous les grands Romanov, Nicolas Ier, Alexandre II et III, se mit à parler dans le noir. Elle répéta plusieurs fois à la tsarine : « Et toi, ma belle, [tu porteras] une lourde croix, n'aie pas peur ».

Ainsi Alix acheva-t-elle son dernier voyage de souveraine. La prochaine fois qu'elle quitterait Tsarskoïé Sélo, elle serait détrônée, prisonnière et sur le chemin de l'exil. L'Amie et elle rapportèrent de Novgorod une petite icône, en cadeau pour Notre Ami. Celle-là même qu'on trouverait plus tard dans son cercueil.

Les derniers jours

Le 13 décembre, Youssoupov téléphona à Pourichkevitch et lui dit : « Vania est arrivé. » Félix confirmait de la sorte que tout était prêt pour le 16 décembre.

Raspoutine était toujours d'une humeur béate. Tout allait pour le mieux. Sur l'ordre de « Maman », l'affaire Manassevitch-Manouïlov avait été classée.

En 1917, Manassevitch se montrerait franc avec la Commission extraordinaire : « Raspoutine m'a dit : "On ne peut pas examiner ton affaire, cela ferait trop de bruit." Il avait demandé à la tsarine qu'elle écrive elle-même au ministre de la Justice. Il craignait que la presse ne fasse une campagne et que son nom soit cité. Raspoutine m'a appelé tout de suite : "On vient de me téléphoner du Palais : Maman a reçu un télégramme de son époux comme quoi l'affaire n'aurait pas de suite." » En effet, tout se passa bien ainsi. Le 10 décembre, Alix écrivit à Nikki : « Je te demande d'écrire "Affaire classée" sur le dossier de Manouïlov et de l'envoyer au ministre de la Justice... Sinon... des rumeurs très désagréables pourraient recommencer à se répandre. Je t'en prie, renvoie sans tarder le dossier de Manouïlov à Makarov, sinon ce sera trop tard. » Quelques jours plus tard, Manassevitch était libéré. Le secrétaire préféré de Raspoutine reparut dans l'appartement de la rue Gorokhovaïa. Ainsi qu'à son club. Il jouait gros. Il sillonna Petrograd. Il voulait flairer si tout était calme. Apparemment, il fut satisfait, car Raspoutine, qui redoutait toujours de marcher seul dans les rues, osa même faire une promenade en ville.

Le 15 décembre 1916, Alix écrivit à son époux : « Je te

remercie infiniment (également de la part de Gr.) pour Manouïlov. Notre Ami ne sortait plus de chez lui depuis longtemps. Il ne venait que chez nous, mais, hier, il s'est promené dans les rues avec Mounia, jusqu'aux cathédrales de Kazan et de Saint-Isaac ; aucun regard désagréable, tout est calme. Il dit que, d'ici trois à quatre jours, les choses vont aller mieux en Roumanie et que tout va s'arranger. Je t'en prie, dis à Trepov qu'il faut dissoudre la Douma d'ici début février… Aie confiance dans les conseils de Notre Ami. Même les enfants remarquent que cela ne va pas quand on ne L'écoute pas et, qu'au contraire, tout va mieux quand on L'écoute. » Ce fut la dernière fois que Notre Ami conseilla ce qu'elle voulait tant. Et, la nuit précédant le dernier jour de la vie de Raspoutine, le tsar signa un oukase ordonnant la suspension de la session de la Douma jusqu'au 19 février.

Le dernier jour de Raspoutine commençait. La mort à la veille de la victoire.

14

La nuit Youssoupov (Le mystère de l'assassinat)

La dernière soirée

Ce jour-là, tout se passa comme d'habitude. D'abord parut la touchante Mounia, qui fut toute la journée chez Raspoutine. « Je suis arrivée vers midi et je suis restée jusqu'à dix heures du soir… Il était excité, il a dit : "C'est aujourd'hui que j'y vais." Mais il n'a pas précisé où », affirmerait Golovina dans le Dossier. Badmaev, en revanche, déclarerait tout autre chose devant la Commission extraordinaire : « Golovina nous avoua son chagrin. Elle savait que, la veille encore, Raspoutine s'apprêtait à aller faire la fête et dîner chez le prince Youssoupov. »

Vyroubova vint elle aussi. Beletski attesterait qu'elle était chez Raspoutine à huit heures du soir et que ce dernier lui avait annoncé devoir partir avec le jeune Youssoupov, dont il allait soigner la femme. Ignorant que la femme du prince n'était pas à Petrograd, Vyroubova avait conseillé à Raspoutine de décliner l'invitation. Elle trouvait humiliant pour lui que le couple ait honte de le recevoir en plein jour. Et Raspoutine lui avait promis de ne pas y aller.

Ainsi, après avoir promis à Félix de garder secrète son escapade, le rusé moujik avait raconté à tous ses proches où il allait, pour le cas où. Il croyait aussi que des agents allaient l'escorter. En cela, il se trompait, car Protopopov lui avait menti. Ainsi, bien qu'ayant toute confiance en Youssoupov, il avait tout de même pris quelques précautions.

Golovina le quitta à dix heures du soir. Puis une dame lui rendit visite. Une de ces visiteuses fugitives qui passaient par la petite « pièce au divan » et disparaissaient aussi vite qu'elles étaient venues. La concierge déclarera plus tard : « Une dame d'environ vingt-cinq ans est venue chez lui vers dix heures du soir. Elle est repartie vers onze heures. » Le fait serait confirmé par sa nièce Anna, qui séjournait chez lui à cette époque. « Une blonde boulotte est arrivée vers dix heures du soir. Elle se faisait appeler “sœur Marie”, bien qu'elle n'ait pas été sœur de charité. » Mais elle en fit office dans une certaine mesure, car elle aida le moujik à dissiper la tension qui semblait l'avoir envahi malgré lui, et à « affiner ses nerfs », avant cette nuit si prometteuse. Ses filles rentrèrent vers onze heures du soir.

Le lendemain, toutes les deux firent un rapport au juge d'instruction. Varvara : « Matriona et moi sommes allées chez des amis. Nous nous sommes couchées vers onze heures et je n'ai pas vu comment, où et avec qui il est parti. Mon père ne m'a pas dit qu'il avait l'intention de sortir cette nuit-là. » Cependant, l'aînée, Matriona, certifia : « Après mon retour, au moment où j'allais me coucher, mon père m'a dit qu'il allait chez “le petit”. »

Enfin, Protopopov arriva vers minuit. « Je suis passé voir Raspoutine vers minuit, la nuit de son assassinat, après avoir accompagné Voskoboïnikova à la gare », confierait Protopopov à la Commission extraordinaire. Apparemment, il était venu à cette heure tardive, car il savait que les agents postés sur le palier étaient partis à onze heures et demie. « Je... suis resté chez lui une dizaine de minutes... Je n'ai vu que lui, c'est lui qui m'a ouvert la porte. Il ne m'a pas dit qu'il avait l'intention de sortir cette nuit-là. » Raspoutine, qui attendait Youssoupov, avait volontairement abrégé la conversation avec le ministre.

Il était minuit passé quand Raspoutine commença à s'habiller. Selon la déposition de sa servante, il mit une chemise bleu ciel brodée de bleuets, mais, ajoute-t-elle : « Il n'arrivait pas à boutonner son col et je l'ai aidé. » Il était toujours aussi agité. Une fois habillé, il s'allongea sur son lit et attendit Félix. Ses filles dormaient déjà. Mais sa nièce et la servante Katia n'étaient pas encore couchées. La nièce raconta au juge d'instruction : « Mon oncle s'est allongé tout habillé sur son lit, peu après minuit. » Et, aux questions étonnées de sa nièce et de sa domestique, il répondit : « Je vais chez "le petit" cette nuit. »

Après quoi, la nièce alla dormir dans la chambre des filles, tandis que Petchorkina se retirait dans la cuisine, pour se coucher derrière le rideau, dans l'endroit réservé aux domestiques. Apparemment, les préparatifs mystérieux de son maître avaient éveillé sa curiosité. Elle ne dormit pas, attendant de voir qui allait venir le chercher. Finalement, « on sonna à la porte de service ». Écartant le rideau qui dissimulait son lit, elle aperçut Raspoutine et l'homme qui entrait. C'était « le petit » — le prince Youssoupov.

Chronique du matin

À huit heures du matin, le 17 décembre, la nièce de Raspoutine, Anna, téléphona à Mounia Golovina pour lui dire que son oncle était parti dans la nuit avec « le petit » et n'était pas encore rentré. Le même jour, très tôt, Protopopov fut réveillé par un coup de fil. Le gouverneur de Petrograd, Alexandre Balk, lui annonça, tout ému, que le sergent de ville en poste sur le quai de la Moïka avait entendu des coups de feu provenant du palais Youssoupov. Après quoi, le policier était entré à l'intérieur du palais, où le député Pourichkevitch, qui se trouvait là, lui avait dit que Raspoutine avait été tué. Protopopov appela immédiatement rue Gorokhovaïa et apprit que Raspoutine n'avait pas passé la nuit chez lui et n'était pas rentré.

Vers onze heures, Mounia Golovina arriva rue Gorokhovaïa. Elle dit aux filles qu'elle avait appelé le prince, mais, précisa-t-elle, « là-bas, tout le monde dort encore ». Plus tard, dans sa déposition, Mounia préciserait qu'à ce moment-là elle ne s'était pas encore inquiétée : « En ma présence, Raspoutine avait demandé au prince de l'emmener chez les Tsiganes, et, sachant qu'il était parti avec lui, je ne me suis pas alarmée. » Enfin, vers midi, Félix en personne l'appela. Elle tranquillisa alors les filles en leur disant que le prince Youssoupov lui avait donné sa parole qu'il n'avait pas vu leur père. Quel ne fut pas son effroi lorsque la servante Katia lui jura que c'était un mensonge ; que Félix était passé chercher Raspoutine la nuit précédente et qu'elle l'avait vu de ses propres yeux dans l'appartement. Golovina appela aussitôt Vyroubova dans sa maisonnette de Tsarskoïé Sélo.

Le Dossier. Déposition de l'infirmier Akim Jouk, qui soignait Vyroubova depuis son accident : « Vers midi, on a téléphoné pour dire que Raspoutine n'était pas rentré chez lui depuis la veille. Vyroubova en a immédiatement informé le Palais et il y a eu aussitôt beaucoup d'agitation ; les conversations téléphoniques avec Petrograd n'arrêtaient pas. »

De son côté, Protopopov était en contact permanent avec Tsarskoïé Sélo. Il avait transmis à l'impératrice et à Vyroubova l'information communiquée par le sergent de ville concernant les événements survenus chez les Youssoupov. Le même matin, 17 décembre, Protopopov avait convoqué le général Popov pour lui ordonner d'ouvrir immédiatement « une enquête relative à la disparition de Grigori Efimovitch Raspoutine », ordre enregistré sous le numéro 573. L'enquête devait, de surcroît, être menée dans le secret le plus absolu.

Des invités impatients

Ce même matin, des visiteurs se présentèrent à l'appartement de Raspoutine. Des visiteurs qui devaient avoir beaucoup d'intérêt pour les papiers laissés par le maître des lieux subitement disparu.

Extrait de l'interrogatoire de Manassevitch par la Commission extraordinaire :

« Étiez-vous chez Raspoutine la nuit de sa disparition ?

— J'y suis passé le matin... c'était la panique. Simanovitch est arrivé avec l'évêque Issidor et ils ont dit qu'ils étaient allés voir le commissaire de police du quartier où les événements avaient eu lieu.

— Avez-vous fouillé dans ses papiers ?

— On n'y a pas touché, répond bien sûr Manassevitch.

— Est-ce que Protopopov est venu chez Raspoutine, pendant que vous y étiez ?

— Pas quand j'y étais. »

Protopopov avait dû, évidemment, passer plus tôt — avant Manassevitch et les autres.

Extrait de l'interrogatoire de Protopopov :

« Il paraît qu'immédiatement après l'assassinat vous êtes allé à son appartement ?

— Jamais... D'ailleurs, la police y était. »

Mais le ministre de l'Intérieur, vu les relations que Raspoutine entretenait avec lui-même et avec les tsars, avait dû s'y rendre avant la police et avant tout le monde. Dès qu'il avait appris la disparition de Raspoutine. Donc, après le passage de tous ces visiteurs attentionnés, aucun document important ne pouvait avoir subsisté dans l'appartement.

Entre-temps, les événements suivaient leur cours. À deux heures de l'après-midi, le général Popov fut informé qu'on avait trouvé des traces de sang sur le pont Petrovski, qui enjambe la Petite Nevka, ainsi qu'une botte marron prise entre les culées du pont. À trois heures, on montra la botte aux filles de Raspoutine, qui déclarèrent qu'elle appartenait à leur père.

« Je ne veux pas croire qu'on L'a assassiné... »

Des bruits couraient déjà en ville. La mort présumée du favori avait mis en émoi toute la haute société. Les grands-ducs, les ambassadeurs, les ministres, Tsarskoïé Sélo — tous commentaient avec passion les rumeurs faisant état de la fin du moujik sibérien à demi illettré.

Extrait du journal du grand-duc Nicolas Mikhaïlovitch : « 17 décembre... À cinq heures trente [de l'après-midi], deux coups de fil : un de la princesse Troubetskaïa, l'autre de l'ambassadeur anglais Buchanan... m'ont appris que Grigori Raspoutine avait été assassiné la nuit précédente. Cette nouvelle inattendue m'a stupéfié et je me suis précipité, en auto, chez mon frère Alexandre, quai de la Moïka, pour me renseigner sur ce qui s'était passé [on lui avait donc appris non seulement le meurtre, mais aussi qu'on soupçonnait Félix, qui habitait à l'époque chez son frère]. Une domestique m'informa que Félix devait rentrer tard. »

Mais le grand-duc savait où se renseigner. Il se rendit au Yacht-Club frondeur. Ce jour-là, le club grouillait de monde. Une foule d'équipages et d'automobiles attendaient à l'entrée. Toute cette nuée d'aristocrates bourdonnait, en proie au trouble. « Je suis allé déjeuner au club, où on ne parlait que de la disparition de Grichka », se souviendrait-il.

Au club, il rencontra un autre acteur de l'histoire : « Vers la fin du déjeuner, Dimitri Pavlovitch, blême comme la mort, est arrivé. Mais je ne lui ai pas parlé, car il s'est assis à une autre table... Trepov [le Premier ministre] déclarait à qui voulait l'entendre qu'il ne s'agissait que de racontars. Pendant ce temps, Dimitri Pavlovitch disait à d'autres qu'à son avis Raspoutine avait disparu ou avait été tué... Nous avons commencé à jouer aux cartes, tandis que Dimitri Pavlovitch partait pour le théâtre français Mikhaïlovski. » Ainsi chacun avait reçu l'information nécessaire. Car, d'une certaine manière, tout le monde savait que Dimitri était mêlé à l'affaire.

À la demande de l'impératrice, l'Amie s'était installée au Palais. Le Dossier. Déposition de l'infirmier Jouk : « Vyroubova est allée passer la nuit au Palais, sur la demande de la tsarine. On craignait qu'elle aussi soit assassinée, car elle... avait commencé à recevoir des lettres de menaces, un an avant le meurtre de Raspoutine... On redoutait surtout les jeunes grands-ducs. On m'avait ordonné de ne laisser entrer aucun des grands-ducs... Les volets intérieurs de l'appartement de Vyroubova avaient été modifiés. » Alix pensait que ce n'était qu'un début et suspectait les jeunes Romanov de vouloir infliger aux « nôtres » bien d'autres représailles. Dans la journée du 17 décembre, elle écrivit au tsar : « Nous sommes assis ici, tous ensemble — tu peux imaginer nos sentiments — Notre Ami a disparu. Hier A. [Ania] L'a vu et Il lui a dit que Félix Lui avait demandé de venir le voir la nuit et qu'une automobile viendrait Le chercher pour qu'Il puisse voir Irina... Cette nuit, il y eut un grand scandale chez les Youssoupov, une grande réunion. Dimitri, Pourichkevitch, etc. — tous ivres. La police a entendu des coups de feu. Pourichkevitch s'est enfui en criant à la police que Notre Ami avait été tué. La police a commencé les recherches... Félix s'apprêtait à partir en Crimée cette nuit. J'ai demandé à Kalinine [Protopopov] de le retenir. Félix assure qu'il ne L'a jamais invité. C'était sans doute un piège. Je compte toujours sur la miséricorde divine, peut-être n'a-t-on fait que L'emmener quelque part. Je ne peux pas et je ne veux pas croire qu'on L'a assassiné. Que Dieu ait pitié de nous !... Quelle angoisse désespérante ! Reviens immédiatement : personne n'osera la [Ania] toucher ou lui faire quoi que ce soit si tu es là. Félix est allé Le voir souvent ces derniers temps... »

Extrait de son télégramme du 17 décembre : « Nous comptons toujours sur la miséricorde divine. Félix et Dimitri sont impliqués. » Le soir même, tout Tsarskoïé Sélo savait que les deux hommes étaient liés à l'affaire.

Extrait des souvenirs de la grande-duchesse Olga, mère adoptive de Dimitri : « 17/30 décembre. Samedi soir, on donnait un concert à Tsarskoïé... Vers huit heures, le téléphone a sonné. Un instant plus tard, Vladimir [le fils qu'elle avait eu avec le grand-duc] est entré en courant dans ma chambre : "C'est la fin du starets. On vient de me téléphoner. Mon Dieu, nous allons pouvoir respirer à présent. Pour le moment, on ne connaît pas les détails. De toute façon, il a disparu depuis vingt-quatre heures. Nous apprendrons probablement quelque chose au concert"... Je n'oublierai jamais cette soirée. Personne n'écoutait l'orchestre ni les chanteurs. Pendant l'entracte, j'ai remarqué qu'on nous regardait d'une manière particulière, mais, à ce moment-là, je ne savais pas encore pourquoi. » Finalement, une de ses connaissances lui expliqua : « "Il paraît que les protagonistes de cette affaire appartiennent à la haute noblesse. On parle de Félix Youssoupov, de Pourichkevitch et du grand-duc." Mon cœur s'est figé. À la fin de la soirée, le nom de Dimitri était sur toutes les lèvres. »

Enquête sur la disparition du paysan Grigori Raspoutine

Au matin du 18 décembre, on n'avait toujours pas retrouvé Raspoutine. Félix ne put partir en Crimée ce jour-là. On l'invita à faire une déposition dans le cadre de « l'enquête sur la disparition du paysan Grigori Raspoutine », menée par le général Popov. Durant trois jours à partir du 17 décembre, le général Popov et le colonel Popel conduisirent des interrogatoires interminables. Parmi les témoins figuraient deux sergents de ville, qui étaient postés près du palais Youssoupov la nuit du crime, les deux filles de Raspoutine, sa domestique, sa nièce et Marie Golovina. Le 18 décembre, le ministre de la Justice Makarov interrogea personnellement Félix. Sa déposition est particulièrement intéressante, car faite « à chaud ».

Mais le 19 décembre, le troisième jour de l'enquête, Protopopov donna soudain l'ordre de classer immédiatement l'affaire et confisqua aussitôt toutes les dépositions. Après la chute des Romanov, le dossier se trouvait dans les archives. Mais, dès la révolution de Février, il avait disparu. En 1928, mourut à Paris, dans le plus grand dénuement, un certain Vassiliev, le dernier directeur du département de la Police. Il avait laissé le manuscrit d'un livre sur la police secrète du tsar, qui fut promptement publié. Or, dans ce livre, il citait (avec des erreurs) quelques documents de cette affaire. On retrouve ces documents (avec les erreurs) cités dans la plupart des ouvrages sur Raspoutine.

Les policiers racontent...

Apparemment, lorsque Félix fut interrogé par Makarov, l'enquête disposait déjà des passionnants témoignages des deux policiers. Ils ont été conservés dans le Dossier.

Le sergent de ville Stepan Vlassiouk, âgé de quarante-huit ans, qui était en poste non loin du palais Youssoupov, déclara : « Vers trois ou quatre heures du matin, j'ai entendu trois ou quatre coups de feu tirés à la suite. » Puis Vlassiouk alla voir son collègue, l'agent Efimov, posté sur l'autre rive du canal. « Quand je lui ai demandé d'où étaient partis les coups de feu, Efimov m'a indiqué le palais Youssoupov. » Vlassiouk se rendit immédiatement au palais. À proximité du bâtiment, il rencontra le portier. Mais celui-ci affirma qu'il n'avait entendu aucun coup de feu.

Vlassiouk poursuivit : « À ce moment, j'ai vu dans la cour deux hommes en veste militaire, mais sans casquette, qui se dirigeaient vers la sortie... J'ai reconnu le prince Youssoupov et son majordome Boujinski. J'ai demandé à ce dernier qui avait tiré. Il a répondu qu'il n'avait pas entendu de coup de feu. » Après quoi, Vlassiouk, rassuré, regagna son poste. « Je n'ai informé personne de ce qui s'était passé, parce que j'avais déjà entendu des bruits semblables provenant de pneus d'auto qui éclataient. Mais quinze à vingt minutes plus tard, Boujinski est venu vers moi et m'a dit que le prince Youssoupov me demandait. Dès que j'ai franchi le seuil de son bureau, le prince Youssoupov est venu à ma rencontre avec un autre homme que je ne connaissais pas. Il avait une barbichette blonde et des moustaches, et portait une veste kaki. »

Vlassiouk relata alors une étonnante conversation :

« Cet homme m'a demandé :

— Tu as entendu parler de Pourichkevitch ?

— Oui.

— Pourichkevitch, c'est moi... Et tu as entendu parler de Raspoutine ? Eh bien, ce Raspoutine est mort. Et si tu aimes ta mère patrie la Russie, tu dois te taire.

— À vos ordres.

— À présent, tu peux partir.

Vingt minutes plus tard Kaliadine, le commissaire de police du quartier, est venu me voir et je lui ai tout raconté. »

Cri de femme et mystérieuse automobile

Le deuxième agent, Flor Efimov, vieux policier expérimenté de cinquante-neuf ans, qui était posté en face du palais Youssoupov, devait déclarer pour sa part : « À deux heures et demie du matin, j'ai entendu un coup de feu, suivi, trois ou quatre secondes plus tard, de trois ou quatre autres à la suite. Après le premier coup de feu, j'ai entendu un faible cri, comme celui d'une femme. » Quand le juge d'instruction lui demanda s'il avait remarqué une automobile arrivée ou sortie du palais après les coups de feu, Efimov répondit : « Durant vingt à trente minutes, aucune automobile ni voiture attelée n'est passée par la Moïka. C'est seulement une demi-heure plus tard qu'une automobile est passée, mais elle ne s'est arrêtée nulle part. »

Retenons que les deux policiers de garde près du palais Youssoupov déclarèrent avoir entendu trois ou quatre coups de feu et qu'Efimov, celui qui était le plus près, affirme avoir entendu « un faible cri, comme celui d'une femme ». Autre détail important : aucune automobile n'était arrivée ou partie du palais après les coups de feu. La seule remarquée par Efimov, une demi-heure plus tard, était une voiture venant de la direction du palais.

L'instruction était en possession de ces témoignages lorsque, le 18 décembre, Félix Félixovitch, prince Youssoupov et comte Soumarokov-Elston fut interrogé. Après avoir raconté comment il avait fait la connaissance de Raspoutine, il aborda la soirée du 16 décembre.

« C'est le grand-duc qui a tué le chien »

« À cette époque, je réaménageais... une pièce de ma maison de la Moïka... et le grand-duc Dimitri Pavlovitch m'a suggéré d'organiser une petite fête pour pendre la crémaillère. Il fut décidé d'inviter Vladimir Mitrofanovitch Pourichkevitch, quelques officiers et quelques dames de la société. La fête avait été prévue pour le 16 décembre. Pour des raisons évidentes, je ne nommerai pas les officiers ni les dames, cela pourrait leur nuire et donner lieu à des rumeurs mensongères. Afin de ne pas gêner mes invités, j'ai ordonné à mes domestiques de tout préparer pour le thé et le dîner... et de ne plus entrer. La plupart des invités devaient arriver non par l'entrée principale... mais par une porte latérale... dont je détenais personnellement la clé... Les invités buvaient du thé et dansaient... Vers minuit et demi, Raspoutine a téléphoné de je ne sais où... pour nous inviter à aller chez les Tsiganes. Sur quoi les invités se sont mis à faire des blagues et des mots d'esprit... Raspoutine n'a pas voulu dire d'où il appelait mais j'ai entendu des voix, du bruit et les glapissements d'une femme. »

À ce point, Makarov aurait pu confondre Félix grâce aux témoignages de la maisonnée de Raspoutine. Mais le ministre n'osa pas confronter un parent du tsar aux témoignages d'une domestique et des filles d'un paysan. Et le prince continua : « Vers deux heures ou deux heures et demie, deux dames ont voulu rentrer, et le grand-duc Dimitri Pavlovitch est parti avec elles... Après leur départ, j'ai entendu des coups de feu dans la cour. Je suis sorti et j'ai vu un chien mort qui gisait près de la grille. Ensuite, son Altesse Impériale m'a dit que c'était lui qui avait tué le chien... Après ça, j'ai appelé le sergent de ville qui était dans la rue et je lui ai dit que, si on lui posait des questions à propos des coups de feu, il réponde que c'était un ami à moi qui avait tué un chien. »

La question suivante portait apparemment sur ce qu'avait dit Pourichkevitch au sergent de ville. Le prince donna une réponse amusante : « Après cela, Pourichkevitch, qui se trouvait dans mon bureau, a dit quelque chose. Mais je n'ai pas tout entendu... En ce qui concerne la déposition du sergent de ville, selon laquelle Pourichkevitch lui aurait dit dans mon bureau que Raspoutine avait été assassiné, [je dois dire que] Pourichkevitch était soûl et ne savait pas ce qu'il disait... Quant à moi, je ne suis allé chez Raspoutine ni dans la journée ni dans la soirée du 16, ce que mes invités et mes domestiques peuvent confirmer. D'autres personnes ont élaboré un plan d'assassinat minutieux et se sont servis de moi et de la soirée que je donnais chez moi. »

Esclandre à la gare

La veille, Félix avait envoyé le même témoignage à la tsarine. Le soir du 18 décembre, il se prépara enfin à prendre le train pour la Crimée.

Extrait du journal du grand-duc Nicolas Mikhaïlovitch, à la date du 18 décembre : « Le lendemain, sans avoir encore vu Youssoupov, j'appris que Félix et mes deux neveux partaient en Crimée. Mais des rumeurs continuaient de circuler, et, le 18, A. F. Trepov m'annonça au téléphone que Raspoutine, en effet, avait sans doute été victime d'un assassinat et que Dimitri Pavlovitch, Félix Youssoupov et Pourichkevitch étaient nommés de façon persistance comme étant impliqués dans ce meurtre... Je me sentis soulagé et je me mis tranquillement à jouer aux cartes, tout en me réjouissant que cette canaille ait été mise hors de nuire. Ma seule crainte était que l'information de Trepov soit fausse.

« À neuf heures du soir, je rendis visite à mes neveux pour leur faire mes adieux — ils partaient en Crimée. Quel ne fut pas mon étonnement quand, à dix heures et demie, Félix me téléphona pour me dire qu'il avait été arrêté à la gare de Nicolaiev par un officier de gendarmerie. Il me pria instamment de venir le voir. Il était déjà couché... J'ai passé une heure et demie avec lui, à écouter ses confidences. »

Félix répéta mot pour mot à Nicolas Mikhaïlovitch ce qu'il avait déclaré au ministre de la Justice. Mais le grand-duc était déjà au courant des rumeurs. « J'ai écouté son récit en silence, puis je lui ai dit que tout ce roman ne résisterait pas au moindre examen critique et que... c'était lui l'assassin. »

Le lendemain matin, tout Pétersbourg bruissait de l'incroyable nouvelle : le prince Youssoupov avait été appréhendé à la gare. Le train était parti en Crimée sans lui.

« Je vous salue, messieurs les assassins ! »

Non seulement on avait empêché Félix de partir, mais on l'avait assigné à résidence. La tsarine avait exigé que l'instruction aille jusqu'au bout. Le grand-duc Dimitri, lui aussi, était assigné à résidence. Mais c'était sous une forme curieuse. Le lendemain, Félix déménagea chez Dimitri, ce qui leur donna tout loisir d'élaborer une version concertée des faits en attendant la convocation chez le juge. Mais ils ne seraient plus jamais convoqués. Le tsar aimait l'histoire et se souvenait des événements de la Révolution française : le procès public auquel avait donné lieu la fameuse affaire du Collier, impliquant Marie-Antoinette, avait été le prologue à la fin de Louis XVI. Voilà pourquoi, lorsque le cadavre de Raspoutine remonta à la surface de la rivière, le 19 décembre, le général Popov reçut l'ordre de classer l'affaire.

Entre-temps, la police avait intercepté les premiers télégrammes de félicitations adressés à Félix et Dimitri. Nicolas II dut être particulièrement bouleversé par celui de la très pieuse Ella. Cette femme timide, qui passait son temps à prier, écrivait : « 18 décembre, neuf heures et demie du soir... Je suis rentrée hier soir tard, après avoir passé tout une semaine à Sarov et Divéevo, où j'ai prié pour vous tous, mes chéris. Je vous demande de m'envoyer une lettre avec tous les détails des événements. Que Dieu donne de la force à Félix après l'acte patriotique qu'il a accompli ! » Elle envoya un autre télégramme en Crimée, à Zinaïda Youssoupova : « Toutes mes prières les plus ardentes et les plus profondes vous accompagnent tous pour l'acte patriotique accompli par votre cher fils. » Ainsi, à peine rentrée de Divéevo le 18 décembre, Ella était déjà au courant de l'assassinat et de l'identité des assassins. Et elle donnait sa bénédiction au meurtre. Elle ne connaissait pas encore les détails que Félix fournirait au grand-duc Nicolas Mikhaïlovitch le lendemain.

Extrait du journal du grand-duc Nicolas Mikhaïlovitch :

« Le lendemain, 19 décembre, Félix déménagea chez Dimitri Pavlovitch. En entrant dans la pièce où ils se trouvaient, je me suis écrié : “Je vous salue, messieurs les assassins !” Voyant que toute dénégation était inutile, Félix commença son récit. »

L’histoire de l’assassinat, racontée par les assassins

Dans les diverses versions de ses souvenirs publiés à Paris, Félix répéterait sensiblement ce qu’il raconta à Nicolas Mikhaïlovitch, ce soir-là à Pétersbourg. Cependant, au même moment, un autre récit sur ce qui s’était passé au palais Youssoupov était écrit par un autre des protagonistes. Contrairement à Félix, Pourichkevitch, député de la Douma, avait réussi à quitter la ville. Son train sanitaire était parti tranquillement pour le front, la nuit même du meurtre. La nuit suivante, dans son wagon, Pourichkevitch établissait sa propre relation.

« Je suis entouré par la nuit noire et un profond silence, le train qui m’emmène au loin me ballotte doucement... Je n’arrive pas à m’endormir... les événements de ces dernières quarante-huit heures tourbillonnent dans ma tête. Raspoutine n’est plus, il a été assassiné... Le destin a voulu qu’il tombe de ma main... Dieu merci, les mains du grand-duc Dimitri Pavlovitch n’ont pas été souillées par ce sang sale. » Et de commenter : « Un jeune homme de sang royal ne doit pas être impliqué dans une affaire qui a fait couler le sang. Même si ce sang est le sang de Raspoutine. » Notons cette phrase : « Un jeune homme de sang royal ne doit pas être impliqué... » Puis, il passe au récit.

Ce serait précisément à partir de ces deux sources, les souvenirs de Pourichkevitch et ceux de Youssoupov, que le récit de l’assassinat de Raspoutine passerait de livre à livre. Cette histoire, comme le noterait Nicolas Mikhaïlovitch dans son journal, « rappelle... un meurtre dans l’Italie du Moyen Âge ». Ou, mieux, un *thriller* comme on les aimait déjà du temps de Raspoutine, et encore à notre époque, où un monstrueux démon est éliminé par des héros eux bien humains. Percevant un arrière-goût de théâtre de boulevard dans ces récits, Trotski les qualifierait de « mauvais goût ». Cet apparentement à la fiction met d'emblée en garde. Or plus on plonge dans l'histoire, plus elle paraît suspecte.

Mais, pour l'heure, laissons parler les deux assassins.

« Une nuit de cauchemar inoubliable »

Pourichkevitch : « Je tenterai d'exposer ici, avec une précision photographique, le déroulement de ce drame d'une importance historique. Cette nuit-là... il ne faisait pas froid, environ deux ou trois degrés, une neige mouillée tombait. » Sous cette neige mouillée donc, près du palais Youssoupov, apparut une voiture militaire, chose assez rare à l'époque. Elle attendit un moment, partit, puis revint, pour finalement s'arrêter devant l'entrée principale du palais. Selon Pourichkevitch, ils étaient deux à l'intérieur de la voiture, lui et le docteur Lazavert qui conduisait. Ils devaient, comme convenu, pénétrer dans la cour et s'arrêter près de la porte latérale, afin de passer inaperçus lorsqu'ils entreraient dans le palais. Mais le portail de la cour était fermé. Pourichkevitch se rendit compte que l'insouciant Félix avait tout simplement oublié ce dont ils étaient convenus.

Pourichkevitch : « Après avoir fait plusieurs tours, nous avons été forcés de nous arrêter devant l'entrée principale. » De là, ils pénétrèrent dans le bureau de Youssoupov, où les autres étaient déjà tous rassemblés (le grand-duc, Félix et le lieutenant Soukhotine). Félix salua Pourichkevitch et Lazavert comme si de rien n'était. Ils descendirent tous rapidement au sous-sol, où Pourichkevitch, charmé par sa transformation « en une élégante bonbonnière, dans le style des anciens palais russes », oublia sa colère. « Ce lieu charmant, continuait-il, était divisé en deux parties : la première partie, près de la cheminée, était une salle à manger miniature... un feu flamboyait doucettement dans la cheminée, sur laquelle se trouvait un superbe crucifix en ivoire ; à côté de la fenêtre, il y avait une petite table avec des bouteilles de xérès, de porto, de madère et de marsala. Au fond, on avait aménagé un boudoir avec une peau d'ours blanc, devant un petit divan. »

Tout le monde se mit à table et Youssoupov suggéra qu'on goûte aux gâteaux préparés pour Raspoutine, avant qu'il ne soient farcis de poison. Les gâteaux étaient tout à fait assortis à la salle à manger : « de minuscules petits fours roses et marron, choisis pour s'harmoniser avec les couleurs des murs. » Ils burent du thé, « en attendant nerveusement onze heures et demie, moment où les policiers quittaient l'appartement de Raspoutine ». Félix savait qu'à cette heure-là toute surveillance extérieure avait également cessé. Après avoir fini leur thé, ils tentèrent « de tout arranger de façon à ce qu'on croie que tout un groupe de personnes avait été dérangé par l'arrivée inopinée d'un invité inattendu ». On versa un peu de thé dans les tasses, on éparpilla sur la table des serviettes froissées. Puis le docteur Lazavert, après avoir enfilé des gants, se mit à réduire en poudre les cristaux de cyanure sur une assiette et à en farcir les petits fours à la crème rose. On ne toucha pas aux petits fours au chocolat pour les laisser à Félix. Lazavert « garnit généreusement les gâteaux de poison ». Après avoir terminé son horrible besogne, il jeta ses gants dans la cheminée, qui « se mit à fumer à un point tel qu'on dut aérer la pièce ». Ensuite, Lazavert revêtit son uniforme de chauffeur, Félix jeta sa pelisse sur ses épaules, et « enfonça sa chapka sur ses oreilles de manière à cacher complètement son visage ». Les conjurés restés à l'intérieur entendirent le bruit d'une automobile qui s'éloignait.

Ils arrivèrent rue Gorokhovaïa. Le concierge témoignerait plus tard : « Après minuit une auto s'est approchée du portail fermé de l'immeuble. Un inconnu en est sorti et s'est dirigé directement vers le portillon. Il a dit qu'il allait chez Raspoutine. Il n'avait pas de barbe... des moustaches noires... il portait une longue pelisse de renne... et sur la tête il avait une chapka noire. » Le concierge lui indiqua l'entrée principale, mais l'inconnu se dirigea vers « l'escalier de service ». Et le concierge d'ajouter : « Tout indiquait qu'il connaissait bien la disposition des lieux. »

« J'empruntai l'escalier de service, se rappellerait Félix, il n'était pas éclairé. Je montai à tâtons et trouvai à grand-peine la porte de l'appartement du starets. » La chaîne tinta, le verrou grinça, Raspoutine ouvrit la porte, et Félix entra dans la cuisine. « Il faisait noir, et il me sembla que quelqu'un m'épiait depuis la pièce d'à côté. Instinctivement, j'enfonçai ma chapka sur mes yeux. »

Il avait raison. C'était la cuisinière Katia Petchorkina,

couchée dans la cuisine, derrière le rideau. Elle reconnut tout de suite « le petit ». « Nous entrâmes dans la chambre qui n'était éclairée que par une veilleuse qui brûlait devant les icônes. Raspoutine alluma une bougie. Je remarquai que le dessus-de-lit était froissé. Il était probablement en train de se reposer. Près de son lit, il avait préparé sa pelisse et sa chapka de castor... Il était vêtu d'une chemise en soie brodée de bleuets, ceinturée par une épaisse cordelière couleur framboise, terminée par deux gros glands. Il portait un large pantalon de velours noir et de hautes bottes... Soudain, une pitié infinie envers cet homme s'empara de moi. J'avais honte des sales procédés et du monstrueux mensonge auxquels j'avais recouru... À cet instant, je me méprisais et je me demandais comment j'avais pu concevoir un crime aussi lâche... Je regardais, horrifié, ma victime si confiante. » Raspoutine ne ressentit pas ce malaise. Ce qui poussa Félix à se poser des questions, que nous nous posons aussi : « Où était passée sa clairvoyance, à ce moment ? À quoi lui servait son don de prémonition, s'il n'avait pas vu le piège qu'on lui tendait ? Mes remords firent bientôt place à une ferme détermination de réaliser ce que je devais faire. Nous sortîmes sur le palier sombre, et Raspoutine ferma la porte derrière lui. Je sentis ses doigts saisir brutalement ma main. “Laisse-moi te guider”, me dit-il, en me conduisant dans l'escalier obscur. »

Ils descendirent ainsi, main dans la main. Et même alors qu'il le tenait par la main, Raspoutine ne sentit rien. Pour une raison ou pour une autre, cet homme intuitif avait une confiance aveugle en Félix. Ils montèrent dans la voiture et prirent le chemin du palais Youssoupov.

Pendant ce temps, comme le raconterait Pourichkevitch, « on avait vérifié le phonographe », destiné à créer une ambiance de fête, et « on s'était occupé de la fiole pleine de cyanure dilué », dont on avait rempli deux des quatre verres, comme convenu avec Félix. Puis ils avaient « attendu en silence, en faisant les cent pas, sans aucune envie de parler ». Pourichkevitch sortit alors de sa poche le lourd revolver Sauvage, qui lui pesait, et le posa sur le bureau de Félix. Le revolver, qui, d'après lui, allait jouer un rôle primordial dans cette tragédie. Enfin, ils entendirent le bruit de la voiture qui arrivait. « Le lieutenant alluma le phonographe et mit la marche américaine *Yankee Doodle*. » (Pourichkevitch se souviendrait de cette marche jusqu'à la fin de ses jours). Puis ils entendirent la voix de Raspoutine : « Où ça, mon ami ? »

Youssoupov : « Pénétrant dans la maison, j'entendis les voix de mes amis... le phonographe jouait une chansonnette américaine. Raspoutine prêta l'oreille :

— C'est quoi, une sauterie ?

— Non, ma femme reçoit des amis. Ils sont sur le point de partir. En attendant, allons boire le thé dans la salle à manger. »

Pendant que Raspoutine et Félix descendaient au soussol, le docteur Lazavert monta à l'étage, après avoir ôté son uniforme de chauffeur, et rejoignit les autres assassins. Ils sortirent de la pièce et se placèrent contre la rampe de l'escalier. Juste en dessous, au milieu de l'escalier, se trouvait la porte donnant sur la cour, par où Félix et Raspoutine venaient d'entrer. Ils attendaient le dénouement.

Pourichkevitch : « Moi, un coup-de-poing à la main, derrière moi le grand-duc, derrière lui le lieutenant Soukhotine, et enfin Lazavert. » Ils se tenaient ainsi, « l'oreille aux aguets », mais ils n'entendaient que des bribes de conversation et *Yankee Doodle*. Pas le moindre bruit de bouteille qu'on ouvre. En bas, on parlait, « mais on ne buvait ni ne mangeait rien ».

Félix : « Raspoutine enleva sa pelisse et se mit à examiner avec curiosité l'aménagement de la pièce. L'armoire au labyrinthe attira particulièrement son attention. S'émerveillant comme un enfant... il l'ouvrait, la fermait, étudiait l'extérieur comme l'intérieur. Je lui proposai du vin et du thé. À ma grande déception, il refusa. Que ce passe-t-il ? me demandai-je... Nous nous assîmes à table et commençâmes à bavarder, passant en revue nos amis communs... Une fois ce thème épuisé, Raspoutine demanda du thé... Je lui proposai une assiette de petit fours. Je ne sais pourquoi, mais je lui présentai ceux qui ne contenaient pas de poison. Quelques instants plus tard, je lui passai le plat contenant les pâtisseries empoisonnées. D'abord, il déclina mon offre :

— Je n'en veux pas, ils sont trop sucrés. »

Retenons cet instant : il refusa les gâteaux parce qu'ils étaient « trop sucrés ».

Mais bientôt, au dire de Félix, « il en prit un, puis un autre... Je le regardais avec effroi ».

Entre ces deux événements, il en survint un autre, que Félix passe sous silence. C'est Pourichkevitch qui le rapporte. Quand Raspoutine refusa de manger les gâteaux, Félix, pris de panique, monta dans le bureau. Pourichkevitch décrirait en détail comment, du palier où ils se tenaient, ils entendirent le bruit de la porte qui s'ouvrait en bas et refluèrent « tous, à tâtons, sur la pointe des pieds et en silence, dans le bureau de Youssoupov. » Ce dernier entra et dit :

« Imaginez-vous, messieurs, que cet animal ne veut ni manger ni boire !

— De quelle humeur est-il ? demanda Pourichkevitch.

— Pas fameuse... c'est comme s'il pressentait quelque chose. »

Et Félix descendit rejoindre Raspoutine. Là, pour une raison qui nous échappe, le moujik changea d'avis et se mit à boire, et à manger les petits fours sucrés.

Pourichkevitch : « Bientôt, on entendit le bruit de bouteilles qu'on ouvrait. "Ils boivent, murmura le grand-duc. Nous n'en avons plus pour longtemps à attendre, à présent." Mais une demi-heure s'écoula, sans qu'il se passe rien. »

« L'action du cyanure aurait dû être immédiate, se rappellerait Félix, mais Raspoutine continuait à me parler comme si de rien n'était. » Il lui servit un second verre, qu'il but, « mais le poison n'agissait toujours pas ». Restait le troisième et dernier verre. Alors Félix, au bord du désespoir, se mit à boire aussi pour inciter le moujik à continuer. « Nous étions assis face à face, et buvions sans dire un mot. Il me regardait d'un air narquois, l'air de dire "Tu vois, tu as beau faire, tu ne peux rien contre moi". Soudain, son sourire faussement suave laissa place à une expression de haine. Je ne lui avais jamais vu un air aussi effrayant. Il me regardait de ses yeux diaboliques... une torpeur étrange m'envahit, ma tête se mit à me tourner... Revenant à moi, je le vis, assis sur le canapé, la tête baissée de telle sorte que je ne voyais pas ses yeux... "Sers-m'en une tasse, j'ai très soif", me dit-il d'une voix faible... Tandis que je le servais, il se leva et fit quelques pas dans la pièce. Son regard tomba sur une guitare que j'avais oubliée par mégarde dans la salle à manger. "Joue-moi quelque chose de gai, mon mignon. J'aime quand tu chantes." »

Félix se mit à chanter.

« Lorsque j'eus fini de chanter, il... me jeta un regard calme et triste. “Chante encore, j'aime tellement cette musique. Tu y mets beaucoup de sentiment.” Je chantai de nouveau... Le temps filait, il était deux heures et demie à la pendule. Ce cauchemar durait déjà depuis plus de deux heures. »

Là, nous sommes en droit de nous poser deux questions. Raspoutine, charmé par le chant de Félix, semble avoir complètement oublié pourquoi il était venu, à savoir Irina. Les « quelques invités », dont on lui avait assuré qu'ils étaient « sur le point de partir », étaient toujours à l'étage, depuis plus de deux heures déjà, et il ne s'en était pas formalisé ! Cela faisait plus de deux heures qu'il était en train de boire et d'écouter des chansons, sans se rappeler la raison de sa visite. Par ailleurs, il n'avait rien remarqué, durant tout ce temps, dans le comportement de Félix, mal à l'aise, nerveux, et, comme nous le verrons plus tard, très émotif. Est-il possible que Félix, loin d'être un assassin professionnel, n'ait jamais trahi son trouble ? Cela paraît impensable. La troisième question, qui perturberait dès lors tout le monde et sur laquelle se fonderaient toutes les légendes sur Raspoutine et ses capacités surhumaines, est la suivante : pourquoi le poison n'a-t-il pas agi sur lui ?

Laissons ces questions pour l'instant sans réponse et poursuivons le récit des meurtriers.

Donc, le poison n'agissait pas. Félix était au bord de l'affolement. « En haut, ils devaient, eux aussi, commencer à perdre patience. Le bruit, à l'étage, était de plus en plus fort...

— Qu'est-ce que c'est que ce vacarme ? demanda Raspoutine.

— Probablement les invités qui partent. Je vais voir. »

Pourichkevitch : « Youssoupov monte, il est tout pâle... “C'est incroyable ! Il a bu deux verres pleins de poison, il a mangé plusieurs petit fours roses, et rien ! Je ne sais plus quoi faire. Surtout qu'il commence à se demander pourquoi la comtesse ne descend toujours pas. J'ai du mal à lui expliquer qu'il lui est difficile de s'éclipser sans qu'on s'en aperçoive, et que, probablement, elle va descendre d'ici dix minutes. Il reste là, d'un air morne... Le seul effet que le poison paraît avoir sur lui est de le faire roter sans arrêt, et baver... Messieurs, que me conseillez-vous ? »

Ces messieurs décidèrent que si d'ici cinq minutes le poison n'avait pas produit d'effet, Félix devait monter et qu'ils verraient comment en finir avec le moujik. Ce fut alors que Lazavert se sentit mal. Bien qu'il fût présent en maintes occasions sur le front, sous le feu des balles, le docteur restait prostré dans un fauteuil, épuisé, d'un rouge apoplectique, et murmurait : « Je crois que je ne tiendrai pas plus longtemps... »

Peu après, Youssoupov remonta et annonça que le poison n'agissait toujours pas. Il proposa : « Vous n'avez rien contre, si je le descends ? »

Après quoi, se rappellerait-il, « j'ai pris le revolver de Dimitri et je suis redescendu au sous-sol ». Et là ? « Comment se faisait-il qu'avec ses yeux inquisiteurs il n'ait pas remarqué que je cachais un revolver derrière mon dos ? » Félix était stupéfait — étonnement que nous partageons — de voir que Raspoutine, qui sentait et devinait tout, « n'avait aucunement conscience de l'imminence de sa propre mort. »

Après quoi, le récit de Félix fait irrésistiblement songer à un roman de l'époque, où il est question d'un vengeur au grand cœur. Le prince Youssoupov s'approcha du crucifix en cristal de roche, et s'adressa d'une voix blanche au moujik.

« J'aime beaucoup cette croix.

— Moi, je préfère cette armoire, elle est plus intéressante répondit Raspoutine en rouvrant l'armoire au labyrinthe.

— Grigori Efimovitch, vous feriez mieux de regarder le crucifix et de prier.

Raspoutine me regarda étonné, presque craintif... Comme s'il avait lu dans mes yeux quelque chose à quoi il ne s'attendait pas. »

Devait suivre une scène plus qu'étrange. Raspoutine, qui allait bientôt lutter désespérément pour sa vie, se montra incroyablement docile. Il paraissait comme somnambule. Il attendait patiemment qu'on le tue.

« D'un mouvement lent, je levai le revolver. Raspoutine se tenait devant moi, sans bouger... ses yeux fixés sur le crucifix... J'ai tiré. Il poussa un rugissement sauvage, bestial et tomba lourdement à la renverse sur la peau d'ours. »

Pourichkevitch : « Et quelques minutes après les deux courtes phrases, le coup de feu... puis un long “A-ah”. Et le bruit du corps qui tombait lourdement sur le sol. »

Aussitôt, ils se précipitèrent tous en bas de l'escalier, mais en entrant dans la pièce, ils accrochèrent le cordon de l'interrupteur et coupèrent l'électricité. À tâtons, ils le retrouvèrent, le remirent en place et virent ceci : « Raspoutine, mourant, gisait devant le divan, et, au-dessus de lui, calme, le revolver à la main, se tenait Youssoupov. “Il faut l'enlever au plus vite du tapis... sinon le sang va couler et tacher la peau d'ours”, dit le grand-duc. »

Félix et Pourichkevitch le transportèrent sur le carrelage.

Pourichkevitch : « Je me tenais au-dessus de Raspoutine. Il n'était pas encore mort, il respirait, agonisant. De sa main droite, il couvrait ses yeux et en partie son long nez spongieux... et son corps était agité de convulsions. »

Félix : « Aucun doute possible, Raspoutine était mort... Nous avons éteint la lumière et, après avoir refermé à clé la porte de la salle à manger, nous sommes remontés au bureau. Notre humeur était à l'enthousiasme. »

Ensuite, l'enchaînement des faits redevient incompréhensible. Selon les souvenirs de Félix et de Pourichkevitch, le grand-duc Dimitri et le docteur se rendirent en voiture jusqu'au train sanitaire de Pourichkevitch pour y brûler les vêtements de Raspoutine — sa pelisse et ses bottes. Or, par la suite, on s'aperçut que la pelisse de Raspoutine et ses bottes n'avaient pas été brûlées.

Pourichkevitch donna une curieuse explication : il raconta que sa femme, qui attendait, terrifiée, que tout fût terminé, s'était soudain révélée paresseuse et capricieuse. Comme « la pelisse n'entrait pas dans le poêle, elle prétendit, qu'il lui était impossible de la découdre et de la brûler morceau par morceau. Elle eut même une petite altercation avec Dimitri ». Bref, cette courageuse épouse refusa d'exécuter les instructions de son mari et renvoya le grand-duc, comme un gamin, avec la pelisse et les bottes. Quand on sait que, même chez lui, Pourichkevitch était un véritable tyran, le comportement de sa femme semble très bizarre.

Pendant ce temps, en l'absence du grand-duc, un événement incroyable eut lieu. « Soudain... j'éprouvai l'envie irrésistible de voir Raspoutine », se rappelait Félix. Il descendit au sous-sol. « Raspoutine, mort, gisait près de la table, là où nous l'avions laissé. Son corps était immobile, mais, en le touchant, je constatai qu'il était encore tiède... Alors, penché sur lui, je cherchai son pouls. Il ne battait pas... Des gouttelettes de sang coulaient de sa blessure... Sans savoir pourquoi, je l'attrapai et le secouai. Le corps retomba sur le sol... Je restai quelque temps penché au-dessus de lui. J'étais sur le point de partir lorsque mon attention fut attirée par un léger tressaillement de sa paupière gauche... Des convulsions parcouraient son visage, de plus en plus fortes. Soudain, son œil gauche s'entrouvrit... sa paupière droite tressaillit... et ses deux yeux... me transpercèrent d'un regard diabolique et plein de haine. »

Suivit une scène digne d'un *thriller* intitulé « Le diable ressuscité ». « C'est alors qu'une chose incroyable se produisit. Comme en proie à une brusque frénésie, Raspoutine se mit d'un bond sur ses pieds. Il écumait. Il était effrayant. La pièce résonna de son horrible mugissement et je vis passer sous mes yeux ses doigts crispés convulsivement. Les voilà qui, telles des pinces de métal incandescent, s'enfoncent dans mon épaule et s'efforcent de me saisir à la gorge... Raspoutine, ressuscité, répétait mon nom, dans un chuchotement rauque... Je fus saisi d'un effroi indescriptible. Je tentai de m'arracher à son emprise mais j'étais comme pris dans un étau de fer d'une force inimaginable. Il y avait quelque chose de si terrible, de si monstrueux, dans ce cadavre, empoisonné, percé de balles, qui s'était relevé sous l'effet des forces des ténèbres, pour venger sa mort... Je me rejetai en arrière et, dans un dernier effort, je réussis à me libérer. Raspoutine tomba à la renverse en poussant un râle, sans lâcher l'épaulette qu'il m'avait arrachée... Je me précipitai à l'étage vers Pourichkevitch. “Vite, le revolver ! Tirez, il est vivant”... Raspoutine, à quatre pattes, grimpait l'escalier venant de la salle à manger. »

Au même moment, Pourichkevitch, qui venait d'allumer une cigarette, « se promenait tranquillement de long en large dans le bureau ». Brusquement, une force intérieure le poussa vers la table où était posé son Sauvage. Il mit le revolver dans la poche de son pantalon, puis, toujours « sous l'effet de cette force inconnue », il sortit sur le palier. Il entendit alors le cri inhumain de Félix : « Pourichkevitch ! Tirez ! Il est vivant ! Il se sauve ! » Il vit Youssoupov. « Son visage était littéralement décomposé. Ses magnifiques yeux sortaient de leurs orbites... Dans un état second... presque sans me voir, il se précipita, avec un regard de fou, vers l'aile qu'habitait ses parents. J'entendis un bruit de pas lourds qui se dirigeaient vers la porte de la cour. » Pourichkevitch saisit son Sauvage et descendit l'escalier en courant. Grigori Raspoutine, dont il avait entendu le dernier soupir une demi-heure auparavant, « courait en titubant, le long de la grille, dans la neige glissante de la cour du palais ».

Pourichkevitch « n'en croyait pas ses yeux », mais il entendit un cri strident. C'était Raspoutine qui, tout en courant, hurlait : « Félix, Félix, je vais tout dire à la tsarine. » Il s'élança « à sa poursuite et tira... dans le silence nocturne, le coup de feu retentit d'une manière extraordinaire ». Il manqua sa cible. « Raspoutine accéléra son allure. » Pourichkevitch « tira une deuxième fois, en courant, et le manqua encore ». Le moujik était parvenu à la grille. Alors Pourichkevitch « se mordit la main » pour se concentrer. Son troisième coup de feu « atteignit Raspoutine dans le dos. Il s'arrêta ». Et le quatrième « l'atteignit à la tête ». Il « tomba comme une pierre... dans la neige et se mit à secouer la tête dans tous les sens. » Il gisait les bras écartés et griffait la neige convulsivement. Alors, Pourichkevitch, dans un accès de rage, lui « donna un coup de pied dans la tempe ».

Mais, ce faisant, dans le silence de la nuit, Pourichkevitch ne se rendit même pas compte que Youssoupov courait dans la cour et lui criait quelque chose. « Deux coups de feu retentirent », se souviendrait Félix. « Après avoir dévalé l'escalier principal, je passai par le quai de la Moïka, où je tomberais sur Raspoutine au cas où Pourichkevitch l'aurait manqué. J'étais sans arme, puisque j'avais redonné mon revolver au grand-duc... Il y avait trois portails, dont seul celui du milieu n'était pas fermé à clé. Je vis, à travers la grille, que l'instinct animal de Raspoutine l'avait bel et bien guidé vers ce portail-là. Un troisième coup de feu retentit, puis un quatrième. Je vis Raspoutine chanceler et tomber près d'une congère. Pourichkevitch courut vers lui et s'arrêta près du corps. Je l'appelai, mais il ne m'entendit pas. »

Ensuite, Pourichkevitch retourna vers la maison. Lorsqu'il atteignit l'entrée principale, il dit aux soldats qu'il avait tué « Grichka, l'ennemi de la Russie et des tsars ». Puis, après avoir écouté leur joyeuse approbation, il ordonna que le corps soit immédiatement enlevé de l'endroit où il se trouvait.

À ce moment, Félix, qui était dehors, vit « qu'un sergent de ville s'approchait de l'entrée, vers l'endroit où se trouvait le cadavre ». Puis, « Je retins le sergent de ville... Tout en discutant, je me plaçai volontairement face à la congère, de telle façon que le sergent de ville soit obligé de tourner le dos à l'endroit où gisait Raspoutine.

— Votre Excellence, il y a eu des coups de feu. Quelque chose est arrivé ?

— Rien de grave. J'avais une soirée chez moi... un de mes amis, ayant trop bu, s'est mis à tirer. »

Le sergent de ville partit.

Mais ce même sergent de ville, Vlassiouk, dans sa déposition citée plus haut, donnerait une description différente de cet épisode : « À ce moment-là, j'ai vu deux hommes traverser la cour en direction de la porte. Ils portaient des vestes militaires mais pas de casquettes, et j'ai reconnu le prince Youssoupov et son majordome Boujinski. J'ai demandé à ce dernier pourquoi il y avait eu ces coups de feu. Il m'a répondu qu'il n'avait entendu aucune déflagration... Je crois que le prince a dit également qu'il n'avait rien entendu. » Puis Vlassiouk était parti.

Ensuite, selon Félix, les deux soldats traînèrent le corps à l'intérieur de la maison et le posèrent sur le palier inférieur, tout près de l'endroit où il venait de faire la fête avec son hôte. Félix regarda alors Raspoutine, immobile, allongé dans l'escalier. « Ses nombreuses blessures saignaient abondamment. Le lustre du haut éclairait sa tête et on pouvait voir dans les moindres détails son visage défiguré par les coups et couvert d'ecchymoses. » Apparemment, un lien dangereux et malsain unissait le prince à ce moujik. « J'étais attiré irrésistiblement par ce cadavre ensanglanté... Je n'avais plus la force de me dominer. La rage et la fureur m'étouffaient. J'étais dans un état étrange. Je me ruai sur le cadavre et me mis à le frapper à tour de bras avec la barre recouverte de caoutchouc. Au mépris de toutes les lois divines et humaines, je lui administrai des coups, n'importe où, rageusement, avec acharnement. »

Pourichkevitch ordonna alors aux soldats d'arracher Félix au cadavre. « Tout éclaboussé de sang, on le porta sur le canapé de son bureau... Il faisait peur à voir. L'œil hagard, le visage parcouru de convulsions, il répétait de manière absurde : "Félix, Félix..." » Pourichkevitch n'oublierait jamais la façon dont Félix s'acharnait sur le moujik. Le plus incroyable, selon lui, était que Raspoutine vivait encore : « Il poussait des râles, la pupille de son œil droit roulait, et me regardait d'un air hagard et terrible... Aujourd'hui encore je vois cet œil devant moi. »

Ensuite, Pourichkevitch fit envelopper le corps au plus vite. Mais, apparemment, Boujinski lui annonça que le sergent de ville était revenu et voulait en savoir plus sur les coups de feu. Craignant que l'homme ne fasse un rapport à ses supérieurs, Pourichkevitch eut une idée insensée. Il décida de faire venir le sergent.

Vlassiouk entra au palais. La conversation fut rapportée, sensiblement dans les mêmes termes, par tous les participants — Pourichkevitch, Vlassiouk et Félix.

« Réponds-moi franchement, aimes-tu notre père le tsar, notre mère la Russie ? Veux-tu que les armes russes triomphent des Allemands ? demanda Pourichkevitch

— Affirmatif, Votre Excellence !

— Et sais-tu qui est le pire ennemi du tsar et de la Russie, qui nous empêche de faire la guerre, qui nous met au gouvernement toutes sortes de Stürmer et autres Allemands, qui manipule la tsarine et, à travers elle, dirige la Russie ?

— Affirmatif. Je sais. C'est Grichka Raspoutine.

— Eh bien, mon frère, il n'existe plus, on l'a tué. On

vient de lui tirer dessus. Peux-tu dire, si on te questionne : “Je ne sais rien, je n’ai rien vu” ? Peux-tu garder le silence ? »

La réponse du policier fut pour le moins ambiguë : « Si on ne me le demande pas sous serment, je ne dirai rien. Mais si c’est sous serment, là, rien à faire, je dirai la vérité, mentir serait un péché. »

Sur quoi, Vlassiouk s’empresserait d’aller raconter à ses chefs sa conversation avec Pourichkevitch.

Tout semblait achevé. Le cadavre, enveloppé dans une toile et soigneusement ficelé, gisait près de la salle à manger. Félix et Pourichkevitch devaient noter l’un et l’autre que le grand-duc Dimitri revint alors en automobile, après sa démarche bizarrement infructueuse auprès de la femme de Pourichkevitch. Il ne restait plus qu’à se hâter d’évacuer le cadavre, car l’aube était proche. On décida de ne pas emmener Félix, « on le remit aux mains des domestiques, en leur demandant de l’aider à se laver et à se changer ».

Ils roulèrent dans l’obscurité pétersbourgeoise. L’éclairage était médiocre, la route abominable. « Le corps tressautait, bien qu’un soldat fût assis dessus. »

Enfin, apparut le pont d’où ils devaient jeter Raspoutine dans la trouée de glace. Ils étaient déjà en dehors de la ville. Dimitri Pavlovitch, qui conduisait, ralentit et s’arrêta près du parapet. Pendant un instant, les phares éclairèrent la guérite du garde, de l’autre côté du pont. Le moteur continuait à tourner. Sans un bruit, à quatre, le soldat, le lieutenant Soukhotine, Lazavert et Pourichkevitch « après avoir tiré le cadavre hors du véhicule, le balancèrent dans la trouée de glace, en oubliant de lui accrocher des poids au moyen de chaînes ». Pendant ce temps, selon Pourichkevitch, Dimitri Pavlovitch « montait la garde » près de la voiture. « La main de ce jeune homme de sang royal ne devait pas toucher le corps criminel. »

Ils fouillèrent la voiture, trouvèrent une des bottes de Raspoutine et la jetèrent également par-dessus le pont. Ils prirent le chemin du retour. Durant le trajet, « la voiture s’arrêtait tout le temps. Le moteur marchait par à-coups, calait, et le docteur Lazavert devait sortir et manipuler les bougies. La dernière intervention eut lieu devant la forteresse Pierre-et-Paul ».

En 1919, dans cette même forteresse, serait fusillé le père de Dimitri, le grand-duc Paul.

Enfin, ils arrivèrent au palais qui appartenait à la grande-duchesse Élisabeth Fiodorovna et où habitait à l'époque le grand-duc. Puis, les trois autres hélèrent un cocher, plus fiable que la voiture, et se rendirent à la gare de Varsovie, où stationnait le train sanitaire de Pourichkevitch. Il était cinq heures et quelque. Le lendemain, Pourichkevitch envoya le télégramme suivant à Maklakov : « Quand rentrez-vous ? » Cela signifiait que Raspoutine était mort.

L'agitation commença le jour même. À cinq heures de l'après-midi, le lieutenant Soukhotine vint voir Pourichkevitch dans son train sanitaire et lui transmit la demande du grand-duc de venir le voir immédiatement. Au palais, Pourichkevitch retrouva Youssoupov et le grand-duc. Tous deux « étaient nerveux, buvaient du cognac et du café noir, tasse sur tasse ». « Alexandra Fiodorovna est déjà au courant de la disparition de Raspoutine et nous accuse de l'assassinat », lui apprirent-ils. « Moi, dit Youssoupov, à cause de cette ordure, j'ai dû tuer un de mes meilleurs chiens et le mettre à l'endroit où la neige était tachée de sang. »

Puis Youssoupov et le grand-duc composèrent la missive que Félix allait envoyer à l'impératrice et dans laquelle il lui assurait que ni lui ni le grand-duc n'avaient quoi que ce soit à voir avec la mort de Raspoutine. Après avoir écrit un tel mensonge, ils se sentaient comme « gênés l'un vis-à-vis de l'autre ». Mais il fallait bien continuer.

Une fois élaborée la version destinée à l'impératrice, ils se virent sans doute dans l'obligation d'en trouver une autre à l'attention de l'opinion publique, pour le cas où ils seraient malgré tout amenés à avouer. Toutefois, désireux d'éviter un nouveau mensonge, ils se jurèrent de garder le silence aussi longtemps que possible sur ce qui s'était passé — tout comme se le promettront plus tard les assassins de la famille impériale. Mais ils violèrent leur serment presque immédiatement — comme les autres, d'ailleurs.

À huit heures du soir, le train de Pourichkevitch quitta tranquillement Petrograd. Pourichkevitch passa la nuit à consigner le récit du meurtre « pour l'histoire ». Youssoupov ferait de même, mais pour cela il attendrait d'avoir émigré.

En 1997, à Paris, la fille du général Denikine, Marina Gray, me transmit des coupures de presses trouvées dans les archives de sa mère. Il s'agissait des entretiens du grand-duc Dimitri, donnés à l'occasion de la sortie du livre de Félix Youssoupov. Le 19 juillet 1928, le grand-duc déclara au journal *Le Matin* : « Nous avons perpétré ce meurtre dans un accès de folie patriotique. Nous nous étions promis de ne jamais en parler. Youssoupov a agi de façon tout à fait incorrecte en publiant ce livre. J'ai fait tout mon possible pour l'en dissuader, mais en vain. Ce geste a mit fin à notre amitié. Cela fait déjà cinq ans que nous ne nous voyons plus. » Une autre coupure provenait d'un journal russe édité à Paris : « Personne, y compris les membres de ma famille, ne m'a jamais entendu parler des événements de cette terrible nuit. La même force qui m'avait poussé à commettre ce crime m'a toujours empêché, et m'empêche encore, de lever le voile sur cette affaire. »

Le grand-duc répugnait sans doute à soutenir la version mensongère sur laquelle ils s'étaient mis d'accord. Version pieusement répétée par Pourichkevitch et Youssoupov dans leurs souvenirs.

Car, tout cela n'était qu'un conte inventé par les participants. Un conte qui avait un but très précis.

15

La vérité sur la « nuit cauchemardesque »

« Cherchez la femme »

Dans les divers récits des assassins, le procédé de falsification se retrouve dès le début. Ainsi, pour des raisons tout à fait louables, Pourichkevitch décida de dissimuler l'identité d'Irina sous le nom de « comtesse N. », car la nièce du tsar ne pouvait décemment pas servir d'appât au moujik. Toutefois, les comploteurs ne s'arrêtèrent pas là. Selon Pourichkevitch et Youssoupov, cette nuit-là, il n'y avait pas de femme au palais. Pourtant, une telle présence était absolument nécessaire pour faire croire à celle d'Irina. Ils y parvinrent de façon très convaincante. Afin de créer une ambiance de fête, où Irina s'amusait avec des invités inattendus, ils pensèrent à tout. Depuis le phonographe jusqu'aux gâteaux que les invités, dérangés par l'arrivée inopinée de Raspoutine, avaient laissés. Mais ils avaient oublié l'essentiel : sa voix. Le moujik devait entendre une voix féminine. Or ils ne songèrent pas à inviter une femme pour jouer le rôle d'Irina, alors qu'au sous-sol on distinguait très bien ce qui se passait à l'étage. Félix se souvient en effet : « Pénétrant dans la maison, j'entendis les voix de mes amis. » Et, bien plus tard, alors qu'il est assis dans la salle à manger en compagnie de Raspoutine : « Le bruit à l'étage était de plus en plus fort.
— Qu'est-ce que c'est que ce vacarme ? demanda Raspouti-

ne... » Raspoutine, qui prêtait l'oreille, aurait dû soupçonner quelque chose s'il n'avait pas entendu de voix de femme. Or, il n'eut pas le moindre soupçon. À aucun instant, au cours de ces deux heures. Cela ne semble possible que s'il entendait bel et bien une voix féminine à l'étage.

« Malania y participe également »

Les assassins ne pouvaient donc avoir négligé ce détail essentiel : la présence d'une femme. D'où l'indication de Félix, alors qu'il élaborait la mise en scène de l'assassinat, qui écrivait dans sa lettre à Irina : « Malania y participe également. » La police, elle aussi, serait informée d'une présence féminine. Tsarskoïé Sélo, également. Véra Leonidovna Youreneva, déjà citée, parlerait d'une danseuse, maîtresse du grand-duc Dimitri Pavlovitch — comme nous avons déjà eu l'occasion de le noter, ce futur amant de Coco Chanel était prodigue en amour.

J'ai pu facilement retrouver l'identité de la jeune femme dans les dossiers du Département de la Police. Il y avait plusieurs rapports sur Véra Caralli, soupçonnée d'avoir pris part à la « nuit Youssoupov ». « Véra Caralli, ballerine des théâtres impériaux, 27 ans. Durant son séjour dans la capitale, elle a reçu la visite du grand-duc Dimitri Pavlovitch », notait un agent. Simanovitch, qui se présenta avec l'évêque Issidor au commissariat de la Moïka, le 17 décembre, déclara que Véra était présente au palais, la nuit du meurtre. Cependant, après vérification, les agents de la police secrète déclarèrent : « Son absence [de l'hôtel] n'a pas été signalée dans la nuit du 16 au 17 décembre. » Mais c'est bien aussi pour cela qu'il avait été procédé à des « répétitions ». Quoique remplacer Véra par une autre femme et lui fournir ainsi un alibi n'était pas bien sorcier.

D'ailleurs, elle n'était apparemment pas la seule dame à se trouver au palais, cette fameuse nuit. À Tsarskoïé Sélo, on fut également informé de la présence d'une autre femme — beaucoup plus importante. Vyroubova la désignerait nommément : Marianne Derfelden, née Pistolcors, fille (par son premier mariage) d'Olga, l'épouse du grand-duc Paul, et sœur d'Alexandre Pistolcors. Mais si son frère et la femme de celui-ci étaient de fervents adeptes de Raspoutine, Marianne, elle, avait pris le parti de Dimitri. Elle avait au moins deux bonnes raisons de détester le moujik : le dévouement servile que lui vouait son frère et la honte dont il avait éclaboussé sa belle-sœur, laquelle, suspectée d'une liaison avec lui, était l'objet des rumeurs les plus abjectes. Les suspicions contre Marianne étaient si flagrantes qu'elle fut arrêtée, toute belle-fille de grand-duc qu'elle fût. Ou, plutôt, inquiétée car drôle d'arrestation à la vérité ! Selon sa mère : « En arrivant au 8, place des Théâtres, où habitait Marianne, nous fûmes interpellées par deux soldats, qui nous laissèrent passer après avoir relevé nos identités. Chez elle, il y avait toute la haute société ! Des dames qu'elle connaissait à peine lui témoignaient leur compassion. Des officiers lui baisaient la main. » Marianne fut bientôt relâchée, car « les soupçons n'avaient pas été confirmés ». À ce moment-là, il avait été en effet décidé de freiner l'enquête. Le tsar ne voulait pas de tous ces témoignages d'affection prodigués à ceux qui avaient pris part à l'assassinat. D'autant que le grand-duc Paul vivait très mal le fait que son fils fût directement impliqué. Le tsar ne voulait pas non plus infliger à son oncle malade la douleur de voir arrêter un membre de sa famille.

Marianne, dont les amis avaient ironiquement transformé le prénom français en « Malania », un nom typiquement russe, à consonance paysanne, avait donc été une des femmes présentes lors de l'assassinat. Mais pour elle comme pour les autres et afin de les protéger de la police et de préserver leur honneur, les meurtriers s'étaient entendus pour ne pas les trahir.

Les gâteaux étaient-ils empoisonnés ?

Dans la suite de leur version des faits, Pourichkevitch et Youssoupov continuaient à être animés de louables intentions. Ce qui se passa réellement entre Félix et Raspoutine, dans cette « charmante salle à manger » représente, sans conteste, l'épisode le plus intéressant et le plus énigmatique, le plus troublant de tout étant cette mystérieuse histoire de poison.

« Protopopov m'a informé que Raspoutine était encore vivant lorsqu'il avait été jeté dans la trouée de glace. L'autopsie l'avait démontré », déclarerait Beletski dans sa déposition. Ainsi, on l'avait d'abord empoisonné, mais il était resté vivant. Puis on l'avait tué par balles, et il avait continué à vivre. Cela semblait une histoire démoniaque. Félix ne cesserait d'ailleurs de le souligner : « Il me regardait de ses yeux diaboliques... il écumait... »

Mais le grand-duc Nicolas Mikhaïlovitch, ce « voltairien » peu enclin à croire aux démons, écrirait dans son journal : « Je peux expliquer très simplement le fait que le cyanure n'ait pas agi... ayant autrefois utilisé du poison pour tuer des insectes... La solution était trop faible. » Il avait probablement raison. Dans leur hâte et leur trouble, les assassins avaient sans doute versé dans les verres une solution trop diluée. Mais il restait le poison dont « les gâteaux étaient farcis » — en quantité suffisante pour tuer un bœuf. Raspoutine était-il donc réellement un surhomme ? Pourquoi, dans ce cas, avait-il réagi comme un homme ordinaire, lorsque, en 1914, il avait failli mourir d'un unique coup de couteau assené par Gousseva, une faible femme inexpérimentée ? Sa fille Matriona poserait la même question dans ses Mémoires. Et elle y répondrait : parce qu'en aucun cas son père ne pouvait avoir mangé les petits fours sucrés. Raspoutine suivait un régime alimentaire particulier. Sa fille affirmait que son « père n'a jamais mangé de confiseries, de viande ni de gâteaux », ce que pouvaient confirmer de nombreux témoins, proches de Raspoutine. Simanovitch stipulerait que Raspoutine ne mangeait d'aucune sucrerie. Dans leur déposition, Beletski et Khvostov parlent eux aussi de son régime strict. Selon son ami Filippov, Raspoutine expliquait ses capacités de guérisseur par ce régime : uniquement du poisson et aucune sucrerie. Même ivre, il ne transgressait jamais cette règle. Ses admiratrices pouvaient le couvrir de boîtes de bonbons, il n'en mangeait jamais un seul. Ce que réaffirmerait Constantin Tchikhatchev, président du tribunal du district d'Orel, dans le Dossier : « Dans son compartiment, se trouvaient des boîtes de bonbons, dont il régala les autres, mais lui n'en mangea pas, disant vulgairement qu'il ne mangeait pas de ces saloperies. » Il appelait les friandises des « saloperies » ! Félix lui-même écrirait, on l'a vu. « ... je lui passai le plat contenant les pâtisseries empoisonnées. D'abord, il déclina mon offre : — Je n'en veux pas, elles sont trop sucrées. »

Mais Félix prétendrait que, plus tard, il les avait mangées. Comment avait-il pu accepter de faire ce qu'il n'avait jamais fait ? Pourquoi ? Non, il était impossible qu'il eût mangé les fameux petits fours. Sa fille avait raison. Cette affirmation était un autre mensonge. Il avait seulement bu le vin, sans doute insuffisamment chargé en cyanure. Félix inventerait plus tard l'épisode des gâteaux, pour étoffer son histoire de diable éliminé héroïquement par de simples mortels.

En résumé, Raspoutine ne mangea pas les pâtisseries, et, de toute évidence, but modérément. Dans ces conditions, que se passa-t-il donc dans ce sous-sol où Raspoutine et Félix restèrent ensemble pendant plus de deux heures, voire « près de trois heures », si l'on en croit ce qu'écrivit dans son journal ce méticuleux historien qu'était le grand-duc Nicolas Mikhaïlovitch ? Pourquoi Raspoutine oublia-t-il la raison de sa visite ? Comment peut-on expliquer qu'un homme aussi nerveux et impatient que Raspoutine ait pu rester trois heures à attendre Irina ? Il est également peu probable que les chansons de Félix aient suffi à faire oublier à Raspoutine la raison de sa présence au palais Youssoupov. Et surtout à endormir totalement son intuition légendaire.

La version érotique

Mais il est plus que possible que le sentiment du danger et le sang qui allait être versé aient excité Félix — cet enfant du siècle aux mœurs corrompues jusqu'au raffinement. Et, dans cette pièce, dut avoir lieu une de ces scènes qui troublaient tant l'imagination du grand-duc Nicolas Mikhaïlovitch. Voilà pourquoi Raspoutine avait accepté d'attendre docilement, et aussi longtemps qu'il le fallait, la venue d'Irina, qui promettait une suite à cet étonnant interlude partagé avec Félix. Ce fut uniquement quand, en haut, on commença « à perdre patience » que Félix, alerté par le bruit que faisaient ses compagnons, se décida à passer à l'action. Il monta leur annoncer que ni les gâteaux ni le vin n'agissaient sur Raspoutine. Puis il regagna la salle à manger, après avoir pris le revolver du grand-duc. Or, après tout ce qui venait de se passer entre eux, Raspoutine ne remarqua pas le revolver que Félix tenait dans sa main ; son intuition était comme engourdie. Et Félix tira. Mais il n'était pas un assassin. Lui qui détestait le service des armes était loin d'être un tireur d'élite. Sans compter qu'il était bouleversé. Il se contenta de blesser grièvement Raspoutine. Malheureusement, le compte rendu de l'autopsie disparut après la révolution. Toutefois, une chose est certaine : Félix ne tua pas Raspoutine. Celui-ci perdit tout simplement connaissance. Bien que les assassins aient constaté son agonie et l'arrêt de son pouls. (De la même façon, c'est en tâtant leur pouls que les meurtriers de la maison Ipatiev constateraient la prétendue mort de tous les membres de la famille impériale. Après quoi, les grandes-duchesses ressusciteraient.) Raspoutine ressuscita, lui aussi. Ou, plus simplement, il reprit connaissance.

Nicolas Mikhaïlovitch écrivit dans son journal qu'au dire de Félix, reprenant ses esprits, Raspoutine « lui arracha une patte d'épaule ». Car Félix n'était pas digne de porter des épaulettes d'officier ? Mais Félix, ce « petit », l'avait trompé en prétendant l'aimer ! Voilà pourquoi le moujik ne cessait de lui répéter d'un ton de reproche : « Félix... Félix... ! » Et voilà pourquoi Félix ne pourrait jamais oublier ce cri ni pardonner ces paroles. Ce qui explique aussi cette scène invraisemblable où Félix s'acharne sur le mort en répétant comme lui : « Félix, Félix ! », paroles que ce paysan de basse extraction avait osé utiliser pour le morigéner, lui, le seigneur ! Après lui avoir arraché son épaulette.

La version réaliste

Plus probable encore est que la véritable histoire ait été infiniment plus prosaïque. En réalité, tout dut se passer très vite. Dès que Raspoutine eut refusé de manger les gâteaux et de boire le vin, Félix monta à l'étage sous prétexte de voir si les invités partaient. Il revint avec le revolver. Et tira immédiatement. Les autres descendirent alors en courant. Ayant constaté la mort de Raspoutine, ils remontèrent pour fêter le succès de leur entreprise. Toutes les histoires de poison qui n'agit pas sur Raspoutine furent inventées par la suite, pour étayer les paroles de Félix : « Il ne faut pas oublier que nous avions affaire à un homme hors du commun. » Un homme-démon, qu'ils étaient parvenus à vaincre.

Ils burent donc copieusement en attendant que la ville

s'endormît et que les rues fussent désertes. Afin de pouvoir transporter le cadavre sans témoin. Dans cet intervalle, Raspoutine reprit connaissance. Et, tout comme lors de l'attentat de Gousseva, il tenta de s'enfuir. Et Pourichkevitch abattit le moujik, alors qu'il se trouvait près du portail, ainsi que l'affirmeraient Félix et Pourichkevitch lui-même.

Le troisième mensonge, de loin le plus gros.

Qui a tué Raspoutine ?

Lors du tournage de mon émission de télévision, au palais Youssoupov, j'ai refait le chemin parcouru par Raspoutine, blessé. J'ai d'abord monté l'escalier en colimaçon, puis je suis sorti dans la cour par la même porte que lui, alors qu'il tentait de se sauver en courant. Aujourd'hui, cette cour est un petit espace vert. En l'observant, je m'imaginais Raspoutine, grièvement blessé, courant vers la sortie, et Pourichkevitch, à quelques pas derrière lui, tirant et le manquant à deux reprises. Un fait aisément compréhensible : l'homme n'était-il pas un civil, historien et philologue de formation, fonctionnaire du département économique du ministère de l'Intérieur ? Dans ses Mémoires, son seul argument pour prouver son adresse serait d'avancer qu'il se débrouillait bien « au stand de tir » !

Ce qui resterait à prouver. Après les deux premiers coups de feu ratés de Pourichkevitch, pourtant tout près de Raspoutine (ce qu'il expliqua par sa nervosité), deux autres suivirent, des coups de maître, cette fois, alors que Raspoutine était déjà près de la porte. L'un atteignit Raspoutine « dans le dos », comme l'écrirait Pourichkevitch, et l'autre « à la tête ». Non, la nervosité n'y était pour rien. Les deux derniers coups étaient d'une autre classe, comme s'ils provenaient d'un autre tireur, excellent et d'un remarquable sang-froid. Qui, parmi les complices, possédait ces qualités ? Le grand-duc Dimitri Pavlovitch, en tout premier lieu. Brillant officier de la Garde, sportif de haut niveau délégué aux Jeux olympiques. C'était lui qui avait donné son revolver à Félix, pour qu'il tue Raspoutine. Il n'était pas venu armé par hasard. Car, si quelqu'un parmi eux avait de bonnes raisons de vouloir éliminer le moujik, c'était bien lui. Raspoutine avait fait avorter son mariage, proféré d'ignobles calomnies sur son compte et celui de sa fiancée, il couvrait de honte la famille impériale, auprès de laquelle il avait été élevé et, enfin, il avait provoqué la discorde dans le clan des Romanov. Ainsi que dans la parentèle de son père. Et ce n'est pas fortuitement que Olga, la fille aînée du tsar, celle qui avait failli devenir sa femme, avait pu écrire dans son journal, avant même que l'enquête officielle fût ouverte : « 18 décembre... On nous a confirmé que le père Grigori avait été assassiné, sans doute par Dimitri. »

Le grand-duc et l'assassinat

Pourtant, Félix et Pourichkevitch affirmeraient que le grand-duc n'était pas présent au moment de la mort du moujik. Il était allé remplir cette mission étrange, et finalement infructueuse, consistant à brûler la pelisse de Raspoutine. Et il n'était revenu qu'après l'assassinat.

Or ils mentent tous les deux. Ce qui est assez facile à prouver. Selon les dépositions des deux sergents de ville, Vlassiouk et Efimov, qui avaient commencé à surveiller le palais Youssoupov après les coups de feu, aucune automobile n'était arrivée depuis. La rue étant déserte et les voitures très rares à cette époque, le passage d'un véhicule n'aurait pu leur échapper. Ils notèrent uniquement une voiture sortie du palais une demi-heure après les coups de feu, quand les assassins emportèrent le cadavre. On retrouve, dans de nombreux documents, la même description des faits. Le général Globatchov, chef de la police secrète, notait dans un télégramme codé, daté du 18 décembre : « Plusieurs coups de feu ont été entendus, puis un cri, et ensuite une voiture est sortie de la cour. » Il est donc clair qu'aucune automobile n'arriva après l'assassinat. Par conséquent, le grand-duc n'avait pas pu revenir au palais. Ce qui est bien naturel puisqu'il n'en était jamais parti. Il ne le ferait que plus tard, avec les autres.

Pourichkevitch et Youssoupov avaient donc inventé de toutes pièces cette histoire absurde de pelisse que Dimitri serait parti brûler.

Que s'était-il donc passé en réalité ?

L'instant du meurtre — reconstitution

Certains indices de vérité peuvent être retrouvés dans la première déposition de Félix, faite immédiatement après l'assassinat. Il déclara que, après avoir tiré sur Raspoutine, il avait rendu son arme au grand-duc. Laissant « Raspoutine mort » dans le sous-sol, ils étaient tous remontés pour fêter l'événement. Puis ils avaient attendu encore quelque temps avant d'évacuer le cadavre. Mais d'abord, il fallait faire sortir les deux dames qui se trouvaient avec eux. Comme Félix le dit au ministre de la Justice, Makarov, « vers deux heures ou deux heures et demie, deux dames ont voulu rentrer, et le grand-duc Dimitri Pavlovitch est parti avec elles ».

Apparemment, le grand-duc s'apprêtait bel et bien à raccompagner les deux dames en question, lorsque Félix descendit au sous-sol pour découvrir que Raspoutine était « ressuscité ». Fou de peur, Félix se rua à l'étage en hurlant : « Tirez ! il est vivant ! Il se sauve ! »

Pourichkevitch se trouvait seul dans le bureau et, saisissant son Sauvage, il se précipita aux trousses de Raspoutine. Une fois dans la cour, il tira et rata Raspoutine à deux reprises. Le grand-duc, qui était déjà dans la cour avec les deux dames, tira deux coups de son Browning, dont le premier arrêta Raspoutine et le second, tiré dans la nuque, le fit s'écrouler dans la neige mouillée. Une des femmes, terrifiée, poussa un cri. Ce fut ce cri qu'entendit le sergent de ville Efimov. On fut obligé de retarder le départ des dames et d'enlever le corps à la hâte. À ce moment, Félix, qui avait entendu le tir, était parvenu à se dominer. Il demanda alors à son majordome de sortir avec lui dans la cour, conscient que les coups de feu avaient dû alarmer les sergents de ville. Il savait qu'il devrait s'en expliquer et préférait que le majordome le fasse à sa place. Vlassiouk apparut alors près du palais. Le sergent de ville fut trompé par le calme de Félix. Calme que ce dernier paya cher. Juste après le départ de Vlassiouk, survint en effet cette scène ignoble où Félix se mit à rouer de coups le moujik agonisant. Subodorant que le policier avait dû flairer quelque chose, les assassins tinrent alors une sorte de conseil. Il ne faut pas oublier qu'ils étaient tous passablement avinés. Pourichkevitch, qui, auprès des autres, faisait figure d'expert de l'âme populaire, conçut l'idée folle de dire toute la vérité au sergent de ville. Selon lui, à l'instar du reste de la population, cet homme ne pouvait que haïr Raspoutine. Cette idée ruina totalement leur plan.

Puis, après l'explication avec le sergent, ils se hâtèrent d'embarquer le cadavre. Ou, plus exactement, d'embarquer Raspoutine encore vivant. N'ayant encore jamais tué d'homme sans défense, ils ne lui avaient pas donné le « coup de grâce ». Raspoutine respirait encore. Quant aux dames, elles ne partirent qu'au matin.

Pourquoi Pourichkevitch et plus tard Youssoupov décidèrent-ils de raconter que Pourichkevitch avait tué Raspoutine ? Pour pouvoir dire et répéter à l'envi — ce qui d'ailleurs rendit la chose suspecte — que « les mains du jeune prince impérial n'étaient pas souillées de sang ». Et cela, pas seulement parce qu'il était inconcevable qu'un grand-duc fût un assassin. Un facteur politique entrait également en jeu : en cas de coup d'État, Dimitri, jeune militaire, favori de la Garde, qui avait participé à l'élimination de l'ignoble Raspoutine, sans pour autant en être l'assassin, ferait un prétendant au trône tout à fait valable. Meurtrier du moujik, il aurait eu peu de chances de pouvoir devenir tsar. Pour qu'il fût plus facile au grand-duc de mentir, ils lui firent donner sa parole qu'il s'en tiendrait à leur version des faits et répéterait : « Il n'y a pas de sang sur mes mains. » Ce qui, littéralement, était vrai. Le sang avait uniquement souillé les mains de ceux qui avaient manipulé le corps ensanglanté.

À l'aube du 18 décembre, le train qui emmenait Pourichkevitch était déjà loin de Petrograd. Ce dernier avait passé une nuit blanche, à écrire dans son journal : « Il fait encore nuit, mais je pense que le jour est proche... Je n'arrive pas à m'endormir... Je pense à l'avenir... de ce grand pays que j'appelle ma Patrie. » Il ne restait qu'un peu plus de deux mois avant la révolution.

Le 18 décembre, l'enquête se poursuivait, en attendant le retour de l'empereur. Télégramme d'Alix à Nikki : « En ton nom, j'ai ordonné d'interdire à Dimitri de sortir de chez lui avant ton arrivée. Dimitri voulait me voir aujourd'hui, j'ai refusé. C'est surtout lui qui est impliqué. On n'a pas encore retrouvé le corps. » Ce même jour, télégramme de Nikki à Alix : « Viens de lire ta lettre. Suis indigné et bouleversé. Suis avec vous en pensées et par la prière. Arriverai demain à 5 heures. »

Toutefois, Olga, la femme du grand-duc Paul Alexandrovitch, rapporte que son mari, qui venait de rentrer de la Stavka, « a pris le thé avec le souverain et a été stupéfait par l'expression de sérénité et de félicité dont son visage était empreint ». Et elle ajoute : « Pour la première fois depuis longtemps, le tsar était animé... Aimant trop sa femme pour la contrarier, le souverain était heureux d'avoir été délivré par le destin de la nécessité d'agir lui-même. »

Non, comme d'habitude, Nikki cachait ses émotions. « Indigné et bouleversé », c'était ça, la vérité. Dans son journal, il traiterait les assassins de « monstres ».

Rencontre avec le cadavre

À l'aube du 19 décembre, à la surface de la Petite Nevka, près du pont Petrovski, on découvrit un cadavre qui flottait. Il était horrible à voir : jeté dans l'eau, Raspoutine avait dû essayer de défaire ses liens, et ses bras étaient dressés au-dessus de sa tête. Cet homme d'une incroyable vigueur, qui respirait encore dans la voiture, avait dû retenir son souffle dans l'espoir de se détacher plus tard, dans l'eau. Mais les forces lui avaient manqué. Il existe une photo du cadavre tel qu'il fut sorti de l'eau, allongé sur une sorte de civière, avec tout autour l'étendue blanche de la rivière gelée.

On transporta le cadavre à l'Académie de médecine militaire. Il voyagea ainsi, les bras levés, pétrifié, menaçant la capitale. Le soir, avant l'autopsie, la tsarine vint, accompagnée des filles de Raspoutine. Dès qu'Alix vit ces bras levés d'un geste menaçant, un sentiment de catastrophe imminente l'assaillit, qui ne la quitterait plus. Elle tomba dans un état de prostration. Le « cabinet » de Tsarskoïé Sélo avait cessé d'exister. Elle ne pourrait plus désormais, dans ses lettres, s'appuyer sur Ses conseils et Ses prémonitions.

Dans la nuit du 19 au 20 décembre, le professeur Kossorotov, attaché à la chaire de médecine légale de l'Académie de médecine militaire, effectua l'autopsie et embauma le corps. Le cœur fut mis dans un réceptacle spécial. Le compte rendu de l'autopsie fut longtemps gardé à l'Académie. Mais il disparut dans les années trente. Ne restèrent que des photos prises par les policiers et montrant le corps nu, criblé de balles.

Après l'autopsie, l'évêque Issidor fut autorisé à célébrer un office funéraire. Puis les restes de Raspoutine furent transportés en camion, avec une escorte de policiers en civil, jusqu'à la cathédrale Fiodorovski de Tsarskoïé Sélo. Les obsèques eurent lieu le 21 décembre.

La vérité sur l'enterrement secret

Ces obsèques secrètes, comme plus tard celles de la famille impériale, furent entourées de rumeurs et de légendes. C'est uniquement dans le Dossier que l'on trouve la description de l'enterrement, donnée par plusieurs témoins.

Déposition de l'infirmier Jouk : « Vyroubova m'a demandé de venir chez elle, le matin, à huit heures et demie... Vyroubova a dirigé l'équipage vers la nouvelle église qu'elle faisait construire. En route, elle m'a dit qu'on allait y enterrer le père Grigori. Je l'avais appris la veille de la bouche de l'architecte Yakovlev, qui m'avait dit que la tsarine avait personnellement choisi ce lieu... En arrivant, nous avons trouvé une fosse déjà creusée et le cercueil dedans. L'endroit se trouve au centre de l'église, dans le transept gauche. Là, nous avons retrouvé le confesseur de Leurs Majestés [Vassiliev], l'aumônier de l'hôpital, l'architecte Yakovlev, le sacristain, le colonel Maltsev, qui dirigeait la construction, et Laptinskaïa... Laptinskaïa a dit à Vyroubova comment Raspoutine était couché, comment il était habillé, et a expliqué qu'elle avait amené de nuit le cercueil, en automobile. Vyroubova a demandé : “Peut-on ouvrir le cercueil ?” Mais Laptinskaïa et Yakovlev ont répondu qu'il ne fallait pas le faire. Environ dix minutes après notre arrivée, une voiture s'est arrêtée près de la tombe. C'était le tsar, la tsarine et les enfants. Vers neuf heures, le service était terminé. Les agents de la police secrète, qui jusque-là étaient dispersés dans la forêt, ont rempli la fosse de terre. »

Naturellement, la deuxième Amie de la tsarine était venue elle aussi rendre un dernier hommage à Notre Ami. La servante de Vyroubova, Feodossia Voïno, déclara dans sa déposition : « Dehn est arrivée avec moi. »

Le Dossier. Déposition de Ioulia Dehn : « Apprenant la

mort de Raspoutine, je me suis rendue à Tsarskoïé. J'y ai passé la nuit, et j'étais présente quand le corps de Raspoutine a été inhumé... Je suis arrivée en même temps que la famille impériale... Le colonel Loman nous surveillait depuis les buissons. Le cercueil n'a pas été ouvert... Le souverain et la souveraine étaient bouleversés par ce qui s'était passé. Mais la souveraine avait une telle maîtrise d'elle-même, qu'elle soutenait Vyroubova, qui pleurait beaucoup. »

L'homme qui observait la scène « depuis les buissons » décrivit lui aussi la cérémonie.

Le Dossier. Déposition du colonel Loman : « Les funérailles ont été célébrées par l'évêque Issidor. Le confesseur, le père Alexandre Vassiliev, et un moine ordonné de l'hôpital de Vyroubova ont présidé à l'inhumation. Il n'y avait pas de chantres. C'est Ichtchenko, le sous-diacre de la cathédrale Fiodorovski, qui chantait. La veille, le père Vassiliev m'avait annoncé qu'il avait reçu l'ordre de procéder à l'inhumation de Raspoutine, raison pour laquelle il allait venir de Petrograd, afin de passer la nuit à Tsarskoïé Sélo... et d'aller le matin chercher le sous-diacre, sa chasuble et autres vêtements liturgiques, cela, afin qu'il puisse donner des ordres en conséquence. Le lendemain, le père Vassiliev est passé à la cathédrale, où je l'attendais, puis nous nous sommes rendus ensemble au sanctuaire de saint Séraphim, à l'endroit où l'église devait être construite... Avant d'arriver sur place, le père Vassiliev est descendu, et a marché jusqu'à l'endroit où on devait inhumer Raspoutine (le cercueil était déjà dans la fosse), tandis que je me mettais en retrait, de sorte qu'on ne me voyait pas mais que je pouvais tout voir... Avant l'arrivée de la famille impériale, je me suis approché de la tombe, et j'ai vu un cercueil métallique. Il n'y avait aucune ouverture dans le cercueil. » Sur ce dernier point, Vyroubova dit la même chose dans sa déposition. Et aucun des témoins ne fit état de cette fameuse ouverture. Toutefois, ce mythe selon lequel une ouverture aurait été pratiquée dans le cercueil, sur ordre de la tsarine, afin que celle-ci puisse, même après sa mort, rendre visite à Raspoutine, à la crypte, et voir son visage, se retrouve dans de nombreux écrits. Pourtant, « le cercueil a été recouvert de terre et il n'y avait aucune crypte en construction », déclarerait Loman dans sa déposition.

Extrait du journal du tsar : « 21 décembre. À neuf heures, nous sommes arrivés... au champ où nous avons assisté à une scène bien triste : le cercueil contenant le corps de l'inoubliable Grigori, assassiné dans la nuit du 17 décembre par des monstres, au palais Youssoupov, était déjà descendu dans la tombe. Le père A. Vassiliev a célébré la liturgie, puis nous sommes rentrés chez nous. »

Le châtiment des grands-ducs

Les représailles ne se firent pas attendre. Le grand-duc Dimitri demanda à comparaître devant la cour martiale. Il avait compris qu'un procès lui permettrait d'apparaître comme un héros aux yeux de la Russie tout entière. Il fallait également, pour l'avenir, rendre publique la version des faits qu'ils avaient concoctée, selon laquelle les mains de Dimitri n'étaient pas souillées par le sang du moujik. Le tsar avait parfaitement compris la manœuvre. Il n'y eut donc pas de procès.

Pendant ce temps, les assassins étaient assignés à résidence et attendaient qu'on décide de leur sort. Toutefois, des rumeurs filtraient du palais où ils résidaient ; Dimitri n'y était pour rien, seuls Félix et Pourichkevitch avaient tué le moujik. La grande-duchesse Élisabeth Fiodorovna écrivit à Nicolas pour lui demander le pardon pour Félix.

« De retour ici, j'ai appris que Félix l'avait tué... lui qui ne voulait pas être militaire pour ne pas verser le sang d'autrui. Je me suis représenté tout ce qu'il avait dû éprouver avant de se décider ; j'ai imaginé comment, poussé par son amour pour sa patrie, il s'était décidé à délivrer le souverain et le pays de celui dont tous souffraient. Ce crime peut être considéré comme un acte de patriotisme. »

Nicolas ne répondit pas à cette lettre. Mais il prit des mesures. Félix s'en sortit étonnamment bien. « Le principal coupable, Félix Youssoupov, s'étonnait Olga, la belle-mère de Dimitri, s'en est sorti avec un exil à la campagne. Alors que le grand-duc Dimitri a reçu l'ordre de partir en Perse. » Ainsi, Dimitri était-il expédié au combat, dans un climat atroce, ruineux pour sa santé. Apparemment, Nicolas n'avait pas cru la version des assassins. Il s'était plutôt fié aux rapports de police. Il savait probablement qui avait achevé Raspoutine. La famille Romanov au grand complet était indignée par cette décision. « J'ai moi-même rédigé le texte d'une pétition, se souvenait Olga. Son exil nous a paru être le comble de la cruauté... La pétition a été signée par tous les membres de la famille impériale. »

Cette pétition se trouve dans les archives. En guise de réponse, le tsar y écrivit en marge : « Nul n'a le droit de perpétrer un meurtre. Je sais que beaucoup d'entre vous n'ont pas la conscience tranquille, car Dimitri Pavlovitch n'est pas le seul à être impliqué dans ce crime. Je suis surpris que vous vous adressiez à moi. » Et son grand-duc préféré partit pour la Perse, en dépit de toutes ces suppliques.

J'ai tenu entre mes mains cette lettre de la famille Romanov, signée par tous ces gens dont la plupart allaient périr, surpris par la révolution. Dimitri, en revanche, allait s'en sortir sain et sauf, grâce à ce cruel exil. En Perse, il n'oublierait pas son complice. « Mon très cher, mon très aimé, mon fidèle ami, écrivait-il à Félix, je peux même coucher sur le papier, sans crainte d'exagérer : Mon ami le plus cher ! »

Félix continuait à s'en tenir fidèlement à la version convenue. Toutefois, le lendemain du Nouvel An, cet être aussi complexe que redoutable écrirait une lettre à sa belle-mère, Xénia, sœur de Nicolas, au contenu assez étrange et évoquant d'évidence Dimitri : « 2 janvier... Je suis tourmenté à l'idée que l'impératrice Marie Fiodorovna et toi considériez l'homme qui a fait cela comme un assassin et un criminel. Vous avez beau admettre la justesse de cet acte, ainsi que les raisons qui ont poussé à le commettre, au fond de votre âme, vous garderez le sentiment qu'il est tout de même un assassin. Sachant ce qu'a fait cet homme, avant, pendant et après, je peux dire avec certitude qu'il n'est pas un meurtrier, mais une arme de la providence, laquelle l'a aidé à accomplir son devoir envers la patrie et le tsar, en éliminant cette force diabolique et maléfique qui était la honte de la Russie. »

« Il faut absolument en finir avec Alexandra Fiodorovna »

Pendant ce temps, cloîtrées à Tsarskoïé Sélo, la tsarine et Vyroubova attendaient dans l'angoisse la poursuite de l'effusion de sang et de la vengeance des grands-ducs. Leurs craintes étaient-elles infondées ? On trouve la réponse à cette question dans le journal de Nicolas Mikhaïlovitch : « Tout ce qu'ils ont fait n'est incontestablement qu'une demi-mesure, car il faut absolument en finir avec Alexandra Fiodorovna et Protopopov. Voyez-vous, des idées de meurtre traversent à nouveau mon esprit. Elles sont floues, mais logiquement nécessaires, sinon ce pourrait être pire qu'avant... La tête me tourne. La comtesse Bobrinskaïa, Micha Chakhovskoï me font peur, m'excitent, me supplient d'agir. Mais comment ? Avec qui ? Tout seul, c'est impensable ! Le temps passe et, depuis leur départ et celui de Pourichkevitch, je ne vois presque personne d'autre capable d'agir. Mais il est vrai que je ne suis pas de la race des esthètes et encore moins de celle des meurtriers ; il me faut sortir au grand air, aller au plus vite chasser en forêt, sinon, ici, excité comme je le suis, je ferai et dirai des bêtises... »

Il était « logiquement nécessaire » de tuer la tsarine de Toutes les Russies. Et c'était un grand-duc qui l'écrivait ! Et qui regrettait qu'il n'y eût personne d'autre « capable d'agir », après le départ des assassins de Raspoutine ; qui ne voyait « ni avec qui, ni comment » accomplir cet acte.

L'idée de continuer à verser le sang, l'idée d'un nouveau complot, se répandait dans la haute société. Ce n'était pas un hasard si, la veille du Nouvel An, le grand-duc avait été exilé « au grand air » dans sa propriété de Grouchevka. Ce n'était pas plus un hasard si Alix suppliait le tsar de rentrer et cachait l'Amie dans son palais.

Au Nouvel An, en route pour son exil, Nicolas Mikhaïlovitch rencontra dans son wagon (et ce n'était sans doute pas davantage un hasard) deux éminents membres de la Douma : le monarchiste Choulguine, qui allait recevoir l'abdication de Nicolas, et le manufacturier Terechtchenko, qui deviendrait ministre du Gouvernement provisoire, après la révolution de février. Le grand-duc écrivit : « Terechtchenko est persuadé que dans un mois tout aura éclaté et que je pourrai revenir de mon exil. Que Dieu l'entende ! Mais comme ils sont méchants, ces deux hommes ! D'une seule voix, ils parlent de la possibilité d'assassiner le tsar ! Dans quelle époque vivons-nous ! Quelle malédiction s'est abattue sur la Russie ! » Ainsi pensaient-ils les uns et les autres — le grand-duc à l'assassinat de la tsarine, les chefs de la Douma au possible assassinat du tsar. Tout cela était dans l'air.

Le sang pouvait être versé du jour au lendemain. Et Nicolas en fut averti. Le 10 février, avant son départ pour la

Stavka, le tsar reçut le frère de Nicolas Mikhaïlovitch, le grand-duc Alexandre Mikhaïlovitch — Sandro — son ami d'enfance et de jeunesse. Sandro lui dit : « Les événements montrent que tes conseillers continuent à conduire inévitablement la Russie à sa perte, et toi avec... »

Le 22 février, Nicolas quitta, pour la dernière fois comme empereur, ce Tsarskoïé qu'il aimait tant.

« Ensemble et unis à jamais »

Comme à l'accoutumée, une lettre d'Alix l'attendait dans le train : « 22 février 1917. Quelle époque terrible sommes-nous en train de vivre ! C'est encore plus difficile à supporter quand nous sommes séparés : je ne peux pas te cajoler quand tu as l'air si fatigué et si découragé. » Elle vivait toujours au rythme de ses rencontres avec Notre Ami. À cette différence près que celles-ci avaient désormais lieu sur sa tombe. « Que puis-je faire ? Seulement prier et prier... Notre cher Ami, dans l'au-delà prie aussi pour toi, il est ainsi encore plus proche de nous. Mais tout de même, comme j'aurais envie d'entendre sa voix réconfortante et encourageante ! Que les anges lumineux te protègent, que le Christ soit avec toi, que la Très Pure [Vierge Marie] ne te quitte pas ! Notre Ami nous a confiés à elle. »

La tsarine, l'Amie et les grandes-duchesses allaient souvent sur sa tombe. Les murs de l'église en construction les cachaient aux yeux des étrangers. « 26 février 1917. Nous sommes allées sur la tombe de Notre Ami. L'église est si haute à présent que je peux me mettre à genoux et prier tranquillement pour vous tous sans que le planton me voie. » Dans une autre lettre d'Alix, datée du mois de février, on pouvait lire ces mots : « Sens mes bras qui t'enlacent, mes lèvres qui se pressent contre les tiennes. Toujours ensemble et unis à jamais. » La révolution avait déjà commencé à Petrograd. Tout comme l'avait prédit Notre Ami, par ses poings menaçants, levés vers le ciel de la capitale.

Le 2 mars 1917, alors que la ville était déjà envahie par la foule déchaînée, que le palais était encerclé par des soldats mutinés, que le train du tsar impuissant était arrêté à la gare de Dno et que tous les commandants du front réclamaient son abdication, alors que Goutchkov, qu'elle détestait tant, et

Choulguine avaient déjà quitté la Douma pour aller chercher cette abdication, elle envoya de Tsarskoïé une lettre à Nikki, qu'elle terminait par ces mots : « Porte Sa croix, même si ça te gêne, pour ma tranquillité. »

Épilogue

Excursion sur les lieux du crime

Un autre monde avait commencé. Assignés à résidence, le tsar et la tsarine vivaient à Tsarskoïé, où le « citoyen Romanov », très consciencieusement, nettoyait le jardin, se promenait dans le parc, lisait le soir des livres à sa famille et était, peut-être, secrètement heureux pour la première fois. Alors qu'Alix était accablée par l'humiliation. Plus tard, dans une lettre, elle écrirait qu'elle s'était desséchée d'un coup et que ses cheveux étaient devenus gris. Quant à l'Amie, elle avait été transférée à la forteresse Pierre-et-Paul.

Comme Terechtchenko l'avait prédit à Nicolas Mikhaïlovitch, tout avait rapidement « éclaté », et le grand-duc avait pu rentrer d'exil. Entre-temps, les automobiles des grands-ducs avaient été réquisitionnées. Et, à la mi-mars, Nicolas Mikhaïlovitch dut prendre un fiacre pour se rendre au palais Youssoupov. L'historien qu'il était avait décidé d'aller examiner le lieu de l'assassinat, dont le jeune Youssoupov lui avait tant parlé. Félix et Irina, eux aussi, étaient récemment rentrés d'exil. L'assassin de Raspoutine savourait l'attention dont il faisait l'objet. Nicolas Mikhaïlovitch nota dans son journal : « 16 mars 1917. Irina et Félix sont très excités... Je suis allé chez eux, j'ai étudié en détail le lieu du drame. C'est incroyable, mais ils dînent tranquillement dans cette même salle à manger ! »

Qu'y avait-il en effet de si extraordinaire ? Le noble seigneur avait éliminé un moujik insolent. Combien d'autres avant lui avaient été fouettés à mort dans les écuries, sur ordre des ancêtres de Félix Youssoupov !

L'argent et les personnes disparues

À cette époque, la chasse aux biens de Raspoutine battait déjà son plein. Simanovitch avait versé de l'huile sur le feu. Beletski déclarerait que Simanovitch lui avait dit en secret que le mort avait laissé à sa famille « un très confortable héritage... jusqu'à 300 000 roubles ». « Le meilleur des juifs » savait où il fallait chercher l'argent. La Commission extraordinaire, très consciencieusement, cherchait dans les banques. Le Dossier a conservé les innombrables requêtes de la Commission adressées à toutes les institutions les plus importantes. Mais les réponses étaient toutes identiques : « La banque a l'honneur d'informer la Commission extraordinaire qu'elle n'a ni dépôts, ni valeurs, ni coffres aux noms de Grigori Efimovitch Raspoutine-Novy, de sa femme Prascovia Fiodorovna Raspoutina-Novaïa, de ses enfants Varvara, Matriona et Dimitri Raspoutine et de sa nièce Anna Nicolaievna Raspoutina. » La fortune de Raspoutine avait disparu, s'était évaporée. Car, il n'y en avait pas. La grande-duchesse Olga avait raison lorsqu'elle écrivait dans ses Mémoires : « Il n'a rien laissé derrière lui, et la souveraine a donné de l'argent à ses orphelins. » Les centaines de milliers de roubles qui passaient par les mains de Raspoutine étaient restées dans les restaurants, où il s'enivrait pour étouffer son angoisse de la mort, chez les Tsiganes, entre les mains de ses innombrables solliciteurs, le plus souvent des femmes, à qui il donnait sans compter de cet argent qu'il méprisait. Certaines sommes étaient allées, bien entendu, au train sanitaire et aux infirmeries de Vyroubova et de la tsarine. Mais l'essentiel de ses biens, comme le disait fort justement Filippov, avait échu dans la poche de ses secrétaires, à commencer par Simanovitch. Et dans celles de la mystérieuse Akilina Laptinskaïa. Non seulement elle l'avait habillé pour son dernier voyage, mais elle avait dû également s'occuper de l'argent qui était resté chez lui.

Cependant, dès qu'éclata la révolution de Février, Akilina, qui connaissait tous les secrets de cet homme énigmatique, qui avait fait avec lui tout le chemin depuis l'oratoire sous l'écurie jusqu'au palais impérial, disparut de Petrograd et se perdit dans le chaos de l'ère nouvelle.

Quant à Voskoboïnikova, elle avait quitté Tsarskoïé Sélo, dès qu'elle apprit l'abdication du tsar. Comme le déclara Feodossia Voïno, la domestique de Vyroubova : « Voskoboïnikova a disparu de l'hôpital et n'y a plus remis les pieds. »

La famille de Raspoutine se trouvait à Petrograd au moment de la révolution. Sa femme Prascovia rentra à Pokrovskoïé pour réclamer ses droits à la succession. L'acte d'inventaire des biens de Raspoutine, dressé en sa présence, a été conservé. Après le coup d'État bolchevique, son fils Dimitri revint lui aussi à Pokrovskoïé. Plus tard, Prascovia, Dimitri et Varvara furent exilés à Salekhard par les bolcheviks. Prascovia puis Dimitri y moururent du scorbut. Varvara rentra à Pokrovskoïé où l'on perd sa trace pendant un long laps de temps, avant de la retrouver à Leningrad, où elle décéda dans l'anonymat, au début des années soixante.

En revanche, Matriona, la fille aînée et la préférée de Raspoutine, se montra digne de son père. Elle aussi devait jouer un rôle fatidique dans la vie de la famille impériale.

La vie après la mort

Assignée à résidence, Alix ne pouvait plus se rendre sur la tombe de Notre Ami. Mais, désormais, il venait la voir lui-même, dans ses rêves.

L'un d'eux fut particulièrement affreux : elle se trouvait dans la salle des Malachites, au palais d'Hiver, lorsqu'Il apparut, près d'une fenêtre. Son corps était couvert d'horribles blessures. « On va vous brûler sur des bûchers ! » s'écria-t-il. Et la salle fut soudain en feu. Il lui fit signe de courir, et elle se précipita vers lui. Mais il était trop tard. La pièce était entièrement la proie des flammes. Elle fut réveillée par ses propres hurlements.

À présent, elle attendait, terrifiée, l'inévitable. Et son attente ne fut pas déçue. Le capitaine Klimov et ses soldats, qui étaient de service à Tsarskoïé, réussirent à ouvrir la tombe de Notre Ami. Tous les journaux parlèrent du cercueil trouvé sous l'autel de la chapelle en construction. Les soldats, qui cherchaient des objets précieux, arrachèrent immédiatement le couvercle. Ils ne trouvèrent pas de bijoux mais une petite image sainte en bois, sans cadre. Au dos, figuraient, à l'encre de Chine, les signatures de la tsarine, des ses filles et de l'Amie. Les journaux étaient pleins de sarcasmes et de malédictions. Mettre une icône dans un cercueil, pis encore, dans celui d'un débauché ! On parlait de sacrilège, de blasphème ! En réalité, la tsarine n'avait rien à voir dans tout cela ainsi qu'en témoignerait Ioulia Den : « L'icône avec les signatures, dont on a tellement parlé, a été offerte à Raspoutine de son vivant. C'est Laptinskaïa, après avoir lavé et habillé la dépouille de Raspoutine, qui, de son propre chef a mis l'icône dans le cercueil. »

L'icônc fut cnvoyéc au sovict dc Pctrograd. L'hcbdomadaire *Ogoniok* en publia, courant 1917, la photo : « Le recto de l'icône représente la Sainte Vierge. Le verso porte les signatures originales d'Alexandra, d'Olga, de Tatiana, de Marie et d'Anastasia. Les unes en dessous des autres. Dans un coin, tout en bas, la dédicace de Vyroubova : « 11 décembre 1916. Novgorod. Anna. »

On sortit le cercueil de la tombe. Le visage défiguré et maquillé regardait le ciel. Les soldats s'étaient massés autour et observaient sa barbe hérissée qui pointait, ainsi que la bosse qui saillait sur son front et faisait penser à une corne naissante que, selon Matriona, il cachait soigneusement sous ses cheveux. Puis, comme il se devait en période révolutionnaire, on organisa une réunion politique autour du cercueil. L'assemblée vota une motion exigeant que le corps fût enlevé de Tsarskoïé Sélo. Alors, surmontant son mépris pour le nouvel homme fort, Alix, par l'intermédiaire du colonel Kobylinski, chef de la sécurité, demanda à Kerenski de veiller à ce que le corps ne soit pas profané. Kerenski ordonna d'emporter la dépouille en secret et de l'enterrer.

Ainsi commencèrent les tribulations du cadavre de Raspoutine. D'abord, un camion le conduisit à Petrograd, où il fut déposé dans un coin des écuries de l'ancienne chancellerie, à côté des carrosses utilisés pour les mariages impériaux. La nuit venue, on le transporta sur la route de Vyborg, afin de l'enterrer en cachette dans un endroit désert, le long de la route. Mais le véhicule transportant le cercueil s'arrêta soudain. L'escorte décida de « brûler la dépouille sur-le-champ ». On fit aussitôt un énorme bûcher et on y plaça le cadavre de Raspoutine copieusement arrosé d'essence. Le compte rendu de l'incinération du corps est toujours conservé à l'ancien musée Lénine de Pétersbourg. Durant l'incinération, le cadavre ne déçut nullement les attentes de l'assistance : sous l'effet du feu, il sembla entrer en lévitation, puis il disparut dans les flammes. Les cendres furent dispersées aux quatre vents. Ainsi Raspoutine passa par tous les éléments : l'eau, la terre, le feu et l'air.

Cependant, même après son incinération, Raspoutine n'abandonna pas la famille impériale. Il l'accompagna tout au long de sa triste réclusion. L'évêque Hermogène se trouvait à la tête du diocèse de Tobolsk, où il avait été jadis exilé par les tsars, pour avoir dénoncé Notre Ami. Ce sévère pasteur y disposait toujours d'un pouvoir et d'une autorité absolus. Il voulait, et aurait pu, aider la famille impériale à s'enfuir. Mais Alix, incapable d'oublier qu'il avait été l'ennemi de Raspoutine, refusa de lui faire confiance.

En revanche, elle se fia à Boris Soloviev, fils de Nicolas Soloviev, adepte de Raspoutine et trésorier du Saint-Synode. Cet escroc avait parfaitement compris la situation et épousé la fille de Raspoutine. Cela suffisait à Alix. Elle le crut envoyé par Notre Ami. Elle lui remit les bijoux impériaux, afin qu'il organise leur fuite. Non seulement il garda tout pour lui, mais, dès leur arrivée au pouvoir, il livra consciencieusement aux bolcheviks les malheureux officiers venus en ville pour organiser le sauvetage de la famille impériale. Ainsi, depuis l'au-delà, le moujik continuait-il de les mener à leur perte.

Toutefois, ces richesses ne portèrent pas bonheur à Soloviev. Le trésor disparut au cours de la guerre civile. Soloviev, quasiment ruiné, travailla dans une usine d'automobiles, à Paris. Il mourut de tuberculose en 1926. Matriona Solovieva-Raspoutina se fit engager comme gouvernante. Elle habitait un petit appartement, à Paris, avec ses deux fillettes. Quand Youssoupov fit publier ses Mémoires, elle intenta un procès retentissant au meurtrier de son père. Puis, cette native d'un village sibérien se retrouva en Amérique où elle devint dompteuse de tigres ! Elle mourut dans les années soixante-dix.

Ils le bénirent jusqu'à leur mort

Dans ses lettres à Ania, l'ex-tsarine continuait à parler du défunt homme de Dieu. Elle expliquait toutes les horreurs de la guerre civile, tout le sang versé, comme un châtiment divin pour l'assassinat de Notre Ami. Le 17 décembre 1917, jour anniversaire de sa mort, elle écrivit à l'Amie : « Nous revivons ce jour, ensemble... Je me rappelle ce terrible 17 décembre. C'est aussi pour cela que la Russie souffre. Tous doivent souffrir pour ce qu'ils ont commis, mais personne ne comprend. » Puis, le 9 janvier 1918 : « Mais je crois fermement qu'Il va tout sauver. Lui seul peut le faire. » De qui parlait-elle ? De Grigori ? De Dieu ? Parfois, il est difficile de le savoir en la lisant.

Puis arriva l'heure de leur dernier voyage. Le tout-puissant Notre Ami resta à leurs côtés. On conduisit le tsar, la tsarine et leur fille Marie à Ekaterinbourg, la ville où ils seraient tués. La route de Tobolsk à Tioumen, qui existe toujours, passait par Pokrovskoïé. Elle longeait les maisons du village, passait devant celle de Raspoutine. Ainsi, le rêve qu'elle n'avait pas osé réaliser du temps où elle était tsarine, Alix le réalisa alors qu'elle était prisonnière. Elle vit sa rivière, ses arbres et sa demeure — endroits où avait eu lieu cette mystérieuse transfiguration dont il lui avait si souvent parlé. Les anciens tsars s'arrêtèrent en face de sa maison, à deux pas de ses fenêtres. Et Alix écrivit dans son journal : « Vers midi, nous sommes arrivés à Pokrovskoïé. Nous sommes restés un long moment devant la maison de Notre Ami. Nous avons vu sa famille qui nous regardait par la fenêtre. »

Ainsi, un an et demi après son assassinat, il les accompagnait vers la fin atroce qui les attendait à leur tour. Sa prophétie était-elle en train de se réaliser ?

Y a-t-il eu prophétie ?

Dans son livre sur Raspoutine, son secrétaire Simanovitch a publié la célèbre prédiction de Notre Ami, reprise dans de nombreux ouvrages qui lui furent consacrés. « Tsar russe ! Je pressens que je quitterai ce monde avant le 1er janvier. Si ce sont des tueurs à gages qui m'assassinent, alors toi, tsar russe, tu n'as personne à craindre. Reste sur ton trône et règne. Mais si les assassins sont de ta famille, aucun de tes proches ne survivra plus de deux ans... On va me tuer, je ne suis déjà plus vivant... Prie, sois fort et prends soin de ta lignée élue. »

Ce texte, supposé composé par Raspoutine peu avant sa mort, aurait été transmis à la tsarine par Simanovitch. Si, traduite, cette « prédiction » peut paraître plausible, en russe, en revanche elle ne résiste pas une seconde à un œil critique. Il n'y a pas un mot qui appartienne au vocabulaire de Raspoutine, toujours très simple et poétique. À commencer par l'apostrophe « Tsar russe ! » Car ni Raspoutine ni qui que ce soit n'aurait jamais pu s'adresser au tsar de cette manière. C'était le langage de Simanovitch lui-même qui se retrouvait ici. Cette « prédiction », comme tant d'autres « prophéties », fut publiée après l'exécution de la famille impériale. Elle était sans conteste l'œuvre de Simanovitch, dont les mémoires sur Raspoutine regorgent de ce genre de mythes.

Toutefois, les prédictions de Raspoutine concernant la mort inévitable des membres de la famille impériale, au cas où il serait assassiné, furent rapportées par de nombreux témoins : Badmaev, Matriona, la fille de Raspoutine, son éditeur Filippov et bien d'autres. Dans une certaine mesure, ces prédictions pouvaient être une sorte d'autodéfense du moujik rusé qui, connaissant la haine que lui portaient ses puissants ennemis, avait décidé de forcer ainsi les tsars à le protéger. Mais seulement dans une certaine mesure. En effet, il ne fallait pas être bien grand prophète, à l'époque, pour prédire la fin des tsars. La chute du régime et de la famille impériale était dans l'air. La première révolution sanglante de 1905 avait déjà ébranlé le pays. Non seulement les révolutionnaires russes prédisaient que le sang impérial serait versé, mais également le Premier ministre Witte. Les grands-ducs et le président de la Douma ne cessaient de parler de la nécessité « de se sauvegarder ». Les prédictions de Raspoutine n'étaient donc, en quelque sorte, qu'une expression du sentiment que l'Apocalypse était proche.

Mais il eut sans aucun doute d'authentiques prémonitions et en fit des prophéties. Elles procédaient de la force obscure et mystérieuse que possédait cet homme. Bien après la mort du moujik, le 24 février 1917, l'archiprêtre de l'armée et de la marine russe, G. Chavelski, qui détestait Raspoutine, rapporta sa conversation avec le professeur Fiodorov, qui soignait l'héritier.

« Quoi de neuf à Tsarskoïé ? Comment vont-ils, sans le starets ? Il n'y a pas encore eu de miracle au-dessus de son cercueil ? demanda Chavelski, moqueur.

— Vous avez tort de rire, lui répondit Fiodorov, devenu soudain très grave. Ici aussi, tout le monde se moquait de la prédiction de Grigori, selon laquelle l'héritier tomberait malade, tel jour après sa mort. Le matin de ce jour-là, je me hâte vers le Palais. Dieu merci, l'héritier est en bonne santé. Les mauvaises langues de la cour commençaient déjà à se moquer de moi, quand, le soir, on m'appelle d'urgence : "L'héritier est souffrant !" Je me précipite au Palais. Horreur ! L'enfant perdait son sang. On eut du mal à arrêter l'hémorragie. Et voilà votre starets. Allez-y, moquez-vous des miracles ! » conclut le professeur.

Dans les visions de ce mystérieux personnage, il devait y avoir un terrible fantôme annonçant l'exécution de la famille impériale et la mort du pauvre enfant. Ainsi, d'ailleurs, que son propre assassinat.

Le porte-malheur

Et, bien sûr, cet homme mystique ne pouvait pas ne pas sentir qu'il portait malheur à ceux qui l'approchaient. Relisons encore une fois la déposition de Moltchanov, fils de l'exarque de Géorgie, qui, réfléchissant sur la mort de son père, disait : « En examinant le passé des personnes, dont le destin s'est trouvé lié à Raspoutine, Iliodore, Hermogène, Sabler, Damanski, mort de cancer... j'en suis arrivé à la conclusion, sans doute superstitieuse, que Raspoutine portait malheur. » Beletski utiliserait à peu près les mêmes termes lorsque, dans sa déposition, il dirait avoir vu « la triste fin de toutes les personnes qui avaient cherché soutien auprès de Raspoutine... leur disgrâce fatale et inévitable... » Ce haut fonctionnaire se référait plutôt ici à la fin de la carrière des gens liés à Raspoutine. Il ne savait pas encore qu'il fallait penser à la fin de leur vie, comme l'avait déjà fait Moltchanov.

Car la révolution de Février n'était qu'un premier pas dans l'effusion de sang. Bientôt Octobre gronda. Les cellules de la forteresse Pierre-et-Paul accueillirent une nouvelle fournée de prisonniers. Aux ministres expédiés là par la révolution de Février, se joignirent les instigateurs de cette même révolution. Ils eurent entre eux d'amusantes conversations. Ministre du gouvernement provisoire, ce même Terechtchenko, qui avait parlé de régicide au grand-duc Nicolas Mikhaïlovitch et qui prétendait avoir investi cinq millions de roubles dans la révolution de février, y retrouva l'ex-ministre du tsar, Chtcheglovitov. Ce dernier salua Terechtchenko avec joie : « Ah, vous voilà, vous aussi, Mikhaïl Ivanovitch ! Ma parole, il n'était pas nécessaire de donner vos cinq millions de roubles à la révolution pour en arriver là. Si vous m'aviez fait signe plus tôt, j'aurais pu vous héberger ici gratuitement. »

Et, comme un symbole, comme un souvenir des bras menaçants de Raspoutine dressés vers le ciel, fut créé, dans sa rue, rue Gorokhovaïa, l'établissement le plus terrifiant de Petrograd : la Commission extraordinaire bolchevique, ou Tchéka, laquelle n'avait pas grand-chose de commun, sinon le nom, avec l'idyllique Commission extraordinaire du gouvernement provisoire. De nombreuses relations de Raspoutine quittèrent l'immeuble de la rue Gorokhovaïa pour le peloton d'exécution. Quelle tragique hécatombe finirent par constituer toutes les personnes liées à Raspoutine qui moururent de mort violente ! Le prince Andronikov, ce redoutable colporteur de ragots si proche du starets, fut fusillé en 1919. Peu à peu, tous les protégés de Raspoutine se retrouvèrent ainsi avec une balle dans le cœur, enterrés dans des tombes anonymes : Protopopov, Alexis Khvostov, Beletski... Quand la capitale déménagea à Moscou, tous les anciens dignitaires furent transférés à la sinistre Boutyrskaïa, une prison qui subsiste encore de nos jours.

Selon S. Kobiakov, avocat de la défense devant les tribunaux révolutionnaires : « 5 décembre... en pleine terreur rouge... on leur a annoncé qu'ils allaient être exécutés. L'ancien archiprêtre Vostorgov [encore une relation de Raspoutine] a fait preuve, face à la mort, d'une grandeur d'âme exceptionnelle. Il les a tous confessés et leur a remis leur péchés. » Ils furent tous fusillés dans le parc Petrovski, près du restaurant *Yar* où Raspoutine aimait tant faire la fête. L'exécution fut publique. Quelques minutes avant, Beletski essaya de s'échapper, mais, à coups de bâton, on le força à réintégrer le cercle des condamnés.

Barnabé et Issidor devaient périr à leur tour. La fin de l'évêque Hermogène, ancien ami, puis ennemi de Raspoutine, fut atroce. Paul Khokhriakov, chef des bolcheviks de Tobolsk, raconterait comment il avait traîné l'évêque au milieu de la rivière, lui avait placé des grilles de fonte autour du cou et l'avait poussé dans l'eau. Quand le vigoureux Hermogène parvint à refaire surface, ils le frappèrent avec des gaffes et l'enfoncèrent sous l'eau. Ainsi, tout comme Raspoutine, son pire ennemi finit noyé.

Il y eut encore le journaliste Menchikov, autre adepte de Raspoutine, le père Vassiliev, confesseur des tsars... on pourrait dresser longuement le martyrologe des connaissances de Raspoutine qui périrent sous les balles bolcheviques. Même Manassevitch-Manouïlov, qui avait su utiliser le coup d'État d'octobre pour se faire libérer de prison, ne réussit pas à franchir la frontière finlandaise. Là, un marin le reconnut : « Ne seriez-vous pas, par hasard, Manassevitch-Manouïlov ? » Il nia adroitement et se crut sur le point de quitter à jamais la sanglante Russie. Mais c'était oublier « le porte-malheur ». Juste au même instant, son ancienne maîtresse, une actrice qui partait elle aussi pour la Finlande, l'aperçut et s'écria avec enthousiasme : « Vanitchka ! » Manassevitch fut exécuté sur place, à la frontière.

Les grands-ducs Nicolas Mikhaïlovitch et Paul, dont les proches avaient joué un rôle fatal dans l'histoire de Raspoutine, périrent, eux aussi. Olga, l'épouse de Paul, écrirait dans ses Mémoires : « Dans la nuit du 16 [29] janvier... je m'éveillai brusquement et entendis clairement la voix de mon mari : "On m'a tué." » Tout près des tombes de leurs ancêtres les grands tsars russes, ils avaient reçu la mort, des mains bolcheviques.

Les bolcheviks n'oublièrent pas non plus Djounkovski. Il survécut à la période révolutionnaire. Puis survint la terreur stalinienne. Ancien chef des gendarmes, à la moustache de guerrier, il vivotait tant bien que mal comme marguillier. Mais le balai neuf de Staline ne laissait rien passer. Cet ennemi de Raspoutine fut exécuté en 1938, à la prison de la Loubianka.

Les survivants

Le rusé Simanovitch parvint à s'échapper de Russie en emmenant sa famille. Le starets porte-malheur ne l'en empêcha pas, ou peut-être fut-il protégé par la gratitude des dizaines de malheureux juifs à qui il avait évité, avec l'aide de Raspoutine, les répressions et le front, ou des centaines d'autres pour lesquels il avait obtenu, toujours grâce à Raspoutine, la permission de vivre en paix à Petrograd. Que cela eût été contre espèces sonnantes et trébuchantes, comme l'affirmait la police, ou de manière totalement désintéressée, comme il le soutenait lui-même, il avait réellement aidé les proscrits. Iliodore survécut, lui aussi. Reste à savoir ce qui aurait été préférable : une balle ou les tourments dont il fut accablé ? Émigré aux États-Unis, il fut ruiné par la crise boursière de 1929, où il perdit tout l'argent qu'il avait gagné avec son livre sur Raspoutine. Puis son fils mourut et il divorça. Il reprit le froc au monastère de Melville, avant de gagner New York où il décéda en 1952 dans la solitude et le dénuement le plus total.

Sabler, l'ancien haut procureur du Saint-Synode, survécut à la terreur rouge. Mais pas pour longtemps. Il vécut d'aumônes et mourut de faim à Tver, où il avait été exilé.

Les Golovine vécurent tranquillement à Petrograd. Après la mort du père Grigori, comme la tsarine, elles attendirent la punition universelle. Elles ne furent pas étonnées, quand, au mois d'octobre, les bolcheviks arrivèrent au pouvoir. Ainsi que le noterait Joukovskaïa : « J'ai trouvé Mounia toujours aussi douce et gentille, avec son habituel regard papillotant, dans son éternel gilet de laine, lorsque je suis allée la voir chez elle à la Moïka, alors que j'étais de passage à Petrograd, peu après la révolution d'Octobre. Rien n'avait encore changé chez elle, pas même le petit laquais qui somnolait toujours dans l'entrée, ni Cafard, le méchant caniche... On me conduisit dans la chambre de Mounia. Là aussi, tout était comme avant. Il y avait même le lit de Lokhtina, derrière un paravent, et sa canne avec des rubans, alors qu'elle vivait en permanence à Verkhotourié, depuis la mort de Raspoutine. »

Mais au sujet de cette dernière, Joukovskaïa se trompait. Après la révolution de Février, Lokhtina avait été jetée en prison. Dans le Dossier, on trouve des documents concernant son arrestation : « 8 mars. À l'ermitage Oktaï, on a arrêté Olga Vladimirovna Lokhtina, adepte bien connue de Raspoutine. » Elle fut transférée à la forteresse Pierre-et-Paul. Le coup d'État bolchevique la libéra. Elle retourna à Verkhotourié. Mais le monastère avait été détruit par les bolcheviks. En 1923, on la vit à Petrograd, mendiant près d'une gare. L'ancienne générale, à présent une vieille femme, vêtue d'une tunique sale et déchirée, munie d'un grand bâton, demandait l'aumône d'un air menaçant.

Le malheur s'abattit également sur Joukovskaïa, avec la mort de son mari adoré. En 1924, encore jeune, elle quitta la ville et s'installa au village d'Orekhovo, dans le district de Vladimir. Là, dans ce coin perdu, elle finit ses jours en recluse volontaire, comme pour expier un péché.

Tout comme elle, Vyroubova vécut en ermite, en Finlande. Ayant prononcé des vœux en secret, elle habitait seule, sans presque jamais quitter son domicile. Elle ne voyait que sa femme de ménage. En 1964, elle décéda, absolument seule, dans un hôpital d'Helsinki.

En dépit de la révolution et de la terreur, tous les assassins de Raspoutine se sauvèrent. Aucun d'eux ne mourut par balle ni ne connut le sort funeste d'un grand nombre de ses amis. Pourichkevitch décéda du typhus dans son lit, durant la guerre civile. Le grand-duc Dimitri, contrairement à la plupart des Romanov, mourut lui aussi dans son lit. Youssoupov et le docteur Lazavert décédèrent tranquillement à Paris.

Mais le souvenir du moujik les hanta jusqu'à leur mort. Marina Gray, la fille du général Denikine, m'a raconté l'histoire de Lazavert. Le docteur avait acheté un appartement à Paris, où il vivait paisiblement, s'efforçant d'effacer de sa mémoire le souvenir de cette nuit cauchemardesque. Un été, il partit en villégiature. Quand il revint, il découvrit qu'un restaurant avait ouvert en bas de chez lui. Il s'appelait *Raspoutine* !

Le moujik continuait à intervenir de façon mystique, y compris dans le destin de leurs enfants. La petite-fille de Youssoupov, Xénia Nicolaievna, raconta qu'en 1946 sa mère — la fille d'Irina qui criait : « La guerre !... la guerre ! » —, venant de se marier, était allée en Grèce, sous son nom d'épouse. Là-bas, elle avait fait la connaissance d'une charmante Russe, épouse de l'ambassadeur des Pays-Bas en Grèce. Elles étaient devenues inséparables. Au moment de son départ, la femme de l'ambassadeur dit à la fille de Félix : « Je voudrais vous révéler une triste réalité, qui risque de ne pas vous plaire : mon grand-père s'appelait Grigori Raspoutine. » Elle était l'une des enfants de Matriona et de Soloviev. « La réalité qui me concerne, répondit la fille de Félix, risque de vous déplaire encore plus : c'est que mon père a tué votre grand-père. »

Ensemble et unis à jamais ?

Dans la mort et après la mort, Notre Ami demeura avec la famille impériale.

Les tsars et leurs enfants seraient fusillés dans un sous-sol presque identique. Leurs corps, tout comme le sien, connaîtraient d'abord l'eau. Ils seraient jetés dans un puits de mine inondé, pour être inhumés ensuite, comme cela avait été le cas pour le moujik. Et, tout comme le cadavre de Notre Ami, ceux du couple impérial et de leur progéniture voyageraient d'un lieu à un autre. Le camion transportant les cadavres, lui aussi, s'arrêterait brusquement, alors qu'on chercherait un endroit secret pour les enterrer, et ils finiraient pareillement brûlés sur un bûcher allumé à la hâte ainsi que le consignerait leur assassin, Yourovski : « Vers quatre heures et demie du matin, le véhicule s'est immobilisé définitivement... il ne nous restait plus qu'à les enterrer ou les brûler. Nous avons voulu brûler Alexis et Alexandra Fiodorovna, mais au lieu de cette dernière... nous avons brûlé Demidova, par erreur. »

Ainsi, le corps de l'héritier, pour lequel on avait fait venir ce moujik au Palais, connaîtrait le feu, comme le cadavre de son guérisseur. Les balles, l'eau, la terre et le feu... Et comme un symbole de la présence de Notre Ami, Yourovski vit, sur les corps dévêtus des grandes-duchesses, des amulettes où figuraient son visage et ses prières.

Au cours des nombreuses années, où, en tant que membre de la Commission gouvernementale pour les funérailles de la famille impériale, j'ai été témoin de négociations interminables autant qu'incompréhensibles autour de cette question, je me suis souvent demandé s'il était possible qu'il ne les ait pas encore quittés, et qu'il continue de leur porter malheur.

Le précurseur

Qui était donc ce moujik, apparu dans les flammes de la première révolution, pour disparaître à la veille de la seconde ? C'était sans doute un homme profondément religieux. Et, en même temps, un grand pécheur... Avec l'éternelle naïveté du paysan russe inculte, il tenta de concilier les passions charnelles secrètes et la doctrine du Christ. Il en arriva aux sectes, aux *khlysty*, à la débauche, tout en demeurant profondément croyant ! Il incarnait cette capacité incroyable de l'homme russe à vivre pieusement à l'intérieur, tout en baignant dans le péché en permanence.

Le célèbre poète Alexandre Blok, qui siégeait à cette même Commission extraordinaire, écrivit justement un poème sur cette symbiose entre péché et religiosité :

« Pécher sans honte, sans fin
Perdant le compte des jours et des nuits,
La tête lourde d'ivresse,
Passer à côté du temple de Dieu.
S'incliner trois fois jusqu'à terre
Se signer sept fois,
Incliner en secret son front brûlant
Jusqu'au sol crasseux.
En mettant dans l'assiette un petit sou de cuivre,
Trois, puis sept fois de suite
Baiser la châsse séculaire
Pauvre et usée de baisers. »

La souffrance délicieuse du repentir. Souffrance et délices proportionnels à l'ampleur du péché. Le Christ avait quitté Grigori depuis longtemps. Il continuait à prier sans comprendre qu'il était déjà au service de l'Antéchrist. En quoi il lui fut donné d'anéantir la légende même de la Sainte Russie, en souillant l'Église et le pouvoir impérial consacré par elle, en unissant à son nom de pécheur celui du souverain oint par Dieu.

Raspoutine demeure ainsi une clé pour comprendre l'âme et la sauvagerie de la révolution russe qui menaçait alors. Il fut le précurseur de ces millions de moujiks, qui, l'âme emplie de religiosité, allaient détruire les églises, et qui, tout en rêvant d'un royaume d'amour et de justice, allaient tuer, violer, noyer le pays dans un bain de sang, pour finir par se détruire eux-mêmes.

Postface

En cette fin du XXe siècle, la ville à laquelle on avait rendu son nom de Saint-Pétersbourg attendait le retour des derniers tsars. Ils revenaient dans des cercueils, depuis Ekaterinbourg où ils avaient été tués, pour retrouver leur ville-fantôme, cette ancienne capitale d'une Atlantide engloutie.

Et, une fois de plus, tout était comme au temps du moujik : la famille Romanov divisée, le peuple en proie à l'agitation, les manifestations, les hiérarques religieux inexplicablement opposés aux obsèques. Puis ce fut l'aéroport, la garde d'honneur présentant les couleurs, et, juste en face de moi, une bannière arrachée par le vent. Plus loin, à proximité de l'avion arrivé d'Ekaterinbourg, se tenaient les Romanov — les descendants des grands souverains qui avaient survécu à la tempête.

Ceux qui arrivaient d'Ekaterinbourg avec les dépouilles racontaient que, là-bas, au moment où l'on avait sorti les cercueils des tsars de la cathédrale, le ciel avait soudain déversé un torrent de pluie. Ceux qui les accueillaient à Pétersbourg rétorquaient qu'ici, où la veille encore le temps était maussade et pluvieux, le soleil brillait depuis le matin.

Tout le monde avait envie d'un miracle.

La marche funèbre retentit. Le convoi de corbillards transportant les cercueils impériaux s'ébranla dans le soleil. Et le miracle eut lieu. Toutes les querelles s'évanouirent soudain. Toute la ville sortit dans la rue pour les accueillir. La foule formait une haie interminable qui s'étendait sur plusieurs kilomètres, de l'aéroport jusqu'à la forteresse Pierre-et-Paul. Il y avait aussi des gens aux fenêtres. Certains attendaient à genoux le passage du cortège. Le président, qui, la veille encore, avait refusé d'assister aux obsèques, était arrivé inopinément à Pétersbourg, pour se repentir, derrière leurs cercueils, de tous les forfaits que nous avions commis au cours du siècle qui s'achevait.

Les tsars allaient enfin reposer dans la cathédrale Pierre-et-Paul, en face de leur palais, entourés des tombes de leurs ancêtres. Et, ce jour-là, c'était toute la Russie qui les enterrait. Il y eut, à travers le pays, un sentiment depuis longtemps oublié d'union joyeuse, de légèreté heureuse et émue. Comme si une pierre était tombée de l'âme. Comme si quelque terrible esprit avait enfin quitté les tsars et s'était envolé une fois pour toutes de la Russie.

Ou était-ce seulement pour un instant ? Et juste une impression ?

Le monde de Raspoutine

Saint-Pétersbourg - 1916

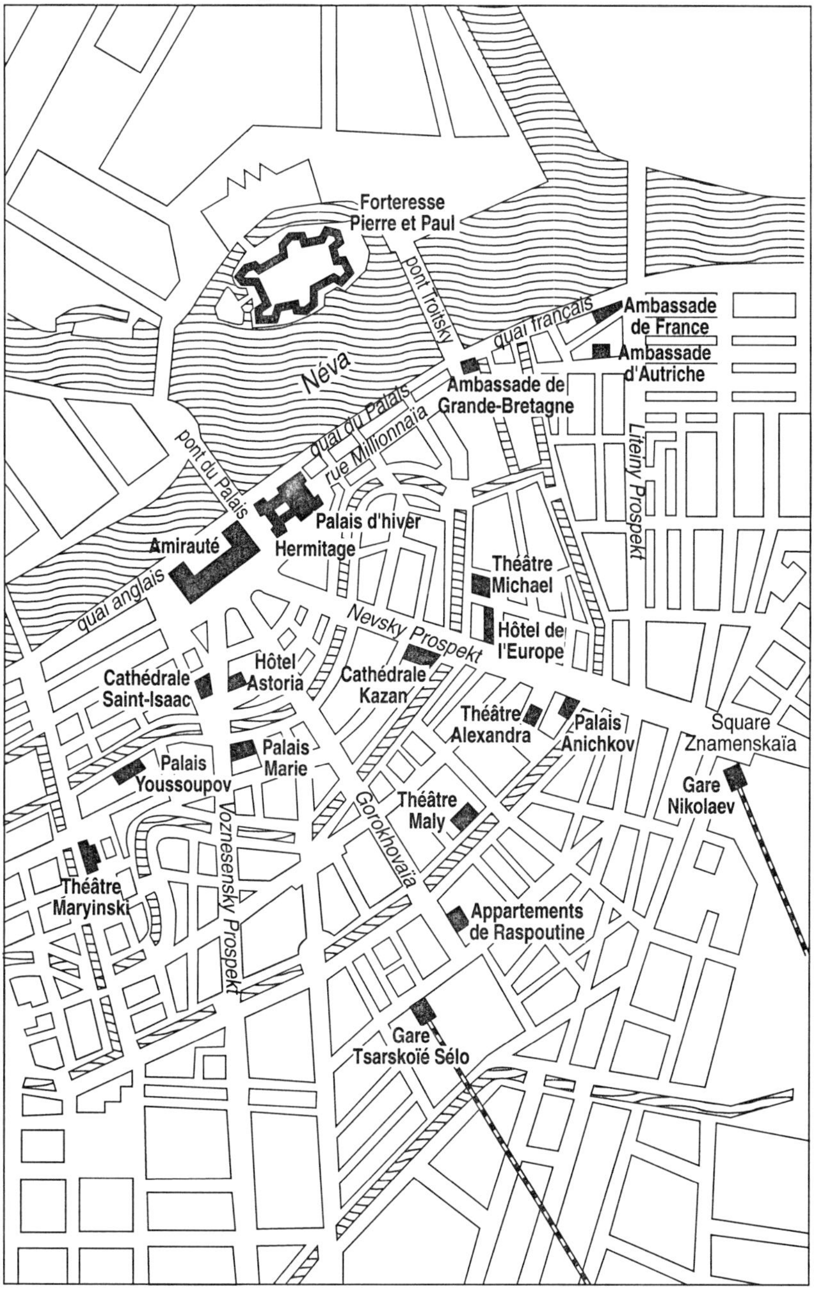

Table des principaux personnages

Grigori Efimovitch Raspoutine-Novykh (Grichka, Gricha, Notre Ami, Novy).

Les Romanov

Nicolas II (Nikki, papa), tsar de Russie, 1894-1917. Fils d'Alexandre III et de sa femme danoise Marie, marié à Alexandra de Hesse-Darmstadt, cousin du roi Georges V.

Alexandra Fiodorovna (Alix, maman, l'impératrice), mariée à Nicolas II, tsarine de Russie, 1894-1917. Puinée du grand-duc Ludwig de Hesse, petite-fille de la reine Victoria, cousine du kaiser Guillaume II.

Tsarévitch Alexis (le tout petit, rayon de soleil, *Baby*), fils unique de Nicolas et d'Alexandra, héritier du trône impérial.

Grande-duchesse Olga Nicolaievna, fille aînée de Nicolas et d'Alexandra.

Grande-duchesse Tatiana Nicolaievna, fille cadette de Nicolas et d'Alexandra.

Impératrice douairière Marie Fiodorovna (tante Minnie), veuve d'Alexandre III, mère de Nicolas. Fille du roi Christian IX de Danemark.

Grand-duc Mikhaïl Alexandrovitch (Micha), frère cadet de Nicolas, brièvement son successeur sur le trône.

Grande-duchesse Olga Alexandrovitch, sœur de Nicolas, mariée à Piotr, duc d'Oldenbourg ; puis à Nicolas Koulikovski.

Grand-duc Alexandre Mikhaïlovitch (Sandro), cousin de Nicolas, marié à Xénia, et beau-père de Félix Youssoupov.

Grande-duchesse Xénia Alexandrovna, sœur de Nicolas, épouse de Sandro, mère d'Irina.

Grand-duc Nicolas Mikhaïlovitch, frère de Sandro, cousin de Nicolas et historien réputé.

Grand-duc Piotr Nicolaievitch, cousin de Nicolas, marié à Militsa de Monténégro.

Princesse Militsa Nicolaievna (la princesse noire), sœur de la princesse Anastasie (Stana), fille du roi de Monténégro, épouse de Piotr.

Grand-duc Nicolas Nicolaievitch (Nicolacha, N., l'Oncle Redoutable), frère du grand-duc Piotr, marié à Anastasie de Monténégro, commandant suprême des forces russes en 1914.

Princesse Anastasie (Stana, la princesse noire), sœur de Militsa, fille du roi de Monténégro, mariée en secondes noces au grand-duc Nicolas Nicolaievitch.

Grand-duc Konstantin Konstantinovitch (KR), poète reconnu, oncle de Nicolas.

Grande-duchesse Élisabeth Fiodorovna (Ella), sœur de la tsarine, épouse puis veuve du grand-duc Sergueï Alexandrovitch, ultérieurement duchesse d'un ordre charitable.

Grand-duc Pavel Alexandrovitch, oncle de Nicolas, père de Dimitri, marié en secondes noces à Olga Pistolcors.

Princesse Olga Valerianovna, mariée à l'officier Eric Pistolcors puis au grand-duc Pavel Alexandrovitch.

Prince Félix Youssoupov (aussi comte Soumarokov-Elston), époux de la grande-duchesse Irina.

Grande-duchesse Irina, fille du grand-duc Alexandre Mikhaïlovitch (Sandro) et de la grande-duchesse Xénia Alexandrovna. Épouse de Félix Youssoupov.

Princesse Zinaïda Youssoupova, mère de Félix et de Nicolas Youssoupov.

Prince Nicolas Youssoupov, frère aîné de Félix.

La Cour et la société

Piotr Badmaev (le Chaman, le Chinois), homme d'affaires sibéro-asiate, docteur de la société de médecine tibétaine, herboriste et guérisseur.
A. Bogdanovitch, chroniqueuse, femme de général, monarchiste et patronesse du plus important salon littéraire de Pétersbourg.
Ioulia Alexandrovna von Dehn (Lili, Den), femme d'officier, parente d'Anna Vyroubova, confidente de la tsarine, membre du cercle de Raspoutine.
Pierre Gilliard, tuteur des enfants royaux.
Akim Jouk, aide-soignant, lié à Vyroubova.
Colonel Dimitri Loman, ancien officier de la garde, administrateur de justice, ami des Lokhtine, marguillier de la cathédrale Fiodorovski, disciple de Raspoutine.
Mikhaïl Novosyolov, membre du cercle d'Ella, professeur de théologie à l'Académie de Moscou, éditeur.
Monsieur Philippe (Notre Ami, Notre premier Ami), mage français venu de Lyon, guérisseur.
Capitaine Nicolas Pavlovitch Sabline (NP), capitaine, pacha à bord du yacht royal, *Le Standart*.
Sophia Tioutcheva, demoiselle d'honneur, gouvernante des enfants royaux, amie de Filippov.
Marie Vichniakova (Mary), nurse des enfants royaux.
Feodossia Voïno, assistante médicale, bonne d'Anna Vyroubova.
Nadejda Voscoboïnikova, veuve d'un officier cosaque, infirmière-en-chef à Tsarskoïé Sélo, membre du cercle de Raspoutine.
Anna Vyroubova, née à Taneeva (Amie, l'Amie, Ania, Anouchka), dame d'escorte très proche de la tsarine, sœur d'Alexandra Pistolcors, membre du cercle de Raspoutine.

Le cercle politique

Piotr Bark, ministre des Finances 1914-1917.
Stéphane Beletski, directeur des services de police.
Prince Chtcherbatov, politicien libéral, ministre des Affaires étrangères.

Vladimir Djounkovski, gouverneur de Moscou, ministre délégué à l'Intérieur, chef de la police secrète.
Ivan Goremykine, Premier ministre 1914-1916.
Alexis Khvostov (Gros bide, la queue), politicien antisémite d'ultra-droite, ministre de l'Intérieur 1915-1916.
Vladimir Kokovtsev, sénateur, ministre des Finances, Premier ministre 1916.
Colonel Mikhaïl Komissarov (Notre Colonel), officier de police en charge de la protection de Raspoutine.
A.A. Makarov, ministre de l'Intérieur puis de la Justice.
Vassili Maklakov, membre du Parti Constitutionnel Démocrate (parti cadet), ministre de l'Intérieur.
Maurice Paléologue, ambassadeur de France.
Alexandre Protopopov (Général Kalinine), porte-parole de la Douma, puis ministre de l'Intérieur 1916-1917.
V.M. Pourichkevitch, politicien antisémite et monarchiste, membre de la Douma.
Mikhaïl Rodzianko, porte-parole de la IIIe et IVe Douma.
P.A. Stolypine, Premier ministre, 1906-1911 ; assassiné à Kiev en 1911.
Boris Stürmer (le Vieux), Premier ministre.
Vladimir Soukhomlinov, ministre de la Guerre.
Comte Sergueï Witte, ministre des Finances, Premier ministre 1905-1906.

Le milieu ecclésiastique

Alexis, évêque destitué de Tobolsk, président de la commission d'enquête du Consistoire de Tobolsk en 1912, père de Léonide Moltchanov, sympathisant de la secte *Khlyst*.
Évêque Barnabé (Gopher), évêque de Tobolsk, réputé pour son manque d'éducation théologique.
Hermogène, évêque de Saratov, en charge du diocèse de Tobolsk.
Iliodore (le Savonarole russe), moine, prêtre, missionnaire et prédicateur antisémite.
Père Issidor, moine puis abbé du monastère de Tobolsk, et évêque.
Père Jean de Cronstadt, archiprêtre et thaumaturge.
Prince Nicolas Jevakhov, mystique, procureur délégué du

Synode, membre mineur du Conseil d'État, lié au cercle de Raspoutine.
Mitia Kozalski (le Nasillard), voyant.
Père Macaire, ermite, « père spirituel » de Raspoutine, frère du monastère de Verkhotourié.
Ivan Ossipenko, laïc, secrétaire de Pitirim.
Pitirim, suspecté d'être crypto-*khlyst*, accusé de simonie, exarque de Géorgie puis métropolite de Petrograd.
Vladimir Sabler, Allemand russifié, procureur du Synode.
Évêque Sergui, recteur du séminaire de Saint-Pétersbourg, théologien controversé, nommé premier patriarche d'URSS par Staline.
Séraphim de Sarov (1760-1833), moine, ermite et saint, canonisé en 1903.
Théophane, confesseur d'Alexandra, clerc, mystique, ascète, inspecteur du séminaire de Saint-Pétersbourg puis évêque de Poltava.
Victor Yatskevitch, directeur de la chancellerie du Synode.

Le cercle de Raspoutine

Prince Mikhaïl Andronikov, homosexuel, agitateur, fonctionnaire synodal, ami de Beletski.
Vladimir Bontch-Brouievitch, spécialiste des sectes russes, membre clandestin des Bolcheviks, futur fondateur de la Tcheka.
Princesse Chakhovskaïa, aristocrate et aviatrice.
Véra Djanoumova, femme d'un riche commerçant.
Alexis Filippov, banquier, éditeur de Raspoutine.
Marie Golovina (Mounia, l'oiseau), fille du chambellan, nièce de la princesse Olga Valerianovna, amie de Félix Youssoupov.
Alexandra Gouchtchina, veuve de médecin.
Véra Ioukovskaïa, écrivain.
Baronne Véra Koussova, épouse d'un capitaine de cavalerie, régiment de Crimée.
Akilina Laptinskaïa, moniale défroquée, infirmière, « secrétaire » de Raspoutine.
Olga Lokhtina, dame de la société pétersbourgeoise, épouse d'un ingénieur civil ayant rang de général, puis mendiante errante.

Sheila Lunts, d'origine juive, femme d'un avocat, maîtresse de Protopopov.

Ivan Manassevitch-Manouïlov, d'origine juive, journaliste, espion et agent-double, chargé de missions spéciales auprès du Premier ministre, « secrétaire » de Raspoutine.

Zinaïda Manchtedt ou Mantchtet (Zina, Colombe), épouse de fonctionnaire.

Léonide Moltchanov, fils de l'évêque Alexis, greffier de justice.

Elena Patouchinskaïa, épouse d'un notaire sibérien, l'une des « épouses célestes » de Raspoutine.

Evdokia Petchorkina (Dounia), bonne de Raspoutine.

Ekaterina Petchorkina (Katia), nièce d'Evdokia, bonne de Raspoutine.

Alexandra Pistolcors (Sania), sœur d'Anna Vyroubova, épouse d'Alexandre Pistolcors, fils d'Olga et beau-fils du grand-duc Pavel.

Alexandre Prougarine, ethnographe, essayiste, spécialiste des sectes russes.

Matriona Raspoutina, fille aînée de Raspoutine, fiancée à Pankhadzé, finalement mariée à Nicolas Soloviev.

Prascovia Raspoutina, épouse de Grigori.

Nicolas Rechetnikov, ancien notaire coupable de faux et escroqueries, frère d'Ania, « secrétaire » de Raspoutine, fondateur de l'infirmerie de Tsarskoïé Sélo.

Anissia Rechetnikova, veuve d'un riche marchand, mère d'Ania et de Nicolas.

Ania Rechtnikova, fille d'Anissia et sœur de Nicolas.

Dimitri Rubinstein (Mitka), banquier, président de la Banque franco-russe.

Gueorgui Sazonov, économiste, essayiste, éditorialiste.

Marie Sazonova (Corbeau), femme de Gueorgui.

Aron Simanovitch, d'origine juive, « secrétaire » et conseiller financier de Raspoutine, usurier, joueur, repris de justice.

Véra Tregoubova, chanteuse tsigane.

Sophie Volynskaïa, d'origine juive, épouse de l'agronome et repris de justice Volynski, l'un des « secrétaires » de Raspoutine.

Sources et Bibliographie

Le dossier

Acquis lors de la vente aux enchères chez Sotheby en 1995 par M. Rostropovitch. Relié sous couverture cartonnée. La couverture porte l'inscription : « Commission d'enquête extraordinaire en vue de l'établissement des actes illégaux accomplis par les ministres et autres responsables du régime tsariste. Département des investigations. »

Tous les procès-verbaux d'interrogatoire sont rédigés sur des formulaires à en-tête de la Commission, co-signés par les enquêteurs et les personnes interrogées. Lorsqu'un interrogatoire s'est tenu à distance et que copie en a été transmise à la Commission, le procès-verbal présente alors un cachet particulier, accompagné d'une cote spécifique.

Le Dossier est constitué de 426 feuillets numérotés de procès-verbaux, recto-verso, soit un ensemble de 852 pages.

On n'a révélé, ici, que la liste des procès-verbaux cités et utilisés au sein du présent ouvrage.

Théophane, évêque de Poltava et Pereïaslav (folios 7-20).
Interrogatoire mené dans la ville de Poltava par V.V.

Likhopoy, enquêteur en chef pour juridiction de Poltava. Interrogatoires complémentaires menés par T.D. Roudnev, enquêteur auprès de la Commission, à Petrograd (Folios 219-220, 317-320). Texte manuscrit.

R.G. Mollov, ancien vice-ministre de l'Intérieur (folios 22-25). Interrogatoire mené à Poltava par V.V. Likhopoy. Texte manuscrit.

M.T. Belïaeva, domestique de Vyroubova (folios 29-30, 48-49). Interrogatoire mené par I.V. Brykine, enquêteur auprès de la Commission. Texte manuscrit.

A.I. Jouk, infirmier auprès de Vyroubova (folios 31-36). Interrogatoire mené par I.V. Brykine. Texte manuscrit.

A.V. Bertchik, domestique de Vyroubova (folios 37-40). Interrogatoire mené par I.V. Brykine. Texte manuscrit.

M.I. Vichniakova, nurse impériale (folios 43-45). Interrogatoire mené par I.V. Brykine. Texte dactylographié.

Z.I. Ivanova, domestique de Vyroubova (folios 47-48). Interrogatoire mené par T.D. Roudnev. Texte manuscrit.

F.S. Voïno, assistante médicale auprès de Vyroubova (folios 50-52). Interrogatoire mené par I.V. Brykine. Texte manuscrit.

A.M. Omerg, ancien domestique au Palais Alexandre (folios 57-58). Interrogatoire mené par P.A. Korovichenko, commandant du Palais. Texte manuscrit.

A.A. Zeïer (Zeer), en charge de l'écurie impériale (folio 61). Interrogatoire mené par P.A. Korovichenko. Texte manuscrit.

A.A. Vyroubova, demoiselle d'honneur et confidente de l'impératrice (folios 78-81). Interrogatoire mené par G.P. Guirtchitch, enquêteur auprès de la Commission. Texte dactylographié.

I.P. Kondratenko, cocher de M.A. Gaïer (Gaer), une proche de Raspoutine (folios 84-85). Interrogatoire mené par G.P. Guirtchitch. Texte manuscrit.

K.I. Tchikhatchev, ancien vice-président de la cour de Sanatov (folios 86-92). Interrogatoire mené par S. Philonenko-Barodine, enquêteur auprès de la juridiction de la ville d'Orel. Texte dactylographié.

O.V. Lokhtina, disciple de Raspoutine (folios 100-104, 109-112). Interrogatoire mené par T.D. Roudnev. Texte dactylographié. Deuxième interrogatoire (folios 130-134, 140-142). Texte manuscrit.

M.E. Golovina, disciple de Raspoutine (folios 113-122). Interrogatoire mené par T.D. Roudnev. Texte manuscrit.

V.A. Koussova, baronne, disciple de Raspoutine (folios 135-138). Interrogatoire mené par T.D. Roudnev. Texte manuscrit.

N.I. Voscoboïnikova, accointance de Vyroubova (folios 154-162). Interrogatoire mené par T.D. Roudnev. Texte dactylographié.

V.F. Djounkovski, ancien vice-ministre de l'Intérieur (folios 164-165). Interrogatoire mené par T.D. Roudnev. Texte manuscrit.

D.N. Loman, ancien colonel, marguillier de la cathédrale Fiodorovski (folios 174-181). Interrogatoire mené par T.D. Roudnev. Texte dactylographié.

I.A. Simanovitch, fils du secrétaire de Raspoutine (folios 182-183). Interrogatoire mené par T.D. Roudnev. Texte manuscrit.

I.F. Manassevitch-Manouïlov, ancien chargé de missions spéciales auprès du Premier ministre (folios 191-194). Interrogatoire mené par G.P. Guirtchitch. Texte dactylographié.

Xénophon, archimandrite de Verkhotourié (folios 210-213, 215-216). Interrogatoire mené par A. Prokovski, enquêteur pour la juridiction d'Ekaterinbourg. Texte manuscrit.

S.I. Tioutcheva, demoiselle d'honneur des princesses impériales (folios 233-235). Interrogatoire mené par l'enquêteur F.P. Simpson. Texte manuscrit.

A.P. Martinov, ancien responsable de la sécurité de Moscou (folios 236-237). Interrogatoire mené par le procureur Yastrebov à la prison de Moscou. Texte manuscrit.

V.I. Tregoubova, amie de Raspoutine (folios 246-251). Interrogatoire mené par A.I. Tsitovitch, enquêteur pour la juridiction de Tiflis. Texte dactylographié.

A.G. Gouchtchina, disciple de Raspoutine (folios 264-273). Interrogatoire mené par F.P. Simpson. Texte dactylographié.

I.A. Moltchanov, fils de l'exarque de Géorgie, disciple de Raspoutine (folios 264-273). Interrogatoire mené par F.P. Simpson. Texte dactylographié.

P.A. Badmaev, guérisseur (folios 274-282). Interrogatoire mené par F.P. Simpson. Texte dactylographié.

I.P. Komissarov, policier en charge de la sécurité de Raspoutine (folios 286-296). Interrogatoire mené par V.V. Likhopoy. Texte dactylographié.
L.I. Kondireva, veuve d'un conseiller d'État (folios 297 et 311). Interrogatoire mené par F.P. Simpson. Texte dactylographié.
G.P. Sazonov, essayiste, proche de Raspoutine (folios 298-300). Interrogatoire mené par F.P. Simpson. Texte dactylographié.
A.N. Khvostov, ancien ministre de l'Intérieur (folios 302-310). Interrogatoire mené par F.P. Simpson. Texte dactylographié.
A.F. Filippov, essayiste, proche de Raspoutine (folios 327-342). Interrogatoire mené par F.P. Simpson. Texte dactylographié.
V.K. Varvarova, chanteuse tsigane, proche de Raspoutine (folios 343-344). Interrogatoire mené par F.P. Simpson. Texte dactylographié.
I.A. Dehn (Den), amie de la tsarine, disciple de Raspoutine (folios 364-367). Interrogatoire mené par F.P. Simpson. Texte dactylographié.
S.G. Lunts, amie de Raspoutine (folios 375-377). Interrogatoire mené par F.P. Simpson. Texte dactylographié.
I.V. Boukhovski, avocat (folio 378). Interrogatoire mené par F.P. Simpson. Texte dactylographié.
A.S. Prougavine, ethnologue, spécialiste des sectes (folios 389-390). Interrogatoire mené par F.P. Simpson. Texte dactylographié.
V.I. Yatskevitch, ancien responsable de la chancellerie de Saint Synode (folios 391-397). Interrogatoire mené par F.P. Simpson. Texte dactylographié.
N.F. Sabline, pacha à bord du yacht impérial *Le Standart* (folios 419-421). Interrogatoire mené par F.P. Simpson. Texte dactylographié.
D.A. Popova, épouse de prêtre (folios 424-426). Interrogatoire mené par Rybalski, enquêteur auprès de la juridiction de Simpheropal. Manuscrit dactylographié.
Procès-verbal de la perquisition menée par G.N. Guirtchitch au domicile de Vyroubova (folio 431). Texte dactylographié.
Procès-verbal de la perquisition menée par le commandant

Koronchenko dans les appartements occupés par Vyroubova au Palais Alexandre (folios 55-56). Texte manuscrit.

Inventaire des lettres et autres documents confisqués à O.V. Lokhtina après son arrestation (folio 72). Texte dactylographié.

Memorandum du baron Budberg en date du 23 décembre 1906 sur le changement de nom de Raspoutine (folio 128). Texte dactylographié.

Copies des rapports sur le scandale du Yar. Texte dactylographié.

Archives (lieux de dépôt et cotes)

Archives d'État de la Fédération de Russie (GARF)

601 Nicolas II.640 Impératrice Alexandra Fiodorovna.
673 Grande-duchesse Olga Nicolaievna.
613 Princesse Olga Valerianovna Palei.
645 Grand-duc Alexandre Mikhaïlovitch.
662 Grande-duchesse Xénia Alexandrovna.
656 Grande-duchesse Élisabeth Fiodorovna.
660 Grand-duc Konstantin Konstantinovitch (KR).
670 Grand-duc Nicolas Mikhaïlovitch.
612 Grigori Raspoutine.
623 A.A. Vyroubova.
102 Département de police.
111 Sécurité de Saint-Pétersbourg.
1467 Commission extraordinaire du Gouvernement provisoire.

Archives nationales du département de Tobolsk pour la région de Tioumen (TFGATO)

164 Compte-rendu d'enquête relatif à la tentative d'assassinat sur G. Raspoutine (1914).
154 Inventaire des biens de G. Raspoutine après sa mort.
156 Dossier d'instruction du tribunal ecclésiastique de Tobolsk sur Raspoutine et les *Khlyst*.

Archives nationales de la région de Tioumen (GATO)

205 Certificat de naissance de G.E. Raspoutine.
239 Rapports policiers de surveillance de G. Raspoutine lors de ses visites.

Musée national d'Histoire

411 Correspondance entre Nicolas Youssoupov, Félix Youssoupov et Marina Heiden (Geiden).
411 Correspondance entre Félix Youssoupov et Marie Golovina.
411 Lettres de Félix Youssoupov à son épouse, Irina, relatives au meurtre de Raspoutine.

Archives de l'État russe sur les documents anciens

1290 Lettres de Irina Youssoupova à son époux, Félix.

Archives historiques nationales de Russie

1101 Journal de Raspoutine.

Bibliographie

Eu égard à la complexité du sujet, on pourra collationner une bibliographie complète : en langue russe, en se référant à l'édition publiée à Moscou (Vagrius, 2000) du présent ouvrage ; en langue anglaise, à celle publiée en Grande-Bretagne (Weidenfeld and Nicolson, 2000) ; en langue française, en consultant la bibliothèque de l'Institut d'études slaves.

TABLE

Impression réalisée sur CAMERON par

BRODARD & TAUPIN

GROUPE CPI

La Flèche
en octobre 2000

Édition exclusivement réservée
aux adhérents du Club
Le Grand Livre du Mois
15, rue des Sablons
75116 Paris
réalisée avec l'aimable autorisation des Éditions Lattès

Imprimé en France
Dépôt légal : octobre 2000
N° d'impression : 4255
ISBN : 2-7028-4318-2